KB039595

Medvlla Iurisprudentiae I

헌법과
국가정체성

성 낙 인 저

박영사

Medvlla Iurisprudentiae I

Constitution
and
Identity of State

by

SUNG Nak-In
Professor Emeritus of School of Law,
Seoul National University

2019
Parkyoung Publishing & Company
SEOUL, KOREA

서 문

"세월은 화살과 같이 빨리 날아간다(Time flies like an arrow)." 법학이 무엇인지도 가늠하지 못한 채 법학자의 길을 들어선 지 어언 40년에 이른다.

20세기 초에 발발한 러시아혁명 이후 동서냉전과 이데올로기의 대결은 20세기 말에 이르러 그 종언을 고하였다. 역사는 일응 인민민주주의에 대한 자유민주주의의 승리를 기록한다. 하지만 언제 어떻게 인민민주주의가 다시금 발호할지는 아무도 장담하지 못한다. 사회주의는 비록 현실의 국가생활에서는 적응하지 못하였지만 그 이론 자체는 매력적이기 때문이다. 차별 없는 세상을 지향하는 사회주의 이론은 언제나 자본주의의 극단적인 약육강식 체제에 대한 경고음으로 작동한다. 칼 마르크스 탄생 200주년을 맞이하여 새삼 그의 이론을 재조명하는 이유이다.

국내적으로는 동서냉전의 유산을 그대로 안고 있는 한반도의 지정학적 운명론이 동시대를 살아가는 우리 모두를 슬프게 한다. 굳이 미국 · 소련 · 중국 · 일본이라는 초강대국에 휘둘린 19세기 말 비운의 조선을 뒤돌아보지 아니하더라도, 오늘 우리에게 또 다시 새로운 역사의 도전과 재창조를 요구받는다. 동서냉전의 마지막 현장인 한반도도 이제 새로운 변화의 기운이 넘쳐흐른다. 분단의 현장은 언제나 싸늘하다. 하지만 의지만으로 그 싸늘함을 극복할 수는 없다. 충만한 의지는 그 의지를 구현할 수 있는 능력을 요구받는다. 누가 뭐래도 지금 대한민국은 그 능력을 보유하고 있다. 바로 여기에 새 역사의 창조가능성이 뒷받침된다.

5천년 역사에서 처음으로 1919년 선조들의 피와 땀으로 이룩한 공화국의 정신은 한민족의 새로운 정신세계를 차지한다. 쓰러져간 조선 왕조의 부활이 아니라 만백성이 주인이 되는 새 공화국의 창건은 바로 3 · 1운동과 그에 연이어 등장한 상해임시정부와 대한민국임시헌법이 추구하는 기본정신이다. 핏빛을 동반하지 아니한 공화국의 정신은 1948년 대한민국 정부 수립으로 이어졌다. 비록 한반도는 북과 남으로 두 동강나고 전쟁의 참화까지 겪었지만 세계사적인 인민민주주의의 조락에 따라 북녘 땅에는 풍요와 복지를 안겨주지 못하였다. 반면에 역사의 우연을 역사의 필연으로 이끈 남녘의 자유민주주의는 인류공영의 세계사적인 조류와 함께하는 성장의 혜택을 제대로 누린 성공한 신화로 자리매김한다.

실로 인민민주주의 국가들만 기아와 빈곤에 허덕이는 게 아니라 자유민주주의를 지향한 국가들조차도 국민들을 기아와 절망으로부터 벗어나게 하는 데 실패하고 있다. 아시아·아프리카는 물론이고 남아메리카에 이르기까지 만백성을 빈곤과 기아로부터 구출하기는커녕 오히려 더 큰 수렁으로 빨아들인다. 지난날의 풍요에 안주한 위정자들의 나태와 학정이 저지른 역사적 참화다. 하지만 대한민국은 일제의 착취로 헐벗은 터에 동족상잔의 전쟁을 겪으면서도 세계사적으로 유례가 없는 위대한 역사를 창조하기에 이르렀다. 인류 역사에서 가장 짧은 기간의 압축적인 산업화와 더불어 권위주의 체제를 청산하고 자유·평등·정의·박애를 구현하고자 하는 공화국의 이념적 표상을 실천의 장으로 이끌어낸다. 제3세계국가들이 대한민국을 위대한 여정의 이정표로 삼고 있음은 이를 웅변으로 증명한다. 성공적인 산업화의 신화, 역동적인 민주주의를 향한 성찰은 대한민국과 대한국민이 구축한 위대한 이정표이다.

이제 우리 대한민국과 대한국민은 스스로 우리들의 자긍과 자존을 일구어야한다. 세계 10대 경제교역대국, 세계 5위 수출국, 세 번의 평화적 정권교체라는 외형적 징표는 이를 반증한다. 싱가포르와 같은 도시국가 규모가 아니라, 인구 5천만 이상이면서 국민소득 3만 불 이상의 대국 대열에 인류 역사에서 여섯 번째로 당당히 자리매김한다. 자타가 공인하는 전 세계 10대 대국 중에서 다른 나라를 침탈하지 아니하고 오로지 평화롭게 산업화와 민주화를 이룩한 나라는 대한민국뿐이라는 사실을 다시 한 번 더 새겨야 한다. 그 평화를 영구적으로 보전하고 발전시킬 몫은 오롯이 대한민국과 대한국민의 몫이다. 여기에 한반도 통일의 필연성이 도출된다. 이념의 갈등을 넘어서서 한민족의 핏줄을 이어받은 민족공동체의 구축은 세계를 향한 통일공동체가 던질 수 있는 희망의 메시지이다. 그 때 우리는 한민족의 위대한 힘을 다시 한 번 더 확인할 수 있을 것이다. 그것은 인류를 향한 한민족의 성스러운 표효로 작동하고도 남는다.

사실 권위주의 시절에 헌법은 종이법전에 불과하였다. 어느 누구도 헌법을 들여다보려 하지 아니하였다. 오히려 헌법을, 헌법적 가치를, 헌법이 구현하고자 하는 이념을 논하면 저잣거리의 웃음거리에 불과하였다. 그 헌법이, 그 헌법학이 나라의 민주화와 더불어 국민의 생활전범(生活典範)으로 자리잡아간다. 저자는 그간 40년에 이르는 헌법학자의 길을 걸어가면서 나름대로 헌법학이론의 정립에 헌신하여 왔다. 시대를 넘어서서 국가의 최고규범인 헌법이 보편적 가치를 가지는 규범으로 거듭 태어나서 인류의 보편적 가치에 충실할 뿐만 아니라 그 가치가 대한민국의 특수성에도 부합할 때 헌법규범은 생활규범(生活規範)으로 작동할 수 있다. 그 헌법규범의 헌법현실에서의 작동을 위한 이론적 소여로서 저자는 "법적 실존주의"(existentialisme juridique)와 "균형이론"(balance theory)을 구축하려 하였다. 혁명이든 개혁이든 간에 실존의 세계를 외면한 주의나 주장은 자칫 공리공론에 빠질 위험을 배제할 수 없다. 이상을 향한 개혁의지는 현실을 직시할 때 비로소 그 동력을 부여받을 수 있다. 그 동력은 균형을 향한 끝없는 저울질을 통하여 현실세계에 구현될 수 있다. 정의의 여신이 추구하는 균형의 저울추는 법의 세계에서뿐만 아니라 이 세상을 살아가는 모든 공동체 구성원들을 위한 생활전범이어야 한다. 현실을 외면한 채 무너진 균형추를 부둥켜안고 헤매는 한 그 규범은 그 현실은 공허한 메아리로 그칠 뿐이다.

저자의 헌법철학을 현실세계에 구현하기 위하여 저자는 그동안 헌법이 국민의 생활헌장(生活憲章)으로 자리잡아갈 수 있도록 학자적 노력을 기울였다. 석학 인문강좌의 화두로 제시한 "민주시민과 생활법치"를 교정하여 「**헌법과 생활법치**」(2017)를 간행하였다. 이와 같은 저자의 소망은 「**만화 판례헌법 1. 헌법과 정치제도**」, 「**만화 판례헌법 2. 헌법과 기본권**」(2013)을 비롯하여 저자의 칼럼집인 「**우리헌법읽기**」(2014), 「**국민을 위한 사법개혁과 법학교육**」(2014)으로 드러난다.

이제 정규적으로 대학에서 학자의 길은 마감할 때가 되었다. 진작 교수 정년에 이르렀으나 총장직 덕분에 대학생활을 연명할 수 있었다. 이를테면 대학인 생활을 보너스로 누린 셈이다. 이 모든 것들에 대하여 참으로 감사드린다. 동시에 참으로 행복하였노라고 말하고 싶다. 국내외적으로 최고의 학자들과 최고의 학생들과 함께한 나날들이 주마등처럼 스쳐간다. 법학자들과 법학도들만의 울타리를 살아온 30여 년에 지난 4년의 서울대학교 총장직은 더 넓은 학문세계로 시야를 넓히고 조망할 수 있는 소중한 소여를 제공하여 주었다. 또한 서울대 총장이라는 막중한 자리에서 조우한 수많은 분들의 도움에 감사드린다. 무엇보다 대한민국 최고 아니 세계적인 학자의 길을 잠시 멈추고 저와 함께하여 주신 보직교수님들께도 한없는 격려를 보낸다. 어려운 여건에서도 서울대 교수라는 권위 하나에 의탁하여 묵묵히 연구실을 지키시는 교수님들, 열정과 정의 사이에서 새로운 변화를 추구하는 학생들, 그토록 까칠한 서울대 교수와 학생들 틈바구니에서도 대학행정의 모범을 보여주신 직원선생님들, 이 모든 분들이 있기에 서울대학교는 오늘도 세계를 향한 포효를 계속한다.

우리 스스로 자랑스러운 서울대학교, 국민이 사랑하는 서울대학교, 세계를 향한 서울대학교를 구현하려던 4년 전 취임 당시의 구상은 비록 온전히 현실화되지 못하였다 할지라도 그 꿈은 천천히 그리고 아주 멀리 구현되리라고 확신한다(2018년 5월 21일자 서울대학교 대학신문 인터뷰 참조). 전국적 영재들인 서울대 학생이라면 적어도 의식주 걱정 없이 대학생활을 할 수 있어야 한다는 신념으로 아침·저녁 마침내는 점심까지 따뜻한 밥과 국이 제공되는 1천원의 식사는 학생들이 배불리 먹고 공부할 수 있는 터전을 마련하였다고 자부한다. 가정형편이 너무도 어려운 학생들에게는 등록금 면제뿐만 아니라 매달 30만원의 기초생활비를 제공할 수 있었던 것도 총장으로서 큰 보람이다. 이 모든 재정문제를 적극적으로 도와주신 서울대학교 서정화 총동창회장님을 비롯한 35만 동문님들과 서울대학교를 사랑하는 국내외 동포들에게 한없는 감사와 존경의 마음을 전하고자 한다.

이제 서울대학교는 대한민국을 넘어서서 세계를 향하여 당당히 포효할 수 있어야 한다. 젊은이들이 세계로 향한 꿈을 이루어나갈 수 있도록 서울대의 세계화는 더욱 정진할 것이다. 전 세계 수 백 개 대학들과의 자매결연을 통하여 우리 학생들의 국제적 안목을 넓힐 수 있다. 특히 여름과 겨울 방학 동안에 이루어지는 해외연수 프로그램은 14개에 이른다. 대학은 국가와 더불어 국민과 세계인에게 무한 책임을 져야 한다. 1954년부터 시작된 미국의 미네소타 프로그램 덕분에 서울대인의 세계화를 향한 단초가 이루어졌다. 총장 재임 중 그 미네소타 프로그램 60주년을 미네소타 대학 총장과 서울대 총장실에서 함께 하였을 뿐만 아니라 라오스 대학관계자들과 동반할 수 있었다. 이제 서울대도 혜택을 받던 집단에서 그 혜택을 함께 하는 나눔의 미덕을 실천할 때가 되었다. 동남아시아를 넘어서서 중앙아시아와 아프리카에까지 이어지는 서울대 글로벌공헌단은 국내외에서 지식인의 사회적 책무를 몸소 실천하는 본보기가 되고 있다.

　저자는 그간 다수의 헌법학 관련 학술서를 저술하였다. 「**헌법학**」(제19판, 2019), 「**헌법학입문**」(제8판, 2018), 「**판례헌법**」(제4판, 2014), 「**헌법소송론**」(2012), 「**대한민국 헌법사**」(2012), 「**공직선거법과 선거방송심의**」(2007), 「**자금세탁방지법제론**」(2007), 「**한국헌법연습**」(1997), 「**헌법연습**」(2000), 「**선거법론**」(1998), 「**언론정보법**」(1998), 「**프랑스헌법학**」(1995), 「**프랑스 제5공화국헌법상 각료제도**」(Les ministres de la 5ᵉ République française, Bibliothèque constitutionnelle et de la science politique n° 70, Paris, LGDJ, 1988)는 저자의 학문적 성과를 반영한 결과물이다.

　특히 「**헌법학**」은 법학도의 필독서로 자리 잡으면서 한국연구재단이 조사한 대한민국 인문·사회계열 모든 논저 중에서 인용지수 1위의 영광을 누렸다(중앙일보 2015년 10월 21일 1면 기사 참조). 또한 「**헌법학**」은 중국 국가번역과제로 선정되어 2015년 11월 7일에는 중국 상하이외국어대학교에서 "성낙인 서울대 총장 헌법학 번역서 출판을 위한 기념식"을 차오더닝 총장과 장펑 당서기를 비롯한 중국 정부(교육부·외교부)와 학교 관계자들이 참석한 가운데 개최한 바 있다.

　동당 성낙인 총장 퇴임기념 「**헌법과 국가정체성**」은 서울대학교 법학전문대학원과 법학연구소에서 퇴임교수를 위하여 간행하는 총서 중 제1호이다. 그간 퇴임기념논문집은 「법학」지 특별호로 출간되었으나, 새로이 퇴임 교수를 위한 단행본으로 출간된다. 좋은 기회를 마련하여 주신 장승화 원장님, 김도균 소장님, 정긍식 소장님, 전종익 간사님께 감사드린다. 특히 퇴임 기념좌담회에 귀중한 시간을 내어 함께 하신 교수님들과 정리에 수고한 송순섭 조교에게 감사드린다. 좌담회에는 학장시절 고락을 함께 한 박정훈·조국·이근관 부학장님, 송석윤·이효원·전종익·이우영·전상현 헌법교수님들이 함께 하셨다.

　총장 정년퇴임을 기념하여 간행된 「**憲法學 論集**」에 수록된 82편의 논문은 몇 편을 제외하면 대체로 지난 20년, 그러니까 저자의 헌법학자 생활 후반기에 해당하는 저작들이다. 이들 논문은 출간 이후 관련 법률과 판례의 변화가 있던 부분도 많이 있다. 하지만 논문을 지금 현재의 시점으로 수정하는 작업이 쉽지 아니할 뿐만 아니라 당해 논문 출간 당시의 의미를 자칫 손상시킬 우려도 있다. 이에 논문 본문은 특별한 경우가 아니면 가급적 수정하지 아니하고 원문대로 게재하는 것을 원칙으로 하였다. 다만 필요한 경우에는 논문 후반에 그 사이 변화된 상황을 보론으로 제공하였다. 「헌법학 논집」의 편제는 저자의 주저인 「헌법학」의 편제를 그대로 채택하여 헌법총론, 헌법과 정치제도, 헌법과 기본권의 순서로 편성되어 있다.

또한 저자의 총장퇴임기념 외부필진 논문집인 "東堂 成樂寅總長 退任紀念論文集"「國家와 憲法Ⅰ·Ⅱ」도 같은 편제를 취하고 있다. 117편의 소중한 논문을 제출하여 주신 분들에게 무한한 감사의 말씀을 전한다. 특히 저자의 학문적 스승이신 김철수 교수님을 비롯하여 권영설 전 한국공법학회 회장님, 박용상 전 헌법재판소 사무처장님께 감사드린다. 「국가와 헌법」 간행위원회 위원들께도 이 자리를 빌려 감사의 마음을 전한다.

특히 박사학위 취득 후 소중한 시간을 「헌법과 국가정체성」과 「憲法學 論集」의 정밀한 교정에 할애하여 준 저자의 마지막 조교인 김태열 미국 뉴욕주 변호사에게 고마움을 전하며 학문적 대성을 기원드린다. 영문 레쥬메 작성에 수고한 박사과정의 윤형석 변호사에게도 감사드린다. 지난 4년간 묵묵히 서울대 총장실을 지켜준 황인중 비서실장을 비롯하여 강덕화, 박경호, 강형석, 김현승, 김정현, 이승훈 선생께도 감사드린다.

더불어 "東堂 成樂寅總長 退任紀念論文集"「國家와 憲法Ⅰ·Ⅱ」의 간행사와 저자의 주저인 「헌법학」 초판과 제17판·제18판·제19판의 서문을 함께 실으면서 그간 저자와 함께하여 주신 분들에게 감사의 뜻을 전하고자 한다.

서울대학교 법과대학 은사이신 金哲洙, 崔大權, 金東熙 교수님, 그리고 유명을 달리하신 金道昶, 徐元宇, 權寧星, 崔松和 교수님의 학은에 감사드린다. 또한 서울법대 헌법학의 안경환, 정종섭, 송석윤, 이효원, 전종익, 이우영, 전상현 교수님들께도 감사드린다.

프랑스 파리2대학교 유학 시절 은사·선배 교수님에게도 감사드린다. 지도교수이신 Denis LEVY 교수님을 비롯해서, Georges VEDEL, Jean-Louis QUERMONNE, Jacques CADART 교수님, Jean MORANGE 교수님, Marc ORANGE 교수님, Georges TURKEWICZ 선생님께 감사드린다. 일본의 淸水英夫 교수님, 右崎正博 교수께도 감사드린다.

특히 저자의 18판에 이르는 「헌법학」 출간과정에서 교정을 함께하여 주신

동료 교수님들과 제자들에게도 이 자리를 빌려서 감사의 마음을 전한다. 초판에는 金春坤 강사, 安京姬 박사, 康德和 선생, 金相君·鄭聶太·柳承佑·徐아람 군, 제2판에는 權建甫 강사와 安台埈·朴鍾宇·方泰慶, 정철·한동훈·성승환·김동훈·전상범 군, 제3판에는 정철·한동훈·성승환·김동훈·전상범 군, 제4판에는 李金玉 교수, 崔京玉·權建甫·曹小永·정종길 박사와 金素延 연구관, 韓東薰·朴眞佑·金壽用·李경찬·金東勳·朴世勳 법학석사가, 柳在遠·金志映·金지이나 군, 제5판에는 서울法大의 朴正勳·曹國 副學長과 鄭宗燮·宋石允 교수의 學問的 助言, 金孝全 교수님과 崔美汀 교수님의 도움말씀, 權建甫 교수의 부분 작업, 徐輔健 연구원의 판례 정리, 韓東薰·朴眞佑·金壽用·金正淵·金東勳·李承玟(李鉉祐)·金慧眞 법학석사, 金正勳·李鎭 군, 제6판에는 朴正勳·李根寬 부학장, 權建甫·徐輔健 교수, 羅達淑 박사, 崔昌鎬 검사(헌법연구관), 朴眞佑·金壽用·朴相凡·金찬 법학석사, 金載煥·洪眞映·鄭晶化·朴逸奎 군, 제7판에는 韓寅燮·李昌熙·宋石允 교수님의 조언, 崔昌鎬 검사(헌법연구관), 朴眞佑·韓東薰·金壽用 법학석사, 석사과정의 金載煥·이민수·鄭津鏞·김태겸 군, 제8판에는 申東雲·尹眞秀 교수님의 조언, 대학원 박사과정의 崔昌鎬 검사(헌법연구관), 呂雲國 판사(헌법연구관)와 丁哲 교수·朴眞佑 박사·韓東薰 박사·金壽用 법제연구원 부연구위원·金東勳 법무관, 제9판에는 서울법대 宋石允·李孝元·全鍾杙 교수의 조언, 崔昌鎬 부장검사(법무부 국가송무과장), 呂雲國 판사(서울중앙지법), 金東勳 법무관 그리고 朴眞佑 박사와 金容勳 조교, 제10판에는 박진우 박사의 개정법령과 판례 정리, 허진성 박사와 박사과정의 김용훈·김태열·강준구 조교의 교정, 김지영·박재인 군 및 강유미 대위, 제11판에는 그간 박사학위를 취득한 박희정, 윤학, 이효원, 진경준, 정상익, 서재덕, 권건보, 정철, 장용근, 한동훈, 김수용, 박진우, 허진성, 김용훈, 김동훈, 채영호 박사를 치하하고, 그 이후 김소연·성승환·김태열·박대헌·전상현 제씨도 박사학위를 취득하였으며, 박사과정의 유남석, 신상한, 서영득, 성기용, 최창호, 이기선, 지석재, 송경근, 여운국, 김윤홍, 장성윤, 김성현, 임성희, 션헤이즈, 황선기, 박상범, 오유승, 강준구, 임승은, 이재희 제씨를 격려하고, 그 이후 박사과정에 김충희·김봉원·이연연·임승은·김지영·김남기·김정길·김우진·이윤희·신유정·박유영·이진 제씨가 박사과정에 진학하였고, 경원대

법대의 박진우 교수의 헌신, 김벼리·오유승, 제12판에는 박사과정의 임승은, 석사과정의 김정길 조교, 박정훈 군, 제13판에는 박진우 교수의 교정과 정리 및 아주대 이헌환 법학전문대학원 교수, 최창호 법무연수원 연구위원, 헌법재판연구원의 한동훈 박사, 허진성 대전대 교수, 헌법재판소의 전상현·김동훈 연구관의 고견, 최지영·안해연·박정훈 군, 제14판에는 박진우 교수와 최창호 서울고검 검사, 헌법재판연구원의 한동훈 박사, 허진성 대전대 교수, 전상현 한양대 교수, 김동훈 헌법연구관, 제15판에는 가천대 법대의 박진우 교수와 김태열 조교, 양태건 박사, 제16판에도 가천대 법대의 박진우 교수와 뉴욕주 변호사 김태열 조교, 중국변호사인 박대헌 조교, 제17판에도 가천대 법대의 박진우 교수 김태열 조교와 박대헌 조교, 제18판에는 박진우 교수와 상명대의 김용훈 교수, 대전대의 허진성 교수, 김태열 변호사의 노고에 감사드린다. 본 「**헌법과 국가정체성**」의 서문은 동당 성낙인 총장 퇴임기념 「**헌법학 논집**」(2018) 서문의 내용을 일부 수정하였음을 밝혀둔다.

　끝으로 어려운 출판 여건에도 불구하고 흔쾌히 「**헌법과 국가정체성**」의 출간을 맡아주신 박영사 안종만 회장님, 조성호 이사님, 이승현 과장님에게 감사드린다.

2019. 3. 1.

3·1절 및 대한민국임시정부 수립 100주년을 기리며

서울대학교 연구실에서

저자 成樂寅(성낙인) 씀

간 행 사

1948년 대한민국 헌법이 제정된 지 올해로 70년이 됩니다. 그동안 우리나라는 어려운 여건 속에서도 산업화와 민주화를 동시에 이룩한, 세계적으로 유례를 찾기 어려운 발전을 거듭하여 왔습니다. 지금 또 다시 새로운 변화와 발전을 요구받고 있습니다. 1987년의 명예혁명과 2017년의 촛불혁명으로 민주화를 위한 도도한 흐름 속에서, 경제적으로 지속적 성장과 적정한 배분이 강하게 요구되고 있고, 계층과 세대 간에서 사회문화적 갈등이 커지고 있습니다. 또한 남북관계가 새로운 전기를 맞고 있어 통일의 기초를 닦고 동북아 및 세계의 평화를 위해 주도적인 역할을 하여야 할 상황입니다.

이러한 시대적 과제 앞에서 우리는 헌법의 의미와 중요성을 되새깁니다. 헌법은 국가의 미래상을 제시하는 비전이자 이정표이기 때문입니다. 오늘날 이 땅에 사는 사람들의 이념적, 경제적, 문화적 다양성에도 불구하고 우리의 동일성과 정체성은 바로 '대한민국헌법'에서 찾게 됩니다. 그렇기 때문에 어느 시대보다 지금이야말로 '국가와 헌법'의 관계를 성찰하고 미래의 비전을 다듬어야 할 때입니다. 이러한 시기에 우리나라를 대표하는 헌법이론가이자 헌법실천가인 成樂寅 총장님의 퇴임을 기념하는 논문집을 간행하는 의의가 자못 크다고 할 것입니다.

총장님은 1950년 경남 창녕에서 태어나 대구중학교와 경기고등학교를 거쳐 서울대학교 법과대학을 졸업하고, 동 대학원 박사과정을 수료한 후 프랑스 파리 2대학교에서 박사학위를 받았습니다. 1980년 영남대학교 법과대학 교수로 부임하여, 서울대학교 법과대학 교수로 재직하다가 2014년 7월 20일 제26대 서울대학교 총장으로 취임하였습니다.

총장님의 헌법학을 특징짓는 수식어는 '실존적' 헌법학과 '실천적' 헌법학, 그리고 '사랑과 봉사'의 헌법학이라는 것은 본인과 선후배, 후학들이 異口同聲으로 인정하는 바입니다. 여기에 각각 理性과 意志, 그리고 感動이라는 키워드를 연결합니다.

첫째, 실존적 헌법학입니다. 이상을 추구하면서 현실에 안주하는 이상적 현실주의가 아니라, 현실에 기초하면서 끊임없이 이상을 만들어 가는 현실적 이상주의에 바탕을 두고 있습니다. 이러한 의미에서 '理性'의 헌법학입니다. 이는 헌법의 본질을 '권력과 자유의 상호융합과 조화' 속에서 기능하는 '국가법질서의 근간'으로 파악하고 있는 것에서 잘 나타나 있습니다. 이러한 헌법적 이념을 바탕으로 헌법학, 헌법학입문, 언론정보법, 대한민국헌법사, 헌법소송론, 선거법론, 판례헌법 등 수십 권의 저서를 발간하였습니다. 특히 『헌법학』은 올해 제18개정판을 내었으며 우리나라 인문사회계열 전체에서 가장 인용이 많이 되고 있는 책으로 선정되기도 하였습니다.

둘째, 실천적 헌법학입니다. 총장님은 당시 학문으로서의 법학의 불모지 시대에 시민혁명과 민주제의 산실인 프랑스로 유학을 떠나 실천으로서의 헌법학을 체득하였습니다. 그리하여 헌법학을 이론적으로 연구하는 것에 머무르지 아니하고 헌법이 국민의 생활규범으로 실현되는 '생활법치'를 구현하고자 뜻을 세우고 노력하였습니다. 이러한 의미에서 '意志'의 헌법학입니다. 『헌법과 생활법치』, 『우리헌법읽기』, 『만화 판례헌법』 등 역작을 계속적으로 저술한 것도 이러한 노력의 결과입니다.

셋째, 사랑과 봉사의 헌법학입니다. 사회공동체 속에서 나눔과 소통과 화합을 강조하고 몸소 실천하는 것입니다. 총장으로 취임하여, 경제적으로 어려운 학생들이 부업에 매달리지 아니하고 학업에 전념할 수 있도록 매달 생활비 30만원을 지원하는 '선한인재장학금'을 도입하였고, 학생회관에서 '1000원의 식사'를 제도화한 것도 이러한 소신의 발로입니다. 뿐만 아니라 그동안 서울대학교 법과대학 학장, 한국공법학회 회장, 한국법학교수회 회장을 포함하여 정부, 국회, 법원 등 헌법기관에서 각종 위원회 위원장을 맡으면서 사랑과 봉사를 몸소 실천하였습니다. 이러한 공로로 대한민국이 수여하는 청조근정훈장과 황조근정훈장을 비롯하여 한국헌법학회 제정 학술상, 목촌법률문화상, 상허대상 등 많은 상훈을 받았습니다. 그렇기 때문에 '感動'의 헌법학입니다.

이러한 나눔과 소통과 화합으로, 총장님은 헌법학·행정법학 등 공법학과 사법학·국제법학, 나아가 인문학과 사회과학을 넘나드는, 보수와 진보를 아우르며 세대와 학문적 배경을 뛰어넘는 폭넓은 교류를 하여 왔습니다. 제26대 서울대학교 총장으로 취임하여, 학내외의 어려운 여건 속에서, 특히 촛불혁명의 정치적 격변 중에도, 서울대학교가 흔들림 없이 발전할 수 있도록 기초를 다지고, 올해 7월 퇴임하게 됩니다. 이를 기념하여, 총장님과 그동안 사랑과 존경을 나눈, 다양한 분야의 많은 학자와 실무가들이 '國家와 憲法'이라는 주제를 중심으로 다채로운 논문들을 제출하여 논문집을 간행하게 된 것을 기쁘게 생각합니다. 헌법학자로서, 교수로서, 그리고 공직자로서 한결 같은 길을 걸어온 成樂寅 총장님께 그동안 애쓰신 노고에 감사하면서 이 기념논문집을 올립니다.

2018. 6.

東堂 成樂寅總長 退任紀念論文集 간행위원을 대표하여

간행위원장(서울대학교 법과대학 교수) 박정훈(朴正勳)

국가와 헌법 Ⅰ 집필진

김철수 (서울대학교), 강경근 (숭실대학교), 송석윤 (서울대학교), 이국운 (한동대학교), 정만희 (동아대학교), 김형남 (California Central University), 严海玉 (중국 연변대학교), 蔡永浩 (중국 연변대학교), 최경옥 (영산대학교), 김효전 (동아대학교), 박인수 (영남대학교), 김충희 (변호사), 정상우 (인하대학교), 윤성현 (한양대학교), 이병규 (동의과학대학교), 정긍식 (서울대학교), 문재완 (한국외국어대학교), 조소영 (부산대학교), 성승환 (변호사), 김정현 (전북대학교), 기현석 (명지대학교), 정 철 (국민대학교), 정호열 (성균관대학교), 이원우 (서울대학교), 권영설 (중앙대학교), 정태욱 (인하대학교), 이효원 (서울대학교), 박정원 (국민대학교), 권형둔 (공주대학교), 김하중 (변호사), 이근관 (서울대학교), 장승화 (서울대학교), 정인섭 (서울대학교), 김대인 (이화여자대학교), 김용훈 (상명대학교), 박진완 (경북대학교), 최창호 (서울고등검찰청 검사), 정긍원 (대구대학교), 이전오 (성균관대학교), 변해철 (한국외국어대학교), 한동훈 (헌법재판연구원), 심경수 (충남대학교), 윤진수 (서울대학교), 손형섭 (경성대학교), 정순섭 (서울대학교), 서승환 (한국법제연구원), 우미형 (변호사), 이헌환 (아주대학교), 朴大憲 (중국 요녕대학교), 박정훈 (서울대학교), 남하균 (울산대학교), 최계영 (서울대학교), 송시강 (홍익대학교), 임성훈 (변호사), 이상덕 (부장판사), 박훈민

(한국법제연구원), 강지은 (경기대학교), 허진성 (대전대학교), 전학선 (한국외국어대학교), 문상덕 (서울시립대학교), 이광윤 (성균관대학교), 배병호 (성균관대학교), 백윤철 (대구사이버대학교), 박 훈 (서울시립대학교), 이재희 (변호사), 최유경 (한국법제연구원), 김중권 (중앙대학교), 한인섭 (서울대학교, 한국형사정책연구원장), 강일원 (헌법재판소 재판관), 유남석 (헌법재판소 소장), 전종익 (서울대학교), 박진우 (가천대학교), 박현정 (한양대학교), 정호경 (한양대학교), 김진욱 (헌법재판소 헌법연구관), 김동훈 (헌법재판소 헌법연구관)

국가와 헌법 Ⅱ 집필진

전상현 (서울대학교), 정재황 (성균관대학교), 송덕수 (이화여자대학교), 김재형 (대법관), 박현정 (동아대학교), 장준혁 (성균관대학교), 김성태 (홍익대학교), 김상겸 (동국대학교), 조 국 (서울대학교, 청와대 민정수석비서관), 신옥주 (전북대학교), 음선필 (홍익대학교), 이용식 (서울대학교), 박용상 (변호사), 신 평 (경북대학교), 이동훈 (세명대학교), 이우영 (서울대학교), 김신규 (목포대학교), 지성우 (성균관대학교), 김광수 (서강대학교), 권건보 (아주대학교), 이진수 (영남대학교), 남유선 (국민대학교), 강호균 (변호사), 이상경 (서울시립대학교), 이철수 (서울대학교), 이승욱 (이화여자대학교), 남선모 (세명대학교), 정종길 (한국헌법학회 국제이사), 이은기 (서강대학교), 고문현 (숭실대학교), 이성환 (변호사), 장재옥 (중앙대학교), 정남철 (숙명여자대학교), 안동인 (영남대학교), 차민식 (전 부산항만공사 본부장), 박재윤 (한국외국어대학교), 이승민 (변호사), 이은상 (서울고등법원 판사), 명순구 (고려대학교), 안경희 (국민대학교), 김대환 (서울시립대학교), 최병문 (상지대학교)

헌법학 제19판(2019년판) 서문

애독자님들의 성원에 힘입어 『헌법학』 제19판을 상재한다. 40년에 이르는 헌법학교수와 공직을 마무리하고 오래 만에 여유가 생겨 **『헌법학』**을 전면적으로 재조명할 시간을 가졌다. 지난 20년간 보충만 하던 헌법재판소 판례는 주요 판례 중심으로 대폭 정리하였다. 헌법학 일반이론도 기본서로서 필요한 범위로 한정하여 논의하고 최근 발표된 헌법학자들의 소중한 논저들을 충실히 반영하였다. 선거제도, 정치제도 일반이론 등은 대폭 수정하였다. 그 외에도 거의 모든 내용에 걸쳐서 수정과 보완을 가하였다. 이에 제19판은 사실상 전면 개정판이라 할 수 있다. 예년과 같이 지난 1년간 개정된 법률과 새 판례를 2019년 1월 20일 현재까지 반영하였다. 정부조직법, 공직선거법, 정치자금법, 법원조직법, '각급 법원의 설치와 관할구역에 관한 법률', 소위 '드루킹특검법' 등을 비롯하여 '양심적 병역거부'와 그에 따른 대체복무제도, 집회의 자유 등에 관한 판례도 충실하게 반영하였다. 특히 국회법·'국정감사 및 조사에 관한 법률'·'국회에서의 증언·감정 등에 관한 법률'은 한글 표기 변화 등으로 전면적인 개정이 이루어져 세심하게 반영하였다. 하지만 본문을 30여 면 줄임으로써 연구서로서의 품격과 기본서로서의 안정감을 동시에 추구하였다.

지난 2018년은 1948년에 제정된 대한민국헌법 70주년이다. 1948년 7월 17일 제정된 헌법에 근거하여 8월 15일에는 대한민국 정부가 수립되었다. 1948년에 제정된 헌법은 1919년에 수립된 대한민국임시정부(大韓民國臨時政府)의 법통(法統)을 이어받았음을 분명히 한다. 제헌헌법은 5천년 역사에서 최초로 모든 국민의 보통·평등·직접·비밀선거로 실시된 1948년 5월 10일 제헌의회 의원선거로부터 비롯된다. 비록 분단된 남쪽에서만 실시된 선거이긴 하지만 민주주의의 고향이라는 영국에서 1928년 보통선거를 실시한 지 불과 20년 후라는 점에서 그 역사적 의의를 결코 과소평가하여서는 아니 된다. 더 나아가 대한민국의 법적 토대를 마련한 7월 17일 제헌절은 1949년 10월에 제정된 '국경일에 관한 법률'에 따라 1950년부터 법정공휴일이 되었다. 그런데 2008년부터 법정공휴일에서도 제외되어 있을 뿐만 아니라 70주년의 그 역사적 의의를 평가하거나 자축하는 행사도 마련되지 못하였다는 점에서 안타깝기 그지없다. 법정공휴일이 아니니 제헌절 노래(정인보 작사, 박태준 작곡)조차 잊어버린다.

> 1. 비 구름 바람 거느리고
> 인간을 도우셨다는 우리 옛적
> 삼백 예순 남은 일이 하늘 뜻 그대로였다
> 삼천 만 한결같이 지킬 언약 이루니
> 옛 길에 새 걸음으로 발 맞추리라
> 이 날은 대한민국 억만 년의 터다
> 대한민국 억만 년의 터
> 2. 손씻고 고이 받들어서
> 대계의 별들같이 궤도로만
> 사사없는 빛난 그 위 앞날은 복뿐이로다
> 바닷물 높다더냐? 이제부터 쉬거라
> 여기서 저 소리 나니 평화오리라
> 이 날은 대한민국 억만 년의 터다
> 대한민국 억만 년의 터

1948년에 제정된 대한민국헌법은 1987년에 이르기까지 아홉 차례의 개정이라는 잔혹한 시련을 거쳤다. 하지만 1987년 헌법은 이제 30년을 훌쩍 넘어서서 헌법의 안정을 구가한다. 마침 문재인 대통령은 2018년에 헌법개정안을 제시하였지만 국회에서 제대로 된 논의조차 되지 못한 채 역사의 창고로 들어가 버렸다. 헌법개정은 정부와 국회의 여야가 합의하지 아니하는 한 불가능하다는 점은 국회 특별의결정족수 3분의 2가 이를 증명한다. 나라의 터전이자 기본법인 헌법의 개정 논의가 정쟁의 희생양이 되어버려 안타깝기 그지없다.

2019년은 3·1운동 백주년이자 대한민국임시정부 수립 백주년이다. 1948년 수립된 대한민국의 법통은 대한민국 임시정부로부터 비롯됨을 헌법전문에서 명시하고 있다. 자주독립국가를 향한 한민족의 염원이 발원한 3·1운동으로부터 주권재민의 공화국을 선포한 대한민국임시정부는 오늘을 살아가는 민주공화국의 유산이자 법통이다. 이제 대한민국임시정부 수립 백주년을 맞이하면서 미래를 향한 대한민국을 향하여 나아가야 한다. 이제 소모적인 건국절 논쟁으로부터도 벗어나야 한다. 선조들의 위대한 유업을 삼일절 노래와 더불어 재음미하고자 한다.

기미년 삼월일일 정오
터지자 밀물 같은 대한 독립 만세
태극기 곳곳마다 삼천만이 하나로
이 날은 우리의 의요 생명이요 교훈이다
한강은 다시 흐르고 백두산 높았다
선열하 이 나라를 보소서
동포야 이 날을 길이 빛내자

　한반도를 둘러싼 정치지형이 숨 가쁘게 돌아간다. 분단의 현장인 판문점에서 역사적인 4·27 남북정상회담에 이어, 싱가포르에서 6·12 북미정상회담이 개최되면서 제2차 세계대전 이후 분단의 마지막 현장인 한반도에 평화와 화해의 분위기가 조성된다. 이런 분위기는 6·13 지방선거에서 집권 더불어민주당의 압승과 자유한국당의 참패로 귀결되었다. 이제 정치인들의 정치인들만을 위한 정치가 아니라 국리민복을 위하여 통합과 화합의 정치를 열어야 한다.

　격동의 국제정세 속에 국내적인 혼란과 위기가 대두될수록 성숙한 민주시민은 선의지(善意志)에 입각하여 이기적인 자아를 통제하면서 공동선(共同善, common good)을 구현할 수 있는 인격체로서의 소명을 다하여야 한다. 민주시민은 생활 속에서 법과 원칙을 존중(生活法治)하는 가운데 우리 사회를 "선(善)한 사람들의 공동체"로 거듭 태어나게 하여야 한다.

　독자들께서는 『**헌법학**』 관련 저자의 저서들을 참조하면 좋을 것 같다. 『**헌법학입문**』(제8판, 2018), 『**판례헌법**』(제4판, 2014), 『**헌법소송론**』(2012), 『**대한민국헌법사**』(2012), 『**헌법 판례백선**』(2013) 등이 있다. 민주시민의 동반자여야 할 헌법을 쉽게 이해하기 위하여서는 『**만화 판례헌법 1. 헌법과 정치제도**』, 『**만화 판례헌법 2. 헌법과 기본권**』(2013)을 비롯해서 저자의 칼럼집인 『**우리 헌법읽기**』(2014), 『**국민을 위한 사법개혁과 법학교육**』(2014)을 권하여 드린다. 그간 저자가 국민의 생활헌장으로서의 헌법을 강조하면서 동시에 현실에 기초한 생활법치를 강조하여 왔던바, 2014년에 한국연구재단이 주관한 석학인문강좌(제67호)의 『**헌법과 생활법치**』(세창출판사)도 뒤늦게 출간되었다.

　40년에 이르는 헌법학자의 여정에서 『**프랑스 제5공화국헌법상 각료제도**』(1988, 파리, 불어판), 『**프랑스헌법학**』(1995), 『**언론정보법**』(1998), 『**선거법론**』(1998) 등 다수의 단행본을 출간한 바 있다.

2018년 6월에는 저자가 발표한 학문적 성과를 집대성하여 82편에 이르는 논문을 『**헌법학 논집**』(2018)으로 출간하였다. 또한 뜻을 같이 하는 선배·동료법학자들이 함께한 『**국가와 헌법**』I(헌법총론·정치제도론)·II(기본권론)(2018)을 출간하였다. 117편에 이르는 주옥같은 논문을 기고하여 주신 분들에게 이 자리를 빌려서 깊은 감사의 말씀을 드린다. 척박한 한국적 법학문화에서도 굳건하게 법학계를 지켜온 은사이신 김철수 교수님을 비롯하여 선배·동료 법학자들에게 거듭 감사의 말씀을 올린다.

『**헌법학**』으로 대학에서 강의하면서 드러난 문제점을 적시하여 주는 교수님들의 조언에 감사드린다. 특히 가천대 법대 박진우 교수의 한결 같은 정성에 감사드린다. 상명대 김용훈 교수도 고견을 주셨다. 미국 뉴욕 주 변호사인 김태열 박사, 박사과정의 윤형석 변호사도 수고가 많았다. 초판부터 한결 같이 애써주신 법문사 사장님, 장지훈 부장님, 김용석 과장님, 유진걸 님, 정해찬 님 그리고 전산작업을 담당한 법문사 전산실 이선미 님에게 감사드린다.

서울대학교 총장으로서 4년의 소임을 마무리하면서, 서울대학교가 '선(善)한 인재'의 보고로서 국민의 사랑을 받으며 세계 속에 우뚝 설 수 있기를 기도한다.

2019년 1월 20일

서울대학교 관악 연구실에서

저자 成樂寅(성낙인) 씀

헌법학 제18판(2018년판) 서문

촛불정국은 대한민국 건국 이래 최초로 현직 대통령이 탄핵으로 파면되는 불행한 헌정사를 연출하고 말았다. 2017년 3월 10일 대통령 탄핵 인용(罷免)이라는 헌법재판소의 결정으로 박근혜 대통령은 당일로 물러나고 헌법규정에 따라 새 대통령 선출을 위한 대선정국으로 이어졌다. 촛불은 더불어민주당의 문재인 후보를 5월 9일에 실시된 제19대 대통령선거 당선인으로 연결시켰다. 이는 70년 헌정사에서 세 번째 정권교체에 해당된다. 그 이전에 경험하지 못하였던 정권교체는 1987년 체제에서 1998년, 2008년에 이어 세 번째이다.

새 정부는 적폐청산을 통한 정의로운 대한민국을 건설하겠다고 다짐한다. 대통령직 인수위원회 기간도 가지지 못한 채 대통령으로 취임함에 따라 한 동안 정국 운영에 어려움이 있었으나 이제 겨우 안정을 찾는다. 현대판 역성혁명(易姓革命)인 정권교체에 따라 권력과 세력의 이동이 한 눈에 드러난다. 10년 전 무대를 떠났던 인사들의 회귀도 눈부시다. 하지만 적폐청산 작업이 자칫 복수혈전으로 귀결되어서는 아니 된다. 국내외적으로 매우 혼란스럽고 어려운 시기이다. 한반도를 둘러싼 4강의 힘겨루기도 예사롭지 아니하다. 과거를 거울삼아 현재를 일구면서 미래(未來)를 향한 국가발전에 더욱 매진할 때이다.

금년은 국민소득 3만 불의 원년이 될 것 같다. 인류 역사에서 최단기간에 산업화와 민주화를 달성한 국민적 저력의 결과이다. 세계 10대 경제대국에 당당히 진입한다. 이제 대한민국과 대한국민은 그 동안의 노고를 자축하고 위로할 만하다. 우리 스스로 후진국이라고 자세를 낮추고 있는 동안에, 대한민국과 대한국민은 개발도상국들로부터 성공한 국가의 표준적 모델로 벤치마킹의 대상이다.

대통령후보들이 공약한 개헌 논의가 새해 벽두에 봇물 터지듯 한다. 1948년 제헌 이래 1987년까지 10개의 헌법을 가진 헌법과 헌정의 불안정을 겪었던 나라가 1987년 체제 이래 31년째 안정을 구가한다. 1987년 여야8인 정치회담에 의하여 급작스럽게 만들어진 헌법은 스스로 많은 흠결을 안고 있다. 이제 세계화, 지방화, 정보화 시대에 걸 맞는 국민의 생활헌장(生活憲章)으로서의 새 헌법을 만들 때가 되었다. 하지만 정치권의 설왕설래는 혹여 헌법개정 논의와 그 과정이 정치인들의 정략적 노리개로 전락하여, 국민통합의 계기를 마련하여야 할 헌법개정 논의가 국론분열로 이어져서는 아니 될 것이다.

혁명의 시대가 끝난 평화의 시대에는 민주시민의 덕성을 일구어 나가야 한다. 민주시민의 덕성은 생활 속에서 구현되어야 한다. 저자는 석학인문강좌의 내용을 토대로 『**헌법과 생활법치**』를 간행하였다. 세 번의 정권교체를 통하여 구현한 민주시민의 의지를 이제 생활법치(生活法治)를 통하여 실질적 민주주의·실질적 법치주의를 구현하여 그토록 갈구하던 민주법치국가를 반석 위에 올려놓아야 한다.

제18판에서는 판례나 내용의 일부를 삭제하여 새 판례와 내용이 추가되었음에도 불구하고 전체적으로 10여 면을 줄였다. 그간 개정할 때마다 내용을 추가하여 왔는데 규모의 한계에 이른 것 같아 앞으로도 추가 내용만큼 삭제하고자 한다. 또한 새 한글표기법에 따라 읽기 쉬운 『**헌법학**』이 되도록 한글표기도 원칙적으로 약자 표기를 지양하여 법률 문언의 표현에 충실하고자 노력하였다. 그런데 그간 헌법과 법률에서는 약자를 사용하지 아니하였는데 근래 일부 법률에서 약자를 사용하는 사례가 있어 유감스럽게 생각한다. 형사보상청구권을 종래 신체의 안전과 자유로 기술하여 왔으나 청구권적 기본권에서 독립된 제6절로 기술하였다. 또한 신체의 안전과 자유에서 죄형법정주의를 대폭 수정하였다. 현대적인 위기사회에서 국민의 자유도 중요하지만 세월호·제천화재를 거치면서 안전의 중요성은 더욱 요망된다. 그런 점에서 헌법학 연구에서도 안전에 대한 연구도 보강되어야 하지만, 그에 관한 보완은 다음 기회로 미루고자 한다.

2018년 1월 20일

서울대학교 총장실에서

저자 成樂寅(성낙인) 씀

헌법학 제17판(2017년판) 서문

지금 대한민국은 내우외환(內憂外患)에 휩싸여 있다. 1987년 체제의 꽃인 대통령직선제 대통령들은 한결같이 불행한 최후를 맞이하고 있다. 임기 말에는 어김없이 부패의 사슬과 비선실세가 드러났다. 대통령 박근혜 탄핵소추안이 국회에서 압도적 다수로 가결되어 헌법재판소의 탄핵심판에 들어갔다. 대통령은 직무집행이 정지당함으로써 식물대통령 상태이다. 2014년 대통령 노무현 탄핵에 이어 두 번째 대통령권한대행 체제가 가동되고 있다. 대통령제 민주주의가 한계를 드러낸 가운데 대의제 민주주의 또한 무기력하기 그지없다. 이 와중에 광장민주주의만 현란하게 작동된다. 30년간 안정을 구가하던 87년 헌법은 광장의 시민에게 그 자리를 내몰린다. 헌법을 바꾸자는 것도 아니고 더더구나 기존체제를 바꾸자는 것도 아닌데 광장의 분노는 혁명을 뛰어넘는 수준이다. 낡은 질서와 관행을 거두어들이고 미래를 향한 전달자(porteur d'avenir)임을 자처하는 시민혁명은 기존의 체제 파괴적인 혁명론과 근본적인 차이를 드러낸다. 이제 광장의 분노를 수렴하여 진정한 민주공화국을 부활시킬 책무가 우리 앞에 놓여 있다.

국민들이 합의한 최고의 문서인 헌법은 대한민국이 주권재민의 민주공화국임을 천명하고 있다. 민주공화국, 만백성이 주인이 되는 공화국이 바로 민주공화국이다. 공화국은 사사로움을 떨쳐버리고 모든 공적인 것(res publica)을 대변하는 국가이다. 그 공화국은 자유, 평등, 정의, 박애를 상징하기도 한다. 하지만 그 공화국은 어느 날 갑자기 주어진 것이 아니다. 그 공화국은 피의 투쟁과 숙청의 결과물이기도 하다. 짐이 곧 국가(L'État, c'est moi)이던 절대군주제에 입각한 구체제(ancien régime)를 폐기시키고 새로운 국가를 창설하는 과정에서 공화국은 군주제를 대체하는 새로운 명제로 등장하였다. 공화국의 신비스러운 여정이 어느 순간에 이르면 혁명으로 분출된다.

1945년 광복과 더불어 1948에 제정된 제헌헌법은 1919년에 수립된 대한민국임시정부의 법통을 이어받은 민주공화국을 다시 한 번 천명하고 있다. 하지만 그 민주공화국은 수많은 상처를 낳으면서 민주공화국의 본질에 충실하지 못한 비운의 공화국으로 연명하여 왔다. 1948년 제헌헌법 이래 1987년 헌법은 아홉 번째 개정헌법이다. 39년 동안에 10개의 헌법이 명멸하여 갔다. 헌법의 불안정이 계속되는 '헌법의 왈츠시대'를 거치는 동안, 헌정은 파탄으로 물들어 갔다. 대한민국에서 민주주의가 꽃피우길 바라는 것은 쓰레기통에서 장미꽃이 피길 바라는 것이나 다름없다는 외교관의 폭언에도 우리는 쓰린 가슴을 부여안고 이를 감내하였다. 그런데 1987년 헌법 이래 대한민국에도 민주주의의 가능성을 분명하게 보여준다. 1987년 헌법이 30년 동안 유지되면서 헌법의 안정시대를 구가한다. 두 번의 평화적 정권교체(two turn-over)는 외형적 민주주의의 정착을 알리는 신호와도 같다. 그 사이 우여곡절을 겪어오면서도 국민소득 3만 불의 세계 10대 경제교역국가로 자리매김하면서 이제 대한민국은 인류역사에서 가장 압축적으로 산업화와 민주화를 성공시킨 모범국가로 자리 잡았다.

하지만 21세기 대명천지에 펼쳐지고 있는 광장민주주의 현상은 아직도 주권재민이 제대로 실천되지 못함을 단적으로 보여준다. 4년 또는 5년마다 이어지는 주권자의 선택이 그 기간을 감내할 정도에 이르지 못하고 있음을 단적으로 보여준다. 어쩌면 한국적 민주주의의 한계이자 동시에 한국민주주의의 미래를 밝혀줄 등불 같은 현상인지도 모를 일이다. 국민의 대의를 제대로 반영하지 못하는 위정자와 민심의 괴리현상이 지속되는 한 광장민주주의는 필연코 새로운 질서의 창출을 요구받게 된다. 민심을 제대로 읽지 못하는 위정자에 대한 환멸이 결국은 구질서의 퇴장을 명령한다. 광장의 분노는 최고권력을 향한다. 독점적 권력이 밀실에서 작동되는 순간 부패의 사슬로부터 벗어나기 어렵다. 권력의 속성은 나누어 가지기가 쉽지 않다. 권력을 가진 자는 항상 그 권력을 독점하고 남용하려 한다는 몽테스키외가 '법의 정신'에서 설파한 명제는 여전히 타당하다. 권력의 남용을 차단하기 위하여서는 제도적인 보완이 불가피하다. 권력의 균형추를 상실한 대통령 중심의 체제는 그 한계를 여실히 드러낸다. 권력도 이제 '나눔의 미학'을 구현할 때가 되었다. 소통과 화합 더 나아가 협치는 나눔을 통한 균형을 모색하는 유일한 길이다. 그 길만이 상실된 균형을 회복시키고 복원시킬 수 있다.

혁명의 시대가 끝나고 평화의 시대가 열려감에 따른 민주시민의 역할과 기능은 생활 속의 법치주의를 실천하는 데 있다. 민주화 과정에서 부수적으로 자행된 불법과 비리는 민주화라는 이름으로 정당화되었다. 이제 더 이상 구호에만 의존할 것이 아니라 법과 제도를 충실히 이행하는 가운데 법질서의 안정을 확립하여야 한다. 우리의 생활 속에 자리 잡고 있는 법에 대한 불신, 더 나아가서 법은 가진 자의 도구에 불과하다는 선입견으로부터 벗어나서 새로운 법적 평화의 시대를 열어가야 한다. 이제 허울뿐인 외견적 민주주의의 틀을 벗어나야 한다. 민주주의는 법과 원칙을 존중하는 가운데 절차적 법치주의 즉 적법절차(due process of law)부터 준수하면서 그 내용의 실질 즉 실질적 법치주의로 나아가야 한다. 그래야만 공동체적 가치를 서로 존중하면서 함께하는 사회를 이루어나갈 수 있다. 살아있는 주권자는 스스로 자기통제가 가능하여야 한다. 권리만 주장하고 공동체 구성원으로서의 책무를 다하지 아니하는 곳에 그 공동체는 제 기능을 발휘하지 못하는 악순환을 되풀이하게 된다. 민주시민의 덕목은 스스로 선의지에 충만하여 이기적인 자아를 통제하면서 공동선(common good)을 구현할 수 있는 인격체로서의 소명을 다하는 데 있다. 민주적 공동체에서 주권자인 시민은 능동적 주체로서 주인의식을 더욱 공고히 하여야 한다. 하지만 우리 사회에는 정치·경제적 시민의식은 넘쳐나지만 정작 민주적 시민의식은 아직도 요원하다는 비판을 면하기 어렵다. 자신의 경제적 이익을 위하여는 온갖 수단방법을 가리지 아니하면서도 정작 공동체적 가치를 구현하기 위한 배려는 아직도 취약하기 그지없다. 경제적 양극화는 공동체 전체의 통합에 대한 도전과 균열로 이어진다. 이 시점에서 민주시민이 가져야 할 최고의 덕목은 자신에게 주어진 현실을 제대로 인식하여 그 바탕에 기초하여 공동체 구성원으로서의 역할과 기능에 충실히 하는 것이다. 그것은 현실을 부정하는 데에서 출발하는 것이 아니라 현실에 터 잡은 시민의식의 함양에 있다. 그 길은 민주시민으로서 생활 속에서 법과 원칙을 존중하는 사회를 위한 올바른 방향을 확립하는 것이다. 실존의 세계를 외면한 주의나 주장은 공리공론에 불과할 뿐이다.

　독자들의 성원에 힘입어 『**헌법학**』이 인문사회계열 전체를 아울러서 가장 인용이 많이 된 저서로 확인되었다(중앙일보 2015년 10월 21일 1면 및 2면 기사 참조). 또한 『**헌법학**』이 중국 국가번역과제로 선정되어 상하이외국어대학교에서 번역중에 있다. 『**헌법학입문**』은 제자들의 노력으로 중국에서 번역본이 출간될 예정이다. 2016년 11월에는 제10회 목촌법률상을 수상하는 영광을 누렸다. 2016년부터 2년간 동아시아연구중심대학협의회(AEARU) 의장으로 취임하였다.

　　서울대학교 총장직을 수행하면서 『**헌법학**』을 제대로 살펴볼 시간이 많지 않다. 하지만 해외출장 시간을 이용하여 『**헌법학**』 교정을 보면서 의외로 많은 수정사항을 발견할 수 있었다. 차제에 가독성(可讀性)을 높이기 위해 고딕체를 대폭 활용하였을 뿐만 아니라 한문 투의 문장을 한글화하는 작업도 병행하였다. 또한 각종 표기도 재조정하여 읽기 편한 책이 되도록 각별히 배려하였다. 제14판부터 바뀐 제1편 「헌법총론」, 제2편 「정치제도론」, 제3편 「기본권론」은 유지된다.

2017년 1월 20일
서울대학교 총장실에서
저자 成樂寅(성낙인) 씀

헌법학 초판(2001년판) 序文

세월은 참으로 유수와 같이 빨리도 흘러간다. 잔설을 녹이는 봄꽃을 완상하고 있는가 하면 어느덧 비바람치는 여름을 지나 낙엽이 뒹구는 가을이면 벌써 캠퍼스의 한 해는 저물어 간다. 헌법학이 무엇인지 법학이 무엇인지도 제대로 알지 못한 채 헌법학강의와 연구를 시작한 지 벌써 20년을 훌쩍 넘어섰다. 청년의 나이에 헌법학교수로 부임하여, 백발이 희끗희끗한 노교수의 풍모에 경의를 표하던 날이 엊그제 같은데, 하나 둘 늘어나는 흰머리를 새치라고 뽑아 가던 40대를 뛰어넘어 이제 늘어나는 흰머리를 안타까워하는 50대에 이르렀나 보다.

지난 20여년간 저자는 천마의 땅에서 관악의 기슭에서 헌법학자로서 나름대로 치열한 삶을 살아왔다. 그간 다수의 저서와 논문을 발표하면서 한국에서의 헌법학자로서의 고뇌를 되새겨 보았다. 저자는 헌법학연구의 결과물인 단행본 저서로는 "프랑스 제5공화국헌법상 각료제도"(Les ministres de la 5ᵉ République française, Paris, LGDJ, 1988), "프랑스헌법학"(법문사, 1995), "언론정보법"(나남출판, 1998), "선거법론"(법문사, 1998)을 출간한 바 있다. 특히 헌법재판소의 활성화와 더불어 판례와 사례연구의 중요성이 증대함에 따라 "한국헌법연습"(고시계·언약, 1997·1998(전정판))을 출간한 바 있으며, "헌법연습"(법문사, 2000)으로 새롭게 태어났다.

이제 그간 법과대학에서의 헌법학 강의와 연구의 집적물을 하나의 책으로 출간하게 되어 새삼 새로운 감회에 젖어든다. 대학에서의 강의과정에서 나름대로 정리한 강의안을 여러 차례 퇴고를 거듭하여 체계적 정리를 하고 보니 제법 근사한 憲法學 교과서가 된 것 같은 착각도 가지게 된다. 사실 교과서를 저술한다는 것이 비록 대단한 학문적 업적이라고 할 수는 없다고 하더라도 적어도 교수로서 늘 꿈꾸어 오던 희망사항임은 부인할 수 없다. 그러나 헌법학 전반에 걸쳐 세밀한 정리를 하는 일은 생각했던 것보다는 힘든 작업이었다. 막상 교과서를 집필하는 과정에서 아직도 너무나 많은 논점에 관해서 체계적 이해가 부족함을 통감하기도 하였다. 따라서 헌법학 교과서의 집필에 있어서는 무엇보다도 그간 한국헌법 반세기를 지탱하여 온 은사·선배 헌법학자들의 논고와 저술에 크게 의존할 수밖에 없었다. 그분들이 쌓아 온 고귀한 업적이 없었더라면 오늘의 한국헌법학도 제대로 자리잡기 어려웠을 것이다. 새삼 그분들의 노고에 존경과 경의를 표한다.

본서의 **서술**에 있어서는 다음과 같은 몇 가지를 고려하였다. 첫째, 법과대학 학부 학생들의 교과서로 집필한 것이기 때문에 가급적 기존 헌법학 교과서의 체제와 편제를 존중하였다. 새로운 체제로 저술하여 학생들에게 부담감을 주지 않기 위한 배려이다. 이 과정에서 은사님·선배님들이 저술한 헌법학 교과서를 최대한 참조하면서 이분들의 소중한 견해를 경청하였다. 둘째, 헌법재판소가 활성화되면서 헌법학의 주요한 논점에 관해서 쌓아 온 판례이론을 최대한 반영하려고 노력하였다. 사실 헌법재판소결정에는 학자들의 이론이 상당부분 반영되어 있다. 따라서 더 이상 논란의 여지가 없는 일반론적인 내용은 판례를 최대한 원용하여 독자들의 참고와 편의에 제공하려고 노력하였다. 특히 지난 12년간의 헌법재판소결정(판례)을 해당 논점에 참조하고 인용하는 작업은 무척 힘든 일이었지만, 가급적 참조하려고 노력하였다. 셋째, 그간 외국의 헌법학이론이 수입되어 왔으나 다소 독일헌법학 중심의 편향적인 경향이 있었다. 이에 프랑스헌법학이론의 한국적 접목을 시도하였다. 그러나 법과대학 학부 학생들의 교과서라는 점을 특별히 의식하여 가급적 프랑스헌법학의 일반이론을 중심으로 한국적 접목을 시도하였다. 외국법학이론의 무분별한 도입도 문제가 되겠지만, 어차피 한국헌법의 뿌리가 서유럽에서 쌓아 올린 자유민주주의의 틀에 기초해 있다면, 외국이론을 도외시할 수 없기 때문이다. 프랑스헌법학의 본격적인 이론은 저자의 **프랑스憲法學**을 참조해 주기 바란다.

본서의 **내용**에 있어서도 다음과 같은 몇 가지를 고려하였다. 첫째, 헌법학연구에 있어서 국민의 자유와 권리(기본권)의 중요성을 소홀히 할 수는 없지만, 동시에 헌법학의 출발점은 근대입헌주의 이래 쌓아 올린 국민주권주의에 기초해 있다는 점을 간과해서는 안 된다는 것이다. 바로 그런 의미에서 자유의 기술로서의 헌법학은 동시에 국민주권으로부터 비롯되는 권력의 기술로서의 헌법학과의 조화에 있다는 점을 강조하고자 하였다. 둘째, 한국헌법상 권력구조의 틀을 보다 실천적으로 이해하려고 노력하였다. 그간 한국헌법상 권력구조의 이해에 있어서는 헌법규범의 정확한 이해보다는 헌법현실적인 고려가 너무 앞서 나가고 있었다. 이제 나라의 민주화와 더불어 헌법규범의 정확한 이해와 그 규범의 제도적 뿌리를 찾아서 이에 충실한 연구가 뒤따라야 하기 때문에, 미래지향적인 헌법규범의 이해를 위한 노력을 기울여 보았다. 그것은 특히 헌법상 정부형태론과 정부와 국회의 관계에서 강조되고 있다. 현행헌법규범을 전제로 하여 그간 기피대상이었던 이원정부제(반대통령제)적인 이해의 가능성을 입체적으로 살펴보았다. 셋째, 헌법재판이 활성화되어 감에 따라 헌법재판론을 보다 깊이 있게 다루고자 노력하였다. 헌법재판과 관련된 많은 논점을 정리하고 이와 관련된 학설이나 헌법재판소와 대법원의 판례를 최대한 반영하려고 노력하였다. 넷째, 그간 한국헌정의 민주적 전개에 따라 해마다 많은 법률들이 제정·개정되고 있다. 본서에서는 2001년 1월에 국회에서 통과된 법률까지 반영하였다. 특히 정부조직법, 법원조직법과 같은 기본법률이 개정되어 관련내용을 추가하였다. 미진하고 불충분한 부분은 독자들의 질정을 받아 향후 충실히 보답할 것을 약속한다. 독자들은 때로 미진한 논점에 관해서는 저자의 **憲法演習**을 통하여 보완할 수 있기를 바란다.

그간 저자의 학자생활은 나름대로 격랑과 파도를 헤쳐왔다. 이 과정에서 너무나 많은 분들의 은혜를 입었다. 은사이신 金哲洙 교수님으로부터 끊임없이 학자로서의 영감을 얻을 수 있었다. 선생님으로부터는 학자적 연구활동뿐만 아니라, 학자로서의 사회활동에도 너무나 많은 것을 배워 왔다. 한국공법학회회장 재직시 총무간사로서, 한국법학교수회회장 재직시 총무간사와 사무차장으로서 가르침을 받아왔다. 서울대학교 법과대학의 權寧星 교수님과 최대권 교수님의 학은에도 감사드린다. 권영성 교수님의 정치한 논리는 저자의 헌법학 저술에 있어서도 살아있는 귀감이 되었다. 崔大權 교수님의 법사회학적인 논리 앞에 저자의 짧은 식견을 부끄러워하고 있다. 또한 金東熙 학장님은 저자를 프랑스공법학의 길로 안내해 주셨다. 언제나 인자하신 崔松和 전 부총장님의 격려도 잊을 수가 없다. 한편 저자는 프랑스 파리2대학교 법과대학원에 유학하면서 여러 은사·선배 교수님으로부터 가르침을 받았다. 지도교수이신 Denis LEVY 교수님을 비롯해서, Georges VEDEL, Jean-Louis QUERMONNE, Jacques CADART 교수님의 지도에 감사드린다. 또한 Jean MORANGE, Marc ORANGE 교수와 Georges TURKEWICZ 선생의 우의도 잊을 수가 없다. 일본의 원로헌법학자이신 淸水英夫 선생님의 따뜻한 격려와, 右崎正博 교수의 우의에도 감사드린다.

저자는 그간 한국헌법학계의 원로·선배교수님들로부터 너무나 많은 격려와 지도편달을 받아왔다. 한국공법학회와 한국헌법학회를 통하여 선배교수님들의 가르침을 받는 것은 학자로서의 소중한 양식이 되었다. 특히 선배교수님들을 직접 모시고 총무이사, 연구이사, 출판이사, 국제이사 등의 업무를 수행할 수 있었던 것은 저자로서의 커다란 영광일 뿐만 아니라 가까이서 가르침을 받을 수 있는 소중한 기회이기도 하였다. 척박한 한국헌법학의 풍토에서 평생을 학자로서의 길을 걸어오신 이분들의 노고에 다시 한번 경의를 표한다. 저자의 교수생활은 영남대학교 법과대학에서 시작되었다. 이 자리를 빌려서 다시 한번 선배교수님들의 보살핌에 감사드린다. 또한 천마의 땅에서 저자의 가르침을 받은 법학도들의 대성을 기원한다.

憲法學 교과서를 집필하면서 그간 모아 놓은 논문과 강의안으로 쉽게 해결되리라던 당초의 생각은 일이 진행되면서 회의와 좌절로 이어지기도 하였다. 그러나 주변의 격려에 힘입어 이제 겨우 모습을 드러내게 되었다. 그간 작업과정에서 너무나 많은 분들의 은혜를 입었다. 이제 헌법학을 통해서 헌법학자로서의 생활을 중간정산하는 듯한 감회를 지울 수 없다. 이 자리를 빌려서 오늘의 저자가 있기까지 보살펴 주신 부모님 恩惠에 감사드린다. 이미 故人이 되신 부모님 (成瑄永, 鄭鳳点)을 비롯해서, 형님들과 누님들의 사랑이 오늘이 있기까지 저자를 지탱하여 주셨다. 삼가 이 小著를 父母님 靈前에 바치고자 한다. 어설픈 학자생활과 저술로 인하여 자주 찾아보지 못한 고향땅 昌寧이 새삼 눈에 아른거린다. 영일없는 작업에 가장을 빼앗긴 아내와 아이들에게도 이제 빚을 갚아야 될 때가 되었나 보다.

2001. 2. 15.

관악의 잔설을 바라보며 저자 成樂寅(성낙인) 씀

東堂 成樂寅總長 年譜 및 主要研究業績

I. 年 譜

1. 약 력

(1) 가족관계
본 적 : 경남 창녕군 대지면 효정리(미락마을) 147
가족관계 : 부(고 성선영), 모(고 정봉점)의 여섯째로 출생
부 인 : 백희정
자 녀 : 성효진(서울대 대학원 미술사학 박사과정 수료)
　　　　 성관정(서울대 대학원 법학박사과정 수료, 변호사)

(2) 주요 학력
- 프랑스 파리2대학교 대학원 법학박사(Docteur en droit)
- 프랑스 파리2대학교 국내공법전공 법학박사과정 수료(D.E.A.)
- 프랑스 파리2대학교 헌법전공 법학박사과정 수료(D.S.U.)
- 서울대학교 대학원 법학박사과정 수료(LL.D. Candidate)
- 서울대학교 대학원 법학석사(LL.M.)
- 서울대학교 법과대학 졸업(LL.B.)
- 경기고등학교 졸업
- 대구중학교 졸업
- 대구 복명국민학교 졸업
- 경남 창녕 대지국민학교 수학
- 2016.9 : 카자흐스탄 국립 알마티 대학교 명예박사
- 2018.5 : 우즈베키스탄 국립 타시켄트 법과대학교 명예법학박사
- 2016.11 : 중국 연변대학교 초빙교수

2. 학교 관련

- 서울대학교 제26대 총장(2014.7.20.-2018.7.19.)
- 서울대학교 산학협력재단 이사장
- 서울대학교 출판문화원 이사장
- 서울대학교 병원 이사장
- 서울대학교 치과병원 이사장
- 서울대학교 발전재단 이사장
- 서울대학교 출판문화원 이사장
- 서울대학교 대학신문 발행인
- 서울대학교 분당병원 후원회 이사
- 서울대학교 발전자문위원회 위원장
- 서울대학교 법과대학 교수(1999.9.1.-2014.7.19.)
- 서울대학교 법과대학 학장(2004.6.3.-2006.5.3.)
- 서울대학교 법학발전재단 이사장
- 서울대학교 법과대학 발전위원회 위원
- 서울대학교 법과대학 BK21사업단 단장(2004.6.3.-2008.5.3.)
- 서울대학교 교수 징계위원회 위원(2004.6.3.-2006.5.31.)
- 서울대학교 본부 교원 인사위원회 및 양성평등위원회 위원(2005.4.-2006.6.)
- 서울대학교 국가유공자위원회 위원(2005.3.-2006.6.)
- 서울대학교 평의원회 위원(2007.3.-2009.3.)
- 서울대학교 교수윤리위원회 위원(2005.3.-2006.6.)
- 서울대학교 교수협의회 이사(2002.7.-2004.6.)
- 서울대학교 법과대학 대학원 공법 주임교수(2000.3.-2000.6.)
- 서울대학교 법학연구소 법학 편집위원(2006.6.-2008.6.)
- 서울대학교 법학연구소 운영위원
- 서울대학교 법과대학 대학원 공법 주임교수
- 서울대학교 법학연구소 헌법과통일법센터 센터장(2006.6.-2014.7.)
- 서울대학교 법학연구소 지식재산권센터 자문위원장(2006.6.-2008.6.)
- 서울대학교 법과대학 최고지도자과정 운영위원장(2008.6.-2010.6.)
- 서울대학교 법과대학 최고지도자과정 주임교수(2006.6.-2008.6.)

- 서울대학교 법과대학 발전위원회 위원
- 서울대학교 인문대학 인문학최고과정 자문위원(2006.3.-2006.6.)
- 서울대학교 법학연구소 공익산업법센터 고문(2005.3.-2006.6.)
- 서울대학교 법과대학 교무담당 부학장 겸 법학부장(2000.6.16-2002.6.15.)
- 서울대학교 법과대학 BK21사업단 부단장(2002.6.16.-2004.6.15.)
- 서울대학교 연합전공 정보문화학 운영위원(2002.3.-2006.6.)
- 영남대학교 법과대학 교수(1980.-1999.8.31.)
- 영남대학교 법과대학 부학장(1989.-1991.)
- 영남대학교 법과대학 법학과장(1981.-1983.)
- 영남대학교 법과대학 고시원 지도교수(1981.-1983.)
- 이화여자대학교 법과대학 및 동 대학원 강사

3. 교외 관련

(1) 학 회

- 동아시아연구중심대학협의회(AEARU) 의장(2016.1.1.-2017.12.31.), 이사
- 아시아대학총장협의회(APU) 상임의장(2014.7.20.-2017.7.19.)
- 아시아대학협의회(AUA) 이사(2016.4.-)
- 한국법학교수회 회장(2009.1.1. - 2012.12.31.)
- 한국법학교수회 총괄간사, 사무차장, 사무총장, 이사 역임
- 한국공법학회 회장(2005.7.1.-2007.7.1.), 현 고문
- 한국공법학회 총괄간사, 연구위원, 이사, 상임이사, 총무이사, 연구이사, 부회장 역임
- 공법연구 편집위원, 편집위원장(2007-2008)
- 한국헌법학회 고문(2007.7.1.-현재)
- 한국헌법학회 이사, 상임이사, 국제이사, 기획이사, 부회장 역임
- 헌법학연구 편집위원
- 세계헌법학회 한국학회 회장(2013.12.1.-2018.12.31.)
- 세계헌법학회 한국학회 이사, 부회장 역임
- 한국 법교육학회 초대 회장 (2006.5.-2014.10.) 현 고문
- 제1회 아시아 헌법학자대회 위원장(2005.1.-2005.10.)
- 한국언론법학회 초대 이사 부회장(2003.8.-2006.8.)

- 공법이론과 판례연구회 회원(현재)
- 행정법이론실무학회 회원(현재)
- 한국행정법학회 회원(현재)
- 한국행정판례연구회 회원(현재)
- 한국환경법학회 회원(현재)
- 한국경제법학회 회원(현재)
- 한국토지공법학회 회원(현재)
- 한국부동산법학회 회원(현재)
- 한불법학회 부회장, 회원(현재)
- 한독법학회 회원(현재)
- 한국유럽헌법학회 회원, 고문(현재)
- 한국유럽학회 이사, 회원(현재)
- 미국헌법학회 회원(현재)
- 한국비교공법학회 회원(현재)
- 대구경북법학회 회원, 간사(1980.9.1.-현재)
- 프랑스 법학박사협회 정회원(1987.10.-현재)

(2) 정 부

[대통령실]
- 대통령자문 교육개혁위원회 위원(1996.4.-1998.2.)
- 대통령직 인수위원회 정무위원회 자문위원(2003.1.-2003.2.)
- 대통령직속 통일준비위원회 자문위원(2014.-2017.)
- 민주평화통일자문회의 제9기 자문위원

[총리실]
- 국무총리행정심판위원회 위원 (1997.9.-2003.10.)
- 국무총리행정심판위원회 초대 정보공개전문위원장(2003.10.-2005.2.)
- 경제인문사회연구회 국정과제추진위원회 위원
- 경제인문사회연구회 정책과제평가위원회 위원장

[헌법 및 국가 기관 관련]
- 감사원 정책자문위원회 위원

- 감사원 감사제도개선연구위원회 위원장
- 국가정보원 해외정책자문위원회 위원장
- 중앙선거관리위원회 선거자문위원회 위원(2011.5.‑2014.7.)
- 국가인권위원회 차별금지법 제정심의위원회 위원(2003.‑2005.)

[통일 관련]
- 통일부 정책자문위원회 위원장(2009.9.‑2012.8.)
- 한독통일포럼 창립 위원(2011.‑현재)
- 개성공단 지원재단 이사
- 북한이탈주민지원재단 이사(2008.10.20.‑2016.12.)

[총무처, 법제처, 행정안전부 관련]
- 총무처 정보공개법 심의위원회 위원
- 총무처 사법시험, 군법무관 시험위원 역임
- 총무처·행정안전부 행정고시, 외무고시, 기술고시, 입법고시 위원 역임
- 한국법제연구원 정책자문위원회 위원
- 법제연구(한국법제연구원) 편집위원장(2012.‑현재)
- 한국법제연구원 정책자문위원회 위원장
- 행정안전부 정보공개위원회 위원장(2008.5.‑2012.5.)
- 행정자치부 행정절차법 개정 심의위원회 위원
- 행정안전부 정보공개위원회 위원장
- 제8대 경찰위원회 위원장(2012.8.‑2014.7.)
- 한국행정연구원 정책자문위원회 위원

[국방 관련]
- 육군본부 법무실 정책자문위원회 자문위원
- 한국전쟁기념재단 부이사장(2014.‑2018.)

[교육 관련]
- 교육부 대학원 인가평가위원회 위원장
- 교육과학기술부 자체평가위원회 위원장
- 교육과학기술부 교육과정 개발 추진위원회 위원
- 교육부 자체평가위원회 위원장

- 한국학술진흥재단 심의평가위원회 법학분과 위원장
- 전국 법과대학(법학과) 평가단 단장(2000)
- 한국교원단체 총연합회 교권옹호위원회 위원장(2000.-2014.)
- 한국교원단체 총연합회 교권옹호기금운영위원회 위원장(2000.-2014.)
- 한국학중앙연구원 운영자문위원회 위원
- 독학사고시 출제위원

[문화체육관광 관련]
- 언론중재위원회 중재위원(1991.3.-1997.3.)
- 콘텐츠분쟁조정위원회 초대 및 제2대 위원장(2011.-2014.7.)
- 대한민국학술원 제59회 학술원상 사회과학부문 심사위원(2014)
- 문화관광부 우수도서 심의위원회 위원(1996.-1997.)
- 국립국어연구원 사전편찬 심의위원

[정보통신 관련]
- 정보통신부 정보통신망법 심의위원회 위원장(1998, 2004.)
- 정보통신부 정보통신망 등에 관한 법률 제정 심의위원회 위원장
- 정보통신부 정보통신망 및 정보보호 등에 관한 법률 제정 심의위원회 위원장
- 개인정보분쟁조정위원회 부위원장(2001.10.-2004.11.)
- 정보통신부 인터넷주소자원법 제정 심의위원회 위원장
- 방송위원회 방송정책기획위원회 위원
- 초고속정보통신망위원회 전문위원
- 한국정보보호진흥원 정책자문위원회 위원

[재정경제 관련]
- 재정경제부 상속증여세포괄세제심의위원회 위원장
- 한국조세연구원 정책자문위원회 위원
- 한국조세연구소 연구위원
- 통계청 통계직 공무원 시험 출제위원

[산업자원특허 관련]
- 특허청 특허심판제도 개선위원회 위원
- 한국지적재산연구센터 비상임 연구원

- 한국발명진흥회 비상임 연구위원
- 한국지적재산센터 창립이사
- 한국과학기술유공자 추천위원회 자문위원(2016.-2018.)
- 전자거래분쟁조정위원회 조정위원

　[보건복지 관련]
- 국립암센터 이사
- 국립암센터 말기암환자관리위원회 자문위원

(3) 국　회
- 국회 공직자윤리위원회 위원장 (2011.-2014.)
- 국회 헌법연구자문위원회 부위원장 (2008.8.-2010.6.)
- 국회 의회발전연구회 이사
- 국회 예산정책처 정책자문위원회 위원
- 국회 사무처 행정심판위원회 위원(2001.2.-2005.2.)
- 국회 사무처 정보공개위원회 위원(2002.3.-2004.3.)
- 국회 사무처 법제사법위원회 전문위원후보 심사위원회 위원장
- 국회 법제실 법제 자문위원(2004.5.-2014.7.)
- 국회 예산정책처 처장후보심사위원회 위원
- 국회 입법조사처 입법조사실장 후보심사위원회 위원장
- 국회 19대 국회의원 선거구획정위원회 위원
- 국회 법제사법위원회 전문위원후보심사위원회 위원장
- 국회 입법고시 위원

(4) 법　원
- 대법원 법관인사위원회 초대 외부 위원 (2005.5.-2006.5.)
- 대법원 대법관후보제청자문위원회 위원 (2009.1.-2012.12.)
- 사법연수원 운영위원(2005.5.-2007.5.)
- 대법원 비교법실무연구회 창립 회원
- 대한변호사협회 변호사징계위원회 위원

(5) 헌법재판소
- 헌법재판소 자문위원 (2005.5.-2013.)

- 헌법재판제도 개선위원회 위원장
- 헌법재판소법 개정자문위원회 위원장
- 헌법재판소 헌법재판연구회 회원
- 헌법재판소 헌법재판실무연구회 부회장 역임, 현 회원

(6) 법무부 · 검찰

- 법무부 법교육연구위원회 위원장(2005.3.-2006.3.)
- 법무부 법교육위원회 위원장(2006.3.-2014.7.)
- 대검찰청 인권존중을 위한 수사제도관행개선위원회 위원장(2004.7.-2005.4.)
- 대검찰청 검사비리 진상규명위원회 위원장(2010.4.-2010.7.)
- 법무부 사법시험관리위원회 위원(2003.4-2010.5.)
- 법무부 수사공보제도개선위원회 위원장(2009.9.-2010.8.)
- 법무연수원 비상근 연구위원
- 법무부 헌법자문위원회 자문위원

(7) 지방자치단체

- 서울특별시 인사위원회 위원, 부위원장(2001.5.-2005.2.)
- 서울특별시 지방공무원 시험 출제위원(헌법)
- 서울특별시 교육청 시험위원(헌법)
- 경상북도 지방공무원 시험위원(헌법)
- 대구광역시 시정연구위원회 비상임 연구위원(1995.5.-1999.10.)
- 대구광역시 정보공개심의위원회 위원(1995.5.-1999.10.)
- 대구광역시 지방공무원 시험 출제위원(헌법)
- (재)한국지역진흥재단 명예자문위원

(8) 기　타

- 서울대학교 총동창회 회원, 이사, 고문(2014.-현재)
- 서울대학교 총동창회 관악대상 심사위원회 위원
- 서울대학교 대학원 동창회 고문(2014.-현재)
- 서울대학교 법과대학 총동창회 회원, 이사, 고문(2006.-현재)
- 서울대학교 법과대학 총동창회 자랑스러운 서울법대인 심사위원회 위원
- 경기고등학교 총동창회 회원, 이사(2006.-현재)

- 학교법인 영남학원 임시이사
- 창공회(재경창녕출신 공무원 동우회) 회원, 회장(2008.-2012.)
- 신양문화재단 이사장
- 3·1문화재단 이사(현재)
- 목촌법률문화재단 이사
- 상허재단 상허대상 심사위원회 위원
- 인성포럼 창립회원
- 나라정책연구회 이사, 정책위원장, 부회장, 회장직무대행
- 참여연대 회원, 발기인, 자문위원
- 경제정의실천시민연합(경실련) 회원, 자문위원
- 매일경제신문 객원논설위원
- 동아일보 내셔널아젠다 위원회 위원장
- 동아일보 '성낙인의 법과사회' 집필
- 4월회 이사, 자문위원
- DGB금융 사외이사
- 삼일문화재단 삼일운동 백주년기념 특별상 심사위원장
- 자민포럼 회장
- 고시계 편집위원 겸 헌법 강평위원

4. 상훈 사항

2018 : 청조근정훈장(대통령) 수훈
2005 : 황조근정훈장(대통령) 수훈
2017 : 시진핑(習近平) 중화인민공화국 주석 친서 수령
1989 : 한국공법학회 신진학술상(헌법부문) 수상
2010 : 상허대상 법률부문 대상 수상
2012 : 한국헌법학회 학술상
2014 : 대한민국 법률대상 학술부문 대상 수상
2016 : 목촌법률문화상 수상
2012 : 자랑스러운 창녕인상(재경창녕군 향우회)
2015 : 자랑스러운 경기인상(경기고등학교 총동창회)
2019 : 창녕군 창녕군민대상

5. 기 타

(1) 기념식수

2014 : 서울대학교 총장취임 기념, 서울대학교 본부 행정관 입구

2014 : 서울대학교 총장취임 기념, 서울대학교 총장 공관

2014 : 물계서원, 경남 창녕군 대지면 창녕성씨 대종회

2015 : 서울대학교, 광양 학술림 시찰 기념

2015 : 대만 칭화대학교, 개교 백주년 기념, AEARU 이사회 의장 자격

2017 : 중화인민공화국 절강대학교, 개교 백주년 기념

2017 : 복명초등학교, 대구광역시 수성구 모교 방문 특강 기념

2017 : 대구중학교, 대구광역시 모교 방문 특강 기념

2018 : 서울대학교, 광양 학술림 학술관 준공 기념

2018 : 교육부 중앙교육연수원(대구 소재) 방문 및 특강 기념

(2) 기념표지

2015 : 서울대학교 법과대학 교지, 서울특별시 종로구 동숭동 구 서울대학교 부설 초등, 여중 구내 법대총동창회 주관 법대 학장으로 표지참여

6. 해외 연수 및 출장

(1) 서울대학교 총장 취임 전

1987년 세계헌법학회 정기총회 및 학술대회 참석

1997년 일본 변호사연합회 초청 학술대회 주제발표

1998년 불한의원친선협회 초청 대통령궁, 국사원, 헌법재판소 등 시찰

2001년 필리핀 대법원장 초청 국제학술대회 참석 주제발표

2005년 아시아법과대학협의회(ASLI) 싱가포르 학술대회 참석 및 주제발표

2009년 국회헌법자문위원회 단장으로 영국, 프랑스 연수시찰 등

2013년 미국 산타클라라 대학 연수

약 40여 회 해외 연수

(2) 2014년 서울대학교 총장 취임 이후

2014년 베트남 하노이대학교에서 개최된 BESETOHA(베이징, 서울, 도쿄,

하노이 대학) 연합 학술대회 주관

2015년 베트남 하롱베이에서 개최된 아시아대학포럼(AUF) 회의 상임공동의
　　　　 장으로 회의 주관

2015년 홍콩과학기술대학에서 개최된 동아시아연구중심대학협의회(AEARU)
　　　　 의장으로 향후 2년간 회의 주재

2015년 네팔 카트만두 대학 졸업식에서 축사

2016년 프랑스 전국경제인협회 및 전국대학협회 주관 산학협력대회에서 기
　　　　 조연설

2016년 미국 하버드대학교 특강

2016년 카자흐스탄 국립대학교 특강 및 명예박사학위 수여

2016년 미국 버클리대학에서 개최된 세계대학 총장회의 참석

2017년 중국 칭화대학 주관 아시아대학연맹(AUA) 이사로 북경 창립총회 참
　　　　 석 및 발제

2017년 중국 연변대학교 학술대회 참석 특강, 기조연설 및 초빙교수 수여

2018년 스위스 다보스포럼 글로벌대학총장포럼(GULF) 참석 및 발제

2018년 미국 UCLA Irvine Law School 특강 및 SMU 총장예방

2018년 미국 Washihgton Uni. in St Louis, Law School 특강

2018년 중국 보아오포럼 대학총장회의(AUA) 참석 및 발제

2018년 북경대학 개교 120주년 기념 학술대회 참석 및 기조발제

2018년 우즈베키스탄 국립법과대학교 초청특강 및 명예법학박사학위 수여

2018년 일본 동경대학교 총장 초청 특강

　　 등 국내외에서 40여 회 국제회의 참석 및 주관

(3) 2018년 서울대학교 총장 퇴임 이후

2018년 10월 독일 베를린 제8차 한독통일자문회의, 통일헌법 발제

2018년 10월 한국공법학회 주최 국제학술대회 기조연설, "정부형태와 협치"

2019년 4월 유럽헌법학회 학술대회 기조강연, "문화국가원리와 문화재보호"

2019년 6월 한불법학회 학술대회 기조연설, "한불수교 120주년과 한불법학"

Ⅱ. 主要研究業績

(1) 단독저서

헌법학, 제19판, 2019.2, 1540면 (ISBN: 978-89-18-09198-3)

헌법학입문, 제8판, 법문사, 2018.8.15, 550면 (ISBN: 978-89-18-09169-3)

憲法學 論集, 동당 성낙인 총장 퇴임기념, 2018.6, 1927면 (ISBN: 978-89-09159-4)

國家와 憲法 Ⅰ(헌법총론/정치제도론), 동당 성낙인 총장 퇴임기념논문집, 2018.6, 1778면 (ISBN: 978-89-18-09158-7)

國家와 憲法 Ⅱ(기본권론), 동당 성낙인 총장 퇴임기념논문집, 2018.6, 1019면 (ISBN: 978-89-18-09161-7)

憲法學, 제18판, 법문사, 2018.2, 1582면 (ISBN: 978-89-09140-2)

헌법과 생활법치, 석학인문강좌, 세창출판사, 2017 (ISBN: 978-89-8411-713-6)

憲法學, 제17판, 법문사, 2017.2, 1592면 (ISBN: 978-89-09080-1)

憲法學, 제16판, 법문사, 2016.2, 1542면 (ISBN: 978-89-09026-9)

憲法學, 제15판, 법문사, 2015.2, 1524면 (ISBN: 978-89-08470-1)

헌법학입문, 제7판, 법문사, 2017.8.20, 550면 (ISBN: 978-89-18-09113-6)

헌법학입문, 제6판, 법문사, 2016.8.15, 547면 (ISBN: 978-89-18-09053-5)

헌법학입문, 제5판, 법문사, 2015.7.17, 543면 (ISBN: 978-89-18-08491-6)

헌법학입문, 제4판, 법문사, 2015.8.15, 521면 (ISBN: 978-89-18-08446-6)

판례헌법, 제4판, 법문사, 2012.4.10, 1546면 (ISBN:978-89-18-08224-0)

우리헌법 읽기, 법률저널, 2014.4.1, 412면 (ISBN: 978-89-6336-147-1)

국민을 위한 사법개혁과 법학교육, 법률저널, 2014.4.15, 261면 (ISBN: 978-89-6336-188-8)

만화판례헌법(2) 헌법과 기본권, 법률저널, 2013.3, 269면 (ISBN: 978-89-6336-162-8)

만화판례헌법(1) 헌법과 정치제도, 법률저널, 2012.7, 337면 (ISBN: 978-89-6336-143-7)

헌법학입문, 제3판, 법문사, 2013.8.15, 517면 (ISBN: 978-89-18-08219-6)

헌법학, 제14판, 법문사, 2014.2.15, 1472면 (ISBN: 978-89-18-08222-6)

헌법학, 제13판, 법문사, 2013.2.25, 1472면 (ISBN: 978-89-18-08217-2)

헌법학입문, 제2판, 법문사, 2012.8.10, 511면 (ISBN: 978-89-18-08213-4)

판례헌법, 제3판, 법문사, 2012.3.30, 1502면 (ISBN: 978-89-18-08212-7)

대한민국헌법사, 초판, 법문사, 2012.1, 510면 (ISBN: 978-89-1808-205-9)

헌법학입문, 초판, 법문사, 2011.8.20, 508면 (ISBN: 978-89-1808-202-8)

헌법학, 제11판, 법문사, 2011.2, 1438면 (ISBN: 978-89-1808-201-1)

憲法學, 제10판, 법문사, 2010.2, 1380면 (ISBN: 978-89-1801-276-4)

判例憲法, 제2판, 법문사, 2009.3, 1602면 (ISBN: 978-89-18012-93-3)

憲法學, 제9판, 법문사, 2009.2, 1349면 (ISBN: 978-89-1801-290-2)

判例憲法, 초판, 법문사, 2008.3, 1772면 (ISBN: 978-89-1801-287-2)

통일헌법상 권력구조에 관한 연구, 서울대학교 통일연구소, 2008.

憲法學, 제8판, 법문사, 2008.2, 1328면 (ISBN: 978-89-1801-283-4)

공직선거법과 선거방송심의, 나남출판, 2007.9.10, 169면 (ISBN: 978-89-3008-245-7/ 8801.9)

憲法學, 제7판, 법문사, 2007.2, 1253면 (ISBN: 978-89-1801-279-7)

憲法學, 제6판, 법문사, 2006.2, 1226면 (ISBN: 89-1801-273-x)

憲法學, 제5판, 법문사, 2005.2, 1124면 (ISBN: 89-1801-268-3)

憲法學, 제4판, 법문사, 2004.2, 1082면 (ISBN: 89-1801-263-2)

憲法學, 제3판, 법문사, 2003.2, 1085면 (ISBN: 89-1801-258-6)

憲法學, 제2판, 법문사, 2002.2, 1127면 (ISBN: 89-1801-254-3)

憲法學, 초판, 법문사, 2001.2, 1163면 (ISBN: 89-1801-250-0)

정치관계법의 개정방향 – 선거법·정당법·정치자금법을 중심으로, 중앙선거관리위원회 2000.8.31, 183면.

憲法演習, 법문사, 2000.2.28, 941면 (ISBN: 89-1801-246-2)

選擧法論, 법문사, 1998.10.29, 501면 (ISBN: 89-1801-028-1)

言論情報法, 나남출판사, 1998.2.25, 781면 (ISBN: 89-3003-574-4)

韓國憲法演習, 언약, 1998.5.15.(전정판), 1020면 (ISBN: 89-7585-091-2)

韓國憲法演習, 언약, 1997.4.20.(초판) (ISBN: 89-7825-056-4)

프랑스憲法學, 법문사, 1995.3, 970면 (ISBN: 89-1801-215-2)

Les ministres de la 5e République française (佛語版), (프랑스제5공화국의 각료제도), Bibliothèque constitutionnelle et de la science politique n° 70, Paris, L.G.D.J., 1988.12, p. 291 (ISBN: 2275008055)

(2) 공동저서

헌법판례100선, 한국헌법학회 편, 법문사, 2012.11.15, 642면 (ISBN: 978-89-18-08214-1)

헌법소송론, 공동5인, 초판, 법문사, 2012.1, 405면 (ISBN: 978-89-18-08204-2)

인터넷과 법률 3(5인 이상 공저), 박영사, 2005 (ISBN: 978-89-18-08214-1)

개인정보보호법제에 관한 입법평가 [10인 공저], 한국법제연구원, 2008.10, 1179면 (ISBN: 978-89-8323-875-7)

사람다움이란 무엇인가 : 서울신학대학교 개교 100주년 기념, 17인 공저(민주시민과 생활법치 부문), 종 문화사, 2018, 360면 (ISBN: 979-11-8714-137-2; ISBN: 979118714-1228(세트))

한국행정 60년, 1948-2008 제1권 배경과 맥락, [공동, 초판], 법문사, 2008.8, 590면 (ISBN: 10-8918023065, ISBN: 13-9788918023069)

세계의 언론법제 정보공개와 언론, [5인 이상, 초판], 한국언론재단, 2008.7, 28-77면 (ISBN: 13-9788957111932)

새로운 헌법 필요한가, [5인 이상, 초판], 대화문화아카데미, 2008.6, 209-226면 (ISBN: 9788985155243)

공법학의 형성과 개척자, 박영사, 2007.12, 119-140면, 4인 공저 (ISBN: 978-89-10- 51505-0)

자금세탁방지법론, 경인문화사, 2007.9.14. (2인 공저: 권건보)

한국법과 세계화, 법문사, 2006 (남효순, 정상조 편, 12인 공저)

Rechtsreform in Deutschland und Korea im Vergleich, Duncker & Humbolt: Berlin, 2006.11.

한국법과 세계화, 공저, 법문사, 364면 (ISBN: 89-18-01096-6, 2006.8.)

Constitutionalism and Constitutional Adjudication in Asia, 한국법제연구원, 2005

인터넷과 법률 2, 박영사, 2005 (5인 이상 공저)

한국정치 60년과 김철수 헌법학, 박영사, 2005(4인 공저)

한국언론학술논총, 커뮤니케이션북스, 2003(13인 공저)

절차적 정의와 법의 지배, 박영사, 2003(12인 공저)

인터넷・언론・법, 한국법제연구원, 2002.5, 35-50면

인터넷 매체 선거보도의 법적 문제, 한국기자협회, 2002

인터넷과 법률, 법문사, 2002(5인 이상 공저)

공동연구(성낙인, 계희열, 김형성 3인), 통일헌법상의 경제질서, 2001년도
　　국회연구용역과제 연구보고서, 국회사무처, 2001.7.21, 210면

PD수첩과 프로듀서 저널리즘, 나남(MBC), 2000.7.21, 308면(193-228면)

법률가의 윤리와 책임, 박영사, 2000.9.10, 452면(409-423면)

김영삼정부의 개혁과 새 정부의 개혁과제 (공저), 현대정보문화사, 1998

세계언론판례총람 (공저), 한국언론연구원, 1998

特許審判院의 運營方式에 관한 研究(3인 공저), 한국발명진흥회, 1997

정치개혁 아젠다 10 (공저), 백산서당, 1996

基本權의 槪念과 範圍, 기본권의 개념과 범위에 관한 연구, 헌법재판자료
　　제6집, 1995

해설 지방자치단체선거법(공저), 한국사법행정학회, 1995

사법개혁, 이렇게 해야 한다(공저), 길안사, 1995

법학교육과 법조실무(공저), 한국법학교수회, 교육과학사, 1992

주석헌법 (공저), 법원사, 1991

정보이용의 활성화 방안 (공저), 정보문화센타, 1989

정치관계법 (공저), 박영사, 1983, 261-295면 국민투표법

법학개론 (영남대 법학연구소 편), 박영사, 1997.3(전정판)

법학개론 (영남대 법학연구소 편), 박영사, 1981.3

(3) 연구논문

정부형태와 협치: 한국의 경험과 가능성, 공법연구 제47집 제2호, 한국공법
　　학회, 2018.12, 1-44면.

디지털시대 헌법상 표현의 자유 개념, 미디어와 인격권 제4권 제2호, 언론
　　중재위원회, 2018.12, 1-45면.

Issues of Integrating the Consitutional System of Two Koreas(Die
　　Aufgabe der Integration des Verfassungssystems bei der Wieder-

vereinigung der koreanischen Halbinsel), 제8차 한독통일자문회의 발제문, 베를린, 2018.10.5.

Die koreanische Gesellschft nach der Wiedervereinigung, 세계헌법연구 제22권 제2호, 세계헌법학회 한국학회, 2016.8, 1-34면.

프랑스 사법제도의 특성에 비추어 본 헌법재판소의 구성, (서울대학교)法學 제56권 제1호, 통권 제174호, 2015.3, 67-104면.

통일시대를 대비한 헌법과 통일법의 과제, 세계헌법연구 제20권 제2호, 세계헌법학회 한국학회, 2014.8, 1-19면.

국민의 기본권 보장, 국회보, 통권 569호, 국회사무처, 2014년 4월, 62-65면.

경찰위원회의 법적 좌표와 발전 방향, 경찰위원회 심의회보 제75호, 경찰위원회, 2014.12.

콘텐츠산업육성과 콘텐츠 분쟁조정제도에 관한 연구, 세계헌법연구 제18권 제3호, 세계헌법학회 한국학회, 2012.12, 139-161면.

헌법개정과 권력구조, 저스티스 통권 제134-2호(특집호 1), 한국법학원, 2013.2, 134- 149면.

21세기 바람직한 정부조직과 정부조직법, 법제연구 통권 제44호, 한국법제연구원, 2013.6, 241-281면.

대한민국 경제헌법사 소고-편제와 내용의 연속성의 관점에서, (서울대학교) 법학 제54권 제3호(통권 168호), 서울대학교 법학연구소, 2013.9, 133-161면.

헌법재판의 발전방향 소고, 憲法裁判의 새로운 地平 : 이강국 헌법재판소장 퇴임기념논문집, 이강국 헌법재판소장 퇴임기념논문집 간행위원회, 2013.

헌법과 경제민주화, 법제연구 통권 제43호, 한국법제연구원, 2012.12, 7-42면.

재산권보장과 토지공개념 실천법제, 금랑 김철수교수 팔순기념논문집, 경인문화사, 2012.10.2, 832면(669-692면) ISBN: 978-89-49-9087-31

A Perspective on Development of Constitutional Adjudication in Korea, 법학 제53권 제2호, 2012.6.

시대변화에 순응한 공직선거법제의 정립, 헌법학연구, 한국헌법학회, 2012.6.

제19대 국회에 바란다(국회는 주권적 의사를 수용하는 용광로여야 한다), 국회입법조사처보, 2012 여름, 국회입법조사처.

선거제도와 선거운동, 저스티스 통권 제130호, 2012.6, 한국법학원, 6-36면 (ISSN: 1598-8015)

통일헌법의 기본원리 소고, 서울대 법학 제53권 제1호, 통권 162호, 2012.3, 415-446면.

헌법학 연구와 교육 방법론, 동아법학 제54호, 동아대학교 법학연구소, 2012.2. (ISSN: 1225-340X) (2007년 등재후보)

한국에서 프랑스 헌법 연구의 현황과 과제, 김효전 교수 정년기념 논문집, 법문사, 2011.11, 51-77면.

지방자체제도 발전을 위한 헌법재판의 과제, 지방자치법연구 한국지방자치법 학회, 2011.9, 123-147면 (ISSN: 1598-6128) (2005년 등재후보, 2008 년 등재)

헌법과 국가정체성, (서울대학교)법학 제52권 제1호, 서울대 법학연구소, 2011.3, 101-127면 (ISSN: 1598-222X) (2007년 등재후보, 2010년 등재)

프랑스 재판기관의 다원성과 헌법재판기관, 공법연구 제39권 제3호, 한국공 법학회, 2011.2, 169-198면 (ISSN: 1225-4444) (2000년 등재후보, 2007년 등재)

인터넷실명제에 관한 연구, 세계헌법연구 제16권 제3호, 국제헌법학회 한국 학회, 2010.8, 265-288면 [2인 공저] (ISSN: 1226-6825) (2003년 등 재후보, 2006년 등재)

법률복지국가 실현을 위한 정부와 법률구조공단의 역할과 과제, 공법연구 제38권 제3호, 한국공법학회, 2010.2, 75-100면 (ISSN: 1225-4444) (2000년 등재후보, 2007년 등재)

새로운 헌법의 모색과 방향: 87년체제의 극복, 입법과 정책 제1권 제1호(창 간호), 국회 입법조사처, 2009.12, 1-30면.

이원정부제(半대통령제)의 구체화를 통한 권력분점의 구현, 공법연구 제38권 제1호, 한국공법학회, 2009.10, 269-297면 (ISSN: 1225-4444) (2000년 등재후보, 2007년 등재)

인터넷과 법, 언론과 법 제8권 제1호, 한국언론법학회, 2009.6, 99-128면.

The Enactment, Amendment, and Implementation of Information Disclosure Act of South Korea, DOKKYO LAW JOURNAL, DOKKYO LAW SCHOOL, 2009.3.

인터넷과 표현의 자유, 언론과 법 제8권 제1호, (사)한국언론법학회, 2009.6, 99-128면 (ISSN:) (2007년 등재후보)

헌정 60년과 정치제도의 변용 – 불안정 속의 안정 –, 공법연구, 제37권 제2호, 한국공법학회, 2008.12, 15-51면 (ISSN: 1225-4444) (2000년 등재후보 2007년 등재)

공직선거법상 대통령선거와 언론보도, 언론과 법 제6권 제2호, (사)한국언론법학회, 2007.12, 209-252면 (ISSN:) (2007년 등재후보)

통일헌법상 권력구조에 관한 연구, 공법연구 제36권 제1호, 한국공법학회, 2007.10, 453-490면 (ISSN: 1225-4444) (2000년 등재후보 2007년 등재)

토지재산권과 토지공개념 실천법제, 행정법연구 제18권, 행정법이론실무학회, 2007.9, 501-526면 (ISSN: 1738-3056) (2003년 등재후보 2005년 등재)

대통령의 유고의 헌법문제, 헌법학연구 제13권 제3,호 한국헌법학회, 2007.9, 679-716면 (ISSN: 1229-3784) (2003년 등재후보 2007년 등재)

대통령유고의 헌법문제, 헌법학연구 제13권 제3호, 한국헌법학회 (등재후보)

재산권보장과 토지공개념 실천법제, 행정법연구 제18호, 2007년 하반기, 행정법이론실무학회, 2007.8, 501-526면 (등재)

대학의 자치(자율)와 국립대학 총장선거: 헌재 2005헌마1047사건을 중심으로, (서울대학교)법학 제48권 제1호, 서울대학교 법학연구소, 2007.3, 129-159면.

Legal Education Reform in Korea, Journal of Korean Law, Vol 12, 2007.

한국공법학과 목촌 김도창: 이론과 실무의 통합적 개척자, (서울대학교)법학 제47권 제3호, 서울대학교 법학연구소, 2006.9, 445-463면.

선거방송심의제도의 헌법적 검토, (서울대학교)법학 제47권 제1호, 서울대학교 법학연구소, 2006.3, 155-214면.

자금세탁방지법제에 대한 헌법적 검토, (서울대학교)법학 제46권 제3호, 서울대학교 법학연구소, 2005.9, 227-279면 (공저: 권건보)

韓國にゎける情報公開法の 制定, 改正と運用, 獨協大學 法學 제4호, 2005, 32-48면.

한국헌법사에 있어서 공화국의 순차(서수), (서울대학교)법학 제46권 제1호,

서울대학교 법학연구소, 2005.3, 134-154면.

개정 국회의원선거법제 관견, 헌법학연구 제10집 제2호, 한국헌법학회, 2004.6, 9-41면 (등재후보)

정보보호와 인권, (서울대학교)법학 제45권 제1호, 서울대학교 법학연구소, 2004.3, 101-142면.

상속세 및 증여세의 완전포괄주의 도입방안에 관한 연구, (서울대학교)법학 제44권 제4호, 서울대학교 법학연구소, 2003.12, 163-364면 (공저: 박 정훈, 이창희)

지방분권과 지역균형발전의 법적 과제, 지방자치법연구 제3권 제1호, 한국 지방자치법학회, 2003.6, 9-24면 (등재후보)

정치 관련법의 문제와 개정 방향, 기억과전망 제2호, 민주화운동기념사업회, 2003.3, 241-253면.

인터넷매체의 법적 지위에 관한 연구, 한국언론학술논총, 2003.7, 커뮤니케 이션북스

통일헌법상의 경제질서, 통일논총 제20호, 숙명여자대학교 통일문제연구소, 2002.12, 3-41면.

유신헌법의 역사적 평가, 공법연구 제31집 제2호, 한국공법학회, 2002.12, 1-23면 (등재후보)

공직선거법에서의 언론관계 조항의 재검토: 제16대 대통령 선거에서의 적용 과 관련하여, 세계의언론법제 제12호, 한국언론재단, 2002.12, 9-48면.

선거법제와 언론자유, 관훈저널 제43권 제3호, 관훈클럽, 2002.10, 210-219면.

인터넷 시대의 선거운동, JURIST 제385호, 청림인터렉티브, 2002.10, 16-21면.

언론 관련 선거법제의 문제와 개정방향, 열린미디어열린사회 제7호, 열린미 디어센터, 2002.10, 84-93면.

"인터넷시대의 선거운동", 쥬리스트 385호, 2002.10, 16-21면.

"언론관련선거법제의 문제와 개정방향", 계간 열린미디어 열린사회, 2002년 가을호, 84-93면.

선거법과 언론, (서울대학교)법학 제43권 제3호, 서울대학교 법학연구소, 2002.9, 229-264면.

"지역구국회의원선거구획정에 있어서 인구편차의 기준", (서울대학교)법학 통권 122호, 제43권 제1호, 서울대 법학연구소, 2002, 81-102면.

"반론보도청구권에 관한 비교연구", 언론중재 2002 여름호, 82호, 50-68면.

"언론관련선거법제의 문제점과 개정방향", 세계의 언론법제 제11호, 2002 상, 한국언론재단, 2002.6, 7-64면.

"인터넷과 선거운동", 인터넷법연구 제1호, 한국인터넷법학회, 2002.6, 289-322면.

"전국선거구 비례대표국 회의원선거제도의 문제점과 개혁방향", 현대공법학의 과제, 청담 최송화교수 화갑기념논문집, 박영사, 2002.6, 125-154면.

"인터넷매체의 법적 지위", 디지털경제법제 5, 인터넷·언론·법, 한국법제연구원, 2002.5, 35-50면.

"인터넷매체 선거보도의 법적 문제", 신문과 방송, 2002.3, 제375호, 106-113면.

情報公開와 個人情報保護, 日韓法學 제2집, 日本 東京, 日韓法學會, 2001, 185-270면.

정보통신에 있어서 기본권보호, 공법연구 제30집 제2호, 한국공법학회, 2001. 12, 33-68면.

"지방선거", 법제연구 통권 제21호, 한국법제연구원, 2001.12, 33-62면.

정보공개법의 시행과 문제점에 관한 고찰, 법학 제42권 제3호, 서울대 법학연구소, 2001.9, 47-81면.

반론보도청구권의 한계, 언론중재 봄호(통권 78호), 언론중재위원회, 2000. 4.1, 65-78면.

정보공개법의 정립과 개정방향, 디지털 콘텐츠 2000.9, 한국데이터베이스진흥센터, 2000. 9.1, 38-49면.

프랑스제5공화국과 유신헌법상 대통령의 국가긴급권에 관한 비교연구, 공법연구 제28집 제4권 2호, 한국공법학회, 2000.6.30, 151-712면.

인터넷시대와 헌법상의 과제, 법제연구, 통권 18호, 한국법제연구원, 2000. 6.30, 7-26면.

헌법상 평등의 법리와 판례, 계간 감사 2000 봄호(통권 166호), 감사원, 2000.4.1, 216- 221면.

프랑스의 정보공개법제, 행정법이론과 실무연구회, 1999.12.

프랑스 人權宣言과 憲法, 영남법학, 제5권 제1·2호, 영남대, 1999, 21-60면.

프라이버시와 개인정보보호를 위한 입법정책적 과제, 영남법학, 제5권 제

1 · 2호, 영남대, 1999, 153-200면.

개인의 명예훼손과 방송 표현의 자유, 방송문화, 통권 제218호, 1999.8, 8-13면.

공적 기록의 보도와 사생활보호, 언론중재, 통권 71호, 언론중재위원회, 1999 여름호, 17-31면.

시청자의 악세스권-편성·제작관련, 방송연구 통권 48호, 1999 여름호, 40-69면.

통신비밀보호법상 감청(監聽)제도의 문제점과 과제, 시민과 변호사, 1999.7.

韓國憲法과 二元政府制(半大統領制), 헌법학연구 제5집 1호, 한국헌법학회, 1999.5, 63- 105면.

프랑스의 언론법제(1) : 정기간행물법제, 세계 언론법제 동향, 통권 제5호, 한국언론재단, 1999 상, 1-39면.

광역자치단체 감사옴부즈만제도의 도입방안, 대구시정연구위원논문집 제19호, 대구시, 1999.

責任政治具現을 위한 法制改革 方向, 법제연구, 통권 제17호, 한국법제연구원, 1999, 7-36면.

언론(방송)보도와 명예훼손-최근 판례경향을 중심으로, 권영성교수 정년기념논문집, 헌법규범과 헌법현실, 법문사, 1999, 318-337면.

방송규제기구에 관한 헌법적 검토, 한국언론학회 주최 학술대회 주제발표문, 1999.10.6.

국회의원선거제도의 개혁방향, 한나라당 공청회 발제문, 국회 본청 강당, 1999.4.1.

情報公開と私生活の秘密保護－言論機關の稅務調査に關する情報の公開拒否判例を中心として, 日本 獨協法學, 第147號, 1998.12, 95-106項.

韓國の 情報公開法, 日本 法律時報, 1998.5, vol. 70, n° 6, 76-80項.

미국의 전자정보자유법(EFOIA)과 운용현황, 미국헌법연구, 제9호, 미국헌법학회, 1998, 112-139면.

프랑스의 二元政府制(半大統領制)의 現實과 展望, 헌법학연구 제4집 2호, 한국헌법학회, 1998, 148-187면.

Une etude sur le cabinet ministeriel en France, 세계헌법연구, 제3호, 국제헌법학회 한국학회, 1998, 199-216면.

情報化社會의 放送의 自由와 責任, 영남법학, 제4권 제1·2호, 영남대, 1998, 65-92면.

종교의 자유와 학교에서의 종교교육, 판례실무연구(2), 비교법실무연구회편, 박영사, 1998, 30-53면.

民主主義的 原理와 選擧, 김철수교수정년기념논문집 - 한국헌법학의 현황과 과제, 박영사, 1998.11, 173-190면.

憲法學界回顧(1997-1998), 헌법학연구 제4집 2호, 한국헌법학회, 1998.10.

5·18민주화운동등에관한특별조치법등, 김용준소장 화갑기념논문집 - 재판의 한 길, 1998, 97-129면.

알 권리, 헌법논총 제9집(헌법재판소 창립 10주년 기념논문집), 헌법재판소, 1998, 151- 210면.

지방경찰제도입방안에 관한 연구, 대구시정연구위원논문집(대구시) 제18호, 1998, 105- 139면.

檢察總長退任後 公職就任 및 政黨活動 制限, 판례월보, 330호, 1998.3.

取材源保護, 언론중재, 1998, 봄호.

選擧制度와 政黨制度의 改革, 국민회의·자민련 공청회 발표문, 1998.3.1.

"정보화사회의 방송의 자유와 책임", 영남법학, 제4권 제1·2호(통권 제7·8호), 영남대 법학연구소, 1998.2, 65-92면.

選擧報道와 反論權, 언론중재 1997 겨울호, 언론중재위위원회, 1997.

憲法上 國家形態·政府形態와 政府組織에 관한 硏究, 저스티스 제30권 제3호, 한국법학원.

憲法裁判制度 소고, 미봉 김운용교수 화갑기념논문집, 신흥사, 1997.

憲法裁判(위헌심판)의 決定類型, 금촌 육종수교수 화갑기념논문집, 형설출판사, 1997.

韓國型 大統領制의 反省과 課題, 동아법학 제23호, 1997.12.

선거보도와 반론권, 언론중재 1997 겨울호, 65호, 23-33면.

敎育改革과 敎育基本法의 制定, 교육법연구 제3집, 1997.

權力의 民主化와 政府形態 : 한국형 이원정부제, 법과 사회 제15호, 1997 하반기.

言論의 社會的 責任과 言論仲裁, 법과 사회 제14호, 1997 상반기, 법과사회학회.

언론보도로 인한 피해구제와 언론중재, 세계헌법연구 제2호, 국제헌법학회
한국학회, 1997.

정보공개법의 제정과 운용방향, 공법연구 제25집 제4호, 한국공법학회,
1997.

지방의회의 活性化를 위한 방안, 대구시정연구위원논문집 제17호, 대구시,
1997.

言論表現にとる國民の權利侵害に對する救濟制度, 日本 法律時報, 1996.2,
vol. 68, no. 2.74-78項.

腐敗防止法制의 현황과 과제, 공법연구 제24집 제3호, 한국공법학회, 1996,
161-188면.

정치자금법제의 투명성에 관한 비교법적 연구, 법무연수원 비상근연구위원
논문집 제10집, 1996.

한국과 프랑스의 言論의 自由의 限界에 관한 比較研究 -反論權을 중심으
로-, 헌법학연구 제2집, 한국헌법학회, 1996, 308-338면.

특허심판원과 특허법원의 역할과 기능, 송당 김기동박사 퇴임기념 - 현대법
학의 제문제, 1996, 21-432면.

헌법상 統一問題, 김계환박사 화갑기념논문집, 1996, 95-119면.

憲法前文上 大韓民國臨時政府의 法統, 佑濟 이명구박사 화갑기념논문집 -
현대헌법학이론, 고시연구사, 1996, 153-165면.

12·12, 5·18특별법, 전·노재판의 역사적 의미, 경제정의, 1996 여름호,
30호, 150- 158면.

行政審判制度의 改革과 定立, 대구시정 연구위원논문집 제16호, 대구시,
1996, 115-138면.

공명선거를 위한 통합선거법상의 선거운동, 영남법학 제2권 제1·2호, 영남
대, 1995, 95-130면.

법학교육과 법조인양성제도의 개혁방향, 한국교육법연구, 한국교육법학회, 1995,
140-148면.

現行地方自治法制의 헌법적 진단, 헌법학연구 제1집, 한국헌법학회, 1995,
132-175면.

統合選擧法의 정립을 위한 실천적 과제, 법과 사회 12호, 95년 하반기,
248-260면.

情報公開法制의 비교법적 검토, 인권과 정의, 대한변호사협회, 1995.1, 36-
　　47면.

個人情報保護 및 情報公開 法制의 정립과 言論, 언론중재 통권 54호, 봄호,
　　언론중재위원회, 1995, 36-46면.

헌법상 국가형태와 정부형태의 체계적 이해를 위한 소고, 玄齊 김영훈교수
　　화갑기념논문집 - 법학의 제문제, 1995, 749-770면.

국가형태로서의 공화국, 心泉 계희열박사 화갑기념논문집 - 공법학의 현대적
　　지평, 박영사, 1995, 24-49면.

情報公開의 實施와 法制定의 實踐的 課題, 대구시정 연구위원논문집 제15
　　호, 대구시, 1995, 45-88면.

言論의 自由, 기본권의 개념과 범위에 관한 연구, 헌법재판연구 제6집, 헌법
　　재판소, 1995.

情報公開法의 제정과 과제, 총무처 주관 정보공개법 공청회 주제발표문,
　　1994.12.21.

地方自治團體長選擧와 정치발전, 대구경북정치학회보 제2집, 대구경북정치학
　　회, 1994.12, 95-110면.

The Patent Court System in Korea, 1994 International Symposium on
　　Intellectual Property, Association internationale pour la protection
　　de propriété industrielle, 1994.11.

프랑스의 政治活動透明性에 관한 최근의 법제, 세계헌법연구, 세계헌법학회
　　한국학회, 1994.10.

特許爭訟制度의 現況과 課題, 지적재산, 한국지적재산법학회, 1994.9.

憲法裁判所 인사와 임명절차상 문제점, 시민과 변호사, 서울변호사협회,
　　1994.9.

프랑스의 司法權 司法制度, 영남법학 제1권 제1호, 영남대 법학연구소,
　　1994, 35-51면.

헌법의 제정과 개정, 영남법학 제1권 제2호, 영남대 법학연구소, 1994, 151-
　　173면.

行政上 個人情報保護 - '公共團體의 個人情報保護에 關한 法律'을 중심으
　　로, 공법연구 제22집 제3호, 한국공법학회, 1994, 285-324면.

프랑스 政府組織上 特性에 관한 硏究, 저스티스 제27권 제1호, 한국법학원,

1994, 133- 167면.

行政規則의 法規性에 관한 考察, 대구시정 연구위원논문집 제14호, 대구시, 1994, 23- 39면.

헌법재판소의 人的 構成에 관한 비교헌법적 검토, 均齊 양승두박사 화갑기념논문집 - 현대공법과 개인의 권익보호, 1994, 1033-1532면.

選擧 및 政治活動의 확보를 위한 외국의 법제, 형평과 정의 제9집, 대구지방변호사회, 1994, 39-75면.

프랑스의 국민투표제도, 日巖 변재옥교수 화갑기념논문집 - 현대공법논총, 1994, 209-224면.

프랑스 정부조직법제의 특성, 한불법학, 한불법학회, 1994.4.

현행 特許審判制度와 외국의 특허심판, 사법행정, 1994.4.

情報公開法制의 현황과 과제, 신문과 방송, 한국언론연구원, 1994.5.

韓國言論法制의 특징과 문제점, 언론중재 통권50호, 봄호, 언론중재위원회, 1994, 6-25면.

主權論에 관한 연구, 사회과학연구 제13집 제2권, 영남대, 1993.12.

南北韓統一의 經濟秩序와 社會正義, 아태공법연구, 제2집, 아세아태평양공법학회, 1993.

特許審判制度의 위헌성 여부, 산업재산연구, 한국산업재산권법학회, 1993.

統治行爲, 금랑 김철수교수 화갑기념논문집, 1993.

프랑스 大統領의 國家緊急權, 한창규교수 화갑기념논문집, 1993.

地方自治團體에 대한 國政監査, 대구시정 연구위원논문집 제13호, 대구시, 1993.

법학의 한 분야로서의 憲法學, 月汀 조정호교수 화갑기념논문집, 1993.

프랑스의 政治資金 및 政治活動透明性에 관한 최근의 법제, 선거관리 제39호, 중앙선거관리위원회, 1993.

프랑스 헌법위원회의 結社의 自由判決, 星谿 이규석총장정년기념논문집, 1992.

프랑스 情報公開法制와 알 권리, 서주실총장 화갑기념논문집, 1992.

유럽각국의 정보공개법제, 신문과 방송, 한국언론연구원, 1992.8.

프랑스헌법학이론에서 투영된 美國式 大統領制, 미국헌법연구 제3호, 미국헌법학회, 1992.

프랑스 法規範의 단계와 구조, 저스티스, 제25권 제2호, 한국법학원, 1992.

情報化社會의 言論과 言論仲裁, 언론중재 겨울호, 언론중재위원회, 1992.

地方自治團體 상호간의 權限爭議, 대구시정 연구위원논문집 제12호, 대구시, 1992.

프랑스 議會의 組織과 構成에 관한 연구, 의회발전연구회 연구논문, 1992.

프랑스헌법학이론상 基本權論의 價値와 體系, 학술진흥재단연구논문, 사회과학연구 12집 제2권, 영남대, 1992.

謝罪廣告制度에 대한 헌법재판소의 위헌결정, 언론중재, 1992 봄호.

프랑스공법학의 두 碩學 – 모리스 오류와 레옹 뒤기, 권도혁박사 화갑기념논문집, 1991.

情報公開法의 제정방향, 사회과학연구 제11집 제1권, 영남대아산재단 연구논문, 영남대, 1991.

選擧制度論 소고, 방산 구병삭교수 정년기념논문집, 1991.

프랑스제5공화국 헌법상 國務會議, 저스티스 제24권 제2집, 한국법학원, 1991.

二元政府制(半大統領制)의 理論과 現實, 한일법학 제10집, 한일법학회, 1991.

프랑스제5공화국헌법상 의회앞에지는 政府의 責任, 남하 서원우교수 화갑기념논문집, 1991.

議院內閣制의 이론적 기초, 사회과학연구 제10집 제2권, 영남대, 1990.

議院內閣制의 이론적 기초, 한국정치교육학회 대구경북지회 논문집, 1990. 10.26.

프랑스 공법학계의 소개, 공법연구 제18집, 한국공법학회, 1990.

프랑스 정부조직상 長官幕僚制(Cabinet ministeriel), 사회과학연구 제10집 제1권, 영남대, 1990.

프랑스 憲法史 소고, 사회과학연구 제10집 제2권, 영남대 사회과학연구소, 1990.

프랑스 公法學界의 최근 동향, 공법연구 제18집, 한국공법학회, 1990.

죠르즈 뷔르도의 權力理論, 오곡 정운장박사 화갑기념논문집, 1989.

프랑스의 私生活保護法制, 정보의 수집 관리와 사생활보호, 한국공법학회, 1989.

교육자치와 학교자치의 제문제, 지방자치, 지방자치학교, 전북지방자치연구
　　회, 1989.
監査權의 獨立과 국민의 알 권리, 감사 가을호(제15호), 감사원, 1988.
프랑스제5공화국헌법체제하의 同居政府論의 전개, 법조, 법조협회, 1988.12.
프랑스헌법학과 헌법학계, 공법연구 제16집, 한국공법학회, 1988, 307-355면.
Une étude sur le cabinet ministériel en France, 세계헌법연구 제3집, 세
　　계헌법학회 한국학회, 1988.
프랑스憲法學과 憲法學界, 공법연구 제16집, 한국공법학회, 1988.
프랑스 제5공화국의 정부, 한국공법학회 학술대회 주제발표문, 1987.12.
프랑스 제5공화국헌법상 政府－각료의 지위를 중심으로, 사회과학연구 제6
　　집 제1권, 영남대 사회과학연구소, 1986.
프랑스 제5공화국헌법상 政府形態, 문교부연구논문, 사회과학연구 제5집 제
　　1권, 영남대, 1985.
土地財産權의 공법적 정립, 새마을지역개발연구 제4집, 영남대, 1983.
헌법상 經濟秩序와 獨寡占 規制, 공법연구 제10집, 한국공법학회, 1981.
제5공화국헌법상 經濟秩序, 冠峰 한석동박사고희기념논문집, 위원회 간,
　　1982.
새 헌법상 環境權의 법리, 환경연구 제1권 제2호, 영남대, 1981.

(4) 일반간행물 논문 등

한국교총 70주년 성찰과 미래 대한민국 교육 30년의 길, 새교육, 2017.12,
　　통권 758호, 한국교육신문사, 10-15면.
프랑스의 二元政府制(半大統領制), 考試界, 제48권 제12호 통권562호, 고시계
　　사, 2003.12.
정치 관련법의 문제와 개정 방향, 기억과전망 제2호, 민주화운동기념사업회,
　　2003.3.
헌법학계 회고와 전망, 고시계 2000.2, 통권 516호, 고시계사, 5-19면.
2001년 헌법학계회고, 고시계, 2002.1, 통권 539호, 고시계사, 5-18면.
國會構成原理로서의 兩院制, 고시연구, 1999.5.
辯護士 事件受任 制限과 職業의 自由, 고시계, 1999.4.
1998년 憲法學界回顧, 고시계, 1999.2.
언론개혁의 과제, 현암사, 1998.11.

韓國憲法史에 있어서 共和國의 順次(序數), 고시연구, 1998.11.

選擧人團의 組織과 選擧權, 고시계 1998.10.

言論社의 情報公開請求와 營利的 目的, 고시계, 1998.6.

選擧制度와 政黨制度의 改革, 국민회의e자민련 공청회 발표문, 1998.3.1

道路交通法上 飲酒測定 强制와 免許停止處分, 고시계, 1998.5.

헌법상 國務總理, 법정고시 1998.4.

대통령의 赦免權, 법정고시 1998.2.

憲法學界 회고, 고시계, 1998.1.

헌법재판소의 限定違憲決定의 效力, 고시계, 1998.3.

정부조직개편의 허와 실, 4월회, 1998, 봄호

정치개혁의 현황과 과제, 신동아, 1998.4.

한국정치개혁의 현황과 과제(반쪽만의 정권교체 잊어서는 안된다), 신동아
      1998.4, 463호, 124-131면.

특허법원에 바란다, 특허와 상표, 1998.3.

검찰총장퇴임후 공직취임 및 정당활동 제한, 판례월보, 1998.3.

정부조직개편의 허와 실, 4월회보 1998 봄호, 28호, 8-17면.

정보공개의 실시와 문제점, 황해문화, 97 여름호, 15호, 169-183면.

헌법재판소인사와 임명절차상 문제점, 시민과 변호사 8호, 1994.9, 68-79면.

특집기획 정부수립 50년을 되돌아 본다, 정치분야, 국회보 382호, 1998.8,
      34-38면.

緊急財政經濟命令에 대한 司法審査, 고시계, 1997.4.

대통령의 有故·權限代行·後任者選擧, 고시계, 1997.6.

政府形態와 大統領選擧制度, 법정고시, 1997.10.

한국헌법상 二元政府制(반대통령제) 권력구조의 정립, 고시연구, 1997.8.

취재의 자유와 取材源 秘匿權, 고시계, 1997.9.

언론보도로 인한 피해구제, 법정고시, 1997.6.

신체의 자유의 절차법적 보장, 고시계, 1997.10.

헌법상 平和統一主義, 고시계, 1997.5.

檢察總長退任後 公職制限, 고시계, 1997.3.

憲法前文의 법적 성격, 고시계, 1997.2.

1996년도 學界활동과 判例경향, 고시계, 1997.1.

國政監查의 限界와 政治資金寄託者名義의 비공개, 고시연구, 96.12.

대학의 자유와 敎授再任用制, 고시계, 1996.12.

헌법보장과 대통령의 國家緊急權, 고시계, 1996.11.

違憲政黨의 解散과 國家形態, 고시계, 1996.10.

通信의 자유와 通信秘密保護, 법정고시, 1996.10.

대통령의 公職者任免에 대한 국회의 통제, 고시계, 1996.9.

국회의 開院과 院 構成, 고시계, 1996.8.

기본권으로서의 請求權的 基本權, 고시연구, 1996.8.

국회의원의 黨籍變更, 고시계, 96.7.

국회의원의 免責特權과 不逮捕特權, 고시계, 96.6.

기본권으로서의 請求權的 基本權, 고시연구, 96.8.

최근 헌법학의 硏究傾向과 學說·判例의 경향, 고시연구, 96.4.

裁判請求權과 特許審判請求權, 고시계, 96.4.

5·18特別法의 위헌성 여부, 고시계, 96.2.

音盤의 事前審議 納本制度와 표현의 자유, 고시계, 96.1.

全國區國會議員 選擧制度의 헌법상 문제점, 고시계, 96.5.

國會議員選擧區 劃定의 헌법상 문제점, 고시계, 96.3.

이런 후보는 뽑아서는 안된다, 신동아 438호, 1996.3, 234-240면.

내각제 논의의 허와 실, 다리 1995 봄호, 복간호, 70-77면.

情報公開와 私生活秘密保護, 고시계, 95.11.

기본권체계상 生存權的 基本權의 헌법적 가치, 고시연구, 95.10.

宗敎의 自由와 學校에서의 宗敎敎育, 고시계, 95.10.

父母의 子女敎育에 관한 권리, 고시계, 95.9.

사전선거운동금지의 위헌여부 외, 고시연구, 1995.7.

公職選擧法上 無所屬候補者의 差別, 고시계, 1995.7.

憲法事例問題, 고시연구, 95.7

基本權의 槪念과 範圍 소고, 고시계, 1995.5.

정보공개법제의 정립, 한국데이타베이스재단, 1995.2, 66-71면.

국회의원선거제도의 개혁방향, 나라, 의회정치연구회, 1995.2.

정보공개법시안의 비교법적 검토, 나라정책, 1995.2.

情報公開와 알 권리, 고시연구, 1995.2.

국회의 豫算에 관한 권한, 고시계, 1995.2.

한국헌법상 권력구조의 변천, 국회보 345호, 1995.7, 92-96면.

정보공개법과 언론, 언론학회 법제위원회, 1995.3.

情報公開法와의 제정과 과제, 총무처 주관 정보공개법 공청회 주제발표문,
    1994.12.21.

特許爭訟制度의 개혁과 과제, 고시계, 1994.10.

政府組織法에 관한 비교·검토의 방향, 월간고시, 1994.9.

權力分立理論, 고시계, 1994.9.

行政情報公開와 個人情報保護, 고시계, 1994.5.

일반법원과 特別法院, 고시계, 1994.1.

알권리와 프랑스의 정보공개법, 월간고시, 1993.9.

통치행위론, 고시연구, 1993.10.

헌법상 國務委員, 고시계, 1993.2.

少數代表制와 混合代表制, 월간고시, 1991.7.

선거제도로서의 比例代表制, 고시연구, 1991.5.

선거제도로서의 多數代表制, 고시계, 1991.3.

憲法學의 입문적 이해, 고시행정, 1990.2.

교육관계법 개정 방향(상)·(하), 법정신문, 1989.10.23, 1989.10.30.

국무총리·국무위원 解任建議權의 재검토, 월간고시, 1988.11.

프랑스 제5공화국헌법상 政府와 議會와의 關係, 고시계, 1988.8.

프랑스제5공화국의 憲法委員會, 월간고시, 1988.8.

헌법상 政府形態, 월간고시, 1988.7.

(5) 판례 평석 등

판례평석(Henry et Couvreur v./ L'Express), 언론중재 통권 85호, 2002
    겨울호, 언론중재위원회, 144-148면.

프랑스 언론판례 평석(언론보도와 사생활비밀), 언론중재 통권 76호, 2000
    가을호, 언론중재위원회, 2000.10.1, 156-159면.

프랑스 언론판례 평석(언론과 명예훼손, 언론과 수사기록보도), 언론중재 통
    권 74호, 2000 봄호, 언론중재위원회, 2000.4.1, 159-163면.

Madame Veuve Erignac et autres c/ Hachette Filipacchi et autres, 파리
    지방법원 1998.2.12. 판결; SNC VSD, Hachette Filipacchi et autre c/

Madame Veuve Erignac et autres, 파리고등법원 1998.2.24. 판결, 사망자의 사진을 유가족의 동의없이 게재한 것은 사생활의 평온을 침해한 것으로서 언론자유로 정당화될 수 없다.언론중재 통권 68호, 1998 가을호, 언론중재위원회, 148-151면.

Société Ediradio et autres c/ M.L. Welzel, 파리항소법원 제1부 판결, 1997.12.5, 절대적으로 보호하여야 할 의료상 비밀을 보도한 것은 사생활침해에 해당되므로 손해배상하라, 언론중재 통권 67호, 1998 여름호, 언론중재위원회, 143-148.

Brad Pitt c/ Voici, 파리지방법원 제1부 판결, 1997.7.25, Brad Pitt와 약혼녀의 사진을 무단전재한 잡지사는 손해배상을 해야하나 그 사진을 제공한 자로 지목된 잡지사와 사진작가는 상업적인 목적으로 사용한 특별한 증거가 없으므로 이들에 대한 청구는 기각한다, 언론중재 통권 66호, 1998 봄호, 언론중재위원회, 125-130면.

Edition Plon, Gubler et autres c/ Danièle Mitterrand et autres, 파리고등법원 판결, 1997.5.27, 의료상 비밀과 관련된 사자의 사생활은 존중되어야 하며, 그것은 상속인에게도 승계되기 때문에 이에 관한 불법적인 서적의 간행은 금지된다, 언론중재 통권 64호, 1997 가을호, 언론중재위원회, 130-134면.

프랑스법상 커뮤니케이션법(학)의 의미와 범위, Emmanuel Derieux, 언론중재 통권 63호, 1997 여름호, 언론중재위원회, 59-67면.

Front National c/ J. Saint-Cricq et La Nouvelle République du Centre-Ouest, 파리지방법원 판결, 1996.9.11, 언론중재 통권 63호, 1997 여름호, 언론중재위원회, 143-146면. 정치적 논쟁이나 이념적 토론은 출판의 자유에 관한 법률 제13조에서 예정하고 있는 반론권의 범주에 속하지 아니한다.

Mitterrand et autres c/ Thérond et Codégipresse, 파리지장법원 판결, 1997.1.13, 언론중재 통권 63호, 1997 여름호, 언론중재위원회, 137-142면. 사자의 유해를 담은 초상을 불법인수, 가족들에게 알리지 않고 게재하였을 경우 사생활의 평온에 관한 권리침해에 해당.

Jean-Michel Rillon c/ Société Edicop, 낭테르지방법원 제1부 1996.6.19. 판결, 언론중재 통권 62호, 1997 봄호, 언론중재위원회, 142-144면. 사

진기자가 자신이 근무한 언론사에 사진을 제공하였을 경우 그 자신의
저작권은 그 기자가 당해 언론사에 노동법의 적용을 받는 법적 지위를
갖고 근무하는 이상 이와 관련된 특별한 계약이 없는 한 신문사에 귀
속된다.

Jean Marie Le Pen c/ UNADIF, FNDIR et autres, 파기원 1995.12.18.
판결, 언론중재 통권 62호, 1997 봄호, 언론중재위원회, 140-142면. 라
디오방송의 토론 프로그램에 출연하여 인종차별적인 발언을 한 자는 출
판의 자유에 관한 법률에 의한 책임은 물론 민법상 손해배상책임도 져
야 한다.

차 례

제3편 憲法과 基本權

CONTENTS

Chapiter 3. Constitutional Law and Fundamental Rights

제1편

憲法總論

1. 헌법과 국가정체성*

I. 서   설

대한민국의 건국과 그 정체성에 관한 논의가 1948년 정부수립 60주년 이후 단속적으로 제기된다. 1945년 해방공간을 거치면서 남과 북의 대립이 격화되었고, 그 과정에서 유엔 소총회의 결의에 따라 38선 이남 지역인 한반도의 남쪽에서 1948년 5월 10일에 역사적인 총선거를 실시함으로써 탄생한 대한민국이 과연 한반도 전체를 아우르는 국가적 정체성을 독자적으로 확보하고 있느냐에 관한 의문이 제기된다. 해방공간에서 통일한국의 건설을 위한 일련의 노력이 있었지만, 그 노력은 무위로 돌아감에 따라 한반도의 남쪽에서 독자적인 국가 건설이 이루어졌다. 반면에 북쪽에는 9월에 조선민주주의인민공화국이 건설되었다. 그런데 남북교류가 활성화되면서 해방공간에 독자적인 정부구성이 남쪽의 책임이라는 비판이 제기되어 논란을 일으키기도 한다.

북쪽의 조선민주주의인민공화국 건설은 별론으로 하고, 1948년 대한민국 정부수립이 건국이라는 주장에 대하여, 대한민국은 1919년에 수립된 상해임시정부의 연장선상에서 이해하여야 하므로 건국이 아니라는 비판론도 제기된다. 이는 1919년 3·1운동 이후에 건립된 대한민국임시정부의 법적 성격을 어떻게 이해할 것이냐의 문제와 직결된다. 특히 1948년 제헌헌법의 전문에서 "우리들 大韓國民은 기미 삼일운동으로 大韓民國을 建立하여 세계에 선포한 위대한 독립정신을 계승하여 이제 민주독립국가를 再建함에 있어서 …"라고 규정하고 있다. 제헌헌법 헌법전문의 문의적 의미만 본다면 분명 1919년에 건립된 대한민국임

* 서울대 법학 제52권 제1호(2011.3.)

시정부가 원래의 의미의 대한민국의 건국이고 1948년 대한민국은 '再建'된 국가에 불과하다. 그러나 이와 같은 문의적 해석에만 의존하기에는 여러 가지 논란의 여지가 있다. 바로 여기에 1948년 대한민국 정부수립의 역사적 의미를 되새겨 볼 필요가 제기된다.[1]

더 나아가 이 기회에 국가의 정체성이 무엇이며 나아가서 대한민국의 국가로서의 정체성을 표상하는 징표는 무엇인가에 관한 근본적인 성찰이 필요하다. 특히 이 문제는 신행정수도건설과 관련된 헌법재판소의 2004년 결정에서 드러난 수도가 서울이라는 관습헌법 논쟁과 더불어 증폭된 바 있다. 즉 대한민국의 정체성을 나타내는 여러 가지 징표 중에서 관습헌법 사항은 무엇이며 나아가서 관습헌법 사항을 헌법적으로 정리할 필요가 있는 사항은 무엇이 될 것이냐에 관한 의문도 동시에 제기된다.

본고에서는 국가로서의 대한민국의 정체성을 상징하는 징표들에 관한 논의를 현대 국가의 정체성, 대한민국의 연혁적 기초와 국가정체성, 근대 입헌주의 헌법과 국가의 정체성, 대한민국의 국가정체성 확인을 위한 제언의 순으로 논술하고자 한다.

Ⅱ. 현대 국가의 정체성

1. 군주주권국가에서 국민주권국가로

과거 절대군주시대에 국가는 인간의 존엄과 가치를 제대로 보장하지 못하고 오로지 프랑스 루이 14세의 표현대로 "짐(roi)이 곧 국가"라는 사고에 젖어 있었다. 이에 따라 국가의 존재 그 자체가 바로 절대군주의 소유물이나 다름없었다. 하지만 인간성 존중에 대한 시대적 흐름은 절대군주시대에 이미 인간의 존엄과 더불어 인간의 자유와 권리의 소중함을 일깨워 주었다. 17세기에서부터 18세기에 이르는 사상사적 흐름은 바로 인간이성을 회복하려는 것이라고 하여도 과언이 아니다. 근대자연법론과 사회계약론에 기초하여 국가를 공동체 구성원의 사회적 합의체로 이해하려는 시대적 흐름은 18세기 말에 발발한 세기적 혁명으로 이어졌다.[2]

---

1) 성낙인, 헌법학 제18판, 2018, 법문사, 126-127면; 성낙인, 헌법연습, 법문사, 2000, 3-13면 참조.
2) Daniel Mornet, *Les origines intellectuels de la Révolution française*, Armand Colin, 1967: 주명철 역, 프랑스혁명의 지적 기원, 민음사, 1993, 605-607면.

여기에 군주주권에서 국민주권으로의 대체는 바로 근대 국민국가의 탄생으로 이어졌다.

2. 근대 국민국가의 탄생

1787년에 영국의 식민지이었던 미국의 독립국가 건설은 피식민지배 국가의 독립을 알리는 신호탄이라 할 수 있다. 연이어 1789년에는 유럽대륙에서 최초로 군주주권국가인 프랑스에서 '인간과 시민의 권리선언'(La déclaration des droits de l'homme et du citoyen)[3]을 통하여 국민주권국가로의 전환을 의미하는 혁명이 발발한다. 프랑스 혁명은 근대 국민국가의 탄생을 알리는 결정적인 계기를 마련한다. 비록 유럽 혁명의 모국인 프랑스에서조차 19세기에 야기된 반동의 물결로 인하여 보나파르트 나폴레옹의 황제 등극과 연이은 왕정복고 그리고 1852년 루이 나폴레옹의 제2제정이 성립되기도 하였지만, 세계사적인 흐름은 국민주권주의에 입각한 근대 국민국가의 탄생으로 이어졌다. 이에 앙드레 오류가 말하는 근대헌법의 입헌주의적 물결이 고조되기에 이른다.

앙드레 오류는 근대헌법의 발전에 관한 '네 가지 큰 물결이론'을 통하여 근대헌법에서 현대헌법에 이르는 헌법의 역사적 발전과정을 설명한다.[4] '첫 번째 물결'은 1787년의 미국독립과 1789년의 프랑스혁명으로 야기되었다. '제2의 물결'은 1830년과 1848년의 프랑스혁명에 연계된다. 제1차 세계대전 이후 나타난 '제3의 물결'은 봉건적 제국의 붕괴와 러시아제국의 붕괴에 이어서 **바이마르공화국 헌법**의 제정으로 이어진다. 제3의 물결은 급진적이며 상이한 두 개의 흐름으로 나타난다. 인민민주주의적 정치제도를 채택한 소비에트 헌법과 프랑스 헌법의 영향을 받은 입헌주의적인 중부 및 동유럽의 헌법이 그것이다. '제4의 물결'은 제2차 세계대전 이후에 나타난다. 제4의 물결은 인민민주주의에 입각하고 있는 동유럽을 제외한 세계 각국으로 널리 퍼져 나갔다. 이것은 세계적인 탈식민지화 경향과 그 궤를 함께 한다. 한편 고르바초프의 페레스트로이카로 대변되는 러시아를 정점으로 한 공산주의 국가에서 촉발된 변혁의 물결은 서유럽 자유민주주의체제로의 헌법체제전환을 의미한다는 점에서, 1980년대 후반부터 제4의 물결의 확대 또는 '제5

---

3) 성낙인, "프랑스 인권선언과 헌법", 영남법학 5-1·2; 김효전 역, 인권선언논쟁, 법문사, 1991 참조.
4) André Hauriou, *Droit constitutionnel et institutions politiques*, Montchrestien, 1985, p. 29; 성낙인, 헌법학 제18판, 법문사, 2018, 9-11면 참조.

의 물결'로 평가할 수 있다.

　인민민주주의적인 동구권 국가의 몰락과 더불어 세계사는 자본주의에 기초한 자유민주주의의 시대로 이어져 왔다. 구 소련을 비롯한 동구권 국가의 시장경제로의 편입은 이를 단적으로 증명한다. 하지만 여전히 근대 국민국가가 지향하는 자유민주주의라는 시대적 흐름이 제대로 반영되지 못한 개발도상국의 문제는 여전히 숙제로 남아 있다. 최근 민주화의 도미노 현상에 따라 라틴 아메리카에서는 새로운 민주주의의 틀이 정립되고, 전근대적 지배계층을 형성하여 온 중동국가에서의 민주화 바람은 더 이상 구 체제(ancien régime)로는 정상적인 국민국가의 작동이 어렵다는 사실을 단적으로 보여준다. 이들 국가의 민주화 물결은 프랑스 혁명에 비견되기도 하고 정보통신혁명에 따른 모바일(mobile) 혁명이라고도 한다.[5]

Ⅲ. 대한민국의 연혁적 기초와 국가정체성

1. 근대 국민국가의 여명기

　서양은 근대자연법론에 기초한 합리적 헌정모델을 창출하여 18세기 말에 이르러 오늘날 근대 국민국가의 법적 토대인 헌법을 제정하였다. 하지만 동양은 여전히 전 근대적인 상황을 벗어나지 못하고 있었다. 그나마 일본은 19세기 중반에 이르러 소위 메이지 유신(明治維新)을 통하여 서양의 문물을 적극적으로 수입하여 서세동점(西勢東漸)의 상황에 능동적으로 대처하였다. 그 과정에 헌법을 비롯한 서양의 법제도 충실히 계수하였다.

　조선에도 경국대전(經國大典)과 같은 국가의 조직과 구성에 관한 기본법제가 있었지만 근대국가의 헌법 혹은 법제라고 할 수는 없다. 19세기 말에 이르러 조선에서도 근대입헌주의적 의미의 헌법에 관한 논의가 시작되었다. 1894년 12월

---

5) 2011년 1월에 접어들면서 브라질의 룰라 대통령은 국민적 환호 속에 8년 임기를 성공적으로 마치고 퇴임함으로써 브라질 민주주의의 새로운 장을 열었다. 중동지방에서의 민주화 열풍은 튀니지의 오렌지 혁명을 통하여 구 정권을 몰락시켰고, 2월 11일에는 이집트의 40년 무바라크 대통령 독재체제도 종식을 거두었다. 이에 따라 전통적으로 서구 자유민주주의 체제와는 그 궤를 달리하던 중동 국가의 민주화 열풍이 새로운 모멘텀을 제공한다. 이들 국가에 이웃한 시리아, 리비아, 알제리, 예멘, 요르단 등에서도 민주화 열풍이 몰아친 바 있다. 하지만 권위주의 체제의 붕괴는 국가사회의 정치적 불안정으로 연결되어 전 세계적으로 심각한 문제를 야기한다.

12일에 제정된 洪範14個條는 자주독립에 기초한 국정의 민주적 개혁을 천명함으로써 근대국가의 헌법적 성격을 띠고 있다. 하지만 이는 체계화된 근대적 의미의 헌법이라기보다는 개혁정치의 기본강령적 성격에 불과하다. 1899년 8월 17일에 제정된 大韓帝國 國制는 최초의 성문헌법으로 평가되고 있는바, 전문 9개조로 구성되어 있으며, 국호를 조선에서 대한제국으로 변경하고 국가형태로서 전제군주국을 천명하고 있다.[6]

19세기 근대 조선의 개국과 서양 헌법이론의 초기 수용과정에서 나타난 이들 규범은 새로운 개혁정치를 상징하는 의미를 가진다. 하지만 조선은 1910년 8월 29일 일본에 강제 병합됨에 따라 국권을 상실하고 말았다. 1919년 3월 1일의 기미독립운동을 기점으로 상해에 대한민국임시정부를 수립하였다. 임시정부는 1919년 4월 11일에 대한민국임시憲章을 제정하고, 9월 11일에는 대한민국임시헌법을 제정하였다. 이 헌법은 그 이후 대한민국임시憲法(1925년 4월 7일), 대한민국임시約憲(1927년 4월 11일), 대한민국임시約憲(1940년 10월 9일), 대한민국임시憲章(1944년 4월 22일)으로 개정된 바 있다.

1945년 8월 15일 일본의 패망에 따라 광복을 맞이하였고, '조선에 관한 모스크바 3국외상회의 결정서'(1945년 12월 27일)에 따라 미소공동위원회가 설치되었지만 결국 결렬되고 말았다. 이에 미군정은 남조선과도입법원(1946년 12월 12일)을 개원하고, 이어서 남조선과도정부(1947년 5월 17일)를 구성하였다.[7] 광복에 따른 정부수립 논의는 행정연구위원회, 미소공동위원회, 남조선과도입법의원에서의 헌법논의를 거치면서 진행되었다. 이후 김구·김규식 등 민족진영 인사들의 단독정부 구성 반대에도 불구하고 남북은 분단국가로 치닫게 된다.[8]

2. 대한민국의 법적 기초로서의 헌법

1948년 2월 27일 유엔소총회에서 가능한 범위 내에서의 총선거실시를 결의함에 따라 미군정은 5월 10일 국회의원총선거를 실시하였다. 총선거에서 선출된 198명의 국회의원으로 5월 30일에는 제헌국회가 구성되었다. 1948년 6월 3일에

---

6) 전종익, 근대주권개념의 수용과 전개, 서울대 박사학위논문, 2006.8; 김효전, 서양헌법이론의 초기수용, 철학과 현실사, 1996; 김효전, 근대한국의 국가사상-국권회복과 민권수호, 철학과 현실사, 2000.
7) 신우철, 비교헌법사-대한민국입헌주의의 연원, 법문사, 2008.
8) 한국헌법사에 관한 상세는 김철수, 한국헌법사, 대학출판사, 1988; 김영수, 한국헌법사, 학문사, 2000; 정신문화연구원, 한국헌법사(상), (하), 1988 참조.

는 헌법기초위원 30명과 전문위원 10명으로 헌법기초위원회를 구성하였다. 위원회에서는 유진오안을 원안으로 하고 권승렬안을 참고하여 초안을 작성하였다. 유진오안은 ① 정부형태로서 의원내각제, ② 국회의 양원제 등을 주요내용으로 한다.[9] 그러나 이승만은 정부형태를 의원내각제로 할 경우 그 자신의 권력행사에 일정한 한계가 따를 것을 두려워한 나머지, ① **정부형태를 대통령제**로 하고, ② **국회를 단원제**로 하는 헌법안을 채택하게 하였다. 6월 23일 국회에 상정된 헌법초안은 7월 12일 국회를 통과하여 마침내 1948년 7월 17일 국회의장이 서명·공포함으로써 당일로 시행되었다.

제헌헌법은 전문·10장·103조로 구성되어 있다. 제1장 총강, 제2장 국민의 권리·의무, 제3장 국회, 제4장 정부, 제5장 법원, 제6장 경제, 제7장 재정, 제8장 지방자치, 제9장 헌법개정, 제10장 부칙으로 구성되어 있다. 제헌헌법의 기본 틀은 대체로 현행헌법까지 유지되고 있다.

3. 상해임시정부헌법과 대한민국헌법의 견련성

조선왕조를 이은 大韓帝國은 경술국치(庚戌國恥)로 국권을 상실하였다. 하지만 나라를 되찾겠다는 민족적 의지는 1919년 3·1운동으로 새로운 전환점을 맞이한다. 이를 기점으로 상해에 대한민국임시정부가 수립되었다. 임시정부는 4월 11일에 대한민국임시헌장을 제정하였다. 이 헌법은 그 후 수차례의 개정을 거듭하였지만 그 무엇보다도 5천년 한민족의 역사상 최초로 民主共和國을 천명하였다는 점에서 새로운 시대를 여는 헌법임에 틀림없다. 세습군주제를 거부하면서 동시에 군주주권이 아닌 국민주권 시대를 열었다는 점에서 그 공화국은 새 역사의 창조를 의미한다. 하지만 온 겨레가 함께 한 자주독립의 뜻을 모아 건립한 상해임시정부의 상징성에도 불구하고 임시정부(gouvernement provisoire)라는 한계를 인식하지 아니할 수 없다. 비록 임시정부이긴 하지만 국권회복을 위한 무장독립투쟁과 평화적인 외교활동을 펼친 점은 세계사적으로도 높이 평가되어야 한다.

1945년 해방은 한민족의 노력 여하와는 별개로 제2차 세계대전에서 동맹국의 패망에 따른 결과물이었다는 점에서, 우리에게는 한편으로 광복의 영광이 찾아왔지만 다른 한편으로는 아쉬움을 남긴다. 그 결과는 전승국인 소련과 미국에

---

9) 이영록, 유진오 헌법사상의 형성과 전개, 서울대 박사학위논문, 2000.8.

의하여 38선을 기점으로 한반도의 분할통치를 초래하였다. 신탁통치 찬반 열풍을 거치면서 한반도의 남반부는 미군이, 북반부는 소련에 의한 통치를 겪을 수밖에 없었다. 그 와중에 1948년 2월 27일 UN소총회에서는 가능한 범위 내에서의 총선거실시를 결의하였고, 이에 따라 미군정의 통치 아래 5월 10일 제헌국회 겸 초대 국회의원총선거를 실시하였다.

1948년이라는 시대적 상황은 남북분단의 어수선한 정치상황이 계속되고 있었고, 정상적인 총선거가 실시되기는 어쩌면 불가능한 상황이라 하여도 과언이 아니다. 그럼에도 총선거는 실시되었고 결과적으로 선거는 평화롭게 진행되었다. 사실 대한민국임시정부에서 민주공화국을 천명하긴 하였어도 한반도에서 보통·평등·직접·비밀·자유선거를 실시한 것은 역사상 최초이다. 더구나 국민의 절대다수가 문맹인 상황에서 치러진 보통선거는 민주주의의 고향이라는 영국보다 불과 20년밖에 늦지 아니하였다는 점에서 역사적인 기적이라 하여도 과언이 아니다. 비록 한반도의 북반부를 제외한 남반부에서만 실시되었다는 한계를 안고 있었음에도 불구하고 그 총선거는 한민족의 역사를 새롭게 반전시키는 결정적인 사건임에 틀림없다. 남쪽만의 반쪽선거는 결과적으로 북쪽에 빌미를 제공하였다는 비판적인 시각도 일부 제기되지만, 이는 동시대의 상황을 제대로 이해한다면 어쩔 수 없는 선택이었음을 충분히 인식할 수 있다.[10]

1948년 5월 30일에 구성된 제헌국회는 6월 3일 헌법기초위원회를 구성하였다. 사실 헌법기초위원회가 구성되기 이전에도 이미 해방공간에 많은 헌법안이 제기되었고 이들 헌법안에 대한 국민적 논의가 활성화되어 있었기 때문에, 헌법기초위원회의 헌법논의는 새로운 공화국의 헌법적 기초를 마련하는 공론의 장으로 전개되기에 충분하였다. 헌법기초위원회가 제시한 정부형태로서 의원내각제안은 비록 대통령제로 변환되기는 하였지만, 의원내각제안에 덧칠된 대통령제였기 때문에 여전히 의원내각제적인 요소를 담고 있는 절충형 대통령제라 할 수 있다. 제헌국회에 제출된 헌법안은 7월 17일 공포와 더불어 시행에 들어갔다. 주권재민의 이념적 지표 아래 최초의 민주공화국 헌법제정을 기리는 제헌절은 3·1절, 광복절, 개천절과 더불어 대한민국 4대 국경일이다. 그런데 참여정부에서 공휴일 축소라는 명분으로 4대 국경일의 하나인 制憲節만 유독 공휴일에서

---

10) 김수용, 건국과 헌법, 경인문화사, 2008; 김수용, 해방 후 헌법논의와 1948년 헌법제정과정에 관한 연구, 서울대 박사학위논문, 2007.2; 정상우, 미군정기 중간파의 헌법구상에 관한 연구, 서울대 박사학위논문, 2007.2.

제외시켰다. 이는 자칫 국민들로 하여금 국법의 기초에 대한 의식을 약화시킬 우려를 자아낸다. 오늘의 시점에서 제헌을 바라보면 별것 아닌 것으로 치부할 수 있을지 몰라도 동시대로 회귀하여 본다면 1948년 7월 17일은 참으로 한민족의 새로운 법적 토대를 마련한 쾌거라 아니할 수 없다.

제헌헌법에 기초하여 8월 15일에는 대한민국 정부가 수립되었다. 8월 15일은 바로 1945년 일제 치하를 종식시킨 光復節이기도 하다. 근자에 8월 15일을 建國節로 하자는 주장이 일부에서 제기된 바 있다. 그런데 역사인식은 어떤 특정 계층이나 특정 세력이 재단하여서는 아니 된다. 그것은 단순히 법적인 의미만으로 전개되어서도 아니 되고 그렇다고 법적인 틀을 무시하여도 아니 되는 이중적인 측면이 있음을 인식하여야 한다. 여기서 잠시 우리들 선조들이 채택한 대한민국 제헌헌법의 前文을 살펴보자. 세계적으로 헌법을 제외한 그 어떠한 법규범에도 전문이 없다. 헌법에만 유독 전문을 두는 이유는 나라의 법적 토대를 이루는 기본법인 헌법이 어떠한 성립유래와 이념을 담고 있는지를 천명할 필요가 있기 때문이다. 제헌헌법 전문은 이렇게 시작된다: "유구한 역사와 전통에 빛나는 우리들 대한국민은 기미 삼일운동으로 대한민국을 건립하여 세계에 선포한 위대한 독립정신을 계승하여 이제 민주독립국가를 재건함에 있어서 …". 이 표현만 문구 그대로 본다면 분명 헌법제정권력자의 의지 속에는 대한민국 임시정부가 건국한 대한민국을 1948년 헌법을 통하여 재건하는 것이기 때문에 대한민국의 건국은 1919년으로 거슬러 올라간다. 현행 헌법도 유사하다: "유구한 역사와 전통에 빛나는 우리 대한국민은 3·1운동으로 건립된 대한민국임시정부의 법통 … 계승하고 …". 대한민국임시정부의 법통을 계승한다는 法統의 사전적 의미는 법의 계통이다. 그렇다면 제헌헌법이나 현행헌법 모두 대한민국의 법통은 1919년으로 거슬러 올라간다. 그런 의미에서 대한민국의 건국은 1919년이라고도 할 수 있다.[11]

하지만 건국의 의미가 가지는 상징성과 법적인 의미에서의 엄격성은 구별되어야 한다. 비록 국권을 상실하였지만 1919년 임시정부를 통하여 대한민국의 건국을 만천하에 고지한 것은 자주독립 국민으로서 당연한 노력의 결과이다. 그런데 국민, 영토, 주권은 전통적인 국가 3요소설의 핵심사항이다. 대한국민이 있고, 한반도가 존재한다는 점에서 국민과 영토는 존재하였지만, 국내외적으로 국

---

11) 성낙인, 헌법연습, 법문사, 2000, 3-13면 참조.

권을 상실하여 한반도에 대한 실효적 지배가 불가능하였기 때문에 주권국가의 모습을 보일 수가 없었던 엄연한 역사적 사실을 외면할 수 없다. 바로 그런 점 때문에 임시정부라는 특수성을 안고 출범한 상해정부는 대한민국의 正統性을 상징하는 정부이긴 하지만 실효적 지배력을 가진 정부가 아니었다는 점을 인정하여야 한다. 따라서 민주독립국가를 재건한다는 헌법전문의 의미는 임시정부의 정통성을 이어 받은 대한민국 헌법제정의 정통성과 정당성을 다시 한 번 확인하는 상징성을 가지는 것으로 충분하다.

그런데 정통성을 가진 대한민국 헌법을 제정하고 정부를 수립하였다고 1948년 8월 15일을 건국절로 하자는 일각의 논의는 불필요한 오해를 부채질하는 무의미한 논란에 불과하다. 8월 15일은 이미 임시정부에서 천명한 민주독립국가 건설의 서막을 알리는 광복절로도 충분하기 때문이다. 즉 1945년 8월 15일의 광복은 대한민국 임시정부에서 추구하던 민주독립국가의 염원이 현실적으로 구현될 수 있는 결정적인 계기를 마련한 역사적 의미를 가진다. 하지만 스스로의 힘에 의한 광복이 아니라 외부의 힘에 의한 일본의 패망선언이 결정적이었기에 광복이후 대내외적인 혼란과 외국군정의 지배로 민주독립국가 건설은 다소 지체되기는 하였지만, 1948년 대한국민의 주권적 의사의 표현에 따라 스스로 독자적인 헌법을 제정하고 그 헌법에 기초한 정부가 구성되었다는 역사적 사실을 결코 과소평가하여서는 아니 된다.

결론적으로 우리의 선조들이 설정한 4대 국경일은 여전히 유효하고 또 영원히 유효하여야 한다. 비록 현실적 역사성에서 논란이 없는 바가 아니지만 5천년 한민족의 開國을 의미하는 개천절은 한민족공동체의 상징적 국경일이다. 5천년 역사의 도전과 응전 속에서 마침내 자주독립국가를 건설하기 위한 주권재민의 현대적인 민주공화국을 최초로 천명하는 결정적 계기를 제공한 기미독립운동은 새로운 대한민국의 정통성과 정당성을 대변하는 쾌거이므로 3·1절은 민족의 국경일이어야 한다. 일본제국주의자들의 온갖 만행과 억압에도 불구하고 불굴의 자주독립국가 건설의 의지를 펼쳐 보인 독립운동은 마침내 1945년 8월 15일의 해방으로 이어졌다는 점에서 온 민족의 환희를 의미하는 광복절은 온 겨레의 기념일이다. 3년의 과도기를 거쳤지만 이 땅에서 최초로 정상국가의 모습으로 출범하는 법적 토대를 마련한 제헌절은 민주공화국의 새로운 실천을 알리는 국경일이다. 1948년 8월 15일은 제헌헌법의 구체적 구현을 의미하는 새 정부의 탄생을 알리는 정부수립일이다. 바로 그런 의미에서 건국은 헌법 제정으로부터 비롯된다.

Ⅳ. 근대 입헌주의헌법과 국가의 정체성

1. 국가정체성과 규범

근대국가의 동일성을 확인하는 표지(carte d'identité)는 헌법이다. 근대입헌주의헌법은 성문헌법과 경성헌법이라는 외관과 더불어 기본권보장, 권력분립, 대의제, 법치주의와 같은 내용들을 담고 있다. 이와 같은 일반적이고 원론적인 차원의 헌법에서 더 나아가 당해 헌법에서 국가의 동일성과 정체성을 확인하는 규범들이 어떻게 정립되어 있는가도 국가와 헌법의 의미를 이해하는 데 중요한 잣대가 될 수 있다.

그 구체적 징표는 일반적으로 헌법총론에서 적시된다. 국가형태로서의 공화국이냐 입헌군주국이냐의 선택과 나아가서 자유민주주의의 원리를 어떻게 헌법 속에 용해할 것이냐의 문제와 같은 근대국가에 공통된 문제이다. 더 나아가 순전히 당해 국가의 특유한 징표로 볼 수 있는 국호, 국시, 국기, 국가, 국어, 수도와 같은 문제들도 같이 논의되어야 한다.

2. 국가형태와 국가의 정체성

(1) 국가형태론의 변천

고대 그리스 시대에 플라톤의 법과 원칙에 입각한 국가형태론이나 아리스토텔레스의 일반이익에 기초한 국가형태론은 오늘날에도 여전히 일정한 가치를 가진다. 하지만 국가형태론의 전개에서 그 이론들은 현대적으로 변용된다. 그것은 좁은 의미의 정부형태, 즉 권력분립론에 기초한 정부형태론에도 자연스럽게 연결된다.

뷔르도는 국가형태를 국가권력의 형태와 연계하여 국가형태 내지 국가권력의 형태는 그 **구조·목적·행사방식**에 따라 각기 달리 볼 수 있다고 한다. 즉, ① 국가권력의 구조가 단일적이냐 연방적이냐에 따라 단일국가와 연방국가로 나누어 볼 수 있고, ② 국가권력의 목적이 자유주의적이냐 권위주의적이냐에 따라 자유민주국가와 권위주의국가로 나누어 볼 수 있고, ③ 국가권력의 행사방식에

따라 대통령제·의원내각제(의회제)·반대통령제(이원정부제)·회의정체 등으로
나누어 볼 수 있다고 한다. 한 국가에서의 정치적 상황을 보다 종합적으로 이해
하기 위하여 **이들 세 가지 요소를 반드시 동시에 고려하여야 한다.**[12] 뷔르도의 견해
를 받아들인다고 하더라도 오늘날 한 국가의 정체성과 연계되는 국가형태론은
먼저 자유민주주의적 국가형태를 염두에 두고 전개하여야 한다는 점에서 국가구
조가 연방제냐 단일제냐의 문제가 남는다. 이는 국가형태론에서 가장 고전적이
면서도 여전히 분명한 구획을 제공한다.

(2) 입헌군주국과 민주공화국

전통적으로 한국에서의 국가형태론은 주권의 소재(주권자가 누구냐)에 따른
國體와 국가권력(통치권)의 행사방법에 따른 政體의 구별론이 전개되어 왔다. 이
이론에 의하면 주권이 군주에게 있으면 군주국, 주권이 국민에게 있으면 공화국
이라고 한다. 그런데 오늘날 군주제도를 두고 있는 나라는 있지만, 군주주권국
가는 사실상 사라졌으므로 국체론은 그 의미를 상실한다. 바로 그런 의미에서
실질적으로 공화국과 대비되는 군주국이 존재하지 아니하는 오늘날에는 국가형
태의 분류에 있어서 군주국과 공화국의 대비는 아무런 실익이 없다는 주장이 제
기된다. 이에 프랑스의 통설과 같이 국가형태를 민주국가와 전체주의국가 또는
독재국가를 분류하는 것이 보다 적실성이 있다.[13] 또한 국가권력의 행사방법에
따라 전제정체와 입헌정체로 구분할 수 있으나, 오늘날 국가권력의 행사방법이
전제적인 전제정체를 표방하는 국가는 없고 모두 입헌정체를 표방한다는 점에서
정체론도 한계가 있다.

비록 절대군주국은 사실상 종언을 고하였다고 하더라도 군주제도를 두고 있
느냐의 여부는 국가형태론의 연구에 있어서 여전히 일정한 가치를 가진다. 즉
공화국 국가형태에서는 모든 유형의 권력분립 내지 정부형태가 가능하지만, 입
헌군주국에서는 의원내각제만 가능하다는 점에서 결정적인 차이가 있다.[14]

그뿐만 아니다. 입헌군주국에서 비록 국왕의 권력이 상징적·명목적·의례적

---

12) Georges Burdeau, *Traité de science politique, tome 2 L'État*, L.G.D.J., 1979, pp. 364-365.
13) 한태연, 헌법과 정치체제, 법문사, 1987, 17-18면.
14) Léon Duguit, *Traité de droit constitutionnel, tome 2*, De Boccard, 1928, p. 607: "국가원수
가 세습적일 때, 그 정부는 군주국이며, 그렇지 아니할 경우에는 그 정부는 공화국이다. 그
이외에 실제로 군주국과 공화국의 다른 차이를 발견할 수 없다: 군주국은 세습적인 국가원수
가 존재하는 국가(정부)형태이다; 공화국은 국가원수가 존재하지 아니하거나 국가원수가 세
습적이 아닌 국가형태이다."

지위와 권한에 머문다고 하더라도 국왕, 특히 세습 군주는 단순히 국가원수라는 의미를 뛰어넘는 존재임에 틀림없다. 영국의 엘리자베스 여왕이나 일본의 천황이 미치는 국가사회의 영향력을 결코 과소평가할 수 없다. 그들은 공화국 국가 특히 의원내각제 국가에서의 국가원수인 대통령과 비하여 특별한 권위를 누린다.

역사적으로 전제군주국이 아니었던 나라가 없었다. 그렇다면 근대 국민국가는 전제군주를 혁명적 방법으로 퇴위시키느냐 아니면 군주의 존재를 인정하고 그 군주의 주권적 권한을 국민주권으로 전환하느냐 하는 선택의 문제였다. 오늘날 군주제도를 두지 아니한 나라에서의 그 공화국은 적어도 신생독립국가가 아닌 한 결국 당해 국가에서 존재하던 군주를 강제로 퇴위시킨 혁명의 결과물이다. 혁명의 불꽃은 결국 근대국민국가를 창설하는 데 과격한 행동을 동반하기 마련이며, 그것은 기존 체제와의 단절을 의미한다. 바로 그런 점에서 공화국은 단순히 군주제를 두지 아니한 소극적 성격에 머물거나 또는 국민주권주의에 기초한 자유민주주의 국가라는 적극적 개념을 창출할 것인가의 문제는 별론으로 하고 군주를 강제로 폐위시키는 과정에서 드러난 혁명적 신비성을 동반하기 마련이다.[15]

공화국의 역사적 성격에 비추어 국가에 따라서는 헌법에서 공화국이 헌법개정의 대상이 되지 아니함을 천명한다. 즉 프랑스 헌법(제89조 제6항)과 이탈리아 헌법(제139조)에서는 '**공화국형태**'는 헌법개정의 대상이 될 수 없다는 명문의 규정을 두고 있다. 역설적으로 군주제국가에서의 군주제폐지도 헌법개정으로는 불가능하다. 회교국가에서는 회교와 관련된 일체의 규정과 정부형태는 헌법개정의 대상이 될 수 없다는 규정을 두기도 한다(예컨대 모로코 1996년 헌법 제106조). 독일기본법은 보다 포괄적으로 헌법개정대상을 제한한다(제79조 제3항): 연방제, 제1조(인간의 존엄과 가치, 기본적 인권의 불가침 등)와 제20조(연방국가적 헌법, 저항권)에 규정된 원칙에 저촉되는 개정은 허용되지 아니한다.

이러한 헌법개정대상의 제한은 당해 국가의 **헌정체제 및 사회적·문화적 특수성**을 유지하는 데 기여한다. 한국헌법상 헌법개정대상의 제한에 관한 명시적 규정은 없지만, 국민주권주의·자유민주주의·사회복지국가원리·국제평화주의와 관련된 규정은 헌법개정대상이 될 수 없다.

---

15) Michel-Henry Fabre, *Principes républicains de droit constitutionnel*, L.G.D.J., 1984, p. 7.

(3) 단일국가와 연방국가

순전히 법적인 관점에서 가장 고전적인 국가형태론으로서 국가권력 내부의 구조에 따라 **단일국가**와 **연방국가**로 구분할 수 있다. 하지만 오늘날 국가의 결속력과 통합력이 강화되면서 **연방국가**는 **단일국가화**하고, 지방자치의 활성화를 통하여 **단일국가**는 **연방국가화**하기 때문에, 전통적인 국가형태의 분류인 연방국가와 단일국가의 구별론은 심각한 도전에 직면한다. 한편 국제법적 공동체구성이 촉진되면서 유럽연합(EU)과 같은 **국가연합도 출현**한다. 그 와중에도 지방자치의 중요성에 비추어 단일국가인 프랑스에서도 개정 헌법 제2조는 지방분권을 명시하기도 한다. 다른 한편 독일기본법 제20조에서는 연방국가는 헌법개정의 대상이 될 수 없음을 밝히고 있다.

전통적으로 **중앙집권적인 단일국가**에서도 권력분립은 입법·행정·사법이라는 고전적·기능적·수평적 권력분립에 머무르지 아니하고, 지방자치제도를 통하여 권력을 수직적으로 분립함으로써 국민주권주의·민주주의·법치주의의 실질화를 도모하고 있으므로 권력의 중앙집권은 상당히 완화되어 있다. 과학기술의 발전과 정보전달체계의 혁신적인 변화에 따라 이제 지역 간 거리는 시간적·공간적으로 사실상 극복된 상태이다. 나아가서 전 세계의 국가 간 블록권화와 국가 간 경쟁이 치열하게 전개되면서 더 이상 지분국 간의 문제로 인하여 국가적 문제가 뒷전에 밀릴 수 없는 상황에 이르렀다. 여기에 고전적인 연방과 지분국과의 관계는 단일국가의 지방자치단체와 본질적 차이를 발견하기 어려운 한계상황에까지 이른다.

그렇다고 하여 연방국가의 지방국과 단일국가의 지방자치단체가 법적으로 동일한 성격을 가진다는 것은 결코 아니다. 독자적인 헌법을 제정하고 이에 기초한 입법부·행정부·사법부와 같이 국가와 동일한 모습의 권력구조를 취하면서 독자적인 법률을 제정하는 지방국은 법적으로 결코 지방자치단체와 동일시할 수 없다.[16)]

한반도에서도 그간 연방제 논의가 끊임없이 제기된 바 있다. 그러나 북한이 주장하는 연방제는 법적으로 **국가연합**의 성격이 짙다. 대한민국의 통일정책도 제1차적으로 국가연합의 단계를 거쳐 궁극적으로 통일헌법의 제정을 통한 통일한

---

16) 이옥연, 통합과 분권의 거버넌스, 오름, 2008 참조.

국의 건설을 지향한다. 그런데 2000년 6월 15일 평양 남북정상회담에서 남측의 연방제안과 북측의 낮은 단계의 연방제의 공통점이 있다고 합의한 바 있다.

3. 국가의 정체성을 상징하는 헌법적 징표들

(1) 당해 국가들이 공유하는 징표들

첫째, 자유민주주의국가에서 입헌군주국이냐 공화국이냐, 단일국가냐 연방국가냐 하는 문제는 당해 국가의 정체성을 확인하는 결정적인 징표임에 틀림없다. 하지만 이는 오늘날 모든 국가들이 공유하는 사항이기 때문에 특정국가의 정체성을 확인하기에는 한계가 있다. 따라서 구체적으로 당해 국가의 특성을 보다 명확하게 반영하는 갖가지 징표들을 확인할 필요가 있다. 그것은 헌법이라는 국가 최고규범 속에 녹아들어 가는 것이 가장 바람직하다. 이에 따라 국가의 성격을 규정짓는 헌법규범으로 공화국 국가형태에 부기하여 "민주적, 사회적, 비종교적, 불가분적, 지방분권적"과 같은 내용을 부기하기도 한다. 이를 통하여 특정 국가의 국가형태를 보다 세밀하게 설계할 기초를 제공한다.

둘째, 나라의 동일성을 확인하는 기본적인 징표는 국호(國號)이다. 따라서 모든 헌법에서는 사실상 당해 국가의 국호를 명시하고 있다. 그 국호에는 일반적으로 공화국인지 여부, 연방국가인지 여부와 더불어 특히 공산주의 국가에서는 인민민주 공화국을 천명한다.

셋째, 국가의 구성요소와 관련된 고전적인 국가 3요소는 國民, 領土, 主權이다. 이에 따라 헌법에 국민의 요건을 규정하고, 국민주권주의를 천명하고, 국가의 영토를 명시한다. 예컨대 프랑스 제4·제5공화국헌법에서는 "**영토보전에 대한 침해**"는 헌법개정의 대상이 될 수 없다고 규정한다. 이 규정은 외국의 영토침해나 공화국의 분할과 같은 상황에 대처하려는 것으로서, 그것은 1940년에 왜곡된 헌법제정권의 위임으로 인하여 국민적 정당성이 결여된 비쉬(Vichy) 체제의 탄생에 대한 반성적 성찰이다.

(2) 특정 국가에 특유한 징표와 상징들

앞에서 적시한 자유민주주의와 인민민주주의, 단일국가와 연방국가, 국호, 국민, 영토, 주권 등에 관한 사항은 개별 국가에 특유한 사항이라고도 볼 수 있지만 대체로 유사한 사항이기 때문에 이를 특별히 개별 국가별로 논의할 필요는 없다. 그러나 國是, 國旗, 國語, 國歌, 首都, 國章, 紋章 등은 그야말로 개별 국가의 특유한 사항이다. 이를 통하여 개별 국가의 정체성이 보다 명백하게 드러난다. 현재 시행 중에 있는 세계 주요 35개 국가의 헌법에서 드러난 국가의 상징 내지 정체성과 관련된 사항들을 분석하면 다음과 같다. 국가의 상징과 관련된 사항을 모두 헌법에 명시하고 있는 나라는 소수에 그친다. 다만 상당부분을 헌법에 수용하는 나라는 다수 발견할 수 있다. 그 중에서 국장(슬로바키아, 중국, 폴란드), 문장(오스트리아, 체코, 헝가리), 국새(멕시코, 체코)를 헌법에 명시하고 있는 나라도 있지만 이는 예외적인 경우에 속한다.

　첫째, 국가를 상징(emblème)하는 국기(national flag, drapeau national)를 명시하는 예가 가장 많다. 국기는 오늘날 국제화시대에 국가를 상징하는 대표적인 표상이므로 널리 헌법에 명시하는 것은 당연하다. 실제로 국제대회나 국제회의가 열리면 제일 우선적으로 국호와 더불어 국기가 게양된다. 국기를 헌법에 명시한 나라는 가장 많은 예에 속한다: 남아프리카 공화국, 노르웨이, 독일연방공화국, 러시아, 멕시코, 조선민주주의인민공화국, 스페인, 슬로바키아, 아일랜드, 오스트리아, 이라크, 이탈리아, 중화인민공화국, 체코, 캐나다, 포르투갈, 폴란드, 프랑스, 헝가리 등 대부분의 국가는 헌법에 국기를 명시하고 있으며 오히려 규정이 없는 경우가 예외적이다.

　둘째, 국가(national anthem, hymne national)는 당해 국가의 이상과 정신을 나타내는 노래이다. 특정 국가의 중요한 의전행사뿐만 아니라 국제회의나 국제대회에서도 국가가 연주된다. 예컨대 올림픽에서 금메달 수상자의 국기 게양과 더불어 국가가 연주된다. 그런 점에서 국가 또한 국가의 정체성을 상징하는 중요한 표상 중의 하나이다. 남아프리카 공화국, 조선민주주의인민공화국, 스페인, 슬로바키아, 중화인민공화국, 체코, 캐나다, 포르투갈, 폴란드, 프랑스, 헝가리 등 국가의 헌법에서 국가를 명시한다.

　셋째, 국어(language, langue)는 국민 전체가 사용하는 그 나라의 고유한 언어이다. 자신의 나랏말을 사랑하고 애용하는 것은 국민의 소중한 덕목이다. 남아프리카 공화국, 러시아, 룩셈부르크, 스페인, 아일랜드, 오스트리아, 스위스, 이라크, 캐나다, 포르투갈, 폴란드, 프랑스, 헝가리 등 국가의 헌법에서 국어를 명시한다. 다문화사회에 접어들면서 국어사용이 한계에 부닥치는 문제점이 드러난다. 국어를 제대로 이해하지 못하는 국민에 대하여도 널리 포용력을 발휘하여야 한다.

넷째, 국시(national policy, devise nationale)란 그 나라의 정신에 비추어 옳다고 여기는 주의나 방침을 말한다. 당해 국가의 국시를 명시한 나라는 예외적이다. 국시는 개별 국가에 특유한 역사적 성격을 반영하기도 한다. 예컨대 프랑스 헌법 제2조에서 명시하고 있는 자유 · 평등 · 박애라는 국시는 1789년 프랑스 혁명 당시 혁명의 구호였다.[17] 프랑스에서는 이 혁명의 구호뿐 아니라 국가(La Marseilles)도 그 당시의 혁명가도 헌법에 명시하고 있다.

다섯째, 수도(capital, capitale)를 헌법에 명시하는 나라는 의외로 많다. 가장 많이 규정하는 국기에 버금가는 정도로 다수이다. 독일연방공화국, 러시아, 룩셈부르크, 멕시코, 벨기에, 조선민주주의인민공화국, 스페인, 슬로바키아, 아이슬란드, 오스트리아, 이라크, 이탈리아, 중화인민공화국, 캐나다, 폴란드, 헝가리, 호주 등의 국가에서 수도를 헌법에 명시하고 있다. 이는 수도의 중요성을 단적으로 보여주는 징표이다.

국가의 상징과 관련된 사항을 비교적 일찍부터 헌법에 명시하고 있는 나라로는 프랑스를 들 수 있다. 프랑스헌법의 국기 · 국가 · 국시는 '공화국의 유훈'(apport républicain)이기도 하다.[18] 한편 최근에 새 국가를 건설한 나라들은 대체로 국가의 상징이나 정체성과 관련된 사항을 헌법에 명시하는 경향이다. 슬로바키아와 폴란드가 이에 속한다. 오늘날 세계화시대에 국가 간 접촉이 활성화됨에 따라 당해 국가를 상징하는 국호 · 국기 · 국가의 헌법규범화는 필수적 덕목이 되고 있다. 이들 사항은 역사성과 시대성을 동시에 가진다. 1789년 혁명의 구호였던 국기와 국가가 현행 헌법에 명시되고 있음은 프랑스 공화국의 역사적 정통성과 정체성을 상징하기도 한다. 중국공산당 혁명을 상징하는 오성홍기와 의용군행진곡은 중화인민공화국의 국기와 국가로 명시되어 있다(제136조).

반면에 우리 헌법과 같이 국가의 정체성을 확인하는 상징에 관한 규정을 두지 아니하는 나라의 전형은 일본이다. 아마도 헌법제정 당시의 모델이라 할 수 있는 독일의 바이마르헌법이나 일본헌법에서 이들 사항이 규정되지 아니한 데에 기인하는 것은 아닌지 하는 의문이 든다.

세계화 · 국제화 · 정보화 시대에 헌법은 당해 국가의 정체성을 확인하는 징

---

17) Michel Borgetto, *La notion de fraternité en droit public français: le passé, le présent et l'avenir de la solidarité,* L.G.D.J., 1993.
18) Serge Arné, "L'esprit de la Ve République", *R.D.P.*, 1971, p. 641.

표이다. 그렇다면 그 헌법에 시대정신의 반영은 당연한 순리이다. 다른 한편 민족주의적이고 속인적인 현상은 인류보편적인 가치 기준에서 본다면 예외적일 수밖에 없다. 그에 따라 국적법에서도 오히려 속인주의적 경향은 약화되어간다. 더구나 다문화사회로의 진입은 속인주의와 민족주의의 약화를 부채질한다. 따라서 민족적 민주주의도 일정한 한계에 부닥치게 마련이다. 그런 점에서 국가의 정체성은 새로운 모색이 불가피하다.

V. 대한민국헌법과 국가정체성의 강화를 위한 제언

1. 인류보편적 가치에 기초한 대한민국의 국가정체성을 드러내는 징표들

첫째, 자유민주주의 국가이냐의 여부는 더 이상 특별한 논의할 필요가 없다. 헌법 전문에서 적시하고 있는 자유민주적 기본질서는 바로 인민민주주의에 대응하는 개념으로서의 자유민주주의를 의미한다. 헌법 제1조에서 입헌군주국이 아닌 민주공화국의 천명은 특별한 의미를 가진다. 따라서 민주공화국은 비록 헌법에서 프랑스 헌법의 예에서처럼 "헌법개정의 대상이 되지 아니한다"라는 명문의 규정은 없지만 당연히 헌법개정의 한계이다. 혁명을 통하여 군주제를 타파한 프랑스에서 더 이상 군주제를 받아들일 수 없다는 점을 분명히 한 것이다.

대한민국에서 새 헌법의 제정을 통하여 입헌군주제의 도입이 가능할 것이냐 하는 의문이 제기된다. 어떤 정당은 한국적 민주주의의 불행이 대통령 독재로부터 비롯되었다는 반성적 성찰에서 입헌군주제의 도입을 주창하기도 한다. 하지만 조선왕조의 몰락과 그에 따른 일제강점으로 인하여 조선왕조의 국민적 정통성은 종료되었다고 보아야 한다. 1919년 3·1운동 이후에 대한민국임시정부의 공화국 천명은 이를 단적으로 반증한다. 1948년 대한민국 헌법에서 대한민국임시정부의 법통 계승은 당연한 역사적 순리이다.[19]

둘째, 대한민국의 국호는 이미 헌법 제1조 제1항을 통하여 사실상 천명되었다고 보아야 한다. "대한민국은 민주공화국이다"라는 의미는 바로 국민주권주의에 입각한 공화국이라는 사실을 거듭 확인하는 규정이다. 국민, 영토, 주권이라는 국가 3요소는 1948년 대한민국 제헌헌법에 적절하게 적시되어 있다. "대한민국의 주권은 국민에게 있고 모든 권력은 국민으로부터 나온다"(제1조 제2항).

---

19) 성낙인, 헌법연습, 23-38면 참조.

"대한민국의 국민된 요건은 법률로 정한다"(제2조). 이에 기초하여 국적법이 제정되어 있다. "대한민국의 영토는 한반도와 그 부속도서로 한다"(제3조). 그런데 대한민국의 국민, 즉 이 헌법을 제정한 '대한국민'의 범위와 대한민국의 영토는 남북분단이라는 특수한 상황에 따라 언제나 논쟁의 여지를 남긴다. 생각건대 북쪽의 조선민주주의인민공화국과 대치하는 대한민국의 국가적 정통성 확보 차원에서 해방이전, 즉 대한민국이 건국되기 이전에 조선 국적을 취득한 적이 있는 국민[20]을 포함하여 북한주민도 대한민국 국민[21]으로 포섭하는 이론과 헌법재판소 및 대법원 판례는 타당성을 가진다. 또한 남녀평등의 구현과 다문화사회에 능동적으로 대응하기 위하여 부계혈통주의의 위헌성을 지적한 헌법재판소의 판례[22]에 따라 부모양계혈통주의(父母兩系血統主義)의 채택도 시대 흐름에 부응한다.

2. 구체적 징표

(1) 의 의

구체적으로 대한민국에 특유한 사항들은 국시, 국어, 국기, 국가, 수도 등을 들 수 있다. 우리 헌법은 제헌헌법 이래 이들 모든 사항에 대하여 침묵을 지킨다. 이는 제 외국의 헌법에 비추어 보면 다소 예외적이다. 이들 사항을 모두 헌법에 규정하고 있는 나라는 비교적 드물지만, 그래도 이들 사항 중에서 일정 사항은 헌법에 적시하고 있든가 아니면 헌법에서 법률로 정하도록 명시하는 정도의 규정은 두는 것이 오히려 일반적이다.

(2) 국 시

국시를 헌법에 명시하고 있는 나라는 적다. 그간 대한민국의 국시가 무엇이

---

20) 헌재 2001.11.29. 99헌마494, 재외동포의출입국과법적지위에관한법률 제2조 제2호 위헌확인(헌법불합치,잠정적용). 이 결정에 따라 국적법이 개정되었다.
21) 북한국적의 주민에 대하여 대법원은 "조선인을 부친으로 하여 출생한 자는 남조선과도정부법률 제44호 국적에관한조례의 규정에 따라 조선국적을 취득하였다가 제헌헌법의 공포와 동시에 대한민국 국적을 취득하였다. … 북한지역은 우리 대한민국의 영토에 속하므로 북한국적의 주민은 대한민국의 국적을 취득·유지함에 아무런 영향이 없다"라고 판시하고 있다(대판 1996.11.12. 96누1221, 강제퇴거명령무효확인 등).
22) 부계혈통주의는 위헌이다. 구법상 父가 외국인이기 때문에 대한민국 국적을 취득할 수 없었던 한국인 母의 자녀 중에서 1998년 신법 시행 전 10년 동안에 태어난 자에게만 대한민국 국적을 취득하도록 하는 경과규정인 신 국적법 부칙 제7조 제1항의 헌법불합치 및 잠정적용을 명한다(헌재 2000.8.31. 97헌가12, 국적법 제2조 제1항 제1호 위헌제청(헌법불합치,잠정적용, 각하)).

냐에 관하여는 논란이 있어 왔다. 실제로 그 규범력을 인정할 수는 없다고 하더라도 1948년 대한민국의 건국은 북쪽의 공산세력에 대한 안티테제였다는 점에서 반공은 사실상 동시대의 국시라 하여도 과언이 아니다. 자유민주주의 국가에 반공법이 존재하고 그 반공법의 존재를 너무나 당연하게 받아들인 역사적 사실이 이를 반증한다. 1961년 5월 16일 박정희 장군을 중심으로 하는 군부세력이 쿠데타를 성공시킨 이후 제시한 혁명공약의 첫째 항목으로 "반공을 국시의 제1의로 삼고 지금까지 형식적이고 구호에만 그친 반공체제를 재정비 강화할 것입니다"라고 명시하고 있다. 1980년 12월 31일 법률 제3318호로 전면 개정된 국가보안법 부칙 제2조에 의하여 반공법이 폐지되었지만, 건국 이래 반공법이 폐지될 때까지 실제로 반공은 사실상 대한민국의 국시로 작동하여 왔다.

1986년 유성환 의원 사건은 그 시대상을 단적으로 반영한다. 유성환 의원은 국회에서 대한민국의 국시는 반공이 아니라 통일임을 주창하였다. 그러나 그의 발언 이전에 행한 원고사전배포행위에 대하여 국회의원으로서의 면책특권을 인정할 수 없다고 하여 국가보안법 위반으로 현역 국회의원을 구속하였다. 비록 정권이 바뀐 이후 원고사전배포행위는 헌법상 국회의원에게 부여된 면책특권의 범주에 속하므로 그의 발언 내용 자체가 처벌의 대상이 될 수 없다는 면소판결을 받았지만, 이는 동시대에 있었던 국시 논쟁을 단적으로 반증한다.[23)]

이제 대한민국의 국시는 반공이라는 시대는 종언을 고하였다. 그렇다고 대한민국의 국시가 통일일 수도 없다. 통일은 한민족의 염원이긴 하지만 통일이 국시라면 통일 이후 대한민국의 국시가 소멸되고 새로 정립하여야 하는 비정상적 상황이 연출될 것이기 때문이다. 이에 오늘날 일반론으로 받아들이는 대한민국의 국시로 자유민주주의라는 표현은 수긍하기에 충분하다. 하지만 이는 대한민국에만 특유한 징표적 특성을 가지지 아니하므로 과연 대한민국의 국시를 자유민주주의라고 명시할 필요가 있는지에 관하여는 의문을 가지게 된다.

(3) 국　어

대한민국의 국어는 세종대왕이 창제하고 반포한 한글이라는 사실에 이의가 없다. 적어도 이 점에 관한 한 남과 북이 공유한다. 하지만 헌법은 침묵하고 있다. 그 사이 우리는 우리말을 강조하여 왔고 심지어 한글전용 정책까지 시행한

---

23) 서울지법 1987.4.13. 86고합1513; 서울고법 1991.11.14. 87노1386; 대판 1992.9.22. 91도3317.

적이 있지만, 정작 한글이 국어라는 아무런 법적 근거도 마련하지 아니한 채 오랜 세월을 지탱하여 왔다. 국어기본법은 2005년에 이르러 비로소 제정되었다(제정 2005.1.27. 법률 제7368호; 일부개정 2009.3.18. 법률 제9491호). 국어기본법은 "국어의 사용을 촉진하고 국어의 발전과 보전의 기반을 마련하여 국민의 창조적 사고력의 증진을 도모함으로써 국민의 문화적 삶의 질을 향상하고 민족문화의 발전에 이바지함을 목적으로" 제정되었다(제1조). 여기서 ""국어"라 함은 대한민국의 공용어로서 한국어를 말한다"(제3조 제1호). ""한글"이라 함은 국어를 표기하는 우리의 고유문자를 말한다"(제3조 제2호).

우리말 국어 한글의 소중함을 그렇게까지 강조하면서도 한글과 국어를 근거지우는 헌법은 고사하고 법률조차도 뒤늦게 제정되었다는 사실은 우리가 그만큼 국가 정체성에 둔감하였다는 점을 단적으로 드러낸다.

(4) 국 기

대한민국의 국기는 태극기라는 사실을 모르는 국민들은 없다. 하지만 무엇을 근거로 태극기가 대한민국의 국기인지에 관하여는 제대로 된 답변을 할 수 있는 국민은 드물다. 대한민국국기법은 2007년에 제정되었다(2007.1.26. 법률 제8272호). "이 법은 대한민국을 상징하는 국기의 제작・게양 및 관리 등에 관한 기본적인 사항을 규정함으로써 국기에 대한 인식의 제고 및 존엄성의 수호를 통하여 애국정신을 고양함을 목적으로 한다"(제1조). "대한민국의 국기(이하 "국기"라 한다)는 태극기(太極旗)로 한다"(제4조). 이에 따라 대한민국국기법 시행령이 제정되었다(제정 2007.7.27. 대통령령 제20204호; 일부개정 2008.7.17. 대통령령 제20915호).

대한민국국기법 시행령에서는 국기에 대한 맹세(제4조), 게양식 및 강하식(제19조) 등에 관하여 규정하고 있다. 이와 관련된 사항은 '대한민국국기에 관한 규정'(제정 1984.2.21. 대통령령 제11361호; 일부개정 2002.11.6. 대통령령 제17770호)에서 규정한 바 있는 국기에 대한 맹세(제3조), 게양식 및 강하식(제14조)의 규정을 답습하고 있다. 바꿔 말하자면 1984년 이전에는 대한민국의 그 어떠한 규범에도 국기에 관한 규정이 없었다는 사실이다. 그럼에도 국기에 대한 경례와 그에 대한 벌칙이 존재하여 왔다는 사실이 뜬금없기까지 하다.

(5) 국 가

우리나라의 국가는 애국가이다. 애국가의 사전적 의미는 나라를 사랑하는 마음으로 온 국민이 부르는 노래이다. 나라마다 애국가가 있다. 우리나라에서는 그간 10여 종의 애국가 중에서 1896년 11월 21일 독립문 정초식에서 불린 애국가의 후렴 "무궁화 삼천리 화려 강산 죠션 사람 죠션으로 길이 보존 답세"가 지금도 맥을 잇고 있다. 애국가는 작사자 미상이며, 16소절의 간결하고 정중한 곡으로 1930년대 후반 안익태(安益泰)가 빈에서 유학 중 작곡한 것을 1948년 8월 15일 대한민국 정부수립과 함께 국가로 불렀다. 2005년 3월 16일 안익태의 부인인 로리타 안이 애국가의 저작권을 한국 정부에 기증하였다.

그러나 애국가의 법적 의미는 현재로선 전무하다고 보아도 과언이 아니다. 애국가가 대한민국의 공식적인 국가라는 법규범은 존재하지 아니한다. 헌법에도 그리고 그 어떠한 법규범에도 애국가가 대한민국의 국가라는 구체적이고 명확한 표현은 없다. 다만 대한민국국기에 관한 규정(제정 1984.2.21. 대통령령 제11361호; 일부개정 2002.11.6. 대통령령 제17770호)에서 애국가 내지 애국가 연주라는 표현이 있을 뿐이다: 제3조(국기에 대한 맹세) 국기에 대한 경례를 할 때에는 다음의 맹세문을 낭송하여야 한다. 다만, 국기에 대한 경례중 애국가를 주악하는 경우에는 이를 낭송하지 아니한다. 제14조(게양식 및 강하식) ② 게양식 및 강하식은 애국가의 주악에 맞추어 이를 행하되, 애국가의 주악은 이를 청사의 건물 내외에서 들을 수 있도록 하여야 한다. 다만, 게양식의 경우에는 애국가의 주악은 이를 생략할 수 있다. 제15조(게양식 및 강하식에 있어서의 국기에 대한 경의표시) 게양식 및 강하식에 있어서는 다음 각호에 따라 국기에 대하여 경의를 표시하여야 한다. 다만, 체육대회등으로 경의를 표시하지 못할 부득이한 사유가 있는 사람과 제14조제2항 단서의 규정에 의하여 애국가의 주악을 생략하는 경우에 국기를 볼 수 없는 사람은 경의표시를 생략할 수 있다.

또한 '대한민국국기에 관한 규정' 이후에 법률로 격상되어 제정된 대한민국국기법(제정 2007.1.26. 법률 제8272호)에 따른 대한민국국기법 시행령(제정 2007.7.27. 대통령령 제20204호; 일부개정 2008.7.17. 대통령령 제20915호)에서도 유사한 규정을 두고 있다: 제4조(국기에 대한 맹세) ① 국기에 대한 경례를 하는 때에는 다음의 맹세문을 낭송하되, 애국가를 연주하는 경우에는 낭송하지 아니한다. 제19조(게양식 및 강하식) ① 법 제8조 제4항의 낮에만 국기를 게양하는 학교 및 군부대는 그 주된 국기게양대의 국기를 게양·강하하는 때에는 게양식 및 강하식을 행한다. 다만, 같은 조 제5항의 사유로 국기를 게양·강하하는 경우에는 그러하지 아니하다. ② 법 제9조의 게양식 및 강하식은 애국가의 연주에 맞추어 행한다. 다만, 주변여건상 부득이한 경우에는 애국가 연주를 생략할 수 있다.

애국가가 대한민국의 국가임을 천명한 법규범이 존재하지 아니함에도 불구하고 국기법을 통하여 애국가 연주를 강제하는 것 자체가 규범으로서의 체계정합성을 갖추지 못하고 있음을 보여준다. 헌법에 규정하지는 못하더라도 애국가가 대한민국의 국가임을 법률로써 명시하여야 한다.

(6) 수 도

수도가 헌법사항이냐, 수도가 서울임이 비록 헌법에 명시적인 규정은 없지만 관습헌법이냐의 여부가 행정수도이전문제와 관련하여 우리 사회의 첨예한 문제로 등장한 바 있다.[24] 논의의 핵심은 수도가 서울이라는 사실이 관습헌법인가의 여부이다. 다수의견은 수도가 서울이라는 점은 관습헌법이므로 법률로써 수도를 이전할 수 없으며 헌법에서 명시한 제130조의 국민투표권을 침해하는 위헌법률이라고 판시한다. 이에 대하여 소수의견은 관습헌법은 성문헌법의 보완적 효력을 가질 뿐이며, 관습헌법의 개정은 헌법개정에 속하지 아니한다고 본다. 위 위헌결정에 따라 신행정수도 후속대책을 위한 연기·공주지역 행정중심복합도시 건설을 위한 특별법 위헌확인(헌재 2005.11.24. 2005헌마579등) 사건에서 7인의 재판관은 각하의견을 제시한다. 다만 6인의 재판관은 기존 헌법재판소 결정에 따라 수도가 서울이라는 것은 관습헌법에 속한다고 본 반면, 3인의 재판관은 관습헌법을 부인한다. 한편 2인의 재판관은 신행정수도는 결과적으로 수도를 분할하는 것인데 이에 따른 국민적 합의나 동의 절차를 생략하였으므로 위헌이라는 의견을 제시한다. 이 법률에 대하여는 수도분할이라는 비판론을 반영한 개정안이 2010년에 국회에 제출되었으나 부결된 바 있다. 생각건대 헌법재판소가 수도가 서울이라는 점을 관습헌법으로 보았다면 수도분할을 의미하는 위 특별법도 또한 위헌이라고 판시하였어야 마땅하다.

Ⅵ. 결   어

국가정체성의 확인과 그 보호·보장은 동시대를 살아가는 국민 일반의 책무

---

24) 헌재 2004.10.21. 2004헌마554등, 신행정수도의건설을위한특별조치법 위헌확인(위헌).

이다. 국가의 정체성을 확인하고 보장하는 방책은 국민의 합의에 기초한 최고의 합의문서인 헌법에서 규범적 기초를 마련하여 주어야 한다. 입헌군주국이냐, 민주공화국이냐, 자유민주주의냐 인민민주주의냐, 단일국가냐 연방국가냐에 관한 국가의 기초적 틀은 헌법전 속으로 당연히 포섭되어야 한다. 대한민국헌법은 민주공화국, 자유민주주의, 지방자치제를 천명하고 있으므로 이 점에 관한 한 기본적인 틀은 갖춘 셈이다. 또한 국가의 구성요소에 관한 전통적인 3요소설에 기초한 국민, 영토, 주권이라는 요소도 대한민국 헌법에서는 이를 충실히 반영하고 있다. 더하여 헌법개정 논의과정에서도 영토조항은 더 이상 논란의 대상이 되어서는 아니 된다. 다만 이들 사항도 프랑스나 독일의 헌법처럼 헌법총강에서 이를 보다 분명히 하는 작업이 필요하다. 예컨대 헌법총강에서 자유민주주의 국가라는 점을 분명히 천명하지 못하고 전문과 총강의 통일조항에서 간접적으로 표현되어 있을 뿐이다. 사회국가원리는 헌법총강에서 전혀 표현되지 아니하고 '제9장 경제'에서 간접적으로 표현되어 있을 뿐이다. 정교분리도 종교의 자유(제20조 제2항)에서 규정되어 있다. 지방분권도 '제8장 지방자치'에서 간접적으로 표현되어 있을 뿐이다. 따라서 앞으로 헌법개정이 이루어질 때에는 이들 대한민국의 국가로서의 정체성을 확인하는 사항, 즉 민주공화국과 더불어 단일국가, 자유민주주의, 사회국가, 정교분리, 지방분권 등에 관한 사항을 헌법총강에서 명시할 필요가 있다.

헌법은 대한민국의 정체성을 보다 명확히 하는 대한민국 특유의 정체성 확보에 관한 논제들, 즉 국시, 국어, 국가, 국기, 수도 등에 관하여는 침묵으로 일관한다. 국시를 명시하는 입법례는 소수이지만 국어, 국가, 국기는 외국의 입법례나 대한민국이 처한 특수성에 비추어 본다면 향후 헌법개정에는 반드시 헌법적 근거를 마련하여야 한다. 우리와 대척점에 서 있는 조선민주주의인민공화국 헌법에서는 '제7장 국장, 국기, 국가, 수도'에서 이와 관련된 사항을 명시한 것과도 대비된다. 다만 수도가 서울이라는 사실은 통일한국을 생각한다면 굳이 헌법에 명시하지 아니하여도 좋을 것 같다. 대한민국의 정체성을 확인하는 작업은 헌법에서 천명함으로써 대한민국의 정체성을 더욱 공고히 하여야 한다. 또한 전통적인 한민족 중심의 민족적 민주주의적 사고나 규범은 다문화사회로의 급속한 전개에 부응하여 국가로서의 대한민국의 정체성을 강화하는 방향으로 전환되어야 한다.

[Resume]

Constitution and the Identity of State

The constitution of each state includes provisions that stipulate the identity of the state. The fundamental framework of the state needs to be written down in the Constitution. The Constitution of the Republic of Korea(hereinafter "Korea") clearly states that Korea is a democratic republic, adopts a liberal democratic political system, and has local governments that are autonomous from the central government. Also, the Constitution distinctly addresses the three essential elements of a State, that being the people, territory, and a sovereign government.

However, the Constitution remains silent on the issues that are crucial in determining the national identity of Korea. Constitutions of other states often include articles that clarify the national language, national anthem, national flag, and capital of a certain state. Considering the unique national security situation that Korea has been facing for decades, there is the need to regulate in the Constitution details with respect to the national language, national anthem, and national flag.

This article suggests adding the aforementioned subjects in the constitutional text through the amendment process. With respect to the capital of Korea being Seoul, there is the need of deferring the subject to a later time and discuss the matter in the context of preparing for the reunification of the Korean Peninsula. Yet, Article 3 which lays out the territory of Korea should remain unchanged and should not be a source of any controversy. Future amendments to the Constitution should aspire to strengthen the national identity of Korea amidst the rapid pace in which Korea has become a multi-cultural society.

Keyword: Constitution, State Identity, State Forms, Unitary or Federal State, Liberia or People's Democracy, People, Territory, Sovereignty, Language, Flag, Anthem, Currency, Capital, Korea

[Resume(French)]

Constitution et Identité de l'État

La Constitution de chaque pays comprend l'identité de l'État qui contient les formes d'État- État unitaire ou fédéral, Démocratie libérlae ou populaire etc. Et de plus, elle stipule peuple, territoire, souveraineté qui sont trois éléments essentiels de l'État selon la théorie générale de l'État. Il est naturel que l'État moderne adopte souveraineté du peuple et démocratie libérale.

Aujourd'hui, la plupart des constitutions de chaque pays stiplue explicitement la langue, le drapeau, l'hymne, le capitale etc. Pourtant la constitution de la Corée ne figure aucune mot au sujet de langue, drapeau, hymne, devise, capitale etc. Il est souhaitable que la constitution de la Corée doive renfermer les choses identitaires de l'État -la République de Corée- au moment de la révision de la constitution.

Keyword : Constitution, identité de l'État, formes d'État, État unitaire ou fédéral, Démocratie libérlae ou populaire, peuple, territoire, souveraineté, langue, drapeau, hymne, devise, capitale, Corée

2. 프랑스헌법상 주권이론의 한국헌법상 구현*

Ⅰ. 서 설

민주주의란 나라의 주인인 국민(peuple, 혹은 시민 citoyen)이 국가권력의 행사에 주인된 자격으로 참여하는 주의를 말한다.[1] 그간 학자들은 민주주의 작동과정에서 국민참여의 다양한 유형과 절차 그리고 방식을 고안한 바 있다. 이와 관련된 법적 기초로서 주권론이 제기되며, 국민참여의 현실적 제도로서 직접민주제·대의민주제·반직접민주제가 논의되고, 대의민주제의 기법으로서 선거를 통한 치자의 지정과 의회제가 정착된다.[2]

이하에서는 국가권력의 작동에 대한 국민 참여의 법적 기초인 주권론을 살펴보고자 한다. 특히 주권론은 프랑스 정치헌법학이론에서 발달된 다분히 프랑스적 이론[3]이다. 이에 프랑스 정치헌법학이론서에서 가장 일반적으로 논의되는 고전적 이론을 중심으로 살펴보고자 한다.

Ⅱ. 신정적 주권이론

주권의 신정이론(théories théocratiques de la souveraineté)은 신(神)으로부터 권력이 나온다고 본다. 이 이론은 주권자의 지정에 신의 섭리(Providence)를 받아들이는 정향성에서 현저한 차이를 보이는 두 개의 이론으로 구분된다. 초자연

---

* 주권론에 관한 연구, 사회과학연구 제13집 제2권(1993.12.)

1) P. Pactet, *Institutions politique et droit constitutionnel*, Paris, Masson, 1991, p. 87; Philippe Ardent, *Institutions politiques et droit constitutionnel*, Paris, L.G.D.J., 1989, p. 172.

2) P. Ardent, *op. cit.*, pp. 172-234: 민주주의에서의 시민의 참여에 관한 논의 순서 참조.

3) André Hauriou et Jean Gicquel, *Droit constitutionnel et institutions politiques*, Paris, Montchrestien, 1983, p. 371. 주권이론에 관한 최근의 쟁점에 관하여는 *Pouvoirs*, n° 67, Souveraineté 참조.

적 신법이론은 Peuple주권과 절대로 양립할 수 없다고 보는 데 반하여, 가톨릭 교회의 정통이론인 권력의 섭리이론은 일정한 범위 내에서 Peuple주권과 양립될 수 있다고 본다.[4]

1. 초자연적 신법이론

초자연적 신법이론(théorie du droit divin sur-naturel)에 의하면 신(神)은 사회를 형성하면서 권력을 창출하므로 권한이란 신이 보유하는 조건일 뿐만 아니라, 신은 권한을 행사하는 자를 지정하기 위하여 개입하게 된다. 따라서 특정 국가에서 어떤 특정인에게 권력을 부여하는 것은 바로 신(Providence: 신의 섭리)이다.

이 이론은 프랑스 절대군주인 루이 14세의 회고록에서 드러난 신정적 군주 이론으로부터 비롯된다. 그것은 또한 18세기에 주리으(Jurieu)를 제외한 모든 프로테스탄트(Protestant)의 이론에서 주교(Prince)는 그의 권한을 직접 신으로부터 취득한다는 교리와 맥락을 같이한다. 이러한 프로테스탄트(Calvin, Jean de la Taille, Saumaise, Plessis-Mornay)의 입장은 실제로 교황(Pontife)의 권한에 대항하기 위한 투쟁수단을 숨겨 놓은 것이다. 바로 그런 이유로 벨라르맹(Bellarmin) 추기경은 종교개혁론자들이 왕을 속여서 믿게 만들어 왕을 부추긴다고 비난한다. 스타프러통(Stapleton) 추기경은 이들에 대하여 황제에게 그 자신에게 속하는 것을 부여할 뿐만 아니라 신의 것까지 부여한다고 비난한다.[5]

초자연적 신법이론은 1814년 6월 4일 헌장의 전문에서 그 잔재를 발견할 수 있으나 오늘날은 사실상 소멸된 이론이다: "성스러운 신(La divine Providence)은, 오랜 부재 후에 우리가 그를 다시 부르면서, 우리에게 중대한 의무를 부과한다."

2. 가톨릭교회의 정통이론

가톨릭교회의 이론교육은 결코 변하지 아니한다. 성 폴(Saint Paul)이 제시한 이론은 토마스 아퀴나스와 프란시스코 수아레즈(Saint Thomas et Suarez)가 이를 주석하여 오늘날까지 교황이 가르치는 내용이다. 그 이론의 요지는 다음과 같다: 인간에게 필요한 사회는 적대적인 경향을 공동이익에 기여하도록 하기 위하여

---

4) Georges Burdeau, *Droit constitutionnel et institutions politiques*, Paris, L.G.D.J., 1980, p. 125; *Cf.* J. Touchard et al., *Histoire des idées politiques*, tome 1.

5) G. Burdeau, *op. cit.*, p. 125.

하나의 일체로 인도하는 주된 구성자가 없이는 존재할 수 없다. 어디에서 이 지
도자(chef)는 불가결한 권위(autorité)를 도출하여 낼 것인가? 그것은 불안정한
체제를 창출할 뿐인 그의 힘에 의하여서도 아니고, 출생으로부터의 특권도 아니
다. 자연법에 입각하면 인간은 평등하다. 피치자의 동의에 의한 것도 아니다. 왜
냐하면 피치자가 지도자를 선출한다고 하여 피치자가 스스로 권위를 형성할 수
는 없고, 다만 그 권위가 행사되어지는 자에 의하여 결정될 뿐이다. 실제로 권위
의 수용 가능한 유일한 기초는 신의 의지이다. 사회가 지도자 없이는 지속될 수
없다는 것을 인식하면서, 신의 의지는 지도자에게 불가결한 권위를 필연적으로
원하게 되었다. 위와 같은 견해는 바로 Saint Paul의 견해이다(Non est potestas
nis a Deo). 마찬가지로 권위는 권력을 강화하고, 복종을 향상시킨다. 왜냐하면
개개인은 지도자에 복종하면서, 신의 의지에 순응할 뿐이다.[6]

가톨릭교회이론에 의하면 권위의 유일한 원천은 신에 있다. 반면에 그 권위
의 형태는 항시 인간적이다. 왜냐하면 신은 권위의 견지자를 직접 형성하지는
아니한다. 신은 권위가 존재하도록 하는 것으로 만족한다. 따라서 교회는 어떤
형태의 통치에 대하여도 호불호를 제시하지 아니한다. 사회집단의 구조와 상황
에 의탁하면서, 그 정당성은 단지 공동선(Bien commun)에의 적합성에 의지한
다. 권력의 원리는 오직 신으로부터 나온다. 그러나 권력의 양태와 실제이용은
인간으로부터 나온다. Saint Thomas가 Apôtre Paul로부터 차용한 이러한 구별
은 16세기 말에서 17세기 초기에 이르는 가톨릭신학자에 의하여 다시금 원용되
었다. 그리고 보쉬에(Bossuet) 자신도 비록 군주제를 옹호하고 있었지만 위와 같
은 가톨릭신학이론을 다음과 같이 원용한다: "신은 그것이 어떠한 형태로 정립
되든지 간에 모든 정당한 통치를 그의 보호 아래 둔다."[7]

주권의 연원과 관련된 가톨릭교회이론은 Peuple주권의 개념과 관련하여 환
원될 수 없는 이율배반적 위치에 놓아서는 아니 된다.

가톨릭교회이론은 권리선언의 원리가 인간의 존엄을 보장하는 데에 부응하
여 권리선언의 원리와 완전한 조화를 이루고 있다. 실제로 지도자는 그 개인적
인 자질을 통하여 타인을 복종시킬 권한을 가지는 것이 아니라, 단지 그가 신의
권위를 반영하기 때문에 권한을 가진다. 이러한 조건에서 인간의 시원적 평등은

---

6) *Ibid.*, pp. 125-126.
7) *Ibid.*, p. 126.

완전하게 된다. 왜냐하면 명령과 복종의 관계는 인간 사이에 하나의 위계질서를 창설한다기보다는 평등한 신의 섭리에 따른 구도에 다 같이 복종하는 것일 뿐이다.

가톨릭교회이론은 이어서 치자의 권력을 제한하게 된다. 왜냐하면 신은 치자가 만족시키도록 하여야 할 사회적 선(善)을 위하여 치자에게 권한을 위임할 뿐이다. 이에 따라서 가톨릭교회이론은 Peuple주권의 요구에 부응한다. 이 Peuple주권은 권력집행자의 의지 위에서 집단의 선을 자리잡게 한다.

만약 교회가 권력의 구체적이고 인간적인 조직의 도구로서 Peuple을 개입시키고, 또 교회가 페너롱(Fénelon)의 표현에 의하면 최고의 권위가 도출되는 통로로서 Peuple의 동의를 용인한다면, 교회는 루소가 18세기에 제시한 Peuple주권과 같은 방법으로 Peuple의 개입을 이해할 수는 없다. 가톨릭교회이론에 의하면 Peuple은 최고권위의 견지자로서가 아니라, 중간자(중간매개인, intermédiaire)로서 나타나게 한다. 이에 반하여 Georges Burdeau는 프랑스 정치철학을 창시한 철학가들에게서 권위는 오로지 Nation에서 그 기초를 찾을 수 있으며 신의 의지에 기초한 모든 평가기준은 사라지게 된다고 본다.[8]

Ⅲ. 국가의 주권

고전적인 국가이론에 의하면 국가는 주권(souveraineté)을 가진다. 여기서 주권이란 의미는 국제적 측면과 국가내적 측면에서 동시에 검토되어야 하는 개념이다. 국제사회에서 개개 국가는 이른바 주권국가로서 국제사회의 일원이 되며, 그런 의미에서 지칭하는 주권은 국가주권(souveraineté de l'État)이다. 반면에 한 국가 안에서의 주권, 즉 국가 내 주권(souveraineté dans l'État)은 전통적으로 헌법학에서 논의된다.[9]

1. 정치적 개념으로서의 국가주권

국가주권의 개념은 1576년에 발간된 장 보댕(Jean Bodin)의 '공화국론'(Six livres de la République)에서 주권과 절대적 독립 사이의 균형을 정립한 데에서 비롯된다. 국가주권론에 의하면 국가는 다른 어떠한 권력에도 종속되지 아니한

---

8) *Ibid.*, p. 127.
9) A. Hauriou, *op. cit.*, p. 132.

다. 그것은 국가주권론이 형성된 시대적 상황을 반영한다. 실제로 16세기 프랑스 왕정은 거대한 봉건제후에 대한 군주의 우위를 확보하고, 나아가서 로마교황청(Saint-Siège)과 신성로마제국(Saint-Empire)에 대한 왕정의 독립성을 확보하고자 하였다. 이러한 대외 제 세력에 대한 프랑스의 독립은 법률가의 전통적인 간결한 두 개의 문구로 확인된다: "왕은 오로지 신으로부터 왕관을 취득하며, 왕은 그 왕국의 황제이다."

비록 국가주권개념이 시대의 필요성에 부응한 것이라 하지만, 주권-독립(souveraineté-indépendance) 개념은 국제법 분야에서는 여전히 유효하다. 이러한 주권-독립 개념은 국가의 구성요소로서 국가의 원천이기도 하다. 그러나 주권-독립 개념은 국가의 주권적 권력이 포섭하는 내용이 무엇인가에 대하여 정확한 해답을 내놓지 못한다. 그것은 절대적이라는 것과 더불어 소극적 개념이라는 점에서 결점을 가진다. 따라서 이에 대한 보완이론이 요구된다.[10]

2. 법적 개념으로서의 국가 내 주권

국가 내 주권의 법적 개념은, 주권을 통치권의 향유자로 이해한다. 한 국가를 통치하기 위하여 일련의 권력 혹은 권리, 즉 입법권, 규제권, 경찰권, 사법권, 화폐주조권, 외교권, 군대보유권 등을 구현할 필요가 있다. 국가의 특징은 바로 국가가 이러한 통치권과 같은 주요한 특권을 향유하는 데 있다.

이러한 국가 내 주권이론은 주권-독립이라는 국가주권이론과 역사적으로 동일한 연원에 기초한다. 그것은 거대한 봉건제후에 대항하여 왕이 향유하는 특권의 점진적 장악상태를 지칭한다. 그러나 국가 내 주권이론은 국가주권의 정치적 이론보다는 더 미묘한 뉘앙스를 띠고 있다. 국가 내 주권이론은 주권의 가분성, 즉 공권력의 묶음이 여러 향유자에 분배될 수 있음을 받아들인다.[11]

Ⅳ. 국민주권과 인민주권

1. 의   의

주권이론이 영국에서는 그 정치체제의 특징을 정당화하는 데 제기할 필요가

---

10) *Ibid.*, p. 133.
11) *Ibid.*, p. 133.

없었다. 하지만 프랑스에서는 고전적 헌법학이론을 정립하는 데 주권이론을 논리적으로 정립하는 것이 가장 중요한 동인으로 대두되었다. 오늘날 논의되는 주권론은 18세기에 본격적으로 정립되었다. Peuple주권론은 Jean-Jacques Rousseau가 '사회계약론'(Du Contrat social)에서 정립한 이론으로서, 주권은 분할되고 분해된(fractionné et rapporté) 것이므로 사회의 각 구성원은 각자 자기의 몫(une quote-part)을 가진다고 본다. 한편 Nation주권론은 Emmanuel Sieyès가 '제3계급이란 무엇인가?'(Qu'est-ce que le Tiers état?)에서 정립한 이론으로서, 주권은 Nation이라는 하나의 법인체(une personne morale)에 부여된 것이라는 이론이다. 이렇게 서로 상이한 두 개의 이론은 1789년 헌법과 혁명력 1년 헌법에서 구현되고 있다. 그러나 오늘날 두 개의 이론은 상호 융합된 상태라고 볼 수 있다. 하지만 주권이론에 관한 연구는 오늘날에도 충분한 학술적 가치를 가지기 때문에 이를 간과하여서는 아니 된다.[12]

주권이론 논의의 출발점은 한 국가 내에서의 주권, 즉 명령과 강제를 할 수 있는 힘이 누구에게 속하는가의 의문에 대한 해답을 제시하는 데 있다. 이 의문에 대하여 18세기 말에 이르기까지는 전통적으로 군주주권으로 이해하여 왔다. 즉 왕이 신으로부터 권력을 획득하므로 이 권력은 왕에게 속한다. 따라서 왕은 주권의 보유자일 뿐만 아니라 소유자이다. 이러한 왕권신수설에 기초한 군주주권이론은 18세기 근대자연법론·사회계약론·계몽사상에 의하여 배척되고 부인되기에 이른다. 즉 주권은 사회계약이라는 행위에 의하여서만 탄생될 수 있다고 본다. 그 이후로 주권은 반드시 시원적 사회계약의 서명자(참가자), 즉 Nation을 형성하는 개인들에게 귀속된다. 이러한 주권개념은 Rousseau가 사회계약론에서 설파한 이론으로부터 직접적인 영향을 받았다. 그러나 Rousseau가 바로 이 주권개념의 창시자는 아니다. 이러한 주권개념은 이미 Suarez과 Bellarmin과 같은 신학자에 의하여 주권이란 어느 특정인에게 속하는 것이 아니라 모든 사람에게 속하는 것이라고 주장된 바 있다. 이러한 신학자들의 견해는 1484년 삼부회(États généraux)에서 Philippe Pot의 선언이라든가, Monarchomaques나 Hobbes, Locke의 저술에서도 발견할 수 있다. 그러나 Peuple주권이란 분명한 표현 및 구체화된 이론은 Rousseau에 의하여 정립되었다.[13]

---

12) *Ibid.*, p. 372.
13) *Ibid.*, p. 372. note(27).

2. 인민주권

(1) Rousseau의 Peuple주권론

인민주권(souveraineté populaire, du peuple)이론은 Rousseau의 사회계약론[14]에서 설파한 이상적인 민주주의론에서 이론적 정밀성을 가지게 된다.

"한 국가가 10,000명의 시민(Citoyens)으로 구성되어 있다고 가정하여 보자. 주권자(Souverain)는 집합적으로 그리고 단체(corps)로서 고려될 수 있을 뿐이다. 그러나 주체로서의 각 개인(chaque particulier)은 개체(individu)로 간주된다. 그래서 주권자와 개인의 관계는 1만 대 1이 된다. 즉 국가의 구성원은 각자 모든 것을 국가에 바치지만 자기 몫으로 되돌려 받는 것은 주권적 권한의 1만분의 1에 불과하다. 따라서 peuple의 수가 10만명이 된다고 하더라도 주체로서의 신분에는 변화가 없고 각 개인은 여전히 전적으로 법률의 지배를 받는 반면에, 투표권은 10만분의 1로 감소되어 결과적으로 법률제정에 행사할 수 있는 영향력은 10분의 1로 감소된다. 결국 각 개인은 항상 하나로 변함이 없고 주권자와의 관계는 시민의 숫자에 따라 증가한다. 따라서 국가가 커지면 커질수록 개인의 자유는 감소된다고 볼 수 있다."

Rousseau는 사회계약론에서 그의 논리를 계속 전개한다.

"결합된 여러 사람들이 스스로 하나의 단체라고 생각할 때, 그들은 공동의 보존과 일반적 복지에 부합되는 오직 단 하나의 의사만을 가지게 된다. 이 때 모든 국가기구는 강력하고 단순하며, 그 원리는 분명하고 빛나며, 얽히고 상호모순된 이해관계도 없고, 공동이익은 어디서나 명백하게 드러나고, 그것을 인식하기 위하여서는 오직 양식(bon sens)만이 요구된다. 평화, 단결, 평등도 정치적 기교와는 적대적이다."[15]

Rousseau는 주권의 기초가 되고 이를 정당화시키는 것은 사회계약이라고 설명한다.

"그 본질상 만장일치의 동의를 요하는 법은 단 하나밖에 없다. 그것이 바로 사회계약(pacte social)이다: 왜냐하면 시민단체는 이 세상에서 가장 자발적인 행위이기 때문이다. 모든 사람은 자유롭게 태어나, 스스로를 다스리고 있고, 어느 누구든 어떠한

---

14) Jean Jacques Rousseau, *Du Contrat social, précédé d'un Essai sur la politique de Rousseau par Bertrand de Jouvenel*, Paris, Librairie générale française, 1978, Livre Ⅲ, chapitre Ⅰ, p. 248.
15) *Ibid.*, pp. 315-316.

구실로서도 스스로의 동의 없이는 예속시킬 수 없다. 노예의 아들이 태어나면서 노예인 것은, 그가 인간으로 태어난 것이 아님을 결정짓는 것이다.

따라서 사회계약을 체결할 때 이에 반대하는 자가 있다면, 그들의 반대가 이 계약을 무효화시키는 것이 아니라, 다만 그들이 그 안에 포함되는 것을 방해할 따름이다. 국가가 구성될 때 동의는 그 안에 거주함으로써 성립된다. 영토에 거주한다는 것은 바로 주권에 따른다는 것이다.

이 시원적 계약(contrat primitif)을 제외하고는 절대다수의 의견이 다른 모든 의견을 지배한다. 이것은 계약의 결과이기도 하다. 그러나 한 인간이 어떻게 자유로울 수 있고 또한 자신의 것이 아닌 의사에 복종하도록 강요될 수 있겠는지를 묻는다. 반대론자들은 어떻게 자신들이 동의하지 아니하는 법률에 복종하면서 자유로울 수 있는가?

나는 이 문제가 잘못 제기된다고 대답한다. 시민은 모든 법률에, 자신의 의사에 반하여 채택된 법률에 대하여도, 나아가서는 그 중 하나를 감히 위반하였을 때에는 자신을 처벌하는 법률에도 동의한다. 모든 국가구성원의 영속적인 의사는 일반의사(volonté générale)이다: 그들이 시민이고 자유로운 것은 바로 일반의사에 의하여서이다. 인민의회(assemblée du peuple)에 하나의 법률이 제안될 때, 그들에게 묻는 것은 그들이 이 제안에 찬성하느냐 반대하느냐 하는 것이 아니라 그것이 바로 그들의 것이기도 한 일반의사에 합치하느냐 아니하느냐 하는 문제이다: 각자는 자신의 투표를 함으로써 그것에 대한 의견을 제시하며, 표의 계산에 의하여 일반의사의 선언을 하게 된다. 따라서 나의 의견에 반대되는 의견이 승리하였을 때 그것은 내 생각이 잘못되었다는 것, 내가 일반의사라고 믿었던 것은 사실은 그렇지 아니하였다는 것 외에 다른 아무것도 증명되지 아니한다. 만약 나의 개인적인 의견이 승리하였다면, 나는 내가 원한 것과는 반대되는 일을 한 것이 될 것이고 그때 나는 자유롭지 못하였을 것이다(주: 이에 대하여 Voltaire는 그 무슨 궤변론이냐(Quel sophismme)라는 반응을 보였다)."[16]

Rousseau는 사회계약이 결국 정신적·집단적 단체(corps moral et collectif)를 만들어 낸다고 본다.

"따라서 사회계약에서 그 본질이 아닌 것을 제거하여 버린다면, 우리는 다음과 같이 요약됨을 알 수 있다. '우리는 각자 자기 자신과 모든 힘을 공동의 것으로 만들어 일반의사의 최고감독 아래 둔다: 그리고 우리는 단체로서 각 구성원을 전체의 불가분적인 한 부분으로 받아들인다.'

그 순간, 각 계약자의 개인적인 특성에 대신하여 이 결합행위는 하나의 정신적이고 집단적인 단체를 형성하며, 총회(assemblée)가 가지고 있는 투표권과 동일한 구성원으로 조직된 이 단체는 바로 그 결합행위로부터 자신의 통일성, 공동 자아, 생명과 의지를 받는다. 이처럼 모든 여러 사람의 모임에 의하여 형성되는 공적 인격(personne

---

16) *Ibid.*, pp. 320-321.

publique)을 옛날에는 도시국가(cité)라 하였으며, 지금은 공화국(République) 또는 정치단체(corps politique)라 부르며, 그 구성원들은 이것이 수동적일 때는 국가(État), 능동적일 때에는 주권자(Souverain)라 부르고, 그와 유사한 것들과 비교할 때에는 권력(puissance)이라고 칭한다. 이러한 단체의 구성원들은 집합적으로는 인민(peuple)이라 부르고, 주권에 참여하는 개인이라는 뜻에서는 시민(citoyens), 국가의 법률에 종속된다는 의미로서는 신민(Sujets)이라 불리게 된다. 그러나 이 용어는 서로 뒤바뀌어 혼용되기 일쑤이다: 그러므로 우리는 이들이 정확한 용법에서는 어떻게 구별되는가를 아는 것으로 충분하다."[17]

Rousseau는 주권의 양도불가능성과 불가분성을 논증한다.

"앞서 확립한 제 원리 중에서 가장 중요한 결론은, 일반의사만이 공공복지라는, 제도의 목적에 따라 국가의 힘을 이끌어 갈 수 있다는 것이다. 그 이유는 개인의 이익의 대립 때문에 사회의 건설이 필요하다면, 바로 그들의 이익이 일치하는 데서 사회의 건설이 가능한 것도 사실이다. 사회적 연대가 형성되는 것은, 서로 상이한 이익 가운데에서 공통되는 것이 있기 때문이며, 만약 모든 이익이 서로 일치되는 점이 없다면, 어떠한 사회도 존재할 수 없을 것이다. 이에 따라, 사회는 오직 공동이익을 기반으로 하여 통치되어야 한다.

따라서 주권은 다름 아닌 일반의사의 행사이므로 양도될 수 없으며, 주권자는 오로지 집합적 존재이므로, 그 자신에 의하여서만 대표될 수 있다고 나는 생각한다. 권력은 이양될 수 있어도 의지는 결코 이전될 수 없다.

실제로 특수의사가 어떤 점에서 일반의사와 일치하는 것이 불가능하지는 아니하지만, 적어도 이러한 일치가 지속적이며 항구적일 수는 없다: 왜냐하면 특수의사는 본질적으로 편파적 경향을 가지지만, 일반의사는 평등을 지향하기 때문이다."[18]

"주권이 불가양적(inaliénable)이라는 것과 동일한 이유로 주권은 불가분적(indivisible)이다. 왜냐하면 의사는 일반적이거나, 아니면, 그렇지 아니하거나 둘 중 하나일 뿐이다. 의사는 인민의 단체로서의 의사이거나 아니면 그 일부의 의사일 뿐이다. 전자의 경우 선언된 일반의사는 주권의 행위(acte de souveraineté)이고, 법률이 된다. 후자의 경우 이는 하나의 특수의사에 불과하며 행정기관의 행위로서; 그것은 기껏 일종의 명령에 불과한다.

그러나 어떤 정치가들은 주권은 원칙적으로 불가분이라고 하지만, 이를 그 대상에 따라 분할한다. 그들은 이를 힘과 의지로 분리하며, 입법권과 사법권으로 분리하기도 하고, 과세권·사법권·전쟁권으로 나누기도 하며, 국내행정과 외국과의 조약체결권으로 분리하기도 한다. 그것도 이 모든 부분을 경우에 따라 혼동하기도 하고 분리하기도

17) *Ibid.*, pp. 179-181.
18) *Ibid.*, pp. 195-196.

한다.

이러한 오류는 주권에 대한 정확한 개념을 가지지 못하였다는 것과, 단순한 주권의 파생물을 주권의 일부분으로 잘못 생각한 데에서 기인한다. 예컨대 선전포고행위나 강화행위는 주권행위로 간주되고 있지만 이것은 잘못된 것이다: 왜냐하면 이들 행위는 각기 법률의 시행에 불과하지 결코 법률 그 자체가 아니며, '법률'(loi)이란 말이 결부된 이념이 확정되면 명백하여질 것이지만 법률의 예를 결정짓는 특수한 행위에 불과하다.

나머지 구분들도 그와 같이 검토하여 보면 주권이 분할되어 있는 것처럼 생각될 때마다 거기에는 항시 잘못이 있다는 사실과, 주권의 일부로 보이는 권리는 실상 모두가 주권에 종속되어 있으며, 따라서 이 권리는 항상 자신은 그 집행수단에 불과한 최고의사의 존재를 전제로 하고 있다는 사실을 우리는 알게 된다."[19]

결국 Rousseau의 Peuple주권이론을 다음과 같이 요약할 수 있다: "Peuple은 주권자이다. Peuple은 이 주권을 위임할 수 없다. Peuple은 헌법제정이나 법률제정을 위하여 그 자신이 주권을 행사한다. 집행권은 의회의 대리인에 불과하다."

(2) Rousseau의 Peuple주권론의 이해

Rousseau가 제시한 Peuple주권이론에 대하여 Leclercq교수는 그의 이론이 혁신적인 것이 아니라 이미 그 이전에 제시된 이론을 체계화한 것으로 보고 있다.[20] 예컨대 1484년 Tours의 삼부회에서 Bourgogne의 국회의원인 Philippe Pot가 제3계급(Tiers état)의 이름으로 다음과 같이 적시한다.

"국가란 peuple의 것이다. 주권은 peuple을 위하여서만 존재하는 것이지 군주에 속하는 것은 아니다. 왕위는 직책이며 상속된 것이 아니다. 왕이 통치할 수 없을 때 일상의 일을 규율하는 권리를 가지는 프랑스에서의 힘(권력)은 무엇인가? 분명한 것은 이러한 책무는 왕이나 왕실에 있는 것이 아니라 권력을 부여하는 자인 peuple에게 있다."

유일한 권력이나 왕권까지도 부인하는 프로테스탄트 논객들(écrivains monarcho-maques protestants)과 가톨릭교연합(Ligue)의 논객들 또한 권력의 행사는 peuple로부터 왕에게 이양된 것으로 본다. 만약 왕이 권력을 남용하여 주권에로의 복종계약(pacte de sujétion)을 위반한다면, peuple은 왕을 사퇴시켜야 한다. 이러

---

19) *Ibid.*, pp. 198-199.
20) Claude Leclercq, *Droit constitutionnel et institutions politiques*, Paris, Litec, 1984, p. 41.

한 이론이 이미 15세기에 제시된 것을 보면 사회계약이론은 상당한 역사를 가진 이론임을 알 수 있다. Saint Barthélémy나 Ligue계통의 저술가들에 이어서 16세기에 Marsile de Padoue는 Peuple주권의 원리를 절대적·시원적 권력으로 발전시켰다. 이러한 일련의 Peuple주권을 주장한 이론이나 설교는 있었지만 그 당시에는 아직도 체계적 이론으로 정립하지 못하였던 게 사실이다. Jean Bodin에 의하여 주장된 '프랑스에서 존재하는 군주제정부의 우월성'이라는 왕의 절대주권이 18세기를 지배하는 상황이었다. 바로 그런 점에서 Rousseau가 Peuple주권을 가장 견고하고 현학적인 체계화를 구현하였다.[21]

루소의 사회계약론에 의하면 인민의 의사(volonté populaire)는 전체의 집합으로부터 나온다. 그런데 전체의 집합이란 그 자신의 이익만을 생각하기 때문에, 주권은 공공선(bien-public)을 위하여 항시 행사하게 된다. 이 일반의사는 바로 이를 구성하는 각 개인이 함축하고 있는 일반의사의 부분이라고 볼 수 있는 모든 개인들의 절대적 평등이 필연적으로 요구된다. 주권이란 peuple에 의하여 견지되는 것으로서 이를 구성하는 개개인과 구별되는 법적인 실체가 아니라 개개인의 의사의 총합이므로 일반의사는 절대다수의 일반의사를 의미하게 된다.

따라서 통치는 시민 자신들이 행사하여야 한다. peuple의사의 대표란 있을 수 없다. 또한 Peuple주권의 양도도 있을 수 없다. 확실히 "공동이익의 대상에 관하여 일반의사의 공적이고 엄숙한 선언"인 법률의 집행을 위하여 주권자인 peuple은 정부에 만족하여야 한다(산으로부터의 여섯 번째 편지). 그러나 Rousseau에 있어서 Peuple주권은 불가양이며 정부는 주권자의 대표가 아니며 일반의사의 위임이 아니라는 것을 염두에 두어야 한다. 그런 점에서 Nation주권에서 일반의사의 위임과 구별된다. Rousseau의 Peuple주권에서 정부란 도구에 불과하다. 정부는 일반의사의 집행기관일 뿐이다.

"주권자로서의 입법권은 특정 행위에 관하여 법률을 집행하는 또 다른 권력이 필요하다. 이 제2차적인 권력은 항시 법률을 집행하고 그것은 오로지 법률만을 집행하는 방식으로 정립되어야 한다. 정부란 무엇인가? 그것은 법률의 집행과 개인의 사적인 자유 및 정치적 자유를 견지하기 위하여 신민과 주권자 상호 간의 의사소통을 위하여 정립된 중간단체(corps intermédiaire)이다."[22]

21) *Ibid.*, pp. 41-42.
22) J. J. Rousseau, *VI Lettre écrite de la Montagne, Oeuvres complétes*, t. Ⅲ, p. 808.

Rousseau는 정치경제학강연(Discours sur l'économie politique)에서 이미 주권자와 정부의 매우 분명한 차이를 적시한 바 있다.

"나의 독자들은 이미 내가 말한 바처럼 정부라고 불리는 공권력과 내가 주권이라고 말하는 최고권력을 잘 구별하기 바란다. 최고권력은 입법권을 가지며 어떤 경우에는 nation의 단체 그 자체를 의무지운다. 한편 공권력은 집행권에 불과하며 그것은 특정 개인에게 의무를 과할 수 있을 뿐이다."[23]

한편 샤트랭(Jean Chatelain)[24]은 루소가 사회계약론에서 정립한 그 이론의 기초는 "인간은 원래 자유롭다"라는 데에서 출발한다고 보고 있다. 여기서 인간은 동물 등과 구별되며, 인간의 힘이나 본능에 단순히 따르는 것이 아니라 스스로의 행동반경을 결정하는 힘이 있다. 한편 인간은 사교적 존재(être sociable)로서 집단 속에서 함께 생을 영위하여야만 한다. 집단생활은 바로 질서를 의미하며 질서는 권력의 존재를 의미한다. 여기서 권력은 집단구성원 각자의 자유를 억압할 위험이 있음을 의미한다. 이러한 상치를 어떻게 해결할 것인가의 문제를 해결하는 데 있어서 그 권력을 어떤 특정 성원에게 부여할 것이 아니라 모든 성원에게 부여하여야 한다. 왜냐하면 이때부터 각자는 권력의 행사에 참여하면서 그가 이 집단적 의사에 의하여 표명된 권력의 질서에 따르게 될 때 그 특유의 의사에 실제로 복종하는 것이다.

Peuple주권론의 메커니즘은 피라미드형으로 구축되어 있다. 그 기저에는 peuple, 즉 모든 사회성원이 있다. 다만 아직 의사판단능력이 없는 정신박약자·무능력자·미성년자 또는 당시의 여성 등과 같이 유효한 의사를 표명할 능력이 없는 자는 제외된다. 이외의 모든 여타 사회성원은 일반의사의 표현에 참여한다. 이것은 자연권이며 따라서 Peuple주권은 보통선거에 기초한다. Peuple의 위에 의회·정부·법원 등 기술적 기능을 행사하는 여러 기관이 있으나, 이들 기관은 그 자신의 권력이 있는 것이 아니라 peuple의 권력을 부여받아 peuple의 의사에 따라 행사할 뿐이다. 즉 peuple은 국회의원을 선출하며, 국회는 다시 정부를 구성하고 통제하게 된다. 이 통제과정은 다양하다. 그 과정에서 국회의원뿐만 아니라 공직자·법관 등에 이르기까지 광범위하게 선거가 행하여

---

23) *Ibid.*, p. 244.
24) Jean Chatelain, Article 3, in *La Constitution de la République française*, Paris, Economica, 1987, p. 180.

진다. 이들 선거직은 1년 혹은 2년의 매우 짧은 기간의 임기를 가짐으로써 선거인의 심판을 받게 된다. 이에 따라 국회에서 제안된 법안이 국민의 결정을 받도록 하는 국민투표와 특정 선거인집단에 의하여 제안된 법안이 국민의 결정을 받도록 하는 국민발안과 같은 제도가 있다. 이러한 다양한 과정은 그것이 Peuple주권과 관련지어질 뿐이다. 그러나 반대로 이들 과정이 정부에 의하여 행하여지만, 그것이 민주적이라 하더라도 그것은 논리적으로 Peuple주권의 개념으로부터 연역되는 것으로 간주될 수는 없다.[25]

(3) 프랑스 헌법사에서 Peuple주권

일반적으로 프랑스 헌법사에서 Peuple주권은 본격적으로 채택되지 아니한 것으로 보인다. 그것은 Peuple주권이 정치권력의 기초를 이루어서 헌법에서 정식으로 채택되고 있지 못함을 의미한다. 1793년 6월 24일 헌법, 일명 산악당헌법에서 Rousseau의 Peuple주권론이 구현되었으나 그것은 실제로 시행되지 못한 헌법이다. 동 헌법 제25조의 규정은 다음과 같다: "주권은 peuple에 있다; 주권은 단일·불가분적이고 항구적이고(소멸되지 아니하고) 불가양적이다." 그러나 이러한 인민주권론의 바뵈프(Gracchus Babeuf)는 총체적인 경제적 평등을 통한 정치적 평등을 주창하다가 1797년 5월 27일 단두대의 이슬로 사라졌다. 바뵈프적 공산주의(babouvisme)는 실상 1789년과 1793년의 인권선언 정신의 연장선상에서 이해될 수 있다. 어쨌든 1793년 헌법은 사실상 신비적인 가치를 가졌으며, 바뵈프는 바로 집정관(Directoire)시대에 이를 구현하려 한 것으로 보인다.[26] 한편 1945년 헌법제정 논의과정에서 프랑스 공산당은 Peuple주권을 주창한 바 있다. 특히 1946년 5월 5일 국민투표에서 부결된 바 있는 1946년 4월 19일 헌법안은 Peuple주권의 원리에 기초한 회의정체(un régime de type conventionnel ou régime d'assemblée)의 원리를 구현하려 한다. 동 헌법안 제43조는 Peuple주권을 명문화하고 있다. "주권은 peuple에 속한다." 한편 헌법재판소는 1982년 1월 16일 국유화 결정에서 1946년 4월 19일 헌법안의 인권선언은 사회주의적인 성격을 내포하고 있는바, 바로 그 헌법안이 1946년 5월 5일 국민투표에서 프랑스 인민에 의하여 부결되었음을 밝히고 있다.

---

25) *Ibid.*, pp. 180-182.
26) Cl. Leclercq, *op. cit.*, pp. 42-43.

3. 국민주권

(1) Montesquieu와 Sieyès의 Nation주권론

Rousseau의 Peuple주권에 대칭되는 개념으로서의 Nation주권은 Montesquieu 의 '법의 정신'(De l'Esprit des lois)에서 제시하는 순수대표제(système représentatif pur)에서 그 이론적 기초를 찾을 수 있다.

> "peuple은 스스로가 그 권한의 일부를 부여하여야만 하는 대상을 선택하는 데 대하여 경탄할 만하다. … 그러나 peuple이 어떤 일을 처리한다든가, 장소·경우·시간 등을 잘 이용할 줄 알겠는가? 이에 대하여 부정적이다. peuple은 그것을 알 수 없을 것이다."

위와 같이 Montesquieu는 단순한 개개인이 합쳐진 시민(citoyens)의 집단에 주권이 부여되는 것이 아니라고 본다. 반면에 총체적으로 포괄적인 집단(collectivité) 에 주권이 있으며, 그 의지는 공통적인 심의라는 측면에서 그 대표자들에 의하여서만 담보될 수 있다고 본다.[27]

그런 의미에서 Nation은 하나의 불가분적 실체(une entité indivisible)이며, Nation은 그의 주권을 행사하기 위하여 대표자를 필요로 한다. 여기서 Nation주권은 대표제이론과 불가결하게 연계된다. 대표제는 바로 Nation주권의 핵심적인 가치이며, Nation은 대표제를 통하여 그 불가분성으로 표현되어야 한다.[28] 그것은 Sieyès의 '제3계급이란 무엇인가'(Qu'est-ce que le Tiers état?)에서 잘 표현되고 있다.

> "peuple은 오직 하나의 투표권, 즉 국회의원선거에서의 하나의 투표권을 가질 뿐이다: 유권자(commettants)는 오직 국회의원을 통하여 말을 들을 수밖에 없다: peuple은 오직 그의 대표자를 통하여 말하고 행동할 수 있을 뿐이다."

(2) Nation 주권론의 이해

Nation주권이론은 Peuple주권이론을 완화시킨 것이라고 평가되며 때로는 서로 상반된 개념이라고도 평가된다.

---

27) Benoît Jeanneau, *Institutions politiques et droit constitutionnel*, Paris, Dalloz, 1991, p. 31.
28) Cl. Ledercq, *op. cit.*, p. 44.

Nation주권이론에 의하면 주권자는 Nation이라고 본다. 여기서 이 Nation은 불가분적이며 그 Nation을 구성하는 개개국민과 구별된다고 본다. 이러한 개념은 프랑스 혁명과정에서 확립된 되었으며, 그것은 곧 혁명과정에서 온건파(modérés)의 최종적인 승리를 의미한다. 이는 시민들(citoyens)이 그들 스스로 주권을 행사한다는 개념을 회피하기 위하여 정립된 개념이라 할 수 있다. 왜냐하면 Nation주권이론에서 본다면 시민들이란 이러한 주권을 스스로 행사할 수 있을 만큼 충분히 교육되어 있지 못하다고 보았기 때문이다. 따라서 Nation은 주권의 유일한 주체이며, 시민들은 그들 스스로 주권을 행사할 수 있는 것으로 볼 수 없게 된다.

바꿔 말하면 1789년과 1791년에 혁명 과정에서 드러난 온건파의 정신세계에서 Nation개념은 군주제도를 대표한다고 보았다. 이에 따라 프랑스의 왕은 주권의 견지자가 아니라 그에 연계된 특권을 행사하는 것으로 보았다. 그러나 Nation개념이란 순전히 이론적 구성을 통하여 형성된 개념이다. 그것은 실상 프랑스 이론가들이 말하는 혁명으로부터 유산부르주아나 법복귀족에게 유리한 방향으로 끌어들이는 전향(récupération)으로 이해된다.[29]

Peuple주권이론의 peuple 절대론적 사고를 회피하면서 동시에 절대군주제를 타파하기 위하여 1789년 프랑스혁명 당시의 개혁론을 이끈 온건론자들은 Nation주권이론을 주장하게 되었다. Nation주권론은 기본적으로 소극적이고 불분명한 점이 있었던 게 사실이나, 그 결과는 반대로 매우 구체화된 자유주의적 이론이다.[30]

Nation주권이론은 그 출발점이 왕이나 peuple과 같은 절대권력을 배제하는데 있었다. 이에 따라 주권, 즉 최고권력은 왕이나 peuple 등 어느 특정 집단이나 계층에 속하지 아니하고, 전체로서의 Nation은 특정 시점에서 이를 구성하는 개인이라기보다는 영속적인 집단인 France의 것이지, 프랑스국민(Français)의 것이 아니라는 것이다.

이 Nation주권에서 Nation은 그 자체가 스스로의 의사를 표명할 수는 없다. 이에 Nation의 의사를 대변할 대표자가 필요하게 된다. 여기서 누가 그 대표자가 될 것이냐가 문제된다. 그 대표자는 Nation의 의사나 이익을 자유롭게 대변

---

29) *Ibid.*, pp. 43-44.
30) J. Chatelain, *op. cit.*, p. 182.

할 수 있도록 반드시 교양 있고, 현명하고, 정직한 판단력을 가진 인물이어야 한다. 이러한 대표자가 어떻게 지명될 것이냐에 관하여는 일종의 엘리트주의를 취할 수밖에 없다. 그것은 곧 예컨대 왕과 같은 세습적 인물일 수도 있고 또한 이미 합리적으로 판단할 수 있고 계명되어 있고 선택된 시민에게만 투표권을 부여한 선거를 통하여 선출할 수도 있다. 여기서 중요한 것은 그 대표자는 한 번 지명된 이후에는 그 직책을 수행하는 데 있어서 자유롭고 독립적이라는 것이다. 왜냐하면 그 대표자에게 명령을 하거나 그 행위를 판단하는 것은 Nation주권에 반하기 때문이다. 이러한 Nation주권이론은 특히 자유주의적인 사상과 결합하여 권력의 제한이라는 이론을 도출하게 되었다. 바로 Montesquieu의 권력분립론은 절대권력에 대응하는 자유주의적인 사고의 산물이라고 할 수 있다.

여기서 Nation주권이론에서 누가 대표자가 될 것이며, 그 대표자는 어떻게 행동할 것인가가 문제이다. 왜냐하면 모든 인간은 다 같이 대표자가 될 수 없으며, 또한 대표가 된 자가 Nation의 이름으로 말하는 것과 그 자신의 입장에서 말하는 것을 구별하여야 하기 때문이다. 이 대표자의 지정이나 활동의 조건은 활동 중인 대표자조차도 그 스스로 수정할 수는 없다. 왜냐하면 그 자신에게 과하는 제한은 너무 쉽게 피해갈 수 있기 때문이다. 이 문제에 관하여 여러 가지 대표기관이 무엇이며, 그 권한은 어떻게 할 것인가를 정하기 위하여 헌법이 필요하게 된다. 그 헌법은 바로 경성헌법이어야 한다. 그것은 바로 1789년에 주창된 프랑스에서의 입헌군주제이다.[31]

헌법에 따라 정하여지고 활동할 대표자가 정하여졌다면 이제 그 대표자가 아무리 선의이고 지성적이라 하더라도 그 대표자는 대표자로서의 의사와 그 자신의 이익을 잘못 판단할 위험이 뒤따른다. 바로 이 문제를 해결하기 위한 다양하고도 현명한 대처가 요망된다. 왕도 잘못을 저지를 수 있고 의회 또한 잘못할 수도 있다. 그러나 이들이 하나의 결론으로 합일하게 된다면, 그것은 그들이 공통의 결정을 내렸다는 점에서 그것은 일반이익에 부합하며, 또한 그것은 일반의사의 유효한 표명으로 볼 수 있다. 의회에서 채택한 법안에 대한 왕의 제재 또는 의회의 거부가능성은 입법자의 존엄에 대한 심대한 침해일 수는 없다. 반대로 오히려 그것은 최상의 법률을 만드는 좋은 방안이기도 하며 Nation의 의사를 가장 잘 반영하는 수단이기도 하다. 같은 이유로 1791년 헌법에서는 ─비록 시

---

31) *Ibid.*, pp. 182-183.

행되지는 아니하였지만 – 단원제보다 양원제가 가장 좋은 것으로 보고 있다. 왜냐하면 서로 다른 선출방식과 그 기능방식이 상이한 두 개의 의회에서 합의한 공동결정은 단일의회에서 내려지는 결정보다 Nation의 의사에 보다 부합할 가능성이 많기 때문이다.[32]

Nation주권이론의 메커니즘에서는 Peuple주권이론에서 기초한 위계화된 기관 대신에 서로 그 기원이 상이한 권력의 다극체제를 주장한다. 그것은 선출·세습·호선 등과 같은 다양한 지명방식이 있고, 다른 한편 질적 수준을 견지한 시민으로부터 선출된 자를 들 수 있는데, 이들에 대하여는 기속위임이 금지되고 선거인의 대표자에 대한 통제도 금지된다. 왜냐하면 이들은 선거인을 대표하는 것이 아니라 전체 Nation을 대표하기 때문이다. 반면에 대표의 독립성을 유지하기 위하여 임기는 장기일 것이 요망된다. 여기에 국민투표제도도 원칙적으로 허용되지 아니한다. 다만 제헌권에 관한 사항에서만 허용될 뿐이다. 그러나 이 경우에도 그 국민투표는 peuple 자신에 의하여 발안되는 것이 아니라 헌법상 제도화된 권력에 의하여 발안된다. 이러한 Nation주권론의 기저에는 프랑스혁명 당시의 주도적 인물들의 생각대로 절제되고 현명한 정부의 이념적 기초는 곧 공동선을 생각하는 계명된 엘리트에 의한 권력의 지배를 의미한다는 사고가 있다.[33]

(3) 프랑스 헌법사에서 Nation주권

이러한 Nation주권이론은 프랑스혁명 당시에 성문화된 일련의 헌법사적 문건들의 지배적인 표현이기도 하다.

1789년 8월 26일의 '인간과 시민의 권리선언' 제3조는 Nation주권의 원리를 선언한 최초의 성문헌장이다.

　"모든 주권의 원리는 본질적으로 Nation에게 있다. 어떠한 단체나 개인도 명시적으로 Nation으로부터 유래되지 아니한 권한을 행사할 수 없다."

또한 혁명 후 최초의 헌법인 1791년 9월 3일 헌법 제3편(titre)의 일반적인 원리에 관한 제1조에서 주권의 본질을 분명히 하고 있다.

　　제1조: "주권은 단일, 불가분, 불가양, 항구적이다. 주권은 Nation에 속한다; peuple

---

32) *Ibid.*, p. 183.
33) *Ibid.*, p. 184.

의 어떠한 부분이나 어떠한 개인에게도 주권의 행사에 귀속될 수 없다."

　제2조: "모든 권력의 유일한 원천인 Nation은 이들 권력을 위임에 의하여서만 행사할 수 있다. 프랑스 헌법은 대의제적이다. 그 대표자는 입법부와 왕이다."

프랑스에서 민주주의의 발전과정에서 특히 제3공화국 이래 작동된 민주주의를 우리는 오늘날의 의미에서의 민주주의 시대로 본다. 그런데 제3공화국 이래 프랑스 민주주의에서 주권이론은 일반적으로 Nation주권이론에 기초한 것으로 보인다. 1875년 제3공화국의 헌법이라고 볼 수 있는 헌법적 법률에서는 주권에 관한 명문규정이 없으나, 대부분의 학자들은 제3공화국 헌법제도의 기초를 바로 Nation주권으로 이해한다.[34]

4. Nation주권과 Peuple주권의 이론 대립과 그 융합

Nation주권론과 Peuple주권론의 대립적 논의는 대체로 19세기 말에서 20세기 초에 Carré de Malberg가 정립한 이론을 통하여 보다 정밀화되었다.[35]

Carré de Malberg의 주권이론에 대하여 당대의 또 다른 대표적인 학자인 Duguit는 부정적인 견해를 제시하기도 하였지만,[36] Carré de Malberg에 의하여 정립된 주권이론은 오늘날 프랑스 헌법학이론에서 확고한 위상을 점하고 있다. 그러나 Nation과 Peuple의 이원적 대립은 대체로 Nation에 기초한 Peuple의 융합이라는 형태로 접목되어 있다. Nation주권의 원리는 Nation을 제공하여야 하는 Peuple의 상위에 Nation을 정립시킨다. 선거인은 선거를 하지만 그 투표행위는 권리가 아니고 기능(fonction)이다. 선거인은 Nation의 이름으로 기능을 행사한다. 따라서 이 기능은 하나의 의무이다. 왜냐하면 선거인은 그에 따른 의무를 표명할 만하며, 선거인이 투표할 권리(pouvoir de voter)를 가지는 것은 Nation의 의사를 표명할 만하기 때문이다. 이 투표할 권리는 하나의 의무로서 적어도 하나의 정신적 책무이기도 하다. 따라서 선거권은 능력 있고 이 선거권을 행사할 만한 시민에게만 부여되어야 하며, 이 선거권을 행사할 만한 능력이 없는 시민에게는 부인되는 것이 Nation의 이익에 부합한다.[37]

---

34) Cl. Leclercq, *op. cit.*, p. 44.

35) Raymond Carr de Malberg, *Contribution à la théorie générale de l'État*, Paris, Sirey, 1922. tome 2, Chapitre Premier: Théories contemporaines touchant la source de la puissance exercée par les organes d'Etat.

36) Léon Duguit, *Traité de droit constitutionnel*, Paris, Boccard, 1921, tome 1, pp. 551-585.

37) Jacques Cadart, *Institutions politiques et droit constitutionnel*, Paris, L.G.D.J., 1983, tome

이러한 Nation주권이론에 의하면 선거는 논리상 보통선거일 수 없으며, 투표권은 필요한 지식을 향유하지 못한 사람에게는 인정될 수 없다. 사회적 책임을 다 할 수 있는 유식하고 재산이 있는 사람만이 Nation의 이익을 표명할 능력을 가지기 때문에 제한선거일 수밖에 없다. 따라서 여기서 Nation주권이론의 귀족 계급적인 경향이 드러난다.

Nation주권이론에 의하면 또한 투표의 의무가 도출된다. 즉 투표는 의무이지 권리(droit)가 아니다. 이론상 선거인은 투표할 책무를 가진다. 더 나아가서 선거에서 당선된 자들로 구성된 단체인 Nation의 대표는 전적으로 자유로운 방식으로 Nation의 의사를 표명한다. Peuple이나 선거인이 Nation의 대표를 통제하는 것은 비정상적이다. 선거인은 Nation의 이익을 정의하는 역할을 가지는 것이 아니라, 가장 학식 있는 자를 선출할 뿐이다. 순수대표이론은 Nation주권개념에 포함되어 있으며, 이 Nation주권이론은 권력분립의 원리에 의하여 순수대표이론을 현실적으로 보장한다.[38]

한편 Peuple주권이론에서는 Nation주권이론의 논리전개나 그에 따른 결과에 대하여 매우 체계적인 반대 입장을 취한다. Peuple주권이론은 시민 위에 위치한 하나의 우월적 존재로서의 Nation을 부정한다. 그에 따라 선거는 반드시 보통선거여야 하며, 다른 사람들과 더불어 peuple을 형성하는 각 개인은 주권의 일부분을 가지게 된다. 보통선거를 인정하지 아니한다는 것은 곧 주권을 특정 시민에게서 빼앗는 것을 의미하며, 그것은 Peuple주권의 원리에 반한다. 따라서 투표는 주권자의 임의선택적인 원리에 의거한 권리이다.

또한 주권자로서의 peuple은 항시 그의 권력을 행사하여야 한다. 왜냐하면 주권은 불가양적이며 불가분적이기 때문이다. 따라서 주권은 상존하는 여러 권력이나 기관에 위임되거나 분리될 수 없다. 분리된 여러 기관에 Nation주권의 위임은 Peuple주권의 원리를 침해하는 결과가 된다. 주권의 위임은 사실상 주권이 대표자에 의하여 박탈되는 것을 의미하며, 주권의 분할은 주권을 무력하게 만든다. Peuple주권론자에 의하면 Peuple주권의 원리에 따를 경우 당선자는 모든 방식으로 peuple에 의하여 통제되어야 한다고 본다. 모든 peuple이 한자리에 모이기가 불가능하다면 직접민주주의의 방식으로 국민투표를 할 수 있고, 선

거인이 기속적으로 명령한 바에 따라 당선자에게 부여된 규율에 의거하여 형성된 위임, 즉 기속위임의 원리를 취한다. 끝으로 정부는 당선자에게 복종하여야 하며, 이 당선자들은 바로 peuple에 복종하여야 한다. 그리하여 국민발안국민투표(référendum d'initiaitve populaire)를 통하여 peuple에 복종하는 단원제국회로 모든 권력이 융합된 회의정체(régime d'assmblée)가 Peuple주권원리에 기초한 논리적 결과가 된다.[39]

Peuple주권이론의 귀결은 Nation주권과 마찬가지로 유토피아적인 성격을 띠고 있다. 따라서 이 두 개 이론에 입각한 논리를 궁극적으로 실현할 경우 매우 위험한 불합리성을 초래하게 된다. 바로 이러한 위험성이 프랑스 헌법사의 과정에서 체험된 것도 사실이다. 특히 프랑스혁명 당시에 이러한 주권론에 기초한 제도의 현실화 과정에서 엄청난 문제점을 제시한 역사적 체험에 따라 혁명과 나폴레옹 황제 이후에 이러한 Peuple주권과 Nation주권의 지나친 논리조작에 입각한 헌법적 체험이 중지되어야 하기에 이르렀다.

하지만 이러한 두 개의 주권론에 관한 논의는 제2차 세계대전 후인 1945년 내지 1946년에 이르는 새로운 공화국의 헌법제정 시에 헌법제정국민의회(Assemblée nationale constituante)에 이르기까지 그 논쟁은 계속되었다. Peuple주권과 Nation주권에 기초한 서로 상반된 논쟁은 대표제, 국민투표제, 회의정체, 의원내각제, 양원제, 단원제 등에 대한 헌법상 제도의 채택과 관련하여 치열한 학리논쟁을 전개하였다.[40]

5. 헌법규범의 타협적 성격

(1) 의 의

Nation주권과 Peuple주권이론은 그 당시의 특수한 시대적 상황과 연계되어 대두된 이론이다. 이러한 두 이론의 극단적인 표출은 위기 시에 극명하게 드러났다.[41] 1789년 혁명가들과 1793년의 혁명가들 사이에 나타났던 사상적 대립은 바로 Nation주권이론과 Peuple주권이론의 헌법적 구체화의 결과로 나타났다. 1793년 산악당헌법은 비록 한 번도 시행하지 못하였지만 이들이 세워놓은 Peuple

---

39) *Ibid.*, p. 184.
40) *Ibid.*, p. 185.
41) Jean Chatelain, *op. cit.*, p. 184.

주권론은 그 후에도 1848년 6월과 1871년 5월 사건 및 1946년 제1차 헌법제정
회의 안에서 극명하게 드러났다.

그러나 헌법사에서 일반적인 흐름은 극단적인 것이 아니라 중간적 입장을 취
한다. 그런 점에서 Montesquieu의 Nation주권이론은 상당히 절제된 모습으로
프랑스의 국가통치에 기여한다. 그럼에도 불구하고 그 Nation의 통치에 있어서
는 Peuple주권론의 기초를 항시 고려한다.

(2) 1946년 헌법제정 시의 주권논쟁

제4공화국 헌법제정을 위한 헌법제정의회에서의 토론내용을 살펴보면, 그것
은 곧 지금까지 논의되어 온 주권론에 관한 논쟁의 재현이며, 이에 관한 하나의
타협이 이루어지고 있음을 알 수 있다. 이하에서 제3조 주권에 관한 토의내용을
요약하여 본다.[42]

> 의장: 제3조
> "주권은 프랑스 peuple에 속한다.
> peuple의 어떠한 부분(section)이나 어떠한 개인도 그 주권의 행사를 특수하게 부
> 여받을 수 없다. peuple은 대표자의 선거나 국민투표를 통하여 헌법사항에 관한 주권
> 을 행사한다.
> 나머지 사항에 관하여는, peuple은 보통·평등·직접·비밀선거로 선출된 국민의
> 회의원을 통하여 주권을 행사한다."
> Paul Bastid와 Tony Révillon은 위 조항을 다음과 같이 수정하자는 개정안을 제
> 안하였다.
> "주권은 Nation에 속하며, Nation은 그가 선출한 대표자를 통하여 이를 행사한다."
> peuple의 어떠한 부분이나 어떠한 개인도 주권의 행사를 특수하게 부여받을 수
> 없다. 모든 강제위임은 무효이며 아무런 효과도 없다.
> Bastid: 나는 제3조의 peuple의 주권이라는 표현을 전통적이고 고전적인 형태의
> 'Nation의 주권'이라는 표현으로 대체하기를 바란다. …
> 이에 관하여 오로지 전문가들의 학리적 논쟁을 문제 삼고자 하는 것은 아니다. 일
> 반적인 언어사용 예에 의할 경우, Nation주권과 Peuple주권의 대립은 항구적인 것과
> 일시적인 것의 대립을 의미한다.
> Nation은 역사적 계속성, 연속적인 세대의 연대성, 연속적이고 서로 상반되는 변화
> 에서 벗어난 커다란 집단적 이익의 항구성(constance)을 연상시킨다. Peuple주권이라

---

42) Débat Constituante, séance du septembre, *J.O.*, p. 3478; *Cf.* Pierre Vialle et al., *op. ct.*, p.
   65.

는 표현은 반대로 특정 시점에서 표현되고 반드시 다수결에 의하여 결정을 표명하는 선거인단의 이념을 상기시킨다. 모든 사람에게 있어서, 한마디로 말하자면, Nation은 Peuple보다 더 많이 대표한다. 이러한 나의 견해를 위원회가 충분히 인식한다면 내가 제안하는 전통적인 용례(terminologie classique)를 채택하기를 바란다.

1791년 헌법에서 처음으로 확인된 이후 프랑스의 성문헌법 및 관습헌법에서 적용된 Nation주권이론은 주권을 하나의 이상적인 무형의 존재에 부여하고 있으나, 그것은 결코 비실체적인 것이 아니다. 왜냐하면 모든 사람들은 Renan이 유명한 강의에서 'Nation-personne'의 실체(실재, réalité)를 정립하기 위하여 기술한 기념비적인 이론을 기억할 것이다. 어쨌든 이 제도는 결과적으로 주권은 어느 특정인에게 속하지 아니한다는 것이다.

프랑스혁명에 의하여 형성된 Nation주권이론은 내가 보기에 도덕적인 면에서 다른 모든 것보다 진술한 것이며, 그런 점에서 의심의 여지없이 법적으로는 소극적인 결과만을 가지게 된다. 이에 따라 이 이론에 의하면 국가에 적용되기에 적합하다고 생각하는 자는 없다. 그러나 그것이 주권을 신비스러운 천국으로 추방한다. Nation주권은 개인이나 어떤 형태의 다수가 지배하려는 모든 기도를 비난한다. 여기서 Nation주권의 강점이 있다. 한마디로 말하건대 Nation주권은 어떤 일시적인 인물이 좌지우지할 수 없는 유산이다.

Peuple주권은 다르다. Peuple주권은 정치적 권위는 정신적 집단에 속하는 것이 아니라 개인과 집단을 구성하는 개인과의 사이에 배분되어 있다는 이념에 기초한다. 이는 1793년 헌법에서 채택된 원리이나, 프랑스 헌법사의 전개과정에서 지배적인 것이 되지 못한다. 실제로 Peuple주권이론은 혼란스럽고 위험하다. 왜냐하면 그것은 권력의 일시적 견지자를 그가 보다 많은 다수로부터 권력을 부여받았다든가 또는 그가 Nation의 모든 본질적 부분을 총괄하는 것으로 나타나고 있다는 전제에서 절대적 주체로서의 권위를 부여하게 된다. Peuple주권이론은 또한 경우에 따라서 외견상 다수가 실질적인 소수와 일치하는 심대한 결과를 초래하게 된다.

이제 나는 첫 번째와 연계되는 두 번째 문제를 적시하고자 한다.

Nation주권에 있어서는, 어느 누구도 시원적 권력을 가진 것으로 간주될 수 없다; 개인이나 단체의 권력이란 그 반향에 불과하다. 달리 말하자면 대표는 곳곳에 있다. Nation주권이론은 1791년 헌법에서처럼 분할된 권한을 고려하면서 대의적 헌법으로 나아가게 되며 여기서 Nation 그 자체의 권력인 공통적인 원천을 어느 누구도 고갈시킬 수 없다.

그러나 대의제의 고전적 개념에서는 기속위임을 배제한다. 마찬가지로 이 기속위임금지의 법리는 면면히 내려오는 헌법전상의 고전적 원리이기도 하다. 이 기속위임금지의 법리를 나는 오늘 다시금 채택하기를 바란다.

Nation주권의 고전적 이론은 기속위임을 배척한다. 왜냐하면 어떠한 집단, 정당, 단체도 전체 Nation으로 간주될 수 없다. Nation의 의사는 서로 다른 선거구나, 상이한 정치조직 혹은 프랑스를 구성하는 여타 어느 것과 분할하여 형성될 수는 없다. Nation의 의사는 선출된 국회의원의 경합에 의한 의회 그 자체로부터 나타난다. Barrre는 "입법권은 대표자의 총회가 구성될 때 시작될 뿐이다"라고 말하고 있다.

여기서 나는 의회구성에 관한 1790년 1월 8일자 국민의회훈령의 간결한 문장을 상기시키고자 한다.

'기속위임은 본질적으로 심의기관인 입법부의 본질에 반하고 각자가 일반이익을 위하여 향유하여야 하는 투표의 자유에 반하고, 의원을 선출한 선거구의 대표가 아니라 Nation의 대표자인 국회구성원의 성격에 반하고, 또한 Nation의 상이한 부분이 전체 Nation단체에 정치적으로 복종하여야 하는 요청에 반하며, 어떠한 선거인의 의회도 선거의 의사일정에 기재시킬 수 없으며, 기속위임을 별개로 기록할 수는 없다.'

1789년 이래 프랑스에서 기속위임은 계속 금지되어 왔다. 1793년 헌법에서조차도 제29조에서 대표자인 국회의원은 전체 Nation에 속한다고 규정하고 있다. 다른 헌법전에서도 기속위임금지는 분명히 천명되어 있다. 1848년 헌법이 전형적인 한 예이다. 왕정복고기의 헌법에서도 선거인단의 숙고를 차단하기 위하여 선거인단의 모든 기속위임이 불가능하도록 하였다. 1875년 헌법이라 할 수 있는 11월 30일 조직법률 제13조에서 "모든 기속위임은 무효이다"라고 선언하고 있다. 이 기속위임금지의 법리가 바로 지금 다시 채택할 것을 제안하는 것이다. 요약컨대 "선거인이 기속적인 양태로 대표자를 교란시킬 수 있는 어떠한 제도도 집단적 의사의 형성에 반대된다는 것이다."

Coste‒Floret(종합보고자): Bastid 씨가 간단명료하게 말하였던바, 위원회는 이를 보다 더 간단명료하게 대답하겠다.

Bastid의 발표동기나 그가 행한 발언은 그의 개정안의 정신을 완벽하게 정의하고 있다. 그는 Nation주권의 원리에 입각하여 대의제와 양원제를 주장한다. 반면에 그는 위원회제도(système de la Commission)는 Peuple주권이론, 직접민주제, 단원제를 창설하는 것으로 보고 있다.

반면에 우리가 생각하기에 peuple의 대표자는 진정한 주권자 및 통치자 간의 논쟁에서 최후의 중재자여야 할 주권적 peuple을 배제함으로써, Nation주권이론은 의회독재를 취할 위험이 있다고 본다. 바로 이러한 측면에서 원안인 "Nation주권은 프랑스 peuple에 속한다"라는 규정을 채택하기를 바란다. 여기서 우리는 Bastid가 주창한 Nation은 역사적 계속성과 최고·최상의 이익의 견지라는 데 대하여 반대한다. 우리가 보기에 프랑스 Nation은 프랑스 peuple과 다른 것이 아니다. 바로 그런 점에서 주권의 원리를 견지하면서 프랑스 peuple에 속한다고 구체화하고 있다. 이에 원안을 채택하기를 바란다.

의장: Bastid와 Tony Révillon의 제안을 급진파 및 급진사회파 교섭단체의 이름으로 Yvon Delbos의 제안에 따라 이를 투표에 회부한다: 이 안은 부결됨(찬성 104, 반대 429).

(3) 1958년 헌법의 주권규정

헌법 제3조의 주권규정은 그 문언상 대체로 제4공화국 헌법의 규정을 견지하고 있다. 실상 주권규정은 주권의 향유자 및 국가권력의 정당성의 향유자를 정하는 중요한 문제이다. 그런데 헌법상 주권에 관한 규정도 Nation주권과 Peuple주권이라는 두 개의 상이한 이론을 하나로 묶어 두었다는 점에서 여전히 문제의 소지를 남겨두고 있다.

Nation주권과 Peuple주권에 관한 학리논쟁은 결국 하나의 합리적인 타협을 이룬 형태로 귀결되었다. 즉 헌법 제3조는 "국민주권은 프랑스 인민에 속한다"라고 규정하기에 이르렀다. 동 규정은 세기에 걸쳐 야기된 쟁점사항에 대하여 역사적이고 복잡하고 서로 상반된 양태로 종결되기에 이르렀다. 1958년 제5공화국헌법 제3조도 같은 내용을 담고 있다. 이러한 헌법 제3조의 규정양태는 프랑스의 주권, 프랑스국가의 주권, 프랑스인민의 주권은 선거인단(corps électoral)이라는 동일한 peuple에 속한다는 것을 의미하며, 그것은 보다 더 영속적인 Nation을 배척하는 것이 아니다. 즉 보통선거의 범주에서 Peuple은 Nation의 이익관리를 자유로이 보장한다.[43] 이 peuple은 국가적 차원뿐만 아니라 여러 가지 차원에서 의사표명을 행한다. 그것은 지방자치단체나 레지옹(région) 또는 연방국가에 있어서는 지방(支邦)의 단계에서 표명된다.

역사적 체험에 비추어 본다면 주권자는 주권 그 자체에 관한 중대한 위험을 감수하지 아니하고서는 국가기관을 주권자의 항구적인 의사에 종속시킬 수 없다. 국가의 최고기관이 그 스스로 폭넓은 자치를 향유하지 못한다면, 국가의 최고기관은 Nation이나 주권적인 Peuple의 의사를 표명할 수 없다. 그러나 그 국가기관은 국민여론과의 끊임없는 접촉을 동시에 하고 있어야 한다. 주권자의 역할은 주권자와 국가최고기관 사이에 제도상 형성된 끊임없는 상호교감을 통하여 항구적일 수 있다. 이 제도는 주권의 향유자로 하여금 그 의사를 표명하고 권력을 행사하도록 허용한다. 그것은 민주적 주권이 현실화되기 위하여 주권자의 의사를 국가의 지도적 기관에 전달하게 하는 수단과 항구적이고 불가결한 대화·접촉·교환을 가능하게 하는 조직이다.

---

43) J. Cadart, *op. cit.*, p. 185.

V. 결어: 프랑스 주권이론의 한국적 수용

1. 주권이론의 현대적 변용

가톨릭신학과 절대군주시대에 탄생된 주권개념은 프랑스혁명을 거치면서 다시금 Nation주권과 Peuple주권이라는 두 개의 상이한 주권이론으로 나타났다. 그것은 그 이념적·사상적 뿌리를 달리하여 두 개의 이데올로기적 흐름에서 혁명이라는 특수한 시대적 상황과 부합하여 더욱 격화되었던 개념이다.

이러한 Nation주권과 Peuple주권이라는 이원적 대립과 그 구별의 논리적 갈등, 즉 Montesquieu나 Sieyès의 논리전개와 Rousseau의 논리전개 사이의 갈등은 근본적으로 온건혁명파와 과격혁명파 사이에 사용된 하나의 도구적 개념일 수 있었다.[44] 이러한 갈등의 흐름은 오늘날까지도 프랑스 헌법사의 한 부분을 차지한다. 19세기 말 20세기 초에 이르러 Carré de Malberg에 의하여 Nation주권론과 Peuple주권론은 그 논리적 대립을 보다 분명히 할 수 있었으나 그 자체로서 서로 별개로 떨어져 존재할 수 있는 상호 배타적인 이론으로 치부할 수는 없다.[45] 그것은 1946년 헌법제정회의과정에서 극명하게 드러났으며, 이러한 두 주권이론의 상호융합적인 흐름은 제5공화국 헌법에서도 그대로 견지되고 있다. 결론적으로 헌법과 정치제도의 기본원리에 관련되는 Nation과 Peuple이라는 두 개의 주권이론의 논리적 결과를 대비하면 다음과 같이 요약할 수 있다.

Nation주권이론에 의하면 ① 주권의 주체는 다름 아닌 하나의 통일체로서의 전체국민이다. ② 이 전체로서의 국민이 선출한 대표자에 의한 통치를 의미하는 대의제의 원리가 도출된다. ③ 그런데 이 대표자를 선출하는 선거인은 교양과 재산을 가진 자에게만 허용된다는 의미에서 제한선거제를 채택한다. ④ 국민의 권리가 아니라 책무로서의 선거를 통하여 당선된 대표자는 이제 단순히 선거구민의 대표가 아니라 전체국민을 대표하는 기속위임금지의 법리에 따른다. ⑤ 이러한 대의제에 따른 통치방식은 다극화된 권력분립의 원리에 입각할 수밖에 없다.

---

44) *Cf.* Guillaume Bacot, *Carreé de Malberg et l'origine de distinction entre souveraineté du peuple et souveraineté nationale*, Paris, C.N.R.S., 1985.

45) 여기서 우리는 Montesquieu나 Sieyès의 귀족, 법관, 승려라는 보수적 출신성분과 Rousseau의 서민적인 출신성분에서도 그 사상적 흐름의 일단을 읽을 수 있다.

Peuple주권이론에 의하면 ① 주권의 주체는 구체적인 개개인의 총합이다. ② 따라서 현실적·구체적인 주권자인 peuple 자신이 직접통치하는 직접민주제를 이상으로 한다. ③ 바로 이 주권자인 peuple의 투표권행사는 어떠한 제한도 불가능한 보통선거를 의미한다. ④ 직접민주제의 논리적 결과로 비록 peuple을 대신하여 대표가 선출되었다고 하더라도 그 대표자는 항시 peuple의 지시·통제를 받는 기속위임의 법리를 채택한다. ⑤ 국민의 직접적인 지시·통제를 받는 체제에서 직접민주제의 실현은 권력분립원리의 논리를 필연적인 것으로 볼 필요가 없다.

위와 같은 Nation과 Peuple주권론의 대립은 오늘날 일반화된 전체국민을 대표하는 대의민주주의의 정착과 기속위임금지의 법리로 현실화되고 있으며, 권력분립의 원리는 당연한 입헌주의의 한 요청으로 나타나고 있다는 점에서 그것은 Naion주권이론의 승리를 의미한다. 그런데 여기에 제한선거 아닌 보통선거의 일반화와 더불어 대의제의 병폐를 보완하려는 직접민주제원리의 도입을 통한 소위 반(준)대표원리의 헌법상 제도화는 곧 Peuple주권이론의 현실적인 공간을 확보하여 준다. 바로 그 점에서 수세기에 걸친 Nation·Peuple주권이론의 논리는 이제 하나의 융합되고 통합된 타협적 헌법체제로 정착되었음을 의미한다.

2. 한국헌법상 국민주권주의의 구현

(1) 한국헌법의 법적 기초로서의 국민주권주의

헌법 제1조 제1항에서 "대한'民'국은 '民主'공화국이다", 제2항에서 "대한민국의 주권은 국민에게 있고 모든 권력은 국민으로부터 나온다"라고 규정하고 있다. 그것은 곧 헌법전문에서 대한국민이 헌법을 제정하였다는 헌법제정권자로서의 국민을 천명한 것과 동일한 맥락에서 이해된다. 여기서 의미하는 국민은 전체국민이다.

이러한 국민주권주의의 법적 기초에서 그 하위개념으로서 현실적인 주권의 행사자는 바로 선거인 내지 유권자가 된다. 그 선거인은 선거법의 자격과 요건을 갖춘 일정한 국민에 한정된다.

(2) 자유와 권리 보장을 통한 국민주권의 실질화

국민주권주의 주체인 국민의 자유와 권리가 실질적으로 보장되지 아니하는 한, 그 국민주권론은 허구에 그치고 만다. 여기에 국민의 자유와 권리의 실질적 보장을 위한 헌법상 구현이 필요하게 된다. 제2장 국민의 권리와 의무는 그러한 국민주권주의의 실질화를 위한 헌법적 의지의 표현이다. 인간의 존엄에 기초한 구체적 기본권의 실현이 그것이다. 특히 국민주권의 현실적 행사와 직접적으로 관련되는 정치적 기본권과 정치적 기본권의 구현을 위한 표현의 자유는 정치적 원리로서의 국민주권주의를 구현하기 위한 기본권적인 표현이다.

(3) 간접민주제(대의제)와 직접민주제의 조화: 반대표민주주의

주권자인 국민의 의사의 현실적 구현, 즉 주권의 행사는 스스로 하는 것이 바람직하지만(직접민주주의), 현실적으로 이를 직접 행사할 수 없기 때문에 정치적 기술로서 대표자를 통하여 행사(간접민주주의)하게 된다. 여기에서 대표자는 바로 보통·평등·직접·비밀선거를 통하여 선출된다. 한국헌법에서는 대의민주주의(간접민주주의)를 채택하고 있지만, 동시에 직접민주주의적인 국민투표제도(제72조, 제130조 제2항)를 도입하고 있다.

특히 21세기적인 정보사회의 급속한 진전과 더불어 인터넷의 보편화는 루소가 추구한 직접민주주의의 이상의 현대적 구현으로 나타난다. 그것은 곧 전통적인 대의민주주의가 안고 있는 문제점을 극복하는 과정으로 볼 수 있다. 그러나 비제도화된 인터넷을 통하여 제도화된 대의민주주의를 보완한다는 점에서 제도화된 직접민주주의를 통한 대의민주주의의 보완과는 본질적으로 구별된다.

(4) 대의제의 병폐를 시정하기 위한 권력분립주의

대의제의 원리는 자칫 대표자의 전횡으로 이어져 결과적으로 국민주권주의를 말살할 가능성 또한 배제할 수 없다. 여기에 대의민주제를 적극적으로 지탱할 수 있는 정치적 기술로서의 권력분립주의가 필수적으로 등장한다.

종래 권력분립론은 수평적 권력분립론에 중점을 둔 입법·행정·사법의 견제와 균형에 맞추어져 있었다. 그러나 오늘날 권력분립론은 정치권력의 실질적인 여·야 간의 권력분립을 위한 의회의 그 견제기능에 중점을 두는 한편, 아래로부터의 민주주의 정착을 위하여 수직적 권력분립을 통한 지방자치제의 보장이 불가피하게 된다.

(5) 대의제의 실질화를 위한 복수정당제의 보장

직접민주주의의 이상이 작동하는 곳에 대의민주주의는 배척될 수밖에 없지만, 근대입헌주의국가에서의 민주주의의 정립은 간접민주주의, 즉 대의제를 기초로 발전되어 왔다. 따라서 직접민주주의적인 사상적 세계에서 배척될 수밖에 없는 정당제도는 이제 대의제의 실질적 구현을 위한 불가피한 제도로 인식되었고, 여기에 다원적 민주주의의 이상을 구현하는 불가결의 요소로서의 정당, 특히 복수정당제도가 보장되기에 이른다(제8조).

(6) 국민 전체에 봉사하는 직업공무원제의 보장

주권자인 국민에 대하여 봉사하고 책임을 지는 공무원제도는 바로 국민주권주의의 구현을 위한 현실적 제도이다: "공무원은 국민 전체에 대한 봉사자이며, 국민에 대하여 책임을 진다"(제7조).

[Resume]

Sovereignty Theory in French Constitutional Law

The legal nature of state sovereignty can be characterized by territorial sovereignty and independence. Territorial sovereignty refers to the supremacy of the state with respect to a geographical area and independence refers to the independence of the state in international affairs.

The theory of state sovereignty was introduced during the years of the French Revolution which began in 1789. According to Jean－Jacques Rousseau, the great author of the 『Social Contract』 and 『Discourse on Political Economy』, sovereignty is inalienable and indivisible. Furthermore, sovereignty is the general will and is embodied in the sovereign body politic.

In contrast, the theory of state sovereignty argued by Emmanuel Sieyès (『What is the Third Estate?』) and Ch. L. S. de Montesquieu (『Of the Spirit of Laws』) rejected such notion advanced by Rousseau. Especially Sieyès stated that a nation is independent of any form, and essentially invented the modern concept of national sovereignty.

The two contrasting ideas of popular and national sovereignty originated in French constitutional law, and is well summarized by Raymond Carré de Malberg in his 『Contribution to the General Theory of the State』. Eventually the Constitution of the Fifth Republic of 1958 harmonized the contrasting views, and came up with a compromise. The Constitution states that "national sovereignty shall belong to the people, who shall exercise it through their representatives and by means of referendum."

Keyword: sovereignty of the state, sovereignty－independence, Sovereignty in the State, French Revolution of 1789, Jean Jacques Rousseau, Sovereignty of the People, Sovereignty of the Nation, Emmanuel Sieyes, Ch. L. S. de Montesquieu, Raymond Carré de Malberg, Constitution of the Fifth Republic of 1958, National Sovereignty, People French

[Resume(French)]

La théorie de la souveraineté en droit constitutionnel français

La souveraineté de l'État réside à la souveraineté-indépendance. Pourtant la théorie de la souveraineté dans l'État s'est introduite au cours des années de la Révolution française de 1789. D'après la théorie de Jean-Jacques Rousseau qui est le grand auteur du Contrat social et Discours sur l'économie politique, la souveraineté du Peuple est fractionné et rapporté Il est donc naturel que les membres de la société possèdent une quote-part. La théorie de la souveraineté de la Nation est fondée sur les idées de Emmanuel Sieyès(Qu'est-ce que le Tiers état?) et Ch. L. S. de Montesquieu(De l'Esprit des lois). La souveraineté de la Nation appartient à une personne morale qui est une entité indivisible. La théorie de la souveraineté du Peuple et de la Nation est une théorie uniquement originaire en droit constitutionnel français La différence de théorie de la souveraineté du Peuple et de la Nation est bien rédigée par Raymond Carré de Malberg dans son oeuvre de la Contribution à la théorie générale de l'Etat, Éventuellement la Constitution de la Ve République de 1958 stipule la compromise de ces théorie: La souveraineté nationale appartient au peuple français.

Keyword : souveraineté de l'État, souveraineté-indépendance, souveraineté dans l'État, Révolution française de 1789, Jean Jacques Rousseau, souveraineté du Peuple, souveraineté de la Nation, Emmanuel Sieyès, Ch. L. S. de Montesquieu, Raymond Carré de Malberg, Constitution de la Ve République de 1958, souveraineté nationale, peuple français

3. Overview: The History of the Korean Constitution

I. Introduction

1948 is a symbolic year when the Republic of Korea was established and the Korean Constitution, as the legal foundation of the state, was enacted. Since then, the constitutional history of Korea has gone through both glorious and inglorious moments, following political turbulences that were brought upon the country. The 1948 Constitution, based on modern constitutionalism, was deemed as a tool which would open a new era for the people. However, a great deal of changes has had to be undertaken in order to fill in the existing gap between the constitution and the reality. As a result, the constitutional history of Korea has shown certain discontinuities over the time. Nevertheless, the fundamental principles and structure of the first Constitution remained the same. This signifies the continuity of the Republic of Korea as a state and also the continuity of the constitution as the legal foundation of the country.

The basic structure of the first Constitution (1948) remained the same throughout the four partial and five complete constitutional revisions, even when the latter complete revisions can be seen as *de facto* establishment of a new constitution.

In particular, the Preamble, General Provisions of Chapter 1, Rights and Duties of the Citizens of Chapter 2 have preserved their title and framework. The chapters related to the political system maintained their basic form, and the final chapters concerning Economy, Local Autonomy, Amendments to the Constitution and Supplementary Rules kept their original form.

Despite some changes to the structure in National Assembly of Chapter 3, Government of Chapter 4 and Courts of Chapter 5, the current Korean constitution (established in 1987) can be said to have returned to the original structure in the Founding Constitution (hereinafter "FC").

As for the General Provisions of Chapter 1, there has been continuity without fundamental changes from the *FC* to the current constitution. For instance, the name of country, the form of polity, popular sovereignty, nationality, territory, pacifism, principle of observance of international law and the guarantee of public official system have stayed the same, while simultaneously reflecting some adaptations with the change of time.

The protection and the promotion of political parties was added in the Constitution during the 2nd Republic, while the principle of the cultural state was prescribed in the Constitution during the 5th Republic. Such changes can be seen as a positive step to integrate global or universal principles and values into the constitution.

The state's duty to protect liberty and equality, which was included in the *FC* was eliminated during the 2nd Republic, not because the principle was abandoned, but because it was considered an unnecessary repetition that had already been enshrined in the Preamble and other parts of the constitution.

Despite the turbulences during the constitutional history, Rights and Duties of the Citizens of Chapter 2 has kept its fundamental form. Except the fact that individual legal reservation clauses were prescribed to several basic rights in the *FC* and the Constitution of the 4th Rep., there are no considerable alterations. The effort to include new basic rights still continues.

The main principles of modern constitutionalism which the *FC* sought are enshrined in the present Constitution. These principles cannot be renounced under the "liberal democratic state model" and were maintained within the constitution even during the period of political uncertainties. Such principles form the antitheses of "people's democracy" of North Korea, which is against liberal democracy.

The political system has always been the center of attention during changes in the constitutional history. The modified presidential system of the *FC*(1948), which is the mixture of the parliamentary cabinet system in the draft of constitution and the elements of presidentialism, functioned like semi-presidentialism. During the 2nd Rep.(1960), however, the constitution was revised twice, adopting a pure parliamentary cabinet system to prevent dictatorship. The Constitution of the 3rd Rep.(1962), once again, returned to the presidentialism with remnants of parliamentarism. The Constitution of the 4th Rep.(1972) was amended as a means of presidential dictatorship. The Constitution of the 5th Rep.(1980) included indirect election system of the president, but the Constitution of the 6th Rep.(1987) restored the democratic political system. In this regard, the structure of the Korean political system in the constitutional history is similar to a dance of waltz. Putting the parliamentary cabinet system of the 2nd Rep. and the degenerated form of presidentialism of the 4th Rep.(1972) aside, we can observe a firm continuity in the form of a governmental system which resembles presidentialism with some parliamentary elements.

II. A Historical Overview of the Korean Constitution

First, if the freedom and the rights of citizens who are the subjects of the principle of popular sovereignty are not substantially guaranteed, then the idea of popular sovereignty is mere fiction. A mechanism within the constitution is needed to guarantee the peoples' rights and freedom. Rights and Duties of the Citizens enshrined under Chapter 2 is an expression of Constitution's determination to materialize the principle of popular sovereignty. The concrete example is the realization of basic rights based on human worth and dignity.

Second, the guarantee of basic rights to realize the principle of popular sovereignty is as follows:

(1) *FC*(1948): It contained individual legal reservation clauses on every basic rights because basic rights were considered as a right of positive law. It stipulated the rights of freedom, equal rights, the rights of claim and social rights. Labor rights, protection of the incompetent, and the workers' rights to their share of the profit were included in the constitution. It also delineated the relative character of property rights.

(2) The Constitution of the 2nd Rep.(1960): It emphasized the character of basic rights as a natural right. Hence, individual legal reservation clauses were deleted and the general legal reservation clause was prescribed. It

also prohibited the violation of essential basic rights. In particular, it banned censorship or licensing to protect the freedom of expression.

(3) The Constitution of the 3rd Rep.(1962): Human dignity and worth, the right to have a life worthy of human being, prohibition of torture, the restriction of using confession as evidence ability were included in the constitution.

(4) The Constitution of the 4th Rep.(1972): The protection of basic rights was reduced with the revival of individual legal reservation clauses. In particular, the arrest or detention review system was abolished, the restriction of using confession as evidence was deleted, and the prohibition of violating essential basic rights was abolished.

(5) The Constitution of the 5th Rep.(1980): The individual legal reservation clauses were deleted, while the general legal reservation clause was revived. The inviolability of basic human rights, the right to pursuit happiness, the presumption of innocence, prohibition of guilt-by-association system, environmental right and the freedom and privacy of personal life etc. were established.

(6) The Constitution of the 6th Rep.(1987): Many fundamental rights were seen as natural rights, while the system of basic rights was newly organized, thus establishing new fundamental rights or reinforcing the preexisting ones. Many basic rights such as the right to criminal compensation, criminal victim's right to receive legal aid from the State, the right to a healthy and pleasant environment were created. Personal liberty, the freedom of expression, social rights, etc. were reinforced.

Third, the effort to bring balance to the political institution continued.

(1) FC's dualistic character of power structure: The National Assembly was formed in the form of a unicameral system and the term of office of the members of the National Assembly was four years. The President and Vice President were elected by an indirect election system in the National Assembly and held office for four years. Consecutive re-election was permissible for one time, which is similar to the United States political system. However, while both the President and Vice President (running mate) are elected together in the United States, the President and Vice president in Korea are elected separately in the National Assembly. The State Council, a system which could be seen as an unnecessary repetition,

was established. It acted as a collegiate body, and was composed of the President (acting as the Chairperson), the Prime Minister (acting as the Vice Chairperson) and other ministers. An unusual thing is that the Vice President who was the first in line for the presidency was not a member of State Council. The President appointed the Prime Minister with the consent of the National Assembly. Clearly, this institution of the Prime Minister is one of the parliamentary elements. The Executives's power structure of the FC was mixed with elements of the parliamentary cabinet system and elements of presidentialism. Theoretically, this complicated structure resembles semi-presidentialism rather than a presidentialism. However, the first Republic revealed a gap between the constitutional principle and the constitutional practice because the president was elected through an indirect election system and the system gave more power to the President than the system used in the United States of America.

(2) Constitution revision of the 2nd Rep. was fulfilled by agreement between the ruling and the opposition parties. It is significant because it laid the groundwork for ending the unfair Korean constitutionalism under FC that caused Presidential dictatorship and for moving toward the guarantee of freedoms and rights of citizens. In other words, the Constitution of the 2nd Rep. is formally a revision of the constitution through constitutional revision procedures. The Constitution of the 2nd Rep. laid the foundation for democratization and justification of governmental power by adopting a bicameral parliament, the election system for the Chief Justice of the Supreme Court and the Supreme Court Justices and by establishing the Constitutional Court for judicially reviewing statutes and guaranteeing the freedom and rights of citizens.

(3) The Constitution of the 3rd Rep. adopted presidentialism once again. The National Assembly was formed in the form of a unicameral system. The Supreme Court had jurisdiction over the constitutionality of a law. Even though the Prime Minister still existed, the National Assembly could pass a recommendation for the removal of the Prime Minister or a State Council member from office. These are parliamentary elements in the presidentialism.

(4) The Yushin constitution of the 4th Rep. adopted what we call the "leading Presidential System". This shows a perfect type of a modern-day

executive dictatorship. President Park Chung-Hee came to dominate not only the executive but also the legislature following his election through the indirect election system by delegates of the National Conference for Unification. In doing so, President Park basically installed himself as a dictator for life. In consequence, the President's power was strengthened, while the freedom and rights of citizens were put under serious restrictions.

(5) The Constitution of the 5th Rep. did not overcome the contradictions and limits of the Constitution of the 4th Rep. in that it maintained the presidentialism of seven year single presidential term through an indirect election system, despite building up provisions to guarantee of the freedom and rights of citizens.

(6) The democratic Constitution of the 6th Rep. which is the longest-running constitution became the new testing ground for Korean constitutionalism. The Chun Doo-Hwan administration's ignorance of the public demand for constitutional amendment on presidentialism through direct election system provoked the Great June Struggle. The presidential candidate, Roh Tae-woo was forced to yield to public pressure and carried out the Declaration of 6.29. The draft of constitution centering around presidentialism through direct election system was agreed between the ruling and the opposition parties, was finalized by a referendum on October 27, 1987.

Fourth, in the Korean judicial system, no major changes could be seen in the organization and structure of the court. The courts were composed of the Supreme Court, which is the highest court of the State, and other courts at specified levels since *FC*. The only slight changes were the nomination and selection process of the Chief Justice of the Supreme Court and the Supreme Court Justices.

Meanwhile, as constitutional litigation institution became diversified, the new Constitutional Court's stability and role was expected. The institution of adjudication on the constitutionality of statutes was modified by the Republic's change. After the *FC*'s Constitution Committee, the Constitution of the 2nd Rep.'s Constitutional Court, the Constitution of the 3rd Rep.'s Supreme Court, the Constitution of the 4th Rep. and the 5th Rep.'s Constitution Committee, the constitution of 6th Rep. established the Constitutional Court, which followed the examples of European constitution in the latter half of the 20th century.

Fifth, the economic order of the current Constitution is based on a social-market economy order. Korean constitution places the Economy in an independent chapter since *FC*. Putting the Economy in an independent chapter is rather uncommon except in a socialist state constitution. We can trace the beginning of this principle and system in the Constitution of Weimar Republic in 1919.

Sixth, I think numbering the Republic is reasonable in spite of the expression 'constitution revision' in the Preamble, if a new constitution comes into being with the people's direct intervention. Of course, it's not easy to judge whether the constitution revision is in fact the establishment of the constitution as a new Republic's constitution, or if it is merely a formal one.

In retrospect, with evolution, coup d'État and political upheaval, the idea and the spirit of the democratic republic has been at the bottom of sovereign's consciousness. The accomplishment of resistance and evolution has raised the capability of democratic citizens. I think the deposit of will toward democracy we have built up in the last half century has led to regime change in the end.

Ⅲ. Stability & Instability of Korean Constitution

The sixty years' history of Korean Constitutional Law can be compared to a lifetime of a man full of adversity. Actually there was nothing to expect constitutionalism to function normally, considering the situation Korea faced since 1945-the Korean Civil War, difficulties in building a new nation, military coup d'État, and so forth. Moreover, the Korean constitutional history was full of unfortunate events such as the unconstitutional revision of Constitution, the suspension of constitutionalism, and the destruction of Constitution by emergency power.

In spite of those chaotic situations, we have been successful in keeping the growth-axis in constitutional development. And we have preserved the original form of constitution established in 1948. For this reason, we can cherish the journey for Korean Democratic Constitutionalism. As the wave in the sea leaves a sedimentary layer, the constitutional history conceived precious seeds for the future.

Our Constitutional vortices (which in fact are real vortices since we have experienced ten constitutional regimes only within 40 years), at last, brought about the age of stability (status quo) we are enjoying now. For more than 20 years till this day, the constitution of 1987 has functioned well and stayed unchanged. 25 years have passed since the disappearance of emergency power, which has afflicted so much pain and put many heavy restrictions on civilian life. Now we have successfully erected the milestone of constitutional democracy (namely the milestone of the new history) after the long, painful history of vortices came to an end. An ambassador from the United States of America (our principal blood alliance state) once mentioned with despair that expecting democracy in Korea is like expecting the blossom of roses in trash. However, only within 10 years after the remark, we have developed a democracy based on constitutional principles with remarkable speed. Korea has already experienced two peaceful transfer of political power through election, which, I think, is the monumental achievement in East Asian democracy.

Despite such fact, we should focus our effort to help the Korean democracy transform into a more functioning form to realize the democratic infrastructure.

Thus it is time to examine the problems arising from the operation of our present constitution. Of course that examination is concerned with the revision of our constitution. However that revision should be compatible with what we have accomplished till now. Moreover it is time for us to reflect what political system is suitable for us, as well as the desirable and ideal constitution.

Furthermore, we need to come up with a consensus about the constitutional norm that prepares us for the reunification of Korea. As a matter of fact, whether the reunification will come true in 5 or 10 years, can be one of the important variables in the discussion of constitution revision. In conclusion, we should set up a complete constitution, not an incomplete one, in terms of constitutional reform in preparation of reunification.

IV. Continuity of constitution & discontinuity of administration in Korea

The Korean Administration could work as the unitary organism to the apex, and that was possible owing to the social environment that emphasized development of the country and an efficient government. However, these days we cannot put priority only on the administrative efficiency since we have the duty to pursue the constitutional state according to the principle of democracy, it currently being the role of democratization. After all, administrative efficiency is being replaced by the administrative transparency, which is accelerated by the end of a centralized regime era and opening of the municipal system.

It is true that we can easily find that Korean Constitution had the feature of discontinuity in the sense that the constitution was revised nine times regarding its form and five times with respect to its substantial content. Nevertheless, we can assess our administrative system as a continuous one for its continuous characteristic of an administrative state. The changes are well explained by Otto Meyer's axiom - the constitution changes, while the administrative law does not change.

It is generally acceptable that we have the stable time in terms of consistency of the constitution and the administration these days. However, we should not simply accept the stability we have now and lose our dynamics to bring changes.

Actually, our court and constitutional court, the guardian of the constitutionalism was not able to play their role under circumstances with abnormal authoritative rule. But the roles of the court and the constitutional court are being expanded with the stability of the 6th republic and the flow of democratization. In particular, the role and function of the constitutional court have increased beyond the intention of the constitution legislator.

V. Power Sharing through Incorporation of a Dual Executive System(Semi-presidential System)

The hybrid system of government is understood as a comprehensive concept referring to any government form which exists with the combination of both the traditional (unicameral) parliamentary cabinet system and the U.S.-style presidential system. However, defining the concept of the dual executive system (régimes semi-présidentiels) as a new government model in contrast to the hybrid system in general is still a controversial subject. The dual executive system is called as such, on the ground of the fact that in Europe, where the tradition of the parliamentary cabinet system prevails, though the president used to be just a ceremonial figurehead, he/she has gained material power by securing legitimacy from the people, creating a system of dyarchy of two heads of state: the president and the prime minister. It is also called the semi-presidential system or quasi-presidential system, based on the fact that the president has material power.

Under the dual executive system, the executive branch (the government in a broader sense) is split into two executive bodies led by the president and the prime minister. In a constitutional monarchy, the king only has symbolic, titular, and ceremonial status and authority, so there is no latitude for the dual executive system to be introduced. The term semi-presidential system is accurate in that the head of state is not the king but the president in the dual executive system. In this light, the dual executive system, or the semi-presidential system, can be interpreted as a modern variation of the dualistic parliamentary cabinet system implemented in the course of the development of democracy, wherein the king and the parliament shared power.

An ideal way for the president to obtain actual power in a dual executive government is to secure popular legitimacy, like the president of the United States. In other words, the president should be elected directly by the people through universal suffrage. Accordingly, under the dual executive system, two axes of popular legitimacy co-exist in the form of the president and parliament, as under the presidential system.

Unlike the presidential system, the government and the parliament have a certain relationship. While the president with popular legitimacy is not charged with political responsibility, the government led by the prime minister is politically accountable to the parliament. This arrangement is put into practice through the parliament's power to pass motions of no confidence against the government. Duverger contends that the parliament's power to pass motions of no confidence against the government, an element of the parliamentary cabinet system, and election of president through universal suffrage, an element of the presidential system, are essential elements of the dual executive system as well.

In conclusion, the essential elements of the dual executive system may be summarized as (a) dual executive bodies in substance, (b) *de facto* direct presidential election, and (c) the parliament's power to pass motions of no confidence against the government.

VI. Revision of constitution for the new era

The Constitution of the Republic of Korea was established in 1948. It was revised 9 times within 40 years. Instability of the constitution reflects the instability of the constitutional reality. The current constitution revised in 1987 is an outcome of a calling for democracy. During the last 20 years, Korea achieved both industralization and democratization. We experienced two peaceful transitions of government. Nevertheless, we must establish a new constitution to assure real protection of fundamental rights, ensure check and balance of power, and to establish the rule of law.

If we consider the constitutional norms and the constitutional reality in Korea, it is inevitable that we should apply or amend the constitution in favor of a dual executive government, unless we amend the constitution to adopt a pure presidential system of the U.S. Nevertheless, the dual executive system needs to be clearly defined. A comparative constitutional analysis of the dual executive system as an independent, third-type government system would effectively solve such problem.

Now is the time for political wisdom to minimize problems or confusion in state governance by minimizing possible political conflicts that may arise from the existing constitutional norms. The basic direction is to comply with the sovereign will of the people.

[Resume]

The History of the Korean Constitution

After the Second World War, the members of the Constituent Assembly were elected by direct universal suffrage on May 10, 1948. The members of the Constituent Assembly framed the Constitution of Korea, and the Constitution was promulgated on July 17, 1948. The history of the Korean Constitution ever since has been scattered with numerous political chaos. Nevertheless, the basic framework of the 1948 Constitution has been preserved. The titles of the chapters can be summarized as follows: Preamble; Chapter 1 General clause; Chapter 2 Rights and Obligations of the Citizen; Chapter 3 National Assembly; Chapter 4 Government(President of the Republic, Prime Minister, Council of Ministers, Members of the Government); Chapter 5 Judiciary(Court, Constitutional Council); Chapter 6 The Economy; Chapter 7 The Finance; Chapter 8 Local Autonomy; Chapter 9 Amendments to the Constitution; Chapter 10 Addenda.

There have been 9 amendments to the Korean Constitution since 1948. In 1952, the Constitution provided for direct presidential elections by the people. Furthermore in 1954, the term limit clause for the President was removed only for the First President. Following the April 19 Revolution led by university students, the Rhee Syngman government fell apart. The 1960 Constitution gave birth to the Second Republic, which was a parliamentary system with a ceremonial president. Yet the newly elected government did not meet the demands of the population.

The Constitution of the Second Republic was nullified by the military coup d'etat in May 16, 1961. After 2 years of military rule, the 1962 Constitution went back to the presidential system. While in constitutional terms, the Park Chung-hee government was elected directly by the people in 1963, there are critics who claim that military rule continued until 1987. Throughout that period, the Korean people fiercely demanded that the powers of the President be curbed and that the voice of the people be reflected in selecting the President. Consecutive amendments to the constitution in 1969, 1972, and 1980 gave sweeping powers to the President, and from 1972 the President was elected indirectly. Only after the democratic movements in 1987, the Korean people were able to select their own leader.

The 1987 Constitution of the Sixth Republic has contributed to the nation's development. Under the current constitution, there have not been any constitutional crises that hindered the proper functioning of constitutional institutions. Koreans witnessed the first peaceful transition of power from the conservative right(the Kim Young-sam government) to the progressive left(the Kim Dae-jung government) in 1997, and vice versa in 2007 in which the leftist the Roh Moo-hyun government was replaced by the right-leaning Lee Myung-bak government. This is a testament to the vibrant nature of the current Constitution.

Keywords : Constitution of Korea, Constituent assembly, Direct presidential elections, Rhee Syngman, Park Chung-hee, Peaceful transition of power, History, Republic of Korea, Political Institutions, Continuity, Discontinuity, Stable, Unstable, Establishment of Constitution, Revision of Constitution, Liberal Democracy, Dual executive system, Semi-presidential system, Parliamentary cabinet system, Presidential system, Industralization, Democratization, Protection of fundamental rights, Identity of Nation, Reunification of Korea, Sovereignty, Français

[Resume(French)]

Histoire constitutionnelle de la République de la Corée
－ continuité et rupture －

Après la deuxième Guerre mondiale, la première élection du suffrage universel direct avait lieu le 10 mai 1948 pour élire les membres de l'Assemblée constituante qui est en même temps la première Assemblée nationale. La Constitution de la Corée s'établit le 17 juillet 1948. L'histoire de la Constitution coréenne bousculait avec le chaos politique de la Corée. Malgré tout, le prototype de la Constitution de 1948 a bien conservé son original. Préambule, Chapitre 1er, Clause générale; Chapitre 2, Libertés publiques et droits de l'homme et du citoyen; Chapitre 3, Gouvernement (président de la République, Premier ministre, Conseil des ministres, membres du gouvernement); Chapitre 4, Parliament; Chapitre 5, Justice(Cour, Conseil constitutionnel); Chapitre 7, Économie; Chapitre 8, Collectivités territoriales; Chapitre 9, Révision constitutionnelle.

La révision de la Constitution coréenne se levait 9 fois après l'établissement de 1948.

1952: la révision de l'élection du président de la République du suffrage universel indirect au suffrage universel direct et 1954: la révision du mandat renouvelable sans limite du premier président de la République.

1960: à la suite de la Révolution 19 avril par les mouvements d'étudiants universitaires, Le régime Rhee Seung-man se démolit. La deuxième République s'ouvrit avec la nouvelle Constitution, d'un type régime parlementaire. Mais le fonctionnement du régime n'a pas coïncidét avec l'espoir des Constitutants.

La deuxième République est détruite par le coup d'État militaire en 16 mai 1961. Aprés 2 ans du régime militaire, la constitution de 1962 s'établit d'un type régime présidentiel. Pourtant les gouvernements de Corée ont été dirigés les militants militaires disons régime militaire de Park Chung-hee à Chun Doo-hwan jusqu'à 1987.

La revendication des citoyens coréenns vers l'élection du président de la République du suffrage universel indirect au suffrage universel direct éclartait ses colère contre le régime militaire en juin 1987. Eventuellement les dirigeants de l'ancien régime ont reçu la demande des citoyens vers le nouveau régime démocratique.

La Constitution de 1987(la sixième République) conduit de la nation à un pays indutralisé et en même temps démocratique sans interruption du fonctionnement régulier des institutions politiques et constitutionnelle. L'alternance pacifique de Droite(le gouvernement Kim Young-sam) à Gauche(le gouvernement Kim Dae-jung) en 1997, et de Gauche(le gouvernement Ro Mu-hyun) à Droite(Lee Myung-bak) en 2007 témoigne la bonne santé du régime.

4. 한국헌법사에서 공화국의 순차(서수)*

I. 서   설

1948년 대한민국 정부수립과 더불어 헌법제정 반세기를 넘어서면서 대한민국 헌법사의 재조명은 큰 의의를 가진다. 특히 헌법제정 50주년을 맞이하여 그간 한국헌법학회, 한국공법학회, 법과 사회이론 연구회 등에서는 일련의 저술과 세미나를 통하여 대한민국 헌법사 반세기를 재조명한 바 있다. 대한민국 헌법사를 조명하는 시각은 다양하게 전개되지만, 특히 공화국의 시대적 구분 등에 관하여는 여전히 미해결의 장으로 남아 있다.

사실 국가형태로서의 공화국은, 그 공화국의 헌법적 의의와 더불어 공화국의 순차 매김을 어떻게 할 것인가라는 문제는 헌법사를 어떻게 이해할 것이냐의 문제와 직결된다. 공화국이라는 의미의 신비성과 더불어 특히 공화국의 순차 매김은 특정국가의 헌법사 문제로 이해될 수도 있다. 하지만 동시에 공화국의 순차 매김은 특정국가의 헌법사를 이해하는 데 중요한 도구개념이 될 수 있다. 바로 그런 의미에서 프랑스 헌법사를 관류하는 기본적인 시각에서는 공화국의 순차 매김이 그 하나로 자리 매김한다.[1] 대한민국 헌법사를 이해하는 데에도 공화국의 순차 매김이 하나의 중요한 잣대로 작동하고 있음에도 불구하고 그에 관한 성찰은 아직 미흡한 실정이다. 그것은 어느 특정의 시각에서 일반화를 강요하는 것이 아니라 자유로운 학문적 논의의 과정에서 대한민국 헌법사를 이해하는 중요한 하나의 척도로도 작동할 수 있다.

---

* 서울대 법학 제46권 제1호(2005.3.)

1) Philippe Ardent, Olivier Duhamell, "1789-1989 Histoire constitutionnelle", *Pouvoirs*, n° 50, Paris, P.U.F., 1989; Jean-Jacques Chevallier, *Histoire des institutions et des régimes politiques de 1789 à nos jours*, Paris, Dalloz, 1985; Pierre Avril, *Le régime politique de la Vᵉ Réublique*, Paris, L.G.D.J., 1973 · 77.

사실 대한민국의 헌법사적인 혼란의 와중에 공화국은 새로운 순차 매김을 강요당하여 왔던 측면 또한 부인할 수 없다. 그것은 1960년 4·19의 완성된 혁명 여부, 1961년 5·16군사쿠데타로 비롯된 공화국헌법의 일시 중단과 1962년 새 공화국헌법 시행의 의미, 1972년 이른바 유신정변의 의미, 12·12와 5·18 군사쿠데타에 이은 1980년 헌법의 의미, 1987년 6월항쟁의 의미와 가치부여 및 그에 따른 헌법의 전면적인 변화를 어떻게 새길 것이냐에 따라 그 의미를 달리할 수 있다.

II. 헌법상 국가형태로서의 공화국

1. 공화국의 소극적 의미: 군주제의 배척

헌법상 국가형태로서의 공화국[2]의 의미는 그 출발에 있어서 군주제의 배척을 의미한다. 군주제의 배척은 단순히 군주제도의 배제가 아니라 군주주권주의의 종언을 의미한다. 특히 1789년 절대군주제를 폐지하고 시민혁명을 통하여 새 공화국을 건설한 프랑스 헌법사에서는 공화국을 1792년의 순수하고 견고한 공화국, 1848년의 열정적이고 신비스러운 공화국, 1875년의 체념한 공화국, 1905년의 비종교 공화국, 1940년의 모욕당한 공화국, 1958년의 집정관적인 공화국으로 부르기도 한다.[3] 특히 프랑스와 이탈리아에서는 헌법을 포함한 실정법에서도 공화국을 특별한 보호의 대상으로 삼고 있다.[4]

여기에 종래 국가형태론에서 주권의 소재를 기준으로 한 군주주권국과 공화국의 구별론이 자리잡게 되었다. 그러나 오늘날 군주국은 군주주권국이 아닌 국민주권국가로의 전환이 완료된 상태이기 때문에 더 이상 주권의 소재에 기초한

---

2) 외국어의 republic(영), Réublique(불), Republik(독)의 번역어라 볼 수 있는 공화국이라는 용어는 그간 국내에서 다양하게 사용되어 왔다. 실정 헌법상 제1조에서 '공화국'이라는 용어가 사용되고 있음에도 불구하고 헌법학교과서를 제외한 정치학교과서 등에서는 공화제, 공화정, 공화정부, 공화주의 등의 용례가 통용되고 있다. 필자로서는 헌법전상의 용례에 비추어 공화국으로 통일하는 것이 바람직하다고 본다. Réublique라는 용어의 연원은 라틴어의 res publica, 즉 공적인 것(chose publique)에서 비롯된다.

3) Gérald Cornu, *in La constitution de la Réublique française*, Paris, P.U.F., 1987, pp. 122-123.

4) Jean-Claude Maéstre, "Article 2", *in La Constitution de la Réublique française*, Paris, P.U.F., 1987, p. 122; 프랑스헌법 제89조 제5항과 이탈리아헌법 제139조에서는 공화국 국가형태는 헌법개정의 대상이 되지 아니한다고 규정하고 있다.

군주국・공화국의 구별은 그 의의를 사실상 상실하였다. 그럼에도 불구하고 여전히 군주국과 공화국의 구별론은 국가형태론에서 일정한 의의를 찾을 수 있다. 그것은 바로 군주제도의 존재 여부이다.

혹자는 군주제도를 두고 있느냐의 여부를 떠나 오늘날 군주제도를 두고 있는 나라에서조차 국민주권주의가 일반화되어 있는 상황에서 더 이상 헌법상 군주국・공화국의 구별론은 의미가 없다는 반론을 제기할지도 모른다. 그럼에도 불구하고 여전히 군주제도의 존재여부에 따라 군주국과 공화국의 구별론은 일정한 의의를 가진다.[5]

무엇보다도 군주제도를 두고 있는 국가에서의 국가원수는 주로 세습군주이기 때문에, 군주제도를 두지 아니하고 국가원수가 일정한 임기를 가진 선거를 통하여 선출하는 공화국과는 필연적으로 정부형태론에서 일정한 차이를 가진다. 즉, 군주국의 정부형태는 의원내각제적일 수밖에 없다. 그것은 적어도 군주가 종래의 오를레앙체제(régime parlementaire orléaniste)와 같이 일정한 권력을 향유하는 체제는 더 이상 완전한 의미의 국민주권국가라고 볼 수 없기 때문에 오늘날 군주는 형식적・명목적・의례적인 국가원수이기 때문이다. 그러나 군주국에 대칭되는 지점에 있는 공화국은 대통령제・이원정부제(반대통령제)・의원내각제 등 어떠한 정부형태도 자유롭게 선택할 수 있다. 이는 오늘날 국가형태 논의에서 정부형태까지 포괄하는 헌정체제론으로 나아가는 것과 그 맥락을 같이 한다.[6]

사실 1789년 프랑스혁명에 따라 '인간과 시민의 권리선언'(La déclaration des droits de l'homme et du citoyen)을 통하여 국민주권주의를 천명하고 이에 따라 군주제를 폐지하고, 제1공화국의 창건은 역사적으로 전형적인 혁명을 통한 주권의 주체 변경을 의미한다. 혁명은 주권의 주체 변경과 더불어 기존 사회체제의 전반적인 변혁을 초래하였고, 그 변혁 과정에서 피비린내 나는 유혈극의 와중에 시민들이 제창한 '라 마르세이즈'(La Marseillaise)는 오늘날까지 프랑스 헌법에 명시된 국가(hymne national)이다. 그 혁명의 구호는 다름 아닌 "자유・평등・박애"(Liberté, Egalité, Fraternité)였으며 이 또한 프랑스헌법 제2조 제5항에서 프랑스공화국의 국시(devise)로 명기되어 있다. 국민의 최고의 합의문서인 헌법에

5) Léon Duguit, *Traité de droit constitutionnel*, tome 2, Paris, De Boccard, 1928, p. 769.
6) Madeleine Grawitz et Jean Leca, *Traité de science politique, tome 2 Les régimes politiques contemporains*, Paris, P.U.F., 1985, pp. ix - x ; 프랑스에서의 논의의 상세는, 성낙인, 프랑스헌법학, 법문사, 1995, 288-292면 참조.

국가와 국시를 명기하는 그 자체의 이상적 정향성 여부를 떠나 새 공화국의 가치질서를 창출하는 이념적 표상을 분명히 제시하고 있다는 점에서 그 의의를 충분히 찾을 수 있다. 그것은 바로 새 공화국의 창설을 표상하는 징표이기도 하다.

그러나 근대입헌주의시대를 여는 혁명을 통하여 새 공화국을 건설한 프랑스에서조차 그 이후에 공화국의 "상품화 현상"은 헌정사적 현실 속으로 적나라하게 드러난다.[7] 그럼에도 불구하고 프랑스에서 공화국의 시대적 구분은 일정한 구획에 기초하고 있다는 점에서 그 의의를 가진다.

2. 공화국의 적극적 의미

공화국의 헌법적 의미는 군주국에 대칭되는 의미의 소극적 개념에 머무를 수는 없다고 본다면, 공화국의 적극적 의미는 자유·평등·복지[8]의 원리에 입각한 국민주권주의국가를 의미한다.[9] 자유·평등·박애라는 세 가지 국시는 프랑스 역사에서 1773-1814년간, 1848-1851년간, 1875-1940년간 및 해방이후인 제4공화국 이래 현재까지 사용되어 왔다. 그 자유·평등·박애(복지)[10]의 원리는 공화국에서 주권자인 국민의 권리의 절대적 존중, 자유의 확고한 방어, 모든 강력한 혹은 개인적 권위주의 헌정체제에 대한 혐오와 직접적으로 연계된다.

공화국의 순차적인 자리 매김 또한 이러한 시대적 변화에 부응할 수 있어야 한다. 그러므로 공화국의 순차 매김은 자유·평등·복지의 원리에 입각한 국민주권주의국가가 본질적인 변화의 소용돌이를 겪은 후에 주권자인 국민의 새로운 주권적 개입에 의하여 새 헌법의 제정을 동반하는 것이 원칙이다.[11]

---

7) Michel-Henry Fabre, *Principes républicains de droit constitutionnel*, Paris, L.G.D.J., 1984, p. 7.

8) René Chirou, Article 2, *in La Constitution de la République française*, Paris, P.U.F., p. 175. Alain Houlou는 *Revue politique et parlementaire*(n° 915 mars-avril, 1985)에서 "공화국의 세 지표"(triptyque réublicaine)의 역사를 분석한 바 있다.

9) 공화국은 그러나 헌법현실에 있어서 국민주권주의를 제대로 실천하지 못할 때 변질된 공화국이 출현된다. 이에 학자들은 공화국을 민주공화국과 독재공화국 등으로 구별하기도 한다.

10) *Cf.* Michel Borgetto, *La notion de fraternité en droit public français: le passé, le présent et l'avenir de la solidarité, avec préface de Philippe Ardent*, Paris, L.G.D.J., 1993. 국시로서의 자유·평등·박애 중 박애는 매우 특이한 개념으로 볼 수 있다. 비록 박애라는 개념이 법적으로 매우 불명확하고 추상적인 개념이라고 하더라도 그것은 연대(solidarité) 개념과 연계되어 오늘날 프랑스 공법학을 고취시켜주는 기본원리로 이해되고 있다. 보르게토 교수는 이 논문에서 박애와 연대의 상호발전적인 관계를 조명하면서 박애개념은 여전히 20세기 프랑스 공법학의 중심개념으로 자리잡고 있음을 강조한다.

11) 이에 관한 상세는 성낙인, "헌법상 국가형태로서의 공화국-프랑스헌법학 이론을 중심으로",

Ⅲ. 대한민국헌법사에서 공화국과 그 시대적 구분

우리 역사에서 공화국론은 일찍이 1919년 기미독립운동 이후에 활동하기 시작한 상해임시정부에서 공화국임을 천명한 데에서 비롯된다. 그러나 그것은 임시정부(gouvernement provisoire)[12]라는 한계를 안고 있었기 때문에 한국역사에서 본격적인 국민주권주의에 입각한 공화국가의 건설이라고 보기에는 한계가 있다. 더구나 일제강점에 의하여 조선왕조의 혈통의 순수성이 단절된 상태에서 해방이후 조선왕조의 복원은 더 이상 의미를 상실한 상태였다. 여기에 1948년 제헌헌법(건국헌법)에서 민주공화국을 선언한 것은 당연한 결과이다. 그런 의미에서 1948년은 5천년 한국역사에서 명실상부하게 최초로 탄생한 공화국이라는 점에서 제1공화국론은 더 이상 논란의 대상이 되지 아니한다.

하지만 그간 반세기에 걸친 헌법사적인 혼란의 와중에서 이른바 공화국의 순차 매김이 일반화되어 있기 때문에 이러한 공화국의 순차 매김의 기준은 무엇이며 그 기준의 바람직한 방향 또한 일정한 학문적 논의를 거쳤다기보다는 관행적 · 관용적인 순차(서수) 매김으로 일관되어 왔다. 이러한 논리성이 결여된 공화국의 순차 매김은 바로 헌법규범과 헌법현실 사이의 괴리에 그 주요한 요인이 있다.

1. 헌법전(규범)에서의 공화국

(1) 헌법전문에서 헌법개정을 의미하는 제1공화국의 연속성

헌법사를 통하여 1948년 제1공화국헌법 제1조에서 "대한민국은 민주공화국이다"라고 천명한 이후 한 번도 공화국을 부정한 적이 없다. 그런 의미에서 공화국헌법이 효력을 정지당한 1961년 5 · 16에서부터 1963년 헌법의 시행에 이르기까지의 군사정부기간을 제외한다면 적어도 외견상 공화국헌법은 지속되어 왔다.

우선 헌법(규범)사에 비추어 본다면, 1948년 7월 12일에 헌법이 제정된 이후 단 한 번도 헌법의 제정이라는 표현을 사용하지 아니한다는 점을 유념할 필요가 있다. 한국헌법사에서 4월혁명이라는 평가를 받고, 그 이후에 새 공화국의 탄생

계희열 교수 화갑기념 논문집, 1995, 소수; "헌법상 국가형태와 정부형태의 체계적 이해를 위한 소고", 김영훈 교수 화갑기념 논문집, 1995, 소수; "헌법상 국가형태 · 정부형태와 정부조직에 관한 연구", 저스티스 1997.12(제46호), 한국법학원, 7-30면 참조.
12) 김영수, 대한민국 헌법사, 학문사, 2000 참조.

이라고 평가받는 1960년 제2공화국헌법에서조차 헌법전문은 그대로 둔 채 다만 부칙에서 헌법개정과정과 내용을 명시하고 있을 뿐이다. 그러므로 헌법전상의 용례에 따르면 적어도 한국헌법사에서 헌법제정은 단 한 번뿐이었고, 그 이후의 헌법의 변화는 전부 헌법개정으로 평가되어야 한다.

이러한 과정에서 헌법제정에 관여한 실존적 권력집단은 자신들의 권력을 합리화하는 방편으로 헌법개정 시에 헌법전문[13]에 작위적인 내용을 첨가하였다. 1960년 헌법개정에서 헌법전문에 전혀 손을 대지 아니하였던 겸손함에 비하면, 1962년 헌법전문에서는 "4 · 19의거와 5 · 16혁명의 이념"을 동시에 강조하면서도 1960년 헌법개정에 관하여는 언급을 생략하였고, 나아가서 1972년 헌법전문에서는 "1962년 12월 26일에 개정된"이라고 하여 여전히 1960년 헌법에 관한 언급은 생략하고 있다. 그런데 1980년 헌법전문에서는 "1960년 6월 15일, 1962년 12월 26일과 1972년 12월 27일에 개정된"이라고 하여 헌법의 전면개정에 관하여 언급하고 있으나, 1987년 헌법전문에서는 이에 관한 언급을 생략한 채 "8차에 걸쳐 개정된 헌법을"이라고 규정하고 있다.

그렇다면 적어도 헌법전문의 규정 태도에 비추어 본다면 한국헌법사에서 헌법제정은 단 한 번뿐이라는 것이다. 따라서 공화국의 순차 매김도 헌법의 제정이냐 개정이냐의 잣대에 의한다면 여전히 제1공화국이라고 보아야 한다.

(2) 1980년 헌법전문의 헌법개정과 제5공화국의 모순성

그런데 특이한 사항은 1980년 헌법전문에서 "제5공화국의 출발에 즈음하여"라고 하여 1980년 새 헌법은 곧 제5공화국헌법임을 명시하고 있다. 이러한 제5공화국론은 어디에서 비롯된 것인지 불투명하지만, 그 당시의 불행한 시대적 상황을 희석시키고, 통칭되던 이른바 제4공화국 유신헌법과의 차별성을 부각시키기 위한 정치적 의미를 가지는 것 같다. 그러한 태도는 특히 1980년 헌법전문에서 "1960년 6월 15일, 1962년 12월 26일과 1972년 12월 27일에 개정된"이라고 하여 이들 헌법개정과 더불어 새 공화국의 순차 매김을 한 끝에 제5공화국과의 연계성을 은연중 강조한다. 이와 같이 1980년 헌법을 제5공화국헌법으로 한다면 1987년 헌법을 제6공화국헌법이라고 하지 아니할 특별한 이유는 없다.

적어도 헌법전문의 문언에 나타난 표현을 종합한다면, 1948년 헌법제정 이후

---

13) 헌법전문의 규범적 가치에 관하여는, 성낙인, 한국헌법연습, 고시계 · 언약, 1998(개정판), 121면 이하.

그간 전개된 일련의 헌법사적 변화는 헌법제정이 아니라 헌법의 개정에 해당한다. 하지만 공화국의 순차 매김에 관한 한 특정한 헌정사적 변환기에 처하여 행하여진 헌법의 전면적 개정 시점에 따라 각기 공화국의 숫자 매김을 하는 것으로 추론할 수 있다.

(3) 헌법전문에 기초한 공화국의 순차

헌법전문에서 헌법개정의 의미를 강조하는 입장에 선다면, 그것은 제1공화국의 연속성을 의미한다. 반면에 헌법전문에서 표현된 헌법개정의 의미를 소극적으로 이해한다면, 헌정사적 변환기에 처하여 새 공화국헌법의 제정으로 이해하는 공화국의 순차 매김에 적극적인 견해도 제기된다.

2. 공화국 순차 매김을 보는 학계의 시각

(1) 제6공화국론의 일반화

한국헌법사의 공화국 순차 매김에서 다수의 학자들은 헌법이 형식적으로는 전면개정의 형식을 취하지만 실질적으로는 헌법의 제정에 해당된다는 판단에 따라 공화국의 숫자를 부여하여 현재의 제6공화국에 이른다.[14] 이러한 숫자 매김은 헌법재판소와 대법원의 판례에서도 별 다른 고려없이 그대로 원용된다.[15]

사실 1960년 4월혁명은 권위주의체제의 종언을 고하고 새로운 민주공화국을 건설하기 위한 국민적 합의에 이르게 하였다는 점에서, 1960년 헌법은 그 형식 여하를 떠나 실질적으로 헌법의 제정이라는 데 이론의 여지가 없다. 그러나 5·16쿠데타에 의하여 제2공화국헌법은 사실상 정지되고 국가재건비상조치법이 헌법을 대체한 군사정부기간을 거친 후, 민정이양을 위한 헌법을 정립하였다는 점에서, 그것은 새로운 제3공화국헌법의 제정이라 할 수 있다. 1972년 대통령의 10월유신 단행에 연이은 초헌법적 국가긴급권발동[16]을 거친 끝에 이른바 유신

---

14) 김철수, 헌법학개론, 박영사, 1998, 59면 이하; 계희열, 헌법학(상), 박영사, 1995, 123면 이하; 구병삭, 신헌법원론, 박영사, 1996, 126면 이하; 안용교, 한국헌법, 고시연구사, 1991, 111면 이하; 특히 헌법학계의 원로인 문홍주(해암사, 1998)·박일경(법경출판사, 1990) 교수는 아예 헌법교과서 표제를 제6공화국 헌법이라고 표현하고 있다. 또한 한국헌법 50년을 기념하는 한국헌법학회의 특별호(제4집 1호)에 수록된 학자들의 논문에서도 대체로 이러한 숫자 매김을 한다(권영설, 양건, 문광삼 교수의 논문 등).

15) 헌재 1995.12.15. 95헌마221등(병합), 판례집 7-2, 697면 이하; 대판 1991.9.10. 91다18989, 공 907, 2518.

16) 1971년 11월 박정희 대통령은 국가비상사태를 선포한 후, 법적 근거를 마련하기 위하여 12월

헌법, 즉 제4공화국헌법이 성립되었다. 12·12와 5·18군사반란[17)]을 야기하여
헌정중단사태를 초래한 이후 새로 제정된 1980년 헌법은 헌법전상에 제5공화
국[18)]임을 명시하고 있다. 또한 6월항쟁의 결과 집권세력이 국민 앞에 항복함으
로써 새로운 제6공화국헌법의 제정이라는 준거에 따라 새 공화국의 숫자를 매김
한다. 이러한 논의의 기본은 곧 제6공화국의 숫자 매김에 "6월 명예혁명의 정치
적 중요성과 헌법적 가치"[19)]를 부여하는 데에서 단적으로 드러난다.

(2) 제5공화국론

일반적인 제6공화국론에 대하여 기존의 제5공화국까지 공화국의 숫자 매김
에는 다수설과 입장을 같이 하면서도 제9차 헌법개정에 대하여는 이는 실질적으
로도 헌법의 개정에 불과하며, 헌법의 제정이 아니라고 보기 때문에 제6공화국
으로 숫자 매김할 수 없다는 반대론도 개진된다.[20)] 허영 교수는 제9차 헌법개정

27일 '국가보위에관한특별조치법'을 제정하였다. 그러나 이 법률은 초헌법적인 국가긴급권의
행사를 가능하게 한 것으로 위헌인 것이었던 바, 헌법재판소는 이를 분명히 한다: "위 특별
조치법은 초헌법적인 국가긴급권을 대통령에게 부여하고 있다는 점에서 이는 헌법을 부정하
고 파괴하는 반입헌주의, 반법치주의의 위헌법률이다"(헌재 1994.6.30. 92헌가18, 판례집
6-1, 557면 이하).

17) 1979년 10월 26일 박정희 대통령의 사후에 발생한 이른바 12·12사태에 대하여 헌법재판소
는 "우리 헌정사에는 왜곡과 퇴행의 오점을 남기게 한 범죄행위"(헌재 1995.1.20. 94헌마246,
불기소처분취소, 판례집 7-1, 15면(59면) 이하)라고 하여 군사반란성을 인정한다. 또한 1981
년의 5·17사건에 대하여서도 사실상 마찬가지로 판단한 바 있다(헌재 1995.12.15. 95헌마
221등 병합, 불기소처분취소, 판례집 7-2, 697면 이하. 헌법재판소는 이 사건 반대의견을 통
하여 5·17내란행위의 가벌성을 인정한다). 그러나 소위 5·18특별법의 제정을 통하여 군사
반란성을 법적으로 명시하기에 이르렀고 헌법재판소도 동 법률의 합헌성을 인정한다. 헌재
1996.2.16. 95헌가2, 96헌바7·13(병합), 판례집 제8권 1집, 51-97면. 성낙인, "5·18특별법
의 위헌성 여부", 고시계 1996.2(통권468호), 138-154면; 한국헌법연습, 고시계·언약, 1997,
285-299면·1998(개정판), 326-340면 참조.

18) 1980년 10월 22일 실시된 제8차 헌법개정을 위한 국민투표에서 유권자 95.48%의 투표와, 투
표자 91.4%가 찬성하여 헌법개정안이 확정되었다. 이 국민투표는 국민적 정당성에 기초한
의사표현이라고 볼 수 없다는 헌법재판소의 소수의견이 제기되어 주목 받는다. "피의자 전두
환이 통일주체국민회의 등을 통한 간접선거를 통하여 두 차례 대통령으로 당선된 것이나 제
5공화국 헌법개정안이 국민투표에 의하여 통과된 것은 그것이 비록 형식적으로는 당시의 헌
법과 법률의 규정에 의한 것이기는 하지만 그 진상이 은폐되고 계엄령하의 강압적인 분위기
하에서 이루어진 것이어서 이를 가리켜 국민이 자유롭게 그들의 주권적 의사를 결정할 수 있
는 상태에서 피의자들의 이 사건 내란행위에 대하여 승인을 한 것이라고 볼 수 없"다고 판시
한다(헌재 1995.12.15. 95헌마221등 병합, 불기소처분취소, 판례집 7-2, 697면 이하).
   제5공화국 탄생을 위한 이른바 국가보위입법회의에서 제정된 법률의 효력에 대하여 헌법
재판소는 합헌성을 인정한다(헌재 1997.1.16. 92헌바6등 병합, 국가보위입법회의법, 국가보안
법의 위헌 여부에 관한 헌법소원).

19) 김철수, 앞의 책, 75면, 주 1).

20) 허영, 한국헌법론, 박영사, 1998, 126-127면; 동지 이승우, "한국헌정 50년을 어떻게 시대구

의 동인이 위대한 6월항쟁으로 비롯되었다는 점에는 동의하면서도, 그 주된 내용이 직선제헌법개정이었을 뿐 아니라 구 헌법의 규범적 효력의 중단 없이 진행되었고 헌법현실에서도 노태우 군사정권으로 연장되었다고 본다. 특히 허영 교수는 직선제헌법개정이 이루어진 1962년 프랑스에서도 이에 대하여 새로운 숫자 매김을 하지 아니하였다는 점을 적시한다. 그러나 1987년 헌법개정과 1962년 프랑스 헌법개정은 단지 간선제에서 직선제로 이행하였다는 점 이외에는 본질적인 유사점을 찾아보기 어렵기 때문에 적절한 비유로 볼 수 없다.

(3) 정부형태를 기준으로 하는 제4공화국론

한태연 박사는 "우리 헌법사에 있어서의 공화국의 구별이 프랑스헌법사에 있어서의 그 공화국의 구별에서의 영향을 의미한다면, 그 구별의 경우에도 프랑스의 전례, 즉 제3공화국 이후에 있어서의 구별, 즉 정부형태의 여하에 의한 구별을, 일단은 그 구별의 규준으로 하는 수밖에 없다"라고 기술한다.[21]

이에 따라 한 박사는 제1공화국은 1960년에 종언을 고하고 그것은 동시에 의원내각제적인 제2공화국헌법이 나타났음을 강조한다. 제3공화국헌법은 제2공화국의 헌법개정절차에 의하지 아니하고, 제2공화국헌법의 전면개정이었으며, 헌법사에서 최초의 국민투표에 의한 헌법이라는 점에서 새로운 공화국헌법으로 자리 매김한다. 특히 "제3공화국은 제1공화국헌법에 있어서의 그 '공화국의 원형'만을 계승했을 뿐, 그 밖의 분야에 있어서는 과거에 대한 부정과 미래에 대한 낙관에서 출발했다"라고 평가한다.[22] 하지만 제4공화국 유신헌법은 제3공화국의 연장선상에서 위기정부헌법임을 강조한다. 즉 "유신헌법과 그 체제는 제3공화국과 구별되는 제4공화국으로 볼 것이 아니라, 제3공화국의 후반부로 보는 것이 좀 더 정확할 것 같다"[23]라고 평가한다. 나아가서 1980년헌법을 폄하하여 "헌법전문에 그 스스로를 제5공화국으로 규정하였다. 그러나 제5공화국은 다만 그 통치의 주체만 교체되었을 뿐, 그 정치체제에 있어서는 특히 유신헌법의 그것을 대체로 답습하였다"라고 하여 제5공화국이 될 수 없다고 한다.[24]

분하고 평가할 것인가?", 공법연구 27-1, 한국공법학회, 57-59면.
21) 한태연, "한국헌법에 있어서의 공화국의 변천과 그 순위-한국헌법사에의 서설을 위하여"
  (상), (하), 고시연구 2000.8.9(149-171면; 131-160면), (하), 148면.
22) 앞의 논문, 153-154면.
23) 앞의 논문, 158면.
24) 앞의 논문, 158-159면.

하지만 제6공화국헌법은 비록 제3공화국헌법의 정치체제의 복사이기는 하지
만 그것은 조국의 근대화 대신 헌정의 민주화를 위한 헌법이라는 점에서 "제6공
화국헌법이 그 헌법체제에 있어서는 제3공화국헌법의 복사판을 의미하고 있음
에도 불구하고, 제3공화국과는 구별되게 되는 결정적인 이유가 있다"[25]라고 하
여 새로운 공화국의 순차 매김에 긍정적으로 평가한다.

즉 한태연 박사의 견해에 따르면 현행헌법은 제4공화국헌법을 의미한다.

(4) 순차 매김 부정론

권영성 교수는 유일하게 교과서[26]에서도 공화국의 숫자 매김에 반대한다.

"제1공화국, 제2공화국 운운의 구분은 국가체제 중심의 시대구분으로서 프랑
스 헌법사의 시대구분법을 모방한 것이다. 프랑스의 경우는 1789년의 대혁명 이
후 현재에 이르기까지 입헌군주제를 3회, 제정을 2회, 반독재제를 1회 그리고
공화정을 5회 경험하였다. 이와 같이 프랑스에서는 공화정이 중단되었다가 부활
할 때마다 제 몇 공화정이라 부른다. 그러나 우리나라의 경우에 제1·2·3·
4·5·6공화국이라는 명칭은 학문상 적절한 용어라고 할 수 없다. 1948년 이후
의 정치체제가 공화정으로 일관된 것이라면, 제1공화국밖에 존재하지 않는 것이
되므로 그러한 구분은 무의미하기 때문이다. 반대로 어떤 시기, 이를테면 제3공
화국, 유신체제 그리고 제5공화국시대가 공화정시대라고 할 수 없다면, 이들까
지 공화국이라고 규정하는 명칭과 구분은 더욱 부적절한 표현이 되기 때문이다.
굳이 한국헌정사의 시대구분을 위하여 공화국이라는 호칭을 사용하여야 한다면
1948년 8월-1961년 5월까지의 기간은 문민정부시대라는 의미에서 제1공화국으
로, 1961년 5·16 이후 1988년 2월까지의 27년간은 군부쿠데타와 장군들에 의
한 권위주의적 통치기간이었다는 의미에서 군사정부시대로, 그리고 1988년 2월
25일 이후는 27년 만의 문민정치의 부활이라는 의미에서 제2공화국으로 규정하
여야 할 것이다"라는 비판적인 견해를 제시한다.[27]

(5) 평 가

다수의 헌법학자들은 공화국의 숫자 매김에 대하여 프랑스헌법사에서의 숫

---

25) 앞의 논문, 159-160면.
26) 권영성, 헌법학원론, 법문사, 1998, 90면 이하.
27) 권영성, "헌법 50년의 평가와 정보화시대의 헌법적 과제", 한국공법학회 헌법제정 50주년 기
    념학술대회 논문집, 14-15면.

자 매김에 준거한다.[28] 그럼에도 불구하고 이러한 시대적 구분에 대하여는 그것이 "우리 헌법사에 있어서 그 공화국을 제1, 제2 등으로 구별하는 것은 다만 헌법사의 편의에 의한 역사적 구별이지 결코 헌법 그 자체에 대한 실정법적 구별은 아니다"[29]라고 보거나, "프랑스헌정의 시대구분이 분명하고 일관된 기준에 의하여서 이루어지고 있는 것과는 달리 우리 헌정사의 시대구분은 명확하고 일관된 기준도 없이 그저 즉흥적으로 때로는 역사변혁적인 사건 중심으로 때로는 통치자 중심으로 이루어지고 있다는 데 문제가 있다"[30]라는 비판이 제기된다.

위와 같은 학자들의 공화국 숫자 매김에 대한 견해는 각기 나름대로 일리가 있다. 사실 공화국의 숫자 매김이 실정헌법에 명시되어 있든 이론상의 매김에 불과하든 간에 그 숫자 매김 자체는 그 어떠한 정형을 찾기가 쉬운 일이 아니기 때문이다. 바로 그와 같은 이유로 이와 같은 숫자 매김을 부정하는 견해도 제기된다. 하지만 숫자 매김이 작동되는 엄연한 현실을 마냥 내버려 둘 수도 없다. 바로 여기에 공화국의 숫자 매김에 보다 합리적인 시각의 필요성이 제기된다.

우선 공화국 숫자 매김이 프랑스에서 일반화되어 있다는 점에서는 이론의 여지가 없다. 우리가 참고로 하는 자유민주주의 국가, 즉 미국·영국·프랑스·독일·이탈리아 등에서 우리와 같은 공화국의 숫자 매김이 일반화되어 있는 나라는 프랑스뿐이다. 바로 그런 점에서 프랑스의 공화국 숫자 매김은 우리에게도 좋은 참고가 될 수 있다. 하지만 프랑스의 공화국의 숫자 매김에 대하여는 여러 가지 오해가 있을 수 있다.

프랑스 제1공화국은 혁명 이후 나폴레옹 독재체제가 출현할 때까지 지속되었다. 하지만 이 기간 동안에도 헌법과 헌정체제의 전면적인 변화가 초래된 바 있다. 제1공화국의 창건 이래 여러 개의 헌법이 교차된 것은 주지의 사실이다. 그 과정에서 집행부와 의회의 갈등으로 인한 균형의 붕괴는 로베스피에르의 또 다른 의회독재체제로 귀결되기도 하였다. 의회독재체제의 붕괴는 또 다시 집행부 우위의 통령체제로 귀착되었다. 혁명과 그 이후에 전개된 일련의 혼란의 와중에 다수의 헌법이 제정되었다. 그럼에도 불구하고 프랑스헌법사에서는 이 혁명기간대를 하나의 제1공화국으로 이해한다.

---

28) 권영성, 앞의 논문, 14면; 한태연 외 공저, 한국헌법사(상), 한태연 집필 분, "제1장 한국헌법사 서설", 1988, 96면; 허영, 앞의 책, 126면.
29) 한태연, 앞의 책, 102면.
30) 허영, 앞의 책, 126면.

제1공화국의 몰락 이후 전개된 나폴레옹의 전제체제 및 황제체제의 종언과 더불어 새로 왕정복고가 이루어졌고, 그 왕정의 종언을 고하는 1948년 제2공화국의 창건은 제1제정·왕정복고기를 뛰어 넘는 새 공화국으로 자리 매김하는데 이의가 없다. 그러나 제2공화국은 4년의 단명에 그치고 또 다시 루이 나폴레옹의 제2제정으로 회귀되었다. 그 제정의 붕괴와 더불어 마침내 1875년 제3공화국이 출현한다. 제3공화국은 자유민주주의 헌정체제의 정립기였다. 하지만 제3공화국은 독일의 침공에 따라 1940년 비쉬(Vichy)체제의 등장으로 종언을 고하였다. 1945년 프랑스의 독립은 1946년 제4공화국헌법체제로 이어졌다. 제2공화국에서 제4공화국에 이르는 과정은 그야말로 역사적인 헌법과 헌법체제의 단절을 거쳤다는 점에서 새 공화국의 숫자 매김을 하여도 무방하다.

하지만 1958년의 제5공화국은 제4공화국과 완전한 시간적·정치적 단절과정을 거쳤다고 보기 어렵다. 제4공화국은 1958년 알제리독립문제와 재정경제적 파탄으로 인하여 정치적 공황상태에 이르고 말았다. 이와 같은 시대적 상황에서 정부와 의회는 제4공화국을 새롭게 재건할 국가적 책무를 드골 장군(Charles de Gaulle)에게 부여하였다. 드골 장군은 제4공화국의 마지막 수상으로 취임하면서 새 공화국의 헌법제정을 위한 전권을 부여받았다. 드골 장군은 1946년에 자신이 구현하려 한 강력한 정부의 이념이 담긴 헌법이 국민투표에서 부결된 바 있는 그 원형을 새 공화국의 헌법모델로 제시하였다. 드골 장군이 구현하고자 한 강력한 정부의 이념은 제5공화국헌법에 제시되었고, 마침내 새 헌법의 제정과 더불어 드골 장군은 제5공화국의 초대 대통령에 취임하였다. 제4공화국에서 제5공화국으로의 이행은 시간적·공간적 괴리가 없었을 뿐만 아니라 정치지도자조차도 동일인이라는 점에서, 프랑스헌법사에서 보더라도 새로운 유형의 공화국 숫자 매김이 아닐 수 없다. 그럼에도 불구하고 이를 제5공화국으로 숫자 매김하는데 부정적인 견해는 프랑스에서 찾아볼 수 없다.

따라서 프랑스의 공화국 숫자 매김조차 우리의 숫자 매김과 반드시 유사한 것이라고 보기는 어려운 점이 있다. 오히려 프랑스에서의 공화국 숫자 매김은 국민적 컨센서스에 입각하여 주권자인 국민의 실질적 헌법제정권력의 발동을 통하여 새로운 국민적 정당성을 가진 공화국헌법의 제정으로 나아갔다는 데에 그 중점을 두고 있는 것으로 평가하여야 한다.

IV. 공화국 순차 매김을 대신하는 헌정사적 시각

1. 국가형태 · 정부형태 · 통치방식에 따른 공화국 순차 매김의 다변화론

국순옥 교수는 공화국 숫자 매김과 관련하여 이를 '정치적 상품화'에서 비롯된 정치적 속임수 · 상징 조작이라고 강력하게 비판하면서도, 국가형태론에 준거한 공화국의 숫자 매김과 민주적 헌정질서 여부에 따른 공화국의 숫자 매김 등을 통하여 다양한 공화국의 숫자 매김을 제시한다. 즉 공화국의 순차를 순수한 국가형태 수준의 문제로 이해할 경우에는 이승만 · 장면 정부를 제1공화국, 그리고 연이은 박정희 군사정권의 공백기를 거쳐서 1963년 이후를 일괄적으로 제2공화국으로 본다. 그러나 국가형태에 정부형태를 포괄시켜 고전적 대통령제를 뛰어 넘는 신대통령제 내지 보나파르티즘 국가를 유형화한다면 이승만 · 장면정권의 제1공화국에 이어 박정희 군사정권의 공백기를 거쳐 1963년에서 유신 이전의 박정희정권의 제2공화국을 거쳐 유신정권 · 전두환정권의 공백기를 거쳐, 노태우정권 이후의 제3공화국으로 귀결한다. 다른 한편 통치방식에 중점을 둘 경우에는 이승만정권의 제1공화국, 장면정권의 제2공화국, 박정희군사정권의 공백기를 거쳐 1963년이후 유신 이전 박정희정권을 제3공화국으로 그 이후 유신 박정희정권 · 전두환정권 · 노태우정권을 각기 폭력적 통치방식에 의거하여 유신 1기 · 2기 · 3기로 평가한다.[31]

2. 헌정사에서의 민주주의적 관점

헌법사적인 공화국의 숫자 매김에 비판적인 권영성 교수는 "한국헌정사 50년의 시대구분은 민주주의적 관점에서 다시 말하면 민주주의적 이념과의 조화 여부 내지 민주화의 정도를 척도로 하여 민주헌정출범기(1948.7.-1961.5.까지의 제1 · 2공화국), 민주헌정수난기(1961.5-1988. 2까지의 제3 · 4 · 5공화국), 민주헌정부활기(1988.3.-1988.6. 현재까지 노태우 · 김영삼 · 김대중정부)의 3단계로 구분하는 것이 보다 합리적인 것이 될지 모른다"[32]라고 설명한다.

---

31) 국순옥, "공화국의 정치적 상품화와 순차 결정의 과학적 기준", 한국공법학회, 제34회 학술발표회 논문집, 1993.2.20 참조.
32) 권영성, 앞의 논문, 15면.

3. 헌법규범과 헌법현실의 연계

양건 교수는 헌법현실에 기초한 50년을 회고하면서, 헌법규범의 성격 또는 헌법규범과 헌법현실의 괴리 여하라는 측면에서 세 시기로 나누어 보고 있다. 첫 번째 시기는 건국 후 제3공화정까지의 시기로서 헌법규범은 자유민주주의 원리에 입각하여 있지만 헌법현실은 그렇지 못한 시기로, 두 번째 시기는 유신체제에서 전두환체제까지의 경우 헌법규범조차도 자유민주주의 원리에 충실하지 못하였다고 비판한다. 1987년 6월항쟁 이후 오늘에 이르기까지는 헌법규범과 헌법현실이 비교적 일치하는 헌정체제로 이해한다. 다른 한편으로는 권력의 형성 또는 그 토대의 측면에서 헌법현실을 이해하여 건국이후 5·16에 이르는 기간을 외면상의 민주제도에도 불구하고 사실상 왕조의 연장으로, 그 이후 전두환체제까지는 군부통치기로, 6월항쟁 이후는 시민사회의 자율성이 형성되면서 정치권력의 정당성이 시민사회의 자발적 동의에 기초하기 시작하였다고 평가한다.[33]

4. 평 가

생각건대 우선 헌정사와 헌법사는 비록 헌법과 헌법현실(정치현상)을 대상으로 삼을 수밖에 없다고 하더라도, 헌정사는 주로 사실적 측면에 중점을 둔다면 헌법사는 규범적 측면에 중점을 둔다는 점에서 본질적이 차이가 있다.[34] 그러한 관점에서 본다면 권영성 교수와 양건 교수의 평가는 주로 헌정사적인 관점에 중점을 둔 것으로 보인다. 그렇게 볼 경우 제1공화국 이승만 정부의 적어도 집권 초기에는 나름대로 비교적 민주주의적인 헌정운용이 있었음을 평가하여야 한다. 그럼에도 불구하고 말기의 권위주의적인 독재공화국으로의 전락은 곧 4월혁명으로 이어졌다는 점을 유념하여야 한다. 반면에 비록 박정희 정부는 5·16쿠데타를 통하여 결과적으로 민정이양 이후에 집권에도 성공하였지만 그의 민정이양 이후 집권초기는 비교적 민주주의적 원리가 작동하였던 시기로 평가할 수 있다. 그러므로 박정희 정부를 총체적으로 권위주의정부로 치부하는 것도 새로운 평가를 요한다. 결국 두 교수의 헌정사적인 평가도 기본적으로 사실상 새 헌법의 제정 시점을 기준으로 이를 다소 광역시기화한 것에 불과하다는 비판이 가능하다.

---

33) 양건, "헌법현실 50년: 회고와 전망", 헌법50주년 기념 심포지움-한국의 헌법현실, 법과 사회 이론연구회, 1998.9.25 주제발표문 참조.

34) 권영설, "한국헌법 50년의 발자취", 헌법학연구 제4집 1호, 한국헌법학회, 1998, 8면.

Ⅴ. 실질적인 헌법제정을 중심으로 본 공화국의 순차 매김

1. 의　　의

공화국의 실질적인 헌정중단 이후에 새 헌법의 제정이나 헌법의 전면적인 개정이 이루어졌다면 이에 대하여 순차 매김을 할 수 있다. 그러나 그것은 국민주권주의에 기초하여 국민적 정당성을 확보한 헌법이어야 한다. 바로 그런 점에서 한국헌법에서 공화국 순차 매김은 한계를 안고 있다.

2. 실질적 헌정중단과 헌법의 전면개정

한국헌법사에서 공화국의 시대 구분은 헌법규범에서조차 제5공화국 헌법전문처럼 혼란을 야기한다. 국순옥 교수가 지적한 것처럼 공화국의 숫자 매김을 통한 정치적 상징 조작이 이루어졌다는 점 또한 부인할 수 없다. 하지만 공화국의 숫자 매김은 헌법전문의 개정이라는 표현에도 불구하고 헌정중단을 야기할 정도의 헌정사적 변혁의 와중에서 주권자인 국민들의 직접적인 개입을 통하여 새 헌법을 탄생시켰다면 새 공화국으로 숫자 매김이 무리가 아니다.

3. 헌법제정권력의 개입을 통한 국민적 정당성의 확보

기존 헌정체제가 중단이나 위기에 처하였을 때, 주권자이며 헌법제정권력자인 국민의 직접적인 개입을 통하여 국민적 정당성을 새로이 담보한 새 헌법이 탄생하였을 때 적어도 새 공화국의 숫자 매김을 할 수 있다.[35] 그러나 한국헌법사에서 형식적 헌법개정에도 불구하고 실질적 헌법제정이 이루어진 경우에 과연 이를 새 공화국헌법이라고 평가할 수 있는 경우가 어느 것이냐에 관한 판단은 그리 쉬운 일이 아니다.

다만 이 경우 주권자의 개입이 국민적 정당성을 뒷받침할 수 없는 강압적 분위기에서 처리되었던 시점에 대하여 새로운 숫자 매김을 하여서는 아니 된다는 비판에 대하여도 이를 겸허하게 수용하여야 한다. 다만 헌법규범에까지 공화국

---

35) 이승우 교수도 헌정사에 있어서 시대 구분에 있어서 헌법제정권력과 민주적 정당성을 강조한다; 이승우, "한국헌정 50년을 어떻게 시대구분하고 평가할 것인가?", 공법연구 27-1, 한국공법학회, 39-65면.

의 숫자가 매겨진 바 있고, 헌법사적 관행에 비추어 본다면 현재의 공화국 숫자 매김은 불가피하다.

4. 공화국 순차 매김의 편의성

제1공화국에서 제2공화국으로의 이행은 4·19의 성공한 혁명 여부를 떠나 4·19로 인하여 제1공화국의 종말을 고하였고, 그에 따라 주권적 의사에 입각한 새 헌법을 제정하였다는 점에서 1960년 헌법은 제2공화국헌법으로 보는 데 전혀 무리가 없다. 또한 비록 쿠데타로 인하여 제2공화국헌법이 사실상 정지되었다가 새 헌법제정에 국민적 합의가 이루어졌고 이에 따라 새 헌법이 제정되고 공화국헌법체제가 부활되었다는 점에서 1962년 헌법은 제3공화국헌법이라 하여도 무방하다. 그러나 1972년 헌법은 주권적 의사와는 전혀 무관한 초헌법적 국가긴급권 발동을 통하여 일시적인 헌정중단과 그에 이은 새 헌법의 제정 또한 실질적으로 주권적 의사와 유리된 상태였다는 점에서 문제제기가 불가피하다. 1980년 헌법 또한 비슷한 유형에 속한다. 하지만 1987년 헌법은 적어도 25년간 지속되어 왔던 권위주의군사정부가 시민의 힘에 의하여 항복함에 따라 국민적 합의에 기초하여 탄생한 헌법이라는 점에서 새로운 공화국의 자리 매김에 손색이 없다.

문제는 1972년 헌법과 1980년 헌법을 실질적으로 민주공화국헌법이라고 할수는 없기 때문에 이 헌법을 편의상 각기 제4·제5공화국헌법이라고 칭하더라도 그것은 다른 공화국과는 구별되는 전제주의적 독재공화국헌법이다. 하지만 전제주의적 독재국가체제로 왜곡된 형태라고 하더라도 여전히 공화국의 한 유형으로 볼 수 있다는 측면에서 본다면, 이들 공화국에도 그 성격상의 상이함에도 불구하고 공화국의 숫자 매김이 헌법사의 편년체적인 이해에 기여할 수 있다.

즉 국민적 정당성을 결여한 제4공화국헌법과 제5공화국헌법도 외견상 주권적 개입을 통하여 개정되었을 뿐만 아니라 실질적인 헌정중단사태 이후에 개정되었다는 점에서 실질적인 헌법제정에 해당하는 새 공화국헌법으로 볼 수 있다. 그것은 한국헌법사에서 주권적 의사가 정치세력에 의하여 왜곡되었던 헌법현실과 직결되는 문제이기도 하다.

Ⅵ. 결   어

(1) 한국헌법사를 어떻게 볼 것이냐의 문제는 다시 한 번 재검토를 요하는 명제임에 틀림없다. 그 중에서 특히 공화국의 숫자 매김에 관한 한 지금까지 분명한 기준이나 잣대가 제시되지 못하여 왔다.

사실 공화국의 숫자 매김은 반드시 일의적으로 정의할 수 없는 어려움이 있다. 하지만 헌법제정권력의 발동을 통하여 실질적 헌법제정에 이른 헌법사적 변화를 공화국의 숫자 매김을 통하여 정리하는 것도 의미 있는 일이다.

(2) 공화국의 숫자 매김에 헌법사적인 시각에 중점을 둘 것인가 아니면 헌정사적인 시각에 중점을 둘 것인가에 관하여는 논란의 소지가 있다. 하지만 헌법사와 헌정사가 일의적으로 구획되는 것이 아닐 뿐만 아니라 공화국의 구획은 헌정사적인 시각으로 보는 데에는 헌법사적인 시각에서 보는 것보다 훨씬 많은 문제점을 안고 있음은 이미 살펴 본 바와 같다. 즉 동일한 헌법이 작동하는 가운데 헌정사적인 관점에서 또 다른 공화국의 숫자 매김을 하는 한 그것은 단일적인 기준이 될 수 없다. 바로 그런 점에서 공화국의 숫자 매김 자체를 인용하는 한, 공화국의 숫자 매김은 제1차적으로 헌법사에 기초하여야 한다. 하지만 헌법사에 기초한 공화국의 숫자 매김에도 그와 같은 새 헌법사가 펼쳐지게 된 헌정사적 동인을 외면할 수 없다. 바로 그런 점에서 공화국의 숫자 매김은 헌법사에 기초하여 헌정사적인 요소를 동시에 고려하여야만 한다.

(3) 공화국의 숫자 매김에 있어서 시간적·공간적인 단절성은 중요한 잣대는 될 수 있을지 몰라도 그 자체가 절대적인 잣대가 될 수는 없다. 바로 여기에 시간적 단절성을 동반하지 아니한 제6공화국론의 설 자리가 마련된다. 사실 제6공화국론은 숫자 매김에 있어서 시간적·공간적 단절성보다는 오히려 새 시대의 전개에 더욱 터잡은 것이라 아니할 수 없다. 6월항쟁이 비록 헌정파탄으로 이어지지는 아니하였지만 그것은 새 시대를 알리는 신호탄이라고 하여도 과언이 아니다. 1952년 대통령간선제 고수가 국민적 요구였다면 1987년 대통령직선제 요구는 시대정신의 발현이다. 비록 정상적인 헌정의 작동 속에서 제6공화국헌법이 탄생되었지만 그것은 바로 무너지고 있는 제5공화국이라는 상징적 시대정신의 궤멸을 의미하는 것이기도 하다. 여기에 우리는 제5공화국의 몰락을 프랑스 제4

공화국의 몰락과도 연계할 수 있다.[36] 바로 그런 점에서 새 공화국의 숫자 매김은 과거의 부정이 아니라 미래를 향한 논의여야 한다.

(4) 돌이켜 보면 혁명과 쿠데타 그리고 정변이 이어지는 가운데에서도, 주권자의 의식 속에는 면면히 민주공화국의 이념과 정신이 자리잡아 왔으며 그것은 바로 오늘의 민주정부 구성에까지 이르고 있다. 혁명과 항쟁의 성취를 통하여 민주시민의 역량을 제고할 수 있었고, 쿠데타와 정변의 소용돌이 속에서도 면면히 이어온 불의에 대한 항쟁을 통하여 국민주권의 정신이 살아 움직이고 있음을 확인할 수 있었다. 지난 반세기에 걸쳐 쌓아 온 민주주의를 향한 의지의 침전물은 결국 오늘의 정권교체에로까지 이어지고 있다.

---

36) 비록 바람직한 것도 아니고 또한 국민적 정당성이 제대로 충족되었는지 여부에 관하여 논란이 있을 수 있지만, 프랑스 제4공화국에서 제5공화국으로의 이행과정은 우리의 제5공화국에서 제6공화국으로의 이행과정과 유사한 측면이 있는 것도 사실이다. 프랑스 제4공화국의 마지막 수상으로 취임한 드골 장군의 주도에 따라 제5공화국헌법이 성안되었고, 이어서 드골 자신이 제5공화국의 초대 대통령으로 당선되었다. 우리의 제5공화국에서 마지막 실세는 노태우 민주정의당 대표 겸 대통령 후보였으며, 그는 6·29선언을 통하여 국민 앞에 항복한 바 있다. 또한 여야8인회담을 통하여 성안된 제6공화국헌법 작업에도 직접 관여하였다. 그는 또한 제6공화국의 초대대통령으로 당선된 바 있다. 그런데 불행하게도 그는 군사정권의 유산을 이어받았다는 점에서 국민적 정당성에 의문이 제기된다. 그리고 그의 당선은 따지고 보면 이 또한 동시대에 국민적 지지를 받고 있던 민주세력의 분열(김영삼, 김대중)에 기인한 것이라는 점에서 한계가 있다.

[Resume]

Numbering of Republic

The French revolution of 1789 led to the fall of the absolute monarchy. Article 3 of the Declaration of the Rights of Man and of the Citizen of August 26, 1789, solemnly states that "the principle of all sovereignty resides in the Nation." From then on, the King's sovereignty under absolute monarchy was substituted by national sovereignty. During the revolutionary years, the First Republic established itself as the new form of the state on the basis of national sovereignty.

The numbering of the Republic in order is not found in all modern states. In Western countries, France is the lone country which counts the number of the Republic. This numbering of the Republic is directly linked to the history of the regimes and institutions of France. The fall of the First Republic led to the birth of the First Empire. And, after the fall of Bonaparte Napoleon and the end of the Bourbon Restoration, the Second Republic was established in 1848. The Third Republic was born in 1875 replacing the Second Empire. The Fourth Republic was founded in 1946 after the liberation of France. During 1940 to 1945, the Vichy regime existed in between. The Fifth Republic was built in 1958 immediately after the Fourth Republic's collapse.

The First Republic of Korea was established in 1948 as a modern democratic state. But the First Republic ended with the fall of Rhee Syngman administration after the April 19 Revolution in 1960. The Constitution of the Second Republic was characterized by the adoption of a classic parliamentary system. Yet, the newly born democratic government was demolished by the military coup of 1961. The 1962 Constitution signaled the start of the Third Republic. But President Park Chung-Hee proclaimed the Yushin Constitution in 1972. Despite the Spring of 1980, another military regime came into power. Finally, the popular resistance movement of June 1987 led to a new constitution and a new democratic and liberal regime was established.

Compared to France, there are no significant lapses between constitutions in Korea. A new constitution replaced the old constitution in a short span of time. The interwoven nature of a constitution to a specific regime justifies numbering the Republic in order. Consequently, the 1987 constitution can be referred as the constitution of the Sixth Republic.

Keyword : numbering of the Republic, history of regimes and institutions of France, constitutional history of Korea, waltz of the constitution, the sixth Republic.

[Resume(French)]

La numérotation de la République par ordre

La révolution de 1789 de la France a conduit à la chute de la monarchie absolue. L'article 3 de La déclaration des droits de l'homme et du citoyen du 26 août 1789 stipule solennellement que "le principe de toute souveraineté réside essentiellement dans la Nation." Dès lors, la souveraineté de roi sous la monarchie absolue a été substituée par la souveraineté nationale. Au cours des années révolutionnaire, la première République s'est établit en tant que la nouvelle forme de l'État sur la base de la souveraineté nationale.

La numérotation de la République par ordre ne s'agit pas de tous les Etats modernes. Dans les pays occidentales, la France est un seul pays qui compte le numéro de la République. Ce numérotation de la République se fait liaison directment à l'histoire des régimes et des institutions de la France. La chute de la première République a conduit à la naissance de la premier Empire. Et, après la chute de Bonaparte Napoléon et de régime de la Réstauration, la deuxième République s'est établit en 1948. La troisième République a fait naître en 1875 en remplaçant la deuxième Empire. La quartrième République est fondée en 1946 après la libération de la France avec l'intérim de régime de Vichy(1940-1945). Pourtant la cinquième République construite en 1958 ne sait pas de décalage du temps avec la quartrième République.

Avec la formation de l'État moderne, la première République de la Corée s'est établit en 1948. Mais la première République s'est finie par la chute de Rhee Seung-Man régime après la révolution de 4·19 en 1960. La constitution de la deuxième République s'est caractérisée par le régime parlementaire classique. Pourtant ce régime démocratique est démolit par le coup d'État militaire de 1961. La constitution de 1962 s'est produit à la troisième République. Mais Park Jung-Hee régime a proclamé Yooshin en 1972. Le Printemps de 1980 a causé la naissance d'un autre régime militaire. Enfin la résistance du juin 1987 a conduit à la naissance de nouvelle constitution et de nouveau régime démocratique et libéral.

L'histoire constitutionnelle de la Corée ne connaît pas définitivement de décalage du temps comme le cas de la France dans la mesure où la nouvelle République remplace la République antérieure. Pourtant la valse de la constitution et du régime à l'histoire de la Corée pouvait se justifier la numérotation de la République par ordre. C'est la raison pourlaquelle la constitution de 1987 peut être numérotée comme la constituton de la sixième République.

Keyword : numérotation de la République, histoire des régimes et des institutions de la France, histoire constitutionnelle de la Corée, valse de la constitution, la sixième République.

5. Issues of Integrating the Consitutional System of Two Koreas(Die Aufgabe der Integration des Verfassungssystems bei der Wiedervereinigung der koreanischen Halbinsel)*

I. Einleitung

Am 27. April 2018 fand das dritte innerkoreanische Gipfeltreffen in Panmunjom, dem Ort der innerkoreanischen Teilung, und das erste Gipfeltreffen zwischen US-Präsident Donald Trump und Nordkoreas Machthaber Kim Jong Un am 12. Juni statt. Mehr als je zuvor besteht eine größere Erwartung hinsichtlich der Möglichkeit der Wiedervereinigung der koreanischen Halbinsel und dem Bestreben, dies zu erreichen. Das wichtige Ereignis der Wiedervereinigung der koreanischen Halbinsel sollte die symbolische Darstellung sein, dass der politische Einigungsprozess durch die Wiedervereinigungsverfassung vollendet wird und der Süden und der Norden sich zu einer normativen Einheit bewegen.

Unabhängig davon, ob die Wiedervereinigung der koreanischen Halbinsel in Form einer Vereinigung durch Übernahme oder einer Vereinigung durch Konsens verläuft, ist eine neue Verfassungsgebung für eine vereinigte koreanische Halbinsel unvermeidlich. Im Falle der Vereinigung durch

---

* 이 논문은 2018년 10월 5일 독일 베를린에서 개최된 제8차 한독통일자문회의에서 발제한 것 이다. Dieses Papier basiert auf dem Aufsatz "Die Aufgabe des Verfassungs- und Vereinigungsgesetzes für das Vereinigungs-Zeitalter", Weltverfassungsstudien Bd. 20 Ausgabe 2 (2014.8); "Grundprinzipien der Vereinigungsverfassung", Seoul National Universität Rechtswissenschaft Bd. 53, Ausgabe 1 (2012.3); "Die Studie über die Verfassungsstruktur der Vereinigungsverfassung", Bd. 36 Ausgabe 1, Public Law Review, 2007.10. überarbeitet oder ergänzt.

Konsens ist es notwendig, eine Verfassung als Rechtsgrundlage für einen neuen vereinigten Staat zu schaffen. Im Falle der Vereinigung durch Übernahme kann die Rechtsgrundlage für ein neues einheitliches Korea durch eine Änderung dieser Verfassung geschaffen werden. Im Falle der Vereinigung durch Übernahme wäre jedoch, statt einer einfachen Verfassungs-änderung wie in Deutschland, eine umfassende Änderung der bestehenden Verfassung oder eine neue Verfassung wünschenswert.

II. Staat und Verfassung im Wiedervereinigungs-prozess der koreanischen Halbinsel

1. Teilungsmodalitäten und Teilung der koreanischen Halbinsel

Bei den Diskussionen über den Einigungsprozess des geteilten Staates bilden die Analyse der Situationen von Deutschland, Vietnam und dem Jemen zentrale Themen.[1] Vietnam ist ein Beispiel der kommunistischen Vereinigung durch Übernahme. Im Falle des Jemen ist es dagegen ein repräsentativer Fall der Vereinheitlichung durch Konsens, obwohl Krieg und Verwirrung nach der Wiedervereinigung anhielten. Wenn darüber hinaus weitere Diskussionen über die geteilten Staaten geführt werden, kann die Situation von China und Taiwan (sogenannte bilaterale Beziehungen), zwischen Nordzypern und Südzypern (oder Zypern) und der Mongolei (Äußere Mongolei und Innere Mongolei in China) Gegenstand von Diskussionen sein.

Die Tatsache, dass der Prozess der deutschen Wiedervereinigung in Form einer Vereinigung durch Übernahme zu einer freiheitlichen demokratischen Grundordnung geführt hat, liefert uns die wichtigsten Implikationen für das koreanische Volk. Die koreanische Halbinsel, die ein Produkt der Ost−West−Ära des Kalten Krieges ist und von den Großmächten gewaltsam aufgeteilt wurde, hat wichtige vergleichende Studien und Übersichtsdar-

---

1) Jang Myung−bong, Vereinigungsverfassung des geteilten Staates, Fall und Daten der Vereinigung von Deutschland und dem Jemen, Kookmin University Press, 1998.

stellungen zu Deutschland durchgeführt und erstellt, die die ähnlichsten Fälle der Wiedervereinigung darstellen. Es ist jedoch auch richtig, dass es viele Unterschiede zwischen Korea und Deutschland gibt, von der Ursache der Teilung bis zum Phänomen der Spaltung und Prozess der Wiedervereinigung. Da die Teilung Deutschlands und die Geschichte der Wiedervereinigung von unserer realen Situation abweichen, kann die Teilung und Wiedervereinigung der koreanischen Halbinsel nicht mit Deutschland gleichgesetzt werden. Das realistischste Beispiel ist jedoch Deutschland. Dies ist eine sehr wichtige, praktische Einschränkung vergleichender Studien zur Vereinheitlichung.[2] Neben dem deutschen Fall ist natürlich auch ein unterschiedlicher Ansatz für die Art der Wiedervereinigung geteilter Länder möglich.[3]

1948 proklamierten Südkorea und Nordkorea jeweils auf eigene Faust die Republik Korea (The Republic of Korea) und die Demokratische Volksrepublik Korea (The Democratic People's Republic of Korea). Im Laufe des Versuches des Aufbaus unabhängiger Staaten von Süd− und Nordkorea verschärfte sich der Konflikt in Korea, und der Koreakrieg, der 1950 ausbrach, führte zu der tragischen gegenseitigen Feindschaft der Nation in Korea. Am 3. Juli 1953 endete der Koreakrieg mit einem Waffenstillstandsabkommen.[4]

---

2) Vgl. Kim, Cheol−Soo, Politik und Verfassung der deutschen Einheit, Parkyoung−sa, 2004; Huh, Young, Legale Erleuchtung der deutschen Einheit, Parkyoung−sa, 1994; Kim, Seung - Dae, Theorie der Vereinigungslehre - Rechtsvergleich Ost− und Westkorea und die Wiedervereinigung Nord− und Südkoreas, Bubmun−sa, 1996; Shin, Woo−cheol, Transformation des Systems und Staates, deutsche Wiedervereinigung, Vergleich der chinesischen Reform, Verfassungsrecht, Yeungnam University Press, 2003; Kim Young−yoon/Yang Hyun−Mo (Hrsg.), Deutschland, Vereinigung zur Vereinigung - Deutsche Einheit, um mit Interview zu diskutieren, Wiedervereinigungsministerium, 2009; Uwe Müller, Supergau Deutsche Einheit, Lee, Bong−Gi (Übersetzer), Literarische Welt Verlag, 2006.

3) Jung Yong−seok, Abteilung und Wiedervereinigung, Dankook University Press, 1999, S. 195−201; Es gibt drei Arten der Vereinigung: Neutralisierung (Österreich), kommunistische Vereinigung (Vietnam), Verhältniswahlrecht (Jemen) und freie Wahl (Deutschland).

4) Der offizielle Name des Waffenstillstandsabkommens zwischen den Vereinigten Staaten, Nordkorea und China vom 27. Juli 1953 ist „Abkommen über den Waffenstillstand von

Im Gegensatz zu Deutschland, das ohne Blutvergießen vereinigt wurde, könnte die Tatsache, dass der blutige Krieg zwischen Südkorea und Nordkorea ausbrach, ein großes Hindernis für die Wiedervereinigung sein. Dennoch wurden Südkorea und Nordkorea 1991 durch die gleichzeitige Aufnahme in die Vereinten Nationen zu praktisch unabhängigen souveränen Staaten, und Südkorea und Nordkorea wurden Mitglieder der internationalen Gemeinschaft. Obwohl Südkorea und Nordkorea auf einer internationalen Rechtsebene als souveräne Staaten anerkannt wurden, müssen die Besonderheiten der inneren Beziehungen zwischen Südkorea und Nordkorea berücksichtigt werden. Daher sollten die inneren Beziehungen des Südens und des Nordens nicht als Beziehungen zwischen beiden souveränen Staaten, sondern als innere Beziehungen zwischen einer Nation wie in Deutschland betrachtet werden. Zum Beispiel sollten wichtige rechtliche Fragen zwischen Südkorea und Nordkorea, wie Staatsangehörigkeit, Überläufer, innerkoreanische Besuche und Produktionsgüter aus dem Gaeseong Industriekomplex, nicht als internationale Rechtsbeziehungen angesehen werden.

2. Vereinigungsplan und Staatsform[5]

(1) Grundlagen

Der Wiedervereinigungsplan zwischen Südkorea und Nordkorea ist direkt mit der Staatsform des Einheitsstaates verbunden. Die Form des Einheitsstaates muss ebenfalls in die Staatsform während des Prozesses der Wiedervereinigung und die Staatsform nach der Wiedervereinigung aufgeteilt werden. Südkorea und Nordkorea fordern verschiedene Formen der Wiedervereinigung und des Einheitsstaates. Daher sollten Südkorea und Nordkorea diesen Punkt im Prozess der Vereinheitlichung und Verabschiedung der Wiedervereinigungsverfassung berücksichtigen.

(2) Friedlicher Wiedervereinigungsplan von Südkorea und Staatsform

Im September 1989, als Präsident Roh Tae-Woo im Amt war, ver-

---

Korea mit dem Oberbefehlshaber der Vereinigten Alliierten Mächte als einer Seite und dem Oberbefehlshaber der Nordkoreanischen Armee und dem Befehlshaber der Volksrepublik China als der anderen".

5) Kwon Young-Sung, Innerkoreanische Integration und Staatsform und Ländersystemproblem, Public Law Study 21, S. 19-52.

kündigte Südkorea den „Wiedervereinigungsplan für die koreanische Volksgemeinschaft".

Dieser Vereinigungsplan der koreanischen Volksgemeinschaft weist auf die mittlere Stufe der innerkoreanischen Vereinigung hin.

Die Regierung Kim Young−Sam schlug einen dreistufigen Wiederver- einigungsplan vor, in dem Roh Tae-Woos „Vereinigungsplan für die koreanische Volksgemeinschaft" als Grundstruktur festgelegt wurde. Dieser dreistufige Wiedervereinigungsplan als „nationale Einheit der Nation" besteht aus Phasen, die mit der „Versöhnungs− und Kooperationsphase" beginnt, dann eine vorrübergehende Phase der „Süd−Nord−Union" und schließlich die „Wiedervereinigung einer Nation", um so eine Nation zu erreichen. In diesem Sinne ist die Phase der Süd−Nord−Union eine Übergangsphase, die sich auf die Wiedervereinigung zubewegt. Obwohl die Süd−Nord−Union am Anfang den Charakter eines Staatenverbundes hat, öffnet sie jedoch allmählich den Weg, sich zu einem föderalen Staat oder einem einzelnen Staat zu entwickeln.

Die Vereinigungspolitik der Kim Dae-Jung−Regierung basiert auf der dreistufigen Wiedervereinigung, die Präsident Kim Dae-Jung seit langem befürwortet. Die erste Stufe ist die Süd−Nord−Union, die aus einem Volk, zwei Staaten, zwei unabhängigen Regierungen und einer Union besteht. Das ist eine Art Staatenverbund, der ein wiedervereinigungs- orientiertes Sonderverhältnis entwickelt. Auf der Stufe der Süd−Nord− Union wird die Charta der Süd−Nord−Union als Grundnorm erlassen, die die innerkoreanischen Beziehungen regelt und bis zur Verabschiedung der „Einheitsverfassung" wirksam angewendet wird. Die zweite Stufe, die innerkoreanische Föderation, besteht aus einem Volk, einem Staat, einer föderalen Regierung und zwei lokalen Regierungen. In diesem Stadium wird eine Bundesverfassung erlassen und der Bundespräsident und das Bundesparlament werden von der konstituierten Verfassung gewählt. In dieser Phase werden internationale Maßnahmen wie die Aufnahme in die Vereinten Nationen als ein Land auf internationaler Ebene durchgeführt, und obwohl es auf dem Prinzip des Föderalismus beruht, befindet es sich immer noch in der Phase, in der es den Zustand eines Bundesstaates nicht erreicht. Die dritte Stufe ist jedoch eine vollständige Wiederver- einigungsphase. Die konkrete Entwicklung des Bundesstaates in diesem

Stadium ist die Aktivierung der lokalen Autonomie durch die Annahme des innerkoreanischen föderalen Systems oder des pluralistischen föderalen Systems, das zumindest die Besonderheiten des Nordens und des Südens berücksichtigt.

(3) Wiedervereinigungsplan der Demokratischen Volksrepublik Korea und Staatsform

Als Reaktion auf die Revolution vom 19. April 1960 in Südkorea schlug Kim Il-sung aus Nordkorea im Rahmen seiner feierlichen Rede am 15. August das innerkoreanische Föderationssystem, die „Föderative Republik Koryo (Korea)", als Übergangsmaßnahme vor, wenn die allgemeinen Wahlen der beiden Koreas nicht akzeptiert werden können.

Diese von Kim Il−sung vorgeschlagene Süd−Nord−Föderation soll sicherstellen, dass Südkorea und Nordkorea das derzeitige politische System beibehalten und gleichzeitig die unabhängigen Aktivitäten der Regierung der Republik Korea und der Regierung der Demokratischen Volksrepublik Korea erhalten bleiben. Und er organisierte den „Obersten Nationalrat", der sich aus Vertretern der beiden Regierungen zusammensetzte, um die Entwicklung von Südkorea und Nordkorea zu vereinheitlichen. Kim Il-sung schlug in seiner Neujahrsansprache am Neujahrstag 1991 vor: „Lasst uns uns zu einem föderalen System vereinen, das auf einem Volk, einem Staat, zwei Institutionen, zwei Regierungen basiert." Am 3. Mai 1991 schlug er des Weiteren eine Teilrevision des Wiedervereinigungs-plans der Goryeo (Korea)− Föderation wie folgt vor: „Die zwei Regierungen der beiden Koreas können vorübergehend diplomatische und militärische Rechte bis zu einem gewissen Grad haben". Dies ist eine Umwandlung des föderalen Systems, das als endgültige Form des wieder-vereinigten Nord−Süd−Staates beansprucht wurde, in ein provisorisches und abgestuftes föderales System, das man als „Föderation der unteren Ebene" oder als „loses föderales System" bezeichnen kann.

(4) Bedeutung der Föderation der unteren Ebene als Wiedervereinigungsplan im Rahmen der Gemeinsamen Erklärung vom 15. Juni

Auf dem innerkoreanischen Gipfeltreffen zwischen Präsident Kim Dae-Jung und dem Vorsitzenden Kim Jong-Il im Juni 2000 wurde ein Plan zur Vereinheitlichung der Föderation der unteren Ebene vorgeschlagen. Dies kann als ähnlicher Schritt zum Staatenverbund angesehen werden, der der zweiten Phase der dreistufigen Wiedervereinigung Südkoreas entspricht. Es hat auch einen ähnlichen Aspekt wie der Föderalismus, der von Nordkorea befürwortet wurde. Mit anderen Worten, Nordkorea wurde Föderalismus genannt, aber seine Substanz entspricht eher einem Staatenverbund. Dies kann nicht nur durch die konkreten Inhalte des von Nordkorea beanspruchten föderalen Systems bestätigt werden, sondern auch dadurch, dass die englische Schreibweise vom Föderalismus als 'Confederation' gemacht wurde, was der Staatenverbund bedeutet.

(5) Staatenverbund und Föderalismus in der Verfassung des wiedervereinigten Koreas als Staatsform, um die Heterogenität der Nation zu überwinden

1) Theorie des Föderalismus

Im Falle einer Vereinigung durch Konsens ist es wünschenswert, mit dem Staatenverbund oder der Föderation der unteren Ebene unvermeidlich fortzufahren. In diesem Fall sollten Südkorea und Nordkorea einen einheitlichen Staat mit zwei politischen Systemen schaffen. In dieser Phase der Wiedervereinigung sollte jedes der beiden Koreas ein hohes Maß an Unabhängigkeit vom jeweils anderen Land beibehalten.

Im Falle der Vereinigung durch Übernahme wäre die Einführung des föderalen Systems unausweichlich. Um die Heterogenität der Vergangenheit zu überwinden, halte ich es für notwendig, ein Staatssystem aufzubauen, das aus einem Staat, einem politischen System und zwei Bünden besteht. Es ist dann vernünftig, zuerst eine Reihe von Problemen in diesem Staatssystem zu überwinden und dann eine Diskussion über ein einzelnes Land zu entwickeln.

Insbesondere, obwohl ein pluralistisches föderales System in Betracht gezogen werden kann, das nicht von zwei Regionen des Südens und des Nordens gebildet wird, ist in Wirklichkeit ein föderales System angemessen, das aus zwei Regionen, Süden und Norden, besteht.

2) Theorie des Staatenverbundes

Auf der Stufe des Staatenverbundes wird unter Beibehaltung der bestehenden nord— und südkoreanischen nationalen Form ein bestimmter gemeinsamer Nenner abgeleitet. Das Stadium der Staatskoalition ist jedoch ein Staatssystem, das als Phase der Vorbereitung auf die Wiedervereinigung betrachtet werden kann, aber es ist keineswegs eine Form eines vollständig einheitlichen Staates. Wenn man diesen Punkt betrachtet, kann man sehen, dass die Diskussion über die Wiedervereinigung auf Grundlage des Staatenbundes weit von der ursprünglichen Diskussion der Verfassung des wiedervereinigten Landes entfernt ist. Dennoch ist es nicht völlig falsch, den Staatenverbund in der Übergangsphase der innerkoreanischen Aussöhnung als wünschenswert zu betrachten.

Im Stadium dieses Staatenverbundes wird das Vereinigte Parlament als Parlament eingerichtet, das sich aus dem bestehenden südlichen Parlament und den aus der nördlichen Volkskammer gewählten Mitgliedern zusammensetzt. Die Exekutive kann auch in Form eines Koalitionsverwaltungsausschusses betrieben werden. Daher ist es auf der Stufe des Staatenverbundes schwierig, über den Wert des Staatenverbundes als Staatsform hinaus eine besondere Bedeutung zu haben. In Bezug darauf kann nicht gesagt werden, dass der Staatenverbund mehr ist, als die Grundlage der gegenseitigen Aussöhnung und Kooperation zu bilden.

3. Verfassungsfragen, die sich aus dem Prozess der Wiedervereinigung ergeben

(1) Vereinigung durch Konsens oder Vereinigung durch Übernahme

Es ist sehr wünschenswert und ideal, eine Vereinigung durch Konsens, d.h. die Einigung der beiden Koreas in gegenseitigem Einvernehmen herzustellen. Der Prozess der Herbeiführung dieser Vereinigung geht von der 1991 geschlossenen Grundvereinbarung von Süd— und Nordkorea aus und erreicht eine schrittweise Vereinigung durch Konsens. Trotzdem sie ideal wäre, birgt die Vereinigung durch Konsens in der Realität jedoch verschiedene Probleme. Das größte Problem der Vereinigung durch Konsens ist vor allem, wie die verschiedenen Systeme im Falle einer Konsensbildung koordiniert werden können. Denn die Koexistenz der liberalen Demokratie im Süden und des volksdemokratischen Systems im Norden kann theoretisch möglich sein, es ist aber in Wirklichkeit unmöglich, dies umzusetzen.

Als eine extreme gegenseitige Form der Vereinigung durch Konsens kann eine gewaltsame militärische Vereinigung durch Übernahme angenommen werden. Die Diskussionen über eine gewaltsame militärische Vereinigung durch Übernahme können auf jeden Fall zu Tabus werden, die nicht länger akzeptiert werden können, da auf der koreanischen Halbinsel kein Krieg stattfinden sollte.

Letztlich kann Absorptionsvereinheitlichung durch Konsens als der wünschenswerteste Wiedervereinigungsplan angesehen werden. Der Prozess der Verwirklichung dieser Wiedervereinigung ist die von Südkorea geführte Wiedervereinigung durch das Ende des nordkoreanischen Regimes. Die Wiedervereinigung Deutschlands, in der die DDR mit der westdeutschen liberalen Demokratie und sozialen Marktwirtschaft vereinte, gibt uns viele Lehren und Anregungen. Die deutschen Vereinigungsexperten haben jedoch insbesondere im Koreanischen − Deutschen Einheitsbeirat betont, dass die deutsche Vereinigung durch Übernahme weder vorhersehbar noch durch ausreichende Vorbereitung möglich war.

Vor der Wiedervereinigung der neuen Bundesländer mitderdamaligen-BRD entwickelte sich die Demokratisierungsbewegung in anderen Städten in den neuen Bundesländern wie zum Beispiel Leipzig weiter. Man kann sagen, dass die Auswirkungen der Wiedervereinigung in Deutschland geringer waren als sie in Korea sein würden, da Südkorea politisch viel offener als Nordkorea und wirtschaftlich zumindest autark war. Unter diesem Gesichtspunkt unterscheidet sich die Realität Nordkoreas, welche die in sich geschlossenste Erbdynastie darstellt, die es in anderen Ländern nicht mehr gibt, von der Situation in der DDR.

Im Falle der Absorptionsvereinheitlichung durch Konsens ist ein allmählicher politischer und wirtschaftlicher Prozess erforderlich: Erstens die Stabilisierung des nordkoreanischen Systems, d.h. politische, wirtschaftliche und militärische Stabilisierung, zweitens die wirtschaftliche Entwicklung durch Umwandlung der nordkoreanischen Planwirtschaft in eine Marktwirtschaft und drittens der Prozess der politischen und wirtschaftlichen Integration des Nordens und des Südens. In diesem Prozess wird auch die Notwendigkeit der „geordneten Integration" durch die Trennung von Süd und Nord aufgrund anderer interner und externer Risikofaktoren, die durch den plötzlichen Zusammenbruch des Nordens verursacht wurden, erhöht. Wenn wir diese Absorptionsvereinheitlichung durch Konsens als einen relativ reibungslosen und praktikableren Wiedervereinigungsplan betrachten, sind die Diskussionen zum oben genannten Schritt−für−Schritt−Prozess überzeugender. In diesem Fall kann der Weg zur Verwirklichung der Wiedervereinigung in Betracht gezogen werden, der vor dem Inkrafttreten der Wiedervereinigungsverfassung ein Einigungs-abkommen oder einen Einigungsvertrag zwischen den beiden Koreas beschließt.

Da jedoch die Wiedervereinigung selbst als ein Phänomen zu einem Zeitpunkt in einer variablen Situation betrachtet werden muss, die niemand vorhersagen kann, kommt die Kritik auf, dass die Idee, dass die Wiedervereinigung durch das Lenken der Staatsmacht verwirklicht werden kann, weit von der Realität entfernt ist. In dieser Hinsicht kann auch die Diskussion über die Wiedervereinigungsverfassung, die die rechtliche Grundlage der Wiedervereinigung darstellt, gewisse Grenzen nicht über-schreiten.

(2) Verfassungsänderung oder Verfassungsgebung?

Wie wird die bestehende Verfassung während des Einigungsprozesses in Kraft bleiben? Die beiden Verfassungen, die in der Vergangenheit bestanden, die Verfassung der Demokratischen Volksrepublik Korea und die Verfassung der Republik Korea, werden unweigerlich aufgehoben oder abgeschafft. Dies ist auch direkt verbunden mit dem Weg der Wieder-vereinigung. Im Falle der Vereinigung durch Konsens sollte eine neue Wiedervereinigungsverfassung in Kraft treten, aber im Falle der Vereinigung durch Übernahme ist es möglich, nicht nur die neue Verfassung zu stellen, sondern auch jede bestehende Verfassung zu ändern.

Deutschland plante im Falle der Wiedervereinigung die Verabschiedung einer neuen Wiedervereinigungsverfassung. Angesichts dessen, dass West-deutschland den Begriff „Grundgesetz" anstelle von „Verfassung" für seine Verfassung verwendete, hat[6] Westdeutschland im Zuge des Wiederver-einigungsprozesses die Gültigkeit des Grundgesetzes auf das Gebiet der DDR ausgedehnt. Das Grundgesetz hat sich durch seinen Revisionsprozess

---

6) Alte Fassung vom Art. 146 GG.

zu einer neuen Wiedervereinigungsverfassung entwickelt. In diesem Zusammenhang ist anzumerken, dass das Grundgesetz die Verpflichtung zur Wiedervereinigung vor dem Hintergrund von Art. 23 Satz 2 GG a.F. enthält, wo es heißt: „In anderen Teilen Deutschlands ist es nach deren Beitritt in Kraft zu setzen." Im Prozess der Wiedervereinigung beteiligte sich die DDR durch eine eigene Verfassungsrevision aktiv am Einigungsprozess. Zur Erweiterung dieses Prozesses hat die Volkskammer der DDR am 23. August 1990 beschlossen, dass die „DDR dem westdeutschen Rahmengesetz vom 3. Oktober 1990 gemäß § 23 des westdeutschen Rahmengesetzes beitreten wird".

Die erste Verfassung Südkoreas enthält keine Bestimmungen zur Wiedervereinigung, aber seit ihrer Verabschiedung in der Verfassung der Vierten Republik (Verfassung von 1972) enthält die Verfassung der Republik Korea eine Bestimmung zur friedlichen Wiedervereinigung. Darüber hinaus gibt es keine Diskussionen oder Kommentare zur Gültigkeit der Verfassung. Insbesondere heißt es in Artikel 3 der Verfassung Südkoreas, dass „das Hoheitsgebiet der Republik Korea die koreanische Halbinsel und ihre Nebenbücher sein soll". Daher kann diese Verfassung als eine zumindest im Hinblick auf die Wiedervereinigung abgeschlossene Verfassung angesehen werden.[7] Nach dieser Auffassung ist es nicht notwendig, die Verfassung Südkoreas in Vorbereitung auf die Wiedervereinigung zu ändern. Gleichwohl schreibt Artikel 4 der Verfassung die Teilung und Wiedervereinigung der beiden Koreas vor: „Die Republik Korea strebt die Wiedervereinigung an und eine friedliche Vereinigungspolitik auf Basis einer freiheitlichen, demokratischen Grundordnung". In dieser Hinsicht kann Artikel 3 der Verfassung als Grundsatz gelten, dass „er gültig, aber nicht wirksam ist".

Wenn es durch die Wiedervereinigung eine neue Verfassung geben

---

7) Siehe Sung, Nak−in, Verfassungstheorie 18. Aufl., Bubmun−sa 2018, S. 307−310; Lee Hyo−won, Verständnis der Vereinigungsverfassung, Parkyoung−sa, 2016.

soll, gibt es drei Möglichkeiten, eine neue Verfassung zu erlassen: die Verfassungsgebung durch den Verfassungskonvent als Realisierung der repräsentativen Demokratie, die Verfassungsgebung durch ein Referendum als direktdemokratische Methode der Konstitutionalisierung und ein gemischter Weg, bei dem die vom Verfassungskonvent vorbereitete Verfassung durch ein Referendum bestätigt wird. Es ist wünschenswert, dass der Verfassungsentwurf vom Verfassungskonvent erstellt wird und durch ein Referendum im Erlass der Wiedervereinigungsverfassung in dem Sinne bestätigt wird, dass es der Wille des ganzen Volkes ist. In diesem Fall sollte der Verfassungskonvent so strukturiert sein, dass die Vertreter der beiden Koreas in gleicher Zahl gewählt werden, um die soziale Integration des vereinigten Staates besser umzusetzen. Um die Verfassung endgültig zu finalisieren, hat der Weg, die Zustimmung zur Verfassung durch Referenden in Süd— und Nordkorea zu erhalten, den Vorteil, den Willen der beiden Koreas gerecht widerzuspiegeln.

Wenn die Verfassungsänderung der bestehenden Verfassung durchgeführt wird, wird die Beibehaltung der Identität der bestehenden Verfassung und Einhaltung der Verfassungsänderungsverfahren als Grenzen der Verfassungsänderung angewendet. Nach dem Verfassungsänderungsverfahren der vorliegenden Verfassung besteht der Prozess der Verfassungsänderung aus zwei Verfahren: einem Beschluss der Nationalversammlung und einem Referendum. Um die Absichten der nordkoreanischen Bürger im Prozess der neuen Verfassungsgebung widerzuspiegeln, sollte das Parlament des vereinigten Staates in Form eines überparteilichen Systems gebildet werden. Der Süden und der Norden sollten die gleiche Anzahl an Senatoren stellen. Die Genehmigung des Vorschlagskannin Betracht gezogen werden.

Gemäß dem Verfassungsänderungsverfahren der vorliegenden Verfassung kann bei der Zusammensetzung der Nationalversammlung, die die den Entwurf der Verfassungsänderung einleitet und beschließt und in dem Referendum, das Verfassungsänderungen festlegt, das Problem, dass der Wille der nordkoreanischen Bevölkerung aufgrund der Bevölkerungsunterschiede zwischen Süd— und Nordkorea nicht gut widergespiegelt wird, aufgeworfen werden. Um die Absichten der nordkoreanischen Bürger im Prozess der neuen Verfassungsgebung widerzuspiegeln, sollte die Erste

Kammer als Oberhaus des vereinigten Staates auf eine Weise gebildet werden, dass Südkorea und Nordkorea die gleiche Anzahl an Senatoren stellen werden. Im Hinblick auf die Verfassungsänderung müssen sowohl Süd— als auch Nordkorea ein Referendum durchlaufen. Der Vorteil des Weges zu einer neuen Verfassungsgebung besteht darin, eine Möglichkeit zu bieten, die Grenzen des konstitutionellen Systems der beiden Koreas zu überwinden, um den Willen des nordkoreanischen Volkes widerzuspiegeln, der nicht Teil der ersten Verfassungsgebung in Südkorea von 1948 enthalten war. Der Vorteil des Weges zur Änderung der gegenwärtigen Verfassung besteht darin, die Legitimität und Rechtmäßigkeit unserer Verfassung zu wahren, die normativen Standards für das Verfahren und die Methode zur Vorbereitung der Wiedervereinigungsverfassung klar zu definieren und in der Lage zu sein, den Einigungsprozess stabil zu gestalten. Wenn die Wiedervereinigung schrittweise und allmählich durchgeführt wird, ist es sehr wahrscheinlich, dass die Kosense Bildungzur neuen Verfassungsgebung durch ein Abkommen zwischen Südkorea und Nordkorea finanziert wird. Im Falle der Wiedervereinigung durch einmalige und vollständige Anlässe oder Ereignisse ist jedoch nicht genügend Zeit vorhanden, eine Einigung über den Erlass einer neuen Verfassung zu erzielen, sodass es sehr wahrscheinlich ist, die Methode der Verfassungsänderung zu wählen.

Ⅲ. Grundprinzipien und Grundstrukturen der Verfassung des wiedervereinigten Koreas

1. Schritte zum Aufbau der Wiedervereinigungsverfassung

Der Prozess zur Schaffung einer einheitlichen Verfassung unterliegt den folgenden drei Phasen: die Verfassung im Prozess der Wiedervereinigung, die Verfassung zum Zeitpunkt der Wiedervereinigung und die Verfassung nach der Wiedervereinigung. Die Diskussion darüber, welches die grundlegenden Tugenden während dieser drei Phasen sein sollten, ist der erste Schritt zum Aufbau eines normativen Ansatzes für die Ära der Wiedervereinigung.

2. Die Verfassungsidee des wiedervereinigten Staates: Von der modernen konstitutionellen Verfassung zur sozialstaatlichen Verfassung

Die Wiedervereinigungsverfassung sollte die Verfassung sein, die nicht nur den universellen Wert der Menschheit widerspiegelt, der gegenwärtig in der Weltgeschichte entwickelt wird, sondern auch die Prinzipien des modernen Sozialstaats als Inhalt der modernen Verfassung berücksichtigt.

Die moderne Verfassung legt das Grundprinzip der auf nationaler Souveränität basierenden liberalen Demokratie fest und spiegelt die verfassungsrechtlichen Prinzipien wider, die in allen Bereichen der Politik, Wirtschaft, Gesellschaft und Kultur gelten. Wenn wir die politischen Aspekte der Verfassung nicht ignorieren können, kommt die Grund- ordnung der Verfassung von liberaler Demokratie als politischem Design. Die liberale Demokratie ist auch ein Grundprinzip, das die verfassungs- rechtlichen Bestimmungen des Hauptteils, des Grundrechtskatalogs und der Staatsorganisation durchläuft. Die Grundprinzipien von Wirtschaft, Gesellschaft und Kultur basieren auf der Ideologie des Sozialstaats des 20. Jahrhunderts in der Verfassung. Darüber hinaus basiert unsere Verfassung auf internationalem Pazifismus, der von der globalen verfassungsmäßigen Ordnung nicht isoliert und sie aktiv akzeptiert. Es ist nicht übertrieben zu sagen, dass eine solche Diskussion der Grundprinzipien der Verfassung heute ein universeller Wert ist, der über die Zeiten und Staatsgrenzen hinausgeht. In diesem Sinne gilt das Grundprinzip der derzeitigen koreanischen Verfassung grundsätzlich als Grundprinzip der Vereinigungsverfassung.

3. Grundprinzipien, die in die Verfassung des wiedervereinigten Koreas aufgenommen werden sollten

Erstens sollten in der Wiedervereinigungsverfassung die Bestimmungen über die nationale Identität des wiedervereinigten Staates klarer definiert werden. Wenn die Wiedervereinigungsverfassung nicht die konstitutionelle Monarchie, sondern das Prinzip der Republik als Staatsform akzeptiert, sollte die Republik in der Wiedervereinigungsverfassung eindeutig demokratisch, sozial und dezentral sein. Darüber hinaus ist es wünschenswert, nicht nur das Territorium und das Volk, sondern auch die Nationalität, Landessprache, Nationalflagge, Nationalhymne, Hauptstadt usw. in der Verfassung zu spezifizieren.

Zweitens sollte das Prinzip der auf Volkssouveränität beruhenden liberalen Demokratie die ideologische und rechtliche Grundlage der Wiedervereinigungsverfassung sein. Die Debatte über die Volkssouveränität, die auf Konstitutionalismus basiert, hat keine besondere Bedeutung, da sowohl Südkorea als auch Nordkorea es in ihrer gegenwärtigen Verfassung vorschreiben, unabhängig davon, wie die Substanz gut funktioniert.

Drittens sollte die liberale Demokratie als politisches Grundprinzip in der Wiedervereinigungsverfassung etabliert werden. Die liberale Demokratie ist ein politisches Grundprinzip, das heute in zivilisierten Ländern allgemein anerkannt ist. Im Gegensatz dazu hat die Demokratische Volksrepublik Korea das Prinzip der Volksdemokratie etabliert, aber Nordkorea übernimmt das Prinzip der Demokratie, aber nach dem Zusammenbruch der ehemaligen Sowjetunion ist die Staaten, die das Prinzip der Demokratie anwenden, selten auf der Erde. In Anbetracht dieses Punktes wird beurteilt, dass das Prinzip der Demokratie in der Wiedervereinigungsverfassung nicht akzeptiert werden kann. Es gibt keine Meinungsverschiedenheiten darüber, dass die liberale Demokratie sozialdemokratische Prinzipien enthalten sollte. Es gibt jedoch eine Kontroverse darüber, ob die Volksdemokratie akzeptiert werden soll oder nicht, da die liberale Demokratie der Republik Korea im Konflikt mit Nordkorea steht. Daher kann die Volksdemokratie nicht in die freiheitlich−demokratische Grundordnung unserer Verfassung auf- genommen werden. Aber selbst in den Ländern, die eine liberale Demokratie annehmen, erlaubt die auf der Volksdemokratie basierende kommunistische Partei ihre Aktivitäten, solange sie die gewalttätige Vorherrschaft aufgibt und friedliche Parteiaktivitäten betreibt. In An- betracht dessen ist es sehr wahrscheinlich, dass nach der Wieder- vereinigung die Zustimmung der Parteiaktivitäten der Kommunistischen Partei anerkannt wird.

Viertens sollten wirtschaftliche, soziale, kulturelle und soziale Wohlfahrt- sstaatsprinzipien angenommen werden. Die Wirtschaft sollte auf der sozialen Marktwirtschaft basieren. Dies bedeutet die Übernahme der Grund- prinzipien der Wirtschaftsverfassung wie Marktwirtschaft, Sicherung privater Eigentumsrechte und Demokratisierung der Wirtschaft. Es ist notwendig, eine Verbindung zwischen der liberalen Demokratie als politischem Grundprinzip und der sozialen Marktwirtschaft als wirtschaftlichem Grundprinzip herzustellen, sodass die sogenannte politische Verfassung und die Wirtschaftsverfassung miteinander verbunden sind.[8)9)] Die soziale Marktwirtschaft für die Umsetzung des Sozialstaates sollte um weit mehr Sozialhilfefaktoren als im Falle des Südens gestärkt werden, denn das Recht auf wirtschaftliches und soziales Leben der Nordkoreaner sollte nach der Vereinigung weiter gestärkt werden. Das Kulturstaatsprinzip sollte weiter gestärkt werden. Dies liegt daran, dass die Integrationsarbeit eines Volkes, das sich getrennt voneinander in einem heterogenen kulturellen Leben engagiert hat, beschleunigt werden muss.

Fünftens gibt es keine Einwände gegen die Akzeptanz von internationalem Pazifismus.

Sechstens könntedie Wiedervereinigung von Süd − und Nordkorea der Moment sein, um die Farbe der „nationalen Demokratie" zu stärken, die die Wiedervereinigung des koreanischen Volkes darstellt. Da die südkoreanische Gesellschaft jedoch bereits in eine multikulturelle Gesellschaft eingetreten ist, ist ein grundlegender Wandel in der Wahrnehmung des Konzepts einer einzelnen Nation / eines Nationalstaates unvermeidlich. In diesem Sinne wird die nationale Demokratie in der Wiedervereinigungsverfassung einen bedeutenden Rückzug erfahren.

4. Grundstrukturen der Wiedervereinigungsverfassung

(1) Verfassung als Grundrechtskatalog für Freiheit und Recht

Der moderne Konstitutionalismus übernimmt die Grundprinzipien der Verfassung der Vereinigten Staaten von 1787 und der französischen Erklärung der Menschenrechte von 1789, die als Ergebnis der amerikani-

---

8) Jung Young−Hwa, Friedliche Wiedervereinigung und Wirtschaftsverfassung, Bubwon−sa, 1999.

9) Das Problem dabei ist die monetäre Integration. Deutschland wurde seither für die Probleme kritisiert, die durch den 1:1−Austausch von westdeutschen und ostdeutschen Geldern zum Zeitpunkt der Konsolidierung verursacht wurden. Im Allgemeinen wird die Bewertung zu dieser Zeit als eine 1:3−Situation bewertet.

schen Unabhängigkeit und der Französischen Revolution eingeführt wurden. Diese Grundprinzipien spiegeln sich in der Verfassung als eine Liste von Grundrechten wider, mit denen verfassungsmäßige und politische Institutionen als ein Katalog der Freiheitsrechte konzipiert werden.

Die Eigenschaft der Verfassung als Katalog der Freiheitsrechte hat sich im Verlauf des Konstitutionalismus über zwei Jahrhunderte beträchtlich verändert. Gleichwohl hat es keine wesentlichen Änderungen in den Grundprinzipien der Verfassung für die Gewährleistung der Freiheit und der Rechte der Menschen gegeben. Vielmehr wird eine Reihe vom verfassungsrechtlichen Grundrechtskatalog zur Gewährleistung der Freiheit und Rechte gestärkt.

Deshalb sollte es keine Fahrlässigkeiten in Bezug auf die Garantie der Freiheit und Rechte der Menschen geben, ungeachtet der Verfassung des geteilten Staates oder der Verfassung des wiedervereinigten Staates.[10] Insbesondere die internationale Erklärung zu einer Reihe von Menschenrechten, die nach dem Zweiten Weltkrieg entwickelt wurden, betonte, dass die Menschenrechte nicht länger auf die Rechte eines bestimmten Grundrechtskatalogs in einem Staat beschränkt sind, sondern ein universelles Recht auf internationaler Ebene sind. In Bezug darauf sollte die Garantie von Freiheit und Rechten in der Wiedervereinigungsverfassung auf Grundlage der heute universellen Werte der Menschenrechte festgelegt werden.[11]

Daher sind die Rechte und Freiheiten, die in der Wiedervereinigungsverfassung garantiert werden, geleitet von den Grundprinzipien der Allgemeinen Erklärung der Menschenrechte, dem Internationalen Pakt über wirtschaftliche, soziale und kulturelle Rechte (UN−Sozialpakt), Internationalen Pakt über bürgerliche und politische Rechte (UN−Zivilpakt), der europäischen Menschenrechtskonvention, der Europäischen Sozialcharta und dem Interamerikanischen Menschenrechtsabkommen.

---

10) Vgl. Kuk Sun−ok, Verfassung des wiedervereinigten Staates und das System der grundlegenden Menschenrechte, Public Law Study 21, S. 53−72.

11) Kim, Tschul−Soo, Das Problem der Gründung der Wiedervereinigung und die Wiedervereinigung Koreas, Artikel 3, Verfassungszeitschriften des Koreanischen Verfassungsgerichts, 1992, S. 121−168; Park Jung−Won, Skeleton Conception on the Unification Constitution, Public Law Study 27−1, S. 317−334.

Heute beruhen die Grundrechte weltweit auf den universellen Werten der Menschheit.[12] Dieses Phänomen ist auch in der Allgemeinen Erklärung der Menschenrechte auf alle Kontinente sowie Allgemeinen Erklärung der Menschenrechte im Jahr 1948 als internationale Erklärung der Menschenrechte der Vereinten Nationen fortgesetzt. Insbesondere seit der zweiten Hälfte des 20. Jahrhunderts wurde die Solidarität betont, um den Wert gemeinschaftlicher Werte zu respektieren, die sich im Sinne traditioneller Menschenrechte und Gleichheit weiter entwickelt haben. Die Charta der Grundrechte der Europäischen Union ist eine „Charta der Menschenrechte", die eine Zusammenstellung einer solchen Reihe von Menschenrechtschartas darstellt. Die Charta besteht aus folgenden Titeln: Titel I Würde des Menschen (Artikel 1-55), Titel II Freiheit (Artikel 6-19), Titel III Gleichheit (Artikel 20-26), Titel IV Solidarität (Artikel 27-38), Titel V Bürgerrechte (Artikel 39-50), Titel VI Justizielle Rechte (Artikel 47-50), Titel VII Allgemeine Bestimmungen über die Auslegung und Anwendung der Charta (Artikel 51-54).[13] Wenn die Grundrechte der Wiedervereinigungsverfassung den Geist der Menschenrechtscharta der Europäischen Union übernehmen, werden daher die Grundrechte der Wiedervereinigungsverfassung nicht besonders kontrovers sein.

Insbesondere wird gefordert, dass die Ergänzung der Wirtschaftsverfassung, die in direktem Zusammenhang mit dem politischen Teil der Verfassung steht, sowie die politischen Ideale, die die Wiedervereinigungsverfassung anstrebt, gefordert wird. Mit anderen Worten: Eine vollständige Revision der sozialistischen Planwirtschaft wird unvermeidlich gemacht. Trotz der Wiedervereinigung der beiden Länder muss die Botschaft von

---

12) Chon, Jong-Ik, "Grundrechte-System der Vereinigungsverfassung", Leal Praktikum Nr. 61(2), Legal Association, Februar 2012, S. 152-184.

13) Die Charta besteht aus Präamblel, Titel I Würde des Menschen (Artikel 1 - 55), Titel II Freiheit (Artikel 6 - 19), Titel III Gleichheit (Artikel 20 - 26), Titel IV Solidarität (Artikel 27 - 38), Titel V Bürgerrechte (Artikel 39 - 50), Titel VI Justizielle Rechte (Artikel 47 - 50), Titel VII Allgemeine Bestimmungen über die Auslegung und Anwendung der Charta (Artikel 51 - 54).

Reform und Offenheit klar kommuniziert werden.[14)]

(2) Verfassung als Design des politischen Systems

Wenn wir die Bestandteile der Grundrechteverfassung in der Verfassung als Menschenrechte und Grundrechte verstehen, kann die Verfassung als grundlegende Gestaltung des politischen Systems nun als Grundentwurf der staatlichen Organisation verstanden werden. Die Verfassung jedes Landes implementiert ein einheitliches Wertesystem, das auf den ideologischen Indikatoren basiert, die es gleichzeitig mit der historischen und politischen Situation des Landes wünscht.

Die Verwirklichung des politischen Systems durch die Verfassung kann je nach Aufbau der realen Machtvollkommenheit völlig anders aussehen. Wie auch immer die Einheitsverfassung gestaltet werden mag, sie kann den seit der Verfassungskonstitution der Neuzeit etablierten Rahmen des Prinzips der Gewaltenteilung nicht überschreiten. Das Prinzip der Gewaltenteilung ist heute das Grundprinzip der Verfassungen aller Staaten der Welt zur Machtkontrolle.

Ⅳ. Präambel und Hauptteil in der Verfassung des vereinigten Koreas

1. Präambel der Verfassung: Einführung in die Entstehung des Staates und Grundprinzipien der Verfassung

(1) Frage nach dem Vorhandensein einer Präambel

Es ist auch möglich, dass eine Präambel der Verfassung, die Gegenstand einer Verfassungsdebatte sein kann, in der Wiedervereinigungsverfassung nicht festgelegt wird. In Anbetracht der Besonderheit der Wiedervereinigungsverfassung ist es jedoch wünschenswert, die Ursprünge der Verfassung nach der Wiedervereinigung und die in der Verfassung enthaltenen Grundprinzipien zu erklären. Der Vorschlag sollte jedoch kontroverse oder heterogene Dinge minimieren. Verfassung Präambel

---

14) Sung, Nak−in, Verfassungslehre, 18. Aufl., S. 281−284; Kim, Moon−Hyun, Sozio-ökonomische Ordnung und Eigentumsrechte, Bubwon−sa, 2002.

sollte jedoch kontrovers oder heterogen minimiert werden.

(2) Ursprung der Verfassung

In der Präambel der Verfassung werden der Ursprung und die Grund-prinzipien der Verfassung im Allgemeinen ausgedrückt. Die Präambel der Verfassung der Republik Korea besagt, dass Korea die Traditionen der Provisorischen Regierung der Republik Korea geerbt hat. Die Provisorische Regierung der Republik Korea, die nach der Unabhängigkeitsbewegung vom 1. März entstand, muss die historische Grundlage der Republik Koreas sein, die 1948 gegründet wurde, obwohl sie eine begrenzte, provisorische Regierung war. Das bedeutet, dass die Legitimität der Republik Korea in der Unabhängigkeitsbewegung vom 1. März und der Provisorischen Regierung der Republik Korea begründet ist. In dieser Hinsicht wird es keine Einwände gegen die Schaffung der Wieder-vereinigungsverfassung geben, die auf der Unabhängigkeitsbewegung vom 1. März und der Provisorischen Regierung der Republik Korea sowie auf der Seite des Südens und dem Norden basiert.

In der Verfassung der Volksdemokratischen Republik Korea gibt es keine Präambel, aber es gibt ein Vorwort. Das Vorwort betont die sozialistische Republik, die von Kim Il−sung, dem Führer der Volks-demokratischen Republik Korea, gegründet wurde.

2. Hauptteil der Verfassung: Etablierung der Staatsidentität

(1) Die demokratische und soziale Republik, dle alle Staatsewalt

Die Volkssouveränität ist eine universelle Ideologie und Rechts-grundlage in einer liberalen Demokratie, so dass sie unabhängig von jeglicher Form der Vereinigung ein grundlegender Wert ist.

Die Volkssouveränität ist eine universelle Ideologie und Rechts-grundlage in einer liberalen Demokratie. Sie ist also unabhängig von jeglicher Form der Wiedervereinigung ein grundlegender Wert. Um diese Volkssouveränität zu verwirklichen, ist es wichtig, dass die Verfassung der Republik Korea die demokratische Republik in Artikel 1 der Verfassung reguliert und nicht in einer konstitutionellen Monarchie ausweist. Die bestehende Verfassung der Republik Korea enthält nicht die gleichen Bestimmungen wie die französische Verfassung, die besagt, dass das

Prinzip der demokratischen Republik „nicht Gegenstand einer Änderung der Verfassung ist", aber dieser Grundsatz ist natürlich die Grenze der Verfassungsänderung.

Die Rechtskraft der sozialen Rechte in einem einheitlichen Land muss weiter gestärkt werden und diese Forderung kann durch die weit verbreitete Anwendung der Grundsätze des Sozialstaats erfüllt werden. Daher kann die konstitutionelle Identität des Einheitsstaates nicht nur durch das Prinzip der demokratischen Republik, sondern auch durch das Prinzip der demokratischen und sozialen Republik in der Wiedervereinigungsverfassung gestärkt werden.

(2) Staatsgebiet und Staatsvolk

In Artikel 3 der Verfassung der Republik Korea heißt es: „Das Gebiet der Republik Korea ist das Hoheitsgebiet der koreanischen Halbinsel und ihrer Tochtergesellschaften". Dies ist in der Wiedervereinigungsverfassung immer noch gültig. Diese Bestimmung kann viele Probleme und Kontroversen als Territorialklausel der Republik Korea verursachen, aber sie ist zu offensichtlich als eine territoriale Bestimmung der Wiedervereinigungsverfassung.

Die Bestimmungen des Artikels 2 der Verfassung der Republik Korea, die „die notwendige Voraussetzung für die Nationalität der Staatsbürger von der Republik Korea werden durch das Gesetz bestimmt werden" vorschreibt, sind als nationale Anforderung für Staatsbürgerschaft in der Vereinigungsverfassung nicht besonders problematisch. Das Nationalitätengesetz in der Vereinigungsverfassung sollte jedoch offener sein. Der Umfang der Staatsbürger, also die Menschen, die die Vereinigungsverfassung erlassen, lässt Raum für Kontroversen. Der Umfang der Staatsbürger sollte jedoch die Staatsbürger Nord− und Südkoreas[15] umfassen, einschließlich der Menschen, die vor der Befreiung von von Japans

---

15) In Bezug auf die Erhaltung der Staatsbürgerschaft der nordkoreanischen Bevölkerung kam der Oberste Gerichtshof zu folgendem Schluss: „Eine Person, die als Vater eines nordkoreanischen Staatsangehörigen geboren wurde, erwarb die nordkoreanische Staatsangehörigkeit gemäß den Bestimmungen der Verordnung zur Staatsangehörigkeit des südkoreanischen Übergangsgesetzes Nr. 44 und erhielt gleichzeitig mit der Verkündung der Verfassungsverfassung".

Kolonialherrschaft, also vor der Gründung der Republik Korea, die koreanische Staatsbürgerschaft erworben haben.[16]

In dieser Hinsicht sind die Rechtsprechungen des koreanischen Verfassungsgerichts und des koreanischen Obersten Gerichtshofs vertretbar. Darüber hinaus reagierte die Verabschiedung der elterlichen Erblichkeit in Übereinstimmung mit dem Präzedenzfall des Verfassungsgerichts, der auf die Verfassungsmäßigkeit der paternalistischen Abstammungslinie im Hinblick auf die Umsetzung der Gleichstellung der Geschlechter und die aktive Bewältigung der multikulturellen Gesellschaft hinwies, ebenfalls auf die Zeiten.[17]

(3) Die gemeinsame Verfassung für vereinigtes Korea und Staatsidentität

Was muss in der Verfassung vorgeschrieben sein, im Zusammenhang mit der nationalen Identität umfassen die von Nationalsprache, Nationalsprache, Nationalflagge, Nationalhymne und Hauptstadt.[18] Unsere Verfassung erwähnt nichts dergleichen seit der ersten Verfassungsgebung.

Dies ist etwas außergewöhnlich im Vergleich zu ausländischen Verfassungen. Es ist nicht ungewöhnlich, dass ein Land diesen wichtigen, verfassungsrechtlichen Inhalt in der Verfassung vorschreibt, aber es ist eher üblich, Vorschriften über das Verfassungsgesetz zu erlassen, die bestimmte Fragen in der Verfassung festlegen oder nicht. In dieser Hinsicht sollte die Wiedervereinigungsverfassung Bestimmungen einführen, die die nationale

---

16) Entscheidung des koreanischen Verfassungsgerichts 2001.11.29. Bestätigung der Verfassungsmäßigkeit von Artikel 2 (2) des Gesetzes über die Einwanderung und den Rechtsstatus von Koreanern in Übersee (Unvereinbarerklärung, vorläufige Anwendung) Das Staatsangehörigkeitsgesetz wurde durch diesen Beschluss geändert.

17) Paternalismus ist verfassungswidrig. Ergänzende Bestimmungen des neuen Staatsangehörigkeitsgesetzes Die Verfassung des neuen Staatsangehörigkeitsgesetzes, § 7 (1) des neuen Staatsangehörigkeitsgesetzes, die eine Übergangsbestimmung für Kinder von koreanischen Müttern ist, die keine koreanische Staatsangehörigkeit erlangen konnten, weil ihr Vater nach dem alten Recht ein Ausländer war, (Artikel 2, Absatz 1, Punkt 1 des Staatsangehörigkeitsgesetzes) (Unvereinbarerklärung, vorläufige Anwendung).

18) Zum Beispiel in der französischen Verfassung, die Flagge, Nationalhymne,, Muttersprache, werden im Hauptteil der Verfassung geschrieben. Insbesondere in Bezug auf die Kapitalverlagerung hat das Verfassungsgericht entschieden, dass die Hauptstadt Seoul als eine übliche Verfassung ist (Verfassungskonformität der Verfassung des Sondergesetzes für den Bau eines neuen Verwaltungskapitals, (Verfassungsverstoss), 2004.10.21.).

Identität repräsentieren.[19] In der Verfassung der Demokratischen Volks-
republik Korea werden in „Kapitel 7 Staatssymbole, Flagge, Staat und
Hauptstadt" diese relevanten Punkte spezifiziert.

V. Staatsform und politsches System in der Verfassung des vereinigten Koreas

1. Organisationsprinzip der Verfassung des vereinigten Koreas

Als grundlegendes organisatorisches Prinzip des Einheitsstaates sollten
die Prinzipien der Repräsentation und der Gewaltenteilung in der
Vereinigungsverfassung auf der Grundlage des Prinzips der Volks-
souveränität definiert werden, das das Grundprinzip des modernen
Konstitutionalismus ist. Basierend auf diesen Prinzipien der Staats-
organisation sollten die politischen und staatlichen Formen festgelegt
werden. In Anbetracht der Tatsache, dass die Form der Regierung auf der
Grundlage der Staatsform bestimmt wird, kann die Regierungsform als
eine Reflexion der Verkörperung der Staatsform angesehen werden.

2. Staatsform in der Verfassung des vereinigten Koreas

(1) Richtung der Diskussion über die Staatsform

Es gibt einige klare und unklare Punkte bezüglich der Staatsform der
Vereinigungsverfassung. Mit anderen Worten, der vereinigte Staat kann
nur die Republik sein, was die Unterscheidung zwischen der Monarchie
und der Republik, gemäss den klassischen Kriterien der Staatsform,
betrifft. Die Annahme der konstitutionellen Monarchie ist unmöglich und
unrealistisch, weil die beiden Koreas bereits die Form einer Republik
haben.

Nur der einzelne Staat, der Bundesstaat und der Staatenbund können als
Organisationsprinzip der Republik diskutiert werden. Insbesondere kann
das Spektrum der Diskussion davon abhängen, ob ein Staat, zwei Regime

---

19) Sung, Nak—in, "Verfassung und nationale Identität", Seoul National Universität Rechts-
   wissenschaft Bd. 52, Aus. 1 (Circular 158), S. 101—128;

oder ein Staat gegründet werden soll. Die systematische Abgrenzung von liberaler Demokratie und Autoritarismus hat die Vorherrschaft des liberalen demokratischen Systems seit der zweiten Hälfte des 20. Jahrhunderts bewiesen. Daher sollte sich der Diskussionsprozess darauf konzentrieren, inwieweit das nordkoreanische System als liberale Demokratie angegangen werden kann.[20] Diese Diskussionen führen zu der Frage nach der Möglichkeit eines Erfolgs vom System, das aus ein Staat, zwei Regime besteht, der beiden Systeme und deren Grenzen in der vereinheitlichten Verfassung.

(2) Auswahl zwischen Einheitsstaat, Bundesstaat und Föderationsstaat

Der Süden und der Norden nehmen beide eine Staatsform als einheitliche nationale Staatsform an. Es ist schwierig, eine Geschichte der Annahme einer föderalen Form auf der koreanischen Halbinsel zu finden. In dieser Hinsicht ist die Logik der Aufrechterhaltung einer einheitlichen nationalen Staatsform nach der Vereinigung überzeugend. Die Teilungsperiode ist jedoch zu lang. Die Spaltungen offenbaren so viele Lücken in allen Bereichen von Politik, Wirtschaft, Gesellschaft und Kultur. Daher wird der Föderalismus sorgfältig als ein Weg betrachtet, um sie vernünftig zu überwinden.[21]

3. Regierungsform in der Verfassung des vereinigten Koreas

(1) Grundlagen

Die Regierungsform unter der Vereinigungsverfassung sollte eine Regierungsform sein, die den Einheitsstaat effizient betreiben und gleichzeitig die Heterogenität zwischen den beiden Koreas überwinden kann. Es ist jedoch schwierig, eine Schlussfolgerung darüber zu ziehen, welche Art

---

20) Sung, Nak—in, Verfassungsgesetz von Frankreich, Bubmun—sa 1995, S. 7–30; Auswahl verfassungsrechtlicher AbhandlungenVerfassungsrevision, S. 168–185.
21) Choi, Yang—geun, Schrittweise Studie zur Verfassung der Vereinigung der Union, Zukunft und Vision des koreanischen Volkes, Sunin, 2011.

von Regierung durch die Zusammenfassung und die starke Diskussion vorzuziehen ist.[22]

(2) Parlamentarisches Regierungssystem

Zunächst müssen wir uns das deutsche parlamentarische Regierungs-system ansehen. Im Allgemeinen wird das parlamentarische Regierungs-system wahrscheinlich zu einer schwachen Regierung, so dass es nicht stabilisiert werden kann und keine starke Regierung sein kann. Aber das Beispiel Westdeutschlands ist völlig anders. Obwohl Westdeutschland nach dem Prinzip der Rationalisierung des parlamentarischen Systems, das nach dem Zweiten Weltkrieg die dominierende Theorie in Europa ist, das konstruktive Misstrauensvotum eingeführt hat, behält es im Wesentlichen den Rahmen des Kabinettsystems bei. Westdeutschland hat durch das sogenannte "Rheinwunder" nach dem Zweiten Weltkrieg den Grundstein für die Wirtschaftskraft gelegt. Auf dieser Grundlage wurde die Ostpolitik nach der Verleihung von Brandt beschleunigt.Damit hat Westdeutschland endlich eine Vereinigung erreicht. Der Bundeskanzler Kohl, der die Wiedervereinigung erreichte, rationalisierte den Prozess der Wieder-vereinigung durch langfristige Macht für mehr als 10 Jahre. Die konservative Regierung war eine Koalitionsregierung, aber sie baute politische Stabilität auf. Natürlich, auch wenn es schwierig ist, das deutsche parlamentische Regierungssystem als Regierungsform des Vereinigten Staates zu akzeptieren, da das politische Umfeld von Westdeutschland von dem von Korea unterscheidet. Trotzdem scheint die Kritik, dass es keine wünschenswerte Regierungsform der Vereinigungsverfassung ist, nicht angemessen, weil es zumindest das Kabinettssystem ist.

Wenn der Präsident und der Premierminister in Südkorea und in Nordkorea in Wirklichkeit in Bezug auf das Funktionieren des Kabinetts-systems unter der Vereinigungsverfassung voneinander getrennt sind, wird kritisiert, dass das Doppelkabinettsystem gezwungen sein wird, als eine andere Form von dem System bipolarer Exekutvie, zu operieren. In den politischen Realitäten der Zeit der Zweiten Republik von Südkorea, als der Leiter der Ersten Fraktion in der regierenden Demokratischen Partei

---

22) Sung, Nak−in, "Eine Studie über die Machtstruktur der Vereinigungsverfassung", Journal of Public Law, Bd. 36, Nr. 1, Korean Public Law Association, 2007.10, S. 453−490.

zum Premierminister kam und der Leiter der Zweiten Fraktion der Präsident wurde, war der Präsident nich mehr eine formelle Staatsoberhaupt. Er übt seine politische Autorität in der zweiten Position und aus.

Wenn Südkorea und Nordkorea das Kabinettssystem übernehmen, ist es sehr wahrscheinlich, dass ähnliche Probleme auftreten werden.[23)]

(3) Präsidentielles Regierungssystem

Oft dominiert das präsidentielle Regierungssystem als Regierungsform der vereinigten Verfassung, weil der Präsident eine starke Führung ausüben kann. Das Präsidialsystem hat den Vorteil, eine effizientere Regierung aufbauen zu können, weil die Regierung mit dem Präsidenten als Gipfel integriert ist. Darüber hinaus gibt es viele Diskussionen über die Änderung des Präsidial— und Premierministersystems in der bestehenden Südkoreanischen Verfassung, um das US—Präsidentensystem zu beanspruchen. Hinter dieser Diskussion steht das Argument, dass wenn man den Präsidenten aus dem Süden nimmt, es eine wichtige Option ist, einen Vizepräsidenten im Norden zu haben. Es scheint, dass der Grund für das Argument ist, dass, wenn der Präsident aus dem Süden genommen wird, der Vizepräsident im Norden kein Plan ist. In den Vereinigten Staaten gab es jedoch Kontroversen über den Status und die Autorität des Vizepräsidenten, und in den Vereinigten Staaten wird kritisiert, dass der tatsächlie Vizepräsident der Außenminister ist.

(4) System bipolarer Exekutvie (semipräsidentielles Regierungssystem)

Es ist überzeugend zu argumentieren, dass es möglich wäre, die Macht zwischen den beiden Koreas durch die Rolle des Präsidenten und des

---

23) In der zweiten Republik übernahm Yoon Bo—seon, der Leiter der alte Fraktion, der gegenüber der Sinpa eine Minderheit war, das Amt. Er ernannte jedoch unerwartet, Kim Do‐yeon aus der alten Fraktion, zum Premierminister. Aufgrund mangelnder Zahlen wurde diese Bezeichnung jedoch von der Nationalversammlung abgelehnt. Also nannte er widerwillig Jang, Myon, den Chef der neuen Fraktion, als Premierminister. Eine Studie über die Konfliktstruktur der Demokratischen Partei der Zweiten Republik wurde von Baek Young—chul, "Politik des Parlaments in der Zweiten Republik: Konzentration auf den Prozess der Konfliktlösung", Kim, Soo—Jin, "Politik der Parteien und Politik der DVRK", Baek Yong Cheol, 2. Abgeordnete und Koreanische Demokratie, Na Nam, 1996, S. 128—135.

Premierministers zu verteilen. Es wird jedoch kritisiert, dass der Konflikt zwischen dem Präsidenten und dem Premierminister im Hinblick auf die Aufteilung der Befugnisse des Premierministers und des Premierministers entstehen wird, Aus dieser Sicht sollte die Frage der Diplomatie, der Verteidigung und der Wiedervereinigung nach der französische Theorie von domaine reservé grundsätzlich vom Präsidenten geleitet werden, und die innenpolitischen Fragen sollten vom Kabinett geleitet werden, dessen Mittelpunkt der Premierminister ist.[24]

Ich denke, wir haben die verfassungsmäßige Exekutivmachtsstruktur in Übereinstimmung mit dem System des Präsidenten und des Premierministers seit über 60 Jahren entworfen. Es gibt Aspekte, dass Regierungssystem von der Volksdemokratische Republik Korea in gewissem Maße mit unserem System übereinstimmt, dass der Premierminister unter der Führung des Spitzenführers oder des Vorsitzenden der Nationalen Verteidigungskommission gegründet wurde. In dieser Hinsicht sollte die Struktur der Exekutive auf der Annahme des Präsidialsystems oder der Annahme des Regierungssystem von der zweigeteilten Exekutive basieren. Der plötzliche Wechsel des Systems wird ein Test für das neue politische System sein.

(5) Institutionalisierung und Realisierung der Machtteilung zwischen den beiden

In den frühen Phasen der innerkoreanischen Konföderation oder Süd−Nord Union erscheint es wünschenswert, ein Modell zu haben, in dem der Süden und der Norden gleichzeitig an der Exekutive, der Regierung, teilnehmen können. Es bedeutet, dass zumindest die Beteiligung einer Gruppe oder einer politischen Partei, die den Süden und den Norden in der Zusammensetzung der Exekutive repräsentieren kann, gewährleistet sein muss, auch wenn das Regierungssystem der zweigeteilten Exekutive den Untertitel verwendet.

Auf lange Sicht kön Nachdem die Heterogenität des Südens und des Nordens auf lange Sicht überwunden wurde, wird es als wünschenswert

---

24) Sung, Nak−in "Die Realität und Perspektive der Untertitel von Frankreich", Constitutional Studies 4−2, 1998, S. 148−187; Auswahl verfassungsrechtlicher AbhandlungenVerfassungsrevision, 2018.

angesehen, ein Modell auf Kabinettsystem einzuführen, das in eine enge Regierung aufgeteilt ist, die aus dem Präsidenten, dem Symbol der Nation, und dem für die Verwaltung zuständigen Premierminister besteht.

VI. Die konkrete Form des politischen Systems in der Verfassung des vereinigten Koreas

1. Regierung

(1) (Bundes)präsident

Auch wenn das semipräsidentielle Modell nicht als Modell der Exekutive für das vereinte Korea übernommen wird, erscheint die Direktwahl des Präsidenten als unumgängliche Lösung, da die Autorität des Präsidenten als Staatsoberhaupt und politischer Vermittler des vereinigten Koreas etabliert werden muss. Da er als von der Öffentlichkeit legitimiertes Staatsoberhaupt dienen soll, erscheint es sinnvoll, dass das neue Modell der Regierung auch dem Amt des Präsidenten eine gewisse Exekutivgewalt zuweist. In diesem Fall sollte das Amt des Präsidenten sowohl den symbolischen, formalen und zeremoniellen Status und die Macht erhalten, die ihm im parlamentarischen Kabinettssystem verliehen werden, als auch die führende Rolle auf dem Gebiet der Diplomatie und Sicherheit bekleiden. Angelegenheiten des Inneren sollten dann dem Kabinett überlassen werden, das vom Premierminister geleitet wird. Für den Fall, dass sich der Konflikt zwischen dem Parlament und dem Kabinett verschärft, könnte das Amt des Präsidenten die Rolle der Schiedsinstanz (pouvoir d'arbitrage) übernehmen, indem in sein Mandat die Befugnis eingebunden wird, die Auflösung des Parlaments in das Präsidium zu fordern. In diesem Fall sollte die Auflösung des Parlaments eine tatsächliche Macht des Präsidenten sein, und nicht die Ausübung der gleichen Macht im parlamentarischen Kabinettssystem.

Mit der am 2. Mai 1990 nach der Vereinigung des Jemen ratifizierten Einheitsverfassung des Jemen wurde mit dem Präsidialrat eine Sonderorganisation als oberstes Entscheidungsorgan des Landes während der 2,5−jährigen Übergangszeit eingesetzt. Der Präsidialrat bestand aus fünf Mitgliedern, drei aus dem Nord− und zwei aus dem Südjemen, wobei der Präsident den Vorsitz führte und der Vizepräsident den Vize – Vorsitz. Der Präsident der Republik wurde vom Nordjemen gewählt, während der Vizepräsident der Republik vom Südjemen gewählt wurde. Der Präsidialrat hatte die Befugnis, 39 Kabinettsmitglieder zu ernennen, darunter den Premierminister. Der Präsident des Südjemen wurde zum Premierminister ernannt. 20 von 39 Kabinettsmitgliedern stammten aus dem Nordjemen, während 19 aus dem Südjemen stammten. So erzieltendie beiden Regierungen des Süd – und Nordjemens durch die Zuteilung der politischen Macht der neuen Republik entsprechend der komparativen Stärken der beiden Länder eine Einigung.

Trotz der Vereinigung brach jedoch nur 4 Jahre später ein Bürgerkrieg aus, der mit der Eroberung des Südjemen durch den Nordjemen endete. In der überarbeiteten Verfassung stand nun der Posten des Präsidenten, der mit Empfehlung des Parlaments direkt vom Volk gewählt wurde, und nicht das bisherige System der Wahl des Präsidenten durch das Parlament.

(2) Vizepräsident oder Premierminister

1) Premierminister

Das Kabinett muss mit dem Premierminister im Zentrum betrieben werden. So haben die inneren Angelegenheiten in den ersten Tagen der Vereinigung das Potenzial, erhebliche innerkoreanische Konflikte zu verursachen. Diese Konflikte sollten nicht durch die direkte Beteiligung des Präsidenten als Staatsoberhaupt gelöst werden: Der Präsident sollte die Schiedsgerichtsbarkeit ausüben, während das Kabinett und der Premierminister an der Lösung solcher Probleme arbeiten.

Das um den Premierminister angeordnete Kabinettsmodell muss dem Parlament gegenüber verantwortlich zeichnen. Der Premierminister muss daher mit Zustimmung des Parlaments ernannt werden und sich während der Amtszeit gegebenenfalls einem Misstrauensvotum des Parlaments stellen.

Das Argument für den Premierminister soll es ihm ermöglichen, die Verantwortung für die Regierungsführung zu übernehmen, insbesondere, indem er den Premierminister auffordert, nicht nur gegenüber dem Präsidenten, sondern auch gegenüber dem Parlament Verantwortung zu übernehmen und damit einen Verantwortungsbereich zu schaffen, der auf dem doppelten Vertrauen des Präsidenten und der Parlamentsmehrheit basiert.

In diesem Fall sollte das Amt des Präsidenten und des Premier-
ministers zwischen Süd— und Nordkorea aufgeteilt werden. Auf diese
Weise gelingt eine realistische Aufteilung der politischen Macht in zwei
Teile, sodass die beiden Ämter den Süden ebenso wie den Norden
vertreten können. Die Aufgabe, das Gleichgewicht der Exekutivgewalt
zwischen dem Präsidenten und dem Premierminister zu erreichen, wird
sich jedoch zweifellos schwierig gestalten.

2) Vizepräsident

Die Einführung des Amtes des Vizepräsidenten könnte auf vielfältige
Weise in Betracht gezogen werden. Nach Vorbild der Vereinigten Staaten
könnte der Vizepräsident der Mitkandidat des Präsidenten sein, oder
sowohl der Präsident als auch der Vizepräsident könnten separat vom
Parlament (entsprechend der ersten Verfassung der Republik Korea) oder
dem Volk gewählt werden, wie durch die Erste Republik Korea. Die
letztgenannte Option der Ersten Republik Korea kann die politische
Bedeutung sowohl des Amtes des Präsidenten als auch des Vizepräsiden-
ten auf Grundlage der Legitimierung durch die Öffentlichkeit tragen. Dies
ist allerdings in der vergleichenden Analyse ein sehr seltener Fall, der
Probleme der systematischen Legitimierung der Macht durch die Ko-
existenz zweier von der Öffentlichkeit legitimierter Positionen innerhalb
der Exekutive aufwerfen kann.

Daher ist der sicherste Weg bei der Einführung des Amtes des
Vizepräsidenten wahrscheinlich das System des Mitkandidaten. Für das Amt
des Präsidenten und des Vizepräsidenten sollten in diesem Fall jedoch
sowohl Süd— als auch Nordkoreaner kandidieren, d. h. entweder als
südkoreanischer Präsidentschaftskandidat und nordkoreanischer Vizepräsident-
schaftskandidat, oder als nordkoreanischer Präsidentschaftskandidat und
südkoreanischer Vizepräsidentschaftskandidat. Realistisch gesehen können die
enormen Unterschiede in der Bevölkerung zwischen Süd— und Nord-
korea dazu führen, dass alle Parteien oder politischen Gruppen den süd-
koreanischen Präsidentschaftskandidaten mit dem nordkoreanischen Vize-
kandidaten unterstützen.

Die Einführung des Amtes des Vizepräsidenten bringt jedoch die
mögliche Kontroverse über die Rolle und die Funktion des genannten
Amtes mit sich. Wenn die Einführung des Amtes des Vizepräsidenten

allerdings einfach nach dem Vorbild der Vereinigten Staaten erfolgt, stellt dies den praktischen Wert und die Rechtfertigung des Amtes des Vizepräsidenten in Frage.

3) Koexistenz von Vizepräsident und Premierminister

Die Erste Verfassung Koreas von 1948 führte die beiden Ämter des Vizepräsidenten und des Premierministers gemeinsam ein. Diese Art der Koexistenz von Präsident, Vizepräsident und Premierminister ist vergleichsweise selten; die Einführung dieses Modells in der Ersten Republik Korea war wahrscheinlich das Ergebnis der Überlegungen zur Einzigartigkeit der Situation.

Ein solches Modell könnte sich für die Vereinigung Koreas als wertvoll erweisen - und sei es auch nur für die Wahl einer Regierung, die sowohl Süd— alsauch Nordkorea vertritt. Realistisch gesehen werden die erheblichen Unterschiede in Bevölkerung und Wirtschaftskraft zwischen Süd— und Nordkorea höchstwahrscheinlich dazu führen, dass das Amt des Präsidenten durch Südkorea besetzt wird, wobei vermutlich das Amt des Vizepräsidenten oder des Premierministers einem Nordkoreaner zugewiesen wird - unabhängig davon, ob die Regierung ein semipräsidentielles oder ein präsidentielles System ist. Wenn es sich bei der Regierung um eine semipräsidentielle Regierung handelt, können Einige Bedenken dahingehend äußern, dass der nordkoreanische Premierminister sich mit den Angelegenheiten des Innenministeriums befasst. Dies könnte sie motivieren, das Amt des Vizepräsidenten Nordkorea und das des Präsidenten und des Premierministers Südkorea zu übertragen. Unabhängig davon, was passiert, erfordern die potenziellen Überschneidungen zwischen den Exekutivbefugnissen des Premierministers und des Präsidenten (Vizepräsidenten) jedoch, dass beide Parteien reziprok und mit gegenseitigem Respekt handeln.

2. Überwindung des Nord— und Südordens durch das Zweikammersystem

(1) Eignung des Zweikammersystems

Es ist davon auszugehen, dass das Zweikammersystem sich besser als das Einkammersystem eignet, um die Unterschiede zwischen Süd— und Nordkorea in der Einigungsverfassung zu überwinden. Vorstellbar wären also ein durch die regionalen Repräsentanten gewähltes Oberhaus und ein durch die Volksvertretung gewähltes Unterhaus.

In einem solchen Fall wäre im Unterhaus aufgrund der unterschiedlichen Bevölkerungszahlen zweifellos Südkorea stärker vertreten, wobei das Oberhaus die Konflikte zwischen der Regional— und der Zentralregierung ausgleichen, die Dominanz Südkoreas im Unterhaus mildern und damit den Weg für die Integration der beiden Koreas ebnen könnte.

Die andere Option schlägt ein vorläufig die „Große Nationalversammlung Koreas" genanntes Einkammersystem vor, in dem pro 200.000 Menschen in Südkorea bzw. pro 100.000 Menschen in Nordkorea jeweils ein Repräsentant vertreten ist.

1) Die Kammern als Oberhaus und Unterhaus

Die Republik Korea wurde im Laufe ihrer Geschichte vor allem durch eine Einkammergesetzgebung geprägt. Obwohl das Zweikammersystem 1952 durch eine Verfassungsänderung verabschiedet wurde, kam die Bildung des Oberhauses nie über das Dokument selbst hinaus. Erst die Zweite Republik Korea führte ein echtes Zweikammersystem ein.

Aber die erheblichen Unterschiede zwischen Süd— und Nordkorea in vielen Bereichen - insbesondere hinsichtlich der Bevölkerungszahlen - stellen für die Legislatur eines Einkammersystems ernstzunehmende Barrieren bei der Überwindung von Kontrasten dar. Daher muss die Legislative des vereinigten Koreas ein Zweikammersystem sein.

2) Gleichheit des Zweikammers

Im Allgemeinen nimmt das Unterhaus, das entsprechend dem Anteil der Bevölkerung gewählt wird, eine bedeutende Stellung im Zweikammersystem ein (wie in Frankreich und Deutschland). Angesichts der Besonderheit der Föderation und der Vereinigung geteilter Nationen ist dies jedoch nicht unbedingt erforderlich. So hat beispielsweise in den Vereinigten Staaten der Senat, der die Distrikte vertritt, eine herausragende Position inne.

Daher wäre es wünschenswert, ein Zweikammersystem im vereinten Korea zu verwirklichen, das sich aus dem Unterhaus - entsprechend dem Bevölkerungsanteil - und dem Oberhaus, das die Bezirke vertritt, zusammensetzt. Insbesondere in Hinblick auf die Besonderheiten wie z. B. das

frühe Stadium der Vereinigung, könnte es eine Lösung sein, das Ober-
haus, das die Bezirke vertritt, als Senat zu behandeln und ihm eine
substantiell herausragende Stellung wie dem Bundeskongress in den
Vereinigten Staaten zuzuweisen.

(2) Kammer als Unterhaus

Das Unterhaus setzt sich aus Vertretern zusammen, die bei allgemeinen,
gleichberechtigten, direkten und geheimen Wahlen entsprechend der
allgemeinen Grundsätze der Organisation der Nationalversammlung in
freien demokratischen Ländern gewählt werden.

Im Rahmen der Neuorganisation der Mitgliederstruktur der National-
versammlung reduzierte das Verfassungsgericht das Verhältnis für die
Bevölkerungsabweichung von 1:4 auf 1:3 und dann auf 1:2, um den Anteil
der Bevölkerung bei der Wahl von Mitgliedern für die Nationalversammlung
widerzuspiegeln.[25] Angesichts der Tatsache, dass die Bevölkerung Süd-
koreas etwa doppelt so groß ist wie die Nordkoreas, ist es fraglich, ob die
Bevölkerungsabweichung von 1:2 beibehalten werden kann.

Es wäre unvermeidlich, die bestehende relative Mehrheitsvertretung bei
der Wahl der Mitglieder des Unterhauses vollständig umzusetzen. Derzeit
findet bei der Wahl der Mitglieder der Nationalversammlung die relative
Mehrheitswahl für Einzelwahlkreise und die Verhältniswahl für nationale
Wahlkreise Anwendung. Angesichts der Tatsache, dass sich das Oberhaus
konstituieren würde, wäre es jedoch wünschenswert, die relative Mehrheits-
vertretung für Einzelwahlkreise zu übernehmen. So könnte man dem
Problem der Unterrepräsentation Nordkoreas, dessen Bevölkerung nur die
Hälfte der Bevölkerung Südkoreas beträgt, begegnen.

---

25) Die Entscheidung des koreanischen Verfassungsgerichts über die Verfassungsmäßigkeit
des Gesetzes über die öffentliche Wahl Tabelle 1 über den Wahlkreis für den
Abgeordnete in der Nationalversammlung (unbegründet) 1995.12.27.; Die Entscheidung
des koreanischen Verfassungsgerichts über die Verfassungsmäßigkeit des Gesetzes über die
öffentliche Wahl Tabelle 1 über den Wahlkreis für den Abgeordnete in der National-
versammlung 2001. 10.25. (Unvereinbarerklärung); Die Entscheidung des koreanischen
Verfassungsgerichts über die Verfassungsmäßigkeit § 25, (2) des Gesetzes über die
öffentliche Wahl Tabelle 1 2014.10.30.(unangenomen, Unvereinbarerklärung, vorläufige
Anwendung).

(3) Kammer als Oberhaus

Die Mitglieder des Oberhauses werden wie die Mitglieder des Unterhauses grundsätzlich in allgemeinen, gleichberechtigten, direkten und geheimen Wahlen gewählt. Da das Unterhaus jedoch die relative Mehrheit für Einzelwahlkreise umsetzt, sollte das Oberhaus das Verhältniswahlsystem für Wahlkreise, die jeweils mehrere Abgeordnete entsenden, etablieren.

Zudem sollte entschieden werden, ob die Wahl der Mitglieder des Oberhauses dem Verhältniswahlsystem nach Regionen oder für den Bezirk folgt. Zunächst könnte ein Plan zur Wahl der gleichen Anzahl von Mitgliedern in zwei Distrikten im Verhältniswahlsystem für den Distrikt aufgestellt werden, wie er in den Vereinigten Staaten Verwendung findet, wo zwei Mitglieder pro Distrikt gewählt werden. In diesem Plan würden Nordkorea bzw. Südkorea jeweils durch die gleiche Anzahl von Mitgliedern vertreten.

Der andere Plan würde die Umsetzung der Verhältniswahl nach Regionen durch Unterteilung der einzelnen Distrikte beinhalten, wobei die Zahl der Mitglieder Südkoreas die der Mitglieder Nordkoreas deutlich übersteigen würde, da hierbei eine Verteilung entsprechend dem Bevölkerungsanteil vorgenommen würde. Langfristig wäre es daher ratsam, nach der Vereinigung des Volkes das Verhältniswahlsystem nach Regionen einzuführen.

Eine andere Option wäre die Bildung des Oberhauses durch indirekte Wahlen mit Schwerpunkt auf den Vertretern der lokalen Regierungsbehörden, wie es in Frankreich und Deutschland der Fall ist. Hierbei würde sich jedoch aufgrund der schwachen nationalen Begründbarkeit eine Realisierung der Gleichheit des Zweikammersystems schwierig gestalten.

3. Die rechtsprechende Gewalt

(1) Prinzipielle Einführung von Monismus der rechtsprechenden Gewalt

Im Zusammenhang mit der Organisation von Gerichten können sich viele Fragen wie z. B. nach der Qualifikation von Rechtsanwälten usw. stellen.

In diesem Kontext hat sich Ansicht etabliert, dass Zivilgerichte,

Handelsgerichte, Arbeitsgerichte, Verwaltungsgerichte usw. unabhängig voneinander auf Staatsebene und das Verfassungsgericht als oberstes Gericht einzurichten seien. Hierbei wird auf das Justizsystem der Bundesrepublik Deutschland Bezug genommen, wo allerdings in jedem Bezirk neben den Bundesgerichten auch eigene Gerichte existieren. Daher ist es fraglich, ob das vereinte Korea dieses Modell übernehmen wird.

(2) Kontrolle der politischen Macht durch das Verfassungsgericht

Dem Verfassungsgerichtshof kommt nicht nur eine Rolle als Gerichtsstand, sondern auch als politische Gerichtsbarkeit zu. Es kann als oberstes Gericht untergeordnete Gerichte einrichten. Es wäre wünschenswert, dass das Verfassungsgericht neben der Entscheidung über die Verfassungsmäßigkeit von Gesetzen, Entscheidungen über Verfassungsbeschwerden, über die Auflösung verfassungswidriger politischer Parteien, über Amtsenthebungsverfahren und über die Zuständigkeit bei Rechtsstreitigkeiten auch die Zuständigkeit für die Präsidentschaftswahl und die Wahl von Mitgliedern von Ober− und Unterhaus übernähme.

Sobald Südkorea und Nordkorea vereint sind, können nicht nur innerkoreanische Fragen, sondern auch viele interne Fragen zu politischen Themen werden. Es wäre wünschenswert, wenn eine spezielle Justizbehörde wie das Verfassungsgericht diese Fragen bearbeiten würde, da dies für andere Gerichte eine kaum zu bewältigende Belastung darstellen würde.

4. Regionen und kommunale Selbstverwaltung

(1) Zwei Regionen: Süden und Norden

Es wäre möglich, einen Bezirk, der die Föderation bildet, als einen diversifizierten Bezirk zu betrachten. Es wäre jedoch ausreichend, als Grundannahme festzulegen, dass die Föderation aus zwei Distrikten besteht, wie z. B. Nord und Süd. In diesem Fall würden die Bezirke in der frühen Phase der Vereinigung sehr wichtige politische und administrative Rollen und Funktionen übernehmen. Nach Abschluss der Vereinigung würde wie in vielen modernen Nationen die Zentralregierung die genannten Rollen und Funktionen übernehmen.

Sobald die Macht wie oben ausgeführt zwischen dem Präsidenten und dem Premierminister der Zentralregierung geteilt wird, bedeutet dies die Etablierung der horizontalen Gewaltenteilung. Andererseits bedeutet die Aufteilung der Macht zwischen der Zentralregierung und den lokalen Regierungen eher eine Gewaltenteilung als die vertikale Gewaltenteilung durch die traditionelle lokale Autonomie. In dieser Hinsicht sind die inneren Angelegenheiten durch die lokalen Regierungen und das Kabinett mit Blick auf den Premierminister zu dualisieren. In der frühen Phase der Wiedervereinigung würden die inneren Angelegenheiten von den lokalen Regierungen geregelt. Im Zuge des Abschlusses der Vereinigung wäre es jedoch unvermeidlich, dass die inneren Angelegenheiten hauptsächlich vom Kabinett geregelt werden.

(2) Kommunale Selbstverwaltung als Infrastruktur der Region

Die Unvertrautheit mit dem Staat kann durch eine Realisierung der Demokratie „von unten" minimiert werden. Mit anderen Worten: Ein Konflikt, soll ‾ anders als politisch sensible Vorkommnisse ‾ so klein wie möglich gehalten werden, indem die Demokratie von unten durch lokale Autonomie realisiert wird. Hierfür scheint es unvermeidlich, die bestehenden lokalen Verwaltungsorganisationen Nord‾ und Südkoreas bis zu einem gewissen Grad zu akzeptieren. Selbst wenn das System der lokalen Autonomie umgesetzt würde, wäre es möglich, den Rahmen der bestehenden lokalen Verwaltungsorganisationen Nord‾ und Südkoreas zu erhalten und bis zu einem gewissen Grad zu reorganisieren, es sei denn, sie werden vollständig umstrukturiert, wie es Südkorea derzeit plant. Sollte eine vollständige Umstrukturierung in eine bestimmte Richtung vorgenommen werden, können neue Veränderungen entstehen. Nordkorea verfügt ebenso wie Südkorea über ein dreistufiges Verwaltungsorganisationssystem, d. h., Nordkorea ist aufgeteilt in die zentrale Metropolregion/do und si, gun und gu. Im Zuge der Entwicklung der Informationsgesellschaft kann jedoch auch das regionale Verwaltungssystem einer sorgfältigen Prüfung unterzogen werden.

Sofern die lokale Autonomie für die Globalisierung von wesentlicher Bedeutung ist, sollten die lokalen Regierungen hinsichtlich der lokalen Verwaltungsorganisation zusammenarbeiten.

Ⅶ. Schluss

Erstens soll die Vereinigungsverfassung auf den Prinzipien der Verfassungen des modernen Konstitutionalismus bis hin zu denen der modernen Sozialstaaten beruhen‐und zwar insofern, als dass sich die Vereinigungsverfassung auf universelle Werte stützt und die Verfassungsgesetze des Konstitutionalismus respektiert.

Zweitens soll die Vereinigungsverfassung nicht nur universelle Verfassungswerte in ihrem vollständigen Text und ihren allgemeinen Bestimmungen enthalten, sondern auch die nationale Identität als einzige Regierung in Korea garantieren. Insofern wird die Vereinigungsverfassung zum Grundgesetz des Staates, das nicht nur Rechtmäßigkeit, sondern auch Legitimität garantiert.

Drittens kann „1 Nation, 2 Systeme" im Idealfall im Prozess der Vereinigung realisierbar sein. Daher ist es unvermeidlich, letztendlich ein Land nach dem Prinzip der liberalen Demokratie zu entwickeln. Die liberale Demokratie soll jedoch die Demokratie des Volkes nicht ausschließen, sondern einbeziehen.

Viertens wäre es unvermeidlich, die Machtstruktur für eine Weile zu dualisieren, um das Machtmonopol durch Überwindung der Einschränkungen des präsidialen Systems und einer einheitlichen parlamentarischen Regierung zu minimieren. So wäre es möglich, politische Konflikte durch die Harmonisierung unterschiedlicher Machtstrukturen zwischen Nord− und Südkorea mittels der Entwicklung eines semipräsidialen Systems auf ein Minimum zu reduzieren. In einem solchen Fall wäre die Macht zwischen dem Präsidenten (und gegebenenfalls dem Vizepräsidenten) und dem Premierminister geteilt. Das Parlament setzt sich zusammen aus dem Unterhaus‐entsprechend der Bevölkerungszahl‐und dem Oberhaus, das die verschiedenen Bezirke vertritt. Die Judikative besteht aus den für allgemeine Zivil− und Strafverfahren zuständigen Gerichten sowie dem Verfassungsgericht, das über politische Zuständigkeit entscheidet.

[Resume]

Issues of Integrating the Consitutional System of Two Koreas

(Die Aufgabe der Integration des Verfassungssystems bei der

Wiedervereinigung der koreanischen Halbinsel)

The reunification of South and North Korea could happen suddenly when it is least expected. This is supported by the historic precedent in which West Germany was not at all prepared for the German reunification. Preparation for reunification requires elaborate planning by researches that take into consideration the unique relationship between South and North Korea. A thorough research on the legal basis of reunification is indispensable to ensure a stable process of reunification.

The Constitution of a Reunified Korea will deal with three stages of the unification process, that is, before unification, during unification and after unification. But the first initiative towards preparing the Korean unification must be recognizing the fundamental virtues that need to be upheld during the unification process.

First, the Constitution of a Reunified Korea needs to be built adhering to a constitutional order based on universal values. The Constitution must reflect the principles that have been amassed since the era of modern constitutionalism to the present era in which the ideal of social welfare has been emphasized. Second, the Constitution should explicitly include universal values in its preamble and General Provisions. Furthermore, the Constitution has to guarantee the Reunified Korean government as the sole legitimate entity in the Korean Peninsula. Provisions that elaborate on the subjects that represent the national identity, such as the national anthem, national flag and national language, need to be contemplated. It is in this sense that the Constitution should become the fundamental law securing both the legality and legitimacy of the state.

A discussion on how to organize the government of the fledgling reunified state is crucial, and such discourse needs to be reflected in the Constituion. First, in order to address the significant difference between the ROK and DPRK, a federal government structure is temporarily needed. While the characteristics of each entity should be respected in the short term, eventually a singular political regime based on the ideal of liberal democracy should be formed.

Avoiding a concentration of power is another key element. Taking into account the imperfection of a pure presidential system as well as the shortcomings of the parliamentary system, a dual executive system is most advisable. In such semi-presidential regimes, the power and authority of the executive branch is shared by the President of the Republic and the Prime Minister. Also a bicameral legislature in which the representation in the lower house is proportional to the population, while the representation in the upper house reflects administrative divisions is preferable.

Keywords : Unification, Reunification, Germany, Deutschland, Deutsch Federal Republic, Sovereignty, Welfare State, Organization of Powers, Constitution of Reunified Korea, Two Koreas, Liberal Democracy, Federalism, Dual Executive, Semi-Presidential regimes

[Resume(French)]

La recherche sur l'organisation des pouvoirs basée sur la constitution de la réunification

La science de réunification pourrait être l'objet de toutes les études. Mais, afin que la discussion de réunification soit plus raisonnée et efficace, des recherche sur le fondement juridique sont indispensables.

Une discussion sur l'organisation du pouvoir dans le cadre de la constitution de réunification, bien qu'elle soit encore vague et incertain, ne serait donc pas sans importance.

Tout d'abord, pour dissoudre le problème de l'hétérogénéité entre les deux Corées, il serait necessaire d'appliquer, pour le moment, un fédéralisme au plus bas degré. Ensuite, probablement, on devrait constituer le régime politique sur la démocratie libérale.

Enfin, afin que la concentration du pouvoir, imperfection du présidentialisme et régime parlementaire moniste, soit évitée, le bicéphalisme au sein du pouvoir exécutif, pour le momemt, est recommandable. Dans les régimes semi-présidentiels, le gouvernement devrait être partagé par le président de la République et le premier ministre, et le Parlement doit aussi être composé de l'Assemblée nationale qui est élue par la proportion au nombre d'habitation, et le Sénat qui représente de tous les départements. Le pouvoir judiciaire, enfin, devrait être composé de la cour de cassation et la cour constitutionnelle.

Keyword : organisation des pouvoirs, constitution de la réunification, deux Corées, démocratie libérale, fédéralisme, bicéphalisme, régimes semi-présidentiels.

제2편

憲法과
政治制度

1. 이원정부제(半대통령제)*

Ⅰ. 서   설

(1) 헌법상 권력구조 내지 정부형태는 국가형태 내지 헌정체제(정치형태·정치체제)와 밀접한 관련성을 가진다. 따라서 정부형태 논의의 출발점은 헌법총론의 국가형태 내지 헌정체제로부터 비롯된다. 바로 그러한 의미에서 오늘날 국가형태 내지 헌정체제를 자유민주주의적 헌정체제와 권위주의적 헌정체제로 분류하는 논의는 설득력을 가진다.[1]

(2) 종래 한국헌법학의 연구에서는 권력구조 내지 정부형태를 권력분립원리와 더불어 정치제도(통치기구)의 일반이론에서 논의한다. 그러나 이러한 정부형태론도 그간 한국헌법사적인 변용과 더불어 반드시 일의적으로 정립된 개념과 이론에 따라 논의되지 못하는 점도 무시할 수 없다. 특히 지난 60년간의 한국적인 헌법현실이 헌법규범과의 괴리 현상으로 인하여 정부형태에 관한 논의에서도 헌법규범에 기초한 분석의 틀과 헌법현실에 기초한 분석의 틀이 혼재되어 이를 일의적으로 정립하는 데 어려움이 뒤따른다. 사실 권력구조 내지 정부형태 논의에서 헌법규범과 헌법현실을 동시에 고려하는 것은 너무나 당연한 일이다. 이에 정부형태 논의에 있어서는 헌법규범뿐만 아니라 정당성의 원리에 기초한 "여러

---

* 공법연구 제38권 제1호(2009.10.). 헌법학연구, 프랑스헌법학, 한일법학, 대화문화아카데미 (새로운 헌법 필요한가? 2008.6), 학술원 발제문 등을 종합하였다.
1) 성낙인, 프랑스헌법학, 법문사, 1995, 292면; 헌법학 제9판, 법문사, 102면; "헌법상 국가형태와 정부형태의 체계적 이해를 위한 소고", 김영훈 교수 화갑기념논문집, 1996, 749-769면 참조. 이와 같은 분류는 정부형태를 전제주의(독재체제) 정부형태와 입헌주의 정부형태로 구분하는 것과 맥락을 같이 한다. 김철수, 헌법학신론, 박영사, 2009, 1039면; 권영성, 헌법학원론, 법문사, 20099, 758면; 최대권, 헌법학강의, 박영사, 1998, 325면.
    프랑스헌법학에서는 régimes politiques라는 용례가 광의로는 헌정체제(정치체제) 전반을 의미하기도 하고, 좁은 의미의 정부형태를 의미하기도 한다(이러한 정부형태론 논의의 위상을 실증적으로 증명하기 위하여 필자는 프랑스헌법학(288-292면)에서 현재 프랑스에서 간행되고 있는 대표적인 헌법학교과서 13권을 분석하여 제시한 바 있다.

정치세력 사이에 나타난 정치적 게임의 결과"를 동시에 고려하여야 한다.[2] 그러
나 한국헌정사에서 권위주의적인 헌정체제의 작동은 정부형태론의 시각에서도
상당부분 혼란을 야기한 것이 사실이다. 전통적인 대통령제·의원내각제에서 절
충형 정부형태인 이원정부제·반대통령제 논의에서도 이러한 여진이 그대로 반
영되어 있다. 그러한 혼란의 근본적인 이유는 제2공화국의 의원내각제를 제외하
고는 한국헌정사에서 권위주의적인 신대통령제적 헌법현실이 정부형태를 개념
짓는 주요한 요인으로 작용하여 왔음을 부인할 수 없다. 그러나 이른바 신대통
령제는 자유민주주의적인 헌정체제(국가형태 내지 정부형태)가 아니라는 점에서
그 논의의 출발에서부터 혼란을 자초할 수밖에 없었다.

(3) 정부형태의 논의는 종래 의원내각제와 대통령제라는 이분법적 사고가 지
배적이었다. 그런데 의원내각제는 역사적으로 이원적 의원내각제에서 일원적 의
원내각제로 발전하여 왔으며, 그것은 본질적으로 매우 상이한 체제이다. 하지만
의원내각제하면 으레 일원적 의원내각제만 논의된다. 대통령제 또한 미국식 대
통령제와 여타 국가에서의 대통령제는 매우 상이한 모습으로 나타난다. 그런 와
중에 굳이 대통령제라고 할 수도 없고, 그렇다고 일원적 의원내각제라고도 할
수 없는 절충형 정부형태가 매우 다양한 모습으로 나타난다. 그 중에서 특히 대
통령제와 의원내각제의 핵심적인 내용을 담고 있는 중간형태인 이원정부제가 나
름대로 자리잡는다.[3] 그러나 종래 국내에서 이원정부제에 관한 논의는 이원집정
부제·반대통령제·준대통령제·혼합정체 등으로 다양하게 호칭되어 왔을 뿐만
아니라 그 개념 정립 또한 학자에 따라서 상이하다. 심지어 이원정부제는 자유
민주주의적인 정부형태가 아니라 권위주의적인 정부형태로 지칭되기도 한다.

(4) 정부형태로서의 이원정부제가 개념상으로 혼란스러운 가운데 전통적인
대통령중심제적인 이론과 판례는 적어도 1998년 대통령직의 정권교체와 일시적
인 여소야대 및 소위 공동정부를 거치면서 대통령제적인 헌법현실에 대한 반성
과 더불어 필연적으로 정부형태론의 시각에서 헌법규범의 엄격한 해석뿐만 아니

---

2) *Cf.* Jean-Louis Quermonne, *Les régimes politiques occidentaux*, Paris, Seuil, 1986, p. 12; Pierre Pactet, *Institutions politiques et droit constitutionnel*, Paris, Masson, 1991, p. 141.

3) 물론 이원정부제를 가장 활발하게 실천한 프랑스 제5공화국에서조차 합리화된 의원내각제적인 시각(Pierre Avril, "Parlementarisme rationalisé", *R.D.P.*, 1998, p. 1506), 대통령제적인 시각(Geneviève Gondouin, "Propos sur la France et le régime présidentiel", *R.D.P.*, 1998, p. 373)이 다양하게 혼재하여 있을 뿐만 아니라 헌정사적인 변용이 끝나지 아니하였음(Patrick Auvert, "La qualification du régime", *R.D.P.*, 1998, p. 1521)을 지적한다.

라 헌법규범을 헌정실제에 탄력적으로 적용하는 것이 불가피하게 되었다. 더구나 현행헌법에서 앞으로 닥쳐 올 헌정사적인 변화에 수반될 미래지향적인 논의도 절실하다.[4]

Ⅱ. 한국헌법학계의 관점에서 본 이원정부제

1. 이원정부제 정부형태론 논의의 전제

헌법상 정부형태란 권력분립의 원리가 국가권력구조에 어떻게 적용되고 있느냐 하는 권력분립원리의 조직적·구조적 실현형태를 말한다. 이러한 개념에 기초한 정부형태론은 광의로는 헌법상 정치제도 전반을 총괄적으로 살펴 본 것이라면, 협의로는 입법부와 행정부의 관계를 중심으로 살펴 본 것이며, 최협의는 행정부의 조직과 구성에 관한 것으로 이해한다.[5]

그런데 이러한 개념정립에는 본고에서 전개될 논의를 위하여 몇 가지 조건을 제시하고자 한다. 첫째, 정부형태의 논의는 자유민주주의적 헌정체제(국가형태·정치형태·정치체제)를 전제로 한다. 그것은 곧 국민적 정당성을 가진 헌정체제를 전제로 한다는 의미이다. 이에 따라 헌정체제와 정부형태는 불가분적으로 연계된다. 둘째, 정부형태에 관한 개념상 광·협은 실제로 그 정부형태의 명칭에서도 상당부분 적용되기 때문에 본고에서는 이를 종합적으로 고려하기로 한다.[6]

---

4) 이 글은 필자가 지난 30년에 걸쳐서 발표한 이원정부제(반대통령제)에 관한 논의를 종합적으로 정리하면서 동시에 개헌 논의에 따른 한국적 이원정부제의 논의의 틀로서 제시하고자 한다. 필자의 이원정부제(반대통령제)와 관련한 주요 글들은 다음 문헌에서도 볼 수 있다: "정부형태로서의 반대통령제", 한국공법학회 월례발표회 논문, 1990; "이원정부제(반대통령제)의 이론과 실제", 한일법학 제10집, 한일법학회, 1991; "권력의 민주화와 정부형태: 한국형 이원정부제", 법과 사회 제15호, 1997 하반기; "한국형 대통령제의 반성과 과제", 동아법학 제23호, 동아대, 1997; "프랑스의 이원정부제(반대통령제)의 현실과 전망", 헌법학연구 제4집 2호, 한국헌법학회, 1998; "한국헌법과 이원정부제(반대통령제)"; 헌법학연구 제5집 제1호, 1999; "이원정부제의 본질과 한국 헌법적 이해", 새로운 헌법 필요한가, 대화문화아카데미, 2008; "이원정부제(반대통령제)", 국회헌법연구자문위원회 자료집, 330 이하, 2009; 프랑스헌법학, 법문사, 1995; 헌법학, 제1판-제18판, 법문사, 2001-2018 참조.
5) 김철수, 앞의 책, 1037-1038면; 권영성, 앞의 책, 757면; 구병삭, 신헌법원론, 박영사, 1996, 795면. 한편 허영 교수(한국헌법론, 박영사, 1999, 667면)는 정부형태와 통치구조 내지 통치형태 내에서 정부형태가 중심적인 좌표를 차지한다는 점을 인정하면서도, 이를 구분하여 설명하고 있는바, 동 교수가 지칭하는 통치구조 내지 통치형태란 광의의 개념 내지 본고에서 사용하고 있는 헌정체제의 의미로 이해될 수도 있다.
6) 이와 같은 첫째 및 둘째 요소의 기본적인 사고의 틀은 케르몬 교수가 넓은 의미의 정부형태 즉 헌정체제의 본질적인 요소로서 "정당성의 원리·제도의 구조·정당제도·국가형태와 그

셋째, 하지만 정부형태 논의의 중심축은 역시 입법부와 행정부의 관계에 있다. 이에 따라 정부형태는 대통령제·의원내각제·이원정부제로 분류하고자 한다.[7]

2. 한국에서 이원정부제의 용례

한국헌법학계의 이원정부제 논의는 동일한 용례를 두고서 서로 상이한 개념이나 논리전개를 하여 왔을 뿐만 아니라, 용례에 따라서는 이원정부제 그 자체에 본질적인 차이를 드러낸다.

한국헌법이론상 이원정부제는 제4공화국헌법에서 김철수 교수가 이원적 집정부제론을 제시하면서 그 논의가 본격화된 것 같다. 그 이원적 집정부제는 1980년 헌법논의 과정에서 이원집정부제라는 표현으로 일반화되었다. 이원집정부제는 그러나 그 논의과정에서 자칫 불순한 제도인 양 치부되어 헌법학자뿐만 아니라 일반인에게도 부정적인 정부형태로 잘못 각인된 것도 사실이다.[8]

역할"을 들고 있는 것과 같은 맥락에서 파악하고자 한다(Jean-Louis Quermonne, *op. cit.*, p. 12). 국내에서 정당성의 원리를 강조하는 논의로는, 강경근, 헌법학, 법문사, 1997, 512-514 면. 한편 권영성 교수는 정당제도의 존재방식에 따른 헌법의 분류론을 제시한다(헌법학원론, 1999, 20면). 특히 프랑스 잔노 교수는 그의 '헌법과 정치제도론' 교과서 제3부에서 외국의 헌정체제를 설명하면서 정당제도에 따라 분류하여 논술한다. 즉 복수정당제와 단일정당제를 설명하면서 복수정당제는 다시 양당제(영국식 경성양당제·미국식 연성양당제)와 다당제(독일식 양극적 다당제·이탈리아식 다극적 다당제)로 설명하는 점은 시사하는 바가 크다(Benoît Jeanneau, *Droit constitutionnel et Institutons pilitiques*, Paris, Paris, Dalloz, 1991, table des matières, p. 393 et suiv). 양건 교수도 "정부형태론에 관한 최근 미국학계의 논의"(고시연구 1994.10, 131-143면)에서 정치문화와 선거·정당제도의 중요성을 강조한다.

7) 그러나 브리모 교수는 이러한 교과서적인 헌정체제 모델에 대하여 정치제도의 기능적 성격에 착안하여 실제적 측면에서 다음과 같이 분류하기도 한다. 첫째, '집행적 민주주의의 헌법적 제도'로서 미국과 프랑스 제5공화국 및 영국의 헌정체제, 둘째, '입법적 민주주의의 헌법적 제도'로서 이탈리아와 독일 같은 나라의 '합리화된 입법적 민주주의' 유형, 셋째 '국민투표적 민주주의의 헌법적 제도'로서 스위스 등의 헌정체제를 들고 있다. A. Brimo, "A propos de la typologie des régimes constitutionnels des démocraties occidentales contemporaines," in *Mélanges Paul Couzinet*, Toulouse, Université des sciences sociales de Toulouse, 1974, p. 22 et suiv.

8) 김철수, "신헌법제정과정에서의 정부형태론", 법률신문, 1981.4.6, 9면; "현행헌법제정과정에서의 정부형태논의", 고시연구, 1982.4, 22면: "이 이원적집정부제라는 용어 자체가 마치 독재적인 나폴레옹식 정부형태로 인식되어 많은 공격을 받기에 이르렀다. 이원적집정부라는 것은 당시의 조선일보편집국의 김국장 말에 의하면 필자의 '헌법학개론'을 그대로 옮겨 살을 붙인 것이라고 한다. 이리하여 이원적집정부제는 필자의 신안특허인 것처럼 인식되기에 이르렀다. 필자가 구저에서는 이원정부제라고 했던 것을 제4공화국헌법해설서에서 이원적집정부제라고 번역한 것은 고의적인 오역을 한 것이라고 하겠다. 그 이유는 프랑스 제5공화국헌법의 정부형태를 모방했다는 한국 제4공화국헌법이 결코 민주적인 것이 아니라는 것을 강조하기 위하여 프랑스식 정부형태를 이원적집정부제라고 했고 유신헌법의 정부형태를 신대통령제라고 했던 것이다." 이와 관련하여 권영성 교수는 1980년 6인헌법연구안을 이원집정부제적이

사실 제3의 정부형태의 모델로서 의원내각제와 대통령제를 절충한 이원정부제는 한국에서 뿐만 아니라 외국에서도 다양한 용례로 사용되고 있다. 권영성 교수가 적절히 적시한 바와 같이 "이원집정부제는 논자에 따라 반대통령제·준대통령제·이원집정부제·혼합정부형태·권력분산형대통령제·권력분산형의원내각제·이원집행권제·이원적 의회주의·이원적 의원내각제·대통령제적 의회주의·의회주의적 대통령제·반의원내각제·반의회제·이원적 정부제·절름발이의원내각제·혼합형의원내각제·부진정의원내각제 등으로 불려지기도 한다."⁹⁾

이러한 다원적인 용례로 인하여 그 용어에서부터 통일적인 모습을 보이지 못한다면 이원정부제 자체가 하나의 독자적인 제3의 정부형태의 모델로서 자리 잡는 것 자체에도 지장을 초래할 수 있다. 이에 필자는 오래전부터 널리 일반적인 의미에서의 절충형 정부형태가 아니라 제3의 정부형태로서 독자적인 모델로서의 이원정부제의 정립을 주장하면서, 그 용례를 이원정부제나 반대통령제로 동일한 개념으로 통일할 것을 주장하여 왔다.¹⁰⁾ 이원적 집정부제론¹¹⁾을 제시한 바 있는 김철수 교수도 이원정부제라는 용어로 일반화시키고 있다.¹²⁾ 오늘날 국내의 다수 견해는 이원정부제라는 용어를 사용한다.¹³⁾ 그러나 학자에 따라서는 이원정부제와 반대통령제를 별개의 범주로 이해하기도 한다.

예컨대 권영성 교수에 의하면 반대통령제를 각국에서의 대통령제의 실태라는 항목에서 미국형대통령제·신대통령제·반대통령제로 분류하면서 "반대통령제는 국가원수가 간접선거로 선출되고 의원내각제의 대통령이 보유하는 권한 이

라고 하면서 이원집정부제의 독재화우려에 비추어 강력한 반대견해를 피력한다. 예컨대 권영성, 헌법학원론, 법문사, 1992, 631면.

9) 권영성, 헌법학원론, 2009, 776~777면.

10) 성낙인, "정부형태로서의 반대통령제", 한국공법학회 학술대회 논문집, 1990.6; "이원정부제(반대통령제)의 이론과 실제", 한일법학(한일법학회) 제10집, 1991.

11) 김철수, 헌법학개론, 법문사, 1977, 549면.

12) 조병윤, "이원정부제와 능동적·실질적 국민주권(Peuple주권)", 고시계, 1989.7, 75면: "이 체제는 '그 이원성'의 의미가 무엇이냐에 그 본질적 특징이 있지 '정부'냐 '집정부'냐는 별다른 의미가 없고, 다만 행정부를 의미할 뿐이다."

13) 구병삭, 816면; 강경근, 앞의 책, 527면; 문홍주, 한국헌법, 해암사, 1987, 395면; 안용교, 한국헌법, 고시연구사, 1992, 714면; 양건, 헌법강의, 법문사, 2009, 780면; 육종수, 헌법학신론, 형설출판사, 1996, 497면; 윤명선, 헌법체계론(2), 법률계, 1996, 91면; 이관희, 한국민주헌법론 2, 박영사, 2008, 128면; 이승우, 헌법학, 두남, 903면; 이준일, 헌법학강의, 홍문사, 2007, 892면; 정종섭, 헌법학원론, 박영사, 2009, 923면; 홍성방, 헌법학, 현암사, 2003, 698면. 권영성 교수는 이원집정부제가 더 정확한 용례라면서도 이원정부제라는 용어도 동시에 사용한다(동지: 이종상, 헌법상 권력구조론, 경남대학교 출판부, 1997, 409면). 최대권 교수는 이원집정제정부라는 용례를 사용한다(앞의 책, 333면).

상의 권한을 가지는 것이 특징이다. 그러나 집행권은 의회의 불신임투표로써 전복될 수 있는 내각에 속한다. … 결국 반대통령제라는 것은 권위주의적인 대통령제의 일종일 뿐이다"[14]라고 평가절하한다. 한편 권영성 교수는 제3유형의 정부형태의 한 유형으로서의 이원집정부제(이원정부제)는 그 본질과 구조적 배경으로서 집행권의 이원적 구조·집행에 관한 권한의 분할행사·대통령의 의회해산권과 내각불신임권을 특징으로 설명한다. 하지만 권영성 교수는 앞에서 이원집정부제와는 달리 반대통령제를 권위주의적 대통령제로 분류하고 있지만, 이원집정부제에 관한 설명에서는 반대통령제와 이원집정부제를 반드시 구별하지는 아니하는 것 같다. 즉, "신대통령제와 반대통령제와 이원집정부제의 3자는 그 상호관계나 구별이 어렵기는 하나 굳이 구별한다면 신대통령제＝대통령제＋전제군주제＝권위주의적 대통령제, 반대통령제＝대통령제＋의원내각제, 이원집정부제＝반대통령제라는 도식이 성립될 수 있을 것 같다"[15]라고 하여 여운을 남긴다.

생각건대 반대통령제와 이원집정부제를 서로 상이한 정부형태의 모델로 볼 필요가 없을 뿐만 아니라 권영성 교수의 이론[16]에 비추어 보더라도 반대통령제와 이원집정부제를 동일한 모델로 보아도 무리가 아니다.

3. 한국에서 이원정부제의 개념 및 본질

이원정부제를 단순히 의원내각제적 요소와 대통령제적인 요소가 결합되어 있는 정부형태로 이해하는 한 그것은 절충형 정부형태 일반을 의미하는 것에 불과하다. 이에 제3의 정부형태의 유형으로서의 이원정부제를 정립하기 위하여 이원정부제의 개념정립이 절실하다.

사실 이원정부제에서 그 용어상의 본질적인 징표인 이원정부는 집행부가 대통령과 내각(수상이 이끄는 정부)으로 이원화된 집행권의 양두화(dyarchie, bicéphalisme)를 의미한다. 즉 집행부의 "이원성이란 대통령과 수상이 이원적이라는 말인데, 그것은 정부 안에 대통령과 수상의 두 기관이 단순히 존재한다는 의미가 아니라, 그 두 기구가 서로 독립성을 가진다는 데에 그 핵심이 있다."[17] 그런데 같은

---

14) 권영성, 앞의 책, 773면.
15) 권영성, 앞의 책, 777면.
16) 권영성 교수와 유사한 입장이나 분류는 안용교 교수의 저서에서도 발견된다. 안용교, 앞의 책, 709·714면.
17) 조병윤, 앞의 논문, 75면.

이원정부제(또는 이원집정부제)라고 하면서 그 개념정립 또한 학자에 따라서 상이한 양상을 보인다.

국내 헌법학계에서 공통적으로 인정하는 이원정부제의 요소는 다음과 같다. 첫째, 이원정부제란 의원내각제적 요소와 대통령제적인 요소가 결합되어 있다. 둘째, 집행권이 이원적 구조를 취한다. 즉 집행권이 대통령과 내각(수상)으로 구성되고 대통령과 내각(수상)이 각기 실질적 권한을 나누어 가진다. 셋째, 국민으로부터 선출된 대통령은 의회에 대하여 독립되어 의회로부터 정치적 책임을 지지 아니한다. 넷째, 대통령은 의회해산권을 가지며 위기 시에 국가긴급권을 행사한다. 다섯째, 의회는 내각불신임권을 가진다.[18]

그러나 김철수 교수를 비롯하여 상당수 학자는 이원정부제란 원칙적으로 위기 시에는 대통령이 행정권을 전적으로 행사하나, 평상시에는 내각수상이 행정권을 행사하며 하원에 대하여 책임을 지는 의원내각제형식으로 운영되는 것으로 이해한다.[19] 한편 권영성 교수는 대통령의 고유권한으로서 외교·국방 등 국가안보에 관한 사항을 관장하고 국가긴급권을 보유하는 데 대하여, 수상은 법률의 집행권과 그 밖의 일반 행정을 관장한다고 이해하고 있어 약간의 차이를 보인다.[20] 이러한 차이는 어느 나라를 준거로 하느냐에 따른 것으로 보인다.

이러한 논의에 있어서는 이원정부제의 기본적인 모델을 어떠한 헌법에서 찾느냐에 따라 차이가 날 수 있다. 국내학자들은 이원정부제 국가로 "바이마르공화국·프랑스제5공화국·오스트리아·핀란드"를 공통적으로 열거하고 있기 때문에 이 점에 관한 한 별다른 이론이 없어 보인다.[21] 다만 학자에 따라서는 다른 나라를 추가적으로 예시하기도 한다.[22]

4. 한국에서 이원정부제에 대한 평가

허영 교수는 이원정부제가 가진 제3의 정부형태로서의 독자성을 부인한다.

---

18) 김철수, 앞의 책, 1045면; 권영성, 앞의 책, 777-778면; 구병삭, 앞의 책, 816면; 강경근, 앞의 책, 528면; 육종수, 앞의 책, 497면; 윤명선, 앞의 책, 91면; 이종상, 앞의 책, 412면; 최대권, 앞의 책, 333면.

19) 김철수, 앞의 책, 1044면; 구병삭, 앞의 책, 817면; 윤명선, 91면.

20) 권영성, 앞의 책, 778면. 이러한 이론은 프랑스의 유보영역(domaine reservé) 이론과 맥락을 같이 한다.

21) 김철수·권영성·구병삭·안용교·윤명선·최대권 교수.

22) 포르투갈(권영성·구병삭·안용교 교수), 아이슬란드(구병삭 교수), 아일랜드(안용교 교수)를 각기 추가하고 있는 학자도 있다.

허영 교수에 의하면 절충형 정부형태는 변형 및 혼합의 한계와 헌법상 체계정당
성을 무시한 것이기 때문에, 이원정부제와 절충형 정부형태를 개념적으로 구별
하는 것은 의미가 없다고 한다. 즉 제3의 정부형태로서의 이른바 절충형 정부형
태 논의가 "바이마르식의 절충형이 의원내각제를 바탕으로 하고 있다면, 현 프
랑스식의 절충형은 대통령제를 그 기본으로 삼고 있다는 인식에서 나온 개념 장
난에 불과하다. 또 우리나라의 일부 헌법학자에 의해서 거론되는 이른바 '이원적
집정부제' 내지 이원정부제도 결코 새로운 제도나 이론이 아니고 바이마르제도
에 관한 Loewenstein의 설명과 개념을 그대로 받아들이고 있는 것에 지나지 않
는다"라고 하여 절충형 정부형태의 한 전형적인 모델로서 이원정부제라는 개념
정립 자체를 부정하는 입장을 고수한다.[23]

한편 이원정부제의 정부형태로서의 독자성을 인정하는 다수 견해도 이원정부
제라는 용례 자체가 다분히 부정적인 시대적 상황에서 학계에 소개되었던 것과
같은 맥락에서 이원정부제에 대한 평가는 대체로 냉소적이거나 부정적이다.[24]

이원정부제는 무엇보다도 집행권의 양두화로 인하여 대통령과 수상 사이에
명확한 권한획정이 없는 상태에서 상호간의 갈등이 증폭될 소지가 있고 그것은
결국 정치적 불안정이나 대통령의 독재화의 길로 나아갈 우려[25]가 있다는 점이
지적된다. 또한 "이원정부제는 프랑스 제5공화정에서처럼 비교적 성공적으로 운
영되고 있는 경우도 없지 않으나, 제3세계국가들의 경우처럼 프랑스와는 상이한
정치적 전통과 정치문화를 가진 국가인 경우에는 성공하기보다는 오히려 실패할
가능성이 농후한 정부형태이다." 따라서 "정치적·경제적 난국을 타개할 필요성
이 있든가 분단국가에 있어서 국론통일이 불가피한 국가적 상황에서는 이원정부
제가 결코 바람직한 정부형태라고 할 수 없다"[26]는 지적이다.

한편 최대권 교수는 이원집정부제를 의원내각제의 변형으로 보아 "혼합적 의
회주의=소위 이원집정제정부"로 명명한다. 이러한 시각은 이원정부제가 의원내
각제의 고향인 유럽 각국에서 자리 잡고 있다는 점에서 설득력을 가진다. "이
정부형태는 의원내각제정부의 단점인 정치적 불안정을 피하면서 그 장점인 정부
책임(신임)의 원리 및 대통령제의 장점인 정치적 안정을 도모할 수 있도록 고안

23) 허영, 앞의 책, 714면.
24) 계희열, "이원집정제와 우리의 여건", 신동아, 1986.6.
25) 김철수·권영성·구병삭·최대권 교수.
26) 권영성, 앞의 책, 778-779면.

된 것이라고 말하여지고 있다."[27] 이에 따라 한국에서도 국회에서 여소야대 현
상이 일어나는 경우에는 이원정부제적인 운용이 바람직하다는 점을 지적하면서
"그러나 권력이 있으면 행사하고 싶은 것이 사람의 특히 한국 사람의 심성인 까
닭에 그러한 전통이 과연 형성될 수 있을 것인지에 대하여는 강한 의문이 제기
된다"라고 지적한다. 즉 현행헌법에서 이원정부제적인 헌법운용이 불가피할 수
도 있음을 적극적으로 받아들인다는 점에서 주목을 끈다.

생각건대 이원정부제에 대한 국내학계에서의 부정적인 평가는 이원정부제가
본격적으로 논의되던 1980년 당시의 시대적 상황과 결부된 것으로 보인다. 또한
한국에서 이원정부제의 전형적인 모델로 각인되어 있는 바이마르공화국의 실패
한 헌정사적 경험도 큰 영향을 미친 것 같다. 그러나 이원정부제에 대한 호·불
호의 문제를 떠나 이원정부제의 독자적 가치를 인정하고 한국적 입헌주의의 정
립을 위하여 현행헌법상 이원정부제적 요소를 적극적으로 수용하는 자세 또한
필요하다.

Ⅲ. 독자적인 제3의 정부형태로서의 이원정부제의 일반이론

1. 절충형 정부형태으로부터 이원정부제의 정립

국내 헌법학계에서 절충형 정부형태란 전통적인 (일원적)의원내각제와 미국
식 대통령제의 중간적인 모델을 총칭하는 개념으로 이해하는 데에는 이론의 여
지가 없다. 그러나 그 개념 및 유형화와 관하여는 여전히 논란이 되고 있다.

문홍주 교수는 절충형 정부형태를 행정권의 이원화 유무와 대통령제와 의원
내각제의 상호 가미 정도에 따라 다음과 같이 분류한다: 1. 행정권이 이분된 경
우 (가) 대통령제적 이원정부제(핀란드·프랑스), (나) 의원내각제적 이원정부제
(오스트리아·터키), 2. 행정권의 분할과 관계없이 양제도의 요소를 가미한 경우
(가) 의원내각제적 요소가 가미된 대통령제(포르투갈·한국·남미각국), (나) 대
통령제적 요소가 가미된 의원내각제(아이슬란드·이탈리아·독일·이스라엘)로 분
류한다.[28]

한편 1980년 정부헌법연구반보고서에 의하면, 제1절충형은 내각책임제에 대

---

27) 최대권, 앞의 책, 333면.
28) 문홍주, "절충형 정부형태", 공법연구 제15집, 한국공법학회, 1987, 9-25면.

통령제적 요소가 가미된 정부형태, 제2절충형은 대통령제에 내각책임제적 요소가 강하게 가미된 정부형태, 제3절충형은 대통령제에 내각책임제적 요소가 다소 가미된 정부형태로 분류한다.[29]

위와 같은 정부형태론의 분류는 원론적이고 일반론적인 절충형 정부형태를 지칭하는 것이기도 하다. 사실 대통령제의 전형적인 모델로 미국의 대통령제를 지칭한다면 의원내각제적인 요소를 전혀 도입하지 아니하고 완전히 미국의 대통령제와 동일한 정부형태를 취하는 나라는 없다고 보아도 과언이 아니다. 또한 (일원적)의원내각제도 영국의 내각책임제를 준거로 하든지, 프랑스 제3·제4공화국이나 독일·이탈리아의 유럽대륙국가에서의 의원내각제를 준거로 하든지 간에, 의원내각제에 대통령제적인 요소를 가미한 정부형태도 매우 다양하다.[30] 따라서 미국의 대통령제와 의원내각제의 중간에 위치한 모든 나라의 정부형태를 전부 절충형 정부형태로 이해하고 분류하는 한, 그것은 헌법상 제3의 정부형태로서의 의미를 특별히 가지지 못한다. 바로 그러한 의미에서 전통적인 의원내각제와 대통령제가 아닌 제3의 정부형태[31] 모델로서 이원정부제의 개념정립이 필요하게 된다.

사실 대통령제와 의원내각제는 각기 그 제도의 고향에서 뿌리를 내리고 있지만, 후발 민주주의 국가에서 헌법상 권력구조를 정립하면서 각기 이들 두 개의 모델을 일응 채택하여 보았지만 제대로 정립되지 못하고 항시 갈등을 야기하였으며 그것은 잦은 정변으로까지 이어졌다. 뿐만 아니라 의원내각제의 고향인 유럽 각국에서조차 정부불안정이라는 의원내각제의 병폐를 치유하고자 하는 의도에 따라 '의원내각제의 합리화'(rationalisation du parlementarisme)[32] 이념을 실

---

29) 법제처, 정부헌법연구반보고서, 1980, 222-232면.
30) 이와 관련된 유럽 각국의 의원내각제에 관한 분석은 다양하게 제기되고 있다. 입헌군주국의 의원내각제와 공화국의 의원내각제를 분류하기도 하고(Pierre Lalumière et André Demichel, *Les régimes parlementaires européens*, Paris, P.U.F., 1978), 영국식 일원적 의원내각제와 프랑스식 이원적 의원내각제(Pierre-Henri Chalvidan et Hervé Trinka, *Les régimes politique de l'Europe des douze pays*, Paris, Eyrolles, 1991), 정치제도와 정부의 구성 및 정부의 존속이라는 측면에서 입체적으로 분석한 저서(Jean-Claude Colliard, *Les régimes parlementaires contemporains*, Paris, F.N.S.P., 1978)도 있다.
31) 권영성, 앞의 책, 776면; 한태연, 헌법과 정치체제, 법문사, 1987, 222면: 이원적 집행권제는 "대통령제에도 의원내각제에도 해당하지 않는 제3의 정부형태를 의미하지 않을 수 없으며, 그러한 의미에서 그것은 대통령제와 의원내각제와의 '고전적 구별에 있어서의 십자로'를 의미하지 않을 수 없다."
32) Philippe Lavaux, *Parlementarisme rationalisé et stabilité du pouvoir exécutif*, Bruxelles, Bruylant, 1988. 이 책에서는 프랑스·독일·스칸디나비아 각국의 의원내각제의 합리화를 위

천하기 위한 일련의 제도를 헌법에 도입하고 있다. 독일은 '건설적 불신임투표제'를 도입하면서 의원내각제 모델을 유지하고 있다면, 고전적 의원내각제의 고향인 프랑스에서는 제3·4공화국에서 연출되었던 '정부의 불안정'을 해소하고자 제5공화국헌법에서는 대통령 권력의 실세화를 통하여 아브릴 교수의 명명대로 이른바 '정화된 의원내각제'(régime parlementaire assaini)[33]를 구축하였으나, 1962년 헌법개정을 통하여 대통령 직선제를 도입함으로써 진정한 의원내각제라 할 수 없는 절충형 정부형태의 한 전형을 보여 준다. 이에 전통적 의회제의 합리화 이념이 집행권의 강화 및 대통령권한의 실질화에 이르게 됨에 따라 고전적 의회제의 틀을 크게 벗어난 헌법규범과 헌정의 실제를 두고 프랑스의 대표적 정치헌법학자의 한 사람인 모리스 뒤베르제 교수는 1970년 그의 헌법교과서[34]에서 최초로 이론적 체계를 제시한 이래 1978년 또 다른 저서[35]에서 이에 관한 다양한 모델을 정형화하였으며, 1980년에 발표된 논문[36]에서 이를 종합 정리한 바 있다. 특히 1983년에 개최된 세미나[37]에서는 반대통령제에 관하여 정치헌법학자들의 논문발표 및 각국의 전·현직 수상을 비롯한 정치지도자들이 토론에 참여하였던 바, 이후 뒤베르제 교수의 책임감수로 출간된 바 있다.[38] 이에 프랑스의 대표적 지성 일간지인 Le Monde에서는 1981년 이래 이를 인용하고 있으며, 핀란드·포르투갈 등에서도 이를 정부형태의 한 모델로 받아들이기에 이르렀다.[39]

한 다양한 분석 틀을 제시하면서 벨기에에서의 국가개혁론을 제시한다.

33) Pierre Avril, *Le régime politique de la 5ᵉ République*, Paris, L.G.D.J., 1973, le titre de la deuxième partie.

34) *Institutions politiques et droit constitutionnel 1*, Paris, P.U.F., 1970, p. 277 et suiv.

35) *Echec au roi*, Paris, A. Michel., 1978, p. 250.

36) "A new political system model; semi-presidential government," *European Journal of Political Research*, 1980, pp. 168-183.

37) Les colloques des 20 et 21 janvier 1983.

38) Maurice Duverger(sous la direction de), *Les régimes semi-présidentiels*, Paris, P.U.F., 1986, p. 367.

39) 물론 프랑스에서도 반대통령제(régime semi-présidentiel, Maurice Duverger·Benoît Jeanneau 교수)이외에도 반의회제(régime semi-parlementaire), 혼합정체(régime mixte, Pierre Pactet·Marcel Prélot·Charles Cadout 교수), 이원적 의원내각제(régime parlementariste dualiste, Claude Leclercq 교수) 등으로 불리고 있다. *Cf.* Jean Petot, "La notion de régime mixte", *Recueil d'études en hommages Charles Eisenmann*, Paris, Edition Cujas, 1977, p. 99: Jean-Michel Blanquer, "L'ordre constitutionnel d'un régime mixte, Le sens donné à la Constituton par le Conseil constitutionnel", *R.D.P.*, 1988, pp. 1527-1540.

2. 헌법규범상 이원정부제의 범주

국내헌법학계의 다수 견해는 정부형태의 제3의 유형으로서의 이원정부제의 독자성을 인식하고 있다. 그렇다면 이원정부제 이론의 체계화 정립이 필요하다. 이원정부제는 적어도 의원내각제라 할 수도 없고 그렇다고 대통령제라고도 할 수 없는 제3의 독자적인 정부형태로 정립되어야 한다는 전제에서 논의되어야 한다. 우선 헌법규범을 중심으로 대통령제와 의원내각제라는 양 축을 설정하고 이를 8등분하여 도식화한다면 다음과 같다.

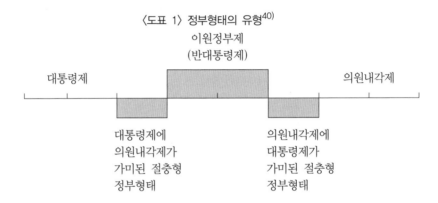

〈도표 1〉 정부형태의 유형[40]

첫째, 8분의 6 이상이 대통령제적 요소를 가진 경우에는 대통령제로 보아도 무방하다. 따라서 헌법규범이 이러한 내용을 담고 있음에도 불구하고 이를 의원내각제나 이원정부제로 운용하기는 어렵다.

둘째, 마찬가지로 8분의 6 이상이 의원내각제적 요소를 가진 경우에는 의원내각제로 보아도 무방하다. 따라서 헌법규범이 이러한 내용을 담고 있음에도 불구하고 이를 대통령제나 이원정부제로 운용하기는 어렵다.

셋째, 8분의 5 이상 8분의 6 이하가 대통령제적 요소를 가진 경우에는 이를 단순히 대통령제로 보기는 어렵기 때문에 대통령제에 의원내각제적 요소가 가미된 절충형 정부형태로 볼 수 있다. 이 경우 대통령제나 이원정부제로 운용될 수도 있다.

넷째, 8분의 5 이상 8분의 6 이하가 의원내각제적 요소를 가진 경우에는 이

---

40) 이 도표는 본인이 성낙인, "한국헌법과 이원정부제(반대통령제)", 헌법학연구 5-1, 한국헌법학회, 1998에서 처음으로 제시한 것이다.

를 단순히 의원내각제로 보기는 어렵기 때문에 의원내각제에 대통령제적 요소가
가미된 절충형 정부형태로 볼 수 있다. 이 경우 의원내각제나 이원정부제로 운
용될 수도 있다.

다섯째, 8분의 3 이상 8분의 5 이하가 대통령제적인 요소를 가지거나 반대로
8분의 3 이상 8분의 5 이하가 의원내각제적인 요소를 가진 정부형태는, 이를 대
통령제에 의원내각제적인 요소가 가미된 절충형정부형태 또는 의원내각제에 대
통령제가 가미된 절충형 정부형태로 명명하기에는 불충분하기 때문에, 이를 제3
의 독자적인 정부형태인 이원정부제로 분류하여야 한다. 이와 같은 헌법규범에
서는 항시 이원정부제적 헌법현실이 전개될 가능성이 열려 있다.

3. 이원정부제의 본질적 요소

(1) 대통령제와 의원내각제의 본질적 요소

위 도식과 같은 분류는 대통령제와 의원내각제의 본질적 요소가 무엇이냐에
준거할 수밖에 없다. 대통령제의 본질적 요소는 집행권이 국민으로부터 사실상
직선되는 대통령을 정점으로 일원화되어 있다. 의회 또한 국민으로부터 선출되
기 때문에 두 개의 국민적 정당성의 축이 병존하며, 정부와 의회는 그 성립과
존속이 독립적이기 때문에 권력분립의 원리가 엄격하게 지배된다.

의원내각제의 본질적 요소는 집행권이 형식적으로는 국가원수와 수상을 중
심으로 하는 정부로 이원화되어 있지만 실질적으로는 수상을 중심으로 하는 정
부에 일원화되어 있으며, 정부의 성립과 존속이 의회와 직접적으로 연계되는 권
력공화의 원리에 입각한 연성적 권력분립의 원리를 채택한다. 이에 따라 의회는
대정부불신임권을 행사하고, 정부는 의회해산권을 가지기 때문에 정치적 책임의
원리와 권력균형의 원리를 동시에 담고 있다.[41]

(2) 이원정부제의 본질적 요소: 대통령제적 요소로서 국민의 보통선거에 의한 대통령
선거와 의원내각제적 요소로서 의회의 대정부불신임권

이원정부제는 그 용례에서 적시되는 바와 같이 넓은 의미의 정부 즉 집행권
이 대통령제와는 달리 대통령과 수상을 중심으로 하는 좁은 의미의 정부로 이원
화되어 있다. 따라서 입헌군주제 국가의 국왕은 상징적·명목적·의례적 지위와

---

41) 이러한 논리는 영국의 헌법학자 W. Baghot가 정립한 논리에 따라 오늘날 이론의 여지가 없
이 일반화된 이론이다(Geneviève Gondouin, *op. cit.*, p. 374).

권한만을 가지기 때문에 이원정부제가 채택될 수 없다. 이에 따라 이원정부제의 국가원수는 왕이 아닌 대통령이라는 점에서 반대통령제라는 용례가 적실성을 가진다.

뒤베르제 교수는 이원정부제의 본질적 요소로서 대통령제적 요소인 국민의 보통선거에 의한 대통령선거와 의원내각제적 요소인 의회의 대정부불신임권을 들고 있다.[42]

이원정부제에서 대통령이 실질적 권한을 향유하기 위하여 미국의 대통령과 같이 직접 국민적 정당성을 향유하여야 한다는 의미에서 대통령의 사실상 직선 내지 보통선거를 통한 대통령이라는 조건이 제기된다. 이에 따라 이원정부제에서는 대통령제와 마찬가지로 대통령과 의회라는 두 개의 국민적 정당성의 축이 병존한다.

하지만 대통령제와는 달리 정부와 의회는 일정한 연계를 구축한다. 그것은 국민적 정당성을 확보하고 있는 대통령의 정치적 무책임[43]에 비추어 수상을 중심으로 하는 정부가 의회 앞에 정치적 책임을 지는 이른바 의회의 대정부불신임권의 제도화이다. 이러한 기본적인 개념적 요소 이외에 각국에서의 헌법규범과 헌법현실에 따라 상당한 차이를 보인다. 특히 집행부의 의회해산제도와 국가긴급권은 나라에 따라 차이가 있으므로 뒤베르제 교수도 이원정부제의 본질적 요소로 보지 아니한다.[44]

4. 이원정부제의 비교헌법적 검토

뒤베르제 교수에 의하면 바이마르공화국(1919-1933), 핀란드(1919년 이후), 오스트리아(1929년 이후), 아일랜드(1937년 이후), 아이슬란드(1945년 이후), 프랑스(1962년 이후)[45] 및 포르투갈(1976년 이후)을 반대통령제 헌법부류로 들고 있다.[46]

---

42) Maurice Duverger "Le concept de régime semi-présidentiel", in *Les régimes semi-présidentiels*, p. 7.

43) Olivier Beaud, "La contribution de l'irresponsabilité présidentielle au développement de l'irresponsabilité politique sous la 5e Républiqie", *R.D.P.*, 1998, pp. 1541-1561.

44) *Ibid.*

45) 프랑스의 이원정부제에 관하여 국내에서는 단순히 제5공화국이라고 하거나 아니면 1958년-1962년의 대통령간선제헌법을 예시하는 경우도 있다. 그러나 뒤베르제 교수를 비롯한 일반적인 시각은 오히려 1962년 대통령직선제 이후를 본격적인 이원정부제(반대통령제)로 들고 있다.

46) 성낙인, "프랑스 이원정부제의 현실과 전망", 헌법학연구 제4집 제2호, 한국헌법학회, 1998, 148-187면 및 프랑스헌법학, 350-357면의 핀란드의 반대통령제 참조.

(1) 헌법규범상 대통령의 지위와 권한

〈도표 2〉 반대통령제(이원정부제)에서 헌법상 대통령의 권한[47]

	수상임명권	수상면직권	의회해산권	법률안발의권	법률안거부권	국민투표회부권	위헌법률제청권	법률명령제정권	명령제정권	정부결정거부권	공무원임명권	행정통제권	외교권	헌법재판관임명권
핀란드	○		●	○	●				●		●	●	●	
아이슬란드	●		○	○	○	○		○		○	○	○	○	
바이마르	●	●	●		●			●			○		○	
포르투갈	●	●	○		●		●				○		○	●
오트리아	●	●	●		●						○		○	
프랑스	●		●		●		●				○		○	
아일랜드	○		○			○	●							●

● 결정권   ○ 저지권이나 공동결정권

의원내각제적인 유럽 각국의 정부형태에서 비롯된 국가원수의 명목상 지위와 권한은, 이원정부제에서 대통령의 지위와 권한의 실질화가 헌법규범상 제도화되어 있다는 점에 그 특징을 찾을 수 있다. 그러나 대통령의 헌법상 특권은 헌정의 실제에서는 나라마다 상당한 차이를 보인다.[48]

프랑스 대통령은 통치자(gouvernant)라기보다 오히려 조정자(régulateur)적 입장이다. 대통령은 법률안거부권·의회해산권·국민투표회부권·의회의 다수파의 지지를 받을 수 있는 수상의 선택권 등이 있다. 그러나 대통령이 스스로 입법이나 정부에 관여하는 것은 헌법 제16조의 비상대권의 발동이나 고급공직자임명에 한정된다.

아일랜드 대통령은 조정자라고 보기에도 부족한 권한을 가질 뿐이다. 그는 의회에서 통과된 법률의 적헌성 심사요구·의회에 대한 임시회 소집 및 의회에 대한 교서권을 수상의 동의가 있어야만 행사할 수 있다. 동시에 그는 수상에 의한 의회해산요구나, 상원 과반수 및 하원 3분의 1 이상의 공동발의에 의한 국민투표회부요구를 저지할 권한을 가진다. 이들 대통령의 권한은 별다른 정치적 영

---

47) Maurice Duverger, *Institutions politiques et droit constitutionnel 1,* Paris, P.U.F., 1988, p. 324; *Echec au roi,* p. 22.

48) Maurice Duverger, *Institutions* …, p. 324; *Echec au roi,* pp. 22-31.

향력을 발휘하지 못하지만, 의원내각제의 상징적인 국가원수의 지위를 뛰어넘는 것이다. 따라서 아일랜드는 반대통령과 의회제의 경계선상에 위치한다.

반면에 바이마르·오스트리아·포르투갈 헌법상 대통령은 조정자 이상의 중요한 특권을 향유한다. 대통령은 수상을 의회의 불신임이나 자유의사에 의한 사직이 아닌 스스로의 권한으로서 수상의 의사에 반하는 면직처분을 할 수 있다. 따라서 수상이 이끄는 정부는 의회와 대통령으로부터 각기 신임을 얻어야만 존속할 수 있다. 오스트리아 헌법은 조정자적 대통령의 기능을 뛰어넘는 이 특권만을 향유한다. 바이마르와 포르투갈 헌법은 거부권을 통하여 법률제정을 차단할 권리를 대통령에게 부여한다. 이것은 통상적인 대통령의 법률안재의권이 이미 의회에서 통과된 법률안에 대하여 동일한 조건에서 의회의 재의결과정이므로 단순한 법률제정 연기효과밖에 없다는 점과 구별된다. 포르투갈 헌법상 대통령의 거부권행사 시 의회에서 재적의원과반수의 찬성을 얻어야 할 뿐만 아니라, 특히 선거법, 공·사유재산에 대한 제한 및 국방과 외교에 관한 법률은 재적의원 3분의 2 이상의 찬성을 얻어야 법률안을 통과시킬 수 있다는 점에서 대통령의 진정한 저지권이다. 바이마르공화국 대통령은 또 다른 형태의 거부권, 즉 의회에서 통과된 모든 법률안에 대하여 국민투표에 회부할 수 있다(아이슬란드도 비슷함). 이론상으로는 국민에게 의사결정권을 부여한다는 점에서 바이마르제도가 우수한 것 같으나 실제로 국민투표는 어렵고도 힘든 절차이다. 바이마르헌법 제48조에 의하면 "국가의 안전과 공공질서가 지나치게 혼란하고 위협받았을" 때 프랑스 헌법 제16조보다 더 강력한 비상대권을 부여하였다. 아이슬란드 대통령은 의회휴회기간 중에 임시법률(loi provisoire)을 제정할 권한을 가진다.

아이슬란드와 핀란드 헌법상 대통령은 조정자 이상의 지위, 즉 통치자로서의 지위와 권한을 가진다. 그는 수상 및 정부와 협의 아래 국정지도에 참여한다. 아이슬란드 헌법상 모든 정부의 정책결정은 대통령이 서명하여야 하며, 반면 대통령의 고유한 결정사항도 관계 각료의 부서가 있어야 한다는 점에서 대통령과 정부는 상호 저지권을 공유한다. 이는 반대통령제 국가 중 집행권 내부의 양두제가 가장 엄격한 헌법모델이다. 그러나 헌정의 실제상 두 개의 축의 일치는 대통령·국회의원선거의 불일치로 인하여 일시적일 수밖에 없기 때문에 헌법상의 대통령 권한의 보장에도 불구하고 그는 통치자이기보다는 조정자적 역할을 수행

한다. 그런 점에서 핀란드 헌법은 아이슬란드에 비하여 대통령과 정부의 독자적
고유영역을 보장하고 있기 때문에 비융합적이다. 대통령은 관계 각료와 관계없
이 독자적으로 행정통제에 나아갈 수 있으며, 반면 정부는 대통령이 참석하지
아니하는 회의에서 정부의 중요한 활동을 결정·집행할 수 있다. 그러나 실제 국
가의 주요 사항은 대통령주재로 결정되며, 대통령 자신이 법안제출·명령제정·
고위공직자임명 등에 관한 결정권을 국무회의에서 행사한다. 이러한 대통령의 독
자적 결정은 관계 각료의 부서를 통하여 실행되지만 이 부서는 대통령의 결정이
위법한 경우에만 거부될 수 있다는 점에서 대통령의 폭넓은 자치권을 의미한다.

결국 헌법규범상으로 본 대통령의 권한에 관한 비교헌법적 고찰에 의할 경우
그 권한의 강도에 비추어 본다면, 통치자(아이슬란드·핀란드) – 조정자 이상(바이
마르·오스트리아·포르투갈) – 조정자(프랑스) – 조정자 이하(아일랜드)로 나누어
볼 수 있다.

(2) 헌법현실상 대통령의 권한(실질적 권한)

〈도표 3〉 반대통령제(이원정부제)의 헌법규범·현실상 대통령의 권한[49]

	대통령의 권한	
	헌법상 권한	실제 권한
권한의 상하위에 따른 분류	1. 핀란드 2. 아이슬란드 3. 바이마르 4. 포르투갈 5. 오스트리아 6. 프랑스 7. 아일랜드	1. 프랑스 2. 핀란드 3. 바이마르 4. 포르투갈 * 프랑스 5. 오스트리아 6. 아이슬란드 7. 아일랜드

다른 모든 정부형태와 마찬가지로 반대통령제도 헌법규범과 헌정실제의 괴
리현상이 나타난다.[50]

---

49) Maurice Duverger, *Institutions* …, p. 328; M. Duverger, *Echec au roi*, p. 33.
50) Maurice Duverger, *Institutions* …, p. 328; *Echec au roi*, pp. 32-44.

　　프랑스와 아이슬란드의 경우 규범과 실제 사이에 상당한 괴리가 드러난다. 프랑스 대통령은 헌법상 7개국 중 하위에 속하나 의회의 다수파와 대통령이 일치할 경우에는 가장 강력한 권한을 향유한다. 1986년부터 1988년까지·1993년부터 1995년까지·1997년 이후 2002년까지의 이른바 동거정부(gouvernement de cohabitation)에서 대통령의 실제 권한은 훨씬 약화된다. 반면 아이슬란드 대통령은 헌법상 강력한 지위에도 불구하고 실제로는 취약한 지위에 있다. 프랑스와 아이슬란드에 이어 포르투갈과 오스트리아가 그 다음 부류에 속하고, 바이마르와 핀란드에서는 규범과 실제는 비슷한 양상으로 나타나며, 아일랜드의 경우 의회제와 비슷한 양상이다.

　　결국 헌정실제상 대통령의 권한을 비교헌법적으로 고찰하면 그 지위의 강도는, 프랑스(의회의 다수파와 대통령이 일치할 경우) – 핀란드 – 바이마르 – 포르투갈·프랑스(동거정부) – 오스트리아 – 아이슬란드 – 아일랜드 순으로 나타난다.

(3) 대통령과 의회와의 관계

〈도표 4〉 반대통령제(이원정부제)의 대통령과 의회다수파의 관계[51]

대통령과 의회 다수파와의 관계	대 통 령			
	다수파 수장	반대	다수파 구성원	중립
단일적	전제군주	조정자	상징	조정자
지배정당의 연합	제한군주	조정자	상징	조정자
균형된 연합	양두제	조정자	상징	조정자
준 다수파	제한군주	조정자	상징	조정자
다수파의 부재	✕	✕	✕	양두제
	논리상 불가능한 상태			

　　대통령의 실제 권한은 헌법상 보장된 권한보다는 오히려 의회다수파의 구조나 그와 관련된 대통령의 위상에 더 의존한다. 반대통령제에서 대통령과 의회다수파 사이의 관계를 살펴보면 다음과 같다.[52]

　　실제 의회 다수파의 존재 여부는 반대통령제뿐만 아니라 모든 정부형태에 출현할 수 있다. 흔히 규율화된 동질적이고 안정적인 의회다수파의 존재를 영국식

---

51) Maurice Duverger, *Institutions* …, p. 329; *Echec au roi*, p. 122.
52) Maurice Duverger, *Institutions* …, p. 329; *Echec au roi*, pp. 120-136.

내각책임제에서 찾고 있지만, 영국의 경우에도 1922년에서 1931년 사이의 과도적 3당제 시절에 이 다수파의 부재현상을 체험한 바 있다. 또한 영국과 반대되는 의회의 동질적·안정적인 다수파부재를 이탈리아의 예에서 찾고 있지만, 1948년에서 1953년 사이 이탈리아에서도 의회다수파가 존재할 때가 있었다.[53) 따라서 의회다수파의 존재 여부는 모든 정부형태에 공유될 수 있는 하나의 인자이며, 그것은 또한 반대통령제의 해명에도 중요한 요소이다. 그러나 이들 의회다수파의 존재 여부는 각국의 특유한 정치문화 및 헌법제도의 산물임을 간과하여서는 아니 된다. 정당제도의 현실적·역사적 양상이 헌법현실에 반영되듯이, 선거제도는 선거결과에 직접적 영향력을 발휘하여 이것이 곧 다수의회제의 존재 여부에까지 영향을 미친다. 예컨대 전통적인 다당제국가인 프랑스에서 제5공화국의 국민의회의원선거에서 2회제 다수대표제의 채택은 다당제에서 양극화 현상[54)을 초래하여 안정적인 다수의회제(parlementarisme majoritaire)로 귀착하고 있음은 이를 잘 반증한다.

또한 대통령과 의회의 다수파와의 관계가 중요한 한 인자가 된다. 의회다수파의 존재는 세 개의 상이한 정치적 상황을 연출한다.[55) 첫째, 의회의 다수파와 대통령이 동일한 정치세력이거나 혹은 그들이 대통령을 지도자로 받아들일 경우에 이는 영국식 내각책임제에 비견할 수 있으며, 대통령은 수상과 같은 실질적 권한과 왕과 같은 상징적 권한을 공유한다. 이것은 곧 대통령이 부여된 헌법상 특권에 의회다수파의 장으로서의 정치적 힘을 겸하여 정부와 의회를 지배하게 한다. 둘째, 대통령과 의회의 다수파가 상이할 경우에 대통령은 헌법상 부여된 권한 속에 가두어지며, 오히려 다수파의 지지를 받는 수상은 집행부의 진정한 장으로 부상한다. 셋째로 대통령과 의회의 다수파가 같은 정파에 속한다 할지라도 그 다수파가 대통령을 그들의 지도자로 받아들이지 아니할 경우, 대통령은 의회다수파나 그 지도자에 정치적으로 따라갈 수밖에 없으며, 이는 곧 대통령의 허약한 지위로의 전락을 의미한다.

---

53) Maurice Duverger, article précité(Le concept …), pp. 14-15.

54) W. R. Riker, "Le bipartisme et la loi de Duverger. Un essai sur l'histoire de la science politique," *Mélanges Duverger*, P.U.F., 1987, pp. 405-423.

55) Maurice Duverger, *Instititions* … p. 191; article précité, pp. 16-17; 각국별 상세 및 이에 관한 개별적 고찰은, *Les régimes semi-présidentiels*, pp. 181-200 참조. 여기에서는 프랑스, 포르투갈(1979-1983) 등의 경험을 비롯하여 프랑스에 있어서의 대통령과 의회다수파의 불일치에 따른 예측 등을 각기 학자들이 분석한다.

반면 의회 다수파의 부재는 비다수의회제와 일치되는 현상을 초래한다.[56) 이 경우 대통령의 안정은 정부의 안정을 보장하기 힘들 것이다. 프랑스에서는 좌우 어느 진영으로부터도 용납될 수 있는 중도정부를 구성함으로써 이른바 선택적 다수파(majorité alternative)의 놀이를 통하여 안정적 정부를 유지할 수 있을 것이라는 견해도 있다. 그러나 바이마르와 핀란드에서의 경험은 정반대이다. 바이마르 공화국대통령은 평시에 별다른 역할을 수행하지 못하였으며, 위기 시에는 반대로 준독재자로서 의회해산권을 통하여 대통령 중심의 정부를 구성하여 통치권자로 등장한 바 있다. 이에 공화국의회는 그 영향력을 상실하게 된다. 핀란드에서 대통령은 상당히 어려운 역할을 수행하고 있음을 인정한다. 그러나 그 역할에도 불구하고 의회의 안정된 다수파형성에는 실패하고 있으며, 이에 따라 정부의 존속 기간은 평균 1년 정도에 불과하다. 이 정부 존속기간은 바이마르나 핀란드에 있어서도 마찬가지이다.

Ⅳ. 결   어

절충형 정부형태의 한 전형으로 볼 수 있는 이원정부제(반대통령제)의 기본적인 특징은 국민으로부터 선출된 대통령과 의회라는 두 개의 국민적 정당성이 병존한다는 점이다. 이에 따라 집행부는 일정한 실질적인 권한을 가진 대통령과 의회 앞에 정치적 책임을 지는 수상을 중심으로 한 정부라는 이원적 구조를 취한다. 이원정부제(반대통령제)는 의원내각제 전통이 뿌리 깊은 유럽대륙에서 비롯되었다는 점에서 그것은 의원내각제의 기본 메커니즘에 종래 상징적인 대통령이 이제 실권을 가진 대통령의 모습으로 변환함을 의미한다.

특히 프랑스 제5공화국의 이원정부제 헌법에서 드골·퐁피두 대통령 통치기간의 강력한 '대통령주의제'(régime présidentialiste)[57)를 빗대어 이를 '공화적 군주제'(monarchie républicaine)[58)라고 부르기도 하지만, 미테랑 대통령 집권기간

---

56) Maurice Duverger, *Institutions* …, pp. 191-192; article précité, p. 17. 이에 관한 개별적 상세에 관한 학자들의 분류 및 설명에 관하여는, *Les régimes semi-présidentiels*, pp. 101-180 참조. 핀란드, 바이마르, 포르투갈(1976-1979)의 경험 및 프랑스에서 국회의원선거제도의 비례대표제에로의 개정시에 따르는 결과 예측 등이 각기 설명되고 있다.

57) Francis Decaumont, *La présidence de Georges Pompidou: Essai sur le régime présidentialiste française*, Paris, Economica, 1979.

58) Maurice Duverger, *La monarchie républicaine*, Paris, Edition Robert Laffont, 1974, p. 12.

에 두 차례에 걸쳐 체험한 바 있고 1997년 총선거 이후 2002년까지 시라크 대통령 집권기간 중에 진행된 대통령과 의회의 다수파의 불일치에 따른 '동거정부'[59]의 경험은 하나의 헌법이 헌정현실에서 다양하게 적용됨을 단적으로 보여준다.

이원정부제에서는 집행부가 대통령과 수상을 중심으로 한 정부로 명실상부하게 이원화된다. 따라서 이제 반대통령제에서 권력의 축은 대통령·정부(내각)·의회라는 삼각구도로 이루어진다. 이들 사이에 이루어지는 권력의 중심이동은 국민으로부터 직접선출된 대통령과 의회라는 두 개의 국민적 정당성의 축의 현실적인 향방 여하에 따라 좌우될 수밖에 없다. 즉 의회 앞에 책임을 지는 정부는 어떠한 경우에도 의회의 뜻을 거역할 수는 없기 때문이다. 그러나 무엇보다도 유럽에서 이원정부제의 성공적 정착은 바로 주권적 의사에 순응하는 권력이라는 점이다.[60]

---

59) 프랑스에서의 동거정부론의 상세는, 성낙인, 프랑스헌법학, 563-587면; 정재황, "프랑스에서의 동거정부에 대한 헌법적 일고찰", 공법연구 제27집 제1호, 한국공법학회, 1998.12, 153-204면 참조.

60) 바로 그런 점에서 박인수 교수는 "현행 프랑스헌법상 정부형태에 관한 소고"(심곡 정광용교수 회갑기념논문집, 1991, 304면)에서 이원정부제를 "유효적 국민제도"(régime populaire effectif)로 평가하고 있다.

[Resume]

Dual Executive System (Semi-presidential System) :
A system of sharing powers

The hybrid system of government is often understood as a comprehensive concept. It refers to any government form which differs from, but also has some features of a traditional (unicameral) parliamentary cabinet system and the U.S.-style presidential system. Thus, defining a dual executive system (regimes semi-presidentiels) as a new government model in contrast to the hybrid system in general is still a controversial subject.

The origin of the 'dual' in the dual executive system has its roots in European states. In European states, the tradition of the parliamentary cabinet system has prevailed. Under such system, the president is just a ceremonial figure. However, under the dual executive system the president exerts significant influence by being directly elected by the people. A dyarchy, in which the president and the prime minister each has legitimacy is created. It is also referred as the semi-presidential system or quasi-presidential system, based on the fact that the President has substantial power.

Under the dual executive system, the executive branch (the government in a broader sense) is split into two executive bodies, each led by the president and the prime minister. In a constitutional monarchy, as the king has only symbolic, titular, and ceremonial status and authority. it cannot be labeled as a dual executive system. The term semi-presidential system is accurate in that the head of state is not the king but the president. In this light, the dual executive system, or the semi-presidential system, can be interpreted as a modern variation of the dualistic parliamentary cabinet system. A dualistic parliamentary cabinet system was introduced in the process of democracy's development, and it is a system in which the king and the parliament shared power.

An ideal way for the president to obtain actual power in a dual executive government is to secure popular legitimacy, like the president of the United States. The president should be elected directly by the people. Accordingly, under the dual executive system, two sources of popular legitimacy co-exist in the form of the president and parliament, as is the case with the presidential system.

Unlike the presidential system, the government and the parliament are intertwined. While the president with popular legitimacy is not held to the same political responsibility as the prime minister, the government led by the prime minister is politically accountable to the parliament. This arrangement is put into practice by the parliament's power to pass motions of no confidence against the government. Maurice Duverger contends that the parliament's power to pass motions of no confidence against the government—an element of the parliamentary cabinet system—, and election of president through direct universal suffrage—an element of the presidential system—, are essential elements of the dual executive system as well.

In conclusion, the essential elements of the dual executive system may be summarized as (a) the existence of dual executive bodies(dyarchy), (b) *de facto* direct election of the president, and (c) the parliament's power to pass motions of no confidence against the government.

Keyword : dual executive system, semi-presidential system, regimes semi-presidentiels, parliamentary cabinet system, presidential system, regimes politiques

2. Comprehensive Governance: Korean Perspectives*

I. Preface

In the process constitutional rules and constitutional reality operate, there must be constant dialogues between political leaders. In that sense, a political process is a cooperative governance. Among them, the separation of the government and the majority party in the parliament and the operation of political processes following the formation of a heterogeneous majority parties are typical cases where cooperative governance is inevitable. However, the cooperative governance is not properly implemented in the political process in Republic of Korea. The concept of the cooperative governance is not even familiar in Korea.

The concept of the cooperative governance or direction of discussion can vary fundamentally depending on the form of the nation, the division of powers and the form of government. In principle, the cooperative governance can be understood as a politics or a political rule that divide a country's ruling power. The divided power can vary in a presidential system with a strict separation of power, and the parliamentary government system with a less strict separation of power, and dual executive system which is in the middle of these two system.[1]

* *Public Law* Vol. 47 n° 2(2018.12.) Keynote Speech, "Coalition Agreement" as a Constitutional Document and Comprehensive Governance(헌법문서로서의 연정협약과 협치), 2018 Korea Public Law Association(KPLA) International Symposium, National Assembly Member's Office Building, 2018.10.27. Translated by JIN Su－yen(Attorney at Law); Academically proofread by KIM Jae－sun(Professor, Pusan National University) & KIM Young－jin (Professor, Incheon National University).

1) SONG Ki－chun(LEE Jong－su, JUNG Jae－do, CHA Dong－uk), *The possibility of joint government for cooperation in our country and its normative conditions*, (National Assembly Research Institute of Korea Among these reports), Korean Constitutional Law Association, 2017: The report published by the Korean Constitutional Law Association,

Above all, if the government and the majority of the parliament are same, it will not be necessary to discuss the cooperative governance, regardless of the form of state or government. In the end, the cooperative governance is the result of debates on how to lead state affairs in the case of a mismatch between the government and the majority of parliament or a failure to secure a stable and homogeneous majority. In this regard, regardless of whether the constitutional rule expects the cooperative governance, it is inevitably brought up in the constitutional reality. In particular, I have long stressed the need for fundamental reflection on various constitutional issues that could be operated under the current Constitution of the Republic of Korea.[2] This paper compiles the opinions of the author on the premise of possible constitutional realities.

Below, the paper examines the cooperative governance in the parliamentary government system, which is a relatively strong cooperative model, and the cooperative governance in the presidential system, which is a very weak cooperative model, and the cooperative governance of dual executive system, which balances the two extremes above. Next, this paper looks at types of the cooperative governance in the history of Korean Constitution, and then looks at the cooperative governance of the current constitution and its possibilities in conjunction with the reality of the constitution. Finally, this paper looks at the necessity and possibility of the cooperative governance in light of harmonizing the constitutional rulings and constitutional reality.

without any academic research on cooperation, appears to be based on valuable research papers on cooperative governance in Germany, France, the U.S., and Korea. These countries each represent the parliament government system, the presidential system, the dual executive system, so the research seemed to be distributed based on it. In this report, "The Possibility of Joint Government for Cooperation in Korea and Its Normative Condition" by SONG Gi−chun and "A Comparative Study on the Normative Conditions for Cooperation−Focused on German Cases" by LEE Jong−su are included in Vol. 23. No. 4 of *Constitutional Law*(2017.12).

2) SUNG Nak−In, "Korean Constitution and dual executive system", *Constitutional Law*, Vol. 5, No. 1, Korean Constitutional Law Association, 1998; SUNG Nak−In, "Dual executive system", "Dual executive system under current Constitution of Korea and its realistic possibility", "Introspection and task of the presidential system in Korea", *Constitutional Law Studies*, Bobmun Sa, 2018.

Ⅱ. Cooperative Governance according to government type

1. Type of government

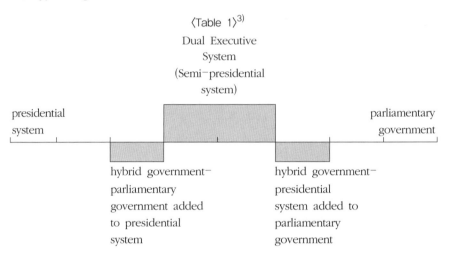

⟨Table 1⟩[3]

Except for the Second Republic of Korea in the history of Korean Constitution, the form of government is traditionally described as a presidential system, a president centered governmental system, a power−distributed presidential system, and a Korean style presidential system. However, characteristics of parliamentary government is unconsidered or ignored even if it has been accepted since the first establishment of Korean constitution. Accordingly, the dual executive government system as an independent government is also neglected.

In response, I presented a diagram 20 years ago for a specific and systematic understanding of the form of a government. I divided the two extremes of the presidential system and the parliamentary government system into eight sections, focusing on constitutional standards.[4]

(i) if more than six−eighths have elements of the presidential system, it may be regarded as a presidential system. Therefore, it is difficult to

3) This table was originated from my thesis, "Korean Constitution and dual executive system" in 1998.(*Ibid.* note 2)

4) SUNG Nak−In, *Constitutional Law* (18th Edition), Bobmun Sa, 2018, pp. 380−381.

operate the constitution as a parliamentary government system or a dual executive government system in this case.

(ii) similarly, in the case that more than six−eighths have elements of the parliamentary government system, it can be regarded as a parliamentary government system. Therefore, it is difficult to administer the constitution as a presidential system or a dual executive government in this case.

(iii) If between five−eighths and six−eighths have elements of the presidential system, it is considered to be a compromise with the elements of the parliamentary government system because it is difficult to simply regard it as a presidential system. In this case, it can be operated as a presidential system or a dual executive government system.

(iv) If between five−eighths and six−eighths have elements of the parliamentary government system, it can be seen as a compromised governmental system, which is a concept of a presidential system added to a parliament government system, since it is difficult to simply view them as a parliamentary government system. In this case, the system could be administered either as a parliamentary government system or as a dual executive government system.

(v) if a government has elements of the presidential system of between three−eighths and five−eights or that has elements of the parliamentary government system of between three−eighths and five−eights, it is difficult to name it as a compromised governmental system. Therefore, this case should be categorized as dual executive system which is the third independent form of a government. Under such constitutional standards, there is a possibility that the constitution under dual executive house will develop at all times.

2. Cooperative governance in the parliamentary government system

(1) Cooperative governance according to the type of parliamentary government system

The main three themes of the parliamentary government system are the formal dualism of executive power, practical unification, the government in charge of parliament and the government's right to dissolution. The parliamentary government system has an advantage of being able to clarify the whereabouts of political responsibility through the sole justification of the National Assembly (political accountability). In particular, the value of the system can be assessed in that it can ultimately leave the resolution of political conflicts to the will of the people, who are in power, by operating the balance between the administration and the government's disintegration authority(balance theory). However, political instability in the parliamentary government system often suggests political and cultural conditions for the establishment of the parliamentary government system, as it ultimately results in government instability and the instability of the country. Rationalization of the parliamentary government system, established in European countries, is the result of institutional correction of such problems.[5]

In general, the parliamentary government system is divided into the continental and classical parliamentary government system and the British cabinet system. However, the British cabinet system, which is a two−party state, does not require any cooperative governance. However, the cooperative governance is inevitable in the multiparty parliamentary system. In this case, unstable cooperative governance aims at the stability and success of the government through a rationalized parliamentary government system.

(2) Unstability of government in continental and conventional parliamentary government system−unstable cooperative governance

The archetype of continental and classic parliamentary government system is one in France's 3rd and 4th Republic. The executive powers were divided between the president and the prime minister, but since the Mark−Mahon incident in 1877, the president did not exercise the actual authority of executive powers. After this incident, the parliamentary dissolution right granted to the president in the constitution (the constitutional law) was effectively established as the government's parliamentary dissolution right.[6] The constitution of the fourth Republic, established later, still follows the model of the Third Republic. However,

---

5) SUNG Nak−In, *Ibid.* pp. 364−365.
6) HAN Dong−hun, *The Third Republic Constitutional System in France*, Korea academic information, 2009.

the coalition government was so vulnerable that a form of strong parliament and weak government ensued because of the excessive use of nonconfidence in the multi−party system.

Italy is still not free from the classical parliamentary government system, and political instability often occurs. In a multi−party system, the instability of the majority in the parliament quickly leads to the instability of the government. Since 1948 until the 1980s, the Communist Party was consistently the second largest party, but did not participate in the formation of a coalition government. In particular, in the general elections in 1983, the Communist Party secured approval ratings and seats that were almost identical to the majority party. The second largest communist party's boycott of the coalition soon resulted in government instability.[7]

(3) Stabilization of the British Cabinet Responsibility System −

   unnecessary cooperative governance

The Cabinet accountability system established in the UK, in conjunction with the relative majority election system, was able to establish a strong government in its own two−party system. The challenge to the prime minister, the leader of the majority, in Britain's disciplined bipartisan system is hard to imagine. In the course of the development of the British cabinet system, the king, who was the head of state, was appointed "King reigns, but does not govern" as part of the establishment of a parliamentary government system. As a result, the government receiving stable support from parliament became more powerful, resulting in a strong government and weak parliament that is evaluated as a prime minister system.

In Britain, however, a general election held in 2017 followed by a general election in 1974 and 2010 resulted in a Hung Parliament. Finally, the first party agreed with the minor parties to form a coalition government. In that sense, it is judged that there is at least room for cooperative governance in the UK.

7) Pierre Pactet, *Institutions politiques et droit constitutionnel*, Paris, Armin Colin, 2000, pp. 192−205.

(4) Japan's democracy without a power transfer – the absence of cooperative governance

Japan had adopted a parliamentary government system based on the constitutional monarchy since World War Ⅱ.[8] However, the ruling Liberal Democratic Party is leading the politics overwhelmingly. For the past 70 years, the Liberal Democratic Party took power except for 1993－1994 and 2009－2012. After studying Japanese－style democracy without a regime change, Sartori explained it as a 1.5 times political theory.[9] However, there are doubts whether Japan's democracy can be prolonged without a regime change. The process of operating a political system in Japan is a subject of research. Although the Liberal Democratic Party had restricted the period of serving as prime minister to only two terms, Prime Minister Shinzo Abe changed this rule in 2018 and now is on his third term. A certain person of a certain party can have power for a long period of time.

(5) Stability of the government in a rationalized parliamentary government system–successful cooperative government

The efforts to resolve government instability in multi－party systems in Europe have emerged as rationalization of parliamentary systems or rationalized parliamentary systems. One of the major cases was the introduction of a constructive no－confidence vote system to implement a strong government while stabilizing the parliamentary government system (Konrad Adenauer 1949~1962; Helmut Kohl 1982~1998; Angela Merkel 2005~ present), which the Basic Law of the Federal Republic of Germany did in 1949 after World War II. The great work of German reunification can be evaluated as possible by the long term reign of Chancellor Helmut Kohl. Even though Germany is a country of a multi－party system, it maintains stability of constitutional politics.

In Germany, a coalition government agreement is created between the partner parties that make up the coalition government. The Koalitionsvertrag, which contains the government's basic policies to be pursued together

---

8) JEONG Man－Hee, "The 5th chapter, the parliamentary system under the Constitution of Japan", *Constitution and Governing Structure*, Bobmun Sa, 2004.
9) Giovanni Sartori, *Parties and Party Systems*, Cambridge: Cambridge University Press, 1976.

through the negotiations for a coalition government, guarantees political momentum even though it is not legally binding.[10]

Meanwhile, unlike the Federal Republic of Germany, the Netherlands, which is a constitutional monarchy, also has a coalition government. It is impossible for certain political parties to secure an absolute majority because of the proportional representation system. The Christian Democratic Party (CDA) maintained its first place in the general elections the 2003, but the coalition failed to win a majority even after VVD joined, a coalition partner. Therefore, D−66, another coalition partner, joined together and the new coalition party combining 3 parties was established.

3. Cooperative governance in the presidential system

(1) President-centered government

The United States is the country in which the presidential system works successfully. Whereas various countries implement parliamentary government system, the presidential system refers to the U.S. style presidential system unless there is a special explanation. Today, however, along with the democratization, the presidential system has been successfully established in these countries.

In developing countries that have adopted the U.S. style presidential system, the constitution system often changes from a constitutional ruling to an authoritarian one despite the democratic nature of the system. On the other hand, the tendency of the presidential system in the constitutional system along with the introduction of elements of the presidential system in the Constitution of the 5th Republic of France, a traditional parliamentary system, is seen as the introduction of the positive aspects of the system.

(2) Mismatch between the presidential system and the majority of the National Assembly-Divided government

The key element of the presidential system comes from the presence of public justification, the president, the head of the executive branch, and the National Assembly. The executive branch consists of the president. Although it has problems, the president is formally elected

---

10) Lee Jong−su, *supra* note 1.

through an indirect election through the Electoral College every four years, but it can be seen as a direct election in practice.[11] Parliament shall consist of a two−year term House of Representatives and a six−year term Senate. In particular, depending on the mid−term election in which the whole House of Representatives and one−third of the Senate is up for election during the presidential term, it is inevitable that the majority of the president and parliament does not correspond. There have been only few cases in which the president and the majority of the Congress have been identical since the mid−term election. Under both the Republican and Democratic parties, the collapse of the ruling party leads to a divided government.[12]

In a strict separation model between the executive administration and the parliament, the president and Congress make national affairs difficult. The government does not even have the right to introduce legislation. The extensive personnel hearing process, which is centered on the Senate, could restrict the formation of the president's government. In the U.S., the president should continue talking with leaders of the ruling and the opposite parties. The president's persuasion could soon lead to a stable political situation.

4. Cooperative governance in the dual executive government system

(1) Definition

After the Second World War, Charles de Gaulle left politics after a referendum on the constitution of the fourth Republic, which contains a

---

11) The U.S. presidential election can be either indirect election or a virtual direct election. However, in two elections held in the 19th century, the president−elect has a smaller precedent in terms of the actual voter's effective vote. In 1876, Samuel Tilden lost with 50.9 percent of the vote whereas Rutherford Hayes won with 48 percent of the vote. In 1888, the President−elect Benjamin Harrison only gained 47.8 percent of the vote whereas Grover Cleveland lost with 48.6 percent of the vote(André Hauriou, *Droit constitutionnel et institutions politiques*, Paris, Montchrestien, 1980, p. 504 note 117). For details, refer to the "Government form and presidential election system," *Court Notification*, 1997.10. But both Al Gore in 2000 and Hillary Clinton in 2016 secured more votes, respectively, but defeated by George W. Bush and Trump.

12) Refer to KWON Young−sol, *The Relevance of Constitutional Law: Theories and Discourses*, Bobmun Sa, 2006; AHN Kyong−whan, *Understanding the American Constitution*, Parkyoung Publishing & Company, 2014.

strong government idea, was rejected. However, when the fourth Republic was in crisis, de Gaulle was invited with the last hope save the 4th Republic, came up with the Fifth Republic Constitution, which includes reducing parliamentary authority and the realization of presidential power with mediated power. In particular, the Constitution's election system in 1958 was revised in 1962 under the direct presidential election system, and now the president directly has the legitimacy of the people from the sovereign. Therefore, the Constitution of the Fifth Republic of France is no longer referred to as the parliamentary government system, but as the opposite system. The dual executive government system includes the Republic of Weimar, Finland, Portugal, Ireland, Iceland, and Australia. However, there are many different aspects of constitutional government in a dual executive government.

The dual executive government refers to the dual system of executive power, which is the dual system of the president and the Cabinet (the prime minister−led government). The dual executive means that the president and the prime minister exist respectively. The essential elements of the dual executive system are the substantive dualism of the first executive branch, the *de facto* direct election of the second president, and the non−confidence of the parliament.

Under the dual executive system, the executive administration is divided into the president and prime minister. Therefore, the axis of power consists of a triangle between the President, the Government, and the Legislature. The shift in power is dependent on the realistic direction of the two national legitimacy−the president elected from the people and the parliament. Not only will the direction of the sovereign be clear according to election results, but responsible politics can be implemented at the same time. The government responsible in front of the parliament cannot, in any case, oppose the will of the parliament. The successful settlement of the European dual government system was due to the power that conformed to the sovereign's will.

[Co-relation of constitutional reality in France's 5th republic]

1. Presidential system: correspondence of the president and the majority of the parliament

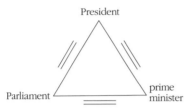

2. Dual executive system: discordance of the president and the majority of the parliament

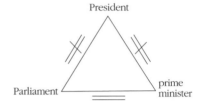

(2) Mismatch between the President and the majority of Parliament – Unavoidable cooperative governance (co–government)

Historically, the failure of the Weimar Republic may be seen as a failure of the dual executive system.[13] However, the constitutionality of each country that currently practices the dual executive system shows that the dual executive system is not a failed model as a form of government. In particular, the Constitution of the 5th Republic of France, which was dual executive system that led by President De Gaulle and Pompidou, is called as "monarchie réublane."[14] However, the experience of 'gouvernement de la cohabitation' which is followed by discordance of the president and the majority in the parliament between 1997 and 2002 when led by president Chirac, revealed that various constitutional realities could appear under one constitution.[15]

The uncomfortable experience of government of cohabitation reduced the president's term from 7 years to 5 years through the constitutional amendment, which is the same as the National Assembly's, but as long as the president's parliamentary dissolution rights exist, inconsistencies still may arise. Especially, Macron, who won the 2017 presidential election, was elected through the creation of a new political party in a third

---

13) SONG Seog−youn, *Politische Parteien und Verbände in der Verfassungsrechtslehere der Weimarer Republik*, Jungwoo Sa, 2002.

14) Maurice Duverger, *La monarchie républicaine*, Edition R. Laffont, 1974, pp. 12−16.

15) SUNG Nak−In, "Reality and prospect of the dual government system under the Constitution of France", *Constitutional Law Studies*, Bobmun Sa, 2018.

district that transcends traditional middle-of-the-road of conservatives and middle-of-the-road of progressives. Besides, marching republic led by president Macron party won an overwhelming victory and brought a new flow to traditional party forms of conservatives and progressives.

(3) Parliamentary-centered administration - parliamentary government system

Despite being classified as a dual executive government because it has a direct presidential election system, Austrian and Czech examples of parliamentary-based operations would be evaluated as cooperative governance in parliamentary government system. This shows how the dual executive government system is operating according to the constitutional reality as well as the constitutional standard.

Austria has traditionally formed a coalition government, except for a very short period of time, as no particular party became a parliamentary majority. Among them, the People's Party (NPAD) and the Social Democratic Party (SDP), which are relatively moderate, are at the center of the coalition.

Also, the Czech Republic, which recently adopted a direct presidential election system with a new constitutional amendment, falls under a category of dual executive government. Even though it is still recognized as a parliamentary system because the direct election system of the president was applied to parliamentary government system, but it should be regarded as a category of constitutional norms of the dual executive government system. Czech Republic is country where 30 political parties participate in the general elections. In particular, the Communist Party in Czech Republic still ranks third, but is not involved in coalition politics. The head of the main opposition party has traditionally been the prime minister in Czech Republic, except for in 2010 when the leader of the second largest party became the prime minister.

Both Austria and Czech traditionally have multi party system, so they write a "co-agreement" when forming a coalition government that formes a majority in the parliament.[16] In Austria, ministers of all parties participating in the agreement sign the coalition agreement. Even if only one minister in the party participating in the coalition disagrees, the bill would not be

---

16) Refer to the report of the Czech Republic and Austria visit for the study of coalition and cooperative governance cases, *National Office of Corporate Affairs*, 2017.

adopted. In Czech, partner parties participating in the coalition make detailed agreements and all of the lawmakers sign the agreement. This agreements are made public through online for transparency and accountability. What two countries have in common is that they are strongly aware that certain political parties may be able to have dictatorship if a certain party becomes an absolute majority of parliament. To prevent this, the election system adopts a proportional representation system. There have been attempts to adopt a majority parliamentary system, but it is facing public protests that support diversity.

5. Conclusion: The Impact of Elections and Political Systems rather than Government Form

Depending on the model of the government form, the model of cooperative governance also varies. The form of government is deter-mined by the constitution. Under the Constitution, however, the form of government works in various ways. No country's constitution has explicit provisions on the form of government. However, in light of the general theory of the form of government, the form of government is determined. However, the working conditions in the constitutional reality should be discussed separately. In that sense, it is necessary to link the constitutional rules with the constitutional law so as to discuss the operation of the government and the corresponding cooperative governance. The forms of government and constitutional reality are discussed above, showing the various spectrum.

The U.S.—style presidential system is based on strict separation of powers, not on the subject of cooperative governance. However, the discrepancy between the president and the majority of the Congress still exists. In particular, it is impossible for both the president and the majority party to operate as the same party. Therefore, it is impossible to operate a normal political system without the cooperative governance of the president and Congress. This is why the president's will and efforts are important in the decentralized government. In addition, there are no rules of party such as the European Parliamentary government system. As the two parties system is maintained due to the plural majority representation system, conflicts due to the absence of a third party or a majority in the parliamentary are minimized.

In a parliamentary government system, cooperative governance depends on the majority in the parliament. But the majority of the parliament depends on which election system is adopted. The reason why the British cabinet system remains stable is that it maintains a two-party system through the plural majority vote system. However, continental European countries have traditionally adopted multi-party systems. In addition, the electoral system also adopts a proportional representation system. Under the proportional representation system, it is impossible for a certain party to secure an absolute majority in the parliament. Therefore, it is inevitable to form a coalition government.

In a country with the dual executive system, there are more various constitutional realities. The unity between the president and the majority in the parliament has a stronger status and authority than the president of the United States, so it is called the Presidential System in France. But the discrepancy between the president and the majority in the parliament is an another example of cohabitation governments that are on par with the parliamentary government system. Another model is the constitutionality of the dual executive government, especially Austria and the Czech Republic, where the president is virtually not involved in state affairs even though he is elected. This is a typical example of parliamentary constitution governance. In this case, it is also inevitable to form a coalition government to form a majority in the parliament.

Ultimately, the situation in which cooperative governance is needed is found through the interrelationship of the party system and the electoral system which Duverger brought up. Duverger's "Loi de Duverger,"[17] which was proposed in "The Theory of Political Party,"[18] describes the relationship between constitutional ruling system and party systems based on electoral systems. ① A one-time majority representation system tends to be two-party, ② a proportional representation system tends to be mutually independent multi-party, and ③ a majority system conducted

---

17) Maurice Duverger, *Les partis politiques*, Armand Colin, 1ère éd., 1951, 10e éd.(Le Seuil), 1971.

18) William H. Riker, "The Two-Party System and Duverger's Law: An Essay on the History of Political Science", publié ainsi "Le bipartisme et la loi de Duverger, Un essai sur l'histoire de la sciences politiques", in *Mélanges Duverger*, Paris, PUF, 1988, pp. 405-423.

twice that is restrained by a coalition between parties. But the issue of the balance between the electoral system and the reality has been properly addressed by Vedel. Vedel brought up the ideals and realities of the representative system as follows.[19] ① The proportional representation suggests an excellent theory, but it is unrealistic. ② The majority representation provides a good idea, but it is negative. ③ The plurality vote system is efficient although its theoretical basis is limited.

Below, the discussion of cooperative governance and its direction in Korea should go further to the rules and practice of the countries we looked at above, and it should be based on the electoral system and the party systems and should not be overly idealistic.

Ⅲ. The cooperative governance in the constitution of the Republic of Korea

1. Definition

Under the Constitution established in 1987, Republic of Korea experienced a relatively diverse range of constitutional practices. Those are difficult to imagine under the new president system or imperial president system. Kim Dae－jung, when he was a candidate for the president and the head of Pyong Hwa Min Ju Party, and Kim Jong－pil, the head of Ja Min party, adopted a cabinet system and shared positions of the president, the prime minister and cabinet members. Meanwhile, President Roh Tae－woo lost his imperial position within the ruling party due to the three－party merger. Although it is not a successful example, the agreement between Kim Dae－jung and Kim jong－pil is similar to the agreement between Roh Moo－hyun and Chung Mong－joon in the 2002 presidential race and the agreement between Jung Dong－young and Moon Guk－hyun in 2007. On the other hand, Roh Moo－hyun during his term proposed a grand coalition to the opposition party. The proposal failed because the opposition party disagreed. Recently, the government of Moon Jae－in also proposed cooperative governance to

---

19) L'idée du Doyen Vedel, cité par Benoit Jeanneau, *Droit constitutionnel et institutions politiques*, Dalloz, 1981, p. 40.

the opposition party. This shows that it is not only difficult to take power without cooperative governance, but continued cooperative governance is also required after taking power.

The current Constitution combines both elements of the presidential system and the parliamentary government system, so it is not impossible to say it has aspects of dual executive government.[20] However, constitutional government in Korea has been operating under the presidential system or the president centered system, and even the imperial presidency has been common. Therefore, this paper analyzes various constitutional realities that have been unfolded under the Korean Constitution and the necessity of future cooperative government.

2. Understanding the Constitution

Because Republic of Korea adopts a direct presidential election system, it has a stronger national justification than the U.S. – style presidential system, the practical direct election system. Republic of Korea has a prime minister system, not a vice president system.

There is controversy over the existence of the government's non-confidence right, an essential component of the parliamentary government system and the dual government system. As far as the current constitution recognizes that the right to dismiss the prime minister and the members of the State Council is a mere political suggestion, the current constitution lacks the essential elements of the dual executive government system. However, it can be interpreted as the government's non – confidence right and carried out, as long as the prime minister and the National Assembly members understand that the president should respond to it unless there is a special reason not to.

The nonconfidence right of the parliamentary government originated from the individual and criminal responsibility of the Cabinet to the individual or political responsibility of the Orléans cabinet system and finally settled as a collective and political responsibility. In light of this, there is no objection that the right to dismiss the prime minister or members of the State Council is a system for asking political responsibility in parliament government system. Therefore, it is safe to understand the

---

20) SUNG, *supra* note 4 at 397–398.

right to dismiss the prime minister in the Constitution as a form of the National Assembly's right to nonconfidence to the government. Above all, since the prime minister is appointed by the president with the consent of the National Assembly, the prime minister is based on the double trust of the president and the National Assembly.

Even though the practical interpretation limits the prime minister's role to a mere presidential aide by focusing on the statement of the constitution that the prime minister takes orders from the president and manage the Executive Branch, it cannot be a futuristic interpretation of the current constitution. In this regard, it is fortunate that the Constitutional Court's minority opinion does not completely escape from the presidential system's accident, but rather tries to face up to its own constitutional standards.[21]

3. Realistic Understanding of the Constitution

(1) The transfer of power and the dual government system under the Constitution

In the broad sense, a change in the government encompasses a change of the ruling party, namely a power change between the ruling party and opposition parties (a change of government in broad terms＝a change of government in narrow terms＋a regime change). The theory of regime change should be understood directly in connection with the form of government under the constitution.[22]

The history of Korean Constitution has often been criticized as simply a "good market" of the republic by understanding the change of power as building a new republic, carrying out a sweeping revision of the Constitution and granting the new republic a turn－around.[23] Thus, the true meaning of a peaceful regime change was implemented through the presidential elections in 1997, 2007 and 2017, but it does not encompass

---

21) Constitutional Court of KOREA 1994.4.28. 89hunma221, the Constitutional Court Judge BYUN Jung－soo's dissenting opinion: "The constitutional rules of the National Assembly and the Prime Minister must be followed and should not be underestimated by the theory focusing on the Prime Minister's subsidiary role in the presidential system."

22) SUNG, *supra* note 4 at 398–403.

23) SUNG Nak－In, "The republic's sequence in Korean constitutional history", *Constitutional Law Studies*, Bobmun Sa, 2018.

the replacement of parliamentary majority and is only a small change of power, meaning the replacement of presidency.

However, it is necessary to take a future−oriented response and not to complacent. If the problem of the artificial reformation of political circles is corrected in the future constitutional system, it will inevitably result in various constitutional changes, depending on the unity and inconsistency of the five−year term of presidency and the four−year therm of the majority of the National Assembly. In particular, in an era when the charismatic president comes to an end, there could be a different constitutional reality.

Below, we will examine the past, present and future of various constitutional systems that can be developed under the current Constitution considering the changes in parliamentary majority as a basis for regime change and parliamentary democracy. In particular, the following analysis highlights France's experience in implementing various models of the dual government system in response to election results, which are the expression of sovereign during the same presidential term.

(2) Consistency of the majority of the National Assembly formed by a single political party and the President: presidential system + cooperative governance within the ruling party

During Roh Tae−woo's presidency, the short period of 'small majority party and big opposite party[24]' ended up as a 'big majority party and small opposite party' again as three parties merged. However, the president was just the head of the one political party among the three parties rather than the power holder who could control the major party. Due to Kim Young−sam's constant challenge, who was the head of largest party, the president was unable to properly control the whole combined party.

The Kim Young−sam administration was able to create a strong presidency that goes beyond the former president Roh Tae−woo by emphasizing the difference of the civilian government in a relaxed

---

24) Signs of change related to the status of the President and the National Assembly can be found in the failure to appoint Supreme Court Chief Justice Candidate CHUNG Ki−seung in 1988 and KIM yi−su in 2017.

atmosphere under 'big majority party and small opposite party.' However, the political split with Kim Jong－pil, the representative of the third political party of the Min Ja Party, was a factor that destabilized the latter half of his term.

Since then, Lee Myung－bak administration and Park Geun－hye administration had stable and secured the support of the majority of the parliament.

(3) Consistency of the majority of the National Assembly formed by the President with multiple parties: cooperative governance of dual executive government

Even with the support of the majority in the National Assembly, the president was forced to cooperate due to the heterogeneous nature within the ruling party. While Kim Dae－jung achieved the unprecedented transfer of power in Korean constitutional history, President Kim was not able to appoint a Prime Minister due to a lack of a majority in the National Assembly. Therefore, the politics went back in 'big majority party and small opposite party.' However, under Kim Dae－jung's government, the Prime Minister Kim Jong－pil became a co－center of joint government and no longer served as bulletproof Prime Minister.

As Prime Minister Kim Jong－pil is one of the centers of the majority of the National Assembly, his position was based on the Constitution with dual confidences of the National Assembly and the president. The bipolarization of executive power has intensified, especially after a year of the joint government. For example, according to the revision of the government organization law, it was transferred to the president's right to personnel appointments and the prime minister's right to budget. The exercise of the right to appoint a Cabinet member also became substantiated. It was evaluated that constitutional standards of an aspects of dual executive system were applied to the constitutional reality as people described it as "two families in a house," "prime minister's right is better than cabinet system under the Constitution," or "just as constitution." In that sense, this period can be seen as a testing period for cooperative governance of dual executive government, which means a dual system of enforcement authority.

(4) Discordance between the president and the majority of the National Assembly: Realization of the dual government system

Under the current constitution, if the only opposition party secures a majority of the National Assembly's seats in the general elections held during the presidential term, the dual executive government is likely to become a reality.

Despite the opposition party's control of the National Assembly, the president will still try to make the most of presidential power under the constitution. On the other hand, the opposition party that controls the National Assembly will try to exercise its full control over the government given to the National Assembly in the Constitution. Moreover, it is likely that the prime minister's appointment issue will unfold in a completely different direction than in 1998. Under the dual executive government system, where the two centers of national legitimacy coexist, it is clear that the newly emerging majority of the National Assembly will take an action based on public trust.

Even if it is not a form of French – style cohabitation government that is like the president and prime minister's "marriage void of physical contact" (marriage blanc), it would be impossible to form a cabinet without the coordination of the parliamentary majority party and prior political coordination. It would also further call upon the need of coalition government of the two opposing parties. This clearly illustrates the distinction between the U.S. presidential system. In addition, the Constitutional Court President, the chief justice of the Supreme Court and the chief of the Supreme Court and the Board of Audit and Inspection, who are appointed by the president, will no longer be allowed to stay under the president's own authority.

As the conflict between the president and the majority of the National Assembly intensifies, it is expected that the parliamentary investigation authority will frequently be launched, resulting in a political blow to the president. After all, the majority of the National Assembly members exposed political and legal problems through questioning of the government, inspection of state affairs, and investigation, then the Prime Minister, the National Assembly Committee's right to dismissal (Article 63) and proceeding of impeachment (Article 65).

One way to solve these problems could be to discuss the division of power between the president and the prime minister, or the division of power. Finland is a country that best practices the dual executive system based on the power division. Such system of Finland has roots in its peculiar historical situation. With Russia as its neighbor, diplomatic and national affairs are left entirely to the president to ensure national security by not allowing foreign and national defense issues to be subject to political strife, and the government revolves around the prime minister. Such logic had been changed in the Fifth Republic of France by Jacques Chaban−Delmas and others. The reserved area theory is more evident in the cohabitation government, at least as far as diplomacy, national defense, and the EU are concerned directly. In particular, the appointments of foreign and defense ministers in the formation of cohabitation governments have been appointing personnel who are not actively opposed by the president. However, there is a limit to such notion as there still exists a conflicting relationship between the president and the cohabitation government.

4. Conclusion

As long as a single five-year presidential election and a four-year general election for the National Assembly are conducted in a cross-border manner under the current Constitution, accepting such variations in the constitutional law is the way to meet the public's choice. Under the same constitution, it is necessary to analyze the reality of constitutional government that has reached a parliamentary government system beyond the presidential system, which originated from the consensus of the president and the majority of the parliament. Moreover, the Korean Constitution does not provide the right of the executive to dissolve the parliament, which is included in a number of dual executive governments including France. Thus conflicts will likely escalate and it will not be easy to come up with a solution. Under the current Constitution, the following constitutional system can be implemented based on the triangle between the presidential, prime minister and the parliamentary majority party.

Cooperative governance is inevitable in following analyses except for

①. ② is a coalition within the ruling party, while ③, ④, ⑤ require a substantive cooperative governance between different parties. In this case, an example of ⑤ is the case in which cooperative governance is required for regime change. However, this phenomenon has not yet been realized in the Constitutional reality.

① The Presidential system in which the president has superior power by receiving support of the parliamentary majority formed by a single political party－the former president Kim Young－sam's term(1993－1997), the later presidency period of Roh Moo－hyun (2004－2008), Lee Myung－bak's term and early period of Park Geun－hye's term (2008－2016).

② The presidential system, supported by the majority of the National Assembly formed by a single political party, but continuously checked within the ruling party － The second half of Roh Tae－woo's term (1989－1993).

③ A presidential dual executive system of joint government that is supported by a majority of the National Assembly formed by two different parties but is equivalent to a coalition government － Kim Dae－jung's term (1998－1999).

④ The opposition party is a majority in the National Assembly during his presidency, but consists of multiple faction － the early term of Roh Tae－woo (1988－1989), the latter term of Kim Dae－jung (2000－2003), the early term of Roh Moo－hyun (2003－2004), the latter term of Park Geun－hye (2016－2016), the term of Moon Jae－in (2016－present)

⑤ The discordance of he president and the majority of the National Assembly in the event that a single opposition party wins during his presidency (hypothesis)－Realization of power division similar to France's cohabitation government in accordance with unagreeable conflict between the president and the majority of the parliament.

Ⅳ. Conclusion: Good Collaboration

1. Accurate Understanding of Constitutional Regulations

As noted earlier, it is possible for the current constitution to produce a situation where cooperative governance is unavoidable. Now, the view towards the Korean government must abandon the concept of a presidential—centered system based on the new constitutional reality developed in the past authoritarian era. Of course, continuation of the presidential—centered system cannot be denied as long as the ruling party exists.[25]

The various political future plans to develop under the current constitution will be an important test ground for Korean liberal democracy. If a single opposition party wins the general elections during the president's presidency, a strict reinterpretation of the Constitution's rules is needed. In particular, the majority of the National Assembly, which has been dormant, will be able to operate with substantive authority.

It cannot be concluded that the British or continental parliamentary government system will be established immediately through the amendment of the parliamentary government system. There is no guarantee that the president will be supplemented with a non—political figure in the reality of Korea. That has been demonstrated in the experience of the Second Republic. Therefore, even if the Constitution is a parliamentary government system, it is highly likely that the dual executive system will emerge.[26] As the New Politics Alliance for Democracy and the New Politics Alliance for Democracy agreed to revise the parliamentary government system in the course of the presidential election in 1997, the debate on the constitutional amendment to the parliamentary government system has continued. Given the political reality of Korea, however, it is questionable whether a single parliamentary government system can be established through the Constitution.[27]

---

25) SUNG, *supra* note 4 at 404–405.

26) In the Second Republic, YUN Bo—sun, the head of the old minority party, took office as the President. However, he unexpectedly appointed KIM Do—yeon as the Prime Minister, but was forced to appoint JANG Myeon, the head of the reformists as the Prime Minister after KIM Do—yeon was rejected by the National Assembly. Concerning a study on the conflicts structure of the Democratic Party of the Second Republic, Refer to PAIK Young—Chul, "The parliamentary politics of the Second Republic" & KIM Soo—jin, "Republic's political party and party politics" in PAIK Young—Chul, *The Second Republic and Democracy in Korea*, Nanam, 1996, pp.128–135, pp.176–181.

27) SUNG, *supra* note 4 at 403–404.

2. Cooperative Governance to Proactively Respond to Future-Oriented Constitutional Realities

In conclusion, keeping in mind the reality of Constitution in Korea, the dual executive administration is inevitable if a minor opposition situation develops, unless the Constitution is revised to a purely American presidential system. That means forced cooperative governance is necessary. Nevertheless, the exact positioning of the dual government system is still insufficient. It is a completely different issue of whether the dual executive system is actually a desirable form of government in Korea. It should be remembered that the normal operation of the political system is impossible under the Constitution without the cooperative governance of the president and the majority of the parliament, both of which share national legitimacy.

3. Political Reform of the Electoral System

In recent years, the topic of Moon Jae-in government's cooperative governance along with the reform of electorate system is in dispute. In other words, the current system adds some proportional representation members to the relative majority system of small constituencies (47 out of 300). Although it seems that the German-style mixed-election system is preferred behind the motives of advocating for an election system based on the turnout, in fact, the German election system is a mixed election system and in reality is more like a proportional representation system. If the system is adopted in Korea, it would be virtually impossible for a certain party to become the majority party within the National Assembly. Under such circumstances, the government cannot realize stability.

The ideal electoral system accurately would reflect the opinion of people in the number of party seats as a camera. In that respect, proportional representation is the most ideal system. However, while the proportional representation system is advantageous in protecting minority groups, it is practically impossible for Congress to secure a stable majority. If Britain and the United States, advanced democratic states reach stability in politics through a relative majority system, countries in Europe must face the reality that they must protect minorities through proportional representation.

[Resume]

Comprehensive Governance: Korean Perspectives

Continuous interactions between political leaders are essential for Constitutional norms to be realized in the political reality. Comprehensive governance is not merely a political slogan. Rather it defines the political process. Especially in cases of divided government, in which the head of the executive branch is affiliated with one party while another party forms the majority in the legislative branch, comprehensive governance is inevitable.

The concept of comprehensive governance is dependent upon how power is separated and what form of government is adopted in a specific nation. In principle, comprehensive governance refers to a system where political institutions share or divide powers. The specific allocation of such powers will vary according to the form of government. Separation of powers is strictly adhered to in a presidential system, while the separation is relaxed in a parliamentary system, and the dual government system(semi-presidential system) situated in between. Studies show that such difference is reflected in how the power is shared.

In the case of Republic of Korea('Korea'), the idea of political institutions sharing powers has seldom being fulfilled. Power was concentrated to the President and the National Assembly was dominated by members of the President's party. Yet as criticism arose with respect to the imperial presidency and instances of divided government became more frequent comprehensive governance has become an issue garnering interest.

Through my earlier publications, I have repeatedly emphasized the importance of interpreting the Constitution in a comprehensive manner in order to prepare for a political future that Korea has not yet encountered. While it is true that power has been concentrated to the President and not much is expected to change in the immediate future, elements of a parliamentary system and semi-presidential system are included in the 1987 Constitution. Thus, the text of the Constitution is prepared to deal with a divided government in its pure form, a situation in which a single, united opposition party wins a majority of seats in the legislature. The articles of the Constitution which lay out the check and balance between the legislative and the executive branches will be given new meanings in such context.

Unless the constitution is radically amended to adopt the presidential system of the United States, Korean politics in a divided government will resemble a semi－presidential system under the current Constitution. The unfortunate experiences of the Second Republic(1960~1961) indicate that there will be difficulties in applying the parliamentary system in the Korean political climate. While there is this significant need to prepare for the future, not much has been done in Korea to deepen our understanding of the semi－presidential system. A comparative research of the semi－presidential system of other nations will be meaningful to cope with such deficiencies. Further researches to prepare for future political turbulence does not mean that a semi－presidential system is the most desirable form of government for Korea. That is a topic to be dealt with at another occasion.

Finally, I would like to mention the electoral reforms that are being discussed under the Moon Jae－in administration. The necessity of a comprehensive governance in a nation is closely related to the nation's electoral system and the political party system. According to Professors Duverger and Vedel, proportional representation system is rich in theory but unrealistic in application and it is likely to result in a multi－party system in which parties are mutually independent. Majority runoff system provides clever ideas but negative consequences are rendered and it leads to a moderated multi－party system where parties form a coalition. First－past－the－post system lacks theoretical basis but is effective and it gives rise to a two－party system.

Under the current Korean electoral system, there are two ways in which members of the National Assembly can get elected. Among the 300 members, 253 are elected in single－seat constituencies with a first－past－the－post system, while 47 are elected by proportional representation. Some scholars and politicians are advocating the adoption of the German mixed－member proportional system. However, it must be taken into account, if Korea adopts the German system it will be virtually impossible for a single party to win a majority of seats in the legislature. It should be duly noted while European states adopt a proportional system to protect the rights of the minority, United Kingdom and the United States manage a stable and flourishing democracy through the first−past−the−post system. While the proportional system is ideal in that the will of the people is reflected in the allocation of seats in the legislature, it has its shortcomings. Ensuring a stable legislature through a party constituting a comfortable majority of the seats will be hard to realize.

Keywords : Comprehensive Governance, Divided government, 1987 Constitution, Presidential system, Parliamentary system, Semi−Presidential system, Constitutional norm, Separation of powers, Electoral reform, First−past−the−post system, Proportional system

3. 21세기 바람직한 정부조직과 정부조직법*

I. 서   설

한 국가의 정부조직에 관한 논의에는 복합적 요인이 작동한다. 우선 당해 국가가 지향하는 또는 채택하는 국가형태와 정부형태가 어떠한 것인가에 의하여 정부조직의 기본적 소여가 제공된다. 국가형태에 관한 논의는 자연스럽게 정부형태에 관한 논의로 귀결된다. 국가형태 중에서 중요한 관심과 차이점들은 연방국가냐 단일국가냐, 입헌군주제냐 공화국이냐에 따라 상당 부분 그 실체적 모습을 드러낸다. 정부형태 또한 대통령제냐 이원정부제(반대통령제)냐 의원내각제냐에 따라 달라진다. 입헌군주제는 의원내각제를 채택할 수밖에 없다는 한계가 있다. 나아가 20세기 후반 이후에 전개된 지방분권화에 따른 정부조직의 변용도 무시할 수 없다.

둘째, 정부조직에 관한 사항을 정치적 책임 영역에 둘 것이냐 아니면 법적 규제의 영역에 둘 것이냐에 따라 차이가 야기된다. 그것은 정부조직 비(非)법정주의와 정부조직 법정주의의 형태로 나타난다. 정부조직을 정부의 고유영역으로 할 것인지 아니면 국민대표기관인 국회의 입법영역으로 할 것인지는 논쟁적이다. 더 나아가 정부조직 법정주의를 채택할 경우에도 입법의 범위 또한 여지가 발생한다. 즉 대통령령으로 위임을 얼마나 어떻게 할 것인지의 여부에 따라 정부조직 법정주의도 변용을 초래할 수 있다.

셋째, 정부조직에 관한 논의는 학문적으로도 사회과학 특히 정치학, 행정학 및 법학에서 다양하게 논의된다. 정치학이나 행정학에서는 현상적인 문제를 중심으로 논의한다면 법학에서는 정부조직의 규율법제를 중심으로 논의한다. 그럼

* 법제연구 제44호(2013.6.). 이 논문은 한국법제연구원이 주관한 제8회 입법정책포럼(팔레스호텔)에서 파워포인트로 발표한 내용을 논문으로 재구성한 것이다. 발표 당시 고견을 주신 김유환 원장을 비롯한 참석자 여러분에게 감사드린다.

에도 이들 논의는 상호 중첩적이므로 학제적 논의가 필요하다. 최근에는 정부조직에 관한 논의가 정부의 새로운 역할과 관련된 전문적 영역으로까지 확대된다. 박근혜 정부 초기에 제기된 ICT영역 정부조직의 위상과 좌표 설정이 바로 그 전형적인 예에 해당한다. 이들 논의에서는 기존의 사회과학적인 정부조직 논의의 차원을 넘어 과학기술의 발전과 연계된 범학문적 논의의 토대를 마련하여야 한다.

넷째, 위와 같은 논의의 연장선상에서 한국에서 바람직한 정부조직에 관한 문제가 제기된다. 1948년 이래 65년에 이르는 과거 정부조직은 현재와 미래의 정부조직 논의에서 소중한 소여가 된다. 이하에서는 과거의 정부조직에 관한 논의는 최소화하면서 2013년에 전개된 박근혜 정부의 정부조직에 관한 논의를 중심으로 바람직한 정부조직의 방향을 제시하고자 한다. 이와 같은 논의에서 최우선적인 고려사항은 현행헌법에 부합하는 합헌적 정부조직과 헌법개정 시에 바람직한 정부조직이 무엇인가에 관한 문제가 제기된다.

다만 정부조직에 관한 논의는 대통령실, 총리실, 행정각부의 거시적 디자인과 더불어 개별 부서에서의 역할분담과 업무분장 또한 매우 중요한 아젠다이지만 본 논문에서는 지면관계상 이 부분은 원칙적으로 생략한다.

Ⅱ. 국가형태 · 정부형태에 따른 정부조직

1. 의   의

정부조직도 헌법상 국가형태와 정부형태에 순응하여야 한다. 국가형태 · 정부형태에 관한 논의는 일반적으로 권위주의 체제와 자유민주주의 체제로 양분할 수 있다. 다만 권위주의 체제는 흔히 전체주의 체제를 따로 논하는 경향도 있다.[1] 다른 한편 가장 고전적인 국가형태로서 단일국가 · 연방국가를 들 수 있는바, 그에 따른 정부조직의 변화를 살펴볼 필요가 있다.

2. 권위주의 체제의 정부조직

권위주의 체제의 집행권은 지도자를 정점으로 일사불란한 일원적 조직체계를 특징으로 한다. 공산주의국가에서 공산당 일당독재를 합리화하면서 효율적

---

1) 성낙인, 헌법학 제18판, 법문사, 2018, 110면; 성낙인, 프랑스 헌법학, 법문사, 1995, 288-292면에서는 프랑스 헌법학을 대표하는 11명 저자들의 저술을 종합하여 평가하고 있다.

국정운영을 기하는 체제가 그 전형적인 예이다. 이는 당의 우위를 제도적으로 보장하기 위한 것이다. 뿐만 아니라 역사적으로 권위주의 체제의 또 다른 전형인 집행권 우월적인 대통령제는 소위 칼 뢰벤슈타인의 신대통령제적 형태로서 대통령의 1인 통치를 합리화하는 조직 체계를 구축하여 왔다. 권위주의 체제를 뛰어 넘는 전체주의 체제의 정부조직은 더 이상 특별히 논의할 가치조차 없다. 독일의 나치체제, 이탈리아의 무솔리니체제, 일본의 군국주의체제가 그 전형에 해당된다.

3. 자유민주주의(다원적 민주주의) 체제의 정부조직

국가형태와 정부형태에 비추어 본 정부조직에 관한 논의는 자연스럽게 자유민주주의(Liberal Democracy; Démocratie libérale) 체제를 중심으로 한다. 자유민주주의는 다원적 민주주의(Pluralistic Democracy; Démocratie Pluraliste)로 용례가 일반화된 이면에는 국가형태·정부형태만큼이나 다양한 정부조직도 드러난다.[2]

미국식 대통령제에서 정부의 조직은 대통령을 정점으로 명실상부하게 일원적이다. 그런 점에서 내각이라 할 수 있는 행정각부는 대통령을 정점으로 하는 정부조직의 한 부분일 뿐이다. 즉 미국 연방행정부는 대통령실, 행정각부, 독립

국가형태와 정부형태의 종합적 유형화

I. 자유민주주의(다원적 민주주의) 모델	
1. 의원내각제(의회제)	
일원적 의원내각제	영국식, 독일식, 이탈리아식
이원적 의원내각제	프랑스 제5공화국의 헌정실제(동거정부)
2. 대통령제	
진정대통령제	미국식
대통령주의제	프랑스 제5공화국의 헌정실제(드골정부)
3. 혼합정체(반대통령제)	프랑스 제5공화국식
4. 회의정체	스위스식
II. 권위주의 모델	
1. 마르크스적인 사회주의체제	구 러시아연방
2. 파시스트체제	독일의 히틀러, 이탈리아의 무솔리니 체제
3. 개발도상국의 체제	신대통령제적인 제3국가 체제

2) 미국·일본·중국·독일·영국·프랑스와 같은 주요 국가의 정부조직에 관하여는 김동욱, 정부 기능과 조직, 법문사, 2012, 19-32면 참조.

기관, 정부위원회 등으로 나뉘어 있다.

반면에 의원내각제 국가에서는 총리(수상)를 정점으로 하는 정부조직 체계가 형성된다. 그러나 의원내각제의 총리는 집행권의 실질적인 수장이긴 하지만 집행권의 법적인 수장은 아니다. 비록 형식적·의례적·상징적 지위와 권한을 가지기는 하지만 국가원수인 대통령 또는 국왕이 존재한다. 의원내각제는 국왕의 지위와 권한 축소의 역사라 할 수 있다. 그런 의미에서 국왕과 의회의 지지를 받는 내각이 집행권을 양분하는 시기는 이원적 의원내각제로 평가된다. 그 이원적 의원내각제에서 일원적 의원내각제로의 발전이 바로 의원내각제의 역사라는 점에 비추어 본다면, 비록 국왕이나 대통령이 실질적인 권한을 가지지는 아니하더라도 여전히 일정한 상징적·중재적 역할을 담당한다.[3] 하지만 적어도 정부조직의 관점에서 보면 일원적 의원내각제 집행권의 조직, 즉 정부의 조직은 총리를 중심으로 실질적 일원화되어 있다. 즉 정부는 형식적 이원화·실질적 일원화를 특정으로 한다. 다만 대통령제의 독임제적 성격에 따라 정부조직도 대통령을 정점으로 한 일원적 하이라키를 이룬다. 반면 의원내각제는 총리(수상)가 '동열자 중의 제1인자', 즉 '장관 중의 제1인자'라는 Prime Minister(Premier Ministre)라는 용례가 지칭하는 바와 같이 합의체적 성격을 강하게 드러내기 때문에, 총리와 대통령의 지위와 권한이 차별적이고 동시에 정부의 조직도 차이를 드러낸다. 특히 의원내각제는 유럽 각국에서 각 국가의 특수한 정치적·사회적 환경의 산물이라는 점과 연계되어 각 국가의 특수성을 반영한 정부조직체계를 발전시켜 왔다.

반면에 이원정부제(반대통령제)의 정부조직은 대통령과 수상을 중심으로 하는 정부라는 이원적인 집행권의 구조만큼이나 대통령제나 의원내각제의 정부조직보다 다원성을 가진다. 이원정부제는 의원내각제의 발전과정에서 이원적 의원내각제의 현대적 부활이라 할 수 있다. 즉 이원적 의원내각제는 국왕과 내각의 체제라면, 이원정부제는 국왕이 대통령으로 대체된 대통령과 의회의 지지를 받는 내각으로 집행권이 명실상부하게 이원화된 체제이다. 이는 프랑스에서 오를레앙체제의 현대적 부활이라고도 평가된다.[4] 특히 유럽 이원정부제의 전형적인

---

3) 예컨대 이탈리아는 고전적 의원내각제의 틀을 유지하기 때문에 정부가 불안정하다. 특히 다당제 국가이기 때문에 단일 정당이 의회의 절대과반수를 확보하지 못함으로 인하여 정부구성이 난항을 거듭한다. 이 과정에서 대통령의 중재 역할이 정부구성에서 중요한 몫을 차지하기도 한다.

4) 1789년 프랑스혁명은 절대왕정을 무너뜨리고 공화정을 수립하였다. 하지만 1799년에 집권한 나폴레옹은 1804년에 스스로 황제의 자리에 올랐다. 나폴레옹의 몰락 이후 부르봉 왕정

국가들은 대체로 의원내각제적인 전통을 가진다는 점에서 더욱 그러하다. 대통령과 내각 사이에 권력 분점(分占)의 합리적 방안 마련이 이원정부제의 핵심적인 과제이다. 권력 분점 여하에 따라 대통령실과 내각의 정부조직에서 차별성이 부각된다. 다만 이들 국가는 전통적으로 의원내각제적 기반을 가진다는 점에서 이원정부제 국가들에서도 정부조직은 내각에 방점이 주어지고 대통령실은 미국식 대통령제의 대통령실보다는 훨씬 간소화되어 있다는 점이 특징적이다. 세 차례에 걸쳐서 동거정부(gouvernement de la cohabitation)[5]를 체험한 프랑스에서도 대통령과 의회의 다수파가 일치할 때에는 강력한 대통령의 대통령주의제보다 특별한 정부조직, 특히 대통령실의 조직변화를 초래하지 아니하였다는 사실이 이를 잘 반증한다. 이원정부제의 정부조직은 의원내각제와 비견될 수 있을 정도로 총리실에 무게 중심이 실린다. 이로써 하나의 헌법을 두고서 강력한 대통령제에서 의원내각제에 준하는 동거정부제까지 전개됨에도 불구하고 정부의 안정과 정부조직의 안정을 도모한다.

헌법개정에 따른 정부조직의 방향, 즉 이원정부제에 입각한 정부조직, 정·부통령제개헌에 따른 정부조직 등에 관한 논의는 차후 헌법개정과 더불어 상세한 논의가 전개되어야 할 사항이므로 본 연구에서는 생략하기로 한다.[6]

(1814-30년)이 부활하였고, 1830년 7월 혁명으로 부르봉 왕조가 무너진 뒤에도 입헌군주제의 형태로 오를레앙 왕정(1830-48년)이 이어졌다. 1848년 2월 혁명에 의해 오를레앙 왕정이 무너지고 다시 공화정이 수립되지만, 보통선거로 대통령된 루이 나폴레옹은 1851년 12월 쿠데타를 일으켜 스스로 황제가 됨에 따라 조카 루이 나폴레옹의 제2제정이 출현하였다. 1789년 이후 혁명과 반혁명이 반복되는 과정에서 정체제체로서의 공화정과 군주정도 반복되었다. 영화와 뮤지컬로 유명한 빅토르 위고(Victor-Marie Hugo: 1802-1885)의 '불쌍한 사람들'이라는 뜻을 가진 '레 미제라블(Les Misérables)'은 제2차 왕정복고기인 1830년대를 중심으로 이후 나폴레옹 집권기에 이르기까지의 참상을 반영한다.

5) 동거정부는 대통령과 의회(하원인 국민의회)의 다수파가 불일치할 경우에 총리를 중심으로 하는 내각을 의회다수파에 부여하는 형태를 지칭한다. 프랑스에서 1986년 이래 세 차례에 걸쳐서 현실화된 바 있다. 1986년의 경우 사회당의 프랑수아 미테랑 대통령 재임 중에 실시된 총선거에서 범보수연합이 승리함에 따라 총리를 비롯한 내각을 보수파가 장악한 바 있다; 성낙인, 헌법학, 376·388면; 성낙인, "프랑스 이원정부제의 현실과 전망", 헌법학연구 제4집 제2호, 한국헌법학회, 148-187면 참조.

6) 2008년에 국회의장 산하의 헌법연구자문위원회(헌법연구자문위원회 결과보고서, 국회헌법연구자문위원회, 2010)에서 제시한 정부형태에 따른 헌법개정에 따른 정부조직 개편에 관한 논의는, 김동욱, "헌법개정 후 정부조직", 공법연구 제38집 제2호, 한국공법학회, 2009, 180-203면; 김종철, "정부형태 개편론에 대한 검토-최근 개헌논의를 중심으로", 연세 공공거버넌스와 법 제3권 제1호, 2012, 163-202면 참조.

2. 단일국가·연방국가에 따른 정부조직

국가형태와 관련된 고전적인 분류체계인 연방국가와 단일국가에 따른 정부조직의 변용은, 이를 단일국가의 정부조직과 일의적이고 동일한 차원에서 보아서는 아니 된다. 연방국가는 지방정부(State, Land, Canton 등)의 조직 여하에 따라 상당한 변용을 초래할 수 있기 때문에 연방정부의 조직에 한정된 논의는 일정한 한계를 가진다.

반면 단일국가에서의 정부조직은 비교적 단일적인 시각에서 논의가 진행될 수 있다. 하지만 단일국가에서도 오늘날 일반화되어가는 지방자치의 활성화에 비추어 본다면 정부조직도 지방자치단체의 조직 여하에 따라 상당한 변용을 초래하게 된다. 특히 이탈리아와 같이 지방자치가 거의 완결적인 단계에 이른 나라에서의 정부조직은 연방국가에서의 정부조직론과 본질적인 차이를 발견하기 어려운 상황에 이른다.[7]

특히 연방국가에서 연방과 지방(支邦)의 관계 및 지방의 법적 성격을 여하히 파악할 것이냐에 따라 정부조직에 대한 근본적인 자리매김이 달라질 수 있다. 지방은 독립적인 정부·의회·법원을 갖추고 있으므로 단일국가의 정부에 준하는 지위를 가진다. 이에 따라 내정에 관한 사항은 원칙적으로 지방 정부의 소관 사항이다. 하지만 외교·국방과 같이 국가의 존립 그 자체와 직결되는 사안은 연방의 권한이다. 결국 연방정부의 조직은 지방정부의 권한사항을 제외한 최소한의 범위로 한정될 수밖에 없다. 하지만 과학기술의 발전과 세계화의 물결에 편승하여 연방의 역할이 날로 증대한다.

Ⅲ. 정부조직 법정주의와 비법정주의

1. 근대 국민국가에서 정부조직의 방향

군주제를 그대로 유지한 영국과 같은 입헌군주제를 뛰어넘어, 군주를 폐위시킨 공화국가에서는 정부조직에 관하여도 두 개의 주권이론에 따른 차별성이 있다. 루소의 Peuple주권이론에 의하면, 공화정부란 하나의 위임된 임무나 직무를

---

7) 이탈리아에서 제기되는 북부지방의 독립 내지 연방제 주장은 단일국가에서 지방자치의 완결적인 단계에 이른 이탈리아 특유의 현상과 맥락을 같이 한다.

가지는 데 불과하다. 정부를 구성하는 개인이나 단체(개인들)는 국민(nation)의 대표자가 될 수 없다. 그들은 유일하게 국민의 총의를 대표하는 의회의 대리인으로서 단순한 집행자일 뿐이기 때문에, 전적으로 의회에 복종하여야 하며 의회에 대하여 어떠한 행동도 취할 수 없다. 반면에 Nation주권이론에 의하면 정부도 의회와 마찬가지로 국민주권의 진정한 대표자로 간주된다. 권력분립의 엄격이론에 따라 국민주권은 의회와 정부가 공유하거나 주권의 행사에 협력체제를 구축하지만, 그 구조상의 차이로 인하여 상이한 방식으로 참여한다. 이 경우에도 정부는 여전히 의회의 통제 아래 놓인다. 그러나 정부 또한 의회에 대하여 일정한 행동을 취할 수 있다.[8)]

위와 같은 주권론에 관한 두 개의 흐름은 정부조직 비법정주의 및 정부조직 법정주의와 견연성을 가진다. 정부조직에 관한 기본적인 사항을 헌법 및 법률사항으로 엄격히 하는 정부조직 법정주의와, 대통령 혹은 집행부의 수반에게 폭넓은 재량을 부여함으로써 정부조직에 관한 기본적인 사항도 헌법이나 법률사항으로 정하지 아니하는 정부조직 비법정주의로 나누어 볼 수 있다.[9)]

2. 정부조직 법정주의

일반적으로 "19세기의 외견입헌군주국가에서는, 행정조직은 국민의 '자유와 재산권'에 관계되는 사항이 아니라 해서, 법규(협의)와 법률유보대상에서 제외된 군주의 특권으로 간주되고, 법에서부터 자유로운 행정의 한 영역으로 간주되었다."[10)] 이는 독일에서 '행정조직권(Orgisationsgewalt)' 또는 일본의 '관제대권'으로 대변된다.[11)] "그러나, 근대 법치국가에 이르러서는, ① 법규는 비단 자유와 재산권에 관한 사항뿐만 아니라 그 밖의 사항도 규율하는 일반추상적 규범으로 보통 이해되게 되고, ② 아울러 행정조직도 대외적으로 국민에게 권한이 발동되는 경우는 물론이고 그 밖에도 예산집행자로서 국민생활에 직접·간접으로 밀접한 관계가 있기 때문에, 행정조직은 법치주의의 적용대상이 되었다. 바꾸어 말하면, 19세기의 '행정조직의 自由'는 20세기적 '행정조직 법정주의'로 대치된

---

8) 성낙인, 헌법학 제18판, 134-138면.
9) 이하의 논의는 성낙인, "헌법상 국가형태·정부형태와 정부조직에 관한 연구", 저스티스, 한국법학원, 1997.12. 참조.
10) 김도창, 일반행정법론(하), 청운사, 1981, 46면.
11) 김동희, 행정법2 제18판, 박영사, 2012, 4면.

것이다"[12]라고 본다. 즉 행정조직은 국민생활에 지대한 영향을 미치고, 더 나아가 국민에 부담을 지우고 국가의 형성유지에 중요한 사항이기 때문에 행정조직 법정주의의 필요성을 받아들인다.[13] 즉 행정조직법정주의는 법치주의원리의 당연한 한 표현으로 국내공법학자들은 이해한다.

또한 한국 헌법도 "행정 각부의 설치·조직과 직무범위는 법률로 정한다"(제96조)라고 하여 행정조직 법정주의를 명문화하고 있으며, 국가행정사무의 통일적이고 능률적인 수행을 위하여 국가행정기관의 설치·조직과 직무범위의 대강을 정하는 국가행정조직에 관한 일반법으로서 정부조직법이 제정되어 있다. 이는 제헌헌법 이래 변함없는 원칙이기도 하다. 우리 헌법은 그 밖에도 집행기관의 조직에 관한 사항의 법정주의를 명시한다. 즉 '제7장 선거관리'에서 "각급 선거관리위원회의 조직·직무범위 기타 필요한 사항은 법률로 정한다"(제114조 제7항), '제4장 정부 제2절 행정부 제2관 국무회의'에서 "국가안전보장회의의 조직·직무범위 기타 필요한 사항은 법률로 정한다"(제91조 제3항), '제4관 감사원'에서 "감사원의 조직·직무범위·감사위원의 자격·감사대상공무원의 범위 기타 필요한 사항은 법률로 정한다"(제104조)라고 규정한다. 또한 '제8장 지방자치'에서도 "지방자치단체의 종류는 법률로 정한다"(제117조 제2항), "지방의회의 조직·권한·의원선거와 지방자치단체의 장의 선임방법 기타 지방자치단체의 조직과 운영에 관한 사항은 법률로 정한다"라고 규정한다. 우리 헌법은 행정조직 법정주의뿐 아니라 넓은 의미의 집행조직이라 할 수 있는 사법부의 조직에 관하여도 행정조직 법정주의의 연장선에서 사법조직 법정주의를 채택한다: '제5장 법원'에서 "대법원과 각급법원의 조직은 법률로 정한다"(제102조 제3항), '제6장 헌법재판소'에서 "헌법재판소의 조직관 운영 기타 필요한 사항은 법률로 정한다"(제113조 제2항).

확실히 법치주의가 제대로 실현되지 못하였던 군주시대에 있어서 집행부의 조직에 관한 사항은 이른바 군주의 특권으로 간주되었으며, 이에 대한 반성적 성찰로서 법치주의 국가에서 정부조직법(률)정주의는 그 논리적 타당성을 가진다. 그것은 최소한 간접적으로나마 국민의 권리·의무에 영향을 미친다는 점에서 더욱 그러하다.

---

12) 김도창, 일반행정법론(하), 청운사, 1981, 46-47면; 동지: 김남진, 행정법(2), 법문사, 1989, 33-34면.
13) 홍정선, 행정법원론(하), 2010, 8면.

3. 정부조직 비법정주의

정부조직이 자유민주주의국가에서 논리 필연적으로 국회에서 제정된 법률에 유보되어야 할 필요가 없다는 것은 프랑스와 이탈리아의 정부조직 비법정주의에서 잘 드러난다.

프랑스 정부조직의 특성은 정부 각 부처의 명칭, 숫자, 권한, 의전서열 등이 헌법이나 법률에서 정하여지는 것이 아니라 대통령이 발하는 데크레(décret, 명령)를 통하여 정하여진다는 데 있다.[14] 이러한 정부조직의 연성(souplesse)적 성격에 대하여 이를 엄격히 법정주의화 하려는 노력이 있었으나 오늘날까지 비법정주의를 유지한다.[15] 이에 따라 대통령의 서명만 있는 데크레로 총리를 임명한다. 이어서 총리의 제안과 부서(副署: contreseing)가 동반된 대통령의 데크레에서 여타 정부구성원(membres du gouvernement)[16]을 임명한다. 바로 이 대통령의 데크레에 의하여 새로운 정부조직의 기본적인 사항, 즉 장관 및 처장・청장의 명칭 및 숫자가 정하여진다. 즉 '대통령의 정부구성에 관한 데크레'(décret relatif à la composition du gouvernement)가 일반적이고, 때로 '정부구성원의 임명에 관한 데크레'(décret relatif à la nomination des membres du gouvernement)라 하기도 한다. '부 장관'이라는 표현에 따라 당해 부처의 명칭이 부여되고, 그 순서에 따라 당해 부처의 서열이 정하여지고 또한 당해 부처의 주요 기능이 사실상 정하여진다. 또한 이 데크레에 의하여 부・처・청의 숫자도 정하여진다. 이는 새 정부를 구성할 때에 그 정부가 행할 새로운 시정방침에 따라 집행부의 새로운 정치적 구도를 데크레를 통하여 드러난다. 이는 동시에 장관급에 해당되는 각료의 다양성과도 직결된다. 정부를 구성할 때마다 국사장관(ministre d'État), 장관(ministre), 담당장관(ministre délégué)이나 처장・청장(secrétaire d'État)의 위상과 직무가 달라진다.

프랑스 정부조직상의 비법정주의와 이에 따른 잦은 정부조직변경으로 인하

---

14) Jacques Rigaud et Xavier Delcros, *Les institutions administratives françaises-les structures*, Paris, Dalloz, 1984, p. 97.

15) 1789년 이후 정부조직에 관한 법령은 Francis de Baecque, *L'administration centrale de la France*, Paris, A. Colin, 1973, pp. 103-111: Jacques Fournier, *Le travail gouvernemental*, Paris, Dalloz, 1987, p. 26.

16) 정부구성원의 개념은 대체로 우리나라의 장관, 처장, 청장을 포괄한다. 따라서 국무회의의 구성원인 국무위원과는 구별된다.

여 야기되는 문제점이 자주 지적되어 오던 차에 정부의 요구에 의하여 국사원이 1985년에 '정부조직 및 행정조직'이라는 검토보고서를 제출하였다. 동 보고서는 특히 정부변동에 따른 문제점에 중점을 두고 있다.[17] 동 보고서에 의하면 특정 부처의 권한을 획정하기 위하여 이미 오래 전에 발령된 데크레를 추적하여야 한다는 점에서 명확성이 결여되어 있다는 문제점을 지적한다. 국사원은 정부구성에 관한 단순 데크레가, 국사원의 의견을 청취한 후에 국무회의의 심의를 거쳐 발령되는 부처의 권한에 관한 데크레보다, 사실상 상위규범으로서의 성격을 가질 수밖에 없음을 비판한다. 또한 권한과 위임에 관한 데크레의 표현양식이 때론 너무 불명확함으로 인하여 당해 부처의 정확한 기능과 역할에 의문을 제기할 소지가 있음을 지적한다.

4. 정부조직 법정주의와 비법정주의의 상호 보완적 조화

정부조직은 국민의 대표기관인 국회에서 제정한 법률로 정함으로써 조직의 안정을 도모할 수 있다. 반면에 새 정부가 들어설 때에 그 정부가 선거과정에서 국민 앞에 약속한 정책을 구현할 수 있는 제도적 장치인 정부조직은 최대한 가급적 빨리 재구축되어야 한다는 점에서 정부조직 비법정주의는 나름대로 설득력을 가진다. 바로 그런 점에서 정부조직 법정주의와 비법정주의를 일의적으로 재단하여 장점과 단점을 논하는 것은 바람직하지 아니하다.

무엇보다도 국민의 시각에서 정부조직은 일정한 안정성을 견지하여야 한다. 정부조직이 정권이 바뀔 때마다 지나치게 요동치게 된다면 국민들을 혼란 속으로 빠트릴 우려가 있다. 하지만 새로 국민의 신임을 획득한 새 정부가 추구하고자 하는 정책의지는 정부조직을 통하여 제대로 구현되어야 한다. 그런 관점에서 본다면 정부조직 법정주의와 비법정주의는 상호 조화를 통하여 현대적인 정부조직의 정상적인 작동을 구현할 수 있다. 프랑스의 경우 비록 정부조직 비법정주의를 채택하고 있지만 다른 한편 조직법률(loi organique)이라는 특수한 법률의 형태로 국가의 핵심적인 조직은 법률로 규정하도록 하고 있다는 점에서 정부조직 법정주의적 요소도 상당히 반영되어 있다. 즉 국가의 핵심적인 작용과 관련된 사항, 즉 헌법 제34조에 관련된 일련의 사항, 예컨대 예산·국방의 일반조직

---

17) Études du Conseil d'État(Section du Rapport et des Études), *Structures gouvernementales et organisation adminstrative*, Documentation française, 1986. 동 보고서는 1984년 정부의 요구에 의해 1985년 12월 5일 국사원에서 제출한 보고서가 1986년에 출간된 것이다.

등에 관한 사항은 조직법률로 제정하도록 할 뿐 아니라, 의회·헌법재판소·법원의 조직에 관한 사항도 조직법률로 정하도록 규정한다.[18]

우리나라는 헌법에서 정부조직 법정주의를 명시하고 있다. 따라서 정부조직 법정주의에서 어떻게 정부조직의 유연성을 확보할 것인가가 논의의 초점이다. 그런 점에서 새 정부의 출범과 더불어 새 정부가 요구하는 정부조직을 의회가 가급적 수용하는 자세가 필요하다. 이를 통하여 정부조직 법정주의의 경직성을 완화하여야 한다. 또한 구체적인 정부조직의 모습은 상당부분 위임입법을 통하여 완화된다.

하지만 새 정부의 정부조직이 지나치게 많은 변화를 초래하면 자칫 헌법이 추구하는 정부조직 법정주의의 본질을 훼손할 우려가 있다. 그런 점에서 새 정부의 지나치게 자의적으로 정부조직을 변경하는 것은 바람직하지 아니하다. 그 어떤 경우에도 정부조직은 장기적 안정성을 담보하여야 한다. 그것은 국민의 눈높이와 직결되는 문제이기도 하다. 이와 같은 관점에서 본다면 이명박 정부와 박근혜 정부는 정부조직을 지나치게 많이 변화시켰다는 비판을 면하기 어렵다.[19] 이웃한 일본처럼 지나치게 경직적인 정부조직 개편도 문제이지만, 헌법이 채택하고 있는 정부조직 법정주의를 사실상 형해화하는 잦은 정부조직 개편은 바람직하지 아니하다.[20] 1948년 정부수립 이후 30여 차례 조직 개편을 거듭한 상공부가 이를 단적으로 보여준다.[21]

Ⅳ. 현행 헌법상 정부조직의 기본방향

1. 헌법규범체계에서의 정부조직

현행헌법상 정부조직의 기본방향은 현행 헌법이 채택하고 있는 정치행정제

---

18) 프랑스 헌법에서는 "…의 조직에 관한 사항은 조직법률로 정한다"라고 규정한다. 이 경우 조직법률(loi organique)는 일반법률보다 제정절차도 더 어려울 뿐만 아니라 법적 효력도 더 우위의 효력을 가지는 것으로 평가된다. 이는 "보다 더 큰 안정성과 존중"을 보장하기 위한 것이다(M. Debré, *Discours de présentation devant l'Assemblée générale du Conseil d'État*, le 27 août 1958).

19) 성낙인, "지속가능한 정부조직", 문화일보 시평, 2013.2.12.

20) 미국에서도 예컨대 재무부는 230년 이상 명칭이 유지된다. 일본은 50년 동안 지속되어 온 1부 22성청 체제를 2001년에 1부 12성청체제로 개편하였다. 그 중에서도 주요부처인 대장성이 재무성으로 바뀐 정도이다. 이 개편을 위하여 10년을 준비하였다고 한다.

21) 상공부 → 상공자원부 → 통상산업부 → 산업자원부 → 지식경제부 → 산업통상자원부.

도와 직접적으로 연계된다. 우리 헌법은 '제4장 정부, 제1절 대통령, 제2절 행정부'를 규정한다. 물론 대통령과 행정부는 엄격히 구분되는 것은 아니다. 제2절 행정부는 '제1관 국무총리와 국무위원, 제2관 국무회의, 제3관 행정각부, 제4관 감사원'으로 구성된다. 그런데 국무회의의 의장은 대통령이고, 감사원은 대통령 직속기관이다. 그런 점에서 제2절 행정부가 총리를 중심으로 하는 좁은 의미의 행정부(내각)으로 규정되어 있다고 볼 수는 없다.

하지만 적어도 대통령과 행정부를 구분한다는 점에서 정부에서 대통령과 행정부의 역할과 기능, 특히 대통령과 총리를 중심으로 하는 내각과의 관계를 살펴보아야 한다. 이는 정부조직이나 우리 헌법상 정치행정제도를 바라보는 근본적인 시각과도 직결된다.

2. 대통령실에 국무총리의 통할을 벗어난 중앙행정기관의 설치는 원칙적으로 위헌

헌법 '제4장 정부 제1절 대통령'에서는 "행정권은 대통령을 수반으로 하는 정부에 속한다"(제66조 제4항)라고 하여 대통령이 국가원수이자 동시에 정부수반임을 분명히 한다. 한편 '제4장 정부 제2절 행정부 제1관 국무총리와 국무위원'에서는 "국무총리는 대통령을 보좌하며, 행정에 관하여 대통령의 명을 받아 행정각부를 통할한다"(제86조 제2항)라고 규정한다. 이와 같은 헌법의 편제와 규정에 비추어 보면 현행 헌법상 정부는 대통령과 행정부라는 이원적으로 구성된다. 대통령과 국무총리의 관계는 대통령이 비록 행정수반이긴 하지만 행정각부는 동시에 국무총리가 통할하도록 되어 있다. 이는 곧 국무총리의 통할을 받지 아니하는 행정각부의 설치는 위헌이라는 결론에 이르게 된다.

그렇다면 행정각부가 아닌 일반적인 행정기관은 국무총리의 통할을 받지 아니하고 대통령 직속으로 설치할 수 있느냐의 문제가 남는다. 무엇보다도 헌법이 대통령 → 국무총리 → 행정각부의 하이라키(hierarchy)를 형성하고 있음에도 불구하고 대통령 → 집행기관을 설치하는 것은 원칙적으로 위헌이라고 보아야 한다. 왜냐하면 "대통령의 국법상 행위는 문서로써 하며, 이 문서에는 국무총리와 관계 국무위원이 부서한다"(제82조). 따라서 국무총리와 행정각부로부터 벗어난 대통령의 국법상 행위는 위헌·위법의 문제가 발생한다. 특히 이들 기관의 행위는 바로 대통령에게 책임이 전가될 수 있고, 국무총리라는 완충장치를 거치지 아니하게 되어 오히려 대통령에게 정치적 부담이 될 뿐이다. 그러므로 대통령실에는 대통령비서실과 특수한 임무를 가진 기구의 설치에 한정되어야 하며, 대통령실에 일반행정기관의 설치는 헌법의 정신에 어긋난다.

무엇보다도 이와 같은 헌법의 개별적인 규정을 떠나서 우리 헌법이 지향하는 정부의 기본 축은 대통령과 국무총리임은 말할 나위가 없다. 그런 점에서 대통령이 국무위원을 임명할 때에도 반드시 국무총리의 제청을 받도록 규정한다(제87조). 실제로 미국식 대통령제에 익숙한 논리를 전개하면서 대통령실에 집행기관을 설치하려는 일련의 움직임은 미국식 대통령제에 존재하지 아니하는 국무총리 제도에 대한 근본적인 이해의 부족에 기인한다. 국무총리는 의원내각제나 이원정부제(반대통령제)에 존재하는 제도이다. 그런 점에서 우리나라에서 정치행정제도의 설계도 이들 국가에서의 국무총리 제도의 헌법적 지위와 권한을 충실히 고려하여야 한다.

하지만 구 정부조직법에서 장관급이 맡은 구 중앙인사위원회[22]와 기획예산위원회[23]가 일반 집행기관임에도 불구하고 대통령 직속기관으로 설치됨으로써 헌법의 정부조직 체계와 집행부 제2인자인 국무총리의 위상이 심각한 도전을 받은 바 있다. 이들은 국무위원이 될 수 없다. 더구나 이들 장관급인사는 국무총리의 제청을 받지 아니하고 임명될 뿐만 아니라 국회의 국무위원해임건의의 대상에서도 제외된다.

3. 대통령 직속 행정집행기관 설치는 예외적으로만 가능

첫째, 헌법이 명시적으로 그 설치를 허용하는 경우는 예외이다. 우리 헌법은 '제2절 행정부 제4관 감사원'을 "대통령 소속하에 둔다"(제97조). 이는 감사원의 역할과 기능의 특성에 따라 예외적으로 헌법에 설치근거를 밝히고 있다. 이에 감사원장은 "국회의 동의를 얻어 대통령이 임명"(제98조 제2항)한다.

둘째, 헌법이 명시적 규정이 없음에도 불구하고 국무총리의 통할을 받지 아니하는 행정기관이 대통령 직속으로 설치되면, 국무총리 통할권의 범위와 한계를 설정 자체가 어려워지기 때문에,[24] 그 기관의 특성상 대통령 직속기관으로

---

22) 김대중 정부에서 처음으로 설치되어 노무현 정부까지 존속하였으나 이명박 정부에서 폐지되었다.
23) 김대중 정부에서 설치되었다가 정부조직법이 개정되어 기획예산처로 변경되었다가 다시 기획재정부로 통합되었다.
24) 성낙인, 헌법학 제18판, 617-618면.

설치할 수밖에 없는 예외적인 경우에 한정된다.

헌법재판소는 국 국가안전기획부(현 국가정보원)는 대통령 직속기관이므로 국무총리의 통할을 받을 필요가 없다고 판시한다. 물론 국가안전업무의 특성상 국가안전기획부를 대통령 직속으로 하는 것은 국가원수 본연의 임무와도 부응할 수 있는 여지는 있다.

다수의견: "헌법 제86조 제2항은 그 위치와 내용으로 보아 국무총리의 헌법상 주된 지위가 대통령의 보좌기관(補佐機關)이라는 것과 그 보좌기관인 지위에서 행정에 관하여 대통령의 명을 받아 행정각부를 통할(統轄)할 수 있다는 것을 규정한 것일 뿐, 국가의 공권력을 집행하는 행정부의 조직은 헌법상 예외적으로 열거되어 있거나 그 성질상 대통령의 직속기관으로 설치할 수 있는 것을 제외하고는 모두 국무총리의 통할을 받아야 하며, 그 통할을 받지 않은 행정기관은 법률에 의하더라도 이를 설치할 수 없음을 의미한다고는 볼 수 없을 뿐만 아니라, 헌법 제94조, 제95조 등의 규정취지에 비추어 정부의 구성단위로서 그 권한에 속하는 사항을 집행하는 모든 중앙정부기관이 곧 헌법 제86조 제2항 소정의 "행정각부"라고 볼 수도 없다. 국가가 정보기관을 대통령직속으로 하느냐 여부는 기본적으로 입법정책의 영역에 속하는 것으로서 당해 국가의 헌법이념에 위배되지 않는 한 위헌이라 할 수 없는 것인데, 국가안전기획부법은 그 목적, 직무범위, 통제방법 등의 관점에서 헌법이 요구하는 최소한의 요건을 갖추고 있다고 보아야 할 것이므로, 국무총리의 관할을 받지 않는 대통령직속기관인 국가안전기획부의 설치근거와 직무범위 등을 정한 행정(정부의 오류임)조직법 제14조와 국가안전기획부법 제4조 및 제6조의 규정은 헌법에 위배된다 할 수 없다.""대통령이 이러한 직속기관을 설치하는 경우에도 자유민주적 통치구조의 기본이념과 원리에 부합되어야 할 것인데 그 최소한의 기준으로 ㄱ) 우선 그 설치·조직·직무범위 등에 관하여 법률의 형식에 의하여야 하고, ㄴ) 그 내용에 있어서도 목적·기능 등이 헌법에 적합하여야 하며, ㄷ) 모든 권한이 기본권적 가치실현을 위하여 행사하도록 제도화하는 한편, ㄹ) 권한의 남용 내지 악용이 최대 억제되도록 합리적이고 효율적인 통제장치가 있어야 할 것이다."[25]

재판관 변정수의 반대의견: "국가안전기획부는 행정부의 권한에 속하는 사항을

<hr/>

[25) 헌재 1994.4.28. 89헌마221, 정부조직법 제14조 제1항 등의 위헌여부에 관한 헌법소원(합헌, 각하).

집행하는 중앙정부기관(中央政府機關)이므로 성질상 국무총리의 통할하에 두어야 할 "행정각부(行政各部)"에 속하는 것이 명백하므로, 국가안전기획부를 행정각부에 넣지 않고 대통령의 직속하에 두어 국무총리의 지휘, 감독을 받지 않도록 한 정부조직법 제14조 제1항은 헌법 제86조 제2항 및 제94조에 위반된다."

위 사건에서 첫째, 우리 헌법상 정부형태가 대통령제이기 때문에 국무총리의 통할을 받지 아니하는 중앙행정기관을 법률에 따라 임의적으로 설치할 수 있다는 논리는 비판의 여지가 있다. 이는 헌법상 정부의 조직관 구성에 대한 근본적인 오해에서 비롯된다. 둘째, 국가안전기획부를 헌법상 '행정각부'의 하나로 오해하는 듯한 견해도 잘못된 것이다. 주지하다시피 국가안전기획부는 국가정보원으로 개칭되었는데 이 경우 원(院)도 행정각부로 볼 수 있을 것인가에 대한 의문이다. 셋째, 무엇보다도 국가안전기획부가 가진 기관의 특성에 비추어 판단하여야 할 문제를 정부형태라든가 행정각부라는 문제에 천착하다가 사안의 본질에 접근하지 못하고 있다. 국가최고정보기관은 정부형태나 정부조직법의 기본적인 체계를 뛰어넘어 최고통치권자의 고유한 업무로 인식되고 있다는 점을 고려하여 우리 헌법상 대통령은 국가원수이자 행정수반이기 때문에 정부조직체계상 국무총리의 통할을 받지 아니하는 실질적인 예외기관으로서 국가안전기획부를 설정하면 된다. 위와 같은 헌법재판소의 논리가 계속될 경우에 위헌론을 야기할 수 있는 제2, 제3의 국가안전기획부와 같은 대통령직속 중앙행정기관 설치에 대한 정당성의 근거만 부여하여 줄 뿐이다.

V. 행정각부의 조직과 구성

1. 정부조직의 헌법적 기속

헌법상 정부조직의 기본방향은 앞에서 논의한 정부조직 법정주의가 그 첫째 요구사항이다. 이어서 헌법상 국무위원 숫자에 기속된다. "국무회의는 대통령·국무총리와 15인 이상 30인 이하의 국무위원으로 구성한다"(제88조 제2항). 이에 따라 헌법상 국무회의의 구성원은 15인 이상이어야 한다. 이럴 경우 국무위원의 유고를 감안한다면 15인은 최소한이며 그 이상이어야 한다. 예컨대 이명박 정부는 작은 정부를 구현한다는 취지에서 국무위원 숫자를 15명으로 하였다가 국무위원의 유고에 따른 문제해결에 어려움이 있었다. 국무위원은 행정각부의 장을 겸하는 것이 원칙이지만 무임소 국무위원, 특임장관의 형태도 있다.

한편 우리 헌법상 정부형태가 대통령제이기 때문에 국무총리의 통할을 받지 아니하는 중앙행정기관을 법률에 따라 임의적으로 설치할 수 있다는 논리 또한 설득력이 없다.

2. 역대 정부의 정부조직

(1) 제1공화국에서 제2공화국까지: 비교적 단출한 정부조직으로 출범

1948년 정부 수립 이후의 정부조직은 제1공화국의 비교적 단출하게 출발하여 경제개발과 사회복지국가의 구현에 따라 점차 확대일로의 양상을 보여 왔다.[26]

제1공화국은 10부 3처(후에 1처 증가)로 구성된다. 이 때 정부조직은 근대 입헌주의 국가 정부조직의 일반적 원형을 제시한다. 즉 재무, 농림, 교통, 체신, 내무, 법무, 문교, 사회, 외무, 국방부와 총무처, 공보처, 법제처가 있었다(후에 기획처가 신설되었다). 이들 부처의 원형은 오늘날에 이르기까지 그대로 유지되고 있다고 보아도 과언이 아니다.

제2공화국은 1원 11부 1처 체제이다. 원자력원이 신설되고, 제1공화국의 10개 부 중에서 사회부는 보건사회부로 확대 개편되고, 새로 상공부가 신설되었다. 의원내각제를 실시함에 따라 국무원사무처가 총리실에 소속된 각 처의 업무를 총괄하였다. 제1공화국의 대통령주의제적인 상황에서 1960년 4·19학생혁명에 따라 제2공화국이 순수한 고전적 의원내각제를 채택하고 있음에도 불구하고 행정각부는 거의 변화가 없었다. 그런 점에서 제1공화국에서 제2공화국으로의 이행에 따른 헌법의 전면적인 개정과 정부형태의 변화에도 불구하고 제헌헌법 이래 유지되어 온 정부조직 법정주의는 그 맥을 확실하게 견지한다. 그런데 제1공화국에서 존재하지 아니하던 외청(전매청, 외자청, 해무청)이 신설되었다.

(2) 제3공화국(1963년)에서 제6공화국 김영삼 정부까지(1997년): 경제개발과 산업화에 따른 정부조직의 팽창

제3공화국은 2원 13부 4처로 출범하였다. 경제기획원이 신설되고, 건설부와 원호처가 신설되었다. 제3공화국 중간에는 통일원, 문화공보부, 과학기술처 등이

---

26) 한국행정연구원, 정부조직 개편의 논리와 대안, 2003, 206-209면; 김동욱, 앞의 책, 46-47면 참조.

신설되었다. 제3공화국 정부조직의 특징은 급속도로 증대한 외청이다. 이는 산업화 과정에서 새로운 국가기능의 확대와 직결되는 것으로 보인다. 이 증대된 외청은 제4공화국을 거치면서 오늘날까지 거의 그대로 유지되고 있다.

제4공화국 이후부터 제5공화국을 거쳐서 제6공화국에 이르는 기간은 대체로 제3공화국 말기의 형태와 비슷한 양상을 보인다. 그 과정에서 문화공보부, 동력자원부, 노동부 등이 신설되었다.

전반적으로 본다면 건국 초기의 비교적 단출하던 정부조직은 차츰 다양성을 더하여 왔다. 이는 첫째, 국가기능의 확대와 직결되는 사안이다. 종래의 소극정부에서 적극정부로의 이행과 더불어 이와 유관한 부처의 증가로 나타난다. 그 과정에서 건설부, 동력자원부, 문화공보부, 보건사회부, 노동부 등이 새롭게 모습을 드러낸다. 동력자원부는 세계적인 석유 에너지 파동을 겪으면서 등장하였다. 노동부는 산업화에 따른 노동현장의 변화와 직결되는 부처이다. 특히 경제개발이 본격화되는 과정에서 경제기획원이 장기적인 국가경제계획의 중심축으로서의 역할을 하여 왔다. 경제기획원장관은 오래도록 유일한 부총리직책을 겸하였다. 다만 경제기획원장관은 부총리로 보함으로써 경제사령탑 역할을 하여 왔지만 헌법상 행정각부가 아니라 국무총리 소속의 원이라는 한계를 가지고 있었다. 실제로 국무총리 소속기관은 행정각부와 달리 독자적인 법규명령, 즉 부령을 발령하지 못하는 등 정부조직체계에서 몇 가지 한계를 가진다.

제6공화국의 초기 노태우 정부의 정부조직은 대체로 제5공화국의 정부조직과 큰 차이가 없다.[27] 즉 2원(국토통일원, 경제기획원), 16부(재무, 농림수산, 교통, 체신, 내무, 법무, 문교, 보건사회, 외무, 국방, 상공, 건설, 문화, 체육, 동력자원, 노동부), 4처(총무처, 원호처, 법제처, 과학기술처), 15청(농촌진흥청, 철도청, 검찰청, 경찰청, 조달청, 국세청, 관세청, 통계청, 수산청, 산림청, 공업진흥청, 병무청, 해운항만청, 기상청, 특허청)으로 되어 있다. 제5공화국과의 차이를 굳이 두자면 문화공보부는 문화부로 개편되고 체육부가 신설되었다. 이는 1988년에 개최된 88올림픽을 앞둔 특수상황의 반영이다.

김영삼 정부는 2원 14부 6처 15청에 이른다. 행정각부에서는 상공부와 동력자원부가 합쳐서 상공자원부가 되고, 문화부와 체육부가 합쳐서 문화체육부가된 정도의 차이이다. 따라서 2부가 줄어들었다. 다만 공보처와 환경처가 신설되었

---

27) 제5공화국 전두환 정부는 2월 16부 4처 13청으로 구성되어 있다.

다. 이는 산업화 이후에 야기된 환경문제의 중요성을 고려하여 새롭게 처 단위의 행정기관이 신설된 것이다.

(3) 김대중 정부(1998년): 혁신적이고 파격적인 변화의 서곡

김대중 정부는 0원 16부 4처 16청 체제를 가진다. 우선 제3공화국 이래 지속되어 온 원 단위의 행정기관을 폐지하였다. 즉 경제기획원과 국토통일원을 폐지하였다. 즉 경제기획원은 기획예산처로, 국토통일원은 통일부로 개편되었다. 원 단위의 행정기관의 장이 가지던 부총리직급도 이제 행정각부의 장 중에서 부총리를 임명하는 형태로 변경되었다. 1997년 말부터 전개된 국제통화기금(IMF) 관리체제라는 특수한 경제위기 상황에서 재정경제부 장관을 부총리로 보하였다. 전통적인 원의 폐지는 앞에서 적시한 바와 같이 원은 행정조직 체계상 국무총리 직속기관으로서의 법적 지위를 가지는 데 따른 정부조직 체계상의 비정상을 제거한 것으로 바람직한 방향이다.

이와 더불어 기존의 정부조직도 상당한 변화를 초래한다. 제3공화국(1963년) 이래 가장 많은 변화를 초래하였다. 재무부는 재정경제부로, 농수산부는 농림부로, 건설부와 교통부는 건설교통부로, 체신부는 정보통신부로, 내무부는 행정자치부로, 문교부는 교육인적자원부로, 보건사회부는 보건복지부로, 외무부는 외교통상부로, 상공자원부는 산업자원부로, 문화체육부는 문화관광부로 변경되었다. 여성부, 환경부(환경처에서 승격), 해양수산부, 과학기술부(과학기술처에서 승격)가 신설되었다.

이와 같은 변화의 핵심은 역시 경제위기 극복이라는 명제이다. 더 나아가 전통적인 정부조직에 대한 근본적인 변화를 추구하였다. 소수자인 여성의 목소리를 반영하기 위한 여성부의 신설, 환경문제의 중요성을 인지하여 환경처를 환경부로 승격, 과학기술의 중요성에 따른 과학기술처의 과학기술부로 승격, 농수산부로부터 분리된 해양수산부의 신설이 특징적이다. 또한 통상문제의 심각성에 비추어 외교부에 통상전담조직을 신설하였다.

김대중 정부의 조직은 한마디로 새로운 국가적 가치의 창출을 위한 조직 혁신을 도모한 것으로 평가할 수 있다. 하지만 정부조직 법정주의의 관점에서 본다면 사실상 정부조직 법정주의가 무력화될 정도의 변화를 초래하였다는 점에서 부정적인 평가도 가능하다. 실제로 그 위상이나 명칭이 유지된 행정각부는 법무부와 국방부 단 2개 부에 불과하다. 이는 정부조직 비법정주의를 채택하는 프랑스에서도 보기 드문 예이다. 정부수립 이후 최초의 평화적 정권교체를 맞이한 상황에서 조직의 혁신을 기하고자 한 의욕은 높이 살 만하지만, 작위적인 조직 명칭 변경은 오늘날까지 그 병폐를 드러낸다. 예컨대 유사 이래 지속되어 온 재무부는 재정경제부로, 체신부는 정보통신부로, 내무부는 행정자치부로, 교육부는 교육인적자원부로 개칭된 것이 그러하다.

노무현 정부의 정부조직은 18부, 4처, 18청으로 대체로 김대중 정부 말기의 정부조직과 유사하다.[28] 재정경제부장관, 교육인적자원부장관 및 과학기술부장관은 부총리를 겸한다. 군이 달라진 점을 꼽는다면 여성부가 여성가족부로 변경된 정도이다.

(4) 이명박 정부: 또 다시 드러난 정부조직 비법정주의적 양태

- **대통령 및 소속기관**: 대통령실; 감사원, 국가정보원; 국가안전보장회의, 민주평화통일자문회의, 국민경제자문회의, 국가교육과학기술자문회의; 방송통신위원회, 국가과학기술위원회, 원자력안전위원회/국가인권위원회.

- **국무총리 및 소속기관**: 국무총리실; 특임장관; 법제처, 국가보훈처; 공정거래위원회, 금융위원회, 국민권익위원회.

- **행정각부 및 그 소속 외청**: 기획재정부(국세청, 관세청, 조달청, 통계청), 교육과학기술부, 외교통상부, 통일부, 법무부(검찰청), 국방부(병무청, 방위사업청), 행정안전부(경찰청, 소방방재청), 문화체육관광부(문화재청), 농림수산식품부(농촌진흥청, 산림청), 지식경제부(중소기업청, 특허청), 보건복지부(식품의약품안전청), 환경부(기상청), 고용노동부, 여성가족부, 국토해양부(해양경찰청, 행정중심복합도시건설청)

---

28) 노무현 정부의 정부조직
  - 대통령 및 그 소속기관(비서실, 경호실; 감사원, 국가정보원; 중앙인사위원회, 국가청렴위원회, 국민고충처리위원회; 국가안전보장회의, 민주평화통일자문회의, 국민경제자문회의, 국가과학기술자문회의; 정책기획위원회, 중소기업특별위원회, 노사정위원회 등)
  - 국무총리 및 소속기관(국무조정실, 국무총리비서실; 기획예산처, 법제처, 국가보훈처, 국정홍보처; 공정거래위원회, 금융감독위원회, 비상기획위원회, 청소년위원회)
  - 행정각부(18부: 재정경제부, 교육인적자원부, 과학기술부, 통일부, 외교통상부, 법무부, 국방부, 행정자치부, 문화관광부, 농림부, 산업자원부, 정보통신부, 보건복지부, 환경부, 노동부, 여성가족부, 건설교통부, 해양수산부)와 18개 외청(국세청, 관세청, 조달청, 통계청; 기상청; 검찰청; 병무청, 방위사업청; 경찰청, 소방방재청; 문화재청; 농촌진흥청, 산림청; 중소기업청, 특허청; 식품의약품안전청; 행정중심복합도시건설청; 해양경찰청)

　　이명박 정부는 15부 2처 18청으로 작은 정부를 구현하려는 의지를 드러낸 바 있다. 특이한 것은 대통령비서실을 대통령실로 국무총리비서실도 국무총리실로 개칭하면서 새로운 임무를 부여하려 시도하였다. 특히 중앙인사위원회와 같은 집행적 성격을 가진 행정기관을 대통령 소속에서 삭제하였다는 점에서 긍정적으로 평가하고자 한다. 다만 정보통신부가 해체되고 그에 따라 숙원과제의 하나이던 방송과 통신의 융합시대를 열어가기 위한 방송통신위원회를 설치한 것은 바람직한 방향으로 평가할 수 있으나, 이는 대통령 소속으로 할 것이 아니라 총리 소속으로 하여야 한다. 또한 대통령 소속의 국가청렴위원회(원래 부패방지위원회) 및 국민고충처리위원회와 국무총리 소속의 중앙행정심판위원회를 합친 국민권익위원회는 상호 이질적인 조직의 합작이므로 추후 바로잡아야 한다.

　　'작은 정부 큰 시장'이라는 슬로건에 따라 행정각부의 변화도 심각하다. 그간 어떠한 형태로든 경제기획예산과 재정이 분리되어 작동되어 왔는데, 이를 기획재정부라는 단일 공룡부서로 통합하였다. 이는 재정경제 국가작용에서의 견제와 균형이라는 관점에서 결코 바람직하지 아니하다. 과학기술부를 폐지하고 교육과학기술부로 변경하는 대부처주의를 추구하였다. 하지만 노무현 정부에 비하면 거의 전 부처에서 변화와 개칭(改稱)이 있었다는 점에서 비판의 대상이다. 실제로 통일부, 법무부, 국방부, 보건복지부, 환경부, 노동부, 여성가족부를 제외하고는 기능과 명칭의 변화를 초래하였다. 박정희 정부 이래 지속되어 온 부총리제도를 폐지하였다. 특히 상공부 또는 산업자원부를 지식경제부라는 낯선 이름으로 개칭함에 따라 국민적 비판을 자초한 바 있다. 또한 과학기술부를 폐지하여 과학기술계의 비판을 받아오다가 대통령직속으로 국가과학기술위원회라는 변칙적인 기구를 신설하기도 하였다.

3. 박근혜 정부의 정부조직

대통령 및 소속기관: 비서실(인사위원회), 국가안보실, 경호처; 감사원, 국가정보원
- 국가안전보장회의, 민주평화통일자문회의, 국민경제자문회의, 국가교육과학기술자문회의; 방송통신위원회, 국가과학기술위원회, 원자력안전위원회; 국가인권위원회.
- **국무총리 및 소속기관**: 국무조정실, 비서실; 법제처, 국가보훈처, 식품의약품

안전처; 공정거래위원회, 금융위원회, 원자력안전위원회, 국민권익위원회.
- **행정각부 및 그 소속 외청**(17부 3처 17청): 기획재정부·부총리(국세청, 관세청, 조달청, 통계청), 미래창조과학부, 교육부, 외교부, 통일부, 법무부(검찰청), 국방부(병무청, 방위사업청), 안전행정부(경찰청, 소방방재청), 문화체육관광부(문화재청), 농림축산부(농촌진흥청, 산림청), 산업통상자원부(중소기업청, 특허청), 보건복지부, 환경부(기상청), 고용노동부, 여성가족부, 국토교통부(행정중심복합도시건설청), 해양수산부(해양경찰청).

박근혜 정부의 정부조직의 특징은 첫째, 이명박 정부에서 대통령실·국무총리실로 지칭되던 비서실을 다시금 비서실로 환원하였다. 이는 유사 이래 지속되어 온 대통령 비서실을 대통령실이라는 정체 불명의 용례로 인하여 대두된 혼란을 수습한 것으로 보인다. 더불어 대통령실의 축소와 총리실의 강화를 보여준다. 정책실의 폐지와 국가안보실의 부활, 사회통합수석실과 국가위기관리실을 폐지하고 국정기획수석실과 미래수석실을 신설하였다. 수석비서관과 비서관 사이의 기획관제도 폐지하였다. 이로써 이명박 청와대의 3실장 8수석 6기획관 체제는 박근혜 청와대에서 2실 9수석 체제로 단순화된다.

둘째, 대통령 소속으로 국가안보실을 신설하였다. 이는 국가안보의 특수성을 감안하여 국가원수로서의 대통령의 고유권한을 확실히 한다는 점에서 그 의의가 있다. 하지만 자칫 통솔에 문제를 야기할 수 있는 총리실과 국가정보원·국방부 등 관계기관과의 유기적인 협조체제 구축이 필요한 사안이다. 이명박 정부에서 조직 체계상 문제가 되었던 방송통신위원회·국민권익위원회가 그대로 존속한다.

셋째, 행정각부는 17부 3처 17청으로 구성되어 있다. 이명박 정부의 15부 중에서 8개부(통일부, 법무부, 국방부, 환경부, 문화체육관광부, 고용노동부, 보건복지부, 여성가족부)만 그대로 유지되고, 9개부가 신설 또는 개편되었다. 기획재정부 장관을 부총리로 보함으로써 부총리제도를 부활시켰다. 국무총리실에 있던 특임장관은 폐지되고, 총리실에 식품의약품안전처가 새로 신설되었다.

재정경제부를 변경한 기획재정부, 교육과학기술부를 교육부와 미래창조과학부로 분리하는 등 변화가 있었다. 외교통상부는 외교부로, 행정안전부는 안전행정부로, 농림수산부는 농림축산부로, 지식경제부는 산업통상자원부로, 국토해양부는 국토교통부와 해양수산부로 분리 개칭되었다.

　　박근혜 정부도 정부조직 법정주의를 무색하게 할 정도로 많은 정부조직 개편
을 단행하였다. 정권교체도 아니고 정부교체에 불과함에도 불구하고 이와 같이
폭넓은 정부조직 개편이 단행되어야 하는 것인지에 대한 근본적인 의문이 제기
된다. 이와 같은 조직개편은 가히 정부조직 비법정주의를 채택하고 있는 프랑스
의 예를 뛰어넘는 수준이다.

　　특히 개편 논의의 핵은 미래창조과학부였다. 일반적인 기대는 폐지된 과학기
술부의 부활을 예견하였으나 대통령의 의지에 따라 방송통신위원회의 방송보도
이외의 기술적인 관련사항과 문화부의 디지털 콘텐츠 기능 등이 복합적으로 혼
합된 기능을 가지게 되었다. '박근혜 노믹스'의 총집결체로 평가되는 미래부는
기초분야부터 실용·응용분야에 이르는 모든 연구개발(R&D), 정보통신기술(ICT),
산학협력, 콘텐츠, 우정사업 분야까지 담당한다.[29] 특히 방송통신위원회와의 업
무분장 과정은 새 정부의 출범까지 지체되고 대통령이 격노한 담화를 발표하는
등 우여곡절 끝에 새 정부 출범 3주 후에야 비로소 정리되었다. 이에 따라 SO와
인터넷TV(IPTV), 위성방송 등 뉴미디어 관련 분야는 미래부로 이관되었다. 또한
골프, 바둑 등 비보도 부문의 채널사업자(PP) 업무도 미래부로 넘어갔다. 다만
방송의 공정성 확보를 위하여 미래부 장관이 뉴미디어와 관련하여 허가·재허
가를 하거나 법안을 제정·개정할 경우 방송통신위원회의 사전 동의를 받도록
하였다. 특히 통신용 주파수는 미래부, 방송용 주파수는 방통위가 각기 분할관
리하는 특이한 양상을 드러낸다. 미래부와 방송통신위원회 사이에 첨예한 갈등
을 예고하는 장면이다.[30] 이에 대하여는 미래부의 그 정확한 정체를 가늠하기
어려울 뿐 아니라 앞으로의 작동과정에서 새로운 분란의 소지를 초래하지 아니
할지 또는 가장 근본적인 문제로서는 지속가능한 정부조직이 될 수 있을 것인지

---

29) 매일경제신문 2013.1.22; 동아일보 2013.1.23; 조선일보 2013.1.23; 한겨레신문 2013.1.23: 미
　　래부는 과학기술 전담차관과 ICT 전담차관의 2차관제이다. 미래부는 이명박 정부의 9개부처의
　　업무를 흡수하며 4만 5천명을 거느리는 공룡부처가 되었다. 교육과학기술부의 과학기술, 원
　　자력정책, 산학협력, 한국과학기술원, 광주과학기술원, 대구경북과학기술원, 기초기술연구회;
　　국가과학기술위원회의 연구개발(R&D) 예산 배분·조정, 지식경제부의 ICT 연구개발, 정보통
　　신산업진흥, 소프트웨어 산업, 신성장 동력 발굴·기획, 산업기술연구회, 우정사업본부; 국가
　　정보화전략위원회는 ICT 기능 중복으로 폐지; 원자력안전위원회의 원자력 규제기능; 국무총
　　리실의 지식재산위원회, 지식재산전략단; 행정안전부의 국가정보화, 기획 기능; 문화체육관광
　　부의 디지털 콘텐츠 기능, 방송광고 관련 기능; 방송통신위원회의 방송통신 융합·진흥 기능
　　을 흡수하였다.
30) 동아일보 2013.3.18: 여당 몫 위원 3명, 야당 몫 위원 2명 등 5명으로 구성된 방송통신위원회
　　에서 동의하지 않으면 미래부는 뉴미디어에 대한 허가권을 행사하기가 쉽지 아니하다.

에 대한 의문이 계속된다.

　정부조직의 대폭개편에 따른 후유증도 만만찮다. 대통령의 '부처 칸막이 철폐' 주장에도 불구하고 많은 산하기관들의 관할 부처가 변동되면서 야기된 대표적인 문제점으로 예컨대 정보화진흥원은 안전행정부와 미래부의 공동 관리기관이 되었다. 축산물위해요소중점관리기준원(HACCP)은 농림축산식품부(구 농림수산식품부)에서 식품의약품안전처로 관할 부서가 바뀌었지만 농식품부가 계속 위탁받아 수행하는 등 295개 공공기관 중에서 54개 공공기관의 주무부처가 바뀌는 과정에서 문제점들이 야기된다.[31]

4. 문재인 정부의 정부조직

　문재인 정부는 인수위원회가 없이 대통령선거결과가 나오면서 바로 취임하였기 때문에 정부조직에 대한 큰 변화를 가져오기 어려운 상황이었다. 이에 따라 정부조직도 소폭 개정에 그쳤다. 그 내용을 보면 대통령실에 정책실을 신설하고, 총리실의 국가보훈처를 장관급으로 격상시켰다. 미래창조과학부는 과학기술정보통신부로, 행정자치부는 행정안전부로 변경되고, 중소벤처기업부가 신설되었다. 해체되었던 해양경찰청은 해양수산부 소속으로 부활되었다. 과학기술정보통신부와 행정안전부의 명칭 변경, 중소벤처기업 활성화를 위하여 중소기업청을 독립된 부로 승격, 해체되었던 해양경찰청을 복원등은 바람직한 방향이다. 다만 대통령실에 다시 노무현 정부의 정책실을 신설함에 따라 대통령실의 비대화가 새롭게 문제로 제기된다. 대통령실의 비대는 결국 국정의 중심축이 대통령실 중심으로 작동되면서 총리와 행정각부의 역할과 기능이 축소되기 마련이기 때문이다. 문재인 정부의 정부조직은 다음과 같다.

　대통령 및 소속기관: 대통령비서실, 국가안보실, 정책실, 대통령경호처; 감사원, 국가정보원; 국가안전보장회의, 민주평화통일자문회의, 국민경제자문회의, 국가과학기술자문회의; 방송통신위원회.

　국무총리 및 소속기관: 국무조정실, 국무총리비서실; 국가보훈처, 인사혁신처, 법제처, 식품의약품안전처; 공정거래위원회, 금융위원회, 국민권익위원회, 원자

---

31) 한국연구재단·한국창의과학재단이 교과부에서 미래부로 이관됨에 따라 기관장 임명권·업무감독권은 미래부가, 운영·육성·재정보조 등은 교육부·미래부가 공동으로 주관한다. 또한 한국콘텐츠진흥원은 한국인터넷진흥원 등 다른 ICT 기관과 달리 미래부에 이관되지 아니한다. 서울신문 2013.4.12.

력안전위원회.

행정각부 및 그 소속 외청: 기획재정부(국세청, 관세청, 조달청, 통계청), 교육부, 과학기술정보통신부, 외교부, 통일부, 법무부(검찰청), 국방부(병무청, 방위사업청), 행정안전부(경찰청), 문화체육관광부(문화재청), 농림축산식품부(농촌진흥청, 산림청), 산업통상자원부(특허청), 보건복지부, 환경부(기상청), 고용노동부, 여성가족부, 국토교통부(행정중심복합도시건설청, 새만금개발청), 해양수산부(해양경찰청), 중소벤처기업부.

Ⅵ. 바람직한 정부조직

1. 의   의

현행 헌법을 기준으로 1948년 정부수립 이후의 정부조직의 큰 흐름, 1987년 민주화 이후의 정부조직의 큰 흐름, 최근 야기되고 있는 새로운 정부조직의 등장, 세계 각국의 정부조직의 일반적인 사례를 참조하여 바람직한 정부조직을 제시하여 본다면 다음과 같이 정리할 수 있다.

2. 특   징

그 특징을 보면 다음과 같다. 첫째, 대통령실에는 집행기관을 설치하여서는 아니 되고, 비서·자문·정책총괄 기능만 수행하여야 한다. 둘째, 국무총리실은 명실상부한 내치의 중심축이어야 한다. 그런 점에서 대통령은 국가원수로서 국가의 나아갈 방향을 그리는 큰 정치에 전념하여야 하고, 국무총리실을 중심으로 한 내각은 국가의 일상적인 업무를 총괄하여야 한다. 이에 따라 집행기관의 두 축은 총리실과 행정각부가 된다. 셋째, 잦은 행정각부의 명칭 변경에 따른 혼란을 수습하고 아울러 전통적인 행정 각부의 명칭과 권위를 복원시켜야 한다. 예컨대, 법무부, 외교(통상)부, 내무부, 국방부, 교육부 등이 그러하다. 넷째, 국가정체성을 제고하여야 한다. 그 상징적 의미로 국가보훈처를 부(처장의 국무위원화)로 승격하여야 한다. 다섯째, 한국적 민주주의의 정착을 위하여 민주법치국가의 공고화가 긴절하다. 이를 뒷받침하는 관할부처인 법제처를 강화하여 법제처장을 국무위원으로 보하고, 법제처 산하 국무총리행정심판위원회도 원상 복귀시켜야 한다. 여섯째, 공안부처와 경제부처도 시대적 현실에 부응한 개혁의 필요성이 높다. 특히 금융위원회 또는 금융부의 새로운 모델이 필요하다. 일곱째, 방송통신과 과학기술분야를 어떻게 종합적이고 유기적으로 융합시킬 수 있을 것인가 또한 핵심적인 과제다. 여덟째, 부총리는 대외직명용(외교, 국방, 교육) 또는 경제부처의 수장(기획예산부)으로 필요하다.

3. 대통령실의 조직과 구성: 비서·자문

현행 헌법상 대통령실에는 감사원과 같은 헌법이 수권한 기관, 국가정보원과 같은 특수기관 이외에는 중앙행정기관을 설치하여서는 아니 된다. 이에 따라 대통령실에 감사원과 같은 헌법적 수권이 없이도 설치가 가능한 기관은 비서실(인사위원회), 국가안보실, 경호처; 국가정보원 정도로 한정되어야 한다. 따라서 중앙행정기관으로서의 성격이 분명한 방송통신위원회는 총리실 소속으로 이관되어야 한다. 다만 국가인권위원회는 굳이 그 소속을 말하자면 대통령 소속이라 하겠지만 이는 독립적인 제3의 기구라는 점에서 논외이다.

하지만 국가발전의 추동력 강화를 위한 국가의 미래전략기구 설치는 아무래도 대통령 직속으로 설치하여도 무방하다. 이는 바로 국가원수이자 행정권의 수반인 대통령의 큰 정치와 직결되는 사안이기 때문이다.[32]

그 밖에 헌법에 명시된 자문기구인 국가안전보장회의, 민주평화통일자문회의, 국민경제자문회의, 국가과학기술자문회의와 같은 자문기구는 폭넓게 설치가 가능하다.

- 대통령비서실(실장 장관급), 국가안보실(실장 장관급), 경호처(처장 차관급)
- 감사원
- 국가정보원
- 자문기관: 국가안전보장회의, 민주평화통일자문회의, 국민경제자문회의, 국가과학기술자문회의
- 독립기관: 국가인권위원회
* 교육혁신위원회, 노사정위원회, 일자리위원회 등과 같은 자문적 위원회는 대통령의 국가통합을 위한 정책과제에 부응하는 기구로서 역할과 기능을 담당한다.

---

32) 김동욱·윤건, "국가미래전략기구 설계에 관한 연구", 행정논총 제48권 2호, 2010, 1-24면 참조. 이 논문에서는 미래전략기구에 관하여 대체로 대통령실에 설치하는 데 찬성하는 것으로 보인다.

4. 총리실의 조직과 구성: 집행기관

헌법상 "국무총리는 국회의 동의를 얻어 대통령이 임명한다"(제86조 제1항). "국무총리는 대통령을 보좌하며, 행정에 관하여 대통령의 명을 받아 행정각부를 통할한다"(제2항). "대통령의 국법상 행위는 문서로써 하며, 이 문서에는 국무총리와 관계 국무위원이 부서한다. 군사에 관한 것도 또한 같다"(제82조). 이와 같은 현행헌법 아래에서 책임총리의 역할과 기능을 강화하고 헌법에 부응하는 행정조직체계의 작동을 위하여 행정각부가 아닌 집행기관은 국무총리 소속으로 이관하여야 한다. 박근혜 정부에서 국무총리의 국무조정기능을 강화하기 위하여 국무총리실을 국무조정실로 확대·개편한 것은 바람직하다. 특히 세종시 시대를 맞이하면서 국무총리실이 세종시로 이전한 이후 다시금 세종로청사 9층에 국무총리실이 재입주한 것에 대한 비판도 제기되나, 청와대와 국회 그리고 상당수 행정각부가 서울에 소재한 현실에서 불가피한 선택으로 보인다.

다만 굳이 국무총리실에 소속될 필요가 없는 중앙행정기관은 가급적 행정각부의 형태로 내려보내는 게 순리이다. 이를 테면 국가보훈처는 비록 그 규모가 작다고 하더라도 굳이 총리실 소속이어야 할 필요가 없기 때문에 국가보훈부로 승격시키는 게 바람빅하다. 문재인 정부에서는 국가보훈처장을 장관급으로 격상시키면서도 총리실 소속으로 한다.

- 국무총리 국무조정실(실장 장관급), 비서실(실장 차관급)
- 소속기관의 장은 장관급으로 격상
- 법제처(국무총리행정심판위원회): 법제처장 장관급 격상: 국무위원
- 공정거래위원회: 위원장 국무회의 참석
- 금융위원회: 위원장 국무회의 참석
- 방송통신위원회: 위원장 국무회의 참석
- 국가청렴위원회: 위원장 국무회의 참석
- 통상교섭본부

5. 행정각부의 구성과 위상

(1) 조직도

1. 외교부

2. 통일부

3. 내무부(경찰청, 소방방재청)

4. 법무부(검찰청)

5. 국방부(병무청, 방위사업청)

6. 기획예산부

7. 재무부(국세청, 관세청, 조달청, 통계청)

8. 교육부

9. 정보통신과학기술부

10. 산업자원부(중소기업청, 특허청)

11. 문화체육관광부(문화재청)

12. 농림부(농촌진흥청, 산림청)

13. 보건복지부(식품의약품안전청)

14. 환경부(기상청)

15. 고용노동부

16. 여성가족청소년부

17. 국토교통부(행정중심복합도시건설청)

18. 해양수산부(해양경찰청)

19. 국가보훈부

20. 정무장관

(3) 구체적 방안과 그 사유

1) 외교통상부서

외교부와 통상교섭본부의 통합이 바람직한 것인지 아니면 외교부와의 분리가 바람직한 것인지에 대하여는 논쟁적이다.[33] 통상교섭의 산업적 중요성 인정을 인정한다면 산업통상자원부도 굳이 비판할 필요는 없다. 하지만 오늘날 통상교섭의 상당부분은 농축수산물이 차지한다. 우리나라가 미국·중남미국가들과 체결한 자유무역협정(Free Trade Agreement; FTA)의 핵심적인 쟁점은 농수산물 시장개방이다.[34] 그런 점에 비추어 본다면 궁극적으로 국무총리실 산하의 통상

---

33) 이 과정에서 외교통상부 장관이 비록 해프닝으로 끝났지만 공식 석상에서 헌법위반이라는 발언이 파문을 가져 온 바 있을 정도로 나름대로 부처 간 이해관계가 첨예하게 대립되고 있음을 단적으로 보여준 바 있다.

34) 2008년 이명박 정부 초기에 야기된 광우병 파동은 바로 한미자유무역협정의 내용과 관련된

교섭본부 설치가 바람직하다.

2) 공안부서

첫째, 국방부와 더불어 법무부의 문민화가 필요하다. 법무부는 그야말로 법무행정의 중심축이어야 한다. 그런데 그간 법무부는 검찰부라고 할 정도로 검찰 중심으로 작동되어 법무부 고유의 업무가 소홀히 될 수밖에 없었다. 더구나 검사들의 잦은 인사이동으로 인하여 안정적이고 장기적인 법무행정의 수행이 불가능한 상태이다.

둘째, 검찰의 외부적 통제는 강화되어야 한다. 다만 고위공직자비리조사처나 상설특별검사 제도는 제도 자체로는 바람직한 모습이 아니다. 입법례상으로도 OECD 국가에서는 찾아보기 어려운 제도이다. 상설특검제도는 미국이 유일하나 거의 작동되지 아니한다. 고위공직자비리조사처는 개발도상국이나 도시국가 수준에서 몇 군데 실시하고 있는 데 불과하다. 다만 검찰의 정치적 중립성 담보를 위한 제도적 장치는 그 어떠한 형태로든 마련되어야 한다는 한국적 특수성을 어떻게 제도적으로 반영할 것인가 하는 고민이 뒤따른다. 특히 제도화된 상설특검이 제대로 작동되지 못하는 상황이라 고위공직자비리조사처라도 작동될 수 있는 여지는 마련되어야 한다.

셋째, 검·경수사권의 합리적 조정을 통하여 수사 현장을 현실화시켜야 한다. 경찰의 정치적 중립성 보장과 독립성 보장을 통한 경찰의 위상 강화를 위하여 국무총리실에 현재의 경찰위원회를 이관하는 방안도 있을 수 있다. 이 경우 경찰위원회 산하에 경찰청을 설치하면 된다. 다만 국무총리실에 과부하가 생기는 점을 고려한다면 제2안으로는 안전관리부를 신설하고 그 산하에 경찰청, 해양경찰청, 소방방재청, 출입국관리본부를 두는 방안도 고려할 수 있다. 이 경우 관련 부처와의 이관문제가 제기될 소지가 있다. 특히 출입국관리본부는 유사 이래 법무부 소관업무였다는 점에서 더욱 그러하다. 제3안으로는 경찰청장을 국무위원급으로 격상시키는 방안이다. 이를테면 법무부 산하의 검찰총장이 국무위원급인 예에 비추어 내무부(행정안전부) 산하에 정책의 심의·의결기관인 경찰위원회와 집행기관인 경찰청을 그대로 두되 경찰위원회 위원장과 경찰청장을 국무위원급으로 격상시켜 경찰의 사기를 진작하고 민생치안을 강화하는 계기를 마련할 수 있다.

───────────────

것이다.

특히 경찰인력의 강화는 필연적인 문제이다. 산업화·도시화가 심화되면서 치안수요가 급증한다. 우리는 그간 반도적 특성에다 남북분단으로 인하여 사실상 섬나라나 마찬가지였기 때문에 치안유지에 역설적으로 결정적으로 도움을 받았다. 하지만 통일시대를 대비한다면 육로로 외국에 진출입이 가능한 상황이 전개될 것이기 때문에 이에 대한 대비책도 사전에 마련되어야 한다.

3) 재정금융부서

첫째, 기획재정부는 기획예산부와 재무부로 분리하는 게 순리로 보인다. 이는 예산과 국고의 분리를 통한 견제와 균형을 이룩하는 측면도 있다. 실제로 그동안 우리나라 정부조직에서도 경제기획원과 재무부 또는 기획예산처와 재무부 등의 형태로 두 중심축이 분리되어 작동되어 왔다. 더 나아가 경제기획원이나 기획예산처는 국가의 장기적이고 거시적인 경제에 관한 근본적인 틀을 설정하는 기구라면, 재무부는 현상적인 국가재정을 총괄하는 기구라는 점에서 본질적인 역할과 기능의 차이가 있다.

둘째, 금융관련기관의 위상과 좌표의 재정립이 필요하다. 종래 금융업무는 재무부가 총괄하고 금융관련 기관들이 실시하는 체계로 작동되어 왔다. 그런데 그 사이 은행감독원, 증권감독원, 보험감독원이라는 각기 별개로 운용되던 감독원을 총괄하는 금융감독원을 신설하고 그 위에 옥상옥의 형태로 금융(감독)위원회를 설치하였다. 그런 점에서 우선 금융위원회와 금융감독원은 통합하는 게 바람직하다. 더 나아가 금융감독원의 국가기관화(직원의 공무원화)가 당면한 과제이다.[35] 오늘날 세계적인 금융위기를 겪으면서 금융이 그 어느 때보다도 중요한 시점에서 본다면 금융감독기관의 국가기관화는 당연한 시대적 요청사항이다. 다른 그 어느 국가기관보다 더 국민경제와 국민생활에 직접적인 영향을 미치는 금융감독기구가 국가기관이 아니라는 것은 그 어떤 이유로도 정당화되기 어렵다.

셋째, 다만 금융위원회를 총리실로 할 것인지, 금융부를 신설할 것인지에 관하여는 좀 더 논의가 필요한 부분이다. 금융의 중요성에 비추어 본다면 금융부로 정립하여도 그 업무의 중요성에 비추어 본다면 결코 무리가 아니다. 다만 현재 금융위원회와 금융감독원이 존재하는 점에 비추어 본다면 우선 이들 두 기관을 통합한 금융감독원 체계를 정립한 후에 금융부의 신설 여부를 논하여도 늦지

---

35) 방송통신위원회가 출범하기 전에 방송위원회는 위원들만 공무원 신분을 가질 뿐 직원들은 공무원이 아니었다. 그런데 방송통신위원회가 출범하면서 방송위원회 직원들도 전원 공무원으로 전환된 사례를 참조하면 된다.

아니하다.

4) 방송통신정보부서

종래 방송위원회[36]와 정보통신부가 이명박 정부에서 방송통신위원회로 발전적으로 재정립되었다. 그 사이 방송과 통신의 융합에 대비한 정부조직의 혁신이 필요하다는 논의는 있어왔지만 이를 최초로 실현한 것이다. 이 과정에서 방송위원회의 기능과 정보통신부의 기능이 대부분 방송통신위원회로 흡수되었지만, 우편사업본부는 지식경제부(산업통산자원부)로 이관되었다.

그런데 박근혜 정부에서 미래창조과학부를 신설하면서 교육과학기술부에서 과거 과학기술부 소관업무와 방송통신위원회의 통신정책업무, 문화체육관광부의 디지털콘텐츠업무 등이 이관되었다. 또한 우편사업본부도 이관되었다. 이에 따라 미래창조과학부는 종래의 정보통신부, 과학기술부의 기능에 일부 기능까지 부가된 거대부처가 되었다. 방송통신부서의 바람직한 발전방향을 살펴보면 다음과 같다.

첫째, 방송통신위원회의 위상과 좌표는 방송통신의 공정성에 중점을 두고, 구 정보통신부 직제의 부활 여부가 논의될 수 있지만 시대 흐름에 부응하지 못하는 결과를 초래할 수 있다. 둘째, 대통령 소속인 방송통신위원회를 국무총리 산하기관으로 이관하면서 방송통신위원회는 그대로 존치하여야 한다. 셋째, 행정각부로서 정보통신기술 분야의 새로운 좌표설정을 위하여 개별 부처로 신설 여부는 검토가 필요한 사안이다. 박근혜 정부의 미래창조과학부는 문재인 정부에서 정보통신과학기술부로 변경되었다. 넷째, 방송통신위원회와 정보통신과학기술부의 통신업무는 상호 중첩 및 관리상의 문제를 야기한다. 바로 그 점 때문에 박근혜 정부 출범 초기에 여야의 쟁점은 방송통신업무의 방통위원회와 미래창조과학부 소관 논쟁이었다. 방송통신위원회는 그대로 존치하면서 방송통신위원회의 ICT(Information, Communication, Technology) 업무는 원칙적으로 미래창조과학부(현 정보통신과학기술부)로 이관되었다. 이 과정에서 IPTV·CATV는 미래부, 일반방송은 방통위로 조정되었다. 이 조정안이 과연 지속가능한 방안인지는 여전히 의문이다. 즉 방송통신의 융합이라는 시대적 상황을 제대로 반영하지 못하고 방송업무가 분할되었다. 다섯째, 미래창조과학부가 신설되면서 그 산

---

36) 과거에 방송법에 따라 설치된 방송위원회와 종합유선방송법에 따라 설치된 종합유선방송위원회가 각기 따로 존재하였으나, 김대중 정부에서 소위 (통합)방송법을 제정함에 따라 두 기관이 합쳐져서 방송위원회가 탄생되었다.

하에 우정사업본부를 이관시켰는데, 앞으로 그 업무의 특성이나 중요성에 비추어 본다면 우정청으로 확대개편되어야 할 것이다.

위와 같은 방송과 통신의 발전방향에 비추어 본다면, 과학기술과 정보통신의 융합이 제대로 이루어져서 시너지 효과를 발휘할 수 있도록 하여야 한다. 그런 점에서 문재인 정부의 정보통신과학기술부의 분발이 요망된다.

5) 합의제 행정기관의 문제

공정거래위원회·방송통신위원회를 중심으로 원자력위원회·금융위원회·국민권익위원회와 같은 기구들은 소위 합의제 행정기관이다. 우리나라의 정부조직의 근간은 독임제가 원칙이다. 그런데 오늘날 합의제 행정기관들이 넘쳐나고 있는데 이들 기관이 그 업무의 특성에 기초한 역할과 기능을 다하고 있는지에 대한 근본적인 성찰이 필요하다. 특히 대통령 직속 합의제 행정기관의 설치는 그 어떠한 경우에도 재고되어야 한다.[37] 다만 국가인권위원회는 그 제도의 취지나 설치 배경에 비추어 본다면 제3의 독립기관으로 이해하여야 한다.

(4) 특 징

위와 같은 분류의 특징은 첫째, 고전적인 국가기능에 따른 정부조직의 안정을 추구하면서, 둘째, 새로운 시대 변화에 순응하는 정부조직의 불안정성을 함께하는 작업이다. 두 번째 부류의 전형적인 사례가 방송통신과 재정금융이다.

Ⅵ. 결 어

첫째, 정부조직은 그 출발에서부터 국가형태·정부형태와 연계되어 논의되어야 한다. 현실적으로는 정부조직 법정주의와 비법정주의의 조화가 필요하다. 우리의 정부조직 법정주의에서 정부조직의 유연성을 확보하기 위하여 새 정부의 출범과 더불어 새 정부가 요구하는 정부조직을 의회가 가급적 수용하는 자세가 필요하다. 이를 통하여 정부조직 법정주의의 경직성을 완화하여야 한다. 하지만 새 정부의 정부조직이 지나치게 많은 변화를 요구하는 것은 자칫 헌법이 추구하는 정부조직 법정주의의 본질을 훼손시킬 우려가 있다. 그런 점에서 새 정부의

---

37) 이현수, "합의제 중앙행정기관의 조직법적 쟁점", 공법연구 제41집 제3호, 한국공법학회, 2013, 51-80면 참조. 프랑스에서의 독립행정청에 관한 논의의 상세는 김소연, 독립행정청에 관한 헌법학적 연구, 서울대 박사학위논문, 2013.2 참조.

지나치게 자의적인 정부조직 변경은 바람직하지 아니하다. 그 어떤 경우에도 정부조직은 장기적 안정성을 담보하여야 한다. 그런 점에서 그간 정부조직은 헌법상 정부조직 법정주의를 취하고 있음에도 불구하고, 오히려 정부조직 비법정주의 국가인 프랑스보다 더 많은 요동과 변화를 초래하고 있는 점은 시정되어야 한다. 무엇보다도 국적불명·출처불명의 자의적인 정부조직 명칭부여, 예컨대 이명박 정부의 지식경제부·박근혜 정부의 미래창조부 같은 작명이 반복되어서는 아니 된다.

둘째, 행정각부가 아닌 일반적인 행정기관은 국무총리의 통할을 받지 아니하고 대통령 직속으로 설치하여서는 아니 된다. 헌법이 대통령 → 국무총리 → 행정각부의 하이라키를 형성하고 있음에도 불구하고 대통령 → 집행기관을 설치하는 것은 원칙적으로 위헌이다. 그러므로 대통령실에는 대통령비서실과 특수한 임무를 가진 기구의 설치에 한정되어야 하며, 대통령실에 일반행정기관을 편의적으로 설치하는 것은 현행헌법의 정신에 어긋난다.

셋째, 국무총리실은 명실상부한 내치의 중심축이어야 한다. 그런 점에서 대통령은 국가원수로서 국가의 나아갈 방향을 그리는 큰 정치에 전념하여야 한다면, 국무총리실을 중심으로 한 내각은 국가의 일상적인 업무를 총괄하여야 한다.

넷째, 집행기관의 두 축은 총리실과 행정각부가 된다. 잦은 행정각부의 명칭 변경에 따른 혼란을 수습하고 아울러 전통적인 행정각부의 명칭과 권위를 복원시키고, 국가의 정통성을 회복시켜야 한다. 한국적 민주주의의 정착을 위하여서는 민주법치국가의 공고화를 위한 제도적 설계가 필요하다. 또한 공안부처와 경제부처도 시대적 현실에 부응한 개혁의 필요성이 높다. 또한 시대변화에 순응하는 기술과 정책의 융합을 합리적으로 해결하여야 한다.

[Resume]

The Government Organization Act and the Desirable Government Structure in the 21st Century

First and foremost, discussions concerning government structure has to be done hand in hand with that of forms of state and government. There is also a need to balance the constitutional principle that the establishment of government organizations must be prescribed by statutes with political reality. While the constitutional principle must be adhered to, the executive branch needs some flexibility in changing the government structure. Thus, the National Assembly should pass bills that request changes in the government structure submitted by the newly elected administration. This can counterbalance the rigidity of the constitutional principle. However, this does not justify excessive demands by the government to modify the government structure. Arbitrary modification in the government structure is not desirable as long term stability of government organizations is required.

Secondly, general administrative agencies should not be established directly under the president, which results in the prime minister being bypassed. The Constitution stipulates that the executive ministries report to the prime minister before the president. Establishing a hierarchy of President → executive institution, which contradicts the hierarchy set out in the Constitution (President → Prime Minister → Executive Ministries) should be deemed unconstitutional. Therefore, only the Presidential Secretariat and institutions with special functions should be established directly under the President. Establishing general administrative agencies in the Presidential Office for political convenience goes against the spirit of the Constitution.

Thirdly, the office of the Prime Minister should be the backbone in carrying ahead internal affairs. In that sense, the President as the head of state should focus on grand visions, such as the direction of the state. In contrast, the Cabinet headed by the Prime Minister's Office should be responsible for the daily affairs of the state.

Lastly, the Office of the Prime Minister and Executive Ministries are the two main bodies of the executive branch. It is important to reduce the confusion caused by repeated changes in the names of Executive Ministries. Traditional names and authorities of these institutions should be restored. To consolidate the Korean democracy, a precise set of policies to spread the values of democratic state governed by law need to be implemented. Furthermore, security and economic agencies should be reformed to reflect changes in society and the government policies should be modified by applying up to date technology.

Keyword : government organizations, government organization act, stability of government organization, President, Prime Minister, Minister

4. A Perspective on the Development of Constitutional Adjudication in Korea* **

I. History of the Korean Constitutional Adjudication System

In 1948, the First Republic's Constitutional Committee was an institution that judged the constitutionality of laws through die konkrete Normenkontrolle. The President of the Constitutional Committee was the Vice President of the Republic, and the Committee was composed of five Supreme Court Justices, and five members of the National Assembly. The authority of the Committee was limited to adjudication of the constitutionality of laws.

In 1960 the Second Republic introduced a Constitutional Court based on die abstrakte Normenkontrolle system. The Constitutional Court was composed of nine justices, three of which were appointed by the President of the Republic, Supreme Court, and the *Cham-eui-won* (Senate). They served six years as their terms. The Court had authority over adjudication on the constitutionality of laws, adjudication on competence dispute, adjudication on dissolution of a political party, adjudication on impeachment, election trials of the President, President and

---

* 서울대 법학 제53권 제2호(2012.6).
** This paper is a revised version of the presentation made during a symposium (Constitutionalism in Asia and the Constitutional Court) organized by Seoul National University Law Research Institute on December 12, 2011. Researches presented during a symposium organized by the University of Freiburg in July 2004 were published, along with this author's research(SUNG, NAK IN, "A Perspective on Development of Constitutional Adjudication in Korea", in Rechtsreform in Deutschland und Korea im Vergleich, Duncker & Humbolt: Berlin, 2006.11). This paper is a revised version of this author's research and is intended to be written as a new paper.

Justices of the Supreme Court, but the Court was not established due to the May 16 Military Coup d'État.

In 1962 the Third Republic had the Supreme Court acting also as the Constitutional Court. In 1972, the Fourth Republic introduced the Constitutional Committee. The Constitutional Committee was composed of three justices elected by the National Assembly, three justices appointed by the President of the Republic, and three justices appointed by the Chief Justice of the Supreme Court. The Committee had authority over adjudication on the constitutionality of laws, adjudication on impeachment, and adjudication on dissolution of a political party.

In 1980, the Fifth Republic's Constitutional Committee had a similar structure. However, the constitutional court system was not active at all during this time. But in 1987, with the Sixth Republic's Constitutional Court, which followed the European examples in the latter half of the 20th century,[1] the country's democracy was fully activated.

II. General Provisions of the Constitutional Court

1. The Organization of the Constitutional Court

The Constitutional Court shall be composed of nine Justices qualified to be court judges, and they shall be appointed by the President (Constitution Article 111 Clause 2). Among the Justices, three shall be appointed from persons selected by the National Assembly, and three shall be appointed from persons nominated by the Chief Justice of the Supreme Court (Constitution Article 111 Clause 3). The President of the Constitutional Court shall be appointed by the President of the Republic from among the Justices with the consent of the National Assembly (Constitution Article 111 Clause 4).[2]

---

1) SUNG, Nak-in and etc., Constitutional Litigation, Bobmunsa, Korea, 2012, pp. 34-45; SUNG, Nak-in, History of Korean Constitutional Law, Bobmunsa, Korea, 2012.
2) Appointment of Justices
   The Justices shall be appointed by the President of the Republic. Among the Justices, three shall be elected by the National Assembly, and three shall be designated by the Chief Justice of the Supreme Court (CCA Article 6 clause 1).
   The Justices shall be appointed, elected or designated after a Personnel Hearing held by the National Assembly. In this event, the President shall request a Personnel Hearing

Independence of Justices: The Justices shall adjudicate independently according to the Constitution and laws, guided by their consciences (Constitutional Court Act (CCA) Article 4).

Qualifications of Justices: The Justices shall be appointed from among those who are forty or more years of age and have held any of the following positions for fifteen or more years: *Provided*, that the periods of service of the person who has held two or more following positions shall be aggregated (CCA Article 5 clause 1):

1. Judge, public prosecutor or attorney;

2. Person who is qualified as attorney, and has been engaged in legal affairs in a state agency, a state-owned or public enterprise, a government-invested institution or other corporation; or

3. Person who is qualified as attorney, and has held a position equal to or higher than assistant professor of law in an accredited college.

> No person falling under any of the following shall be appointed Justice:
> 1. Person who is disqualified to serve as a public official under the pertinent laws and regulations;
> 2. Person who has been criminally sanctioned with a sentence of imprisonment without forced labor or more severe sentence; or
> 3. Person for whom five years have not yet passed since his or her dismissal resulting from impeachment (clause 2).

The term of office of the Justices of the Constitutional Court shall be six years and they may be reappointed under the conditions as pre-

---

before he or she appoints the Justices (except the Justices who shall be elected by the National Assembly or designated by the Chief Justice of the Supreme Court) and the Chief Justice of the Supreme Court shall request a Personnel Hearing before he or she designates the Justices (Clause 2).

In the event the term of a Justice expires or a Justice approaches the retirement age, a successor shall be appointed no later than by the date of term expires or when the Justice reaches his or her retirement age (Clause 3).

When a vacancy occurs during the term of office of a Justice, his/her successor shall be appointed within 30 days from the date a vacancy occurs (Clause 4).

Notwithstanding paragraphs (3) and (4) of this Article, when the term of office of a Justice elected by the National Assembly expires or he/she reaches the retirement age, or a vacancy occurs during adjournment or recess of the National Assembly, the National Assembly shall elect his/her successor within 30 days after resuming of the session or the commencement of next session (Clause 5).

scribed by Act (Constitution Article 112 Clause 1).[3] The Justices of the Constitutional Court shall not join any political party, nor shall they participate in political activities (Constitution Article 112 Clause 2).[4] No Justice of the Constitutional Court shall be expelled from office except by impeachment or a sentence of imprisonment without prison labor or heavier punishment (Constitution Article 112 Clause 3).[5]

The organization, function, and other necessary matters of the Constitutional Court shall be determined by Act (Constitution Article 113 Clause 3).

The Constitutional Research Institute which is a unique institution in Korea was established in 2011. The Constitutional Research Institute shall be established in the Constitutional Court for the purpose of carrying out the research on the constitutional law and constitutional adjudication and education for Constitution Research Officers, administration staff, etc (CCA Article 19-4 Clause). The Constitutional Research Institute shall be composed of less than 40 personnel, including its own President, who shall be appointed from Constitution Research Officer of the Constitutional Court or public official of Rank I in general service (Clause 2). Notwithstanding paragraph (2) of this Article, the President of the Constitutional Research Institute may be appointed as a public official in temporary position (Clause 3). Matters concerning the organization and operation of the Constitutional Research Institute shall be stipulated in the Constitutional Court Regulations (Clause 4).

Decisions of the Council of Justices shall be taken with the attendance of seven or more Justices and by the affirmative vote of a majority of the Justices president (Constitutional Court Act Article 16).

---

3) Term of Justices
   The term of Justices shall be six years and may be renewed (CCA Article 7 Clause 1). The retirement age of a Justice shall be sixty-five: *Provided,* That the retirement age of the President of the Constitutional Court shall be seventy (Clause 2).

4) Prohibition of Justices' Participation in Politics: No Justice shall join a political party or participate in politics (CCA Article 9).

5) Guarantee of Justices' Status: No Justice shall be removed from his or her office against his or her own will unless he or she falls under any of the following:
   1. When an impeachment decision is rendered against him or her; or
   2. When he or she is criminally sanctioned with a sentence of imprisonment without forced labor or more severe sentence (CCA Article 8).

2. The Competence of the Constitutional Court

The Constitutional Court shall have jurisdiction over the following matters:

1. The constitutionality of a law upon the request of the courts;
2. Impeachment;
3. Dissolution of a political party;
4. Competence disputes between State agencies, between State agencies and local governments, and between local governments;
5. Constitutional complaint as prescribed by Act (Constitution Article 111 Clause 1).

The Constitutional Court may establish regulations relating to its proceedings and internal discipline and regulations on administrative matters within the limits of Act (Constitution Article 113 Clause 2).

3. The Decision of the Constitutional Court

When the Constitutional Court makes a decision on the constitutionality of a law, a decision of impeachment, a decision of dissolution of a political party, or an affirmative decision regarding the constitutional complaint, the concurrence of six Justices or more shall be required (Article 113 Clause 1).

4. Definition of Judgments on the Constitutionality of Law

According to the present Constitution, the Constitutional Court is established as a court separated from ordinary courts. Its function is to make post decisions on a case-by-case basis. When the constitutionality of a law is at issue in a trial, the court shall request a decision of the Constitutional Court, and shall judge according the decision thereof (Article 107 Clause 1). The Constitutional Court has jurisdiction over the constitutionality of a law upon the request of the courts (Article 111 Clause 1 Item 1). When the Constitutional Court makes a decision on the unconstitutionality of a law, the concurrence of six Justices or more is required (Article 113 Clause 1).[6]

---

6) *Cf.* SUNG, Nak-in, "A Perspective on Development of Constitutional Adjudication in

III. Constitutionality of a Law upon the Request of the Courts

1. Court's Request for a Decision on the Unconstitutionality of a Law

(1) Definition

When the constitutionality of a law is at issue in a trial, the court shall request a decision of the Constitutional Court, and shall judge according to the decision thereof (Article 107 Clause 1). This article demands for the courts to request for the Constitutional Court's decision on the constitutionality of a law when there is a possibility of the law being unconstitutional.

(2) The Process of the Court's Request for the Unconstitutionality of a Law

First, the ordinary court shall request to the Constitutional Court, *ex officio* or by decision upon a motion by the party, an adjudication on the constitutionality of statutes (Constitutional Court Act Article 41 Clause 1). The purpose of the Constitution Article 107 Clause 1, Constitutional Court Act Article 41, and Article 43 is for the court to make a request for a decision on the unconstitutionality of a law when there exists a practical suspicion of unconstitutionality that exceeds a simple level of suspicion. The Constitutional Court shall respect the decision of the court and accept its request for a decision on the unconstitutionality of the law, if possible.[7]

Second, when an ordinary court requests to the Constitutional Court an adjudication on the constitutionality of statutes, the court written request shall include the indication of the requesting court, indication of the case and the parties, the statute which is interpreted as un-constitutional, and bases on which it is interpreted as unconstitutional (Constitutional Court Act Article 43).

Third, when an ordinary court other than the Supreme Court makes a

---

Korea", in Rechtsreform in Deutschland und Korea im Vergleich, Duncker & Humbolt: Berlin, 2006.11.
7) 93 *Hunga* 2, December 23, 1993.

request for adjudication on the constitutionality of statutes, it shall do so through the Supreme Court (Article 41 Clause 5).

(3) The Subject of the Right to Request for Adjudication on the Constitutionality of Laws

The Supreme Court and other ordinary courts have the right to request for adjudication on the constitutionality of laws. However, the other ordinary courts have to go through the Supreme Court when it requests to the Constitutional Court an adjudication on the constitutionality of statutes (Article 41 Clause 5). But the passing through of the Supreme Court is only a formality, and the Supreme Court is not authorized to make any judgments on the lower court's request of adjudication on the constitutionality of statutes.

According to the articles of the Constitution, the "court" has the right to request an adjudication on the constitutionality of statutes, while according to the articles of the Constitutional Court Act, the "the court whose original case is relevant to the constitutionality of the statutes" has the right to request. This difference might cause confusion as to the meaning of the court who is in charge of the relevant case, but it is understood to mean the undertaking court. To avoid such future confusion and make the meaning clear, it is necessary to show that the justice or court in charge of the relevant case individually has the right to request the adjudication on the constitutionality of statutes.

(4) The Nature of the Right to Request an Adjudication on the Constitutionality of Statutes: Whether the Court's Right to Decide the Constitutionality is included

On the subject of whether the right to decide on the constitutionality of laws is included in the court's right to request for an adjudication on the constitutionality of laws, the Supreme Court holds an affirmative opinion, while the Constitutional Court holds a negative opinion.[8]

According to the nature of law, the court holds its analysis of the law as its own right, and the ordinary court can make a decision on the constitutionality of statutes while dismissing the relevant party's request

---

8) 90 *Hunba* 35, July 29, 1993.

for adjudication on the constitutionality. Also the court is requested to write the reasons why it interpreted the statute to be unconstitutional, and this opinion would be in accordance to the rule of assuming the constitutionality of a law since the law is enacted by the main representative of the people, the National Assembly.

(5) Subject of the Request for an Adjudication on the Constitutionality of Law

Not only are conventional statutes the subject of the request for adjudication on the constitutionality of laws, but substantial statutes such as an emergency order, financial and economic actions or issues are also the subject of the request.

(6) Conditions of the Request for an Adjudication on the Constitutionality of Law

In order to request for an adjudication on the constitutionality of a law, the constitutionality needs to be at issue in a trial (Article 107 Clause 1). Therefore, for the request or filed complaint based on the Constitutional Court Act Article 68 Clause 2 to be legal, the con-stitutionality of the relevant law needs to be at issue in the trial. This is an innate characteristic of detailed Normenkontrolle system. Indeed judiciary conditions must also be met.[9]

(7) Decision on the Request for an Adjudication on the Constitutionality of Law

When the issue of whether or not statutes are constitutional is relevant to the judgment of the original case, the ordinary court shall request to the Constitutional Court, *ex officio* or by decision upon a motion by the party, an adjudication on the constitutionality of statutes (Constitutional Court Act Article 41 Clause 1). No appeal shall be made against the decision of the ordinary court (Article 41 Clause 4). If the motion made under Article 41 Clause 1 for adjudication on constitutionality of statutes is rejected, the party may file a constitutional complaint with the Constitutional Court (Article 68 Clause 2). When an ordinary court requests to the Constitutional Court an adjudication on the constitutionality of

---

9) 92 *Hunga* 10, May 13, 1993.

statutes, the court's written request shall include the following matters; indication of the requesting court, indication of the case and the parties, the statute or provision of the statute which is interpreted as unconstitutional, and bases on which it is interpreted as unconstitutional (Article 43). When the relevant party withdraws his request after the court makes it's decision to make the request for adjudication on the constitutionality of law, the Supreme Court immediately rules a decision declaring the cancellation of request for adjudication, and sends the original documents to the Constitutional Court, while the Constitutional Court dismisses the case for not being relevant anymore.

(8) Effect of Request for an Adjudication on the Constitutionality of Laws: Suspension of Court Proceedings

When an ordinary court requests to the Constitutional Court an adjudication on the constitutionality of states, the proceedings of the court shall be suspended until the Constitutional Court makes a decision (Article 42 Clause 1). However, provided, that if the court deems urgent, the proceedings other than the final decision may proceed.

2. Constitutional Court's Adjudication on the Constitutionality of Laws

(1) Definition

Adjudication on the constitutionality of laws refers to the term in which the court requests a decision of the Constitutional Court when the constitutionality of a law is at issue in a trial, and the Constitutional Court judges according to the decision thereof (Article 107 Clause 1, Article 111 Clause 1 Item 1). Although the current practice adopts a system in which the adjudication on the constitutionality of laws are *ex post facto* revised konkrete Normenkontrolle, any statute or provision thereof decided as unconstitutional loses its effect (Constitutional Court Act Article 47 Clause 2). Although the Constitutional Court adopts a German system formality wise, the fact that it adopts konkrete Normenkontrolle system is what it makes a difference with German abstrakte Normenkontrolle system.

(2) Subject of Adjudication on the Constitutionality of Laws

The subject matters of the request for adjudication on the constitutionality of laws are not only conventional statutes, but also substantial statutes such as emergency orders, financial, economic orders, and ratified treaties which the National Assembly had consented to. There is also opinion that even the constitution articles are also included.

1) Constitution Articles

Among the articles in the Constitution, there are articles which have constitutional meanings and are not the main core of the Constitution. When these articles are in violation with the core articles, there exists controversy as to whether an adjudication on the constitutionality of laws is possible, and although some hold affirmative opinions, the Constitutional Court does not.[10]

2) Emergency Order, Financial, Economical Emergency Order

Since emergency orders and financial, economical emergency orders have the same effect as statutes as long as they obtain the consent of the National Assembly, they are also subjects to adjudication on constitutionality of laws.

3) Nonperformance of Legislation

Whether to enact a law is purely the discretion of the legislator, the National Assembly. However, when the Constitution clearly states that certain legislation measures are to be taken, or when according to the analysis of the Constitution a certain legislation needs to take place but is not performed, this kind of nonperformance is considered unconstitutional. Nonperformance of legislation is divided into two categories, real nonperformance of legislation and surreal nonperformance of legislation. In the former case, the party can file a constitutional complaint for the nonperformance itself. But since the adjudication of constitutionality of law is only for statutes and laws, the real nonperformance of legislation cannot be the subject. As for the latter case, the Constitutional court finds that "the surreal nonperformance of legislation itself cannot be subject to an adjudication".[11] In this case, the incomplete law itself can be considered for an adjudication.

---

10) 93 *Hunba* 21, December 29, 1994.
11) 89 *Hunma* 1, July 28, 1989.

4) Repealed Statutes and Amended Articles

Statutes that are the subject matters of adjudication on the constitutionality of laws are currently binding statutes. But even for repealed statutes and amended articles, if the constitutionality needs to be decided upon for the protection of citizens' rights, then they also become subject matters of adjudication.

5) Treaties

There is controversy as to whether treaties that are ratified and consented by the National Assembly are subject to adjudication on the constitutionality of laws. Opposing opinions recognize the ruling characteristic of concluding a treaty, the effect an unconstitutionality ruling would have in international relations, and the fact that there exists no relevant article. However, treaties have the same effect as internal statutes, and are only positioned lower in hierarchy to the Constitution, and are therefore subject to adjudication on the constitutionality of laws.

6) Prior Preventive Adjudication on the Constitutionality

The term 'statutes' refers to those passed by the National Assembly, promulgated by the President, and currently enforced. Before statutes are enforced, they cannot be considered to be relevant to the trial. However, if the statute is expected to make infringements on the basic rights of the people, there is a precedent of the Constitutional Court that acknowledges an adjudication on the constitutionality of law is possible even before the statute is enforced.

(3) Conditions of Adjudication on Constitutionality of Laws

For general requirements of adjudication on constitutionality of laws, there needs to be a request for adjudication (conventional condition) and also the law needs to be relevant to the trial (substantial condition). Other opinions require a need for judgment or unconstitutionality of the law.

(4) Adjudication on Constitutionality of Laws

Upon the request of the court for an adjudication on constitutionality of laws, "the Constitutional Court shall decide only whether or not the requested statute or any provision of the statute is unconstitutional. *Provided*, that if it is deemed that the whole provisions of the statue are unable to enforce due to a decision of unconstitutionality of the requested provision, a decision of unconstitutionality may be made on the whole statute" (Constitutional Court Act Article 45).[12]

For an adjudication on constitutionality of law, there needs to be the consent of six or more justices among the total nine.

(5) Delivery of the Final Decision of the Adjudication of Constitutionality of Laws

Upon making a final decision, a written decision stating the following matters shall be prepared, signed and sealed by all the Justices participating in the adjudication: number and title of the case, indication of the parties and persons who pursue the proceeding for them or their counsels, hold, rational and the date of decision (Constitutional Court Act Article 36 Clause 2). Any Justice who participates in an adjudication on the constitutionality of statutes, competence dispute or constitutional compliant, shall express his opinion on the written decision (Clause 3). When a final decision is pronounced, the clerk shall prepare without delay an authentic copy of the written decision and serve it to the parties (Clause 4). The final decision shall be made public through publication in the Gazette of the government (Clause 4).

IV. The Types of Decisions of Adjudication on constitutionality of laws and their effects

1. Definition

There is no sufficient article within the Constitutional Court Act that mentions the types of decisions of adjudication on the constitutionality of law. "The Constitutional Court shall decide only whether or not the requested statute or any provision of the statute is unconstitutional. *Provided*, that if it is deemed that the whole statue becomes unable to enforce due to a decision of unconstitutionality of the requested provision, a decision of unconstitutionality may be made on the whole statute" (Constitutional Court Act Article 45). There is no controversy in

---

12) 94 *Hunba* 1, December 26, 1996.

recognizing the fact that two constitutional decision types exist (constitutional or unconstitutional), but there is controversy in recognizing whether there is a middle ground between the two types of decisions, such as a modified decision type, or in what form the decision order should be given. The categories of the types of decisions differ slightly between scholars and the Constitutional Court. In the casebook of the Constitutional Court, the decisions are categorized into dismissed by small benches, constitutional, declaration of non-unconstitutional, modified, unconstitutional, and unconstitutional in certain context. Modified decision types are categorized into unconformable to constitution, constitutional in certain context, urging legislation, unconstitutional in certain context.[13]

Since the decision of dismissed by small benches is a decision made before the Constitutional Court decides upon the constitutionality of law during the main judgment, generally the decisions which are most at issue are constitutional, unconstitutional, and modified decision types. Constitutional decisions are further categorized into simple constitutional decision and declaration on non-unconstitutional decision. Apart from the simple unconstitutional decision, unconstitutional decisions are types of modified decision and will be covered under this subject.

2. Order and Form of Consent

(1) Choosing the Form of Order

When the Constitutional Court decides upon the constitutionality of laws, it is the general rule to make simple unconstitutional decisions or simple constitutional decisions, and modified decisions are to be made exceptionally. However, too many modified decisions were made during the past few years, and the lack of unity among the orders have constantly become the subject of criticism. Also, the Constitutional Court Act does not have any articles designating the form of decision orders. On this topic, the Constitutional Court ruled that it uses its discretion to decide upon the form of order.[14]

---

13) SUNG, Nak-in, Constitutional Law 12th edition, Bobmunsa, Korea, 2012, pp. 1303-1329.
14) 88 *Hunga* 6, September 8, 1989.

(2) Form of Consent

When the Constitutional Court makes a decision, it does not follow the form of decision by topic, but the form of decision by order. The minority opinion of the court has shown this to be true in its decisions.[15]

3. Decision to Dismiss the Request for Adjudication on the Constitutionality of Law

For reasons that the conditions of the request for adjudication on the constitutionality of law has not been met, the Constitutional Court ruled in its order that "this case is dismissed". The required conditions that were not met were the subject matter not being that of the request for adjudication, and the lack of relevance at trial.

4. Constitutional Decision

(1) Simple constitutional decision

When the Constitutional Court judges the constitutionality of a certain law or statute and cannot find any unconstitutionality, the Court makes a decision that the law or statute is "not unconstitutional", and makes a constitutional decision.

(2) Declaration of Non-constitutional Decision

In accordance to the Constitution article that requires more than six of the justices' consent to make an unconstitutional decision, although there may exist a majority consenting opinion, there is a case in which the unconstitutional decision cannot be reached due to a lack of the required number. This is when the declaration on non-constitutional decision is reached. In other words, among the nine justices, five of the justices decide that the law is unconstitutional, while four justices decide that the law is constitutional. The form of the decision order is "the law cannot be declared unconstitutional". The declaration on non-constitutional decision is legally the same as the simple constitutional decision, and is considered to be a part of the constitutional decision.

---

15) 92 *Hunba* 23, June 30, 1994.

Despite the fact that the majority of justices consider the law unconstitutional, the declaration on non-constitutional decision is legally the same as the simple constitutional decision. Therefore it can be considered as positive considering the legal stability and constitutional analysis of the law. However, the majority justices' unconstitutional opinion shall be considered in future legislative process of the legislators, and this is where the constitutional meaning of the declaration on non-constitutional decision comes into effect.

Recently, the Constitutional Court has given up using the term of declaration on non-constitutional decision and instead rules the simple constitutional decision.

Although the substantial legal effect is the same, in my opinion, the obvious difference between the two decisions must be shown. According to the rule of democracy and majority, the fact that the majority of justices are of the unconstitutional opinion needs to be sufficiently considered by the legislators in the future. This is why apart from the substantial effect of the declaration on non-constitutional decision, the decision needs to be set apart from other decisions and be respected.

5. Unconstitutional Decision

(1) Form of Order

When the Constitutional Court makes a decision of the constitutionality of a law, the concurrence of six justices shall be required (Article 113 Clause 1). Simple unconstitutional decision rules that "the law violates the Constitution".

(2) The Range of the Unconstitutional Decision

The Constitutional Court shall decide only whether or not the requested statute or any provision of the statute is unconstitutional. *Provided*, that if it is deemed that due to a decision of unconstitutionality of the requested provision, all provisions of the statue are unable to enforce a decision of unconstitutionality may be made on the whole statute (Constitutional Court Act Article 45). There is also an example in which the Constitutional Court ruled an unconstitutional decision for a provision that was not requested for an adjudication on the constitutionality.

(3) Effect of the Unconstitutional Decision

1) Conclusiveness

The provisions of the laws and regulations relating to the civil litigation shall apply *mutatis mutandis* to the procedure for adjudication of the Constitutional Court. According to the Constitutional Court Act Article 39, the Constitutional Court shall not repeatedly adjudicate the same case on which a prior adjudication has already been made. Therefore, just like the decisions of ordinary courts, the Constitutional Court decisions are also conclusive. The Constitutional Court cannot withdraw nor modify the decision that it has made in the past, nor can the parties oppose the final decision, and nor can the Constitutional Court make a decision that is contrary to its decision in the past.

2) General Effect and Legal Effect

Any statute or provision thereof decided as unconstitutional shall lose its effect from the day on which the decision is made (Constitutional Court Act Article 47 Clause 2). It is the general rule of the detailed control of statutes to refuse the application of the unconstitutional law, but the current law also grants general effects along with the detailed control of statutes.

Due to the general effects, the unconstitutional statute loses its effect and no one can use the unconstitutional law as a basis to argue the validity of the law. This not only affects the relevant parties and government agencies, but also the general public as well. In this regard, the unconstitutional decision can be said to have legal effects.

3) Binding Power

Any decision that statutes are unconstitutional shall bind the ordinary courts, other state agencies and local governments (Constitutional Court Act Article 47 Clause 1).

This binding power also affects the Constitutional Court, and the Court is not allowed to modify the decisions that it has already made. However, there is controversy as to whether an appeal can be made to the decisions of the Constitutional Court because there is no substantial law on this topic. The Constitutional Court ruled that for constitutional complaints requesting for adjudication on constitutionality of laws (Article 68 Clause 2), an appeal cannot be allowed, but in other cases (Article 68 Clause 1), an appeal can be allowed when there exists "a grave and clear illegality."[16)]

4) Effective Period of the Unconstitutional Decision

Any decision that a statute is unconstitutional shall bind ordinary courts, other State agencies, and local governments (Constitutional Court Act Article 47 Clause 1). Any statute or provision thereof decided as unconstitutional shall lose its effect from the date on which the decision is made(Clause 2). Notwithstanding paragraph (2), any statute or provision thereof relating to criminal punishment shall lose its effect retroactively: *Provided*, That where a decision of constitutionality has previously been made in a case to which any such statute or provision thereof applies, such statute or provision thereof shall lose its effect from the day following the date on which the decision was made(Clause 3). In cases referred to in paragraph (3), a retrial may be requested with respect to a conviction based on the statute or provision thereof decided as unconstitutional(Clause 4). The Criminal Procedure Act shall apply *mutatis mutandis* to the retrial referred to in paragraph (4)(Clause 5).

6. Modified Decisions

(1) Definition

Ordinarily, the Constitutional Court makes a judgment of simple constitutional or simple unconstitutional decisions, but at times for reasons such as respecting the legislative rights of the National Assembly, securing the legal community, overcoming the confusing situation of legal gap and some other complicated constitutional situation, the Court needs to act flexibly and make a judgment of modified decisions.

The many versions of modified decisions include unconformable, request for legislation, limited constitutionality, limited unconstitutionality, partly unconstitutional, unconstitutional for application, et cetera.

The point at issue for modified decisions is not only whether they could be allowed, but it is also related to the form and structure of the

---

16) 2001 *Hunah* 3, September 27, 2001.

decisions. Although the modified decisions of the Constitutional Court are inevitable, they must be ruled on a minimum level.

(2) Unconformable Decision

1) Definition

Even though there exists some unconstitutionality to a statute, in order to respect the legislative right of the National Assembly and to overcome the legal gap that would occur if the effect of the unconstitutional decision was immediate, the unconformable decision is ruled, and the effect of the statute is maintained for a certain amount of time. The ruling order of the unconformable decision is that "the law does not conform to the Constitution", and that "the statute does not lose its effect until the legislator makes an amendment."[17]

2) Scope of the Unconformable Decision

The Constitutional Court can rule an unconformable decision for a whole statute, but can also rule for parts of a statute. There also exists a case in which an unconformable decision was ruled because of an amendment of a statute.

3) Effect of the Unconformable Decision

Just like the unconstitutional decision, the unconformable decision also has conclusiveness and legal effect.

First, temporary sustaining of the effect and obligation to make amendments: Unlike unconstitutional decisions, when an unconformable decision is ruled, the statute still conventionally exists for a certain period of time. Therefore the actions based upon the unconformable statutes still exist as a flawless action during this time. The nature of the unconformable decision is to respect the legislative rights and allow the legislators to maintain the constitutionality of the statute. This bestows upon the legislator the obligations to make amendments to the statute.

Second, the suspension of the application and procedure of the law: For unconformable decisions, the statute at issue is no longer applicable, and all the procedures of similar cases in courts and administrative agencies are to be suspended. This is because if the law is still applied, the unconstitutional scope of the law could be enlarged, and this will be

---

17) 88 *Hunga* 6, September 8, 1989.

against the rule of law. For simple unconstitutional decisions, the procedure is not suspended but is rather proceeded with the decision of the Constitutional Court, and this is what differentiates it from unconformable decisions. Since unconformable decisions are unconstitutional decisions in nature and have retrospective effects, the scope of the decision is the same as that of simple unconstitutional decisions. However, the definition and content cannot be the same. In other words, for unconstitutional decisions, the retrospective effect that is reflected upon on the relevant case will make the court to rule that the article is invalid, but for unconformable decisions (except for the ones that temporary application has been ordered), for the cases which are retrospectively affected, the decision of the legislator must be awaited for, and then the court's ruling will be given. This is fair because it is the nature of unconformable decisions to authorize the legislator to create a constitutional situation.

Third, exceptional temporary application: Even though a certain law is conventionally still in existent, the application is suspended. This is done in accordance with the rule of superiority of the Constitution, and to maximize the security of law and the right of legislators. However, a legal gap that could not be overcome might occur by the unconformable decision and the suspension of application. In this case, the exceptional temporary application of the law can be allowed. "When an unconstitutional situation does not arise in which a typical statute is temporary applied due to an unconstitutional decision, there could exist a possibility in which the unconstitutional statute needs to be temporarily applied until the legislator amend the statute. This time period allows the Constitutional Court to prevent the confusion and overcome the legal gap."

(3) Decision Requesting Legislation

Although at the time of decision the law is constitutional, there is a possibility of the law to be unconstitutional in the future. This is why this particular decision requests the legislator to later amend the law or supplement the law.

(4) Limited Constitutional Decision

1) Definition

This decision refers to the case in which although the law partially includes unconstitutional areas, the law is interpreted in a constitutional way. The decision order is "…as long it is interpreted in such a way, the law is not unconstitutional." However, the protection of rights could be overlooked due to this decision. Therefore, this type of decision should be ruled with caution.

2) Allowed Limit of Constitutional Analysis of the Law

"The constitutional analysis of the law has its basis on the Constitution's characteristic of being the top standard of rule and unity of the rule of law. When a law can be analyzed as being constitutional, it cannot be decided as being unconstitutional and this has its roots in respecting the legislative rights and the division of power. Therefore, ordinarily, it is suitable to analyze the law as being constitutional as much as possible, but the analysis must also conform to the purpose of the law. In other words, the wording of the law must not be modified into something completely different. Also, the clear intention of the legislator in drawing up the statute, along with the purpose of the law in which the law cannot be interpreted in a wrongful way are also other limits to the analysis. This is because to deviate from this constitutional analysis results in the infringement of the rights of the legislator."[18]

3) Nature of Limited Constitutional Decision

The Constitutional Court interprets "limited constitutional decision as being partially unconstitutional in quality."[19]

4) Decision Order of Limited Constitutional Decision

The Constitutional Court rules that the purpose of the limited constitutional decision needs to be shown not only in the decision reasons, but also in the decision order.

5) Limited Unconstitutional Decision

The fact that the law at issue is analyzed in a constitutional way is

---

18) 88 *Hunga* 5, July 14, 1989.
19) 89 *Hunga* 104, February 25, 1992.

the same as limited constitutional decision, but limited unconstitutional decision cannot be over analyzed into something unconstitutional. The decision order is "… as long as it is interpreted in such a way, the law can be unconstitutional."[20]

6) Partial Unconstitutional Decision

Among unconstitutional decisions, there could be a case in which the whole article of a law is not decided as being unconstitutional, but is rather partially unconstitutional. The subject of partial invalidity can be a whole article of the law, or it could also be a specific part of the article, or it could be part of a clause.

There are two types of partial unconstitutional decisions,[21] quantity partial unconstitutional decisions in which parts of an article of the unconstitutionally proclaimed law is deleted and quality partial unconstitutional decisions.[22]

7) Binding Effect of the Modified Decisions

While Germany's Federal Constitutional Court acknowledges the binding effect of the 'Constitutional Courts Decisions', our Constitutional Court Act Article 47 Clause 1 only prescribes "any decision that statutes are unconstitutional shall bind the ordinary courts, other state agencies and local governments", and therefore there is controversy as to whether modified decisions can be allowed, or whether there is any binding effect to the modified decisions.

Considering the special characteristic of the constitutional decisions, modified decisions have to be allowed. The opinion of the Supreme Court stating that the court sees limited unconstitutional decisions as a simple expression of opinion and ignores the decision should be rectified. The misunderstanding and complications construed between the Supreme Court and the Constitutional Court can be contributed greatly to the Constitutional Court Act, especially since the management of the Constitutional Court system is still relatively new. In the future, there is a need to prescribe an article pertaining to the modified decision and its effect.

---

20) 90 *Hunga* 23, June 26, 1992.
21) 92 *Hunma* 82, April 14, 1992.
22) 89 *Hunga* 97, May, 13, 1991.

V. Constitutional complaint

1. Types and causes for request

(1) Constitutional Court Act Article 68-1

Any person who claims that his basic right which is guaranteed by the Constitution has been violated by an exercise or non-exercise of governmental power may file a constitutional complaint, except the judgments of the ordinary courts, with the Constitutional Court: *Provided*, that if any relief process is provided by other laws, no one may file a constitutional complaint without having exhausted all such processes.

(2) Constitutional Court Act Article 68-2

If the motion made under Article 41 (1) for adjudication on constitutionality of statutes is rejected, the party may file a constitutional complaint with the Constitutional Court. In this case, the party may not repeatedly move to request for adjudication on the constitutionality of statutes for the same reason in the procedure of the case concerned.

2. Time Limit for request

A constitutional complaint under Article 68 (1) shall be filed within ninety days after the existence of the cause is known, and within one year after the cause occurs: *Provided*, that a constitutional complaint to be filed after taking prior relief processes provided by other laws, shall be filed within thirty days after the final decision in the processes is notified (Article 69 Clause 1).

The adjudication on a constitutional complaint under Article 68 (2) shall be filed within thirty days after a request for an adjudication on constitutionality of statutes is dismissed (Article 69 Clause 2).

3. Prior review

The President of the Constitutional Court may establish the Panels, each of which consists of three Justices in the Constitutional Court, and have a Panel take a prior review of a constitutional complaint (Article 72 Clause 1).

In case of any of the followings, the Panel shall dismiss a constitutional complaint with a decision of an unanimity (Clause 3):

1) When a constitutional complaint is filed, without having exhausted all the relief processes provided by other laws, or against a judgment of the ordinary court;

2) When a constitutional complaint is filed after expiration of the time limit prescribed in Article 69;

3) When a constitutional complaint is filed without a counsel under Article 25; or

4) When a constitutional complaint is inadmissible and the inadmissibility cannot be corrected.

When a Panel cannot reach a decision of dismissal referred to in paragraph (3) with a unanimity, it shall transfer by a decision the constitutional complaint to the Full Bench. When a dismissal is not decided within thirty days after requesting the adjudication on constitutional complaint, it shall be deemed that a decision to transfer it to the Full Bench (hereinafter, "decision to transfer to the Full Bench") is made (Clause 4).

The provisions of Articles 28, 31, 32 and 35 shall apply *mutatis mutandis* to the review of the Panels (Clause 5).

Matters necessary for the composition and operation of the Panels shall be provided by the Constitutional Court Rules (Clause 6).

When a Panel dismisses a constitutional complaint or decides to transfer it to the Full Bench, it shall notify it to the complainant or his counsel and the respondent within fourteen days from the day of decision. The same shall also apply to the case provided in the latter part of Article 72 (4) (Article 73 Clause 1).

When a constitutional complaint is transferred to the Full Bench under Article 72 (4), the President of the Constitutional Court shall notify it without delay to the following persons (Clause 2):

1) The Minister of Justice; and

2) A Party to the case concerned who is not the complainant, in case of an adjudication on constitutional complaint under Article 68 (2).

4. Presentation of Opinions by interested Agencies

State agencies or public organizations which are interested in an adjudication on a constitutional complaint, and the Minister of Justice may present to the Constitutional Court an amicus brief on the adjudication (Article 74 Clause 1).

When a constitutional complaint prescribed in Article 68 (2) is transferred to the Full Bench, the provisions of Articles 27 (2) and 44 shall apply *mutatis mutandis* to it (Clause 2).

5. Decision of Upholding

A decision to uphold a constitutional complaint shall bind all the state agencies and the local governments (Article 75 Clause 1).

In upholding a constitutional complaint under Article 68 (1), the infringed basic rights and the exercise or non-exercise of governmental power by which the infringement has been caused, shall be specified in the holding of the decision of upholding (Clause 2).

In the case referred to in paragraph (2), the Constitutional Court may revoke the exercise of governmental power which infringes basic rights or confirm that the non-exercise thereof is unconstitutional (Clause 3).

When the Constitutional Court makes a decision to uphold a constitutional complaint against the non-exercise of governmental power, the respondent shall take a new action in accordance with such decision (Clause 4).

In the case referred to in paragraph (2), when the Constitutional Court deems that the exercise or non-exercise of governmental power is caused by unconstitutional laws or provisions thereof, it may declare in the decision of upholding that the laws or provisions are unconstitutional (Clause 5).

In the case, referred to in paragraph (5) and when a constitutional complaint prescribed in Article 68 (2) is upheld, the provisions of Articles 45 and 47 shall apply *mutatis mutandis* to such cases (Clause 6).

When a constitutional complaint prescribed in Article 68 (2) is upheld, and when a case concerned in an ordinary court involving the constitutional complaint has been already decided by final judgment, the party may request a retrial of the case before the court (Clause 7).

In the retrial referred to in paragraph (7), the provisions of the Criminal Procedure Act shall apply *mutatis mutandis* to criminal cases, and those of the Civil Procedure Act to other cases (Clause 8).

〈Table 1〉 Flowchart of Constitution Complaint Procedure

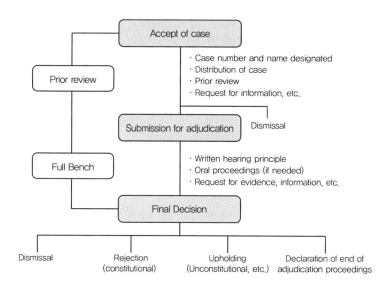

VI. Adjudication on Competence Disputes

1. Causes for Request

When any controversy on the existence or the scope of competence arises between state agencies, between a state agency and a local government, or between local governments, a state agency or a local government concerned may request to the Constitutional Court an adjudication on competence dispute (Article 61 Clause 1).

The request for adjudication referred to in paragraph (1) may be allowed only when an action or omission by the defendant infringes or is in obvious danger of infringing upon the plaintiff's competence granted by the Constitution or laws (Clause 2).

2. Classification of Adjudication on Competence Dispute

The adjudication on competence dispute shall be classified as follows (Article 62):

1) Adjudication on competence dispute between state agencies: Adjudication on competence dispute between the National Assembly, the Executive, ordinary courts and the National Election Commission;

2) Adjudication on competence dispute between a state agency and a local government:

(a) Adjudication on competence dispute between the Executive and the Special Metropolitan City, Metropolitan City or Province; and

(b) Adjudication on competence dispute between the Executive and the City/ County or District which is a local government (hereinafter referred to as a "Self-governing District").

3) Adjudication on competence dispute between local governments:

(a) Adjudication on competence dispute between the Special Metropolitan City, Metropolitan City or Province;

(b) Adjudication on competence dispute between the City/County or Self-governing District; and

(c) Adjudication on competence dispute between the Special Metropolitan City, Metropolitan City or Province and the City, County or Self-governing District.

When a competence dispute relates to the affairs of a local government concerning education, science or art under Article 2 of the Local Educational Self-Governance Act, the Superintendent of the Board of Education shall be the party referred to in paragraph (1) 2 and 3 (Clause 2).

2. Time Limit for Request

The adjudication on competence dispute shall be requested within sixty days after the existence of the cause is known, and within one hundred eighty days after the cause occurs (Article 63 Clause 1).

The period as referred to in paragraph (1) shall be a peremptory period (Clause 2).

3. Matters to be Stated on Written Request (Article 64)

The written request for adjudication on competence dispute shall include the following matters:

1) Indication of the plaintiff or the institution to which the plaintiff belongs, and the person who pursues the proceeding or counsel;

2) Indication of the defendant;

3) Action or omission by the defendant, which is the object of the adjudication;

4) Reasons for the request; and

5) Other necessary matters.

4. Provisional Remedies

The Constitutional Court may, upon receiving a request for adjudication on competence dispute, make *ex officio* or upon a motion by the plaintiff a decision to suspend the effect of an action taken by the defendant which is the object of the adjudication until the pronouncement of the final decision (Article 65).

5. Decision and Effect of Decision

The Constitutional Court shall decide as to the existence or scope of the competence of a state agency or a local government (Article 66 Clause 1).

In the case as referred to in paragraph (1), the Constitutional Court may cancel an action of the defendant which is the cause of the competence dispute or may confirm the invalidity of the action, and when the Constitutional Court has rendered a decision on admitting the request for adjudication against an omission, the defendant shall take a disposition in pursuance of the purport of decision (Clause 2).

The decision on competence dispute by the Constitutional Court shall bind all state agencies and local governments (Article 67 Clause 1).

The decision to revoke an action of a state agency or a local government shall not alter the effect which has already been given to the person whom the action is directed against (Clause 2).

Ⅶ. Adjudication on impeachment

1. Institution of Impeachment (Article 48)

If a public official who falls under any of the following violates the Constitution or laws in the course of execution of his or her services, the National Assembly may pass a resolution on the institution of impeachment as prescribed in the Constitution and the National Assembly Act:

1) President of the Republic, Prime Minister, Members of the State Council or Ministers;

2) Justices of the Constitutional Court, judges or Commissioners of the National Election Commission;

3) Chairman and Commissioners of the Board of Audit and Inspection; or

4) Other public officials as prescribed by relevant laws.

2. Impeachment Prosecutor (Article 49)

For the adjudication on impeachment, the Chairperson of the Legislation and Justice Committee of the National Assembly shall be the impeachment prosecutor (Clause 1).

The impeachment prosecutor shall request adjudication by presenting to the Constitutional Court an authentic copy of the written resolution of the institution of impeachment, and may examine the accused person in the oral proceedings (Clause 1).

3. Suspension of Exercise of Power (Article 50)

No person against whom a resolution of institution of impeachment is passed shall exercise his or her power until the Constitutional Court makes a decision thereon.

4. Suspension of Impeachment Proceeding (Article 51)

When a criminal proceeding is under way for the same cause as in the request for impeachment against the accused person, the Full Bench may suspend the proceeding of impeachment.

5. Non-Attendance of Party (Article 52)

If a party fails to attend on the hearing date, a new date shall be fixed (Clause 1).

If the party fails to attend even on the refixed date, the examination against the party shall be allowed without his or her attendance (Clause 2).

6. Decision and Effect of Decision

When a request for impeachment is upheld, the Constitutional Court shall pronounce a decision that the accused person be removed from the public office (Article 53 Clause 1).

If the accused person has been already removed from the public office before the pronouncement of the decision, the Constitutional Court shall reject the request for impeachment (Clause 2).

The decision of impeachment shall not exempt the accused person from the civil or criminal liabilities (Article 54 Clause 1).

Any person who is removed by the decision of impeachment shall not be a public official until five years have passed from the date on which the decision is pronounced (Clause 2).

VIII. Adjudication on dissolution of the political party

1. Request for Adjudication on Dissolution of a Political Party

If the objectives or activities of a political party are contrary to the basic order of democracy, the Executive may request to the Constitutional Court, upon a deliberation of the State Council, an adjudication on dissolution of the political party (Article 55).

The written request for adjudication on dissolution of a political party shall include the following matters (Article 56):

1) Indication of the political party requested to be dissolved; and
2) Bases of the request.

2. Provisional Remedies

The Constitutional Court may, upon receiving a request for adjudication on dissolution of a political party, make *ex officio* or upon a motion of the plaintiff or a decision to suspend the activities of the defendant until the pronouncement of the final decision (Article 57).

3. Notification of Request, etc.

When an adjudication on dissolution of a political party is requested, a decision on the provisional remedies is rendered, or the adjudication is brought to an end, the President of the Constitutional Court shall notify the facts to the National Assembly and the National Election Commission (Article 58 Clause 1).

The written decision ordering dissolution of a political party shall also be served, in addition to the defendant, on the National Assembly, the Executive and the National Election Commission (Clause 2).

4. Effect of Decision

When a decision ordering dissolution of a political party is pronounced, the political party shall be dissolved (Article 59).

5. Execution of Decision

The decision of the Constitutional Court ordering dissolution of a political party shall be executed by the National Election Commission in accordance with the Political Parties Act (Article 60).

IX. Some suggestions for the Development on Constitutional Adjudication

1. Reflection of the Pluralistic Social Phenomenon on Constitutional Adjudication through the Expansion of Constitutional Justice's Qualification

According to the Article 111 (2) of the Constitution, the Constitutional Court shall be composed of nine Justices qualified to be court judges.

This qualification in Justice is very narrow. In spite of the Constitutional Court's establishment as an independent judicial organization, the limit of qualification is inconsistent in view of the Constitutional Adjudication's nature.

It would be advisable to examine the foreign systems and cases. In Japan, members of Supreme Court, which controls both constitutional adjudication and ordinary adjudication similar to the one used in the 3rd Republic of Korea, can include law professors as a member of Justices without exception. In France, members of Conseil Constitutionnel, which is distinguished from ordinary court, can consist of not only law professors but also human rights activists, former members of Parliament participate as Constitutional Justices without justice qualification. In case of Germany, law professors, especially professors of public law (Constitutional law) can be included. Recently, Professor Voßküle, the dean of the School of Law at Freiburg, took office as president of the Constitutional Court. From this point of view, the Constitutional Justices should be selected from various backgrounds, including scholarly field.

However, the Justices of the Constitutional Court are always filled with judges who have had long experience in the court, except one of nine Justices of the Constitutional Court who was a prosecutor.

Moreover, compared to the appointment of Supreme Court Justices which includes proper procedures (recommendation from the Recommendation Committee on the Supreme Court Justices candidate), the appointment of Constitutional Court Justices by the Chief Justice of the Supreme Court has no limitations.

Furthermore, with respect to the Supreme Court Justices, the appointment of the justices by President based on the recommendation of the Chief Justice is followed by the consent of the National Assembly. However, such procedural matter, namely the consent of the National Assembly is not included in the appointment of the Constitutional Court Justices.

These problems should be considered thoroughly, and needs to be rectified during the amendment of the constitution.

2. Constitutional Court's Organizational Character Establishment of the Korean Constitutional Research Institute

One of the Constitutional Court's organizational institutions is the Constitutional Research Institute which was newly established in 2011. The Constitutional Research Institute shall be established as an in house organ of the Constitutional Court for the purpose of carrying out the research on the constitutional law and constitutional adjudication.

Considering the specialty of Constitutional Adjudication, the Constitutional Research Institute's existence is not discussed but its existence still is controversial because there is no precedent for it from outside the country, as well as within.

I hope that the Constitutional Research Institute does not engage only in foreign legislation research, and that it opens up a new chapter in research and training.

3. Reestablishment of Constitutional Status between the Constitutional Court and the Supreme Court

The Constitutional Court and the Supreme Court mutually maintain independent and horizontal relations. But the separation of jurisdictions leaves much room for jurisdictional disputes and the tension in the relationship between the National Assembly and the Constitutional Court is well expected.

According to the Constitutional Court Act, judgment of the court is excluded in the constitutional complaint's object. If judgment of the court is included in the constitutional complaint's object, there is a strong possibility that the Constitutional Court will come into conflict with the Supreme Court.

However, both the Constitutional Court and the Supreme Court are the last bastions for the protection of fundamental rights of the people. In this regard, it is not important for people to define what kind of power each institution has, but it is important to fulfill its constitutional mission in order to guarantee the fundamental rights of the citizens to the maximum.

According to the constitution system, ordinary courts and Constitutional Court exist in parallel. Therefore, it is true that their function and the role is not clear.

After all, the two institutions should maintain mutually beneficial cooperative relationship through the theory and the legal precedent. In fact, the Justices of the Constitutional Court have been appointed from persons nominated by the Chief Justice of the Supreme Court and also judges have been sent as Constitution Research Officers.

Unless there are substantive enactments like Germany, cooperative relationship of Conseil constitutionnel and Conseil d'État, Cour de cassation in France will serve as a good reference.

4. Binding Powers of Modified Decisions, Prevention of Modified Decisions Abuse

The Constitutional Court may decide on the case as nonconforming to the constitution, unconstitutional in part, constitutional in part, as well as unconstitutional or constitutional.

If the ordinary court and the Supreme Court do not accept modified decisions like decision of limited constitutionality, limited unconstitutionality, there could be a possibility of conflict.

However, the Constitutional Court has decided that all of the different levels of judgments have binding powers, and it is only a matter of when such modified decisions should be given.

Decisions of limited unconstitutionality are justified as inevitable products of constitutional review because of the limit of legislative terminological skill. So they have the same binding force as a simple decision of unconstitutionality.

However, the Supreme Court refused to accept limited unconstitutionality decisions as binding. The Supreme Court characterized the decision as merely one of the possible interpretations of the law. It insists that it should have the exclusive power of statutory interpretation and application.

According to the Article 107 (1) of the Constitution, the ordinary courts' power of statutory interpretation presupposes the validity of the statute being interpreted. Its validity is conditional upon the Constitutional

Court's finding of its constitutionality. The ordinary courts' power of statutory interpretation cannot be a basis of denial to the binding force of limited unconstitutionality.

The misunderstanding and the conflict between the Supreme Court and the Constitutional Court began with the lack of experience in the applying the Constitutional Adjudication system. Therefore, modified decision and its effect should be expressly stipulated in the text. The abuse of modified decision can cause evasion of Constitutional Adjudication, judicial opportunism and lose its authority. The Constitutional Court itself should make every effort to remove these concerns.

Although the decision forms of the Constitutional Court reflects its special characteristic, excessive rulings of modified decisions will eventually bring about avoidance of constitutional trials, unfairness of the judicial system, lack of objectivity in constitutional analysis, and this can cause the downfall of the reliance and authority of the constitutional decisions. Therefore precaution must be taken when modified decisions are made. Considering the fact that modified decisions such as limited constitutional decisions or limited unconstitutional decisions are recently indifferently treated by the court, the Constitutional Court must put in an effort to remove such worries.

5. The Permissibility of Constitutional Complaint against the Judgement of Ordinary Court

According to the existing Constitution, the Supreme Court and the Constitutional Court maintain independent and horizontal relationship. The Constitutional Court Act excludes the judgement of ordinary courts (including the Supreme Court) from being the subject of constitutional complaint. But if it includes ordinary court's judgement, we cannot exclude the possibility of triggering a conflict. In case of allowing the constitutional complaint against the judgement of ordinary court, the Constitutional Court may hold the position as the highest court, similar to the practice in Germany.

As the Constitutional Court decides properly, it goes without saying that it would be ideal to allow constitutional complaint against the judgement of an ordinary court. However, I cannot but say that the

Constitutional Court adhere to the letters: "petitions relating to the constitution as prescribed by law" (the Constitution article 111, clause 1, and issue 5), especially 'by law'.

The letter 'by law' is nothing but merely modifies 'petitions relating the constitution'. We are not to understand that the restriction of 'essence of the constitutional complaint' could be prescribed by law. It means "be prescribed by law" because the Constitution cannot prescribe all of the meaning and content.

If that is the case, we need to focus on the essence of constitutional complaint. Constitutional complaint is the system whereby "any person who claims that his/her basic right which is guaranteed by the Constitution has been violated by an exercise or non-exercise of governmental power may file constitutional complaint" (Constitutional Court Act article 68 clause 1). Judicial judgement could violate the basic right in Constitutional Law, and is 'an exercise or non-exercise of governmental power'. Therefore, we concisely conclude that the prohibition of constitutional complaint on judicial judgement (according to Constitutional Court Act article 68 clause 1) is against the essence of constitutional complaint.

6. The Necessity for Compensating the Defect of Legal Representative Principle

Prohibition of a constitutional claim merely on the basis of lawyer's fee is not desirable. It is feared that the access to justice is hindered due to excessive legal fee monopolized by a few lawyers. We need to consider that the Legal Representative Principle is adopted in the civil procedure, not in the constitutional complaint in Germany.

7. The Necessity for Re-Establishment of Relation between the Constitutional Court, the National Assembly and the Executive Branch

The Constitutional Court needs to be conservative in deciding the unconstitutionality of a statute to respect the legislative branch as much as possible. In this respect, the Constitutional Court respects legislative powers with the modified forms of decisions, even with the lack of basis in the Constitution and the law. The typical transformation decision (modified decision) for respecting legislative power is a 'decision of unconformable to constitution'. Even with an unconstitutional statute, the Constitutional Court makes a decision of unconformable to constitution while making a decision of "urge for legislation" that urges the legislators to revise the unconstitutional law. The Constitutional Court also shows respect to the legislation by making 'the decision of limited constitutionality' and 'the decision of limited unconstitutionality'. Problems may arise when the National Assembly ignores 'the decisions of unconstitutionality' or 'the modified decisions'.

On the other hand, if the National Assembly is not stable enough and becomes overly dependant on the Constitutional Court, the people might become skeptical about representative democracy. In other words, 'the competence dispute' and 'the constitutional complaint' on legislative pro-ceedings would cause public distrust towards the legislature.

8. Concerns over Juristocracy

As constitutional adjudication becomes invigorated, the Executive Branch and the National Assembly tend to bring the issue forward to the court, instead of being faithful with their own duties. In such cases, there are some positive points in enhancing the "rule of law". However, the National Assembly and the executive branch is urged to be more cautious due to the concern that juristocracy triggers skepticism about representative democracy, which forms the basis of modern consti-tutionalism.

9. Authorities for Constitutional Revision

When the time for the revision of the constitution arrives, the Constitutional Court may be given three authorities. These are also authorities of the Conseil Constitutionnel in France.

First, the Constitutional Court can be empowered to carry out the trial of presidential election which is now within the jurisdiction of the Supreme Court.

Second, it is necessary that the Constitutional Court give advice about the constitutional matters in advance. When the president of the Republic issues the emergency power, it is reasonable to have the Constitutional Court to give its advice in advance, deciding on the matter whether the measure meets the requirements of the constitution.

Lastly, the Constitutional Court should be the definitive institution to confirm the vacancy of the president of the Republic. Since there is no regulation stated in the constitution, the Constitutional Court should be the definitive institution to confirm the vacancy of the president.

[Resume]

A Perspective on Development of Constitutional Adjudication in Korea

During the first five Republics of Korea before the current 6th Republic, Korea had various types of committees and courts to deal with the matter of constitutional adjudication. However, such committees and courts did not operate actively. The 1987 Constitutional Revision introduced the current Constitutional Court. There is no doubt that the Constitutional Court has immensely contributed to the democratization of Korea and the advance of constitutionalism. The first term of the Constitutional Court can be characterized as the period of reclamation, and through such success, the Constitutional Court settled successfully in the constitutional system.

However, to ensure the continuing development of the Constitutional Court there needs to be more diversity in selecting Justices. The qualification to be appointed as a Justice in the Court is very narrowly defined. Considering that the Constitutional Court was established as a independent judicial organization, the current limitations contradict such spirit and the nature of constitutional adjudication in general. One can conclude from the examples of foreign constitutional courts, the importance of having Justices from diverse backgrounds. Also, legal scholars should be a part of the Court.

The Constitutional Court and the Supreme Court are independent from each other. But there is still room for jurisdictional disputes, as the line dividing the jurisdiction of the two institutions is not clear. There is naturally tension between the National Assembly and the Constitutional Court as the Constitutional Court strikes down legislations. The two institutions should thrive to maintain mutually beneficial cooperative relationship.

The conflict between the Supreme Court and the Constitutional Court can be traced back to the lack of experience in applying the constitutional adjudication system. One of the pressing issues that need to be resolved is the use of a modified decision. The Constitutional Court has been criticized for excessively relying on modified decisions. There are concerns that modified decisions can justify sidestepping the constitutional adjudication process as a whole, and eventually lead to the erosion of the Consitutional Court's authority. There needs to be a discussion about clarifying the constitutional effect of modified decisions through codification.

Keyword : Constitutional Court, independent judicial organization, limit of qualification, Constitutional Adjudication, Constitutional Justices, Supreme Court, separation of jurisdictions, National Assembly, Republic of Korea, Constitutional Court of Korea, Constitutional Law, History of Korean Constitutional Law, Judicial Review, The constitutionality of a law upon the request of the courts, Impeachment, Dissolution of a political party, Competence disputes between State agencies, between State agencies and local governments, and between local governments, Constitutional complaint as prescribed by Act, Decision of the Constitutional Court, modified decision, Unconformable Decision, Decision Requesting Legislation, Limited Constitutional Decision.

제3편

憲法과
基本權

1. 프랑스 기본권의 개념과 범위*

I. 서 설

한국헌법학 교과서에서는 헌법(droit constitutionnel, constitutional law, Verfassungs-recht)을 총론·기본권론·정치제도론(통치기구론)의 3편으로 나누어 설명한다. 우리 헌법전의 편제도 그러하고 우리 헌법학이 가장 많은 영향을 받은 독일과 일본의 헌법전·헌법학 교과서도 대체로 이와 유사하다.

그런데 프랑스에서는 이와 달리 헌법학(droit constitutionnel) 또는 '헌법과 정치제도'(droit constitutionnel et institutions politiques)라는 제목으로 저술되는 헌법학 교과서에는 원칙적으로 우리나라 교과서의 기본권론에 해당하는 부분이 논술되지 아니하고, 헌법총론·정치제도론(통치기구론)에 해당되는 부분만 기술된다. 기본권론(libertés publiques : 직역하면 공적 자유)은 1954년 법과대학의 학제개편에 따라 헌법학과는 별개로 법과대학의 교과목으로 인정되고, 이에 따라 교과서 또한 일반적으로 Libertés publiques라는 표제로 출간된다.[1] 즉 프랑스에서 헌법학과 기본권론은 별개의 교과목으로서 병존한다. 그것은 1789년 인권선언 이래 많은 헌법사적 변용에서 채택된 헌법전 본문에 기본권 혹은 국민의 자유와 권리를 따로 편제하지 아니한 것과도 맥락을 같이 한다. 물론 그간 국민의 자유와 권리사항을 체계적으로 헌법전 속에 삽입하려는 노력이 없었던 바는 아니지만, 1958년에 제정된 제5공화국 헌법에서도 한국 헌법에서와 같은 '국민의 권리와 의무' 장(章)이 존재하지 아니하므로 기본권에 관한 체계적인 조항은 없다고 할 수 있다.

---

* 사회과학연구 제12권 제2호(1992.)

1) 1954년 이전에 Libertés publiques의 강의는 법과대학 3학년의 droit public général(일반 공법학)이라는 선택과목의 한 부분을 구성하는 데 불과하였다. Claude-Albert Colliard, *Libertés publiques*, Paris, Dalloz, 1982, p. 2.

그렇다고 하여 프랑스에서 기본권론의 헌법적 가치가 소홀히 취급되고 있는 것은 결코 아니다. 특히 헌법학이론상 기본권이 차지하는 그 위상과 가치의 중요성은 1971년 '결사의 자유' 결정 이래 헌법재판소(종래 헌법위원회로 번역하였으나 헌법개정에 따라 실질적으로 헌법재판소와 같은 역할과 기능을 하므로 헌법재판소로 번역하고자 한다: Conseil constitutionnel)의 법률에 대한 적극적인 적헌성 통제와 더불어 헌법학에서 기본권의 중요성 강화는 최근 프랑스 헌법학의 특징이다. 그에 따라 헌법학의 체계에 기본권론을 포함하여 종합적으로 논술하는 경향도 나타난다. 헌법재판 연구의 권위자인 파보르(L. Favoreu)는 헌법학의 대상을 규범·제도·자유라는 세 가지 측면에서 논술한다.[2] 특히 파보르가 헌법재판을 분석하면서 기본적(fondamental) 헌법, 제도적(institutionnel) 헌법에 이어 관계적(relationnel) 헌법에서 주로 기본권 분야를 논술하고 있음은 새로운 시도로 평가할 만하다.[3] 그러나 법과대학생을 위한 헌법학강의(넓은 의미)는 현재까지도 '헌법과 정치제도'와 '기본권론'이 별개로 행하여진다. 이에 따라 교과서 또한 따로 저술되고, 기본권론은 법과대학 3학년과목으로 개설되며 1962년부터 필수과목이 되었다.[4]

II. 기본권론의 이해를 위한 기초적 인식

1. 법학의 한 분과로서 기본권법학의 정립

강학체계에서 헌법(과 정치제도)과 기본권이 분리되어 있는 상황과 연계되어 헌법학을 보는 시각 또한 양립되어 있다. 그것은 헌법학을 권력의 시각에서 이해하려는 입장과 자유의 측면에서 이해하려는 입장의 대립이다.

프레로(M. Prélot)를 중심으로 헌법을 권력의 기술(technique de l'autorité)로 이해하는 입장은 브델(G. Vedel)로 연계된다.[5] 이에 대하여 앙드레 오류(A.

---

2) Louis Favoreu, "Le droit constitutionnel, droit de la constitution et constitution du droit", *R.F.D.C.*, 1990, vol. 1, pp. 71-89.

3) L. Favoreu, "Le droit constitutionnel jurisprudentiel," *R.D.P.*, 1989, vol. 2, pp. 399-503.

4) Benoît. Jeanneau, *Droit constitutionnel et institutions politiques*, Paris, Dalloz, 1991, p. 1; J. Rivero, *Les libertés publiques*, Paris, P.U.F., 1987, p. 16.

5) Marcel Prélot et Jean Boulouis, *Institutions politiques et droit constitutionnel*, Paris, Dalloz, 1984, p. 32; Georges Vedel, *Cours de droit constitutionnel et institutions politiques*, Cours de droit 1960-61, p. 8.

Hauriou)는 헌법을 권력의 표현으로 볼 경우 피치자의 이익을 제대로 고려할 수 없을 뿐만 아니라 역사적으로 헌법이란 시민의 자유를 향한 열망에 따라 탄생되었음을 인식하지 못한 견해라는 비판을 가한다.[6] 한편 미르킨-게츠비츠(Boris Mirkine-Guetzevitch)는 헌법을 자유의 기술(technique de liberté)로 이해한다. 이에 대하여 앙드레 오류는 그 사고의 출발점을 높이 평가하면서도 자유란 결국 조직화된 권력에 의하여 이끌어지는 사회의 질서 속에서 행사된다는 점을 간과하고 있다는 비판을 가한다.[7]

따라서 헌법을 이해함에 있어서 권력과 자유의 측면을 포괄하는 자유와 권력의 조화의 기술로 이해하는 앙드레 오류의 입장은 보다 더 설득력을 가진다. 그는 자유와 권력의 조화는 국가 이전에 존재하는 것이 아니라 국가와 더불어 존재한다는 점을 강조한다.[8] 그런 의미에서 현재 프랑스에서 저술된 거의 모든 헌법교과서(헌법과 정치제도)에서 기본권론이 논술되지 아니함에도 불구하고, 앙드레 오류의 '헌법과 정치제도' 교과서는 비교적 체계적으로 제2부 고전적 헌법(droit constitutionnel classique) 제1편 '고전적 헌법의 범주와 단계' 제3장에서의 기본권 논술은 그의 헌법학을 보는 시각과 연계된다.[9]

'헌법과 정치제도'와는 별개의 강좌인 '기본권론'이 법학의 한 분과로서 기본권법학(droit des libertés publiques)[10]이 될 수 있는 독자성을 가지느냐와 더불어 그 독자성의 특성을 어디에서 찾을 것이냐의 문제는 다른 법학 분과와의 상호관련성에 따라 이해될 수 있다. 왜냐하면 기본권에 관한 사항이 전통적으로 법학의 핵심 영역인 민법·행정법·형법 등과 관련되며 이들 법학은 각기 그 학문의 독자성을 견지하고 있기 때문에 기본권론의 독자성·특성을 구축하는 데 어려움이 야기된다. 즉 헌법학으로부터는 기본적 권리의 일반이론과 이들 규제에 관한 권한의 문제를, 행정법학으로부터는 적법성의 원리·경찰권·행정소송 등 대부분의 기술적 측면이 제공된다. 형법·형사소송법은 개인에게 보장된 기

---

6) André Hauriou et Jean Gicquel, *Droit constitutionel et institutions politiques*, Paris, Montchrestien, 1983, p. 32.
7) *Ibid.*, p. 33; B. Mirkine-Guetzevitch, *Les nouvelles tendances du droit constitutionnel*.
8) *Ibid.*, p. 34.
9) *Ibid.*, p. 175 이하.
10) 이러한 기본권법학(직역하면 공적 자유법학)이 독립된 하나의 학문영역 내지는 강좌로서의 의미를 부여한다는 측면에서 droit constitutionnel, droit administratif처럼 "droit" des libertés publiques라는 표현을 쓰고 있다. 이러한 표현은 J. Rivero, J. Robert 교수 등의 Libertés publiques 저서에서 공통적으로 사용된다.

본적 권리가 자의적으로 제약받지 아니하도록 한다. 결혼·계약 등의 자유 및 재산권 등은 민사법 영역이며, 노동조합의 자유로운 결성 및 파업권은 노동법의 영역이다. 국제적인 기본권 보호는 국제공법이나 유럽법의 차원에서 논의된다. 바로 이러한 법기술(technique juridique)적 측면에서 기본권이 차지할 수 있는 법학의 한 분과로서의 단일성과 독자적인 특성 추구의 어려움으로 인하여 프랑스에서는 1954년 이전까지 독립된 기본권법학이 제대로 정립되지 못하였다. 비록 이런 문제점이 있기는 하지만 기본권법학을 독자적인 법학의 한 교과목으로 인정하여야 하는 당위성에 대하여 리베로(J. Rivero)는 다음과 같이 논술한다.[11]

첫째, 실제에 관한 문제이다. 자유에 관련된 규제가 일반적인 법학강좌에서 제대로 그 위상을 찾을 수 없다. 예컨대 언론의 자유·집회·결사제도, 종교의 위상 등과 같은 것이 이에 해당한다. 게다가 법적 훈련이 일상생활에 적용되고 정치사회 생활에서 필수적 요소인 입법과의 연계를 간과하여서는 아니 된다.[12]

둘째, 법적 훈련(formation juridique)의 측면에서 이들 자유에 관한 사항을 결집하여야 할 두 가지 이유가 제기된다. 우선 학제적 연구의 필요성이다. 기본권강의가 여러 분야로 흩어져 있는 장벽을 허물어 버릴 수 있다. 법학에서 학제적 연구는 우선 여러 분야의 법학을 각기 연구한 이후에 이들 분야의 전체적 요소가 형성되고, 그것은 전체로서 하나의 독립된 법제도로 구축된다. 모든 국가의 법제도는 그 국가가 지향하는 가치나 인간과 사회적 관념의 표현이다. 프랑스법에서 추구하는 가치의 기본원리는 1789년 혁명에서 비롯된 자유주의적 제도와 인권개념에 지속적으로 연계되어 있는바, 이에 관한 연구가 바로 기본권법학의 핵심이다. 이에 실제 인식을 통하여 기본권법학을 연구함으로써 여러 분야에 관계되는 사항을 종합하여 하나의 단일적인 학문으로 이론적 체계를 도모할 수 있다.[13]

셋째, 기본권강의는 또 다른 측면에서 정당화될 수 있다. 1954년에 기본권론 강의가 대학에서 확립되기 이전에 이미 다니엘 하레비(Daniel Halévy)는 1930년에 공간된 그의 저서에서 '자유의 쇠퇴'(décadence de la liberté)를 적시하였다. 제2차 세계대전, 비쉬체제, 탈식민지화의 분쟁, 풍기문란 등으로 인하여 불어 닥친 기본

---

11) Jean Rivero, *op. cit.*, p. 16; Jacques Robert, Libertés publiques, Paris, Montchrestien, 1982, p. 10.
12) *Ibid.*, pp. 16-17.
13) *Ibid.*, p. 17.

권의 쇠퇴는 시대정신에 항시 뒤떨어져 있는 대학에서의 기본권강의의 필요성을 확인하여 줄 뿐이라는 비판까지 감수하였다. 이러한 하레비의 비판은 기본권강의가 개설된 1954년 이후인 1968년에도 에레라(Errera)의 '방기된 자유'(Les libertés à l'abandon)로 커다란 반향을 불러일으킨 바 있다. 산업사회의 진전과 더불어 폭력적 상황이 증대함에 따라 제2차 세계대전 이후 인간의 존엄성을 강조하여 1948년 유엔인권선언과 각국 헌법에서는 이를 명시적으로 보장한다. 이러한 인권의 중요성이 증대할수록 대학에서 기본권강의의 중요성이 배가된다.[14]

특히 프랑스에서는 사회당과 보수당의 정권교체 과정에서 자유보장제도는 상당한 변용을 겪어 왔다. 1981년 이래 사형제도의 폐지, 국가안전재판소의 폐지 등 형사제도의 개혁과 국유화 정책 등이 단행된 바 있다. 그러나 1986년부터 1988년 사이에 자유주의 사고에 따라 공기업의 탈국유화·가격자율화 등의 정책이 시행되고, 청소년범죄·테러 등에 대응한 경찰권, 외국인통제 등은 더욱 강화되었다. 특히 1989년 인권선언 200주년을 맞이하여 국민의 자유와 권리를 새로이 재조명하는 작업이 활발하게 진행되었다.[15] 이러한 시대적 흐름에 따라 기본권론도 그 의의와 중요성이 강조될 수밖에 없다.[16]

2. 기본권법학과 관련법학

법학의 한 분야로서의 기본권론이 소위 '기본권법학'으로 정립되기 위하여 법학의 다른 분야와의 관련성을 도외시할 수 없다.

첫째, '헌법과 정치제도'와의 관련성이다. 기본권은 자유주의 체제에 기초하므로 헌법과 정치제도론의 핵심적 인식사항인 권력분립의 원리, 헌법전문·권리선언·헌법재판기관의 창설을 통한 자유의 보장 및 사법부 역할의 재인식[17]을 통하여 달성될 수 있다. 그런 점에서 기본권은 헌법전 및 그 헌법이 추구하는 기본원리와 불가분의 관계를 형성한다. 이에 기본권론이 법학의 한 분과로서 독자적으로 강의되고 있지만 그것은 헌법학과 불가분적 일체를 이룬다.

---

14) *Ibid.*, pp. 17-18. 기본권의 위기에 관한 상세는 Cl. Al. Colliard, *op. cit.*, pp. 6-11: 그는 사회적·경제적·기술적 측면에서의 기본권의 위기를 설명하고 있는바, 특히 기술적 측면에서는 산업화 사회와 더불어 정보화 사회를 논급하고 있다.

15) *Pouvoirs*, n° 50 (1789-1989 : histoire constitutionnelle).

16) J. Rivero, *op. cit.*, p. 19.

17) 1958년 헌법 제66조 제2항: "개인의 자유의 수호자인 사법권은 법률이 정하는 바에 따라 이 원칙의 존중을 보장한다."

특히 동유럽 각국에서 사회주의체제의 붕괴에 따라 기본권을 재인식하고 사회의 다원주의를 확보하려는 노력이 진행되면서 기본권이 차지하는 헌법적 중요성이 재인식된다.[18] 프랑스에서도 헌법재판의 활성화와 그 헌법재판을 통한 기본권 보장을 위한 헌법적 진전은 헌법학과 기본권법학이 서로 별개로 유리된 것이 아니라 하나의 통일적 질서로 이해되어야 함을 재인식시켜 준다. 기본권 관련 사항이 체계적으로 헌법전 속에 제도화되어 있지 아니한 현행 헌법 체제에서의 어려움에도 불구하고, 헌법재판을 통하여 헌법적 가치를 이끌어 내고 있다.[19]

둘째, 기본권법학은 행정법학과 밀접한 관련성을 가진다. 고전적인 기본권의 항의적 성격은 바로 국가적 규제나 제약에 대한 것인바, 그것은 주로 행정부의 공권력작용으로 나타난다. 국민의 기본권행사는 흔히 일반이익 혹은 공공의 이익을 보장한다는 측면에서 행정기관에 의하여 통제된다. 그 전형적인 예는 바로 경찰권행사이다. 경찰권의 행사는 행정법원의 엄격한 통제를 받는다. 행정법원은 행정청이 내린 위법한 공권력작용을 통제한다.[20] 이에 오늘날 행정법학의 자유주의적 경향은 행정법원의 판결을 통하여 국민의 자유와 권리를 확보하고, 행정법원이 헌법재판소와 더불어 기본권수호기관으로서의 역할과 기능을 가진다.[21]

셋째, 헌법과 정치제도 및 행정법학이 기본권법학과 보다 더 직접적인 관련성을 가진다면, 민법·형법 등은 상대적으로 직접적 관련성이 미약한 것은 사실이지만 그렇다고 그 관련성을 결코 간과할 수는 없다. 개인의 신분에 관한 권리·재산권·자기와 관련된 권리이익 사항에 관하여 독립된 법원에 제소할 수 있는 권리[22]가 민법상 보장되어 있다. 또한 형사적 제재는 흔히 신체의 자유에 대한 제약을 초래하기 때문에 그것은 형법과 관련된다. 한편 민사소송과 형사소송에서는 유럽인권선언 제6조에 보장된 재판상 방어권보장의 원리에 따라 공개적이고 형평의 원리에 입각한 재판을 받을 권리를 보장한다. 특히 오늘날 기본권으로 인식되고 있는 노동자의 권리는 노동법의 주요 원리를 형성한다.

이와 같이 기본권법학에 관한 사항은 헌법에서부터 사법 및 소송법에 이르기까지 법학의 전 분야에 걸쳐서 보장·확보되어야 하는 원리를 내포하고 있으며,

---

18) J. Roche et A. Pouille, *Libertés Publiques*, Paris, Dalloz, 1990, p. 2.
19) Cf. Association française des constitutionnalistes, *Droit constitutionnel et droits de l'homme*, Paris, Economica, 1987.
20) *C.E.* 3 février 1983, Alitalia; Dalloz du 28 novembre 1983, *J.O.* 3 décembre 1983.
21) Cf. *Conseil constitutionnel et Conseil d'État*, Paris, Montchrestien, 1988.
22) 민사소송법 제31조 및 제39조.

국가의 최고규범인 헌법과 연관되어 기본권법학의 가치와 위상을 확보할 수 있다.

3. 기본권론과 관련된 개념의 정리

법과대학의 교과목이 Libertés publiques로 되어 있기 때문에 우리의 강학상 개념인 기본권(론)으로 편역할 수 있다. 그 용어의 사적적 의미는 '공적 자유'이다. 또한 인권(또는 인간의 권리: droits de l'homme)이라는 용어가 흔히 Libertés publiques와 병렬적으로 사용된다. 여기에 더하여 직역하면 정확히 기본권이 되는 droits fondamentaux 등 정리되어야 할 개념들이 많다. 이하에서는 편의상 Libertés publiques를 직역하여 공적 자유로 표현하고자 한다.

특히 Libertés publiques와 droits de l'homme는 흔히 혼용된다. Libertés publiques가 법과대학의 필수과목이므로 다수의 학자는 그 저서에서 Libertés publiques라는 표현을 사용한다(G. Burdeau, CI. AI. Colliard, J. Rivero, J. Robert). 한편 마디오(Y. Madiot)는 Droits de l'homme et libertés publiques라는 표현을, 리셔(L. Richer)는 Les droits de l'homme et du citoyen이라는 표현을 각기 그의 저서 제목으로 채택한다. 프랑스 헌법학회에서 1987년에 개최한 제2회 세계헌법학자 대회의 저술에서는 Droit constitutionnel et droits de l'homme(헌법과 인권)라는 표제를 달고 있다. 그런 점에서 본다면 Libertés publiques와 인권은 유사개념으로도 볼 수 있다. 또한 이들 두 개념의 정립은 각 저자의 개인적인 견해에도 상당히 영향을 미치고 있다. 이에 모랑즈(J. Morange)는 인권을 비법률가에 의하여 흔히 사용되는 경향이 있으며 다소 유동적이고 불명확한 개념으로 보는 반면, Libertés publiques는 보다 실제적이며 그 연구는 역사적으로 어떤 특정 시점에 국가가 보장하는 자유와 권리의 법적 제도를 구체화시키는 데 있다고 본다.[23]

이에 무엇보다도 Libertés publiques가 법학으로서의 단일성을 확보하는 데에는 그 객체의 문제, 즉 Libertés publiques의 개념이 문제된다. 이러한 Libertés publiques의 개념정의에 관련하여서는 먼저 실정법을 살펴보아야 할 것인바, 헌법 제34조에서 "공적 자유의 행사를 위하여 시민에게 부여된 기본적 보장"은 법률로 정하도록 하는 규정이 공적 자유의 개념에 적용될 수 있을 것이다.

그러나 이러한 규정은 매우 불명확하기 때문에 충분하다고 할 수 없다. 다른

---

23) Jean Morange, *Libertés publiques*, Paris, P.U.F., 1985, pp. 9-10.

나라에서는 헌법전 속에 공적 자유의 목록을 제시하고 이의 법적 가치를 구체화하고 있기 때문에 문제를 단순화시킬 수 있다. 그러나 프랑스에서는 이를 열거하고 정의한 실정법 규정이 전혀 없다. 게다가 인권, 기본적 권리, 기본권(공적 자유) 등의 용어가 완전히 구별되어 사용되지 아니하며, 헌법에서조차 전문에서는 인권, 제34조에서는 공적 자유라는 표현을 사용한다. 또한 기본권 강좌에서는 '개인적·사회적인 공적 권리의 개념'과 '자유와 프랑스 실정법상 정립된 공적 권리'를 논의한다. 이에 공적 자유라 할 수 있는 준거(critère)와 무엇이 공적 자유의 목록(liste)에 해당되느냐의 문제가 제기된다.[24]

(1) Libertés publiques

법학으로서의 기본권법학의 용례에서 Liberté publique가 아닌 Libertés publiques라는 표현은 곧 liberté와 libertés의 차이에 기인한다. 이에 국사원의 코스타(J. P. Costa)는 단순히 liberté는 철학적 고찰대상으로서의 자유를 의미한다면 libertés는 법학적 고찰의 대상이라는 점에 그 차이를 둔다.[25] 그것은 곧 liberté 즉 자유라는 추상적 의미를, libertés 즉 자유'들'이라는 보다 구체적 의미에로의 전환을 통한 법적 구체화를 의미하므로, 법학자들은 liberté publique보다는 libertés publiques를 사용하는 데에서 그 표현의 타당성을 찾는다. 하지만 liberté냐 libertés냐의 구별에 특별한 의미를 부여할 필요가 없는 것은 liberté에서 publique가 부가되지 아니한 상태에서는 그 표현상 단수·복수의 의미 외에 그 용어의 의미 자체가 변질되지 아니한다.

일반적으로 liberté, 즉 자유의 의미를 리베로는 "어떠한 지배에도 종속되지 아니하는 인간의 상태 혹은 작위나 부작위권"으로 이해하고 있는바, 여기서 그 의미의 핵심은 역시 liberté란 인간이 그 자신의 행동을 선택할 수 있는 자기결정권(pouvoir d'autodétermination)으로 본다.[26] 이에 대하여 베르트랑 드 쥬브넬(Bertrand de Jouvenel)은 의사주의에 기초한 기독교적인 liberté 개념을 제시한다: "인간에게 그 인격을 발휘하도록 허용하며 이를 지배하고 그 명운에 대한

---

24) J. Rivero, *op. cit.*, pp. 19-20.

25) J. P. Costa, *Libertés publiques en France et dans le Monde*, Paris, S.T.H., 1986, p. 14.

26) J. Rivero, *op. cit.*, p. 21; R. Abraham et B. Stirn도 facultés d'autodtermination이란 표현을 쓰고 있음이 유사하다: *La protection juridictionnelle des libertés publiques, Cours d'IEP*, 1986-87, p. 6; R. Capitant은 '자유란 존재이며, 그것은 이 존재의 자기결정'으로 보고 있다: Cours de principes du droit public, 1956-57, *Les Cours du droit*, Paris, p. 32 (J. Robert, *op. cit.*, p. 17); J. Roche et A. Pouille, *op. cit.*, p. 5.

책임을 지는 인간의 그 자신에 대한 직접적·즉각적·구체적인 지배권"으로 이
해한다.[27] 일반적으로 법학자들은 이러한 liberté냐 libertés냐 혹은 그 의미가 무
엇이냐의 문제에 대하여 큰 의미를 부여하기보다는 오히려 보다 구체화된, 즉
liberté든 libertés든 이와 연계된 법학적 표현에 더 많은 관심을 둔다.[28] 그런 의
미에서 기본권법학에서 논의되는 liberté는 법적 자유(liberté juridique)의 문제라
는 점에서 철학적 자유(liberté philosophique) 등과 구별된다.[29]

　Libertés publiques에서의 publique(public)은 프랑스법에서 droit public,
secteur public, service public 등과 같이 일반적으로 권력의 개입(intervention
du pouvoir)을 의미한다. 여기서 libertés publiques에 적용된 public의 의미가
제기된다. 이 문제와 관련하여 흔히 libertés publiques와 libertés privées의 구
별을 들고 있다. 전자는 국가기관과 시민과의 관계에 관한 것이라면, 후자는 결
혼의 자유·노동조합의 자유·계약의 자유 등과 같이 사인 사이의 관계에 한정
된다고 설명한다.[30] 이에 대하여 리베로는 libertés privées란 있을 수 없다는 부
정적인 견해를 제시한다.[31] 사인 사이에 자유를 존중하도록 사인에게 부과된 의
무는 입법을 통한 규제나 법원의 재판을 통한 제재로서 국가의 개입을 필요로
한다. 직접적으로 사인 사이 혹은 사인과 국가권력 사이의 관계에 연계되는 모
든 자유는, 국가가 이에 관한 원칙을 정립하고 그 행사를 제어하고 존중을 보장
할 경우에 실정법으로 편입되면 그것이 libertés publiques이다. 이와 같이 이해
하지 아니할 경우 예컨대 노동조합 결성의 자유나 근로자의 언론의 자유는 공기
업의 범주 안에서만 libertés publiques가 될 뿐이고, 사기업 고용과의 관계에서
는 libertés privées로 보아야 하는 문제점이 야기된다. 따라서 자유를 인식·정비
하기 위한 국가의 개입은 실정법의 정립으로 이어진다. 이에 libertés publiques
는 실정법에 의하여 정립된 자기결정권이라고 본다.[32]

　로베르(J. Robert)는 libertés publiques를 넓은 의미와 좁은 의미로 구분한

---

27) L. Richer, *Les droits de l'homme et du citoyen*, Paris, Economica, 1982, p. 3; Bertrand de
　　Jouvenel, *Du pouvoir*, p. 387.
28) *Ibid.*, p. 3.
29) J. Richer, *op. cit.*, p. 21; J. Robert, *op. cit.*, pp. 17-18.
30) Cf. P. Brand, *La notion de liberté publique et ses imbrications en droit franais*, Paris,
　　L.G.D.J., 1968, p. 72.
31) J. Rivero, *op. cit.*, p. 23.
32) *Ibid.*

다.[33] 좁은 의미의 libertés publiques는 1789년 인권선언에서 구체적으로 명시된 것과 인권선언 및 헌법전문의 목적에 비추어 보건대 자유나 기본적 권리로 구체화된 것을 지칭한다. 그러나 모든 libertés publiques가 헌법상 선언된 자유는 아니라고 본다. 제3공화국의 헌법적 법률은 libertés에 관한 아무런 규정을 두고 있지 아니하며, 법률(loi)에서 결사의 자유와 노동조합의 자유 등을 규율한다. 교육의 자유는 1946년 헌법에 규정되어 있지 아니하지만, 이론의 여지없이 libertés publiques에 속한다. 넓은 의미에서의 libertés publiques는 반면에 헌법과 인권선언에서 규정된 것을 포함하여 법률(loi)에서 인정된 모든 권리를 libertés publiques로 본다. 이에 따라 선언된 자유(liberté déclarée)의 개념은 인정된 자유(liberté reconnue)의 개념으로 대치된다. 하지만 넓은 의미의 개념은 너무 느슨한(lâche) 개념이라는 지적이 있다. 예컨대 광의로 볼 경우 1984년 4월 5일의 법률에서 모든 코뮌(Commune) 거주자는 지방의회(Conseil municipal)의 심의내용을 알 수 있도록 인정된 법적 권한을 libertés publiques로 보아야 하나, 이것은 단순한 법적 권한(faulté légale)에 불과하다.

이에 로베르는 광의와 협의의 중간적인 개념을 취하려 한다.[34] 즉 일정한 중요성을 가진 권리가 있을 때, 즉 기본적 자유(libertés fondamentales)가 될 때 이를 libertés publiques라고 보아야 한다. 그런데 자유로서의 기본적 성격의 기준이 다시 문제된다. 이러한 자유의 기본적 성격을 규명하는 데에는 다시금 libertés publiques와 인간의 자연권(droit naturel de l'homme)이 중첩된다. 사실 무엇이 헌법적 가치를 가진 libertés publiques가 될 것인가는 반드시 고정된 관념일 수 없으며 그것은 사회적·역사적·이데올로기적 상황과 연계되어 종합적으로 파악되어야 한다.

결론적으로 실정법적으로 통용되고 대학에서 법학의 한 분과로서 강의되고 있는 libertés publiques의 개념이나 연구의 대상은 비록 다소 불명확한 점이 있다 하더라도 최소한 정립되어야 한다는 점에서 다음과 같이 종합할 수 있다. 즉 Libertés publiques는 헌법(혹은 국제규범)에서 법상 정립되고 강화된 보호 아래 법적 제도에 포섭되는 일반적인 자유의 특정한 측면으로 이해된다. 복수 개념으로서의 libertés는 일반적 자유의 특정한 측면이 특수화된 것이다. publiques의

---

33) J. Robert, *op. cit.*, p. 25.
34) *Ibid.*, p. 26.

질적 의미는 이러한 liberté의 측면이 특별히 정비되고 보호된 법에서 정립된 이념의 표현으로 본다.[35]

(2) Libertés publiques와 droits de l'homme

인권과 libertés publiques는 상호 근접한 개념이지만 구별되어야 할 개념이다. 인권개념의 역사적 · 철학적 기초는 자연법(droit naturel)론과 사회계약론에서 연역된다. 자연법론에 입각할 경우 인간은 단지 인간이라는 이유로 그 본성상 천부적인 권리를 향유한다. 이러한 인권개념은 국제적으로는 유엔인권선언(1948)에 구체화되어 있다. 1789년 프랑스 인권선언은 이러한 자연법사상의 실증법적 표현이라 할 수 있다. 이러한 인권개념은 그것이 실정법상으로 편입되어 국가에서 인식되고 정비될 때 Libertés publiques의 범주로 전환될 수 있다. 그런 의미에서 법실증주의자들이 천부인권 개념을 부인하는 것은 사회와의 관련성에 따라 인권이나 자유의 문제를 논하여야 한다는 의미이다.[36]

다른 한편 리베로는 새로운 기본권의 등장에 따라 야기되는 실정법상의 문제를 제기한다. 예컨대 인간의 본성상 요구되는 최소한의 물질적 안전을 확보하기 위한 건강의 보호 · 취업기회의 부여 또는 최소한의 정신계발과 관련된 교육 · 문화 · 정보에 대한 접근 · 이용(accès)의 문제가 발생한다. 이러한 새로운 경향의 인권은 자연법론이나 사회계약론에 입각하여 1789년 인권선언에서 적시된 바 있는 고전적 인권과 마찬가지로 현대 국가생활에 있어서 그 중요성을 인정하지만 그 법적인 측면에서는 성격을 달리한다. 이러한 새로운 인권은 그 향유자에게 자유로운 선택이나 활동을 할 수 있는 권리를 부여하는 것이 아니라, 사회에 대한 급부의 문제로서 이를 공급하고 만족시켜야 하는 공역무(사회보장, 교육 등)의 창설을 의미하는 적극적 급부의 문제이다. 따라서 이들 사항은 libertés의 문제가 아니므로 그 법적 성격이나 법적 문제해결 방식을 전혀 달리할 수밖에 없다. 그런 점에서 모든 인권이 비록 실정법상 인정된 것이라 하더라도 libertés publiques와 중첩되지 아니함을 알 수 있다.[37]

그러나 이러한 급부와 관련된 인권의 문제는 점차 넓은 의미의 사회권(droits sociaux)의 문제로 전화되고 있으므로, 이 또한 libertés publiques의 넓은 의미

---

35) J. Roche et A. Pouille, *op. cit.*, p. 56.
36) J. Rivero, *op. cit.*, p. 126.
37) J. Rivero, *op. cit.*, pp. 24-25.

로 포괄될 수 있는 여지가 있다. 이들 사항을 일의적으로 libertés publiques와 준별하기란 쉽지 아니하다. 결국 인권의 문제는 자유주의 · 사회주의 · 공산주의 · 기독교주의 · 이슬람주의 · 국가주의 등의 이념적 요소와 연계되어 시대적 상황에 따라 그 의미와 위상이 변용될 수밖에 없으며, 그것은 궁극적으로 libertés publiques도 연계된다. 즉 고전적인 개인의 권리에 기초한 인권개념이 새로운 사회권의 등장과 더불어 libertés publiques 개념에도 영향을 미칠 수밖에 없음을 인식하지 아니할 수 없다.[38]

(3) 정 리

강학상의 libertés publiques는 결국 그 연원을 18세기에 형성된 자연법론과 사회계약론에 기초한 1789년 인권선언에서 찾을 수 있다. 그렇다면 1789년 인권선언에서 제시하는 바와 같이 비록 인권이라는 용어가 자연법적 성격을 내포한다 하더라도 1789년 인권선언이 오늘날까지 프랑스 libertés publiques 연구의 핵심적인 뿌리를 이루고 있음에 비추어, 인권과 libertés publiques를 원론적으로 구별하기란 결코 쉬운 일이 아니다. 그것은 인권이나 libertés publiques 그 자체가 안고 있는 개념의 불명확성과도 연계된다. 여기서 인권과 libertés publiques의 기본적 차이를 굳이 든다면 libertés publiques가 보다 실정법적인 성격을 가지는 데 있다. 여기에 기본적 권리 · 기본권(droits fondamentaux)은 프랑스에서 널리 사용되는 개념은 아니지만 그 개념구성 또한 무엇을 기본적 권리, 즉 헌법적 가치를 가지는 기본적 권리로 볼 것인가는 결국 이론과 판례를 통하여 구축될 수 있다. 또 하나 특이한 점은 기본적 자유(libertés fondamentales)라는 비교적 새로운 용어가 헌법재판소 결정에서도 나타난다.[39]

이들 droits de l'homme, libertés publiques, droits fondamentaux, libertés fondamentales라는 용어는 이를 일의적으로 구별할 수 있는 것은 아니며, 강학상의 libertés publiques에 헌법학 이론상 초점이 맞추어질 수밖에 없기 때문에, 이들 문제는 자연히 libertés publiques를 어떻게 이해하느냐에 달려있다.

Libertés publiques를 좁은 의미로 보는 경우에는 자유-자율(liberté-autonomie)의 개념으로 이해할 수 있다. 이러한 의미에서는 권력이나 다른 사회단체 구성원에 대한 권리주체의 안전과 자율을 직접적으로 조건지우는 것으로 이해한다.

---

38) J. Roche et A. Pouille, *op. cit.*, p. 4.
39) *C.C.* des 10-11 octobre 1984, liberté de presse.

여기에 넓은 의미로 보는 경우에는 자유−참여(liberté−participation)의 개념으로 이해할 수 있다. 그것은 개인이 그 자신을 선택하고 실현하기 위하여 개인에게 인정된 것을 의미하며, 그것은 사상의 자유·사상 표현의 자유·결사의 자유·정치적 권리(droits politiques)까지 포괄한다.[40]

　자유−자율, 자유−참여라는 관념은 기본적으로 개인적 권리에 기초한다면 이제 가장 넓은 의미의 libertés publiques(혹은 droits de l'homme)의 개념 속에는 사회권(droits sociaux)까지 포함된다. 그것은 뷔르도의 자유의 사회화(socialisation de la liberté) 개념과 연계된다. 전통적으로 개인적 자유란 단순히 국가권력에 대한 항의적 성격, 즉 국가권력의 소극적 측면을 강조한 것이라면, 이제 자유의 사회화와 더불어 전통적인 개인적 권리 개념의 전화를 통하여 공공의 이익이라는 측면에서 국가가 적극적으로 개입하는 현상을 초래한다. 즉 국가가 개인의 사회적 안전을 확보할 책무를 진다.[41]

　사회권은 방어적 성격의 노동조합권이나 파업권뿐만 아니라 급부적 성격의 사회권의 출현을 의미한다. 예컨대 교육에 대한 권리·고용에 대한 권리·사회보장에 대한 권리 등이 그러하다. 이러한 새로운 유형의 권리에 대하여는 이를 전통적인 libertés publiques의 범주 속에 포함시킬 수 있을 것인가는 기본권의 분류와 체계에서 다시 논의하고자 한다. 이와 관련하여 리베로는 이들 사항이 인권의 범주에는 포함될 수 있을 것이나 libertés publiques로는 볼 수 없다고 본다. 결국 Libertés publiques에 사회권−급부에 관한 사항을 제외한다면 대체로 우리나라의 기본권론과 본질적인 차이가 존재하는 것은 아니므로 droit de libertés publiques를 이하에서는 기본권(법학)으로 통칭하여도 무방할 것이다.[42]

　이러한 흐름은 콜리아(Cl. Al. Colliard)의 libertés publiques 개념에 이르면 사

---

40) J. Robert, *op. cit.*, pp. 21-22; G. Burdeau, *Les libertés publiques*, Paris, L.G.D.J., 1972, pp. 8-12; J. Roche et A. Pouille, *op. cit.*, p. 4; 이에 대하여 L. Dubois et G. Peiser는 이를 자유−한계(limite)와 자유−반대(opposition)로 기술하고 있다. *Droit public*, Paris, Dalloz, 1983, p. 87; 한편 L. Richer는 이를 자유−독립(indépendance)과 자유−참여로 기술하고 있다.

41) G. Burdeau, *op. cit.*, pp. 11-12.

42) 사실 우리 헌법상의 표현에 있어서도 '국민의 자유와 권리'라 하고 있지 기본권이라는 표현을 일반화하고 있는 것은 아니다. 그러나 국내 모든 헌법학자는 이를 기본권론으로 통칭하고 있다. 그것은 인권과 구별되는 의미의 국민의 자유와 권리를 독일 헌법상의 기본권(Grund-rechte)이라는 표현에 연유하여 이를 일의적·종합적으로 기본권(론)이라 하고 있는 것 같다; 성낙인, 헌법학 제18판, 법문사, 2018, p. 927 이하; 김철수, 헌법학개론, 박영사, 1992, p. 229; 권영성, 헌법학원론, 법문사, 1992. p. 240

실상 우리나라에서 논의되고 있는 기본권과 거의 일치한다.[43] 콜리아는 libertés publiques의 개념정립에 이어서, 첫째, 개인과 공권력과의 관계, 둘째, libertés publiques와 집단적 성격에 이어서, 셋째, libertés publiques와 적극적 급부 (prestations positives)에서 비록 적극적 급부가 전통적인 고유한 의미의 libertés publiques과는 구별되지만 충분한 의미를 부여한다. 나아가서 1946년 헌법전문 에서 휴식권·노동권·교육권 등 경제·사회적 권리를 적시하고 있는바, 이들 권리는 정확한 의미에서의 libertés publiques를 구성하지는 아니하지만 그것이 입법적 뒷받침을 통한 하나의 제도로서 정착하여 실질적인 적극적 급부로 나타 날 경우 그것은 libertés publiques와 연계될 수 있다. 이러한 실질적인 적극적 급부는 기존의 libertés publiques와는 동일시될 수는 없을 것이라고 보아,[44] 새 로운 경제·사회적 권리를 libertés publiques으로 이해하는 기초를 마련한 것 으로 평가할 수 있다.

Ⅲ. 기본권론의 분류와 체계

기본권(libertés publiques)을 어떻게 이해할 것이냐에 따라서 그 범주·분 류·체계가 다소 상이할 수 있다. 이러한 기본권에 대한 논의는 프랑스법학에서 의 기본권론 내지 기본권법학의 발전과정과도 직접적으로 연계된다.

1. 기본권의 헌법적 표현

(1) Libertés publiques의 완만한 정립

프랑스 공법학 특히 헌법이론상 기본권(libertés publiques)이라는 표현은 프 랑스공화국의 230년에 걸친 역사상 매우 완만하게 나타났다.[45]

1789년 혁명과 더불어 탄생한 선언의 제목이 '인간과 시민의 권리선언'이라 는 점에서 인권이라는 표현에 중점을 두고, 오늘날의 의미의 libertés publiques 라는 표현은 찾아 볼 수 없다. 또한 인권선언 본문에서는 libertés라는 표현만이 사용될 뿐이다. 1793년 소위 산악당헌법(Constitution montagnarde) 제9조에서

---

43) Cl. Al. Colliard, *op. cit.*, pp. 26-27.

44) *Ibid.*, p. 28.

45) Cl. Al. Colliard. *op. cit.*, p. 19; Ph. Braud, *La notion de liberté publique et ses imbrications en droit français*, Paris, L.G.D.J., 1968.

비로소 libertés publiques라는 표현을 찾을 수 있다: "법률은 치자의 압제에 대항하여 개인적·공적 자유(liberté publique et individuelle)를 보호하여야 한다." 이러한 단수로 표현된 liberté publique는 1814년 헌장에서도 그대로 사용된다.

오늘날 용례인 복수의 libertés publiques는 왕정복고(Restauration)시대에 공법학자인 샤토브리앙(Chateaubriand)과 7월 군주(Monarchie de Juillet)시대의 공법학자인 라페리에르(Laferrière)에 의하여 사용되었다. 아이러니컬하게도 실정법상 표현은 루이 나폴레옹이 1851년 12월 2일 밤 파리 거리의 벽에 게재한 쿠데타 포고문 제5항에서 "나라의 모든 계층(각계 인사)으로 구성되는 제2원은 숙고기관, 기본협약 및 libertés publiques의 보장자로서" 창설되는 헌법개정을 밝히고 있다. 이 포고문 내용은 1852년 1월 14일 헌법 제23조에서 Sénat는 기본협약과 libertés publiques의 보장자로 규정되어 있다.

그러나 제3공화국의 헌법적 법률에서는 libertés publiques라는 용례를 사용하지 아니할 뿐만 아니라 개별적인 libertés를 규정할 뿐 전체로서의 libertés를 규정하지 아니한다.

이들 개별적인 libertés를 종합(synthèse)한 것은 제3공화국의 공법학자들이다. 1911년에 출간된 뒤기(L. Duguit)의 '헌법학원론'(Traité de droit constitutionnel) 제2권은 Les libertés publiques — Organisation politique에 관하여 논술하고 있으며, 바르테레미(J. Bartélémy)도 '헌법학원론'(Traité de droit constitutionnel)과 '행정법원론'(Traité de droit administratif)에서 libertés publiques라는 표현을 사용한다.[46]

제4공화국에 이르러 헌법적 차원에서 진정한 법적 카테고리로서의 libertés publiques라는 표현이 사용된다. 1946년 헌법(제4공화국 헌법) 제72조에서 해외영토(territoire d'outre — mèr)에서의 형사입법, libertés publiques에 관한 제도 및 정치·행정 조직에 관한 입법권은 의회에 속한다고 규정하고 있다. 1947년 8월 13일 국사원은 제72조를 평석하면서 libertés publiques를 조망한다: "libertés publiques의 용례는, 개인적 자유(liberté individuelle)와는 별도로, 단순히 개인에 한정된 것이 아니라, 큰 자유(grandes libertés)를 말하는 것으로서 그것은 공동참여자의 행동이나 공중의 호소를 동반하다: 따라서 이러한 공적 자유의 범주에 속하는 것으로서는 집회의 자유, 결사의 자유, 노동조합의 자유, 언론의

---

46) Cl. Al. Colliard, *op. cit.*, pp. 19-20.

자유, 사상전파의 자유, 양심의 자유, 종교의 자유, 교육의 자유 등을 적시할 수 있다."[47]

약간 성격은 다르지만 제4공화국에서 해외영토문제, 즉 1956년 6월 3일 법률에 나타난 탈식민지정책에 관하여 공적 자유의 개념이 사용된다. 또한 제4공화국의 헌정실제에서 공적 자유의 영역은 행정입법의 영역을 벗어나서 주권적 입법기관의 영역으로 유보된 일종의 공화국의 보루로 인식되었다. 1953년 2월 6일 국사원은 이 문제에 관하여 분명하지는 아니하지만, 각종 영역에서 집행권의 권한으로 부여하는 여러 법률, 위임입법은 흔히 유보를 내포하는바, 예컨대 1953년 7월 11일 법률 제3항의 규정은 "법률에 유보된 사항 … 재산과 공적 자유의 보호가 아닌 …에 대한 침해를 야기하지 아니하는"이라고 표현하고 있다. 이러한 영역에 대한 입법자의 독점적 권한은 제4공화국에서 해외영토에서의 영토분권화 문제와 더불어 나타난다. 1956년 6월 23일 법률을 통하여 해외영토에서 제4공화국이 창설한 영토분권화 문제와는 약간 다른 방향에서, 탈식민지화 정책에서의 기본은 "대외관계, 국방, 공적 자유의 보장"을 해외영토가 아니라 총체적으로 공화국에 유보하는 방식으로 해결되었으며, 이러한 사항은 국가역무에 의하여 관리되고 행정 처리되는 공화국의 일반이익을 구성한다.[48]

(2) 제5공화국 헌법에서의 Libertés publiques

Libertés publiques 영역의 의회유보는 제5공화국 헌법에서도 찾을 수 있으나 그 결과는 상당한 차이가 있다. 헌법 제34조 제2항에서는 집행부의 독자명령권(pouvoir réglementaire autonome)과 차별화된 입법권의 유보영역 사항을 규정한다: "법률은 다음 사항을 규정한다: 시민의 권리 및 공적자유의 행사를 위하여 시민에 부여된 기본적 보장 …." 여기서 우리는 동 조항에서 사용된 양태는 제한적 양태임을 알 수 있는바, 그것은 자유행사의 보장만 법률에 유보되어 있다는 것이다. 헌법제정 준비과정에서도 이러한 제한적 경향을 분명히 한 바 있다. 정부의 기초안 제31조에서도 같은 양태를 채택하였다. 그러나 테트겐(Pierre-Henri Teitgen)은 다음과 같이 적시하였다: "기본적으로 법률영역이 되어야 하는 것은 공적 자유의 정의(définition)이다." 헌법자문위원회는 이러한 테트겐의 견해에 찬성하고 그의 견해를 고려하여 다음과 같은 조문을 작성하였다: "다음과

---

47) Cité in Cl. Al. Colliard, *op. cit.*, p. 20.
48) *Ibid.*, p. 21.

같은 문제를 법률로 정한다: 공적, 민사적 및 노동조합의 자유와 이의 행사를 위하여 시민에게 부여된 보장." 이러한 헌법자문위원회의 안은 거부되고 최종적으로 정부기초안의 모습으로 되돌아갔다. 단지 공적 자유 행사의 보장만이 법률영역이 되었으며, 앞에서 암시된 프랑스 공화국의 전통은 부분적으로만 존재할 뿐이다.[49)]

이것은 1789년 인권선언 제5조에 비추어 보건대 법률에 의하여 방어되지 아니하는 모든 것은 방해될 수 없다. 따라서 자유가 원칙이므로 입법자는 자유를 열거할 필요가 전혀 없다. 반면에 자유의 한계를 정하거나 기본적 보장의 행사에 관한 권한은 입법자에게 속한다. 이 원칙은 시행에 여러 가지 어려움을 야기한다.[50)]

첫째, 헌법 제34조는 시민(citoyens)에 관하여서만 규정하고 있기 때문에 결과적으로 외국인에 관하여는 언급이 없다. 그러나 1789년 '인간과 시민의 권리선언'에서는 예컨대 제8조에서 자유를 박탈하는 형벌을 설정하기 위하여 법률을 요한다는 규정과 같이 외국인에게도 적용되는 규정이 있다.

둘째, 헌법 제34조는 libertés publiques만을 언급하고 있다. 그러나 개인적 자유(libertés individuelles)도 헌법전문과 헌법 제66조[51)]에 의거하여 헌법상 원칙임이 분명하다. 따라서 입법자는 개인적 자유의 행사 침해에 반대하여 기본적 보장을 형성할 수 있다.[52)] 헌법재판소는 공적 자유 중에서 직업의 자유[53)] 혹은 상공업의 자유[54)]를 이 범주에 포함시키고 있다.

셋째, 헌법 제34조는 자유만을 언급하고 있을 뿐 인권(인간의 권리: droits de l'homme)에 관하여는 언급이 없다. 이 두 개념은 권력 작용(예컨대 집회의 권리와 자유(droit et liberté)는 동의어이다)에 대한 한계가 문제될 경우 상호 중첩된다. 반대로 사회적 측면에서 적극적 급부를 요구할 경우에 권리는 자유와 혼동될 수 없다. 이 경우 입법권의 원천은 헌법 제34조의 규정보다는 오히려 헌법전

---

49) *Ibid.*, pp. 21-22: Documentation française, *Le Comité consultatif constitutionnel.*
50) F. Luchaire, "Article 34," in *La Constitution de la République française* (sous la direction de F. Luchaire et G. Conac), Paris, Economica, 1987, pp. 757-758.
51) 헌법 제66조 제2항: "개인의 자유의 수호자인 사법권은 법률이 정하는 바에 따라 이 원칙의 존중을 보장한다."
52) *C.C.* 22 novembre 1973.
53) *C.C.* 3 mars 1976.
54) *C.C.* 18 novembre 1973.

문과 1789년 '인간과 시민의 권리선언'에서 찾아야 할 것이다.

넷째, 모든 공권력의 개입과 결과적으로 법규명령권의 행사까지도 자유를 제한한다. 그런데 헌법 제21조와 제37조에서는 법규명령권을 규정하고 있다.[55] 따라서 이에 대한 타협안이 헌법재판소 판례를 통하여 제시되었다.[56] 헌법재판소의 결정을 요약하면 자유행사에 대한 일반적 효과의 제한을 정하는 것은 입법자에 속한다는 것이다: 이러한 제한의 범주 내에서 정부는 작용할 수 있다; 이것은 헌법발효 이전에 입법에 의하여 행하여진 제한에도 적용된다; 헌법발효 이후의 조치에 대하여도 같은 논리에 따라 제한실현의 확보는 법규명령에 맡기면서, 일반적 효과의 제한을 입법자에게만 유보시켜야 할 것이다.[57]

2. 기본권의 체계·분류·범주

프랑스에서의 기본권, 즉 공적 자유에 관한 논의는 무엇보다도 1789년 '인간과 시민의 권리선언'이 있은 이래 이를 독일 헌법 등과 같이 헌법전 속에 기본권장(章)을 마련할 것이냐, 즉 공적 자유의 헌법화 논의가 계속되었으나 현재 제5공화국 헌법에 이르기까지 이를 체계적으로 헌법화하지 못하고 있는 특수성을 논의하여야 한다. 헌법화하지 못하고 있는 이들 공적 자유 내지는 기본권을 어떠한 범주까지 포괄할 것이며, 그들을 포괄할 경우 그 체계적·논리적 구조는 어떻게 파악할 것이냐의 문제가 제기된다.

(1) 공적 자유(기본권)의 헌법화 논의

프랑스에서의 공적 자유의 헌법화 논의는 그것을 헌법전 속에 체계화하는 문제와 기존의 원리를 사실상 헌법규범화하는 두 가지 차원에서의 논의가 진행된다. 이 두 가지 문제는 결과적으로 공화국의 성문헌법전 내에 삽입되느냐의 여부의 문제도 중요하지만 성문헌법전상의 규범과 동일한 또는 그 이상의 가치를 가지는 규범이나 원리를 인용할 경우에는, 비록 그것이 성문헌법전 속에 체계화되어 있지 아니하더라도 마찬가지의 효과를 가진다는 점에서 서로 별개의 문제가 아니라 법적 효과의 측면에서는 동일한 문제로 볼 수 있다. 프랑스민주주의

---

55) 헌법 제21조 제1항: "수상은 제13조의 유보하에 명령제정권을 행사하며 …"
　　헌법 제37조 제1항: "입법사항 이외의 사항은 (법규)명령의 성격을 가진다."
56) *C.C.* 18 décembre 1964, 27 février 1967.
57) F. Luchaire, *op. cit.*, p. 758.

의 개화와 더불어 공화국 법치주의의 토대가 형성되어 오늘날 그 법치주의와 관련된 기본원리가 정착한 제3공화국 이래 이러한 문제는 특히 1789년 '인간과 시민의 권리선언'을 비롯한 권리선언의 헌법적 가치의 문제와 연계되어 논의를 진행한다.[58]

그것은 첫째, 1789년 '인간과 시민의 권리선언'을 들 수 있다. 1789년 8월 27일 제헌의회에서 통과되고 1791년 헌법 모두에 장식되어 있는 전문 17조이다. 둘째, 1793년의 지롱드선언(Déclaration girondine)이다. 지롱당(Girondin)의 발의에 의하여 의회(Convention)에서 통과된 이 선언은 미국의 영향을 받았고 콩도르세(Condorcet)의 반향을 삽입하였다. 이 선언은 헌법의 일부분을 이루나 그 헌법 자체가 채택되지 못하였다. 셋째, 1793년의 산악당선언(Déclaration montagnarde)의 헌법은 결코 시행되지 못하였다. 이 선언은 민주적이고 동시에 혁명적이나, 큰 독창성은 가지지 못한다. 넷째, 혁명력 3년의 선언은 혁명력 3년 실월(實月) 5일 헌법에서 비롯되는바, 로베스피에르(Robespierre)의 몰락 이후 의회(Convention)에서 통과되었다. 이것은 권리와 더불어 의무를 규정한 특이성을 가진다. 끝으로 제3공화국 이전의 헌법전문으로서 중요성을 가지는 것은 1848년 헌법의 전문이다. 이것은 1789년 혁명 이후 새로운 시대적 사회상을 반영한 것으로 다름 아닌 20세기로 연계되는 산업화 사회의 새로운 기본권에 관한 사항이 역사가 토크빌(Tocqueville)과 작가 플로베르(Flaubert) 등의 영향과 더불어 헌법전문에 구현되었다는 점이다.[59] 바로 이러한 혁명 이후의 권리선언과 헌법전문들이 오늘날 어떠한 법적 가치를 가질 것이냐의 문제가 실정헌법전 그 자체와의 관계와 더불어 제기된다.

1) 제3공화국에서의 논의

앞에서 논급한 1789년 '인간과 시민의 권리선언' 이래 권리선언과 헌법전문의 법적 가치와 관련하여 제3공화국에서 입장을 달리하는 세 가지 이론의 진행을 로베르(J. Robert) 교수는 제시한다.[60]

첫째, 극단적 이론으로서 권리선언은 확실한 법적 가치를 가질 뿐만 아니라 초헌법적 가치를 가진다는 입장이다. 둘째, 보다 제한적인 이론으로서 권리선언은 단순히 도덕적·철학적 효과만을 갖는다는 입장이다. 끝으로, 이들 두 가지

58) J. Robert, *op. cit.*, pp. 34-55.
59) *Ibid.*
60) *Ibid.*, p. 107.

이론의 중간이론이 국사원에 의해 제시되었다.

첫째, 권리선언의 초헌법적 가치이론(Le théorie de la valeur supra-constitutionnelle des Déclarations) ─ 이 이론에서는 권리선언을 일반적으로 실정법(lois positives)으로 본다. 이들 권리선언은 실제로 선출된 기관에 의하여 기초되고 통과되었으며, 흔히 헌법의 모두에 헌법의 기초를 형성하는 기본이론으로서의 일반이론을 담보할 임무를 진 철학자나 현자의 의회에 의하여 기초·통과되었다. 따라서 권리선언은 실정법적 가치를 가질 뿐만 아니라 그것은 논리적으로 보아서 초헌법적 가치를 가져야 한다는 입장이다. 이 이론은 두 개의 상이한 설명에 기초한다. 첫째로, 모든 실정 사회규범에 우선하는 불가양·절대적인 자연권이 선언된 원리이다. 실정법 위에 이성적·신성한 자연법을 인용하는 모든 제도에서, 엄숙히 선언된 권리는 자연히 규범의 단계구조에서 최상위에 놓임을 알 수 있다. 이러한 최상위의 가치를 부여하는 선언에서 이들 권리가 표현된 것이 아니라, 그 자체로 본능적인 것이다. 이러한 실정법 위에 사회나 사회적 권위에 의존하지 아니하는 상위의 법이 존재할 수 있다는 것이다. 둘째 설명은, 제헌권(pouvoir constituant)의 자기제한(auto-limitation)에 기초한다. 시원적 권력(pouvoir originaire)으로서의 제헌권은 유용하다고 판단하는 규범을 자유로이 과할 수 있다. 그러나 제헌권이 헌법의 모두에 권리선언을 채택하기로 결정하는 순간, 그것은 그 자체로서 제헌권이 인정한 원리에 따르도록 하는 의도를 드러낸다. 하지만 어떻게 제헌권이 스스로 연계되고, 그 스스로 기초한 선언을 수정하거나 폐기하기를 금지시킬 수 있을 것인가? 제헌권이 권리선언을 건드리기를 포기하는 규율을 분명히 과하도록 인용하여야만 한다. 그러나 이 경우 다시금 누가 제헌권이 이 규율을 수정하지 못하도록 할 수 있을 것인가의 문제가 제기된다. 사실상 자연법에 의한 설명만이 수용 가능할 것이다. 그러나 이러한 자연법의 존재 자체를 인정하여야만 하는바, 다수의 학자들은 이것을 부인하는 문제가 제기된다. 이 이론에 반대개념을 에즈멩과 카레 드 말베르그가 제시한다.[61]

둘째, 에즈멩(Esmein)과 카레 드 말베르그(Carré de Malberg)의 입장 ─ 에즈멩과 카레 드 말베르그에 의하면 이들 권리선언은 단순히 도덕적·철학적 효과만을 가진다고 본다. 이들에 의하면 혁명기에 나타난 권리선언들은 입법자에게 기본원리를 고취시키는 의도에서 나온 것이지 진정한 법적 규범은 아니라는 것

---

61) *Ibid.*, p. 108.

이다. 이러한 이론에 기초하여 이들은 두 가지 논쟁을 제기한다.[62] 첫째로, 헌법
에 따라서는 그 헌법전 자체에 권리보장을 하고 있는데, 이 경우 권리선언이 법
규범으로 간주된다면 이중적 채택의 문제가 발생한다. 실제로 이들 학자는 많은
헌법이 권리선언을 하고 있을 뿐만 아니라 헌법규정 속에 기본적 권리를 천명하
고 있다는 것을 입증한다. 예컨대 1848년 11월 4일 프랑스 헌법은 헌법전문뿐만
아니라, 제2장에서는 '헌법상 보장된 시민의 권리'를 규정한다. 이 장에서 16개
이상의 조항이 일련의 자유(기본권)의 행사를 보장하고 있다: 교육의 자유, 재산
의 자유, 언론의 자유, 노동의 자유, 산업의 자유 등. 둘째로, 권리선언은 매우
애매한 원칙의 일반성을 표현한 것에 불과하다. 에즈멩에 의하면 "이들 권리선
언은 법률규정과 같이 구체적이고 집행적인 것이 아니고, 다만 원칙적인 선언에
불과하다"라고 본다. 한편 카레 드 말베르그에 의하면 "1789년의 권리선언은 철
학적 진실을 선언한 교의적(敎義的) 효과를 가지는 데 불과하다. 그것은 1791년
선언을 고취시킬 수 있었던 자연법 개념을 표현하여 결합한 것이다. 그러나 실
정법을 규율하는 효과를 가진 법적 규정으로 간주할 수 없을 것이다."[63] 이러한
에즈멩과 카레 드 말베르그의 견해는 어떤 점에서 국사원의 판결에도 영향을 미
친 것 같다.

셋째, 국사원의 입장 ─ 제3공화국에서 국사원은 1789년 권리선언에서 표명
된 원리를 위배한 것으로 보이는 행정결정을 무효화시키려는 행정쟁송에 관하여
이들 권리선언의 법적 가치문제를 여러 차례에 걸쳐서 판단하게 되었다. 이에
국사원이 권리선언의 구체적인 법적 가치를 인정하여 권리선언에서 제시한 원리
들을 위배한 행정행위를 무효화시킬 수 있을 것인가의 문제가 제기된다. 이에
관하여 국사원은 2차례에 걸쳐 판시한 바 있다. 1913년 5월 9일 루보(Roubeau)
판결과 1944년 2월 4일 기에이스(Guieysse)판결을 들 수 있다.[64] 루보판결은 시
위생규칙에 반하여 공중위생의 목적으로 호텔의 높이를 제한하려는 시장을 상대
로 호텔주인이 제소하였던바, 호텔주인으로서는 이러한 예외는 법률 앞의 평등
이라는 일반원칙에 비추어 모든 시민이 행정규칙 앞에 평등하다는 원칙을 위반
하는 것이라고 주장하였다. 이에 대하여 국사원은 호텔주인의 주장을 인용하지
아니하면서 행정규칙 앞에 평등원칙의 위반이 실제로 있는 것은 아니라고 판시

---

62) *Ibid.*, p. 109.
63) Cité in J. Robert., *op. cit.*, p. 109.
64) Cf. *R.D.P.*, 1944, p. 166.

하였다. 그러나 국사원은 이 판결에서 1789년 권리선언에 함축된 법률 앞의 평등원칙을 제대로 통찰하지 못하였던 것 같다. 만약 국사원이 이 원칙을 적용하였더라면, 그것이 1789년 권리선언에서 특별히 조망되었기 때문이 아니라, 그것이 일반적인 성문 법률과 같이 적법성의 원천으로서 간주하는 성문화되지 아니한 법의 일반원칙이 문제되는 것으로 판단하였기 때문이다. 나아가서 국사원은 기에이스 판결에서 논고담당관(Commissaire du gouvernement) 세노(Chenot)의 결론에 따라 권리선언은 일반적으로 그 자체가 법적 가치를 가지는 것이 아니라, 단지 그 권리선언이 내포하는 원칙들이 일반 법률의 법적 가치와 최대한 동일하게끔 법적 가치를 가진 법의 일반원칙이나 관습적인 규범으로 영향을 미칠 수 있게 된다고 판단하였다.[65]

2) 제4공화국 헌법전문의 법적 가치

실제적 측면에서 보건대 1946년 헌법전문의 법적 가치문제는 매우 상대적 편익만을 제시하여 줄 뿐이다. 사실상 헌법전문의 규정은 아주 미약한 한도 내에서 법률의 적헌성 통제를 보장하는 임무를 진 헌법평의회(Comité constitutionnel) 앞에 제기될 수 없었다. 1946년 헌법 제92조에 의하면 헌법평의회는 헌법 제1장에서 제10장에 이르는 규정에 대한 법률의 적헌성에 대하여서만 논할 수 있는 권한을 부여하고 있기 때문에 헌법전문은 제외되어 있다. 그럼에도 불구하고 헌법전문의 법적 가치에 관한 논의는 자주 문제가 되는바, 그것은 특히 행정기관이 내린 행위에 대하여 헌법전문의 규정을 제시하는 경우가 나타나곤 한다.[66] 예컨대 행정행위에 의한 헌법전문 규정의 위배가 월권소송을 통하여 행정법원이 동 행정행위를 무효로 이끌어질 수 있을 것인가의 문제가 제기된다. 그것은 이미 제3공화국하서 제기된 루보·기에이스 사건과 유사하다.

첫째, 사법법원(Tribunaux judiciaires)[67]의 입장 — 사법법원에서는 1946년 헌법전문의 규정은 사법법원 앞에 제시될 수 있으며, 따라서 전문은 법률의 효력을 가진다는 입장이다. 이러한 입장은 특히 1947년 1월 22일 세느민사법원(Triunal civil de la Seine)의 판결에서 나타났다. 동 판결은 할머니가 그녀의 손녀에게 유증(legs)을 하면서 만약 그녀의 손녀가 이스라엘인과 결혼하면 유증을

---

65) J. Robert, *op. cit.*, p. 110.
66) *Ibid.*, p. 111.
67) 프랑스에서는 행정법원과 사법법원이 구별되는 소위 행정제도국가이다. 이 사법법원은 Cour de cassation을 정점으로 하는 법원이다.

취소한다는 유언(testament)의 내용을 파기하였다. 법원은 이러한 내용의 유언은
헌법전문의 규정에 위반되는 것으로 판단하였으며, 그 헌법전문은 바로 1789년
'인간과 시민의 권리선언'을 참조하도록 하고 있는바, 여기서는 모든 인간이 '인
종의 차별이 없는' 권리를 천명하고 있다.[68]

  둘째, 국사원(Conseil d'État)의 해결방법 — 제4공화국에서 최고행정법원인 국
사원의 입장은 사법법원과는 상당히 다른 것으로서, 대체로 제3공화국에서 국사
원의 태도와 유사하다. 즉 권리선언은 그 자체로서 법적 가치를 가지는 것은 아
니라는 입장이다. 1947년 4월 23일에 국사원은 헌법전문의 규정은 헌법전을 평
석하는 데 단순히 기여할 뿐이라는 입장을 취하였다.

  그 후 1950년 7월 7일 드아엔(Dehaène) 판결에서 이 문제를 분명히 하였
다.[69] 이 사건의 발단은 1948년 7월 13일에 도(préfecture)의 공무원들이 단순히
직업적인 이유로 파업을 행사하는 데서 비롯된다. 이에 내무부장관은 당해 부서
의 장(chef de bureau) 이상으로서 파업에 참여한 모든 공무원(agents d'autorité)
은 즉시 그 직위가 정지된다고 하였다. 그럼에도 불구하고 이들은 파업에 동참
하였으며 그들은 일주일 후에 노동조합의 명령에 따라 업무를 재개하였다. 이들
의 직무정지는 한편으로 이들이 파업하고 있는 동안에 도지사에 의하여 발동되
었다. 이 직무정지령은 이들이 직무를 재개하였을 때 견책(blâme)으로 대체되었
다. 이러한 징계에 대하여 엥드르-에-루아르(Indre-et-loire) 도의 6명의 부
서장은 헌법전문에서 인정된 파업권의 행사에 비추어 보건대 그들의 행동이 징
계를 정당화시킬 수 있는 과오를 형성할 수 없다는 취지에 따라 소송을 제기하
였다. 이 사건에서 정부 논고담당관인 가지에(Gazier)는 국사원이 추구한 입장을
환기시켰다: "우리 공법으로서는 권리선언과 헌법전문에 있는 내용이 헌법적 혹
은 법률적 성격의 법적 규정이라고 볼 수는 없다. 왜냐하면 그것은 국민의 일반
의사(volonté nationale)의 특별히 엄숙한 표현이며, 우리는 여기서 일반적으로
입법작용이나 정부작용 및 행정작용이 교감하여야 하는 기본원리들을 찾는다.
따라서 법관은 이를 적용하는 사법적 통제에 있어서 일반적으로 법률 및 헌법규
정에 대하여 보다 많은 자유를 견지하면서 이를 존중하도록 하여야 한다. 법률
및 헌법규정의 평석은 보다 엄격한 원칙에 놓여진다." 이에 따라 파업권에 관하

68) J. Robert, *op. cit.*, pp. 111-112.
69) *C.E.* 7 Juillet 1950; *Rec.*, p. 426; *R.D.P.*, 1950, p. 691. Concl. Commissaire du
    gouvernement Gazier, note Waline.

여 국사원은 정부 논고담당관의 견해와 같이 "헌법전문을 적시하여서 파업권은 이를 규율하는 법률의 범주 안에서 행사되며, 제헌의회는 입법자가 파업이 한 양태를 이루는 직업적 이익의 방어와 파업이 이를 저해하는 성질을 가질 수 있는 일반이익(intérêt général)의 보호 사이에서 필요한 타협을 하여야 하는 것"으로 이해하였다. 결국 국사원은 헌법전문 그 자체가 바로 직접 적용될 수 있는 법규정이 아니지만, 이들 규정은 '법의 일반원리'(principes généraux du droit)로 간주될 수 있으며, 따라서 궁극적으로는 그것이 법규범의 단계구조의 측면으로 고려되지 아니하는 한, 이들 원리는 일반법규범의 차원에 위치한 것이며 이를 평석함에 있어서 법관은 커다란 자유를 가진다는 것이다.

위와 같은 국사원의 논리는 곧 '법의 일반원리'에 대하여 법률에 우월한 힘을 부여하지 아니하려는 관념에 기초한다. 하지만 드아엔 사건이 종결되었을 즈음에, 이미 라모트(Lamotte) 사건[70]이 전개되었으며 보다 가시적 징표가 나타났다. "법률이 예견하는 행정결정에 대항하는 모든 제소"를 제외시키는 법률에 관하여, 국사원은 모든 행위에 대항하는 월권소송의 존재는 적법성의 원리에서 도출된다는 점을 환기시키면서, 따라서 입법자는 이러한 제소를 제외시킬 수 없다는 것이다. 이것은 불분명하게나마 성문 법률에 대한 '법의 일반원리'의 우월성을 보장하는 것으로 볼 수 있다.[71]

셋째, 학자들의 견해 — 한편 학자들의 이론은 대체로 헌법전문의 법적 가치를 인정하려는 태도를 취한다.[72] 두 가지 논의가 진전되었다: 첫째, 제헌권을 향유하는 동일한 의회에서 통과된 권리선언은 헌법본문과 달리 간주할 수는 없다는 것이다. 둘째로, 헌법전문은 헌법본문과 같이 조문숫자별로 되어 있지 아니하기 때문에 법적 가치를 가지지 아니한다는 것은 있을 수 없는 일이라는 것이다.

그러나 학자들의 이론은 두 개의 유보를 전제로 한 판단이다: 표현이 막연하거나 정치적인 견해를 단순히 표명한 것과 같은 헌법전문은 결코 법규범으로 간주될 수 없다. 또한 어떤 헌법전문은 개인을 위하여 즉시 기여될 수 없는 것도 있다.

---

70) *C.E.* 17 février 1950, Rec., p. 111; *R.D.P.*, 951, p. 478, concl. du Commissaire du gouvernement Delvolve, note Waline; 김동희, "행정법의 일반원리," 서울大 법학, 1989.
71) J. Robert, *op. cit.*, p. 113.
72) *Ibid.*, p. 114.

3) 제5공화국에서의 헌법화

1958년 헌법에서는 헌법전문의 헌법적 가치에 관하여 호의적인 태도를 취한다: "프랑스 국민은 1789년 인권선언에서 정의되고 1946년 헌법전문에서 확인·보완된 인권과 국민주권의 원리에 대한 애착을 엄숙히 선언한다." 이제 제5공화국에 이르러 헌법전문의 법적 가치를 부인하지 아니하고 이를 실정법의 일부로 평가하기에 이르렀으며, 헌법재판소는 법률의 적헌성 통제를 하면서 그 준거규범으로서 헌법전문을 인용하기에 이르렀다. 한편 국사원은 비록 법의 일반원리 그 자체가 헌법적 가치를 가지는 것은 아니라 하더라도 바로 법의 일반원리는 "특히 헌법전문으로부터 연유된다"는 입장에서 파악하여 헌법전문의 법적 가치를 강화하고 있으며, 그런 의미에서 법의 일반원리는 헌법전문을 통하여 헌법적 가치를 추출하여 낼 수 있다는 것이다.[73] 이러한 국사원 판례를 통하여 정립된 법의 일반원리는 오늘날 두 가지 측면으로 분리하여서 이해되고 있는 것 같다. 그것은 우선 1789년 '인간과 시민의 권리선언'과 1946년 헌법전문에서 분명히 하고 있는 사항에 관하여는 헌법적 가치를 부여하지만, 나머지 사항들은 단순히 입법(법률)적 가치(valeur législative)를 가지는 데 불과하다는 것이다.[74]

그러나 이러한 견해에 대하여 샤퓌(René Chapus) 교수는 '법의 일반원리'를 법률보다는 하위이며, 명령보다는 상위(infra−législatifs, sufra−réglementaires)로 이해하고 있는 것 같다.[75]

여기서 우리는 국사원의 판례를 통하여 나타난 "법의 일반원리와 1946년 헌법전문에서 나타난 공화국법률에서 인정된 기본원리(principes fondamentaux)"를 구별하여야 할 것이다.[76] 헌법재판소는 이미 1971년 7월 16일의 결정[77] 이래 수차례에 걸쳐서 이 원리가 헌법적 가치를 갖는 것임을 천명한 바 있다. 이제 오늘에 이르러 프랑스에서 헌법재판소의 판례를 통하여 정립된 헌법전문의 법적

---

73) *C.E.* 22 juin 1959, Syndicat général des ingénieurs−conseils, Rec., p. 394, Sirey, 1959, 202, note Drago; *R.D.P.*, 1959, p. 1004, Concl. du Commissaire du gouvernement Fournier.

74) *C.E.* 12 février 1960; Sirey, 1960, p. 131, Concl. du Commissaire du gouvernement Kahn.

75) Cf. René Chapus, "De la soumission au droit des règlements autonomes," *Dalloz*, 1960, chronique, p. 124, "De la valeur juridiques des principes généraux du droit et des autres règles jurisprudentielles du droit administratif," *Dalloz*, 1966, chronique, p. 99.

76) Cf. B. Genevois, "Les principes généraux du droit," *Aspects de droit administratif*, R.I.D.C., 1980, n° spécial, vol. 2, pp. 280 이하.

77) 전술한 프랑스 헌법재판소의 결사의 자유 판결 참조.

가치 및 그에 따른 권리선언의 법적 가치에 대해 더 이상 의문을 제기하지는 아니한다.[78]

그러나 이러한 헌법전문의 실정법적 가치가 논의되는 기본적인 배경에는 바로 기본권(공적 자유)에 관한 사항이 헌법전 속에 명문으로 규정되고 있지 아니한 것이 하나의 커다란 요인이 됨을 부인할 수 없다. 물론 헌법본문 속에 기본권장을 설정하고 있다 하더라도 그것이 기본권에 관한 완벽한 종류·체계·범주를 이룰 수는 없을지라도 적어도 최소한의 기본범주는 제시할 수 있기 때문이다.

4) 기본권규범의 헌법본문에 삽입시도

1789년 권리선언 230주년이 지난 오늘에 이르기까지 그 권리선언의 헌법적 가치를 인용하고 자축하는 것은 230년에 걸쳐 면면히 흘러내려 온 민주주의적 전통의 헌법사적 결실이라 평가할 수 있지만, 그렇다고 하여 오늘날 국가의 가장 기본적 요구 내지는 오늘날 헌법이 추구하는 국민의 자유와 권리의 보장이라는 측면에 비추어 본다면, 성문헌법전이 그 본문 속에 다양한 정치권력의 작용과 균형에 관한 규정만 둘 것이 아니라 국민의 자유와 권리에 관한 내용을 그 현대적 변용에 부응하여 이를 체계적으로 정리한 독립된 장으로 규정하여 명실상부한 헌법(전)화를 이루는 것이 필요하다는 논의가 전개되고 있음은 당연한 시대적 흐름이다. 1974년 대통령선거운동기간에 즈음하여 공적 자유(기본권) 보장의 문제가 제기되면서 동시에 성문화의 문제도 제기된 바 있다. '개인의 기본적 자유에 관한 법(un code des libertés fondamentales de l'individu)을 제안하는 임무를 가진 위원회'가 1974년 11월 8일 데크레(명령)로 창설되었다. 이 위원회는 국사원 부원장(사실상 원장[79])을 위원장으로 하여 각계각층의 인사로 구성되어 그 동안의 판례·이론을 종합검토하고 궁극적으로는 기본권의 확충·강화를 위한 성문법을 제정하여 제안을 하도록 임무를 부여받았다. 이 위원회는 1975년 5월에 소집되어 그리 큰 역할을 수행하지는 못하였으나 1975년에 여러 가지 법안이 기본권에 관하여 제안한 바 있다.[80]

당시 집권당으로부터 최초의 법안인 '자유법'(De la liberté)[81]이 1975년 12월

---

78) J. Robert, *op. cit.*, p. 116.
79) Conseil d'État는 형식적으로는 원장이 수상으로 되어 있으나 사실상 부원장이 원장임무를 수행하는 독립기관의 하나이다. 이 국사원은 헌법상 최고행정법원으로서의 기능과 법안심의·정부자문 등의 기능을 동시에 수행한다.
80) Clude-Albert Colliard, *op. cit.*, p. 11.
81) Proposition n° 2080 du 17 décembre 1975.

17일에 제안되었으나 그것은 일반 법률의 형태였다. 12월 20일에는 공산당이 '자유선언'(Déclaration des libertés)[82]에 관한 헌법적 법률을 제안하였으며, 같은 날 사회당은 '자유장전과 기본권'(Charte des Libertés et Droits fondamentaux)을 통하여 1958년 10월 4일 헌법전문을 보충하려는 절차적 성격의 법률안[83]을 제 안하기도 하였다. 이에 국민의회(하원)는 두 개의 야당안과 여당안을 검토하기 위한 특별위원회를 구성하였다. 이 위원회는 국회의석수 비율에 따라 포르 (Edgar Faure) 의장이 직접선출한 33명의 위원[84]으로 구성되었다. 이 위원회는 여러 차례 관계전문가의 청문을 행한 끝에 야당이 반대 혹은 불참한 끝에 '자유 와 인권에 관한 헌법적 법률안'(Proposition de loi constitutionnells sur les libertés et les droits de l'homme)을 1977년 12월에 채택하였다.[85] 이 법안은 3개 장의 전문 39조로 구성되어 있으며 각 장의 타이틀은 '박애·평등·자유'로 되 어 있다. 그 내용에 있어서도 새롭고 흥미로운 개념이 포함되어 있다.[86] 예컨대 주거권(제11조), 일반적 권리로서 국제평화에의 권리(제1조) 등과 같은 새로운 경제·사회적 권리를 선언한다.

나아가서 양심적 반대를 헌법상 권리로 인정한다(제3조). 또한 주권존중상 개 발도상국가의 발전에 기여함을 국가적·국제적 의무로 규정하고 있다(제5조). "부모는 그의 후손을 자유롭게 결정한다"(제22조). 가족은 법률의 보호 아래 두 며(제9조), 제28조에서는 행정문서액세스권을 두고 있다. 제18조에서는 외국인 노동자의 보호에 관한 규정도 두고 있다.[87]

그러나 이 법안은 1978년 총선 전에 국민의회 표결에 부쳐지지도 못하였고 또한 새 국회에도 제안되지 못하였으므로 결국 시대적 상황에 부응한 단순한 분 위기 연출(simple velleité)에 불과하다는 비판에 머물렀다.

프랑스에서 이러한 헌법적 가치를 가지는 권리선언 및 헌법전문의 헌법재판 소 판례를 통한 정립과 1789년 혁명 이래 형성된 민주주의에 대한 강한 애착은

---

82) Proposition n° 2128 du 20 décembre 1975.
83) Proposition n° 2131 du 20 décembre 1975.
84) 12 U.D.R., 5 R.I., 3 Réformateurs, 7 Socialistes, 5 Communistes, 2 non-inscrits.
85) 동 헌법적 법률안의 全文은 Laurent Richer, *op. cit.*, pp. 59-65.
86) 예컨대 제12조의 상이권(droit à la différence), 제10조의 "모든 인간은 균형되고 건강한 환 경에의 권리를 가진다," 제35조의 "생활의 여유는 인간의 즐거움에 불가피한 권리로서 인정 된다." "모든 인간은 휴식, 바캉스 및 휴가의 권리를 가진다." 등을 들 수 있다.
87) *Cf.* Jean Morange, "Vers une condification des libertés en France," *R.D.P.*, 1977, vol. 2, pp. 259-281.

오히려 성문의 헌법전 속으로 자유와 권리를 구체화시키려는 노력이 진부하거나 유치해 보일 수밖에 없는 측면을 무시할 수는 없다. 230년의 역사 속에 흐르는 자유와 권리의 소중함에 대한 인식의 공감대와 더불어 보조를 함께 하는 헌법재판소의 판례, 이를 체계화하려는 법학자들의 노력 속에서 어쩌면 자유와 권리의 나열식 규범화는 구차하게 보일지도 모를 일이다.

(2) 기본권의 범주와 체계적 구성

1) 기본권의 체계화에 따른 난점

프랑스 국민들이 누리고 있는 기본권(공적 자유)이 무엇이 될 것이냐의 문제는 그리 간단한 문제가 아니다. 우선 국가생활에서 향유할 수 있는 많은 권리들 중에서 기본권사항을 추출하여야 한다. 이런 권리들을 넓은 개념으로 파악할 경우에 모든 권리는 어떤 의미에서든 자유와 연계된다. 반면에 이들 권리를 제한적이고 한정적인 의미로 파악할 경우에도 마찬가지의 어려움이 발생하는바, 기본적 권리로 볼 수 있는 일반적인 권리를 추출하여야 하는 문제가 발생한다. 특히 강학상의 기본권범주와 관련하여서 제기되는 문제, 즉 프랑스에서는 전통적으로 기본적 권리의 범주에 속함에도 불구하고 순전히 역사적 성격으로 인하여 기본권강의에 포함되지 아니하는 사항이 있다.[88] 예컨대 결혼상대방의 자유로운 선택과 부모의 자녀교육권은 민법에서 강의될 뿐이며, 상공업의 자유는 상법에서, 재산권문제는 민법·상법·행정법(국유화 문제 등)에서 병렬적으로 강의된다. 기업에서 근로자의 권리는 노동법과 사회법강의의 중요 부문을 이룬다. 의료권은 흔히 사회보장법상 기법의 문제로 취급된다. 반면에 형법, 형사·민사·행정소송법의 문제는 반드시 기본권강의에 포함된다. 이러한 여러 측면에서 보건대 기본권강의에서 반드시 있어야 할 내용이 무엇인가는 다소 상대적 성격을 띨 수밖에 없다. 이것은 동시에 기본권의 체계적 분류와도 상호 연계된다.

완전히 만족스러운 기본권의 체계화가 불가능하다는 데에는 이론의 여지가 없다.[89] 그 주된 이유는 모든 자유가 복합적 측면을 내포하기 때문이다. 예컨대 결사의 자유는 재정적·직업적·도덕적·정치적 이익을 옹호하기 위하여 결합하는 것이며, 동시에 자선적·종교적 활동을 위하여 행사되거나 혹은 스포츠클

---

88) Jean Morange, *Libertés publiques*, Paris, P.U.F., 1995, p. 131.
89) Jean Morange, *op. cit.*, p. 132; Claude-Albert Colliard, *op. cit.*, p. 226; J. Rivero, *op. cit.*, vol. 1, p. 31.

럽과 민족단체를 관리하기 위하여서도 행사된다. 또한 결사의 자유는 노동조합의 자유·파업권 등과도 관련될 수밖에 없다. 언론의 자유는 정치적·상업적 성격 나아가서 외설적 성격까지도 내포하게 된다. 나아가서 언론의 자유는 의사표현과 개인적 지성의 기본적 표현이라 할 수 있다. 더 나아가 경제적 측면에서의 언론기업의 자유까지도 문제된다. 재산권에 관하여는 기업가·출판인·언론인·독자·제3자 등이 개입하게 된다. 교육의 자유는 그것이 공역무 차원에서 더욱 잘 보장될 수 있을지 혹은 학교단체의 다원성 존중의 차원에서 검토되어야 할지 불분명한 측면이 있다. 또한 그 교육의 자유의 주체가 부모 혹은 교육자 또는 학생인지의 문제가 제기된다. 바로 이런 측면에서 기본권의 체계화는 상대적 가치(valeur relative)의 측면을 가진다.[90]

위와 같은 기본권분류의 현실적 문제점을 인식한 전제에서 기본권론 자체의 이해의 편의상 또는 강학상의 이유 등으로 기본권을 체계적으로 분류할 필요성이 제기된다.[91]

제3공화국의 대표적 공법학자인 뒤기(L. Duguit)는 기본권을 적극적 자유와 소극적 자유(libertés négatives et libertés positives)로 구분한다.[92] 이 구별은 실제로 공적 자유를 국가에 의하여 지급되는 적극적 급부에 대한 소극적 자유인 국가권력의 제한으로 간주한다. 그것은 곧 공적 자유를 고전적 체제에서 국가권력의 제한으로부터 출발하고 있음을 알 수 있다. 결국 뒤기에 있어서는 소극적 자유의 문제가 제기될 뿐이다.

제3공화국에서 또 다른 기본권분류의 시도는 공적 자유 내부에서 각자 상이한 그룹을 형성하는 것이다. 모리스 오류(Maurice Hauriou)는 이를 첫째, 자유로운 신분상 자유(libertés du status libertatis)로서 개인적 자유·가족의 자유·협약(conventions)의 자유·노동의 자유를 들고 있다. 둘째, 정신적 자유로서 양심의 자유·종교의 자유·교육의 자유·언론의 자유·집회의 자유를 들고 있다. 셋째, 사회적 제도의 창설자로서의 개인적 권리로서 영리회사·노동조합·결사·종교단체(congrégations)·재단 등을 들고 있다.[93] 한편 에즈멩(Esmein)은 물질적 성격의 자유와 정신적 성격의 자유로 구별하여 이를 물질적 이익과 정신

90) Jean Morange, *op. cit.*, pp. 131-132; J. Rivero, *op. cit.*, pp. 35-36.
91) Claude-Albert Colliard, *op. cit.*, p. 225.
92) *Cf.* Léon Duguit, *Traité de droit constitutionnel*, Paris, De Boccard, 1937, tome 3.
93) *Cf.* Maurice Hauriou, *Précis de droit constitutionnel*, Paris, Sirey, 1929.

적(도덕적) 이익으로 구분한다. 여기서 물질적 이익의 자유는 재산·상업의 자유·주거의 불가침·좁은 의미에서의 개인적 자유를 든다. 반면에 개인의 도덕적 영역으로는 언론·결사·양심·종교의 자유 등을 든다.[94]

위와 같은 제3공화국의 대표적 공법학자인 뒤기, 오류, 에즈멩의 기본권 분류에 관하여 콜리아는 다음과 같이 비판한다:[95] 우선 오류의 기본권 3분법은 그의 제도이론에 기초하여 지나친 인위적 개념임을 부인할 수 없다. 특히 그의 분류에서 노동의 자유와 노동조합문제를 별개의 그룹으로 분리하는 것은 이상하기 짝이 없다. 모든 문제에 적용될 수 있는 기준을 그의 이론에 적용시키고 있으며, 특히 공적 자유 외부의 문제를 이에 적용하려는 오류의 분류법은 아무런 법적 효과를 수반하지 못한다고 본다. 제도가 부여되었느냐의 여부에 따른 분류는 허위적인 것이다. 오류는 종교의 자유와 사회제도 창설의 자유를 구별하고 있는데, 교회와 종교단체를 혼동하는 문제를 야기한다. 한편 에즈멩의 물질적·도덕적 측면에서의 구별은 역시 법적인 측면에서 문제를 야기한다. 엄격한 의미에서의 개인적 자유가 도덕적(윤리적) 자유가 아니고 물질적 자유의 범주에 포함되어야 하는지에 관하여 의문을 제기한다. 개인적 안전의 문제를 물질적 측면에서의 자유보장으로 이해하기는 어렵기 때문이다.

2) 기본권 저서를 통하여 본 기본권의 분류와 그 논술

프랑스의 기본권 저서에서 학자들은 각기 최소한의 기본권을 분류하여 설명하고 있지만 그 분류의 논거를 분명히 제시한 학자는 많지 아니한 것 같다.

A. 콜리아(Colliard) 교수의 분류

콜리아는 위와 같은 제3공화국 시절의 대표적 공법학자들의 견해를 비판하면서 기본권분류에 관한 견해를 다음과 같이 제시한다.[96]

무엇보다도 경제적 자유의 문제는 여러 기본권과 그 성격을 달리할 수 있으며 이 문제는 1848년 헌법에서는 사회권의 문제로 대두된다. 이제 경제적 자유와 관련되지 아니한 사항은 다시 엄격히 개인적인 자유와 개인적 범주를 넘어서는 자유로 분류할 수 있다.

엄격한 의미의 개인적 자유 혹은 인간의 자유에서, 개인은 여타 자유와 같은

---

94) *Cf.* Adhémar Esmein, *Eléments de droit constitutionnel français et comparé*, Paris, Sirey, 1928, tome 1, p. 583 et suiv.
95) Claude-Albert Colliard, *op. cit.*, p. 226.
96) Cl. Al. Colliard, *op. cit.*, p. 227.

조건을 갖추고 있다. 만약 개인의 자유가 존재하지 아니한다면 여타의 기본권도 존재하지 아니할 것이다. 또한 개인의 자유는 가장 기본적인 성격을 가지고 있으므로 모랑즈가 분류하듯이 기본적 자유와 파생적 자유(libertés dérivées)로 구분할 수 있다. 하지만 콜리아의 견해에 의하면 재산권과 같은 경제적 자유의 중요성을 인정하지만 그렇다고 하여 이를 개인적 자유에 포함시킬 수 없다는 점에서 기본적 자유의 범주에 포함시킬 수 없다는 것이다. 순전히 개인의 (일신적) 자유와는 구별되는 인간의 접촉을 전제로 하는 자유를 들 수 있는데, 그것은 경제적·지적 성격의 개인적 활동을 행사하는 개인적 욕망과 그들 사이에 사상·산출물·역무를 교환하기 위하여 접촉을 하는 개인적 욕망을 의미한다. 여기서 경제적 자유를 상정한다면, 개인적 자유와 경제적 자유 이외에 지적 자유를 구별할 수 있다. 이것은 매우 다양하여 예컨대 교육·언론·집회·결사·공연·종교 등을 들 수 있다. 이들 자유를 집단적 자유와 구별하는 것은 정확하지 아니하다. 왜냐하면 노동조합의 자유는 어떤 점에서는 집단적 자유이며 논리적으로 다른 자유와 같은 범주일 필요는 없다. 그 차이는 노동조합의 자유는 확실한 경제적 내용을 담고 있기 때문이다. 여러 다양한 지적 자유 중에서 다른 것과 구별되는 것은 직접적으로 정치적 행동에 관여하는 것이다. 그것은 예컨대 집회·결사의 자유와 같은 것이다. 그러나 이러한 하위적 구별은 상위·하위의 구별에 반드시 기여하는 바가 있는 것이 아니므로 2차적인 문제이다.

이러한 기본권분류의 문제는 일정한 수준을 견지하여야만 한다. 이러한 분류의 세밀한 분석에 지나치게 집착하면 자칫 번잡과 혼동을 초래할 수 있다. 자유의 체제, 행사방법, 사회생활에서의 삽입은 인정되고 평가되어야 할 요소이지만, 그 분류가 바로 자유의 궁극목적 그 자체를 잡을 수는 없다. 이를테면 수단으로서의 자유는 국가에 대항하여 보다 적절히 투쟁하기 위하여 개인과 개인의 집단행동을 가능하게 한다. 그러나 추구된 궁극목적은 법적 측면에서는 아무런 이익도 없다. 왜냐하면 자유가 주어진 이상 그것은 여러 가지 방법으로 활용될 수 있기 때문이다.

결사는 아마추어 낚시꾼, 정치적 행동을 하려는 정당당원, 다양한 경제적 목적을 추구하는 개인, 재산이나 기업의 보호 등 여러 가지로 집단화할 수 있다. 정치학이나 정치사회학적 측면에서는 압력단체에 관하여 다양한 분석이 가능하나, 법적 측면에서는 너무 깊이 분석할 필요는 없어 보인다.

결국 기본권은 개인적 자유의 법적 범주이며, 그 분류는 한편으로는 경제적 내용의 자유와 여타 자유로 구분할 수 있고, 다른 한편으로는 엄격히 개인적 성격의 자유와 집단적 성격의 자유를 구별할 수 있는 바, 이는 너무 깊이 들어갈 필요까지는 없는 문제로 보인다. 이러한 경제적 내용의 자유에 따른 분류는 그것이 궁극목적에 따른 차이가 아니라 영역의 차이에 따른 구분이다. 실제로 경제적·사회적 내용의 자유 중에서 그 궁극목적이 다양하고 적대적 이익의 보호에 관련된 것도 있다는 점을 인식하여야 한다.[97]

콜리아는 이에 따라 기본권을 크게 다음과 같이 분류하고 있다[98]: 기본적 자유 혹은 개인의 자유(libertés fondamentales ou liberté de la personne), 사상의 자유 혹은 지적 자유(libertés de la pensée ou libertés intellectuelles); 경제적 내용의 자유(libertés contenu cononique).

위와 같은 기본체계에 따라 기술된 콜리아의 기본권분류를 보면 다음과 같다.[99]

제1편 개인의 자유

　제1장 안전(sûreté)

　§1 개인의 안전의 비극적인 역사

　§2 개인의 안전과 실정법상 형사절차

　§3 개인의 안전과 행정상 개입

　§4 알제리전쟁과 자유의 위기

　제2장 안전정보(informatique)의 위험에 대응한 보호

　§1 프랑스에서의 정보와 자유

　§2 정보화된 정보기록(casier judiciaire informatis)

　제3장 통행(aller et venir)의 자유

　§1 통행(circulation)의 개념

　§2 특수한 제도

　제4장 신체 및 인신의 자유(liberté du corps et de la personne physique)

　§1 개인적 신체의 자유

---

97) *Ibid.*, p. 228.
98) *Ibid.*, p. 229.
99) *Ibid.*, Tables des Matières, pp. xxix 이하.

§2 신체의 자유의 한계: 사회적·건강상의 필요

제5장 인격(pensonnalité)의 존중

§1 주거의 존중

§2 통신의 비밀

§3 사생활의 존중

§4 정보와 설명에 대한 권리

제2편 사상(pense)의 자유

제1장 의견(opinion)의 자유

§1 의견의 자유의 의미

§2 의견의 자유의 효과

제2장 종교의 자유

§1 프랑스에서의 교회와 국가와의 관계

§2 국가의 종교와의 무관계성(laîcité)

§3 신앙(culte)의 자유

제3장 교육의 자유

§1 교육의 자유의 역사

§2 공교육과 견해(사상)의 자유

§3 교육의 자유·사교육제도

§4 알사스 로렌의 제도

제4장 언론(신문, presse)의 자유

§1 1881년 이전까지의 언론의 자유의 역사

§2 언론의 자유의 현 제도

제5장 연극·영화제도

§1 공연제도

§2 영화

제6장 라디오방송·텔레비전 제도

§1 독점과 그 발전

§2 프랑스의 라디오·텔레비전방송국 10년의 위기(1964-1974)

§3 재정문제: 시청료와 광고

B. 리베로(J. Rivero) 교수의 분류

기본권은 여러 가지 측면에서 분류가 가능하다. 예컨대 그 객체의 측면에서 통행과 언론의 자유를, 그리고 행사방법의 측면에서 개인적 자유와 집단적 자유로 구분할 수 있다. 이러한 측면들을 고려에 넣은 채 리베로는 여러 교과서 저자들을 참조하여 구분하려 한다. 즉 개인의 자유(libertés particulières)[100]의 일반적 보호라는 측면에서 분류하고자 한다. 그것은 다시 인신의 자유와 사상의 자유 등과 같이 보다 진전된 방어를 보장하는 인간 활동의 여러 측면에서의 보호에 관하여 안전 혹은 개인의 자유로 보고, 다른 한편 사생활과 관련되는 모든 활동의 자유를 구분하여 설명한다. 리베로는 기본적으로 이러한 분류의 상대적 가치를 인정한다는 전제에서 다음과 같이 큰 범주로 구분한다.[101]

즉 ① 안전 혹은 개인의 자유, ② 사생활의 자유, ③ 인신의 자유, ④ 인간의 지적·도의 윤리적 자유 혹은 사상의 자유, ⑤ 사회적·경제적 자유로 구분한다.

(a) **안전(sûreté) 혹은 개인의 자유**   이 기본적 자유는 그 현저한 성격으로 인하여 인신의 자유로 흔히 분류하기도 한다. 시민은 체포·구금과 같은 신체의 자유 제한의 자의적 조치를 국가권력으로부터 당하지 아니한다. 실제로 안전의 개념은 상당히 넓다: 인신의 자유의 박탈 이외에 모든 형태의 자의적 제재를 금한다.[102]

안전의 대상은 국가권력에 대한 개인의 법적 안전이다. 그런 의미에서 안전은 여타의 모든 자유를 진전시키는 보호를 의미한다. 또한 안전은 여타 자유를 보장하는 기본적 자유이다.[103] 법적 안전(sécurité juridique ou sûreté)은 법관의 형사사법작용에서 공정성을 요구한다. 또한 법관은 권력에 대한 독립성과 적법성 및 법률불소급원칙과 같은 법률적용의 엄격성, 피의자의 무죄추정·방어권보장·엄격한 형사구금 등과 같은 절차상의 원칙보장이 요구된다.

(b) **사생활의 자유**   개인의 사적 활동영역에 타인의 접근(accès)을 거부하는 권리는 사생활이란 차원에서 보장된다. 전통적으로 사생활의 거처인 주거, 통신 전화의 비밀, 직업상 비밀 등이 보호된다. 그런데 1970년 7월 17일 법률에서 사생활의 본성(intimité)에 관한 권리와 더불어 새로운 기술의 발달에 따라 사생활에 대한 침해현상인 도청 등에 관한 사항을 규정하고 있다.

리베로의 사생활 개념은 오늘날 사생활비밀보호법 등과 관계되는 좁은 의미

---

100) J. Rivero, *op. cit., tome 1.*
101) J. Rivero, *op. cit., tome 1*, pp. 31, 35-37.
102) 이러한 의미에서 1789년 권리선언 제7조: "법률이 정한 경우를 제외하고는, 누구도 기소·체포·구금되지 아니한다." 체포·구금은 인신의 자유에 대한 침해를 의미하고, 기소는 자의적 처벌에 대한 보호를 의미한다.
103) 안전(sécurité)의 개념 또한 불명확한 점을 인정한다. 그것은 법적(juridique), 신체적(physique), 사회경제적(socio-économique) 안전이라는 용례가 있다. *Ibid.*, p. 32.

가 아닌 넓은 의미의 사생활 개념이다.

(c) **인신의 자유**　　이는 누구나 스스로 자신의 신체를 자유롭게 할 수 있는 자유이다. 여기에 통행의 자유를 추가한다.

(d) **개인의 지적·도의 윤리적 자유 혹은 사상의 자유**　　견해의 자유는 자기 생각을 형성·판단하는 양심의 자유와 그것이 종교로 연계될 경우 신앙의 자유로, 다시 사상의 표현 형태로서는 언론·출판·예술창조·공연·라디오·텔레비전의 자유로, 그것이 다시 사상의 체계적 전파로서는 교육으로 연계되며, 마침내 집단적 확인으로서는 집회·시위·결사의 자유로 나타난다.

(e) **사회·경제적 자유**　　직업생활과 경제활동에 관한 자유는 가장 전통적인 자유주의·개인주의 사상에 입각하여 재산권·노동의 자유·상공업의 자유를 들 수 있다. 그것은 곧 그의 영역에서 각자 자기의 활동을 선택할 수 있는 권리이며 또한 기업을 설립·관리하는 권리도 포괄한다. 자유주의·개인주의의 보장으로서 이들 권리에 파업의 자유와 노동조합의 자유가 대두되는바, 그것은 결사의 자유가 직업상 이익의 집단적 방어로 나타난 것으로 이해할 수 있다.

리베로가 그의 기본권론 저서 제1권에서 이와 같이 분류하고 있는 입장은 그의 기본권론 제2권, 즉 개별적 기본권론에서는 약간의 편의상 변용은 있으나 대체로 이를 견지한다.[104]

제1편 개인적 기본권의 일반적 보호
제1장 안전
§1 문제의 소여
§2 안전과 형사처벌
§3 안전에 관한 영역에서의 행정개입
§4 안전침해에 대한 제재
§5 정보(처리, informatique)와 안전
제2장 사생활의 자유
§1 사생활
§2 전통적 보호: 주거의 자유/직업상 비밀/통신의 비밀
§3 사생활보호의 새로운 형태

---

104) J. Rivero, *op. cit.*, *tome 2*, Sommaire, p. 5 이하.

제2편 인신(personne physique)의 자유
 제1장 신체의 자유(liberté corporelle)
  § 1 신체의 자유와 공공질서
  § 2 신체의 자유와 도덕성
  § 3 신체의 자유와 건강
  § 4 신체의 자유와 과학의 발전
  § 5 출생
  § 6 사망
 제2장 (장소)이동(déplacement)의 자유
  § 1 이동의 원리
  § 2 이동의 양태: 통행
  § 3 외국인의 이동

제3편 사상(pensée)
 제1장 사상의 자유의 개념과 구성요소
 제2장 견해(opinion)의 자유
  § 1 공권력에 대한 견해의 자유의 보호
  § 2 개인 간 관계에서의 견해의 자유
 제3장 종교의 자유
  § 1 문제의 소여
  § 2 실정법의 기초
  § 3 종교제도(의식)
 제4장 언론의 자유
  § 1 언론의 자유의 문제
  § 2 자유의 적용
  § 3 자유의 한계
  § 4 자유에 대한 예외
 제5장 시청각 커뮤니케이션제도
  § 1 시청각의 기본소여
  § 2 지위의 발전과정

C. 모랑즈(J. Morange) 교수의 분류

앞에서 모랑즈의 기본권 분류에 따른 어려움을 언급하였듯이,[106] 모랑즈는 기본권의 만족스러운 분류가 불가능함을 인정하는 전제에서 크게는 개인의 자유와 집단적 자유로 분류한다. 이는 개인의 자유가 없는 곳에 집단적 자유가 있을 수 없다는 자유민주주의의 기본원리는 인정하는 전제에서 행한 분류이다.[107]

---

105) 여기서 노동조합의 자유와 파업의 자유를 논하고 있다.

106) *Supra*, 기본권의 체계화에 따른 난점.

107) J. Morange, *op. cit.*, p. 114.

제1편 개인의 자유

　제1장 개인의 자율

　　§1 통행의 자유

　　§2 안전

　　　1. 형사절차의 적법성

　　　2. 자의적 구금의 금지

　　§3 사생활의 자유

　　　1. 엄격한 의미의 사생활보호

　　　2. 주거의 보호

　　　3. 통신의 비밀

　　　4. 정보화, 파일과 자유

　제2장 개인의 선택

　　§1 양심의 자유

　　　1. 양심의 자유의 원리

　　　2. 양심적 반대

　　§2 자신의 자유로운 처분

　　　1. 기본권－출생/건강/사망

　　　2. 법적인 해결

제2편 집단적 자유

　제1장 결합의 자유

　　§1 일시적 결합

　　　1. 공적집회

　　　2. 시위

　　　3. 연좌

　　§2 결사

　　　1. 결사의 자유의 보장

　　　2. 결사의 자유의 한계

　제2장 언론의 자유

　　§1 정보의 수집

§2 언론기업제도

§3 출판과 배포

제3장 시청각 커뮤니케이션

§1 완만히 정착된 자유

§2 보호·감독하의 라디오·텔레비전

§3 영화예술의 자유

제4장 교육

§1 교육의 자유

§2 공교육에서의 자유

제5장 종교의 자유

D. 로베르(J. Robert) 교수의 분류

헌법재판소 재판관을 역임한 로베르의 기본권에 관한 분류는 그 출발점에서 개인의 자유와 집단적 자유로 구분하는 점에서 전술한 모랑즈의 분류와 유사하다.[108] 개인적 자유는 다시 인신의 자유, 정신의 자유, 경제적 자유로 구분한다. 그의 저서 제2부 현대 프랑스법상 인간의 자유에 제시된 기본권은 다음과 같다.[109]

제1편 인신의 자유

제1장 신체처분의 자유

제2장 개인의 안전

제3장 신체의 완전성과 인간의 신분의 존중

제4장 사생활

제5장 통행의 자유

§1 이동의 자유

§2 거주(séjour, 체류)

§3 교통질서

---

108) J. Robert, *op. cit.*, pp. 26-27.
109) *Ibid.*, p. 768 이하(Table des matières).

E. 뷔로도(G. Burdeau) 교수의 분류

권리(droit)와 자유(liberté)의 연대성(solidarité)을 강조하는 뷔르도는 그 획득의 프래그머티즘(pragmatism)적 성격을 인정하는 전제에서 그 어느 하나에 대한 위협은 곧 동시에 다른 하나에도 가하여짐을 염두에 둔다. 그런 프래그머티즘적인 측면에서 개인의 안전에 관한 자유는 집회의 자유보다 더 중요성을 가질 것이나 그 자체로서 중요성의 위계가 형성되는 것은 아니다. 그런 점에서 기본권은 인간의 자유에 대한 총체적 보장이라는 측면에서 이해되어야 하며 인간존엄의 복합성이 분화되어서는 아니 될 것이다. 예컨대 집회의 자유가 없는 노동조합의 자유가 있을 수 없을 것이며, 언론의 자유가 없이는 양심의 자유의 의미가 없을 것이기에 각 자유는 상호 보완적 성격을 가진다.

이러한 측면에서 뷔르도는 전통적인 공적 자유와 오늘날 새로이 제기되는 사회적 권리라는 이원적 측면에서 기본권을 논한다. 하지만 이러한 자유와 권리의 이원적 성격을 지나치게 강조할 경우에 따르는 위험성을 인식한 전제 아래 이를 어떤 특정 계층의 문제가 아니라 전체 프랑스 국민의 문제로 이해하려 한다.

기본권의 분류에서는 그 분류의 엄격성을 과학적으로 인식한 차원에서가 아니라 다른 어떠한 기본권분류도 가능하다는 전제에서 개인의 자유·집단의 자

유·사상의 자유·사회경제적 권리로 분류한다.[110]

　제1편 인신의 자유
　　제1장 통행의 자유
　　　§1 교통질서
　　　§2 외국인
　　　§3 특수한 상황
　　제2장 개인의 안전
　　　§1 안전의 조건
　　　§2 공적 이익에 기초한 개인의 안전에 대한 제한
　　제3장 인간본성의 자유
　　　§1 주거의 자유
　　　§2 주거의 불가침
　　　§3 통신의 불가침

　제2편 국가와 집단(groupes)
　　제1장 결사의 자유
　　제2장 집회·시위의 자유

　제3편 사상의 자유
　　제1장 견해의 자유와 공무원제도
　　제2장 언론의 자유
　　제3장 공연과 라디오·텔레비전
　　제4장 교육
　　제5장 종교의 자유

　제4편 사회경제적 권리
　　제1장 일반개념
　　제2장 근로자의 지위

---

110) G. Burdeau, *op. cit.*, pp. 97-98.

제3장 경제적 권리

§1 재산권

§2 상공업의 자유

F. 코스타(J. P. Costa)의 분류

국사원(maître des requêtes)에 근무한 코스타는 그의 저서 '프랑스와 세계 각국의 기본권'[111] 제1부 현대 프랑스의 기본권, 제3장 프랑스에서의 주요 기본권에서 기본권을 설명·분류한다.[112]

A. 개인의 자유

  1) 권리의 평등

  2) 통행의 자유

  3) 자의적 처벌에 대한 보호

  4) 사생활의 방어

  5) 재산권

B. 집단(groupes)의 자유

  1) 결사의 자유

  2) 집회의 자유

  3) 시위의 자유

  4) 노동조합의 자유

  5) 파업권

C. 사상과 표현의 자유

  1) 견해의 자유

  2) 종교의 자유

  3) 언론(신문: presse(écrite))의 자유

  4) 영화: 하나의 공적자유?

  5) 라디오·텔레비전 제도

D. 실질적 자유

---

111) J. P. Costa, *Les libertés publiques en France et dans le monde*, Paris, S.T.H., 1986.

112) *Ibid.*, Table des matières, p. 269 이하.

　　1) 근로의 권리
　　2) 사회보장과 건강의 권리
　　3) 가족보호의 권리
　　4) 교육의 자유
　E. 기술발전에 따른 권리의 새 세대
　　1) 정보(처리)에 관한 권리
　　2) 행정의 투명성에 관한 권리
　　3) 의료윤리에 관한 권리

　여기서 저자는 일부 기본권이 제외되고 있음을 인식하고 있다. 그 중에서 상공업의 자유는 이미 앞 장에서 논술되었다는 이유로 제외되었으나, 주거의 보호나 매춘문제 등은 그 체계상의 이유로 제외되고 있음을 저자 스스로 인정한다.[113]

　G. 리세(L. Richer) 교수의 분류
　리세는 '인간의 권리'[114]라는 그의 저서를 제1부 법치국가와 자유, 제2부 법치국가의 한계, 제3부 자유－독립(indépendance), 제4부 자유－참여의 특이한 체계로 논술하고 있는바, 제3·제4부에서 개별적 기본권을 설명한다.

　제3부 자유－독립
　　제1장 개인의 보전(conservation de la personne)
　　제2장 개인의 자유(liberté individuelle) 혹은 인신보호(habeas corpus)의 원칙
　　제3장 양심의 자유
　　제4장 사생활의 자유
　　제5장 사적 부분(sphère privée)과 사회적 영역(domaine social)[115]
　제4부 자유－참여
　　제1장 시민의 정보(information)
　　제2장 언론(신문(presse écrite))

---

113) *Ibid.*, p. 65.
114) L. Richer, *Les droits de l'homme*, Paris, Economica, 1982.
115) 재산권과 사회경제적 권리에 관한 부분임.

제3장 라디오·텔레비전
제4장 결사와 집회의 자유

H. 로쉬(J. Roche)·푸이(A. Pouille)의 분류

법과대학 학생의 기본권 기초이론 정리서인 '기본권론'에서 이들 교수는 일반적인 이해의 시각에서 기본권분류 문제를 제기한다.[116]

공적 자유와 안전에 관한 분류에 관한 논의를 ① 기능적 분류, ② 기본적 자유와 여타 자유, ③ 형식적 자유와 실질적 자유, ④ 정치적 자유의 특수성으로 설명한다.

첫째, 기능적 분류로서의 권리와 자유의 목록과 분류를 다음과 같이 제시한다. 즉 인간적 존재로서의 사람, 사회구성원으로서의 사람, 사회의 경제주체로서의 사람으로 구분한다.

  A. 인간·인신의 권리와 자유
    -생명의 권리(출생과 생존의 자유)
    -개인적 자유(안전의 자유, 통행의 자유, 사생활의 본성에 대한 권리)
  B. 사회구성원으로서의 인간의 권리와 자유
   a. 사회에서의 인간의 위상보장에 관한 권리는 동시에 자유와 불가분의 관계이다.
    -평등권
    -정치적 권리
    -재산권
   b. 다른 사회구성원과의 커뮤니케이션 수단을 인간에게 부여하는 자유
    -다양한 형태의 견해의 자유(종교·교육·언론)
    -집단의 다양한 자유(결사·집회)
  C. 경제주체로서의 시민의 권리와 자유
    -상공업의 자유
    -직업선택의 자유
    -노동조합권

---

116) J. Roche et S. Pouille, *Libertés publiques*, Paris, Dalloz, 1990, p. 7.

－파업권
－근로의 권리
－취업의 권리

둘째, 기본적 자유와 여타 자유와의 구별이다. 국사원·헌법재판소 판례를 통하여 기본적 자유(libertés fondamentales)라는 표현이 이미 사용된다.[117) 그 외의 자유와 권리는 기본적 자유만큼 엄격한 보호를 받지 못한다는 의미에서 다음과 같이 예시한다: 시청각커뮤니케이션권, 상공업의 자유, 근로의 자유, 재산권 등. 그러나 이러한 기본적 자유와 여타 자유의 구별에 관한 문제는 보다 구체화되어야 할 이론상의 여지를 안고 있다.[118)

셋째 형식적(formelles) 자유와 실질적(réelles) 자유의 구별은 마르크시즘이론에 입각하여 형식적 자유는 실질적 자유로 전환되어야 한다는 것이다.[119)

물질적 자유는 자유의 조건이라는 명제에 따라, 자유는 물질적 자유로부터 시작되어야 한다는 것이다. 우선 생존에 필요한 생활수준의 향상을 위한 사회적 권리에 우선권을 두고 있다. 그러나 형식적 자유라는 요소의 총족 필요성을 세계사의 흐름, 특히 공산국가에서의 일련의 변전을 통하여 알 수 있다. 물론 특정한 자유 예컨대 교육의 자유·언론의 자유 등은 물질적 원조의 필요성을 인정한다.

이 때 정치적 자유의 특수성을 들 수 있는바, 그것은 시민의 권리로서는 일반적 자유와 구별될 것이 아니라 정치적 목적으로 자유와 권리가 채용된다는 점이다. 시민의 정치적 참여는 형식적 민주주의에서 이미 시작되었지만 이를 보다 실질적으로 보장하는 문제가 제기되게 된다.

위와 같은 기본권분류에 관한 기본적 시각에서 출발하여 그들의 저서 제2부 '프랑스 실정법상 인정된 기본적인 권리와 공적자유의 법적 제도'에서 논술한다.[120)

---

117) *Ibid.*, pp. 8-9: Théorie de voie de fait, Liberté de presse, Liberté d'association, Droit de grève 등을 들 수 있다.

118) Cf. 긍정적 입장 Rapport du J. Rivero, "La jurisprudence du Conseil constitutionnel et le principe des libertés," *C.C. Colloque de Bicentenaire*, Paris, P.U.F., 1989.

119) Cf. R. Aron, *Essai sur les libertés*, Paris, Calmann-Lévy, 1965.

120) J. Roche et S. Pouille, *op. cit.*, p. 63 이하.

제1편 인신의 자유
 제1장 생명권
 제2장 신체처분권
 제3장 개인의 자유: 복합적 자유: 제1측면 안전
 제4장 개인의 자유(계속): 사생활의 자유
  §1 주거의 자유
  §2 사상과 통신의 비밀
  §3 사생활의 본성의 보호권
  §4 생활양식의 자유선택
 제5장 개인의 자유(계속): 통행의 자유

제2편 사회구성원으로서의 인간의 자유와 권리
 첫째, 사회에서 일정한 위치를 개인에게 보장하는 권리
 제1장 평등권
 제2장 정치적・권리와 시민의 권리
 제3장 재산권
 둘째, 표현과 사회적 커뮤니케이션의 자유
 전장 견해의 자유 일반
 제1장 종교의 자유
 제2장 교육의 자유
 제3장 언론의 자유
 제4장 시청각 커뮤니케이션의 자유
 제5장 공연의 특수제도
 제6장 결사의 자유(groupes ou collection의 자유)
 제7장 집회와 시위

제3편 경제주체로서의 인간의 자유
 제1장 상공업의 자유
 제2장 노동자의 권리
  §1 분리에서 연대로

§2 노동자의 현실적 권리

　　1. 권리 – 방어: 노동조합권, 파업권 등

　　2. 권리 – 신뢰: 취업권, 최저수입권, 직업교육권

　　3. 참여권

I. 에이만–도아(A. Heymann–Doat) 교수의 분류

일반학생용 교과서로 기술된 '공적 자유와 인간의 권리'라는 저서에서 저자는 다소 특이한 체제로 논술한다.[121] 그의 저서는 제1부 법률의 시대, 제2부 재판관의 시대로 구분되어 있다. 그의 저서는 기본권의 시대적 성격과 연계하여 논의하고 있음에 비추어 현대적 기본권의 체계화를 이루지 못한 것 같다. 그의 기본권관계 주요 목차는 다음과 같다.

　제1부 법률의 시대

　제1장 혁명

　제2장 19세기

　　Ⅰ. 자유주의체제

　　Ⅱ. 자유의 정복

　　A. 정치적 자유

　　　1. 투표권

　　　2. 언론의 자유

　　　3. 집회 · 결사의 자유

　　B. 종교의 자유

　　　1. 견해의 자유와 신앙의 자유

　　　2. 교육의 자유

　　C. 사회적 권리

　　　1. 자유

　　　　a. 파업권

　　　　b. 노동조합권

　　　　c. 노동자수첩의 폐지

---

121) A. Heymann–Doat, *Libertés publiques et droits de l'homme*, Paris, L.G.D.J., 1990.

2. 평등

  a. 법적 평등

  b. 사회적 평등(근로권, 교육의 권리)

 D. 개인의 자유

제2부 재판관의 시대

제1장 고전적 공적 자유의 취약성

Ⅰ. 반자유적인 이데올로기와 정치적 강령

Ⅱ. 전쟁(위기상황)

제2장 자유의 새로운 영역

§1 차별금지의 원리

§2 새로운 권력과 자유

Ⅰ. 새로운 사회적 권리

Ⅱ. 새로운 봉건적 지배

제3장 재판관과 준재판기관

   그의 논리전개는 기본권분류의 차원보다는 오히려 기본권의 역사적·이론적 전개에 관해 나름대로의 체계를 설정하였다는 점에서 기본권논술의 고전적인 틀을 벗어났으나 하나의 중요한 참고문헌으로서의 가치를 가질 수 있을 것이다.

J. 뤼세르(F. Luchaire) 교수의 분류

   헌법재판소 재판관과 파리1대학 총장을 역임한 뤼세르는 '자유와 권리의 헌법적 보호'라는 저서에서 다소 특이한 편제로 기본권을 분류·설명한다.[122] 기본적으로 그의 저서는 헌법재판과 관련해서 그의 논리를 전개하고 있는 것이 특이하다. 제1편 법원(法源), 제2편 자유권, 제3편 평등권, 제4편 재산권, 제5편 존엄권, 제6편 안전권, 제7편 민주주의에의 권리라는 특수한 체계이다.

  제1편 법원(sources)

  제2편 자유권(droit à la liberté)

---

122) F. Luchaire, *La protection constitutionnelle des droits et des libertés*, Paris, Economica, 1987.

제5편 존엄권(droit à la dignité)
  제1장 생명의 존엄
    §1 건강보호
    §2 인격의 발전
    §3 존재위험에 대한 연대(사회보장)
  제2장 근로의 존엄
    §1 고용
    §2 참여
    §3 직업적 이익의 방어(노동조합, 파업)
    §4 공화국법률에 의하여 인정된 근로자의 권리

제6편 안전에의 권리
  제1장 재판권
  제2장 개인과 재산의 물질적 안전
  제3장 개인의 법적 안전
  제4장 권리의 법적 안전

제7편 민주주의에 대한 권리
  제1장 국민주권
  제2장 시민의 권리
    §1 선거권
    §2 피선거권
    §3 권력행사에 대한 시민의 참여
  제3장 권력분립
  제4장 압제에 대한 저항

3) 종합검토
  프랑스에서 기본권론의 논의가 각기 그 저자에 따라 특이성을 가지고 있다. 때로는 무엇이 기본권론의 범주에 포함될 수 있을 것이냐에 관한 논의도 전개되는 상황은 전체적으로 헌법상 독립된 기본권의 장이 설정되어 있지 아니한 것과

서로 맞물려 있음을 부인할 수 없다.

생각건대 1954년에 기본권론의 강좌가 본격적으로 개설되기 이전인 제3공화국에서 전5권에 걸친 방대한 헌법학원론의 제5권에서 기본권론(libertés publiques)[123]을 뒤기(L. Duguit)가 저술한 이후에 기본권론 그 자체의 본질적 차이가 있는 것은 아니다. 그것은 ① 고유한 의미의 개인의 자유, ② 근로·상업·계약의 자유, ③ 견해의 자유, ④ 종교의 자유, ⑤ 결사의 자유로 구성된다.[124]

위에서 제시한 10권에 이르는 오늘날 프랑스에서의 주요 기본권 저술을 통하여 우리는 프랑스에서의 기본권론의 기본적 범주가 무엇이며 그 분류는 어떻게 행하여지고 있느냐의 최대한의 공통분모를 우선 찾을 수 있다.

크게 보아서 기본권의 분류는 개인의 자유와 집단적 자유 그리고 사회·경제적 권리의 범주를 들 수 있다. 기본권의 그 출발점이 개인의 자유와 권리의 확보에서 비롯되었다는 점을 염두에 둔다면, 기본권론에서 가장 기본적 자유는 바로 개인의 자유에서 비롯됨을 알 수 있다. 이 개인의 자유는 우선 개인의 안전한 삶·생활·생존에서 비롯되므로 개인적 안전의 문제를 통한 인간의 신체적 안전에서 출발하여 그 생활의 안전을 확보하기 위한 사생활의 자유로운 확보, 나아가서 그것이 정신적·도의 윤리적 세계의 자유에서 마침내 표현의 자유로 연계된다. 이 표현의 자유는 바로 개인의 정신세계의 표출이 단순한 개인의 의사와 표현에 그치는 것이 아니라 집단적 성격의 언론·출판·집회·결사의 자유로 이어진다.

한편 사회·경제적 권리는 그 표현에서 대다수의 학자들이 libertés라는 표현보다는 droits라는 표현을 더 적극적으로 적시하듯이 자유보다는 권리로서의 측면을 강조한다. 사회·경제적 자유는 재산권 확보에서 상공업의 자유라는 고전적인 개인적 자유의 성격보다는 오히려 새로운 권리로서의 소위 노동자의 권리 및 사회보장에의 권리 등이 주된 논의의 대상이 된다. 그런 점에서 프랑스에서의 사회·경제적 권리, 소위 사회권은 고전적인 자유권 중심의 기본권론에서 다소 소홀한 감이 없지 아니하다. 아마도 그것은 기본권론에서 보다 소극적으로 다룬 것이 이미 노동법·사회보장법 등이 개별법학으로서 정착하고 있는 상황에서 기본권론 강의는 전통적인 시민의 자유와 권리에 보다 더 중점을 둘 수밖

---

123) L. Duguit, *Traité de droit constitutionnel*, tome 5–Les libertés publiques, Paris, Cujas, 1928.
124) *Ibid.*, pp. 651-653.

에 없을 것으로 보인다. 그럼에도 불구하고 모든 기본권론 저술에서 사회·경제적 권리에 관한 헌법학(기본권론을 포함) 차원에서의 분명한 헌법적 접근이 더 명확하게 행하여졌으면 하는 아쉬움 또한 떨쳐버릴 수 없다.

1789년 권리선언을 비롯한 1946년의 헌법전문 그리고 1958년 헌법전문을 통하여 개별법학의 분야에서 논의되던 시민의 자유와 권리분야를 헌법적 차원의 기본권론에서 논의·취합하는 과정에서 자연히 그 실제적 논의가 정착된 사항을 중심으로 연구되고 있는 프랑스 기본권론의 현실적 한계로 보인다. 어쩌면 프랑스에서의 기본권의 개별적 논의는 비록 학자들이 '프랑스의 실정법상(en droit positif) 기본권'이라는 표제로 설명하고 있음에도 불구하고 개별적 기본권에 대한 기본권법학 차원에서의 구체적인 검토는 성문법·불문법·판례법을 종합한 연구 성과의 반영물이라고 하지 아니할 수 없다. 그런 의미에서 실정법은 보다 넓은 의미의 실정법일 수밖에 없다. 특히 오늘날에 이르러 기본권법학의 보다 정밀화되고 현실적 시민생활과의 연계를 형성하는 데에는 1971년 결사의 자유 판결 이래 쏟아져 나오는 헌법재판소의 기본권 관련 결정의 성숙에 있음을 부인할 수 없다. 여기에 헌법재판소 성립 이전부터 기본권보장기관으로서의 사명을 다하여 온 최고법원인 국사원과 파기원의 판결은 헌법재판소 결정의 좋은 지침이 될 수 있다.

이제 이러한 기본권의 목록·영역·체계를 종합적으로 본다면 대체로 다음과 같이 3개로 크게 분류할 수 있다.

① 제1편 개인의 자유[125]
② 제2편 집단적 자유
③ 제3편 사회·경제적 권리

Ⅳ. 결 어

프랑스에서 1954년 이래 정립된 기본권법학은 오늘날에 이르러 그 이론적 정밀성이 최대한 개화하고 있는 것으로 평가할 수 있다. 1789년 '인간과 시민의 권리선언' 이래 수없이 명멸하여 온 헌법사적 전통에서 민주주의의 기반을 다져

---

125) 여기서 개인의 자유에 관한 사항은 학자에 따라서 소극적으로 다루거나 직접 언급하지 아니한 자유와 권리사항이 있을 뿐만 아니라 그 논술체제 또한 상이함으로 인하여 논란의 대상이 되고 있는 주된 사항이다.

온 프랑스에서 1789년 권리선언에서 비롯된 자유·평등·박애의 정신을 계승하는 가운데 현대국가에서의 기본권에 이르기까지 보다 체계적이고 정밀한 검토는 기본권법학이 학문의 한 분과로서 자리 잡는데 하나의 획을 그었다면, 이제 헌법재판소의 활성화를 통한 국민의 자유·권리의 헌법적 차원의 제도적 보장을 통하여 기본권법학의 실천적 가치를 고양하고 있음을 인식하여야 한다.

오늘날 세계사적인 인권의 국제화·국제적 보장은 이제 기본권법학이 더 이상 한 국가의 고유하고 특유한 법학이 아니라 인류보편적인 법학의 성격을 가지게 됨을 부인할 수 없음에 비추어 보건대 프랑스에서의 기본권법학도 전체적으로 이러한 세계사적 흐름과 함께 함을 알 수 있다. 그런 의미에서 한 국가 내에서의 기본권법학은 비록 그것이 '정치제도와 헌법'과는 별개로 강의되고 있다 하더라도 전체로서 크게는 '헌법학'의 영역이다. 그것은 곧 제3공화국에서 뒤기가 헌법학원론 전5권의 한 권을 기본권론에 할애하였던 정신은 오늘날에 있어서도 변함이 없음을 의미한다. 결국 프랑스에서의 기본권법학은 과연 무엇이 구체적으로 기본권법학의 대상이 되는 자유와 권리인가에 관한 약간의 가치판단의 여지가 남아있다 하더라도 기본적 자유와 권리로서의 성격을 가진 사항에 관한 가치판단의 문제는 이미 학설과 판례상으로 사실상 단일적이고 통일적인 공감대가 형성되어 있다.

[Resume]

Definition and Scope of the Fundamental Rights in France

While there are controversies over how to define the boundaries of Constitutional Law(droit constitutionnel, Verfassungsrecht), the vast majority of the Korean constitutional law textbooks divide constitutional law into 3 parts: General Principles, Fundamental Rights, and Political System (Government Institutions). This is similar to the structure of the Constitution of the Republic of Korea, as well as the Constitutions and textbooks of Japan and Germany. The similarity can be attributed to the influence Japan and Germany has on the study of Constitutional Law in Korea.

However there is a great difference in the study of Constitutional Law between Korea and France. First and foremost the French constitutional law textbooks which are titled as 'Constitutional Law'(droit constitutionnel) or 'Constitutional Law and Political Institutions'(droit constitutionnel et institutions politiques), do not include explanations on what Korean scholars refer to as fundamental rights. Only topics on what Korean scholars view as general provisions and political system(government institutions) are dealt with. After the 1954 reforms in the legal education, the French equivalent of the concept of fundamental rights — 'libertés publiques'(civil liberties) — is taught as a separate subject. Consequently textbooks are published with the title of 'Libertés publiques'.

Thus in France the study of Constitutional Law and the study of Fundamental Rights coexist. This is in accordance with the fact that the French have never explicitly incorporated the fundamental rights or civil liberties and civil rights of citizens as a part of the Constitution text ever since the Declaration of the Rights of the Man and of the Citizen in 1789. There were attempts in the past to add parts of civil liberties and civil rights in the Constitution. Yet, the 1958 Constitution of the Fifth Republic did not include a separate chapter on the rights and duties of citizens as it is the case with the Korean Constitution. One can conclude there is no article in the French Constitution which systematically deals with fundamental rights.

This does not mean that the constitutional value of the study on fundamental rights is being overlooked in France. After the 1971 ruling of the Conseil constitutionnel on the right to assembly, fundamental rights have been perceived as a key issue in the theory of Constitutional Law. The rising importance of fundamental rights coupled with the extensive review of the constitutionality of statutes portray the recent trend in French Constitutional Law. As more attention is directed to fundamental rights, there is a tendency to converge the two systems and discuss fundamental rights in the context of Constitutional Law.

The study on fundamental rights(libertés publiques) in France was established with the education reforms in 1954. Researches have flourished to expand the horizon of the subject ever since. The consolidation of the French democracy occurred throughout various constitutional experiments which took place after the 1789 Declaration of the Rights of the Man and of the Citizen. As the study on fundamental rights cemented its place as an independent field, numerous researches were conducted to examine in detail the precise meaning and impact of fundamental rights of the citizenry. These efforts passed on the spirit of liberty, equality and fraternity enshrined in the 1789 Declaration. Recently, the active works of the Constitutional Court has contributed to the fulfilling of practical values in the study of fundamental rights. Constitutional adjudication provide an institutional guarantee at the constitutional level in protecting the civil rights and civil liberties of citizens.

The concept of human rights has become internationalized as it is being protected in a global scale. Likewise the study on fundamental rights cannot be confined to the borders of one nation. The changes in the study on fundamental rights of France shows the ever increasing universal nature of fundamental rights. Even if fundamental rights are taught separately from 'Political System and Constitution', nevertheless, fundamental rights are generally a part of Constitutional Law. The intertwined nature of fundamental rights to Constitutional Law can also be traced back to Professor Léon Duguit of the Third Republic. Duguit devoted one volume of his five books 'Treatise on Constitutional Law'(Traité de droit Constitutionnel) to fundamental rights. Thus, despite the continuing debates on which specific civil liberties and civil rights should be classified as fundamental rights, it can be concluded that the French scholars and the French Courts have reached a unitary consensus on the existence and value of fundamental civil liberties and civil rights.

Keyword : Constitution right, Constitutional law, Political institutions, Public freedoms, Public liberty right, Human rights, Constitutional Council, State Council

2. 디지털시대 헌법상 표현의 자유 개념*

I. 서   설

표현의 자유는 전통적으로 언론·출판·집회·결사의 자유를 총칭하는 개념으로 규정되고 인식된다. ① 언론·출판의 자유가 개인적 표현의 자유라면 집회·결사의 자유는 집단적 표현의 자유라는 점에서 구별된다. ② 양심의 자유·사상의 자유·종교의 자유·학문의 자유·예술의 자유는 내심의 의사를 밖으로 드러내는 순간 표현의 자유와 연계된다. 그런 점에서 이들 자유는 내심의 의사로 머무는 한 표현의 자유와는 구별된다. ③ 통신의 자유는 통신을 통한 사적인 표현이라는 점에서 표현의 자유의 특수한 형태이다. ④ 사생활의 비밀과 자유는 표현의 자유와 직접적으로 연계되지는 아니하지만 정보사회에서 표현의 자유와 표리의 관계를 형성한다.[1] ⑤ 정보사회의 진전에 따라 알 권리는 비록 헌법에 명시적으로 보장된 기본권이 아니지만 오늘날 학설과 판례를 통하여 헌법적 가치를 가지는 기본권으로 인정된다. 정보에 대한 접근권, 자기정보통제권에서 더 나아가 정보문화향유권까지 논의된다. 한편으로는 국가에 정보격차해소의무를 요구한다. 이와 같이 다양하게 전개되는 표현의 자유를 둘러싼 일련의 기본권 정립은 표현의 자유의 개념 정립 및 보호영역의 설정과도 직접적으로 연계된다.

둘째, 표현의 의미를 어떻게 이해하고, 표현의 자유의 범주를 어떻게 설정할 것이냐에 따라서 그 개념 자체가 달라질 수 있다. ① 전형적인 표현의 자유는 언론·출판의 자유이다. ② 학자에 따라서는 현행헌법이 언론·출판의 자유와 집회·결사의 자유를 동일한 헌법조문에서 규정함을 이유로 언론·출판의 자유와 집회·결사의 자유를 포괄하여 표현의 자유로 설정하기도 한다. ③ 또한 다

---

* 미디어와 인격권 제4권 제2호(2018.12.)
1) 성낙인, 헌법학 제18판, 법문사, 2018, 1183면 이하 참조.

수의 헌법학자는 알 권리를 언론·출판의 자유의 한 내용으로 본다. ④ 더 나아가 정보접근권, 자기정보통제권, 정보문화향유권까지도 표현의 자유의 내용으로 포섭할 수 있다는 견해도 제기된다. ⑤ 다수의 개헌안에서 독립적인 조항으로서 소위 정보기본권을 규정하려 한다. 그렇다면 전통적인 표현의 자유와 새로운 차원의 정보기본권이 별개로 논의되고 개념 정의되어야 하느냐의 문제가 제기된다.

셋째, 언론·출판의 자유의 핵심적인 내용의 하나로 언론기관의 자유가 제기된다. 즉 국민 개개인의 언론·출판의 자유는 실제로 언론매체의 보도를 통하여 구현된다는 점에서 언론매체(mass media)의 자유가 중요한 축을 이룬다. 이와 관련하여 언론매체에 대한 규제이든 아니면 언론매체의 자유보장 강화이든 간에 헌법규범의 틀 안에서 작동하는 게 바람직한지가 문제된다.

넷째, 위의 논의들은 디지털 시대에 표현의 자유의 개념과 범위를 어떻게 설정할 것인가로 연결된다. 고전적인 인쇄매체로부터 라디오방송과 텔레비전방송의 시대를 거쳐서 인터넷이라는 통신매체에 이르기까지 변화무쌍한 시대적 흐름을 어떻게 표현의 자유의 범주로 포섭할 것이냐의 문제이다. 즉 전통적인 언론매체의 틀을 뛰어넘는 21세기 인터넷시대에 접어들면서 그 규율체계뿐만 아니라 언론매체 자체에 대한 근본적인 성찰을 필요로 한다. 소위 인터넷매체의 자리매김은 표현의 자유 특히 언론매체의 자유와 직접적으로 연계된다. 이는 전통적인 국민의 기본권을 뛰어넘어 국경을 초월한 인간의 기본권으로 전화한다.

표현의 자유의 개념과 그 범위에 관한 논의는 세계 각국 헌법[2]에서 새롭게 제기되는 표현의 자유에 대한 비교헌법적 검토와 더불어 그간 개헌논의 과정에서 제기된 각계각층의 의견도 충분히 수렴하고자 한다. 특히 대한민국 수립 이후 헌법사적 궤적을 동시에 살펴본다.

논의의 편의상 집회·결사의 자유는 제외하기로 한다. 즉 언론·출판의 자유로부터 출발하여 현대적인 표현의 자유의 변용에 대하여 논술한다. 대체로 알 권리, 정보의 자유, 정보접근권(액세스권) 등이 이에 해당된다.

헌법상 표현의 자유의 기본권 주체는 널리 일반 국민이다. 그런데 표현의 자유는 언론매체를 통하여 정보에 접근하고 이용하는 방식으로 현실 사회에서 구현된다는 점을 강조하여, 표현의 자유가 흔히 언론매체의 자유를 의미하기도 한

---

2) 국회도서관, 세계의 헌법 제1권 및 제2권, 제3판, 2017, 이 책에서는 세계 40개국의 최근 헌법을 전문 번역하고 있다: 김철수·정재황·김대환·이효원, 세계비교헌법, 박영사, 2014, 이 책에서는 주요국가의 헌법을 한국헌법 편제에 맞추어 비교헌법적으로 정리하고 있다.

다. 언론매체의 자유는 일반적으로 언론의 취재·편집의 자유를 의미하기도 한다. 이에 따라 이하에서는 언론·출판의 자유 일반에 관하여 살펴보면서 언론매체의 자유에도 각별한 관심을 가지고자 한다.

Ⅱ. 표현의 자유의 연혁과 대한민국헌법

1. 의의 및 연혁

민주주의의 생명선이라는 표현의 자유는 일찍이 근대입헌주의 초기 문서를 통하여 보장되어 왔다. 표현의 자유는 먼저 민주주의를 정착하기 시작한 영국에서 일련의 입헌주의적 문서를 통하여 드러난다. 1649년에 국민협약(The Agreement of the People)을 통하여 표현의 자유 보장을 선언하고, 1695년에는 검열법(The Licensing Act)을 폐지하기에 이른다. 하지만 본격적인 입헌주의 문서는 미국과 프랑스에서 채택된다. 미국에서는 1776년 버지니아 권리장전(Virginia Bill of Rights) 제12조와 1791년 수정헌법 제1조(The First Amendment)를 통하여 표현의 자유를 보장한다. 프랑스에서는 1789년 '인간과 시민의 권리선언'(La déclaration des droits de l'homme et du citoyen du 26 août 1789) 제11조에서 이를 명시적으로 보장한다.

2. 제헌헌법: 개별적 법률유보와 일반적 법률유보에 따른 표현의 자유

표현의 자유는 제헌헌법 이전에도 다수의 논의를 거친다.[3] 제헌헌법초안들에서 한결같이 반영된 법률유보에 의한 표현의 자유 보장이라는 원칙은 결국 제헌헌법으로 연결된다.[4] 개별적 법률유보조항의 채택은 자유민주주의가 처음으로 깃발을 내리는 특수한 상황에서 내려진 불가피한 선택으로 이해되기도 한다.[5]

이영록·신우철 교수는 유진오가 개별적 법률유보를 강조한 것은 구 명치헌법이나 바이마르헌법을 참조한 결과로 본다.[6] 비록 제헌헌법의 해석론으로서는 법

---

3) 김철수, 한국헌법사, 대학출판사, 1988, 23면 이하; 문광삼, "제4장 미군정기 헌법사", 한국헌법사(상), 한국정신문화연구원, 1988, 313-362면; 신우철, 비교헌법사론―대한민국 입헌주의의 형성과 전개, 법문사, 123면 이하; 김영수, 수정증보 한국헌법사, 학문사, 2001; 박선영, "헌법 제21조", 헌법주석서Ⅰ, 법제처, 2010. 참조.
4) 신우철, 사례교재 헌법(기본권), 문우사, 2018, 300-301면.
5) 유진오, 헌법의 기초이론, 명세당, 1950, 120면·104면.
6) 이영록, 유진오 헌법사상의 형성과 전개, 서울대 박사학위논문, 2008.8., 146면 주 132); 신우

률유보조항이 있지만 사상의 자유와 표현의 자유의 최대한 보장을 강조한다.[7)8)]

제헌헌법의 기초자인 유진오는 검열의 가능성을 열어 두고 있다. 이는 국가 우월적 법률유보 사상 이외에도 국민에 의한 자유의 오용과 남용에 대한 경계가 깔려 있다고 본다.[9)] 더 나아가 표현의 자유가 미국헌법과 달리 법률유보를 인정하는 것에 대한 자신의 논리적 정당성을 강조하는 것이기도 하다.[10)] 하지만 학자들은 표현의 자유의 우월성을 강조한다.[11)]

3. 제2공화국헌법: 자유에의 의지를 반영한 표현의 자유

1960년 4월 학생혁명 이후 탄생한 제2공화국 헌법(제3차 개헌)에서 비로소 법률유보 조항이 삭제되기에 이른다(제13조). 제2공화국헌법에서는 기본권제한의 일반원칙 조항에서 기본권을 제한할 경우에도 "자유와 권리의 본질적 내용을 훼손하여서는 아니되며"라고 하여 기본권제한의 한계를 규정한다(제28조).

제28조 제2항에서 기본권의 본질적 내용 훼손 금지에 이어 "언론, 출판에 대한 허가나 검열과 집회, 결사에 대한 허가를 규정할 수 없다"라고 규정한다. 미국에서 확립되어 있는 언론·출판의 자유의 한계의 기준인 '명백하고 현존하는 위험의 원칙'이 적용되어야 한다고 본다.[12)]

4. 제3공화국헌법: 사회적 책임을 동반한 표현의 자유

1962년헌법은 바이마르헌법(제118조 제2항, 제123조 제2항)과 독일기본법(제5조 제2항, 제8조 제2항)을 참고하여, 공중도덕·사회윤리를 위한 영화·연예에 대한 검열을 허용한다(제18조 제2항 제2문). 신문·통신시설기준의 법정주의(제18조 제3항)와 옥외집회의 시간·장소규제를 규정하고(제18조 제4항), 언론·출판의 헌법적 한계로서 타인의 명예·권리 또는 공중도덕·사회윤리를 규정한다(제

철, 앞의 책, 300면.

7) 대법원장 김병로 서, 박기실 편저, 헌법이론, 명세당, 1954, 제3편 기본적 인권 22-23면.

8) 유진오, 위의 책, 122-123면; 이창수, 개정증보 대한민국헌법대의, 동아인서관, 1955, 79면: "절대무제한한 자유는 아니다. 공동복리의 유지급향상발전에 적합하지 않은것이라고 볼때에는 법률로써 이것을 제한하여야 될것으로…."

9) 유진오, 헌법해의, 명세당, 1949, 44면.

10) 이영록, 앞의 논문, 148-149면.

11) 윤세창, 헌법강의, 장왕사, 1957, 94-95면; 박일경, 신정 헌법요론, 진명문화사, 1959, 153-154면; 박천일, 신고 헌법개론, 대문사, 1956, 110면.

12) 문홍주, 위의 책, 143면; 동지 한태연, 신헌법, 법문사, 1960, 179면.

18조 제5항).

검열제의 예외에 관하여는 비판이 제기된다.[13] 언론기관 발행시설기준 법정주의는 "4·19 이후의 신문·통신사의 난립"[14]에 따른 대책으로 헌법에 신설한 것이다.[15] 표현(언론)의 사회적 책임에 관한 조항을 신설한 것은 언론환경의 새로운 변화를 반영한 것이다. 하지만 여전히 자칫 언론 장악의 우려를 배제할 수 없다.[16]

5. 제4공화국헌법: 본질을 훼절당한 표현의 자유

1972년 소위 유신헌법(제7차 개헌)은 기본권에 대한 개별적 법률유보조항을 도입함으로써 제헌헌법으로 회귀하였다(제18조). 국민의 기본권이 실정권화하고 기본권의 본질적 내용조차도 특별히 보호받지 못하는 최악의 헌법이다.[17]

6. 제5공화국헌법: 사회적 책임이 구체화된 표현의 자유

제5공화국헌법은 표현의 자유에 대한 개별적 법률유보를 삭제하고, 기본권의 본질적 내용 침해 금지 조항을 부활시켰다. 하지만 제3공화국헌법에서 규정한 허가나 검열 금지, 언론기관의 발행시설기준 법정주의와 같은 내용은 부활되지 아니하였다(제20조).

더 나아가 "언론·출판이 타인의 명예나 권리를 침해한 때에는" 피해배상청구권을 신설하였다. 이는 비교헌법상 예외적일 뿐만 아니라, 민법상 손해배상청구권과 형법상 명예훼손죄가 있기 때문에 굳이 헌법에서 배상청구권을 둘 필요가 없다는 논의도 제기된다.[18]

7. 제6공화국헌법의 표현의 자유: 20세기적인 표현의 자유의 최대한 보장

제6공화국헌법(1987.10.29.)이 제정되었다(제9차 개헌). 제1항의 표현의 자유

---

13) 문홍주, 신헌법요론, 법문사, 1964, 109면; 박일경, 신헌법해의, 진명문화사, 1963, 122면; 한태연, 헌법, 법문사, 1963, 247면.
14) 문홍주, 신헌법요론, 109면.
15) 박일경, 위의 책, 122면; 한태연, 위의 책, 247-248면.
16) 한태연, 위의 책, 1963, 247면.
17) 김철수, 헌법학개론(수정증보판), 법문사, 1980, 266면; 박일경, 신헌법, 일명사, 1978, 204면; 갈봉근, 유신헌법론, 한국헌법학회출판부, 1976, 161면.
18) 조소영, "언론기본권과 개헌", 언론과 법 제17권 제2호, 2018, 19면.

보장의 원칙규정, 제2항의 허가나 검열 금지, 제3항의 언론기관 시설기준 법정주의, 제4항의 표현의 사회적 책임과 피해배상청구권으로 구성되어 있다.

Ⅲ. 헌법개정과 표현의 자유

1. 의   의

1987년 헌법이 30년이 넘게 존속하면서 헌법개정 논의가 계속되어 왔다.

학계와 사회단체에서도 개헌안이 지속적으로 제시되었다. 2006년에 한국헌법학회는 헌법개정연구위원회 최종보고서를 제안하였다. 대화문화아카데미는 2016년에 새헌법안을 제시하였다.

국회에서도 2008년 국회의장 자문기구로서 국회헌법연구자문위원회가 구성되어 비록 조문화 작업은 하지 아니하였지만 상세한 내용을 제공한 바 있다. 2014년에는 국회 헌법개정자문위원회가 구성되어 조문화된 개정안을 제시한 바 있다.

2018년에 문재인 정부가 제시한 개헌안은 헌법과 법률에 입각한 정식 개헌안이라는 점에서 중요한 논의의 시사점을 던져 준다.

2. 각계 개헌안과 표현의 자유

첫째, 한국헌법학회 개헌자료집[19]의 내용은 다음과 같다. 전체 기본권 체계를 새롭게 구상하여 '문화적 기본권'이라는 표제 하에 "양심의 자유·사상의 자유, 언론출판의 자유·교육의 자유, 교육을 받을 권리, 학문의 자유, 예술의 자유, 정보의 자유" 등 다양한 성격의 개별 기본권을 포함시키고, 특히 표현의 자유를 문화적 기본권의 하나로서 강조하는 방안을 새로운 발상으로 받아들이면서, 다만 전통적인 기본권체계와의 관계나 문화적 기본권의 고유한 독자성과 타당성에 대한 좀 더 깊은 고찰과 논의가 있어야 하지 않는가 하는 의견이 있었다. 그리고 '정보기본권'이라는 표제 하에서 정보 관련 기본권을 체계화하려 한다. 기본권 분과위에서는 기존의 '표현의 자유'와 '정보기본권'과의 관계에 대하여 현행대로 두거나 표현의 자유조항에서 보완하는 방안 또는 별개의 조문에서 통합정리하는 방안 등 다양한 논의가 있었으나, 바로 일정한 개정방향을 제시하기

---

19) 한국헌법학회, 2006 헌법개정연구위원회 최종보고서 헌법개정연구, 2006, 25면.

보다는 좀 더 신중한 논의가 필요함을 인정하였다.

둘째, 2008년 국회헌법연구자문위원회안은 다음과 같다. 비록 조문화되어 있지는 아니하지만 ① 언론·출판의 자유와 집회·결사의 자유를 분리하여 표현의 자유로 규정하자는 의견, ② 제21조 제4항의 표현의 사회적 책임 조항을 삭제하자는 의견과 더불어 공중도덕이나 사회윤리는 언론·출판이 침해하여서는 아니되는 영역이라고 보기 어렵다는 의견, ③ 언론·출판의 자유를 제한하는 사유를 명시하고 분명히 하자는 의견, ④ 집회의 자유에 대한 제한을 엄격하게 규정할 필요가 있다는 의견, ⑤ 집회의 자유에 대한 제한은 현실을 감안한 공감대 형성이 필요하다는 의견 등을 제시한다.[20]

셋째, 대화문화아카데미[21]에서는 조문화된 안을 제시한다: "제19조 ① 모든 사람은 언론·출판의 자유를 가진다. ② 모든 사람은 알 권리를 가진다. 제20조 ① 모든 사람은 집회·시위의 자유를 가진다. ② 집회와 집회·시위에 대한 허가는 금지된다. 제21조 ① 모든 사람은 결사의 자유를 가진다. ② 결사에 대한 허가는 금지된다."

3. 2014년 국회 헌법개정자문위원회 개헌안

이 안은 "정보화 사회에 있어서 알 권리와 정보접근권 등을 명확히 하고", "언론·출판의 자유를 묶어 표현의 자유로 확대 보장했다." 또한 표현의 자유와 집회·결사의 자유를 구분하여 규정한다. 다만 기본권 주체를 표현의 자유, 정보의 자유에서 모두 모든 사람이라고 규정한다.[22]

제30조는 제1항 자유로운 의사표현의 자유와 허가나 검열금지, 제2항 언론매체의 다양성과 다원성 존중, 제3항 언론의 사회적 책임에 관하여 규정한다. 특히 언론매체에 관하여는 그간 한국헌법사에서 전혀 논의가 없던 조항이다.

논의 과정에서 표현의 자유에 대한 허가나 검열을 금지하고, 현행 헌법의 언론기관시설 법정주의 관련 규정을 삭제하고, 제21조 제4항 전단에 대하여는 삭제하자는 의견, '공중도덕이나 사회윤리' 규정에 대하여 현실과 괴리감도 있는 추상적 표현이라는 이유로 삭제 의견 등이 제기되었으나, 음란물에 대한 제한의 근거규범이 되므로 유지하는 것으로 결론이 났다. 표현의 자유의 사회적 책임을

---

20) 헌법연구자문위원회, 국회의장 자문기구 헌법연구자문위원회 결과보고서, 2009, 80-81면.
21) 대화문화아카데미, 2016 새헌법안, 2016, 178-120면.
22) 국회 헌법개정자문위원회 최종보고서 1권, 2015, 90면.

구현하기 위하여 손해배상청구권과 더불어 정정권을 명시한다. 다만 청구권의 주체를 지나치게 확대하는 것은 바람직하지 아니한다고 보아서 피해자에 한정하였다.[23]

제29조에서는 현대적인 정보기본권과 관련된 일련의 규정을 두고 있다. 이는 그간 한국헌법사에서 전혀 규정된 바가 없는 새로운 기본권이다. 제1항 알 권리와 정보접근권, 제2항 자기정보결정권, 제3항 정보문화향유권, 제4항 국가의 정보격차 해소 노력 의무를 규정한다.

4. 문재인 정부 개헌안과 표현의 자유

문재인 대통령은 2018년 3월 26일 헌법개정안을 발의하였다. 표현의 자유와 관련된 내용은 크게 보면 2014년 국회 개헌자문위원회안과 가장 근접하고 있다.

그 제안이유 및 주요 내용은 다음과 같다. 첫째, 그간 언론·출판의 자유와 집회·결사의 자유를 함께 규정하여 왔지만, 이는 기본권의 주체와 성격이 상이한 점을 고려하여 별도의 조문으로 분리하여 규정한다. 둘째, 종래 언론·출판의 자유를 언론·출판 등 표현의 자유로 수정하였다. 셋째, 현행헌법의 방송통신의 시설기준 및 신문의 기능보장을 위한 사항을 법률로 규정하도록 한 것을 삭제하였다. 넷째, 언론의 사회적 책임이라는 명제에 따라 배상 외에 정정을 명시한다. 다섯째, 제22조는 이른바 정보기본권 이론을 도입하여 알권리, 자기정보통제권, 정보격차해소를 위한 국가의 의무를 규정한다.

정부의 공식 개헌안이라는 점에서 아쉬운 점은 한글 표기이다. 개헌안에는 헌법규범의 표현을 상당부분 개정하였는데 그 중에서 도드라진 사항은 한글의 준말 표기를 대폭 도입한 점이다. 예컨대 제헌헌법 이래 법규범의 일반적인 표현인 '아니된다'를 '안 된다'로 대체하였다. 새로운 한글표기법에서는 '아니된다'를 '아니 된다'로 띄어쓰기를 하고 있는데 그렇다면 '안 된다'가 아니라 '아니 된다'가 정확한 표현이다. 일반적으로 '위하여'라는 표현을 약자로 '위해'라는 표현을 사용한다. 그런 점에서 전반적으로 '위하여'로 라고 한 표현은 적절하다. 이를 원용하면 '침해하여서는'이라는 현행 표기를 '침해해서는'이라고 개정한 것은 불필요한 사항이다. 또한 '노력해야'가 아니라 '노력하여야'로 표기하여야 할 것이

---

23) 김철수, 새 헌법 개정안-성립·내용·평가, 진원사, 2014, 225면; 정재황, "2014년 국회 헌법개정자문위원회 개헌안에 대한 검토", 세계헌법연구 제23권 제3호, 2017, 21면

다. 전통적으로 법규범은 준말 표현이 아니라는 점에서 공연한 개정은 바람직하지 아니하다. 또한 '알권리'라고 표현하고 있는데 이는 띄어쓰기를 하여 '알 권리'로 하는 게 오히려 일반적이다. 이러한 띄어쓰기나 준말 표현에 관하여는 국어국문학자의 충분한 자문을 받아야 한다.

	1987년 제6공화국헌법	2014년 국회 헌법개정자문위원회 개헌안	2018년 문재인 정부 개헌안
언론·출판의 자유	제21조 ① 모든 국민은 언론·출판의 자유와 집회·결사의 자유를 가진다. ② 언론·출판에 대한 허가나 검열과 집회·결사에 대한 허가는 인정되지 아니한다. ③ 통신·방송의 시설기준과 신문의 기능을 보장하기 위하여 필요한 사항은 법률로 정한다. ④ 언론·출판은 타인의 명예나 권리 또는 공중도덕이나 사회윤리를 침해하여서는 아니 된다. 언론·출판이 타인의 명예나 권리를 침해한 때에는 피해자는 이에 대한 피해의 배상을 청구할 수 있다.	제30조 ① 모든 사람은 자유롭게 자신의 의사를 표현할 권리를 가지며, 이에 대한 허가나 검열은 금지된다. ② 언론매체의 자유와 다원성, 다양성은 존중된다. ③ 언론·출판은 타인의 명예나 권리 또는 공중도덕이나 사회윤리를 침해하여서는 아니 된다. 언론·출판이 타인의 명예나 권리를 침해한 때에는 피해자는 이에 대한 배상 또는 정정을 청구할 수 있다.	제20조 ① 언론·출판 등 표현의 자유는 보장되며, 이에 대한 허가나 검열은 금지된다. ② 통신·방송·신문의 시설기준과 신문의 기능을 보장하기 위하여 필요한 사항은 법률로 정한다. ③ 언론·출판은 타인의 명예나 권리 또는 공중도덕이나 사회윤리를 침해하여서는 안 된다. 언론·출판이 타인의 명예나 권리를 침해한 경우 피해자는 이에 대한 배상·정정을 청구할 수 있다.
집회·결사의 자유		제31조 ① 모든 국민은 집회와 결사의 자유를 가지며, 이에 대한 허가는 금지된다. 다만, 공공의 안녕과 질서에 대한 위해가 명백하거나 현저한 경우 또는 민주적 기본질서를 침해하는 경우에는 법률로 정하는 바에 따라 그 권리를 제한할 수 있다.	제21조 집회·결사의 자유는 보장되며, 이에 대한 허가는 금지된다.
정보 기본권		제29조 ① 모든 사람은 알 권리와 정보접근권을 가진다. ② 모든 사람은 자신의 정	제22조 ① 모든 국민은 알권리를 가진다. ② 모든 사람은 자신에 관한 정보를 보호받고 그 처

정보 기본권		보에 관한 결정권을 가진다. ③ 모든 사람은 정보문화 향유권을 가진다. ④ 국가는 개인별·지역별 정보격차를 해소하고 정보 독점으로 인한 폐해를 예 방 및 시정하기 위하여 노 력하여야 한다.	리에 관하여 통제할 권리 를 가진다. ③ 국가는 정보의 독점과 격차로 인한 폐해를 예방 하고 시정하기 위하여 노 력해야 한다.

5. 현행헌법과 헌법개정안의 비교 분석

두 개정안의 공통점은 다음과 같다. ① 언론·출판의 자유와 집회·결사의 자유를 분리하여 규정한다. ② 표현의 자유에 대한 허가나 검열은 금지된다. ③ 알 권리를 보장한다. 비록 동일하지는 아니하지만 언론의 사회적 책임에 관한 규정은 대체로 존속하는 방향으로 전개된다.

하지만 ① 언론·출판의 자유를 표현의 자유로 규정하기도 한다. ② 표현의 자유를 사람의 권리로 할 것인지 아니면 국민의 권리로 할 것인지에 관한 논의가 필요하다. ③ 표현의 자유 이외에 언론매체의 자유를 따로 규정할 것인지도 상이하다. ④ 언론기관시설 법정주의의 존속 여부에 관하여는 의견이 상충한다. ⑤ 언론의 사회적 책임과 관련하여 새로이 '정정'에 관한 규정을 명시하려는 경향을 보인다. ⑥ 이른바 정보기본권과 관련하여 알 권리 이외에 자기정보통제권이나 정보문화향유권 및 국가의 정보격차해소의무 등과 관련하여도 논쟁적이다.

Ⅳ. 표현의 자유의 포섭 범위

1. 언론·출판의 자유에 한정하고, 집회·결사의 자유는 제외

표현의 자유는 언론·출판·집회·결사의 자유를 포괄한다. 이는 특별한 의도를 가졌다기보다는 헌법에서 언론·출판·집회·결사의 자유를 함께 규정하고 있는 데에 기인한다.[24] 일본헌법도 언론·출판·집회·결사의 자유를 아울러 표현의 자유라고 표기한다. 미국 수정헌법 제1조의 핵심은 바로 표현(expression)의 자유이다.[25] 표현의 자유에는 더 나아가 표현의 자유의 민주주의의 생명선으로

---

24) 김철수, 헌법학신론, 884면 이하.
25) 물론 표현의 핵심은 speech이다. 여기에 출판 및 결사의 자유도 당연히 포함된다. Erwin

서의 가치를 더 중시하여 기본권을 분류할 때 표현의 자유를 아예 집단적 자유로 분류하면서 그 내용상 특성으로서 정치적 자유의 측면을 강조하기도 한다.[26] 하지만 전형적인 의미에서의 표현의 자유(freedom of expression, liberté d'expression)는 언론·출판의 자유(the freedom of speech and of the press)를 지칭하고, 그 외부적이고 집단적인 표현인 집회·결사의 자유는 따로 설명하는 것이 일반적인 경향이다.[27] 일본 헌법학계에서도 자유권적 기본권 중에서 특히 정신적 기본권으로서 표현의 자유와 집회·결사의 자유를 구분하여 설명한다.[28]

문재인 정부의 개헌안을 비롯하여 다수의 개헌안에서는 표현의 자유를 언론·출판의 자유 중심으로 한정하고, 집회·결사의 자유는 따로 조항을 설정하는 방향으로 나아간다. 이는 타당한 안이다. 필자도 종래 비록 헌법상 언론·출판의 자유와 집회·결사의 자유를 함께 규정하고 있지만, 이들 자유의 논술은 분리하여 왔다.[29]

2. 모든 형태의 사상·의견을 표명·전달할 자유

오늘날 언론·출판의 자유는 고전적 의미의 소극적인 자유로부터 현대정보사회에서의 적극적인 정보의 자유까지 포괄하여 이해하여야 한다. 따라서 언론·출판의 자유는 사상이나 의견을 단순히 표현·전달하는 자유 이외에 알 권리, 보도기관의 자유와 책무, 액세스권, 반론권까지 포괄하는 통일적 체계로 이해하여야 한다.

언론이라 함은 구두에 의한 표현을, 출판이라 함은 문자 또는 상형에 의한 표현을 말한다. 언론·출판의 자유에서 지칭하는 언론·출판이라 함은 사상·양심 및 지식·경험 등을 표현하는 모든 수단, 즉 담화·연설·토론·연극·방송·음악·영화·가요 등과 문서·도화·사진·조각·서화·소설·시가 기타 형상에 의한 것을 모두 포괄한다.

Chemerinsky, Constitutional Law-Principles and Policies, Aspen Law and Business, 2002, Chapter 11, First Amendment: Expression.

26) Roseline Letteron, *Libertés publiques*, Dalloz, 2012, pp. 423 et suiv: 여기서는 기본권을 개인적 생활의 자유와 대비하여 집단적 생활의 자유(Liberté de la vie collective)의 제1전형으로 표현의 자유를 분류한다. 김철수, 헌법학신론, 907면 이하 참조.

27) 한태연, 헌법학, 양문사, 1955, 276면.

28) 初宿正典, 憲法 2 基本權, 成文堂, 2001, 235項 이하.

29) 성낙인, 헌법학 제18판, 1228면 이하.

다만 소위 정보기본권 중에서 알 권리를 비롯한 일련의 권리들을 어떻게 체계정합적으로 헌법규범의 틀 속으로 들여 놓을 것인가에 대한 논의가 필요하다.

표현의 자유에서 표현의 개념 정의는 고전적인 개념 정의에서부터 현대적인 디지털시대의 표현의 개념 정의에 이르기까지 다양하다. 특히 이는 언론매체의 개념 정의와도 직접적으로 연계된다. 즉 전통적인 출판물에서 방송을 거쳐 통신으로서의 인터넷매체에 이르기까지의 상황이 표현의 개념 범주 내지 보호범위에 어떠한 형태로 포섭될 것인가와 직접적으로 연계된다.

언론·출판을 포괄하는 의미에서의 표현의 개념에 대하여는 아주 간단하게는 '사상발표(표현)'[30] 또는 '의견발표'[31]로 정의되어 왔다. 여기서 표현의 자유란 사람(人)의 내심의 정신작용에 관한 사항이 외부에 표출되어, 타인에게 전달되는 정신활동의 자유를 의미한다.[32] 이것은 자기의 사상이나 의견의 적극적 개진뿐만 아니라 단순히 소극적으로 침묵하는 자유까지도 포함한다. 또한 사상이나 의견을 익명 또는 가명으로 표명하고 전달하는 익명표현의 자유[33]도 여기에 포함된다. 사상이나 의견의 표현방법은 전통적인 구두 혹은 문자나 상형에 의한 방법뿐만 아니라 텔레비전·라디오, 영화[34]·음반[35] 및 비디오물, 인터넷, 상징적 표현뿐만 아니라 영업광고(상업광고[36])까지 포괄한다.

둘째, 종래 언론·출판의 자유를 언론·출판 등 표현의 자유로 수정하자는 의견도 있다. 언론·출판 등 표현의 자유라고 할 때 '등'의 의미가 문제될 수 있다. 그런데 집회·결사의 자유를 별개의 조문으로 독립시켰으므로 종래 표현대로 "언론·출판의 자유"로 그대로 두는 게 더 타당할 것 같다.

표현의 자유에는 사전제한[37]의 금지를 포괄한다. 즉 표현의 자유에 대한 허가나 검열 금지는 헌법재판소와 대법원의 확립된 판례이다. 더 나아가 영화나 연예에 대하여도 원칙적으로 사전제한이 금지된다. 다만 자율적 사전심의제도

---

30) 박일경, 헌법요론, 1959, 153면; 문홍주, 신헌법요론, 1964, 108면.
31) 윤세창, 헌법강의, 1957, 94면.
32) 初宿正典, 위의 책, 236項 이하.
33) 헌재 2010.2.25. 2008헌마324.
34) 헌재 1996.10.4. 93헌가13.
35) 헌재 2006.10.26. 2005헌가14; 헌재 1999.9.16. 99헌가1; 헌재 2002.2.28. 99헌바117; 헌재 2005.2.3. 2004헌가8.
36) 헌재 2002.12.18. 2000헌마764; 헌재 1998.2.27. 96헌바2; 헌재 2005.10.27. 2003헌가3; 헌재 2010.7.29. 2006헌바75.
37) 성낙인, 헌법학, 1207-1208면.

그 자체를 위헌적으로 보기는 어렵다.[38] 사전제한 금지는 행정권에 한정되지만, 법원도 사전제한에 최대한 신중한 입장을 보여야 한다.[39]

3. 알 권리

알 권리는 종래 표현의 자유의 한 내용으로서 설명되고 있었으나 이제 헌법상 독자적인 개별적 기본권으로서 자리 매김한다. 하지만 알 권리는 여전히 언론보도를 통하여 실질적으로 구현되기 때문에 언론의 자유와 밀접한 관련성이 있다. 일반적으로 국민의 알 권리는 언론보도를 통하여 구현된다.

알 권리에 대하여 절대다수의 학자들은 표현의 자유에 포섭되는 것으로 이해하고 표현의 자유의 내용으로 설명하지만,[40] 알 권리를 인간의 존엄과 가치 및 행복추구권에서 논술하기도 하거나[41] '사생활 및 정보의 자유'라는 독립된 절에서 설명하기도 한다.[42] 필자는 알 권리가 비록 헌법에 열거되지 아니한 기본권이긴 하지만 이미 독자적인 기본권으로서 자리 잡은 만큼 알 권리를 표현(언론·출판)의 자유의 한 내용으로서 분류할 것이 아니라 독자적으로 논술되어야 한다고 보아 언론·출판의 자유와 집회·결사의 자유 사이에 알 권리를 설명한다. 이는 언론·출판의 자유와 집회·결사의 자유를 분리하여 규정하여야 한다는 판단과도 맥락을 같이 한다.[43]

4. 액세스(access)권

매스 미디어에 대한 액세스권이란 언론매체에 접근해서 언론매체를 이용할

---

38) 헌재 1996.10.31. 94헌가6; 헌재 1997.3.27. 97헌가1 등 참조.

39) 성낙인, "방송보도와 명예훼손", 권영성교수정년기념논문집, 법문사, 2001 참조.

40) 강경근, 일반헌법학, 법문사, 2014, 372면; 계희열, 헌법학(중), 박영사, 2007, 435면; 권영성, 헌법학원론, 법문사, 2011, 500면; 김승대, 헌법학강론, 법문사, 2015, 252면; 김백유, 헌법학 (Ⅱ) 기본권론, 한성, 2016, 1048면; 김학성, 헌법학원론, 피앤씨미디어, 2014, 537면; 신우철, 헌법(기본권), 문우사, 2018, 317면; 안용교, 한국헌법, 대명출판사, 1991, 410면; 양건, 헌법강의, 법문사, 2018, 647면; 이관희, 한국민주헌법론 Ⅰ, 2008, 336면; 이승우, 헌법학, 두남, 2009, 771면; 장영수, 헌법학, 홍문사, 2007, 526·672면; 정영화, 헌법, 일조사, 2011, 324면; 정재황, 신헌법입문, 박영사, 2012, 397면; 조병윤, 헌법학원리, 성광사, 2010, 444면; 전광석, 한국헌법론, 법문사, 2007, 294면; 최대권, 헌법학강의, 박영사, 1997, 284면; 한수웅, 헌법학, 법문사, 2018, 777면; 허영, 한국헌법론, 박영사, 2015, 582면; 홍성방, 헌법학(중), 박영사, 2010, 155면.

41) 김철수, 헌법학신론, 박영사, 2013, 440면.

42) 정종섭, 헌법학원론, 박영사, 2015, 666면.

43) 성낙인, 헌법학, 1228면.

수 있는 언론매체 접근·이용권이다. 즉 국민이 자신의 사상이나 의견을 표명하기 위하여 언론매체에 자유로이 접근·이용할 수 있는 권리를 말한다. 그러나 오늘날 정보사회의 진전에 따른 정보공개청구권의 행사, 개인정보에 대한 자기통제권의 행사도 넓은 의미의 액세스권에 포함시킬 수 있다.

매스 미디어나 국민은 다 같이 사인이기 때문에, 매스 미디어에 대한 액세스는 국민의 국가에 대한 권리가 아니다. 따라서 이는 전통적인 언론의 자유의 내용으로 간주되지 아니하였다. 그러나 현대 언론기관이 거대한 독과점기업화 됨에 따라 국민의 알 권리를 충족시키고 정보를 전달하여야 할 언론매체에 대한 국민의 접근·이용이 배제된 채, 국민은 일방적인 정보의 수령자의 지위로 전락하고 말았다.

필자는 언론매체에 대한 액세스권을 유형으로 나누어 설명한 바 있다.[44] 즉 소극적 액세스권은 사전적·예방적 액세스(방송사의 심의·편성규약과 같은 자율규제)와 방송위원회의 구성 참여 및 직무참여(시청자불만처리위원회)를 통한 간접적 액세스로 나눈다. 또한 시청자위원회를 통하여 방송사업자에 대한 직접적 액세스가 있다. 적극적 액세스로는 시청자평가프로그램과 시청자채널을 통한 참여, 미디어교육을 통한 미래지향적 액세스, 정보공개청구를 통한 일반적 액세스, 피해구제를 위한 사후교정적 액세스 등이 있다. 그런데 디지털시대에는 이러한 액세스를 뛰어넘어 시청자가 바로 방송의 주체가 되는 시대로 전환되기 때문에 방송법제의 새로운 구현이 필요하게 된다.

디지털시대에 접어들면서 액세스권도 새로운 변용을 맞이한다. 국민 각자가 1인방송·1인신문을 하는 시대에 접어들었다. 하지만 아직까지는 여전히 전통적인 언론매체가 그 중심에 자리 잡고 있다. 그런 점에서 언론에 대한 액세스권은 여전히 유효한 논의의 장을 마련한다. 그것은 시청자의 직접 참여·직접 제작 등으로 진화한다.

더 나아가 액세스권은 언론매체에 대한 액세스에 한정되는 것이 아니라 정보공개청구, 개인정보자기통제 과정에서 국가 및 공공기관에 대한 액세스도 액세스권으로 표현되고 있는 상황이다. 결국 액세스권은 널리 국민 일반이 언론매체만이 아니라 국가나 공공기관에 접근·이용하는 권리로 발전한다. 실제로 외국의 입법례에서 access라는 표현을 정보공개법과 사생활보호법에서 널리 사용하

---

44) 성낙인, "시청자와 액세스 ― 편성·제작관련", 방송연구, 1999 여름호; 헌법학논집, 1421면.

고 있다. 그런 관점에서 본다면 액세스권을 보다 포괄적으로 널리 정보에 대한 접근·이용권으로 파악할 필요성이 제기된다.

V. 디지털 시대의 표현의 자유의 포섭 범위 재획정

1. 기존 헌법규범의 재해석과 새로운 헌법규범 도입

(1) 표현의 자유와 관련된 논쟁적 사안

표현의 자유에 대한 개별적 법률유보의 배제와 표현의 자유의 본질적 내용 침해 금지에 관하여는 이론의 여지가 없다. 검열이나 허가제와 같은 사전억제금 지의 법리도 그대로 유효하다. 또한 언론표현의 사회적 책임과 관련된 일련의 규범에 대하여도 원칙적으로 동의한다.[45] 이제 남은 쟁점은 언론기관시설 법정 주의, 언론표현의 사회적 책임과 관련된 공중도덕과 사회윤리 및 정정청구권 등 이 있다.

개헌론으로 헌법 제21조를 전면적으로 개정하자는 안도 제시된다. 현대적인 문화주권 시대를 맞이하여 일련의 정신적 자유권을 포괄하는 문화적 기본권을 비롯하여 혼인과 가족의 보호권이 이룩될 때 문화적 환경권으로서의 기초가 마 련될 수 있다고 한다. 이 경우 언론의 자유를 표현의 자유로 확장하고자 한다. 다른 한편 표현의 자유로의 전환방안을 제시한다. 전통적인 정보의 유통이 생산 자 → 중간자 → 소비자에서 오늘날 생산자 ⇆ 소비자 사이에 쌍방향으로 진전됨 에 따라 표현의 자유는 정보의 자유로 나아가서 정보격차에 이르는 문제까지 포 괄한다.[46]

또 다른 견해는 제21조를 의사표현의 자유(좁은 의미)와 더불어 정보의 자유, 방송의 자유, 출판의 자유로 구분함과 더불어 개인의 의사표현의 자유와 언론매 체의 자유를 구분하여 규정하여야 한다는 점을 강조한다.[47]

(2) 표현(언론·출판)의 자유와 언론매체의 자유

헌법상 표현(언론·출판)의 자유는 널리 사람 내지 일반 국민이 누리는 자유

---

45) 박용상, 언론의 자유, 박영사, 2013; 신평, 한국의 언론법, 높이깊이, 2011 참조.
46) 박선영, "헌법 제21조에 대한 개헌논의", 헌법학연구 제12권 제4호, 2006.11, 259-288면.
47) 권영호, "표현의 자유의 개념과 법적 성격에 관한 연구", 공법연구 제31집 제1호, 333-350면.

이다. 그런데 그 표현(언론·출판)의 자유를 누릴 수 있는 정보는 언론매체를 통하여 구현된다. 그런 점에서 흔히 언론의 자유는 언론매체의 자유로까지 인용되기도 한다.

이에 개헌안 등에서는 표현(언론·출판)의 자유와 별개로 언론매체의 자유를 규정하고, 그 자유의 다원성과 다양성을 강조한다. 이에 논자에 따라서는 언론, 언론매체, 언론·출판 개념을 혼용하고 있을 뿐만 아니라 언론매체라는 표현도 불필요하고 당해 규정도 무의미하므로 삭제하여야 한다는 견해도 제기된다.[48]

생각건대 현대적인 언론매체의 중요성에 비추어 보건대 어떠한 형태로든 언론매체의 자유와 책임을 강조하고 이를 규범화하는 것은 의미가 있다고 본다. 근래 개정된 외국의 헌법에서도 언론의 자유 내지 표현의 자유 조항에서 언론매체에 관한 규정을 설정한다.[49] 그런데 이들 헌법에서도 단순히 언론매체의 자유와 책임을 규정하기도 하고, 언론매체에 관하여 자유와 투명성 등에 관하여 상세한 규정을 설정하는 경우도 있다.

다른 한편 언론매체에 관하여 헌법에서 규정하면서 전통적인 언론매체 즉 인쇄매체에서 방송·통신과 같은 디지털매체를 구획하여 규정할 필요가 있는지 의문이다. 그리스 헌법에서는 전통적인 언론매체와 구별하여 '대중매체'라고 하여 따로 조문을 설정한다(제15조). 이에 따라 "전조(표현과 언론의 자유 조항(제14조))의 규정은 영화, 녹음, 라디오, 텔레비전 기타 유사한 음성 또는 영상 전송매체에는 적용되지 아니한다"(제1항)라고 규정한다. 이는 현대적인 시청각매체에 대한 특별규정을 제도화한 것으로 평가할 수 있다.[50]

신문·방송·통신의 구획이 명확하지 아니하고 디지털시대에 언론매체의 개념 자체도 가변적인 상황이라 이들 국가의 헌법규범을 섣불리 도입할 필요는 없어 보인다. 언론매체에 관하여는 우리 헌법사에서 아직까지 규정한 예가 없기 때문에 우선 이번 개헌에서는 원론적인 내용, 즉 자유와 다양성 정도만 규정하고, 나머지 상세한 내용에 관하여는 법률로 정한다 정도로 헌법규범화하는 방안

---

48) 이승선, 언론표현의 자유와 개헌, 한국언론진흥재단 세미나 토론문.

49) 1948년 유엔 세계인권선언 제19조; 그리스헌법 제14조; 남아프리카공화국헌법 제16조; 네덜란드헌법(2008년) 제7조; 멕시코헌법 제6조; 스위스헌법 제17조; 이탈리아헌법 제21조; 칠레헌법 제19조 12; 터키헌법 제26조·제28조; 포르투갈헌법 제38조; 헝가리헌법 제Ⅸ조.

50) 멕시코헌법은 제6조에서 표현의 자유와 표현매체의 자유를 규정하면서 방송과 통신도 규정한다. 그런데 제17조에서는 대중매체에 관하여 상세히 규정하는데, 주로 통신수단 이용과 관련된 사항을 규정한다.

이 적절할 것 같다.

(3) 언론기관시설법정주의[51] ― 디지털 시대의 변용

보도(報道)의 자유를 확립하기 위하여 언론기관은 권력이나 자본으로부터 자유롭고 독자적으로 존립할 수 있는 조직과 형태를 갖추어야 한다. 하지만 현행 법제의 신문 또는 통신에 대한 발행시설기준이 너무 과중하다는 비판이 제기된다. 이에 구체적으로 입법위임사항을 헌법에 규정할 필요가 있다는 견해도 있다.[52] 생각건대 언론기관의 시설은 그간 자기소유에서 헌법재판소의 한정위헌결정[53]에서 드러난 바와 같이, 리스 등의 형태로 다양화되고 있다. 더 나아가서 오늘날 현대적인 인터넷방송과 인터넷신문에서 1인미디어(1인방송, 1인신문)가 보편화되어 가고 있는 상황에서 굳이 시설기준을 설정할 필요성 그 자체가 사라졌다.

그런 의미에서 문재인 정부 개헌안에서 현행헌법의 시설법정주의를 삭제한 것은 바람직하다. 이는 자칫 이 규정으로 인하여 표현의 자유의 핵심창구인 언론매체의 자유를 제한할 우려가 있기 때문이다.

(4) 언론의 사회적 책임과 공중도덕ㆍ사회윤리[54]

언론보도로 인한 피해는 심각한 실정이다. 실제로 1789년 프랑스 혁명 이후 옐로저널리즘이 난무하던 상황에서 언론의 사회적 책임을 강조하게 되고, 이에 따라 일련의 입법 변화를 거쳐서 1881년 출판의 자유에 관한 법률을 통하여 체계적으로 반론권(droit de réponse)을 정립하였다.[55]

우리나라에서는 1981년 언론기본법에서 도입된 반론권이 비록 법문상으로 정정보도청구권이라고 표기되어 있지만, 헌법재판소는 규정체계나 구성요건상 반론보도청구권으로 보아 위헌이 아니라는 결정을 내린 바 있다.[56] 그런데 그사이 '언론중재 및 피해구제에 관한 법률'에서 반론보도청구권뿐만 아니라 정정보도청구권을 도입하고 있다. 이와 같은 현행 법률에 기초하여 문재인 정부 개정안에는 정정권을 헌법에 명시하려 한다.

---

51) 성낙인, 헌법학 제18판, 1197-1198면.
52) 정태호, "권리장전의 개정방향", 한국공법학회 학술발표회 자료집(2006.5.20.), 103면.
53) 헌재 1992.6.26. 90헌가23.
54) 성낙인, 헌법학, 1219-1220면.
55) 성낙인, 프랑스의 언론법제(1): 정기간행물법제, 세계 언론법제 동향, 통권 제5호, 한국언론재단, 1999 상, 1-39면.
56) 헌재 1991.9.16. 89헌마165.

생각건대 프랑스나 독일에서는 우리나라의 언론중재위원회와 같은 기구 자체가 존재하지 아니하며, 그런 의미에서 직권중재 제도가 마련되어 있지 아니한다. 사실 우리나라의 언론중재위원회는 전 세계적으로 매우 독창적이고 독보적인 제도이다. 이웃한 일본에서 언론중재위원회와 같은 공공기관을 대신하여 방송사들이 자율적으로 기구를 만들어 언론중재에 나서는 것도 이와 유관하다.[57) 헌법재판소는 가처분절차에 의하도록 한 언론중재법 제26조 제2항에 대하여 위헌결정을 내린 바 있다.[58)

사실 범람하는 언론매체의 홍수를 그 어느 누구도 제어하기란 불가능하다. 그렇다면 사후약방문이긴 하지만 사후에라도 간편·경제·신속·효율적인 언론중재제도를 통하여 정정보도를 구현하려는 입법자의 의도를 충분히 이해하지만, 이를 헌법상 제도로 도입하였을 때 따르는 우려를 고려하여야 한다.[59) 실제로 제 외국헌법에서 정정을 명시한 예는 터키헌법(제28조)이 유일하다.[60)

반론권의 원류인 프랑스 출판법이나 독일 언론법에서 도입한 반론권 이외에 정정권을 헌법이나 언론관계법에서 찾아보기 어려운 점을 고려한다면 정정권까지 헌법에 규정할 필요가 있는지 의문이다. 정정권을 인정하면 결국 민사상 불법행위의 일종으로 정정권을 인정하는 것보다는 오히려 언론관계법에서 정정권을 인정하는 방향으로 나아갈 가능성이 크다. 황색언론과 가짜뉴스의 범람에 따라 개인의 인격권을 침해하는 데에 대하여 강력한 법적 대응이 불가피하다. 실제로 가짜뉴스의 범람은 우리 사회의 건전한 여론 형성 그 자체를 훼손할 우려를 야기한다.[61) 미네르바 사건[62)은 이를 단적으로 반증한다. 다만 국민이 언론매체의 주인공인 1인방송 시대에 언제까지나 전통적인 언론법제에 매달릴 필요는

---

57) 필자가 일본 신문편집인협회에서 우리나라의 언론중재제도를 소개한 후, 일본에서도 이를 자율기구로 도입한 바 있다: 성낙인, 言論表現にとる國民の權利侵害に對する救濟制度, 日本 法律時報, 1996.2, vol. 68, no. 2.74-78項.

58) 헌재 2006.6.29. 2005헌마165.

59) 반대 의견: 여현호, 언론진흥재단 세미나 자료.

60) 헌법에 반론권 규정을 둔 경우조차도 매우 예외적이다. 그리스헌법(제14조), 멕시코헌법(제6조), 슬로베니아헌법(제40조, 수정청구권 포함), 포르투갈헌법(제38조)에서도 반론권만 규정한다.

61) 가짜뉴스 규제와 관련하여 무엇보다도 가짜인지 여부를 판별하기란 사실상 불가능하다는 점이다. 조선일보 2018.10.24. A10면; 매일경제 2018.11.1.·5. A37면; 한겨레신문 2018.10.23.·11.1.

62) 헌재 2010.12.28. 2008헌바157: 이 사건에서 헌법재판소는 전기통신기본법 제47조 제1항의 "공익을 해할 목적으로 전기통신설비에 의하여 공연히 허위의 통신을 한 자"를 처벌하는 규정은 '공익'이 불명확하므로 위헌이라고 판시한다.

없다. 더 나아가 이른바 가짜뉴스의 진원지인 유튜브·카카오·네이버 등 플랫폼 사업자의 책임도 강화되어야 한다.[63] 헌법에서 보장하려는 정정권의 정상적 작동이야말로 가짜뉴스로 홍역을 치르는 오늘의 한국현실에 가장 적실한 대응이 될 수 있다.

더 나아가 제21조 제4항의 존치 자체에 관하여 비판적인 견해가 제기된다. 즉 헌법상 일반적 법률유보가 있기 때문에 공중도덕, 사회윤리, 타인의 권리를 제한의 근거로 하는 것은 부적절하다고 본다. 또한 공중도덕·사회윤리 개념은 가변적이며 불명확하고, '타인의 권리'라는 요건 역시 대부분 법률에 의하여 구체화되어야 하며, 이는 자칫 입법자의 자의에 의하여 표현의 자유가 제대로 보장되기 어렵다는 것이다.[64] 실제로 외국의 헌법에서 공중도덕·타인의 권리에 관하여 규정한 예는 거의 찾기 어렵다.[65] 사회윤리는 어느 나라 헌법에도 존재하지 아니한다.

하지만 오늘날 디지털시대에 범람하는 인터넷의 바다에서 국경을 초월하는 현상 때문에 표현의 자유 그 규제 자체가 불가능한 상황에 처한다. 이에 적어도 폭력과 음란으로부터 청소년은 보호하여야 한다는 명제에는 전적으로 동의한다. 이 규정이 없는 외국에서도 이에 관한 규제를 가하고 있다는 점도 고려하여야 한다.

2. 디지털 시대의 정보기본권

(1) 표현의 자유와 인터넷매체

인터넷(Internet)이란 일반적으로 "전 세계 수많은 컴퓨터 네트워크의 집단을 서로 연결한 거대한 네트워크", 즉 "네트워크들의 네트워크(network of networks)"로 정의된다. 인터넷의 특성에 비추어 인터넷매체를 어떻게 정의할 것이냐도 매

---

63) 미국에서는 페이스북이 개인정보 유출과 가짜뉴스 논란에 적극적으로 팩트체킹(사실확인)한다. 프랑스에서는 공무원을 직접 페이스북에 파견하여 혐오콘텐츠를 직접 살피며, 이를 구글·아마존·애플 등으로 확대할 계획이다. 또한 선거기간 후보자나 정당이 가짜뉴스 유통 방지의 소를 제기할 수 있는 '가짜뉴스 방지법'도 의회에서 심의 중이다: 아주경제 2018. 11.14. 참조.

64) 정태호, 위 논문, 103면; 조홍석, "현행 헌법 기본권 규정의 쟁점과 개정방향", 국민과 함께하는 개헌 이야기(1권), 국회미래한국헌법연구회, 2010.9, 453-454면.

65) 에스토니아헌법 제45조. 멕시코헌법(제6조)은 도덕을, 이탈리아헌법(제21조)과 터키헌법(제26조)은 공중도덕만 규정한다.

우 어려운 문제다. 인터넷사이트를 통하여 구현되는 매체로서의 역할을 언론법 제상 언론매체로 법적 자리 매김을 할 수 있을 것인가 하는 문제가 제기된다.[66]

인터넷매체는 통신매체이므로 방송도 아니며 더더구나 '신문 등의 진흥에 관한 법률(이하 신문법)'상의 인쇄매체가 아니다. 따라서 인터넷매체와 관련된 내용을 신문법을 통하여 구현하려는 것은 바람직하지 아니하다. 굳이 법적 대상으로 삼으려 한다면 방송법을 통하여 규율되어야 할 것이다. 그러나 방송법은 허가제라는 특수성에 기초한 법제이므로 인터넷매체를 규율하기에는 적절한 법률이 될 수 없다. 따라서 이 경우에도 기존 방송과 인터넷매체에 관하여서는 이중의 법체계가 필요하다.

인터넷신문의 법적 지위를 마련하기 위하여 신문법에 인터넷신문에 관련 조항을 설정하여 새로운 유형의 일간신문으로서 인터넷신문을 규정한다. "'인터넷신문'이라 함은 컴퓨터 등 정보처리능력을 가진 장치와 통신망을 이용하여 정치·경제·사회·문화·시사 등에 관한 보도·논평·여론 및 정보 등을 전파하기 위하여 간행하는 전자간행물로서 독자적 기사생산과 지속적인 발행 등 대통령령이 정하는 기준을 충족하는 것을 말한다"(제2조 제2호).[67] 다만 이 경우에도 인터넷신문은 신문법이 원래 예정한 일반정기간행물이 아니라 새로운 시대적 상황에 발맞추어 도입된 새로운 매체라는 점에서 이 또한 일시적인 미봉책에 불과하다.

"인터넷방송이라 함은 인터넷을 통하여 방송프로그램을 기획·편성 또는 제작하여 이를 공중(개별계약에 의한 수신자를 포함하며, 이하 '시청자'라 한다)에게 송신하는 것"으로 정의할 수 있다(방송법 제2조 제1호 참조). 인터넷방송을 방송법상의 방송의 일종으로 편입할 경우에는 무엇보다도 기존 방송의 특성에 기초한 방송의 공공성과 공익성에 대한 근본적인 변화를 초래한다. 그것은 방송법의

---

66) 성낙인, "인터넷매체의 법적 지위에 관한 연구", 한국언론학술논총, 2003; 원우현 편, 인터넷 커뮤니케이션, 박영사, 2003; 황승흠·황성기, 인터넷은 자유공간인가?, 커뮤니케이션북스, 2003; 정재황 외, 사이버공간상의 표현의 자유와 그 규제에 관한 연구, 헌법재판연구 제13권, 헌법재판소, 2002: 이준복, 인터넷광고의 자유에 관한 헌법적 연구, 동국대 박사학위논문, 2008.8; 이상경, "사이버공간의 특성과 사이버 법규범체계에 대한 일고", 공법연구 제43집 제1호; 문재완, "인터넷상 사적 검열과 표현의 자유", 공법연구 제43집 제3호.

67) 신문법이 제정되기 이전에 공직선거법에서는 인터넷언론사를 다음과 같이 정의한 바 있다. 즉 "정치·경제·사회·문화·시사 등에 관한 보도·논평 및 여론 등을 전파할 목적으로 취재·편집·집필한 기사를 인터넷을 통하여 보도·제공하거나 매개하는 인터넷홈페이지를 경영·관리하는 자와 이와 유사한 언론의 기능을 행하는 인터넷홈페이지를 경영·관리하는 자를 말한다"(제8조의5).

이념 그 자체의 변화를 의미한다. 또한 방송법상 기존 방송의 특성에 근거한 허가제도·시설기준 등도 인터넷방송의 경우에는 최소화될 수밖에 없다. 그것은 진입장벽의 해소로 연결된다.

생각건대 인터넷매체와 관련된 법적 규제나 지위에 관한 기본적인 적용 법률은 기존 언론 관련법제의 틀을 뛰어넘는 정보통신 관련법제가 되어야 한다. 즉 인쇄매체 중심의 신문법과, 방송통신을 아우르는 탈규제적인 방송통신법제의 정립으로 나아가야 한다. 이 경우 방송통신법제는 전통적인 방송과 인터넷매체를 구획하는 이중의 틀을 마련하여야 한다.

언론의 사회적 책임을 강조하는 현행법의 틀을 뛰어넘는 언론 내지 사상의 자유시장이론에 터 잡은 인터넷매체의 설정을 그려보는 것도 언론법제의 새로운 정립을 위하여 필요하다.

(2) 알 권리와 정보의 자유

일반적으로 알 권리(right to know, droit de savoir)와 정보의 자유(Informations-freiheit)는 동일한 것으로 간주되고 논술된다.[68] 하지만 이에 대하여 알 권리의 내용으로서 열독의 자유와 정보의 자유를 설명하기도 한다.[69] 이와는 별개로 표현의 자유에서 정보의 자유를 구획하고 정보의 자유를 알 권리, 액세스권, 정보제공의 규제, 정보수령권 및 정보수집권, 보도의 자유로 나누어 설명하는 견해는 알 권리를 정보의 자유의 한 내용으로 이해한다.[70]

생각건대 알 권리는 그 자체로서 개별적 기본권으로 인식하고, 정보의 자유는 오히려 정보와 관련된 일반적 자유로 이해하는 것이 바람직할 것 같다. 다만 알 권리와 정보의 자유를 굳이 구별할 필요는 없어 보인다. 굳이 구별하자면 정보의 자유가 알 권리보다 더 넓은 개념이 아닌가 한다.[71]

알 권리는 이미 헌법학계나 헌법재판소 및 대법원 판례를 통하여 헌법적 가치를 가지는 기본권으로 확인된 바 있다.[72] 그런데 자세히 들여다보면 표현의 자유와 관련된 문재인 정부가 발의한 헌법개정안 제20조, 제21조, 제22조에서

---

68) 계희열, 앞의 책, 435면; 안용교, 앞의 책, 410면; 이승우, 앞의 책, 771면; 허영, 앞의 책, 582면.
69) 홍성방, 앞의 책, 155면.
70) 정영화, 앞의 책, 324면.
71) 안용교, 앞의 책, 410-412면.
72) 헌재 1991.5.13. 90헌마133등: 정보에의 접근·수집·처리의 자유, 즉 "알 권리"는 표현의 자유와 표리일체의 관계에 있다.

전통적인 주어로서의 '모든 국민'이라는 표기는 제20조와 제21조에서는 보이지
아니한다. 그런데 개정안에서 알권리의 주체는 '모든 국민'으로 되어 있는데, 자
기정보통제권에는 '모든 사람'으로 구분한다. '모든 국민'과 '모든 사람'의 구분은
결국 대한민국 국적을 가진 '국민'(또는 시민)으로 한정할 것이냐 아니면 국적을
불문하고 '사람'으로 할 것이냐의 문제로 이어진다. 미국이나 프랑스에서는 정보
공개법(정보자유법, 행정문서액세스법)에서 처음에는 citizen 또는 citoyen으로 하
였으나 알 권리가 가지는 인간존엄 및 인격의 기초라는 측면에서 관련 법률을
개정하여 any person 또는 toutes personnes로 개정된 사실을 고려한다면[73] 알
권리도 모든 국민이 아니라 모든 '사람'으로 표기하는 게 시대흐름과 알권리의
본질에 부합한다. 그런 점에서 본다면 제22조 제2항의 자기정보통제권에 대하여
는 모든 '사람'으로 표기한 것은 적절하다. 따라서 '모든 사람'으로 통일하여야
한다.

정보접근권은 정보공개청구권을 명확히 하자는 의미로 받아들인다. 그러나
알 권리에 내포되는 정보접근권을 굳이 알 권리와 구별하여 규정할 필요가 있느
냐의 논의가 제기된다. 또한 자기정보결정권은 이미 사생활의 비밀과 자유에서
보장하고 있는 내용으로서 자기정보통제권의 일환으로 이해하면 될 것인데 굳이
이를 따로 독자적인 기본권으로 규정할 필요가 없다고 본다.[74] 하지만 헌법학계
의 다수견해와 헌법재판소의 판례는 개인정보자기결정권을 독자적인 기본권으
로 인정한다.[75]

(3) 정보기본권과 관련된 표현의 자유

1949년에 제정된 독일연방공화국 헌법은 집회·결사의 자유를 집회의 자유
(제8조) 및 결사의 자유(제9조)로 규정하여 집회·결사의 자유를 제5조 표현의
자유와 구별하여 규정하여 왔다(의사표현, 정보, 출판, 방송, 영상보도의 자유). 즉
표현의 자유의 논리구조는 의사표현의 자유, 정보의 자유, 신문의 자유, 방송과
영상의 자유로 대별할 수 있다. 그 중에서 정보의 자유는 바로 오늘날 알 권리
로 대표되는 정보기본권의 핵심을 이룬다.[76]

---

73) 성낙인, 헌법학논집, 법문사, 2018, 1612면.
74) 성낙인, 헌법학, 1270면.
75) 헌재 2005.5.26. 99헌마513.
76) 계희열 역, 독일통일헌법원론(Konrard Hesse, *Grundzüge des Verfassungsrechts der Bundesrepublik Deutschland*, 20 Auflage), 박영사, 2001, 243－249면; 정태호 역, 독일기

같은 맥락에서 1999년의 스위스헌법도 표현의 자유와 정보의 자유를 규정한 것은 충분한 의의를 가진다.[77][78] 즉 제16조에서는 표현과 정보를 독립적으로 규정하고 나아가서 정보자유권을 규정하기에 이른다(표현 및 정보의 자유). 또한 유럽연합기본권헌장도 제11조(표현 및 정보의 자유)를 규정한다. 그런 의미에서 2014년 국회 개헌자문위원회에서 스위스 헌법 규정을 참고한 점은 충분히 고려할 만하다.[79]

생각건대 표현의 자유의 출발점은 표현이다. 그 표현의 말, 즉 언어(speech)를 통하여 드러난다. 그런 점에서 우선 표현의 자유를 규정하여야 할 것이다. 이어서 언어로 표현하기 위하여는 일련의 정보를 획득하여 이 정보에 기초하여 자신의 사상을 표현하기 때문에 정보의 자유가 연계된다. 오늘날 일반적으로 이들 정보는 언론매체를 통하여 접근할 수 있었기 때문에 언론매체의 자유의 중요성이 인정된다. 하지만 디지털 시대에 접어들면서 언론매체의 개념 또한 변용되고 있을 뿐만 아니라 모든 사람이 독자적인 매체의 이용자(소비자) 겸 매체의 소유자(생산자)가 되고 있는 상황에서 이들 정보의 자유 내지 알 권리와 관련된 일련의 기본권을 헌법상 어느 정도까지 표출할 수 있을 것인지도 의문이다.

(4) 디지털 정보기본권

21세기에 접어들면서 정보기본권에 관한 논의가 활발하게 전개되어 왔다. 가장 보편적인 의미에서의 정보기본권은 정보에 관련된 일련의 기본권을 총칭하는 개념으로 작동될 수 있다. 정보사회의 진전에 따라 나타나는 기본권 중에서 특히 자기정보통제권(개인정보자기결정권), 정보공개청구권, 정보프라이버시권, 정보보안권 등을 제시하기도 한다.[80] 하지만 정보기본권의 범주에는 더 폭 넓게

본권개론(Bodo Pieroth & Bernhard Schlink, *Grundrexhte, Staatrecht* Ⅱ, 1999), 헌법재판소, 2000, 176-197면.

77) 1999년 스위스연방 헌법 제2편 기본권, 시민권 및 사회적 목적 제1장 기본권.

78) 정보권 내지 정보에 대한 권리를 보장한 헌법으로는 멕시코헌법 제6조, 그리스헌법(2001년 개정) 제5A조; 남아프리카공화국헌법 제32조(정보에 대한 접근); 라트비아헌법 제100조; 러시아헌법 제2장; 멕시코헌법 제6조; 스웨덴헌법 제2장; 슬로바키아헌법 제26조; 슬로베니아헌법 제39조; 폴란드헌법 제54조 등이 있다. 이들 권리와 국가의 의무는 현대 정보사회와 관련된 사안들이다.

79) 정재황, "2014년 국회 헌법개정자문위원회 개헌안에 대한 검토", 세계헌법연구 제23권 제3호, 2017, 20면 이하.

80) 김상겸, "정보기본권의 체계와 보장에 관한 연구 — 정보국가원리와 관련하여", 세계헌법연구 제16권 제1호, 2010.2, 84면.

정보사회의 기본권, 즉 알 권리와 사생활의 비밀과 자유와 더불어 전통적인 표현의 자유와 관련된 사항도 포함되어야 할 것이다. 왜냐하면 전통적인 표현의 자유에서의 표현의 기법이나 양태도 정보사회를 맞이하여 새롭게 변용하고 있을 뿐만 아니라, 언론매체 또한 전통적인 신문이나 방송의 틀을 뛰어넘는 통신매체 시대를 맞이하고 있기 때문이다.

더 나아가 정보기본권 중에서 디지털기본권을 새롭게 정립하고자 하는 논의도 계속된다.[81] 즉 정보기본권＞디지털 기본권＞사이버 기본권으로 체계화하려 한다. 이에 디지털 기본권의 내용으로는 1. 인터넷 액세스권 혹은 인터넷 접근·이용권, 2. 익명표현의 자유, 3. 개인정보자기결정권, 4. 잊혀질 권리,[82] 5. 디지털콘텐츠에 대한 지식재산권자의 권리 등을 적시한다.[83] 따지고 보면 위에서 적시한 디지털 기본권에 관한 사항도 결국 전통적인 표현의 자유와 연계되는 기본권 중에서 특히 디지털 시대에 강하게 요구되고 기능하는 기본권을 추출한 것으로 볼 수 있다.

2014년 개헌안의 정보기본권 신설에는 찬성하는 견해가 많으나, 소위 형성중인 권리이므로 명문규정으로 도입하는 것에 신중히 접근하여야 한다는 견해도 있다.[84] 하지만 정보기본권은 사회변화와 이에 준거하여 보호할 필요가 있다고 본다. 즉 "디지털화된 개인정보의 수집·처리·확산에 따른 위험 등이 대두됨에 따라 개인 스스로 자신의 정보를 관리·통제할 필요성이 커지고 있으며, 헌법 제17조(사생활의 비밀과 자유)에 의한 보호는 소극적이므로 자기정보관리통제권을 명시적으로 규정할 필요"가 있다. 개정방향으로는 "정보화 사회에서 정보기술 및 정보자원에의 접근능력 부재는 정치적·경제적·사회적 참여의 박탈을 의미하므로 정보격차의 해소를 위한 국가의 노력 의무를 규정하여 정보소외계층의 정보접근권을 실질적으로 보장할 수 있도록 하는 방안을 검토"한다.[85] 모든 정보원에 접근하여 정보를 수집하고 처리할 수 있는 권리인 알 권리와 정보접근

---

81) 김주영, "미국의 디지털 기본권 논의에 대한 소고", 헌법학연구 제24권 제2호, 2018.6; 김현귀, "액세스권의 기본권적 의미", 언론과 법 제12권 제1호, 2013.6; 손형섭, "일본에서의 디지털 기본권에 관한 연구", 헌법학연구 제24권 제2호, 2018.6; 이인호, "디지털시대의 정보법질서와 정보기본권", 법학논문집, 중앙대, 2002.11; 김일환, "헌법기본권편 개정의 쟁점과 대안", 2009 한국공법학회 헌법개정의 쟁점과 대안, 2009.6.26.
82) 문재완, 잊혀질 권리(이상과 현실), 집문당, 2016.
83) 황성기, "디지털 기본권의 의미와 내용", 헌법학연구 제24권 제3호, 2018.9, 1-38면.
84) 헌법개정자문위원회 최종보고서 1권, 259면.
85) 위 보고서, 268면.

권을 명시하고, 사이버 공간 등에서의 새로운 유형의 인권침해 문제와 디지털화된 개인정보의 수집·처리·확산에 따른 위험 등이 대두됨에 따라 본인 스스로 자신과 관련된 정보의 열람·정정·삭제를 요청할 수 있는 권리인 개인정보자기결정권을 명문으로 규정할 필요가 있다. 또한 지식과 정보, 문화콘텐츠에 대한 접근과 이용의 자유와 함께 이러한 접근과 이용을 국가와 사회에 대하여 요구할 수 있는 개인의 청구권까지 포함하는 정보문화향유권을 규정한다.[86]

생각건대 우리나라의 경우 정보기술에 관한 한 세계 최고 수준에 있어서 정보기술의 보급과 이용면에서는 선진국이지만, "정보자유, 정보공개, 정보공유" 등의 측면에서는 지극히 취약하고, 특히 정보보호의 측면은 세계적인 위험사회로 지적되고 있다. "새 헌법에서는 개인정보의 보호에 관한 기본원칙과 국가의 개인정보보호의무를 명시적으로 규정하여 하위법률의 근거로 하여야 한다. 기본원칙은 정보접근권, 정정 및 취소청구권, 제공 또는 공개에 관한 이의청구권, 손해배상청구권 등을 포함하여야 한다."[87]

다만 헌법개정에 따라 개인정보자기결정권을 '헌법에 열거되지 아니한 기본권'으로 명시할 경우에는 현행헌법 제17조의 사생활의 비밀과 자유와의 관계 내지 범위 획정에 관한 논의도 동시에 진행되어야 할 것이다.

(5) 정보문화향유권

과학적인 문화적 창작물은 인류가 쌓아온 업적에 토대를 둔 것이기 때문에 온전히 그 창작자 개인의 작품으로 볼 수 없고 인류 공동자산으로 볼 수 있다. 특히 의약품, 농산물 등의 경우 특허권 남용으로 절실하게 필요한 사람들이 이용하지 못하여 생명을 잃는 사례가 많이 발생한다. 이에 지적재산권은 보호하되, 국가가 사회경제적 약자의 정보문화향유를 지원할 수 있는 헌법적 근거를 마련할 필요가 있다고 한다. 하지만 이에 대하여는 정보문화향유권이라는 새로운 기본권을 신설하기 보다는 오히려 과학적 문화적·창작물에 대하여 지적재산권을 강하게 보장하는 것이 바람직하다는 반론이 제기된다.

정보격차해소와 이를 시정하기 위한 국가의 노력을 규정하는 것은 바람직하다. 하지만 국민의 권리 관련 규정에서 국가의 노력 규정을 삽입한 것이 적절한지도 의문이다. 그런 점에서 본다면 차라리 국회 헌법개정자문위원회안과 같이

---

86) 위 보고서, 89면.
87) 이헌환, 헌법 새로 만들기, 유원북스, 2017, 108면.

정보문화향유권을 명시하고 그 권리에 기초하여 국가의 노력을 부기하는 방안도 고려하여 볼 만하다. 2014년안에서 별개 항으로 규정한 것은 바람직한지 고려할 필요가 있다.

생각건대 정보문화향유권은 아직도 일반적으로 인용되는 기본권으로 받아들이기 어려운 측면이 있다. 유엔 사회권규약 제15조가 '문화생활을 누릴 권리'와 '과학의 진보 및 응용으로부터 이익을 향유할 권리'를 포함하는 것으로 이해될 수 있고, 제3세계 국가에서 의약품 접근권을 주장하고 있다는 점에서 발전된 권리라는 점을 검토하여야 한다.[88]

(6) 국가의 정보와 관련된 책무

오늘날 지식기반사회에서 정보는 그 지식 창출의 핵심을 이룬다. 그런 의미에서 국민은 국가생활에서 얼마나 정보에 접근·이용할 수 있느냐에 따라서 삶 자체가 달라질 수 있다. 이에 정보문화향유권에 이어 국가의 정보와 관련된 책무를 헌법에 명시하고자 하는 안이 제기된다. 우리나라에서는 '국가정보화 기본법' 제31조에서 "국가기관과 지방자치단체는 모든 국민이 정보통신서비스에 원활하게 접근하고 정보를 유익하게 활용할 기본적 권리를 실질적으로 누릴 수 있도록 필요한 시책을 마련하여야 한다"라는 규정이 있는데 이를 헌법적 가치로 승화시키고자 한다.[89]

VI. 결 어

1. 표현의 자유 중에서 언론·출판의 자유와 집회·결사의 자유의 분리

민주주의의 생명선으로 간주되는 표현의 자유 보장은 민주주의의 발전과정과 함께 한다. 이러한 경향은 근대입헌주의 초기 단계에서 제정된 일련의 권리장전이나 입헌주의 문서를 통하여 잘 드러난다. 여기서 표현은 언론·출판을 의미하며 그것은 집회·결사의 자유를 제외한다.

---

88) 조소영, 앞의 논문, 25면,
89) 헌법개정자문위원회 최종보고서 제1권, 90-91면; 그리스헌법 제5A조.

2. 표현의 자유에서 구현방법으로서 인쇄매체에서 방송매체로 이행

언론·출판이라는 표현의 개념 정의는 그리 간단한 문제가 아니다. 전통적인 의미에서의 표현의 자유를 의미하는 표현은 사상의 자유로운 표현에 맞추어져 있다. 그런데 현대적인 정보사회가 진척되기 이전에 일반 국민의 정보원은 언론매체로부터 비롯되었다. 바로 그런 의미에서 표현의 자유는 언론매체의 자유가 그 중핵을 이루어왔다. 그런데 20세기에 이르러 방송은 그 이전의 인쇄매체와 구별되는 새로운 매체로 자리매김하였다. 그 방송도 초기에는 라디오 방송과 같은 음성방송으로부터 출발하였지만, 20세기 중반 이후에는 텔레비전의 등장과 더불어 시청각매체로 전환되었다.

3. 인터넷매체의 등장에 따른 표현의 환경변화

20세기 후반에 컴퓨터의 발명과 더불어 과학기술의 진보에 따라 전통적인 인쇄매체, 즉 출판을 중심으로 하는 표현은 이제 방송의 시대를 넘어서 인터넷통신의 디지털시대를 맞이한다. 그에 따라 표현의 자유가 의미하는 표현 그 자체의 방식 또한 매우 다양하게 전개된다. 뿐만 아니라 인터넷의 특성상 시간과 공간을 초월하기 때문에 전통적인 개별 국가 중심의 법제는 한계에 봉착한다. 사실상 인터넷의 바다에 대한 규제나 통제가 불가능한 상황에서 표현의 남용 또한 심각한 상황에 이른다. 이에 디지털 시대에 접어든 표현 및 표현의 자유에 대한 근본적인 성찰이 필요하다.

4. 사상의 자유시장에서 사회적 책임이론으로 전환

"자유 아니면 죽음을 달라"라는 명제가 제시하는 표현의 자유의 중요성에 따른 사상의 자유시장론은 현대에 이르러 표현의 자유의 사회적 책임으로 전환된다. 하지만 디지털에서 횡행하는 표현에 대한 법적 통제가 갈수록 불가능한 상황에 처하는 영역, 즉 인터넷을 중심으로 하는 디지털영역에 대하여는 법의 영역이 아니라 윤리의 영역(소위 네티켓)을 확대·강화하여야 한다.

5. 고전적인 표현의 자유와 현대적인 정보기본권의 조화

전통적인 표현의 자유 못지않게 현대적인 정보사회의 진전에 따라 새로운 기본권이 자리매김한다. 알 권리, 정보접근권, 자기정보통제권, 정보문화향유권, 사생활의 비밀과 자유, 통신의 자유 등 새로운 정보기본권에 대한 논의는 전통적인 표현의 자유의 외연 확대와 더불어 종합적이고 체계적인 정보기본권의 정립을 동시에 요망한다.

현대적인 정보기본권 중에서 표현의 자유와 직접적으로 연계되는 알 권리(정보의 자유)를 비롯한 일련의 기본권과 전통적인 표현의 자유를 어떻게 조화롭게 규율하는 체계를 정립할 것인가의 문제가 제기된다. 이와 관련하여 제기되는 일련의 체계는 앞에서 언급한 주요 국가의 헌법을 참고할 필요가 있다. 이상과 현실을 조화하는 차원에서 국회의 2008년 및 2014년 안과 문재인 정부안을 조정하는 수준에서 표현의 자유와 정보의 자유 내지 정보기본권을 설정하는 게 바람직하다.

6. 디지털 시대의 능동적 입법과 정책

디지털의 개념에 관하여는 우선 우리나라에 이미 존재한 바 있는 입법례를 통하여 그 개념을 찾아 볼 수 있다. 비록 법률 명칭에서 디지털이라는 표현을 사용하는 예는 없지만, 법률의 규정에서 디지털에 대한 정의를 내린 예를 발견할 수 있다.[90] 이를 한 마디로 정의한다면 디지털은 '전자적인 형태의 것'이다. 그것은 생산·축적·처리·저장·유통의 모든 면에서 기존의 비전자적 형태를 뛰어넘는다. 그 정보의 오·남용은 정보재앙을 초래할 수도 있다.

---

90) 현행 '콘텐츠산업 진흥법'의 전신인 '온라인 디지털콘텐츠산업 발전법'(제2조 제1호), 한시법으로 이미 2013년에 폐지된 '지상파 텔레비전의 디지털 전환과 디지털방송의 활성화에 관한 특별법'(제2조 제2호), '문화산업진흥 기본법'(제2조 제5호)에서 찾을 수 있다; 황성기, 앞의 논문, 5-9면: 황 교수는 디지털 정보의 특성으로서 ① 복제의 용이성, 원본과의 동일성, 보존의 영구성, ② 정보저장, 정보처리 및 정보재생의 표준화, ③ 네트워크를 통한 정보의 공유 및 확산, ④ 미디어 이용자의 정보선택 및 통제권의 강화를 들고 있다.

[Resume]

Freedom of Expression in the Digital Age

In the Republic of Korea, the freedom of expression has been commonly thought to comprise the freedom of speech and the press, and the freedom of assembly and association. There are several questions that need to be addressed in order to carve out the meaning of freedom of expression in the digital age.

First and foremost there needs to be a clear distinction between the freedom of expression and other fundamental rights articulated in the constitution, in order to determine the scope of protection. Secondly, the concept of freedom of expression is dependent upon how expression is defined. The question of whether to classify the right to information as stemming from the freedom of expression is raised. Thirdly, as the freedom of expression is more often than not realized through mass media, the freedom of mass media is a crucial matter. Yet the desirability of regulating the mass media at the constitutional level is questionable. Fourthly, in today's digital era the internet has fundamentally changed the characteristics of traditional news media outlets. Newspapers are no longer the dominant source of information. Rather, as expression through television and the internet is not confined to the borders of a nation-state, the freedom of expression has transformed into a transcendent fundamental right enjoyed by all people regardless of nationality.

In this paper, I specifically focus on the freedom of speech and the press. In contrast to the individualistic nature of freedom of speech and the press, the freedom of assembly and association appears in a collective form. This is an aspect that needs to be dealt separately. By examining the constitutional and legislative history of Korea and by comparing similar regulations of other states, I seek to show how the freedom of expression has transfigured over time. With the advent of online media outlets, the types of expression have diversified and the traditional regulations are not fit to deal with all the changes. In formulating a new legal system of the freedom of expression, such changes of the digital era should be reflected. Furthermore, the social responsibility of the mass media and internet ethics also needs to be contemplated.

Keyword : Freedom of Expression, Digital Age, Republic of Korea, freedom of speech and the press, freedom of assembly and association, right to know, right to information, mass media, internet, social responsibility of the mass media

3. Korea's Experience in Implementing Korean Act on Information Disclosure by Public Agencies, 1996*

I. Introduction

The Act on Information Disclosure by Public Agencies was enacted in December 31, 1996 and was put into effect for the past five years since from January 1, 1998. In 1998, when the law was first put into effect, a total of 26,338 cases were requested and in 1999 the requests increased by about 63% to amount to 42,930 cases.[1] Furthermore, in 2000 requests rose by about 43% from a year ago to come to 61,586 cases.[2] In 2007, 235,230 cases were requested. Such figures reflect increase in public interest in the information disclosure. The significance of the Act from the point of view of advancement in the legal system can also be found in that Korea is the 12th nation to enact and enforce information disclosure law in the world.

The information disclosure system was adopted to protect the right to know of the people[3] as a sovereign and also to ensure transparency of national affairs.

---

* *Cf.* The Enactment, Amendment, and Implementation of Information Disclosure Act of South Korea, DOKKO LAW JOURNAL(2009.3).

1) In 1997, the total number of requests, which were made according to a Directives of Prime Minister, "Guides for Managing Disclosure of Administrative Information as the Act was not put into effect," amounted to 18,694. *See* The Ministry of Government Administration and Home Affairs, *Annual Report on Information-Disclosure of 1997.*

2) *See* the Ministry of Government Administration and Home Affairs, *Annual Report on Information- Disclosure of 1998 to 2007.*

3) SUNG, Nak-in, *Communication and Information Law*, Nanam, 1998, pp. 357-370. SUNG, Nak-in, "The Right to know," *HunBubNonChong*, the 9th Issue(Special Collection to Celebrate the 10th Anniversary of Constitutional Court Foundation), Constitutional Court, 1998, pp. 151-210.

II. Discussion for Enactment and the Process of Enactment of the Act

1. Discussions among Academic Circles and the Presentation of the Draft

Discussions to enact both a law on protecting privacy and secrets of the people and a law of disclosing information were actively carried out among the Korean academics in the 1980s in step with rapid development of information society. The constitutional foundation for information disclosure act is the right to know of the people. The legal scholars presented a theory that although the right to know is not clearly stated as an individual fundamental right, it is a fundamental right that has constitutional value.

The Korean Public Law Association presented the drafts for the law on protecting privacy and secrets of the people and the law of disclosing information in 1989 based on the discussions carried out thus far.[4] It was the first time in Korea that an Act concerning disclosing information was proposed.

2. Recognition of the Right to know as a Fundamental Right Having Constitutional Value by the Constitutional Court

The current Constitution adopted the constitutional court system. Accordingly, the Constitutional Court was established in September 1988. Of the powers awarded to the Constitutional Court, the power to adjudicate constitutional complaints filed by individuals has received attention.

In 1989, the Constitutional Court ruled that the right to know included the right to request disclosure of information held by the administrative agencies and confirmed a constitutional obligation of the state or local governments to comply with a citizen's legitimate request for information. It was a case in which the petitioner filed a complaint for the inspection

---

4) I participated in drafting both acts as one of three members of a drafting committee since I was a general manager of the Korean Public Law Association.

and duplication of the old forests title records, private forests use surveys, land surveys, and land tax ledgers kept by the County.[5]

The Constitutional Court has mostly found the legal foundation of the right to know in the Preamble, sovereignty clause(article 1), human dignity and worth clause(article 10), freedom of speech clause(article 21), and life worthy of human being clause(article 34, section 1).

3. Enactment of Ordinance on Information Disclosure by Cheongju City and the Supreme Court's Recognition of Legitimacy Based on the Right to know

The Assembly of Cheongju city voted for the Ordinance on Information Disclosure for the first time in Korea(it was passed unanimously on November 25, 1991) after the Constitutional Court held that the right to demand for information disclosure was constitutionally accepted even though any law regarding information disclosure was not enacted. The Mayor of Cheongju city demanded for reconsideration by referring to article 159 of Local Autonomy Law on December 13, 1991 and the Governor of Chungcheong Bukdo also requested for a reconsideration based on the same clause on December 23, 1991. However, the Assembly of Cheonju city put the demand for reconsideration for a vote and passed it on December 26, 1991. The Mayor of Cheonju city immediately requested to the Governor of Chungcheong Bukdo to file a lawsuit to the Supreme Court on December 27, 1991 and the Governor approved the request on December 30, 1991. Accordingly, the Mayor of Cheongju city filed a suit to revoke the Ordinance on the ground that the Ordinance on Information Disclosure passed by the Assembly was not empowered by any parent law. The Supreme Court ruled that the Ordinance was legitimate. The Court explained reasoning as follows; the enactment of the Ordinance on information disclosure does not require delegation of individual act for the Ordinance does neither restrict rights of the people nor impose any obligation upon the people. The Ordinance just helps the people to fulfill his or her right to know without any possibility of infringing others' rights.[6]

---

5) The Constitutional Court of Korea, 88Hunma22.
6) The judgment of the Supreme Court, June 23, 1992, 92Chu7.

The Ordinance on Information Disclosure of Cheongju city was proclaimed by the Chairman of the Assembly of Cheongju city assembly on January 4, 1992 and was put into effect from June 23, 1992, when the Supreme Court made the final ruling. Once the legal ground of the Ordinance was confirmed, other local autonomy institutions throughout the nation followed the Assembly of Cheongju city.[7]

4. Discussions among NGOs

In Korea, 1987 Constitution(The 6th Republic Constitution) was established through the movement for democracy in June of 1987 after having eradicated the long standing authoritative government. In the process of democratization, the activities of NGOs also became invigorated. The most representative group is Citizens Coalition for Economic Justice(CCEJ). The CCEJ requested for the enactment of the draft of information disclosure act that they had jointly studied with Korea Administrative Institute in July 1993.

5. Announcement by Political Parties to Establish Information Disclosure Act during the 1992 Presidential Election

During the 1992 presidential election three parties of one ruling and two oppositions proclaimed to enact information disclosure act as a presidential policy pledge in order to satisfy the right to know of the people and to improve administrative fairness through democratization of the policy formulation and openness.

6. Process of Enactment of the Act on Disclosure of Information in the Government

The government hurried to enact an act on information disclosure to meet the decisions of both the Constitutional Court and the Supreme Court and perceive the necessity of enactment.

---

7) A total of 178 local autonomy institutions had enacted ordinances on information disclosure by the June of 1997. 9 out of 15 large autonomy institutions such as metro cities and provinces and 178 out of 230 basic autonomy institutions had enacted such ordinances.

In the interim period before the enactment of the Act, Korean government proclaimed Guides for Managing Disclosure of Administrative Information, which is a Directives of Prime Minister(n° 288, Mar. 2, 1994), as a way of effective execution of disclosing information. The Guides showed a strong will of the government to accomplish the system of disclosing information on a national scale though it had an effect only within the public agencies and no effect on the people.

Furthermore, the government prepared Regulations on Committee of Information Disclosure, a Directive of Office for General Affairs(n° 169, July 2, 1994). According to the Regulations, a Committee was organized and began to make out a draft in July 21, 1994. The Committee comprised 10 members, three professors in public law, a professor in public administration, a journalist, a judge, a prosecutor, a researcher fellow in Ministry of Legislation, one research fellow in the Korea Institute of Public Administration, and a director who was in charge of the draft in the Office for General Affairs.

The Committee had studied a draft prepared by the Office for General Affairs along with other drafts suggested by the Korea Institute of Public Administration, Korean Public Law Association, Citizens Coalition for Economic Justice and Democratic Party. Also the Committee examined statutes of other countries. The original draft of the Office for General Affairs confined the scope of institutions which should disclose information into administrative branches. However, the scope of application was expanded to all public agencies to meet the presidential policy pledge of President Kim Youngsam. The Committee finalized its draft after having 8 meetings and referred it to a public hearing. I participated as a speaker in the public hearing which was held on Dec. 21, 1994.

The Committee gathered opinions from various fields after the public hearing. The ministry had a conference with public officials in other ministries concerned before a public notice concerning the Act on Disclosure of Information by Public Agencies. The draft Act was submitted to the National Assembly after the official process of consulting with other ministries concerned, vice-minister meeting, coordination meeting presided by a minister of Office for Government Policy Coordination, and a final review by Minister of Legislation. Meanwhile, the Committee had six more meetings to help the government to finalize the draft. The National Assembly passed the draft Act into an Act on December 31, 1996, the act number of which is 5242. Also, the Enforcement Ordinance for the Act on Disclosure of Information by Public Agencies was made on October 21, 1997 as a Presidential Decree(n° 15,498) and was put into effect since January 1, 1998.

7. Major Issues Discussed in the Process of Enactment of the Act

First, while in Japan some doubted whether the act clearly states the right to know, no objection was raised in Korea to inserting the right to know in article 1, the purpose clause, as both the Constitutional Court and the Supreme Court recognized its constitutional value as a fundamental right.

Second, the Committee reached a consensus without objection on the expansion of scope of application to all public agencies, though the original idea of the government was to apply the Act to administrative branches.

Third, the Committee named the bill the Act on Information Disclosure. Afterwards, the name was changed into the Act on Disclosure of Information by Public Agencies to balance with a sister law, the Act on Protection of Personal Information by Public Agencies.

Fourth, information of non-disclosure was the hottest issue. Article 4 (3), which states "[t]he Act shall not apply to information created or collected for the purpose of analyzing information related to national security by the institutions in charge of information and confidential service related to national security and security matters," was put in by the strong demand of public security agencies.

Fifth, there was a debate on having a penalty clause in the Act. The Committee concluded that it would not produce any practical effect.

Sixth, the draft proposed to a public hearing had a clause of establishing Information Disclosure Commission, which was deleted in the process of coordinating various opinions form ministries concerned. Ministry of Legislation demanded to delete it. Instead, the Administrative Appeals Commission, the operation of which is supported by Ministry of Legislation, become in charge of administrative adjudication.

Ⅲ. The General Principles of Disclosure of Information

1. Framework of "Act on Disclosure of Information by Public Agencies"

The Act was comprised of 5 Chapters, 24 Articles, and an Addendum, which are as follows;

Chapter 1   General Provisions

Article 1 Purpose
Article 2 Definitions
Article 3 Principle of Information Disclosure
Article 4 Scope of Application
Article 5 Duties of Public Agencies

Chapter 2   Holder of Right to Request Disclosure of Information and Information of non-Disclosure

Article 6 Holder of Right to Request Disclosure of Information
Article 7 Information of non-Disclosure

Chapter 3   Procedure of Disclosure of Information

Article 8 Methods of Request for Disclosure of Information
Article 9 Decision on Disclosure of Information
Article 10 Information Disclosure Deliberative Committee
Article 11 notice of Decision on Disclosure of Information
Article 12 Partial Disclosure
Article 13 Procedure for Disclosure of Immediately Available Information
Article 14 Duties of Requester
Article 15 Expenses

Chapter 4   Procedure of Appeal

Article 16 Application for Objection
Article 17 Administrative Adjudication
Article 18 Administrative Litigation

Article 19 Application for Objection, etc. by Third Party

Chapter 5   Supplementary Provisions

Article 20 Institutional Management
Article 21 Provision of Information
Article 22 Preparation, Provision, etc. of Main Documents List
Article 23 Request for Submission etc. of Documents
Article 24 Provisions Concerning Delegation
Addendum

But this Act was revised in 2004 comprising 5 Chapters, 27 Articles, and an Addendum.

2. Purpose

The purpose of this Act is to ensure the people's right to know and to secure participation of the people in state affairs, and transparency in the operation of state affairs, by providing for the necessary matters concerning the obligation to disclose information possessed and managed by public agencies and the people's request for the disclosure of such information(Article 1).

Article 1, the purpose clause, makes it clear that the Act was enacted to ensure the people's right to know as a fundamental right, which has a constitutional value. For disclosure of information enables the people, who hold the sovereignty, to participate in state affairs. Furthermore, the doctrine that sovereignty resides in the people can be realized through disclosure of information, which is accompanied by direct democracy and transparency in the operation of state affairs.

3. Scope of Public Agencies to Disclose Information

The term "public agencies" means the state, local government, government-invested institutions pursuant to the provision of Article 2 of the Framework Act on the Management of Government-Invested Institutions, and other institutions determined by the Presidential Decree(Article 2, Section 3).

It is admirable that compared with other countries, the Act and the Presidential Decree provide a relatively broad scope of public agencies which should disclose information. Some scholars, however, argue that the scope should be expanded more. I think a suitable way should be found after applying the law for a while. It should be noticed that disclosure of information by government-invested companies are in conflict with trade secrets of those companies.

4. Principle of Disclosure

The Act is the basic law governing disclosure of information. According to article 3 it applies in matters of disclosure of information, except as otherwise provided by other Acts. The article 4 clearly states that the public agencies should disclose information only with some exceptions.

The term "information" means the items drawn up or obtained and managed by the public agencies in the course of the performance of their duties, which are recorded in documents, drawings, pictures, films tapes, slides and media which are processed by computers, etc(Article 2, Section 1).

The Act prescribes all information to be disclosed so long as they are official. Documents under the Act are to be defined broadly so as to include papers, reports, briefs, written agreements, written opinions, statistics, forecasts, written decisions, circular letters, orders, explanations on laws, and written answers on administrative procedure from public officials concerned. The Act, in particular, includes information produced by computers in order to catch up with the development of information technology.

The term "disclosure" means allowing the inspection of information, or distribution of the copies or reproductions thereof by the public agencies, pursuant to the provisions of this Act(Article 2, Section 3).

Article 2, Section 3 should not be understood to define time order in opening information such as inspection first, distribution of copies second. Disclosure under the Act means disclosing information in a passive way, that is to say, in complying with ordinary people's request. However, in the Internet age, the public agencies should take more positive methods such as posting information on their website so as to ensure the right to know and secure transparency in the operation of state affairs.

When they can easily handle information by computers, the public agencies should provide requesters with value added information. In fact, however, neither requesters nor courts can imagine how much time and efforts it would take to handle information.

5. Rights and Obligations of Requesters

All persons can make a request to disclose information to public agencies. Persons in this sense mean both natural persons and juridical persons.[8] Under article 5, all the matters related to the request for disclosure of information by foreigners are to be prescribed by the Presidential Decree. There arises a strong resistance in allowing foreigners to access government information in terms of information sovereignty. However, some argue, from the perspectives of globalization, that foreigners can have the same access to official information as Koreans. The following table shows a trend for what purposes requesters ask information.

⟨Table 1⟩ Statistics on Information Disclosure Request

YEAR	Total Number	Academic Purpose	Business Purpose	Administrative Inspection	Litigation Related	Property Related	The Others
2001	86,086 (100%)	10,476 (12%)	13,290 (16%)	7,422 (9%)	11,546 (13%)	12,919 (15%)	30,433 (35%)
2000	61,586 (100%)	8,589 (14%)	7,481 (12%)	5,359 (9%)	9,690 (16%)	10,463 (17%)	20,004 (32%)
1999	42,930 (100%)	2,922 (7%)	4,504 (10%)	3,248 (7%)	8,310 (20%)	9,047 (21%)	14,899 (35%)
1998	26,338 (100%)	1,416 (5%)	2,698 (10%)	1,371 (5%)	5,413 (21%)	5,764 (22%)	9,676 (37%)

---

8) The decisions by courts do not differentiate juridical persons from natural persons in matters of requesting information.(Seoul Administrative Court, The Third Department, 2001Gu5872 etc.) It is common in most countries that there is no restriction on juridical persons in applying for information. Sweden, however, has forbidden juridical persons to request.

Ⅳ. Not-applicable Information: Information of non-Disclosure

1. Meaning

The basic rule is that all public information should be open, considering the essentials of disclosure of information which work, as an institution, to actualize the principle that sovereignty resides in the people by getting rid of closed administration. If the exceptions of non-disclosure are accepted too broadly, the Act would turn into the Act on non-Disclosure of Information. The Act enumerates 8 exceptions to disclosing information.

2. Reviewing the Act

The provisions of non-disclosing situations frequently mention abstract words such as "substantially" and "proper interest." Some raise the question of unconstitutionality as they are too vague. However, these words may be construed to limit the arbitrary and irrational decision of public agencies not to open their information. Comparative studies show that another option, which takes a way of simple description as for information of non-disclosure, may be better. France and Sweden are among countries which describe simple exceptions to disclosing information. In Austria, in particular, there are only three cases that public agencies may not legitimately disclose information. The complicate cases under those countries cannot but be solved by courts, committees, or ombudsmen.

Information of non-disclosure is classified as information for national interests, information for public interests, and personal information of individuals. The article 9 of the Act provides 8 cases when the public agencies may decide not to disclose information.

Information maintained as secrets or provided as non-disclosable by other Acts, or by the Decree or Ordinances issued under such Acts(Art. 9 (1) 1);

Art. 9 (1) 1 is a general clause to leave room for the possibility of not disclosing information by Acts, Decrees, or Ordinances. Critics contend that this clause officially allow public agencies to escape the obligation of disclosing information in the name of the law. Therefore, they argue that only when acts, decrees, or ordinances define secrets or information of non-disclosure individually and specifically this non-disclosure exception may be allowed.

Information which could, if disclosed, harm major national interests in such fields as national security, national defense, unification or diplomatic relations;(Art. 9 (1) 2)

Comparative studies show that there is a similar exception of non-disclosure for national interests in most countries who have enacted laws of disclosing information. However, Korean law has a too broad exception of national secret clause to take into account special circumstances in which North and South Korea have confronted each other for more than a half century. There is a concern that this clause, combined with art. 9 (1) 1, may lead to a conclusion that many laws enacted during the period of authoritarian government can be justified by the Act on Disclosure of Information by Public Agencies unless all statutes related to national security are revised to accommodate the ideas of the Act.

While the purpose of the Act is to effectuate the people's right to know as broadly as possible, the reason that we accept national security exception in the Act is to promote national interests. Therefore, the national security exception clause should be applied only when the people can actually and objectively understand what the national security is. For this is a way to harmonize the right to know and national interests.

In connection with this clause, it should be noticed that article 4, section 3, which states that "this Act shall not apply to information created or collected for the purpose of analyzing information related to national security by the institutions in charge of the information and confidential service related to national security and security matters," should be deleted. This is because it arouses a controversy whether all information regarding national interests are beyond the scope of application of the Act. Also, article 18, section 3, which states that "the

presiding judge may excuse the submission of the information concerned"
"if the object of litigation is related to ⋯ the information concerning
national security, national defense and diplomacy ⋯ [or] if the public
agencies show the procedure for designation as secrets, the class, kind
and nature of secrets, actual reasons for treatment as classified, [or]
causes for non-disclosure," should be removed for the same reason. The
courts have made it clear that National Intelligence Service is among the
public agencies that should disclose information according to the Act.
Before the judgment of the courts, there was a dispute whether NIS may
refuse to disclose information or not.

Under the judgements of the courts, monthly statistics regarding
persons and term renewals according to Security Surveillance Act,
diplomatic action plans, daily schedules, and budget plans and itemized
statements of expenditures of Congressmen, and reports by the
prosecutors on current movements of persons who had engaged in
demonstrations against the government are among the information to be
disclosed, as those are not related to art. 9 (1) 2.

Information which could, if disclosed, substantially harm the lives,
bodies and properties of the people, and other public safety or
interests(Art. 9 (1) 3);

Two phrases of art. 9 (1) 3, "if disclosed, substantially harm the lives,
bodies and properties of the people" and "other public safety or
interests," are not to be interrelated logically. The latter one confuses the
understanding of the former one. If someone interprets art. 9 (1) 3
literally, he may argue that the main reason for not disclosing information
that may harm the lives, bodies and properties of the people substantially
lies in public interests. On the contrary, I think that the main reason
could be found in preserving private interests. Therefore, it is desirable
that "other public safety or interests" be separated from the former one
or deleted.

Information related to the prevention and investigation of crimes,
institution and maintenance of public prosecution, execution of sentences,
correction, security measures, and pending litigations which could, if
disclosed, substantially hamper the performance of duties or violate the
criminal defendant's right to a fair trial(Art. 9 (1) 4);

Art. 9 (1) 4 is a clause to declare the principle that information may not be disclosed when disclosure can be an obstacle to juridical justice. The problem, however, is that the scope of its application is too broad. Refusing to disclose information either in whole or in part cannot be justified just because a trial is going on. According to judgments of the courts, information related to pending litigations of art. 9 (1) 4 is applied to limited situations that we can find out specific dangers of having influence over the trial when it is disclosed. Also, the courts have decided that overall refusal to disclose records kept during criminal investigation is against the law. With regard to demonstration against the government, the courts have accepted refusing to disclose documents with analyses of demonstration, but not accepted refusing to disclose to documents which confirm the fact that demonstration against the government occurred. It would make any trouble if the phrase "execution of sentences, correction, security measures" among art. 9 (1) 4 is removed. The courts, in particular, have decided that information related to security measures should be disclosed.

Information related to audit, supervision, inspection, examination, regulation, bid contract, development of technology, personnel management, decision making process or, internal review process which could, if disclosed, substantially hamper the fair performance of duties, studies and development(Art. 9 (1) 5);

The main idea of art. 9 (1) 5 is to make an exception to a rule of disclosing information when disclosure may substantially hamper the fair performance of duties, studies and development. It would be better not to describe specific situations in the Act. It depends on courts' decision or scholars' work whether disclosure may substantially hamper the fair performance. My concern is that public agencies may refuse to disclose any "information related to audit, supervision, inspection, examination, regulation, bid contract, development of technology, personnel management, decision making process, or internal review process" for this clause. It should be interpreted as giving public agencies some discretion whether they would disclose information regarding the cases mentioned in the Act or not. Also, it should be noticed that substantial parts of information related to audit, supervision, inspection, examination, regulation, bid contract, and development of technology are already disclosed.

When the draft of the Act was being made, there was an opinion that information, which is under consideration, deliberation, or discussion in order to decide major national policies and, if disclosed, it may substantially hinder robust debates and neutral decisions, also should be inserted in art. 9 (1) 5. I do not agree. It is sufficient to have provisions of information related to "decision making process or internal review process" as the current Act prescribes. It is a logical outcome that information after decision making process or internal review process should be disclosed. In these days of demanding both specialization and diversity of administration, various ideas and in-depth discussions are needed in making decisions on major national policies. Also, it is a way to accommodate conflicting interests. Therefore, we should take into account that free discussion can be dwindled for disclosing information in detail. However, it is not a matter of isolating these cases as exceptions in a form of statute, but a matter of dealing with principles of reasonableness on an *ad hoc* basis. If information on discussions at a meeting at issue is applicable to art. 9 (1) 5, public agencies may decide not to disclose it. According to the judgments of the courts, both the minutes of construction committee at Goyang city and those of the committee for reexamination of penalty decisions for school teachers should be disclosed, while the minutes of the committee for screening security measures are not to be disclosed. A recent judgment by the Seoul High Court, which reversed the ruling of trial court and supported the decision of public agencies, does not make sense as it allowed a refusal of disclosing information related to a general pardon after decision making process.

Personal information which could identify a particular individual by the use of the name, resident registration number, etc. included in such information: *Provided*, That the following personal information shall be excluded:

(a) Information which is available for public inspection in accordance with Acts and subordinate statutes, etc.;

(b) Information drawn up or obtained by the public agencies which is subject to public notification; and

(c) Information drawn up or obtained by the public agencies disclosure of which is necessary in order to remedy public interests or private interests(Art. 9 (1) 6).

Art. 9 (1) 6 is prepared to accommodate public interests and private interests by harmonizing two constitutional values, right to know and privacy of individuals. As public agencies are defined broadly in art. 2 of the Act, personal information produced by those public agencies should be treated with special caution. Furthermore, as information on private lives of the people are gathered and administered by public agencies with the help of computers networked in various fields, persons working in public agencies should be more alert in disclosing personal information. If not, any movement of every person can be screened as if he or she lived in a glass tube.

Information related to trade secrets of the corporations, associations or individuals which could, if disclosed, substantially harm their proper interests: *Provided*, That the following information shall be excluded: and

(a) Information which is needed to be disclosed for the protection of the lives, bodies or health of the individuals form the dangers arising due to business operations; and

(b) Information which must be disclosed for the protection of the property or everyday routines of individuals from unlawful or important business operations(Art. 9 (1) 7);

Information disclosure should not infringe on others' interests in businesses or any other operations. For example, information on file with patent as a result of research and development by a company should be firmly kept in secret. On the contrary any information, which is not directly related to trade secrets, should be easily accessible.

With regard to this clause, some contend that public agencies should not disclose information from companies if they accepted it on condition that they would not disclose it. However, this contention has an intrinsic problem that public agencies can manipulate the process of information disclosure. According to this argument, public agencies can avoid disclosing information by way of asking companies to request non-disclosure. The real problem lies in the fact that public agencies have enough power to make them request under the guise of a voluntary act.

Regarding this matter, the Critical Mass Standard proposed in the United States is worth considering.

Furthermore, if we protect trade secrets of companies excessively, it may violate the people's right to know. Especially information related to companies listed on the stock market should be disclosed for the interests of minority shareholders, not for the interests of majority shareholders.

Information which could, if disclosed, benefit or harm particular individuals, due to real estate speculations or concerning and hoarding practices etc.(Art. 9 (1) 8)

The purpose of Art. 9 (1) 8 is not to abuse the Act. Though the Act was introduced as a way of fulfilling the people's right to know, some people may make bad use of it for his or her own interests. However, applying the element of benefiting or harming particular individuals should be strictly limited. Furthermore, the whole clause of art. 9 (1) 8 can be removed without damaging the idea of it by applying art. 9 (1) 3.

3. Demand for Securing Appropriateness in Specific Cases of non-Disclosure and More Practical Use of Partial-Disclosure

Rational standards will show up during the interpretation, application, and execution of the Act. In 2002, 7,323 out of 86,086 cases handled by public agencies were turned down to disclose information. The ratio of non-disclosure amounted to 9%. The cases of non-disclosure were classified as those for not keeping information, which were 2,149 cases(29%), those for statutes prohibiting disclosure, which were 2,386(33%), those for infringing personal privacy, which were 1,086(15%), those for trade secrets, which were 492(7%), those for damaging the fair execution of public agencies, which were 429(6%), and those for pending litigations, which were 290(4%). This trend is shown up all three past years. The reason for rapid increase in total numbers of non-disclosure is found in that people began to request Ministry of National Defense and National Tax to disclose information.

Public agencies frequently refuse to disclose information on the ground that they do not keep or mange information that requesters want to have. In this case, requesters have no other way to seek information.

Therefore, once requesters show that the information, which they seek, exists somewhere and that the public agency, which requesters are asking to disclose, is substantially likely to keep that information, requesters must have access to the information. Therefore, it is a matter of urgency that the documentary system of public agencies should be improved in such a way that they cannot refuse to disclose information on the ground that they do not keep it. Public agencies have a duty to show that they did their best to find out the information and that they failed. Actually it is a problem that the courts have accepted the argument of public agencies that they could not disclose information on expenses for promoting business as they did not keep it. It is the duty of the public agencies to keep records. In case that computers make it easy to keep and handle the information, public agencies have a duty to supply requesters with value added information. However, it is not easy for the courts to determine how much time and human resources will be consumed to meet the specific need of each requester.

〈Table 2〉 Grounds for non-Disclosure in Recent Years

YEAR	total number	legal constraints	national interests	public interests	pending litigations	damaging fair execution	personal information	trade secrets	benefit or harm for particular persons	no information and etc.
2001	7,323	2,386	125	107	290	429	1,086	492	259	2,149
	100%	33%	2%	1%	4%	6%	15%	7%	3%	29%
2000	4,402	469	22	84	294	369	842	283	194	1,845
	100%	11%	1%	2%	7%	8%	19%	6%	4%	42%
1999	2,899	280	13	77	155	287	556	280	104	1,139
	100%	10%	—	3%	5%	10%	19%	10%	4%	39%
1998	1,347	119	5	63	85	118	202	104	83	568
	100%	9%	—	5%	6%	9%	15%	8%	6%	42%

The Act does not provide a specific clause, so called Glomar Response(Denial), which means that public agencies may refuse to response as to whether they keep information or not. The main reason for refusal is that the very information whether they keep it or not may be interpreted as disclosing information. It has been accepted by the courts in the United States. Japan has imported it and put it in the Act on Disclosure of Information. Though the Act does not mention it, it is desirable to accept it.

With regard to personal information and trade secrets of the corporation, it is highly recommendable to make actively use of the principle of partial-disclosure, which is prescribed in article 12, to handle the case with non-disclosable information as well as disclosable information.

V. Disclosure of Information and Redemption of Rights: Systematic Guarantee of Right to Access

1. Procedure for Disclosure of Information

Deliberation by Information Disclosure Deliberative Committee #

↑

Submit Request* → Request Accepted* → Transfer Request* → Decision to Disclose Information*
(Requester) (Archives & Document Section) (Related jurisdiction) (Within 10 days of receiving request)

↑

3rd Party   Objection to Disclosure
Hearing#   of Information
by 3rd Party #
(Within 3 days from the date of receipt of notice)

→ Notifice of Decision on   → Application for Objection   → Application for Objection
Disclosure/Non-disclosure*   by 3rd Party #   by Requester #
(No delay in decision of   (Within 7 days of   (30 days from receipt of
disclosure/non-disclosure)   receiving notice)   decision on disclosure or
date of decision of
non-disclosure)

→ Decision on Application   → Notification on Decision of   → Verification of Requester*
   for Objection #   Application for Objection #
   (Within 7 days of receiving   (Immediately after   (Verify I.D.)
   application)   decision is made)

→ Collect Fees*   → Disclosure of Information*

* Legend: * Mandatory procedures

\# Optional procedures

(1) Request for Disclosure of Information

The person making a request for disclosure of information(hereinafter referred to as the requester) shall submit a written request for disclosure of information stating the matters of following subparagraphs to the public agency which holds or maintains such information:

1. Name, resident registration number, and address of the requester; and

2. Content, and purpose of use, of the information requested for disclosure(Art. 8 (1)).

The copies or reproductions of the requested information may be restricted if the requested information is well-known or the requested amount is extraordinary so that the normal performance of duties of the public agencies could substantially be hampered(Art. 8 (2)).

Public agencies that do not fall under the provisions made in Article 8 (2), shall disclose the information according to the method selected by the person making the request for disclosure of information, either in copy or delivery of printed material. Conversely, the decision to disclose the information by reading of the copied document is illegal.

The current act regulates applications for disclosure of information such that the requester shall receive the information as a document. The Enforcement Ordinance stipulates only that the application for the disclosure of information may be made on the computer. However, in this age of the Internet, it must also be made possible to receive such applications over the Internet, like the Electronic Freedom of Information Act(EFOIA) in the United States.

(2) Decision of Disclosure by Public Agencies

The existing procedure for filing a request for the disclosure of information proceeds as follows: Submit request for disclosure of information → Decision made within 15 days → 15 day extension possible on a decision → No decision after 30 days deemed a decision for non-disclosure.

(3) Deliberation by the Information Disclosure Deliberative Committee

The Information Disclosure Deliberative Committee(Article 10), which sat in on 277 sessions in 1999 and 388 sessions in 2000, was established to deliberate on disclosure of information decisions that could not be reached through a sole decision by the head of the public agency, application for objections, and all other matters pertaining to the operation of the information disclosure system.

So far the Committee has not worked well enough to make their decision reflected. As follows, this Information Disclosure Deliberative Committee should be replaced by Information Disclosure Commission. Until this Commission system is established, there needs to be a systematic guarantee that allows the Information Disclosure Deliberative Committee to play, at the very least, a specialized role. For this purpose, the majority of the committee needs to be strengthened with outside specialists.

2. Expenses

The requester shall bear actual expenses related to the disclosure, mailing of information, etc.(Art. 15 (1)).

The expenses under the provision of paragraph (1) shall be reduced or exempted if the use of the information requested for disclosure is necessary for the maintenance and promotion of public welfare(Art. 15 (2)).

Currently, fees are collected per page; One case of 10 pages or less costs 200 won and 100 won is added for every 5 pages after that. However, in cases with large number of pages, the burden of expenses can prevent the requester from exercising his or her right to know. This burden of expenses should be relieved by changing cost per page to cost by the hour or by increasing the number of pages that are included in the base price(i.e. more than 10 pages for the first set price). In particular, cost by the hour is a necessary provision in the activation of disclosure of information through the Internet.

3. Procedures for Appeal

Looking back at the process of establishing the Act, the original draft introduced the Committee for Information Disclosure. However, a big legislative mistake was made by ultimately removing the clause of the Committee for Information Disclosure from the Act and, introducing, instead, a clause to follow the administrative appeal procedures to redeem his or her right. This is the common provision made by the articles on Application for Appeal, Administrative Adjudication, and Administrative Legislation, namely, "should the legal interest of the requester (be) violated due to the disposition or omission of the public agencies concerning the disclosure of information."

(1) Application for Objection

The Act has a provision for the application for objection, which allows requesters to redeem their rights against public agencies in disclosing information.

The requester may apply for an objection in writing to the public agencies concerned, within 30 days from the date of receipt of the decision on disclosure of information from the public agencies, or the date of decision of non-disclosure in compliance with the provision of Article 9 (4), if the legal interest of the requester is violated due to the disposition or omission of the public agencies concerning the disclosure of information(Art. 16 (1)).

The public agencies shall decide on the application for an objection within 7 days from the date of receipt of such application, and, without delay, notify the requester of the decision on the application, in writing(Art. 16 (2)).

The public agencies shall notify the requester of the decision in accordance with the provision of paragraph (2) along with a statement to the effect that the administrative adjudication or litigation can be instituted accordingly if the application for objection is dismissed or rejected(Art. 16 (3)).

Due to the rather convenient procedure and quick results (within 7 days) that accompany appeals made to public agencies in the event of a decision of non-disclosure, 262 of the 378 cases (69%) for appeal were submitted as the application for objection. However, the low rate of acceptance among applications for objection is a problem.

(2) Administrative Adjudication

According to article 17 (2), the requester may request an administrative ruling without going through the procedures for application for objection.

If the legal interest of the requester is violated due to the disposition or omission of the public agencies concerning the disclosure of information, the requester may request an administrative adjudication in accordance with the provisions of the Administrative Appeal Act. In such cases, the ruling authorities on the disposition or omission made by the public agencies other than the state or local governments, shall be the heads of central administrative agencies concerned(Art. 17 (1)).

Like the case of the application for objection, the rate of accepting the appeal in administrative adjudication stays at 20% and can be cited as a potential problem.

(3) Administrative Litigation

The requester may file a suit for disclosure of information, which is a litigation to negate decisions on non-disclosure, without going through the procedures for application for objection or administrative adjudication.

The requester may lodge an administrative litigation in accordance with the provisions of the Administrative Litigation Act, if his legal interest is violated due to the disposition or omission of the public agencies in connection with the disclosure of information(Art. 18 (1)).

The rate of accepting the appeal by administrative litigation is not that much higher than those either by the application for objection or by administrative adjudication. However, taking into account the large number of pending cases, the rate can be said to be comparatively higher than the other two.

(4) A Special Case in Regards to Administrative Litigation for Disclosure of Information

Special provisions are made due to the particularity of administrative litigation with regards to the disclosure of information. For in case of sensitive information, which will create problems upon disclosure, the deliberation by itself will actually result in disclosing information.

The presiding judge may, if necessary, review and inspect the information requested for disclosure in a closed setting, in the absence of the parties concerned (Art. 18 (2)). If the object of litigation is related to the disposition of the decision of non-disclosure of the information concerning national security, national defense and diplomacy among the information pursuant to the provision of Article 7 (1) 2 and if the public agencies show the procedures for designation as secrets, the class, kind and nature of secrets, actual reasons for treatment as classified and causes for non-disclosure, the presiding judge may excuse the submission of the information concerned(Art. 18 (3)).

Article 18 (2), which allows the courts in camera review or inspection, has no problem considering the fact that other countries have similar provisions. However, the problem occurs with Article 18 (3), which provides a way to prevent, not just deliberation of the non-disclosed data, but the actual submission of the data to the courts. It can be said that this clause is the legal introduction of the Vaughn Index, which has been recognized in American case law. However, the authorities concerned must show with diligence and to the full that the information is so important and highly secretive that it cannot even be submitted to the courts.

4. Application for Objection, etc. by Third Party

The public agencies shall, without delay, notify a third party of the fact of the request for disclosure and may, if necessary, hear the opinions related to such request, if all or any part of the information to be disclosed is related to the third party(Article 9 (3)). The third party which has been notified of the request for disclosure pursuant to the provision of Article 9 (3) may request the public agency concerned for non-disclosure within 3 days from the date of receipt of the notice(Art. 19 (1)).

If the pubic agency which has been requested for non-disclosure under the provision of paragraph (1) wishes to disclose the information against the wishes of the third parties concerned, it shall notify in writing the causes for disclosure, and the third party who has been notified may apply, in writing, for an objection, or institute an administrative adjudication or an administrative legislation against the public agency concerned. In such cases, the application for objection shall be made within 7 days from the date of receipt of the notice(Art. 19 (2)).

Up until this time, the vagueness with regard to the scope and concept of the third party and excessive hearing of opinions has caused the decision for the disclosure/non-disclosure of information to take a longer period of time.

5. The Role of the Public Agencies and Overseeing the System

(1) Preparation and Positive Volition of Public Agencies

The public agencies shall actively attempt to provide the public with the information which is not requested for disclosure and which should be known to the public(Art. 21).

The public agencies shall prepare and provide the main documents list, etc. so that the general public may easily access the information for disclosure. The public agencies shall secure the information disclosure site and prepare facilities for disclosure in order to carry out the activities concerning the disclosure of information promptly and efficiently(Art. 22).

The disclosure of partial information by the public agencies has kept the people in the dark as to the existence of such information, which leads to much inconvenience and waste of time. There is a need for a new provision that allows public agencies to electronically organize all documents and items created by or handed down to them for public access.

(2) Overseeing the System

There is doubt as to whether the Minister of Government Administration and Home Affairs (the former Minister of Government

Administration) can actually oversee or inspect the information disclosure system, which was done independently by each public agency.

Ⅵ. Conclusion

1. Improving the Flaws in the Act

(1) It is desirable that the scope of people requesting the disclosure of information (Art. 6) should be extended to foreigners as well. However, as the enforcement ordinance has adopted the principle of reciprocity, this is not a provision that must necessarily be reformed.

(2) In order to activate the disclosure of information through the Internet, certain related provisions must be reformed. Related provisions are as follows: method of request(Art. 8) for the disclosure of information(Art. 2 (2)), decision on disclosure of information(Art. 9), notice of decision on disclosure of information(Art. 10), provision of information(Art. 21) and preparation, provision, etc. of main document list(Art. 22).

(3) The time that it takes to make the decision on whether or not to disclose information must be reduced from 15 days(Art. 9 (1)) to 10 days. In addition, the extension period of 15 days(Art. 9 (2)) must also be reduced to 10 days. This includes the first day on which the request was received by the public agencies.

(4) The procedure to notice third parties(Art. 9 (3)) must be simplified.

(5) The phrase "if his legal interest is violated" must be deleted from the regulations governing administrative adjudication(Art. 17 (1)) and administrative legislation(Art. 18 (1)). In addition, the phrases "in accordance with the provisions of the Administrative Appeal Act" and "in accordance with the Administrative Legislation Act" must also be stricken or, if not, a new provision, which states that decision of non-disclosure of information is regarded as the disposition of public agencies in matters of the Administrative Appeal Act or Administrative Legislation Act, must be added.

(6) The national security clause of Art. 4 (3) must be removed as it is a repetition of Article 9 (1) 2. In addition, the cause for non-disclosure for each item, as described in Article 9 (1), requires logical reformation.

Phrases of "other public safety or interest" in item 3 and "execution of sentences, correction, security measures" in item 4 and all of item 8 should be removed.

(7) With regards to the personal information outlined in Article 9 (1) 6, information relating to the public agencies and their duties must be disclosed. A way must be created for disclosing personal information within the scope of pursuing certain public interests.

(8) Expenses must be reduced for the benefit of the people(Art. 15 of the Act and Art. 18 of the Enforcement Ordinance). In particular, substantial reduction of expenses is needed in order to activate requests for disclosure of information by the person who works as a watch dog.

(9) It should be added to Art. 17 (1) that the ruling authorities on the disposition or omission by public companies invested by local governments shall be the head of state or local government concerned.

(10) The current organizations related to the disclosure of information comprise only a department of the Ministry of Government Administration and Home Affairs and the Information Disclosure Deliberative Committee, which is not a permanent organization. In the short term, there is a need for a permanent post that handles, exclusively, disclosure of information, and, in the long run, there is a need to introduce Information Disclosure Commission that oversees and presides over disclosure of information cases. Such actions will specialize the field of information disclosure. Initial legislation for a public hearing by the government, had a provision of establishing information disclosure committees in each administrative organization, but it created the problem of too many committees. However, as we enter the age of electronically disclosed information, there is a need to establish such a committee in each constitutional organization and one in each large regional government. This will prevent the problem of excessive committees as seen before.

2. Securing the Efficacy of the Law by Converting the Ideas of Public Agencies and Judicial Organizations

(1) The unconditional and complete non-disclosure of the subparagraphs under Article 9 (1), with abusing the partial disclosure clause of Article 12, must be corrected.

(2) A flexible interpretation is needed for defining the objectives and use for the information requested for disclosure and, if at all possible, no limitations should be put on such.

(3) Public agencies must raise the awareness of public officials for a system on the disclosure of information, provide full and complete lists of disclosing documents, and, furthermore, strengthen the publicity of information disclosure and guarantee the people's right to know and secure the people's participation in matters of state and the transparency of the administration for the ultimate purpose securing the Act on Disclosure of Information by Public Agencies. In addition, they must also grant special benefits for submitting requests on information disclosure for public interests to activate a system of information disclosure that allows the people to keep an eye on the administration.

(4) Finding a way to secure the efficiency of the information disclosure system is needed. Despite the fact that the administrative adjudication committee and the administrative court made decisions to disclose information,[9] public agencies concerned deny the request for disclosure again and appeal to higher courts. This appeal faded the timeliness and efficiency of information disclosure and, as a result, there is a concern that the system for information disclosure will soon be known only by name.

This is the reason that many are raising an issue of introducing a compulsory performance order system for the Act on Disclosure of Information. For, in reality, even though a verdict is passed for the disclosure of information, should the information not be disclosed, a system of coercion is the only choice.

---

9) Seoul Administrative Court, The 4th Bench, Dec. 3, 1992. 99Gu19984, This is a case that residents of certain apartments built by Korea National Housing Corporation requested to disclose information on prime cost of apartment lots.

[Resume]

Korea's experience in implementing Korean Act on Information Disclosure by Public Agencies, 1996

Since the 1980's, Korean public law scholars have discussed information disclosure policies. Such discourse influenced the Constitutional Court to render seminal decisions on the matter in 1989 and 1991. These decisions stated that Article 21 of the Constitution inherently entails a constitutional right to know. Article 21 explicitly guarantees the freedom of expression, but does not include any language that specifies a right to receive information. The Court further noted, that in certain circumstances the constitutional right of the individual is violated when government officials refuse to disclose requested documents.

The first information disclosure ordinance was adopted by the city council of Cheong−ju in 1991. The mayor was not pleased by this measure and filed suit, claiming the ordinance was unconstitutional. The Supreme Court of Korea upheld the constitutionality of the ordinance in 1992, opening the door for local legislatures around the country to take similar action. By June 1997, information disclosure ordinances had been adopted by 178 local legislatures in Korea.

In order to address the rapidly increasing legislation among the local legislatures, the Ministry of Government Administration established an advisory committee in July 1994. The Committee's goal was to create a draft of the Information Disclosure Act by the end of 1995, and have the law in effect in 1996. The Committee met seven times, and produced a proposal. The government revised some parts, and the revised draft was the subject to a public hearing on December 21, 1994. After extended debates, additional changes were made to the draft. This version of the draft was formally presented for consideration by the general public(Parliament) on July 18, 1995. The bill was once again subject to debate and revision and then delivered to the Government Legislative Bureau.

The Government Legislative Bureau made substantial changes to the bill. In particular, the name of the legislation was changed to add the term 'Public Agencies', and the Bureau abolished plans to establish an independent reviewing agency called the Information Disclosure Committee. Appeals would instead be handled by the Administrative Review Committee.

After finally passing the vice ministers committee(conference) and the State Council, the bill was presented to the 181st regular session of the National Assembly on August 22, 1996. Further changes were made by the Members of the National Assembly, and the bill successfully passed the National Assembly on November 30, 1996 and promulgated on December 31.

The Act on the Information Disclosure of Public Agencies was put into effect in January 1, 1998. The significance of the Act can be found from the fact that Korea is the 12th nation to enact and enforce information disclosure law in the world. The information disclosure system was adopted to protect the constitutional right to know of the people, and to ensure transparent operation of national affairs. Yet, it is highly regrettable that the Government Legislative Bureau tinkered with the bill without sufficient debate. The proposed independent Information Disclosure Commission was one of the cornerstones of the proposed bill.

The Administrative Procedures Act also passed the National Assembly at the same time. This statute provides persons with an interest or concern in administrative action the right to request copies of relevant documents from administrative agencies in order to inspect such documents (Article 37). Ways to improve the information disclosure act is being discussed in order to promote information disclosure in the age of the internet.

[Resume(French)]

Une étude sur la loi relative à la liberté d'accès aux documents publics en Corée

La loi relative à la liberté d'accès aux documents publics s'est promulguée le 31 décembre 1996 et elle est mise en place depuis le première janvier 1998. L'établissement de cette loi signifie une nouvelle étape vers la transparence administrative. "Le droit de savoir" est reconnu par les décisions de la Cour constitutionnelle et les arrêts de la Cour de cassation de Corée comme une liberté publique. Bien que le droit de savoir ne soit pas mentionné au texte constitutionnelle, il est consideré comme une nouvelle liberté individuelle. Il se base sur les articles 1°(souveraineté nationale), lO(dignité de l'homme et droit de poursuivre au bonheur), 21(liberté de la presse), 34 1er alinéa(droit de se mener la vie humaine). Le droit de savoir est explicitement décrit à l'article première de cette loi. Les autorités qui doivent être informés sont non seulement les autorités administratives mais aussi tous les établissements publics, y compris les autorités judiciaires et le Parlement. Au cours de la mise en œuvre de cette loi, il est entrainé une nécessité de revision de loi: élargissement de requérant à totute personne, requête par l'internet, raccourcissement de délai de réponse, réduction de frais de requête pour l'intérêt public. L'établissement de la Commissiom d'accès au document public a été proposé au cours d'examination par la Commission préparatoire pour délibérer le projet de la loi sur la liberté d'accès au document public. Mais lors de l'étude au sein de l'Exécutif, cette proposition a été rejeté. Au point de vue de la spécificité de l'examination de l'exercice du droit de savoir, une commission d'accès au document public doit être introduite.

Keyword : La loi relative á la liberté d'accés aux documents publics, droit de savoir, Cour constitutionnelle, Cour de cassation, liberté publique, liberté individuelle, Commissiom d'accés au document public

4. 재산권보장과 토지공개념 실천법제*

Ⅰ. 서　설

재산권보장에 관한 전통적인 이론이 재산권의 사회적 구속성 및 재산권행사의 공공복리적합의무에 비추어 새로운 도전을 받고 있다. 특히 토지의 경우 그 자원의 유한성으로 인하여 가장 많은 도전을 받는 재산권이다.

우리나라의 인구밀도는 전 세계 문명화된 국가 중에서 가장 높다. 또한 세계에서 유례없는 급속한 경제성장에 따라 부동산 중에서도 토지투기문제가 대한민국이라는 국가공동체 자체의 시련으로까지 평가되면서 1988년 이후에 소위 '토지공개념'에 입각한 혁명적인 법률을 제정하여 시행하여 왔다. 그런데 재산권의 사회적 구속성에 기초한 소위 '토지공개념' 관련 법률들은 그동안 헌법재판소의 위헌결정, 헌법불합치결정 등으로 인하여 상당부분 그 기반을 상실하였다. 그럼에도 불구하고 여전히 토지공개념이라는 기본적인 잣대는 그대로 유지하려는 일련의 입법적 노력이 계속된다. 이에 본고에서는 토지공개념에 기초한 일련의 법률에 대한 헌법적 평가를 중심으로 오늘날 우리에게 놓인 문제 상황을 점검하기로 한다.

Ⅱ. 재산권보장의 전통적인 이론과 재산권의 사회적 구속성

1. 재산권보장의 의의

"헌법이 보장하고 있는 재산권은 경제적 가치가 있는 모든 공법상·사법상의 권리를 뜻하고, 그 재산가액의 다과를 불문한다. 또 재산권의 보장은 재산권의

---

* 금랑 김철수교수 팔순기념논문집, 경인문화사, 2012; 이 논문은 행정법이론실무학회에서 발간하는 학회지 행정법이론실무(2007.8.)에 게재된 내용을 일부 수정하여 작성하였다.

자유로운 처분의 보장까지 포함한 것이다."[1]

근대입헌주의헌법에서의 재산권은 '신성불가침의 권리'로 전 국가적인 천부인권으로서의 성격을 가지고 있었다.[2] 이러한 재산권보장의 절대적 성격과 계약의 자유[3]는 근대자본주의사회 및 근대시민사회를 떠받드는 법적인 지주였다. 그러나 산업사회의 발달에 따라 야기된 빈부격차와 이에 따른 사회적 갈등으로 인하여 20세기 바이마르헌법에 이르러서는 재산권의 절대성 및 계약의 자유를 대신하여 재산권의 사회적 구속성을 강조하는 수정자본주의의 원리가 지배하게 되었다.[4]

2. 한국헌법상 재산권규정

한국헌법에서는 제헌헌법 이래 현행헌법에 이르기까지 재산권에 관한 한 다른 외국의 입법례에 비추어 보건대 그 유례를 찾기 어려울 정도로 상세한 규정을 두고 있다. 우선 제2장 국민의 권리와 의무 편에서 제23조에 재산권보장에 관한 원칙적 규정을 두고 있다(① 모든 국민의 재산권은 보장된다. 그 내용과 한계는 법률로 정한다. ② 재산권의 행사는 공공복리에 적합하도록 하여야 한다. ③ 공공필요에 의한 재산권의 수용·사용 또는 제한 및 그에 대한 보상은 법률로써 하되, 정

---

1) 헌재 1992.6.26. 90헌바26, 정기간행물의등록등에관한법률 제10조 제1항 등에 대한 헌법 소원(합헌), 판례집 제4권, 372면.
2) 1789년 프랑스 '인간과 시민의 권리선언' 제17조: "신성불가침의 권리인 소유권은, 합법적으로 확인된 공공필요성에 따라 사전에 정당한 보상조건하에서 그것을 명백히 요구하는 경우가 아니면, 어느 누구도 박탈할 수 없다."
미국 수정헌법 제5조: "법의 정당한 절차에 의하지 아니하고는 생명 자유 또는 재산은 박탈되지 아니한다. 사유재산은 정당한 보상 없이 공공의 이용에 제공하기 위하여 징수될 수 없다."
미국 수정헌법 제5조: "법의 정당한 절차에 의하지 아니하고는 생명, 자유 또는 재산은 박탈되지 아니한다. 사유재산은 정당한 보상없이 공공의 이용에 제공하기 위하여 징수되지 아니한다."
3) "이른바 계약자유의 원칙이란 계약을 체결할 것인가의 여부, 체결한다면 어떠한 내용의, 어떠한 상대방과의 관계에서, 어떠한 방식으로 체결하느냐 하는 것도 당사자 자신이 자기의사로 결정하는 자유뿐만 아니라, 원치 않으면 계약을 체결하지 않을 자유를 말하며, 이는 헌법상의 행복추구권 속에 포함된 일반적 행동자유권으로부터 파생되는 것이라 할 수 있다." 헌재 1991.6.3. 89헌마204, 화재로인한재해보상과보험가입에관한법률 제5조 제1항의 위헌여부에 관한 헌법소원(한정위헌), 판례집 제3권, 276면.
4) 바이마르헌법 제153조 제3항: "재산권(소유권)은 의무를 수반한다. 재산권의 행사는 공공복리를 위하여야 한다."
1949년 본기본법 제14조: "① 소유권과 상속권은 보장된다. 그 내용과 제한은 법률로써 정한다. ② 소유권은 의무를 포함한다. 그 행사는 동시에 공공의 복지에 이바지하여야 한다."

당한 보상을 지급하여야 한다).

그 외에도 제2장에서는 제13조 제2항의 소급입법에 의한 재산권의 박탈금지(모든 국민은 소급입법에 의하여 참정권의 제한을 받거나 재산권을 박탈당하지 아니한다), 제22조 제2항의 지적재산권보장(저작자・발명가・과학기술자와 예술가의 권리는 법률로써 보호된다)에 관한 규정을 두고 있다. 나아가서 제9장 경제질서 편에 재산권에 관련된 많은 규정이 있다. 제120조 제1항의 광물 등의 특허(광물 기타 중요한 지하자원・수산자원・수력과 경제상 이용할 수 있는 자연력은 법률이 정하는 바에 의하여 일정한 기간 그 채취・개발 또는 이용을 특허할 수 있다), 제121조의 농지제도(① 국가는 농지에 관하여 경자유전의 원칙이 달성될 수 있도록 노력하여야 하며, 농지의 소작제도는 금지된다. ② 농업생산성의 제고와 농지의 합리적인 이용을 위하거나 불가피한 사정으로 발생하는 농지의 임대차와 위탁경영은 법률이 정하는 바에 의하여 인정된다), 제122조의 국토(토지)에 대한 제한(국가는 국민 모두의 생산 및 생활의 기반이 되는 국토의 효율적이고 균형 있는 이용・개발과 보전을 위하여 법률이 정하는 바에 의하여 그에 관한 필요한 제한과 의무를 과할 수 있다), 제126조의 사영기업의 국・공유화(국방상 또는 국민경제상 긴절한 필요로 인하여 법률이 정하는 경우를 제외하고는, 사영기업을 국유 또는 공유로 이전하거나 그 경영을 통제 또는 관리할 수 있다) 등은 재산권과 직접적인 관련을 가지는 규정이다.

헌법상 경제질서의 장을 따로 설치하여 경제에 관하여 이토록 상세한 규정을 두는 것은 외국의 입법례에서도 찾아볼 수 없는 특이한 체제이다. 바로 이러한 기본권으로서의 재산권 관련 규정과 경제질서 관련 규정의 별도 설치에 따라 한국헌법상 경제질서의 기본원칙이라고 할 경우에 재산권보장(사유재산제보장)과 시장경제질서를 따로 논하고 그에 대한 경제의 민주화(경제질서) 차원에서의 국가적 규제와 조정을 논한다. 물론 시장경제와 재산권보장은 다소 중첩적인 부언설명의 성격을 가지는 측면도 있지만 일반적으로 이들은 각각 경제질서와 기본권으로서의 성격에 기초하여 이를 인용한다.[5]

3. 재산권의 제한원리로서의 재산권의 사회적 구속성

근대헌법에서 재산권의 절대적 성격은 현대헌법에 이르러 재산권의 상대적 성격으로의 전환을 의미한다. 그것은 근대헌법의 개인주의적・자유주의적인 흐

5) 김철수 편, 주석헌법(개정판), 법원사, 1995, 제9장 경제질서(성낙인 집필분) 참조.

름에서 현대헌법의 단체주의적·사회주의적 흐름의 인용으로 대표된다. 헌법상 재산권행사의 공공복리적합의무는 곧 재산권의 사회적 구속성의 원리의 헌법적 표현으로 이해된다.[6] 이러한 재산권의 사회적 구속성의 원리는 학자에 따라 그 표현이 사회적 구속성 또는 사회적 기속성으로 표현되며, 헌법재판소는 사회적 제약 내지 사회적 기속성 또는 사회적 의무성이라고 판시한다.

> "재산권의 사회적 제약 내지 사회적 기속성을 강조하는 것은 재산권의 절대적 보장에서 배태되는 사회적 폐단을 최소화함과 아울러 사유재산제도의 기본이념을 보호하려는 것으로서 사유재산제도의 유지존속을 위한 최소한의 자기희생 내지 양보인 것이다. … 재산권행사의 사회적 의무성을 헌법 자체에서 명문화하고 있는 것은 사유재산제도의 보장이 타인과 더불어 살아가야 하는 공동체생활과의 조화와 균형을 흐트러뜨리지 않는 범위 내에서의 보장임을 천명한 것으로서 재산권의 악용 또는 남용으로 인한 사회공동체의 균열과 파괴를 방지하고 실질적인 사회정의를 구현하겠다는 국민적 합의의 표현이라고 할 수 있으며 사법(私法)영역에서도 신의성실의 원칙이라든가 권리남용금지의 원칙, 소유권의 상린관계 등의 형태로 그 정신이 투영되어 있는 것이다. 재산권행사의 사회적 의무성은 헌법 또는 법률에 의하여 일정한 행위를 제한하거나 금지하는 형태로 구체화될 이치이나 이는 (토지)재산의 종류, 성질, 형태, 조건, 상황, 위치 등에 따라 달라질 것이다."[7]
>
> "재산권행사의 사회적 의무성을 헌법에 명문화한 것은 사유재산제도의 보장이 타인과 더불어 살아가야 하는 공동체생활과의 조화와 균형을 흐트러뜨리지 않는 범위 내에서의 보장임을 천명한 것이다."[8]

재산권의 사회적 구속성의 원리는 한국헌법상 경제헌법의 기본원칙의 하나인 사유재산제도의 보장에 기초하여 사유재산제도의 본질적인 내용은 보장하되, 다만 재산권이 가지는 사회적 의미를 통찰하여 일정한 제약과 통제가 가능하다는 의미로 이해될 수 있다. 그러나 사회적 구속성의 구체적인 내용은 사유재산제도의 본질적 내용을 침해하지 아니하는 범위 내에서 구체적으로 결정될 수밖에 없다. 즉 당해 재산이 가지는 사회경제적 의미를 통찰하여 차별적인 구속성

---

6) 김문현, 재산권의 사회적 구속성에 관한 연구: 사회국가의 경우를 중심으로, 서울대 박사학위논문, 1987; 민경식, 서독기본법에 있어서의 사회화에 관한 연구, 서울대 박사학위논문, 1987; 정극원, 헌법국가와 기본권, 한국조세신문사, 2002 참조.

7) 헌재 1989.12.22. 88헌가13, 국토이용관리법 제31조의2 제1호 및 제21조의3 제1항의 위헌심판제청(합헌), 357·370·372면.

8) 헌재 1993.7.29. 92헌바20(합헌); 헌재 1989.12.22. 88헌가13, 국토이용관리법 제31조의2 제1호 및 제21조의3 제1항의 위헌심판제청(합헌).

의 논리가 적용될 수 있다. 재산권의 사회적 구속성이 제기되는 주된 분야는 사적 소유권이며 그 중에서 동산보다는 부동산에 대한 제한이 더욱 강력할 수밖에 없다. 부동산 중에서도 건물은 현대적인 과학기술의 발달에 힘입어 매우 넓은 증대가능성을 가지지만, 토지는 그 자원 자체의 유한성으로 인하여 보다 강력한 제한이 뒤따른다. 이에 재산권의 사회적 구속성과 관련된 재산권의 제한에 관한 주된 논란의 초점은 토지재산권으로 이어진다.

> "토지재산권은 강한 사회성, 공공성을 지니고 있어 이에 대하여는 다른 재산권에 비하여 보다 강한 제한과 의무를 부과할 수 있으나, 그렇다고 하더라도 다른 기본권을 제한하는 입법과 마찬가지로 비례성원칙을 준수하여야 하고, 재산권의 본질적 내용인 사용·수익권과 처분권을 부인하여서는 아니 된다."[9]

Ⅲ. 토지재산권의 특수성과 토지공개념

1. 토지재산권의 특수성

인류에게 부여된 유한한 자원인 토지가 가진 특수성으로 인하여 토지재산에 관하여는 일반재산보다 어떠한 형태로든 보다 많은 제한과 제약이 뒤따른다. 사실 근대헌법에서의 소유권절대의 논리조차도 토지재산권에 관한 한 일정한 한계를 가진다는 전제에 입각하고 있음은 그 당시의 사상가들의 논리 속에 이미 담겨져 있다는 점을 유념할 필요가 있다.[10]

> "토지는 수요가 늘어난다고 해서 공급을 늘릴 수 없기 때문에 시장경제의 원리를 그대로 적용할 수 없고, 고정성, 인접성, 본원적 생산성, 환경성, 상린성, 사회성, 공공성, 영토성 등 여러 가지 특성을 지닌 것으로서 자손만대로 향유하고 함께 살아가야 할 생활터전이기 때문에 그 이용을 자유로운 힘에 맡겨서도 아니 되며, 개인의 자의에

---

9) 헌재 1998.12.24. 89헌마214등, 도시계획법 제21조에 대한 헌법소원(헌법불합치결정): "도시계획법 제21조에 의한 재산권의 제한은 개발제한구역으로 지정된 토지를 원칙적으로 지정 당시의 지목과 토지현황에 의한 이용방법에 따라 사용할 수 있는 한, 재산권에 내재하는 사회적 제약을 비례의 원칙에 합치하게 합헌적으로 구체화한 것이라고 할 것이나, 종래의 지목과 토지현황에 의한 이용방법에 따른 토지의 사용도 할 수 없거나 실질적으로 사용·수익을 전혀 할 수 없는 예외적인 경우에도 아무런 보상없이 이를 감수하도록 하고 있는 한, 비례의 원칙에 위반되어 당해 토지소유자의 재산권을 과도하게 침해하는 것으로서 헌법에 위반된다."

10) 성낙인, "토지재산권의 공법적 보장," 새마을 지역개발연구, 영남대, 1982 참조.

맡기는 것도 적당하지 않을 것이다. 토지의 자의적인 사용이나 처분은 국토의 효율적이고 균형 있는 발전을 저해하고, 특히 도시와 농촌의 택지와 경지, 녹지 등의 합리적인 배치나 개발을 어렵게 하기 때문에 올바른 법과 조화 있는 공동체질서를 추구하는 사회는 토지에 대하여 다른 재산권의 경우보다 더욱 강하게 전체의 이익을 관철할 것을 요구하는 것이다."[11]

2. 토지공개념 찬반논쟁

유한한 토지를 둘러싼 인간의 소유욕을 충족시켜가는 과정에서 이른바 부동산투기열풍이 휘몰아쳐 이를 그대로 두다가는 대한민국이라는 공동체 자체의 체제위기를 야기할 수 있다는 일련의 우려에 발맞추어 마침내 토지공개념이론이 전개되기에 이르렀다. 그러나 토지공개념이란 것이 실정법상의 개념이 아니고 강학상 내지 실무의 편의상 정립된 용어이다. 따라서 토지공개념의 정확한 의미부여에 대하여는 다소 논란의 소지를 안고 있다.

"토지공개념은 토지재산권을 다른 재산권과 구별하는 데서 비롯된다. 토지가 지니는 사회·경제적 기능을 냉철히 평가하고 우리 헌법이 지향하는 자유민주주의의 원리와 함께 그에 못지않게 중요한 보완적 원리인 사회국가(복리국가)원리의 실질적인 실현을 위해, 토지재산권에 대하여서는 공공성·의무성·사회성을 그 자체의 본래적인 속성으로 인식하여야 한다는 기본적인 철학 내지 발상의 일대전환을 의미하는 것이라 할 수 있다. 따라서 이것은 결코 종래 유력하게 주장되어 왔던 것처럼 단순한 토지재산권의 공공성 내지는 사회적 기속성의 되풀이가 아니라, 그것과는 전혀 별개의 역사의식에 입각한 토지재산권에 대한 기본철학의 전환을 의미하는 새로운 개혁의지의 표현이라 할 수 있다는 것이다. … 토지공개념이란 그 자체가 어떤 구체적인 정책내용을 의미하는 것이 아니며, 여러 가지 구체적인 정책을 내포할 수 있는 상위의 개념이며, 토지에 대한 기본철학 내지 기본이념을 나타내는 개념이기 때문에 한마디로 그 구체적인 내용을 제시할 수 없다는 점이다. 따라서 어떤 구체적인 정책내용을 한정지어 왈가왈부하는 것은 토지공개념의 본뜻을 제대로 이해하지 못한 데서 연유하는 것이라 할 수 있다. 이러한 의미에서의 토지공개념은 법적인 개념이라기보다는 다분히 정책적인 개념이며 행정당국의 정책표명을 위한 사실상의 개념이라 할 수 있다. 따라서 토지공개념 자체에서는 아무런 구체적인 법적 효과가 발생할 수 없으며, 그 개념 자체에 대한 위헌 여부의 논의 같은 것은 애당초 성립할 수 없다고 할 수 있다."[12]

11) 헌재 1989.12.22. 88헌가13, 판례집 제1권, 371면.
12) 서원우, "토지공개념도입의 논리," Fides(서울법대), 1989.11, 10-12면; 서원우, "토지공개념의 헌법적 조명," 한국공법학회 제46회 학술발표회(1994.9.24.) 주제발표문, 33-46면.

이러한 토지공개념이론 그 자체에 관하여는 헌법재판소 판례에서도 별다른 이의 없이 수용한다.

"모든 사람들에게 인간으로서의 생존권을 보장해 주기 위하여서는 토지소유권은 이제 더 이상 절대적인 것일 수가 없었고 공공의 이익 내지 공공복리의 증진을 위하여 의무를 부담하거나 제약을 수반하는 것으로 변화되었으며, 토지소유권은 신성불가침의 것이 아니고 실정법상의 여러 의무와 제약을 감내하지 않으면 안 되는 것으로 되었으니 이것이 이른바, '토지공개념이론'인 것이다."[13]

즉 토지공개념은 공익확보라는 전제에서 토지소유자와 잠재적 수요자의 권리에 대한 부분적 제한을 타당하고 정당한 것으로 수용하는 사회적 합의 내지 가치관이라 할 수 있다.[14]

그러나 토지공개념에 대하여는 그 용어 자체에서부터 부정적인 견해가 강력하게 대두되어 왔다.

"이른바 토지공개념이라는 용어도 구태여 그 뿌리를 따진다면 초기 사회주의적인 발상에서 찾을 수 있을 것"이다. "토지에 대한 사적 소유가 인정되는 자본주의경제질서 내에서 이른바 토지공개념을 초기사회주의적 의미로 채워서 남용한다면, 그것은 자칫 모든 토지정책을 합리화시키고 정당화시키는 위험한 요술물로 둔갑할 가능성이 크다." "토지의 공개념은 토지라는 재화의 특성에서 나오는 토지재산권의 특유한 사회적 기속성을 나타내는 말로 … 헌법 내의 개념이어야지 그것이 결코 초헌법적인 개념일 수 없다."[15] "토지공개념은 자유시장경제질서하에서 토지소유권의 공익성 내지 사회적 연대성을 강조한 것에 지나지 않는다. … 토지공개념에 의한 토지소유권제도는 역사적 반동이며, 모든 토지소유자를 토지세 및 재산세 부담부 사용차주의 지위로 격하시키는 토지제도의 거대한 변혁, 즉 사회주의체제로의 접근을 의미한다."[16]

생각건대 토지공개념이론은 법적인 개념이 아니라 사회정책적인 도구개념으로 등장한 것은 사실이다. 그러나 이러한 토지공개념이론에 기초하여 일련의 법적인 제도정비가 행하여졌다는 점에서 그 이론이 법적인 틀 속으로 수용되었음을 의미한다. 토지공개념이론은 재산권의 사회적 구속성 내지 공공복리적합의무

13) 헌재 1989.12.22. 88헌가13, 369-370면.
14) 토지공개념연구위원회, 연구보고서, 1989.5, 27면.
15) 허영, "토지거래허가제의 헌법상 문제점," 고시연구 1989.8, 184-185면.
16) 조규창, "사유재산제도의 위기-공개념의 허구성과 위험성," 월간고시 1989.8, 48-50면.

라는 재산권에 관한 헌법상의 일반이론에 대하여 토지의 특수성을 강조하기 위한 이론이다. 따라서 토지공개념의 원리가 헌법상 사회적 시장경제질서의 원리를 뛰어넘는 초헌법적인 원리는 결코 아니라는 점에서 토지공개념이론 자체에 대한 비판적 시각은 그 한계를 드러낸다.[17] 확실히 토지공개념이론은 전통적인 재산권 일반에 대한 국가적 규제와 조정보다 훨씬 더 강력한 규제와 제한을 가할 수 있다는 논리적 기초를 제공하여 준 것임에 틀림없다.

3. 토지공개념 실천법률의 문제점

토지공개념이론에 기초하여 토지자원배분의 형평성,[18] 토지이용의 효율성,[19] 토지거래의 정상화[20]라는 목표를 달성하기 위하여 이를 실천하기 위한 일련의 법률이 제정 혹은 개정되기에 이르렀다. 그 대표적인 것이 국토이용관리법상의 토지거래허가제, '개발이익의환수에관한법률', '택지소유상한에관한법률', 토지초과이득세법, '부동산실권리자명의등기에관한법률'[21] 등이다.[22]

이러한 토지공개념 실천입법에 대하여는 그간 학계에서도 합헌성 여부 및 제도의 적실성 여부에 관한 논쟁이 계속된다. 여기에서는 헌법재판소 결정을 중심으로 토지공개념 관련 법률에 대한 위헌여부의 쟁점을 정리하고자 한다.

IV. 국토이용관리법상 토지거래허가제

1. 의   의

토지공개념 실천법률로서 대표적인 것이 국토이용관리법상의 토지거래허가

---

17) 이에 관한 상세는 다음 문헌 참조. 법무부, 법무자료 제118집, 토지공개념과 토지정책, 1989; 김상용, 토지소유권 법사상, 대우학술총서 인문사회과학 87, 민음사, 1995.

18) 이를 위한 실천수단으로는 택지소유상한제, 개발이익의 환수 및 사회적 환원을 위한 개발부담금, 토지초과이득세, 양도소득세, 종합토지세, 개발기금에 해당되는 토지관리 및 지역균형개발특별회계 등이 있다.

19) 이를 위한 수단으로는 용도지역지구제, 유휴지제도, 대리경작제, 분수림제, 대리건축제 등이 있다.

20) 토지거래허가제·신고제, 농지매매증명제, 임야매매증명제, 공시지가제, 명의신탁의 금지에 의한 부동산실명제 등이 있다.

21) 한국부동산학회, 부동산실명제실시에 따른 법적 검토, 1995.2.17. 주제발표문(강경근·김상용) 참조.

22) 그 외에도 토지관리및지역균형개발특별회계법, 부동산등기특별조치법, 지가공시및토지등의 평가에관한법률, 금융실명거래및비밀보장에관한긴급재정경제명령(법률로 개정됨) 등이 있다.

제이다. 토지거래허가제는 토지공개념의 상징적인 법률로서 작동함에 따라 학계에서 가장 치열하게 합헌과 위헌 논쟁이 제기되었다. 특히 헌법재판소의 결정과정에서 토지거래허가제 그 자체에 대한 위헌 여부에 관한 논의에서 헌법재판소 재판관 5:4로 합헌의견을 제시한 바 있다. 하지만 토지거래허가제 위반에 따른 벌칙조항에 대하여는 오히려 헌법재판소 재판관 4 : 5로 위헌론이 더 많았다. 그런데 헌법재판소의 위헌결정 정족수가 재판관 6인 이상의 찬성을 얻어야 하기 때문에 합헌으로 선언할 수밖에 없었다. 이에 따라 헌법재판소는 최초로 위헌불선언이라는 일종의 변형결정을 제시한 바 있다.[23]

2. 토지거래허가제 그 자체의 위헌 여부(합헌)

(1) 합헌론

헌법재판소의 다수의견에서 제시한 합헌론의 논리는 다음과 같다. 즉 ① 유한한 자원인 토지의 특수성, ② 토지투기는 엄청난 불로소득을 가져와 결국에는 경제발전을 저해하고 국민의 건전한 근로의욕을 저해하며 계층간의 불화와 갈등을 심화시키는 점, ③ 토지거래허가제는 헌법이 명문으로 인정하고 있는(헌법 제122조) 재산권제한의 한 형태인 점, ④ 국토이용관리법이 규제하고자 하는 것은 모든 사유지가 아니고 투기우심지역 또는 지가폭등지역의 토지에 한정하고 있다는 점과 규제기간이 5년 이내인 점, ⑤ 기준에 위배되지 아니하는 한 당연히 당국의 거래허가를 받을 수 있어 처분권이 완전히 금지되는 것은 아닌 점 및 당국의 거래불허가처분에 대하여는 불복방법이 마련되어 있는 점, ⑥ 토지의 투기적 거래를 억제하는 조치나 수단인 등기제도·조세제도·행정지도·개발이익환수제·토지거래신고제·토지거래실명제 등만으로 투기억제에 미흡하므로 최소침해성에 위배되지 아니하는 점 등을 근거로 제시한다.

"사유재산제도의 보장은 타인과 더불어 살아가야 하는 공동체생활과의 조화와 균형을 흐트러뜨리지 않는 범위 내에서의 보장이다. 국토이용관리법 제21조의3 제1항의 토지거래허가제는 사유재산제도의 부정이 아니라 그 제한의 한 형태이고 토지의 투기적 거래의 억제를 위하여 그 처분을 제한함은 부득이한 것이므로 재산권의 본질적인 침해가 아니며, 헌법상의 경제조항에도 위배되지 아니하고 현재의 상황에서 이러한 제

---

23) 헌재 1989.12.22. 88헌가13, 국토이용관리법 제31조의2 제1호 및 제21조의3의 위헌심판제청 (합헌).

한수단이 선택이 헌법상의 비례원칙이나 과잉금지원칙에 위배된다고 할 수도 없다.”

"같은 법률 제31조의2가 벌금형과 선택적으로 징역형을 정함은 부득이한 것으로서 입법재량의 문제이고 과잉금지의 원칙에 반하지 않으며, 그 구성요건은 건전한 법관의 양식이나 조리에 따른 보충적인 해석으로 법문의 의미가 구체화될 수 있으므로 죄형 법정주의의 명확성의 원칙에도 반하지 않는다.”

(2) 위헌론

우리 헌법이 추구하는 경제질서가 시장경제질서를 그 바탕으로 하는 점에 미루어 보면, 토지거래허가제는 토지에 대한 권리자가 자신이 가진 토지에 대한 권리를 임의로 상대방에게 약정된 가격으로 자유롭게 처분할 수 있는 권리를 강력하게 규제하는 제도임을 부인할 수 없다. 따라서 이와 같은 개인의 재산권행 사에 대한 강력한 규제는 비록 그 목적이 공공복리를 위한 것이라고 하더라도, 그 규제수단으로 토지거래허가처분을 받지 못한 토지소유자가 적정한 값으로 환가할 수 있는 합리적인 길이 열려 있을 때에 비로소 헌법에 합치된다. 그 길이 열려 있지 아니할 경우에는 규제지역 안에 있는 토지 소유자는 그로 말미암아 재산권에 대한 제한을 받게 됨은 물론 거주·이전의 자유와 직업선택의 자유까지 제한받게 되는 결과에 이르게 된다. 헌법 제23조 제1항 및 제3항의 규정은 바로 이러한 원칙을 확인하고 있다.

"토지거래허가제는 공공복리의 해당성이 있고, 또 재산권의 본질적 내용의 침해금지원칙에 저촉되지 아니하며 헌법에 위반되지 아니하고, 같은 법률 제21조의15는 헌법 제23조 제3항의 정당보상원리에 저촉되나 이 사건재판의 전제성이 없어 주문에 밝힐 필요가치는 없고 보완입법을 촉구한다. 같은 법률 제31조의2는 헌법 제37조 제2항의 과잉금지원칙에 위반된다"(재판관 이시윤의 보충의견 및 위헌의견).

"국토이용관리법 제21조의3 제1항과 같은 법률 제21조의2, 같은 조의3 제3항·제7항, 같은 조의4, 5, 15는 불가분의 연계에 있으므로 함께 심판의 대상이 되어야 하고, 위 제21조의15가 헌법 제23조 제1항·제3항에 위반되므로 위 법조 전체가 헌법에 위반되나 즉시 실효에 따른 혼란을 피하기 위하여 위 제21조의15를 상당기간 내에 개정할 것을 촉구한다. 위헌은 토지거래허가제를 전제로 한 같은 법률 제31조의2는 당연히 헌법에 위반되는 형사법규이므로 즉시 위헌임을 선언하여야 한다"(재판관 한병채·재판관 최광률·재판관 김문희의 위헌의견).

"국토이용관리법 제31조의2뿐만 아니라 같은 법률 제21조의3을 위헌으로 선언하여도 국가존립에 위해가 미칠 정도의 법의 공백이나 사회적 혼란이 예상되는 것은 아니므로 입법촉구는 불필요하다"(재판관 김진우의 위헌의견).

"토지거래허가제는 공공복리의 해당성이 있고, 또 재산권의 본질적 내용의 침해금지원칙에 저촉되지 아니하며 헌법에 위반되지 아니하고, 같은 법률 제21조의15는 헌법 제23조 제3항의 정당보상원리에 저촉되나 이 사건재판의 전제성이 없어 주문에 밝힐 필요가치는 없고 보완입법을 촉구한다. 같은 법률 제31조의2는 헌법 제37조 제2항의 과잉금지원칙에 위반된다"(재판관 이시윤의 보충의견 및 위헌의견).

3. 평   가

학계와 실무계에서 치열하게 전개되었던 토지거래허가제의 합헌성 여부에 관한 논쟁은 5:4로 합헌결정이 내려졌다. 하지만 4인의 재판관이 토지거래허가제 자체가 헌법에 위배된다는 의견을 제시하였고, 1인의 재판관이 형벌부과만은 헌법에 위배된다는 의견을 제시하였다.[24] 결국 이에 위반한 벌칙규정(제31조의2)에 대하여 5명이 위헌의견을 제시했으나 위헌의결정족수에 미달하기 때문에 합헌으로 남게 되었다(위헌불선언결정 헌재 1989.12.22. 88헌가13). 하지만 그 이후에 헌법재판소는 위헌불선언결정 형태의 변경결정 유형을 포기하고 단순합헌으로 결정유형을 변경하였다.

학자들 중에서는 토지거래허가제는 토지소유권을 형해화하고, 사유재산제도의 본질적 내용을 침해하며, 거래의 효력 자체를 부인하는 것이 되어 과잉금지원칙에 위배된다는 비판을 지속적으로 제기하기도 한다.

한편 대법원은 허가받지 아니한 토지거래계약도 사후에 허가를 받으면 소급하여 유효하다고 보거나,[25] 투기목적없이 허가받을 것을 전제로 한 거래계약의 체결은 동법 위반이 아니어서 처벌할 수 없다[26]고 하여 토지거래허가제규정을 탄력적으로 해석·적용한다.

생각건대 토지거래허가제는 부동산투기가 자유민주주의의 경제체제 자체에 대한 위협으로 나타나자 이에 대한 법적 대응이라는 점에서 시대적 상황에 비추

---

24) 4인 재판관은 토지거래허가제 자체가 헌법에 위반된다거나, 재산권의 객체로서 토지가 가지는 여러 가지의 특성으로 말미암아 다른 재산권에 비하여 보다 많은 제한을 받아야 한다는 점에 반대하는 것은 아니라고 하면서 토지거래허가제와 같은 개인의 재산권행사에 대한 강력한 규제는 비록 그 목적이 공공복리를 위한 것이라고 하더라도, 그 구제수단으로 토지거래허가처분을 받지 못한 토지소유자가 적정한 값으로 환가할 수 있는 합리적인 길이 열려 있을 때에 비로소 헌법에 합치된다 할 것인데 국토이용관리법 제21조의15가 규정한 매수청구권은 이러한 환가수단으로는 극히 미흡하므로 헌법상 재산권보장과, 정당보상원리에 위배되어 토지거래허가제 자체가 위헌이 된다고 한다.
25) 대판(전합) 1991.12.24. 90다12243.
26) 대판 1992.1.21. 91도2912.

어 채택된 한시적인 제도이나 재산권의 본질적 내용인 처분권을 제한한다는 점
에 비추어 장기적으로는 이를 대체하는 법제를 통하여 토지가격의 안정을 도모
하여야 한다.[27] 이와 관련하여 대법원이 허가받지 아니한 토지거래계약도 사후
에 허가를 받으면 소급하여 유효하다고 보거나,[28] 투기목적 없이 허가받을 것을
전제로 한 거래계약의 체결은 동법 위반이 아니어서 처벌할 수 없다[29]고 하여
토지거래허가제규정의 적용을 탄력적으로 해석·적용하고 있음은 바람직하다.
부동산실명제법의 시행과 더불어 이들 과도한 토지규제관련법률의 정비도 뒤따
라야 한다.

V. 토지초과이득세법의 위헌 여부(헌법불합치)

1. 의　　의

토지초과이득세법은 유휴토지의 지가가 상승함으로 인하여 당해 토지의 소
유권자가 얻는 토지초과이득을 조세로 환수함으로써 조세부담의 형평성과 지가
의 안정 및 토지의 효율적 이용을 기하고 국민경제의 건전한 발전에 이바지함을
목적으로 제정된 법률이다. 1989년 12월 30일에 제정된 이 법률은 1994년 7월
29일 헌법재판소의 헌법불합치결정으로 인하여 1994년 12월 22일 전면적으로
개정되었다가 1998년 12월 5일에 폐지되었다.

2. 헌법불합치결정

토지초과이득세법은 미실현이익에 대한 과세제도라는 재산권의 본질에 대한
침훼문제가 제기됨에 따라 재판관 전원일치의 의견으로 헌법불합치결정을 내림
으로써 사실상 형해화되어 버렸다.[30]

헌법불합치결정의 요지는 다음과 같다. 즉 토지초과이득세법이 (i) 미실현이
득에 대한 과세제도는 극히 예외적인데도 신중성이 결여되었으며, (ii) 과표를
전적으로 대통령령에 맡긴 것은 잘못이고, (iii) 지가의 등락에 관계없는 징세는
헌법상 사유재산권보장에 위반되고, (iv) 임대토지를 유휴토지로 하고 대통령령

---

27) 김남진, "토지거래허가제의 합헌성", 고시연구, 1989.3.
28) 대판(전합) 1991.12.24. 90다12243, 법률신문 1992.2.6.
29) 대판 1992.1.21. 91도2912, 공 916, 961(70).
30) 헌재 1994.7.29. 92헌바49등, 토지초과이득세법 제10조 등 위헌소원(헌법불합치).

으로 예외규정한 것은 위헌이며, (v) 고율의 단일비례세로 한 것은 고소득자와 저소득자간의 평등을 저해하며, (vi) 유휴토지의 범위가 택지소유상한에관한법률의 소유제한범위와 상충될 뿐만 아니라, 토지초과세액 전액을 양도세에서 공제하지 아니하는 것은 실질과세원칙에 위배되므로 헌법에 합치되지 아니한다.[31] 이에 관한 보다 구체적인 논거는 다음의 헌법재판소의 결정요지와 같다.

"1. 과세대상인 자본이득의 범위를 실현된 소득에 국한할 것인가 혹은 미실현이득을 포함시킬 것인가의 여부는, 과세목적·과세소득의 특성·과세기술상의 문제 등을 고려하여 판단할 입법정책의 문제일 뿐, 헌법상의 조세개념에 저촉되거나 그와 양립할 수 없는 모순이 있는 것으로는 볼 수 없다.

2. 토초세법상의 기준시가는 국민의 납세의무의 성부 및 범위와 직접적인 관계를 가지고 있는 중요한 사항이므로 이를 하위법규에 백지위임하지 아니하고 그 대강이라도 토초세법 자체에서 직접 규정해 두어야만 함에도 불구하고, 토초세법 제11조 제2항이 그 기준시가를 전적으로 대통령령에 맡겨 두고 있는 것은 헌법상의 조세법률주의 혹은 위임입법의 범위를 구체적으로 정하도록 한 헌법 제75조의 취지에 위반되나, 아직까지는 대부분의 세법규정이 그 기준시가를 토초세법과 같이 단순히 시행령에 위임해 두는 방식을 취하고 있으며, 이는 우리의 오래된 입법관례로까지 굳어져 왔는바, 이러한 상황에서 성급하게 위 조문을 무효화할 경우 세정전반에 관한 일대 혼란이 일어날 것이므로 위 조항에 대해서는 위헌선언결정을 하는 대신 이를 조속히 개정하도록 촉구하기로만 한다.

3. 전국의 표준지수(標準地數)가 적어 표준지 선택의 폭이 지나치게 좁고, 개별토지 지가의 조사·산정업무를 이렇다 할 전문적 지식이 있다고 볼 수 없는 하부행정기관의 공무원이 담당하도록 되어 있는 현행의 행정실태하에서는, 토지초과이득 계측수단의 구조적인 미비점으로 인하여, 토초세가 이득에 대한 과세가 아니라 원본(元本)에 대한 과세가 되어버릴 위험부담률이 높아져 결국 헌법이 보장하고 있는 국민의 재산권을 부당하게 침해할 개연성이 커지지 않을 수 없으므로 관계당국에 대하여 지가산정 관련법규의 정비와 아울러 그에 따른 행정의 개선책을 조속히 마련하도록 촉구하지 않을 수 없다.

4. 토초세법상 여러 과세기간에 걸쳐 장기간 토지를 보유하는 경우, 전체 보유기간 동안의 지가의 변동상황에 대처함에 있어서는 아무런 보충규정도 두고 있지 않은 결과 장기간에 걸쳐 지가의 앙등과 하락이 반복되는 경우에 최초 과세기간 개시일의 지가와 비교할 때는 아무런 토지초과이득이 없는 경우에도, 그 과세기간에 대한 토초세를 부담하지 않을 수 없는 불합리한 결과가 발생할 수 있게 되고, 이는 토초세 과세로 인하여 원본 자체가 잠식되는 경우로서, 수득세(收得稅)인 토초세의 본질에도 반함으

---

31) 헌재 1994.7.29. 92헌바49·52(병합).

로써 헌법(憲法) 제23조가 정하고 있는 사유재산권보장 취지에 위반된다.

5. 토초세는 그 계측(計測)의 객관성 보장이 심히 어려운 미실현이득(未實現利得)을 과세대상으로 삼고 있는 관계로 토초세 세율을 현행법과 같이 고율(高率)로 하는 경우에는 자칫 가공이득(架空利得)에 대한 과세가 되어 원본잠식(元本蠶食)으로 인한 재산권침해의 우려가 있고, 또한 적어도 토초세와 같은 이득에 대한 조세에 있어서는, 조세의 수직적 공평을 이루어 소득수준이 다른 국민들 사이의 실질적인 평등을 도모하여야 할 뿐만 아니라, 토초세는 어느 의미에서 양도소득세의 예납적 성격을 띠고 있음에도 불구하고 굳이 토초세의 세율체계를 단일비례세(單一比例稅)로 한 것은 소득이 많은 납세자와 소득이 적은 납세자 사이의 실질적인 평등을 저해하는 것이다.

6. 택지소유상한에관한법률은 각 국민으로 하여금 일정 면적 내의 토지를 가구별(家口別)로 고르게 소유하게 하는 것을 그 목적으로 삼고 있고, 한편 국민 각자의 경제적 능력에 따라서는 장차 주택을 소유하기 위하여 우선 택지만을 확보하여 둘 필요가 있는 경우도 있을 것이며, 토지의 효율적 이용이라는 측면만을 지나치게 강조하다 보면 당장의 토지이용에 급급한 무계획하고도 무질서한 건축행위가 남발될 결과가 발생할 수도 있다. 그런데 토초세법은 당해 토지가 위 법률에 따른 소유제한범위내의 택지인지 여부에 관계없이, 토초세 과세 여부를 결정하도록 되어 있는바, 이는 위 법률과 입법체계적으로도 조화를 이루지 못하고 있을 뿐만 아니라, 헌법이 보장하고 있는 인간다운 생활을 할 권리와 헌법상의 국가의 사회보장·사회복지 증진의무 및 국가의 쾌적한 주거생활 보장의무에도 배치된다.

7. 토초세법 제8조 제1항 제13호는 임대토지를 원칙적으로 유휴토지 등에 해당하는 것으로 규정하면서 아무런 기준이나 범위에 관한 제한도 없이 "대통령령이 정하는 토지"를 유휴토지 등의 범위에서 제외할 수 있도록 규정하고 있는바, 이는 국민에 대한 납세의무의 부과 여부 자체가 입법권에 의한 아무런 통제 없이 행정권에 의하여 좌우되도록 한 것으로서 헌법상의 위임원칙 및 조세법률주의와 충돌된다. 더욱이 토지소유자가 스스로 사용하지 않고 있다는 이유만으로 다른 토지소유자와 비교하여 법상 불리한 처분을 받을 수 있도록 한 위 규정은 헌법상 근거없이 토지임대인을 차별하는 것이며, 토지소유자와 임차인 사이의 자본의 자유로운 결합을 방해함으로써, 개인과 기업의 경제상의 자유와 창의를 존중함을 기본으로 하는 우리 헌법상 경제질서에도 합치하지 않는다.

8. 토초세는 양도소득세와 같은 수득세(收得稅)의 일종으로서 그 과세대상 또한 양도소득세 과세대상의 일부와 완전히 중복되고 양세의 목적 또한 유사하여 어느 의미에서는 토초세가 양도소득세의 예납적(豫納的) 성격을 가지고 있다 봄이 상당한데도 토초세법 제26조 제1항과 제4항이 토초세액 전액(全額)을 양도소득세에서 공제하지 않도록 규정한 것은 조세법률주의상의 실질과세의 원칙에 반한다.

9. 이상과 같이 토초세법 중 일부는 헌법에 위반되고, 일부는 헌법에 합치되지 아니하여 개정입법을 촉구할 대상이지만, 위 각 위헌적 규정들 중 지가에 관한 제11조

제2항과 세율에 관한 제12조는 모두 토초세제도의 기본요소로서 그 중 한 조항이라도 위헌결정으로 인하여 그 효력을 상실한다면 토초세법 전부를 시행할 수 없게 될 것이므로, 이 사건에서는 헌법재판소법 제45조 단서 규정에 따라 토초세법 전부에 대하여 위헌결정을 선고할 수밖에 없다.

　　10. 토초세법은 개발이익환수에관한법률 및 여타 세법과의 사이에 구조적·내용적인 연계를 지니고 있어, 당장 이것을 무효로 한다면 법제 및 재정 양면에 걸쳐 적지 않은 법적 혼란 내지는 공백을 초래할 우려가 있고, 앞서 본 위헌적인 규정들을 다시 합헌적으로 조정하는 임무는 입법자의 형성의 재량에 속하는 사항일 뿐만 아니라, 또한 여기서 당장 토초세법에 대한 단순위헌결정을 선고한다면 이 결정의 효력이 미치게 되는 이른바 "당해사건" 관계자들과 현행법에 따른 기발생(旣發生) 토초세를 전부 납부하고도 아무런 이의를 제기하지 아니한 다수의 납세자에 대한 관계에 있어서 형평의 문제를 심화시키는 결과를 초래하는 것이다. 그러므로 당재판소는, "입법자가 토초세법을 적어도 이 결정에서 밝힌 위헌이유에 맞추어 새로이 개정 혹은 폐지할 때까지는 법원, 기타 국가기관은 현행 토초세법을 더 이상 적용·시행할 수 없도록 중지하되, 그 형식적 존속만을 잠정적으로 유지하게 하기 위하여" 이 사건에서 토초세법에 대한 단순 위헌무효결정(違憲無效決定)을 선고하지 아니하고, 헌법재판소법 제47조 제2항 본문의 "효력상실"을 제한적으로 적용하는 변형(變形) 위헌결정으로서의 헌법불합치결정을 선고하는 것이다.[32]

3. 평　　가

　　토지초과이득세법은 미실현이익에 대한 과세라는 점에서 재산권의 본질적 부분에 대한 침훼문제를 제기함에 따라 재판관 전원일치의 의견으로 헌법불합치결정이 내려짐으로써 사실상 형해화되어 버렸다. 토지초과이득세법은 입법목적에서 볼 수 있듯이 조세부담의 형평성과 지가의 안정 및 토지의 효율적 이용을 도모하는 것을 그 본질로 하고 미실현이익에 대한 과세 부분은 법률의 본질적 부분을 구성하는 것으로 볼 수 없다. 법률의 본질적 부분이 아닌 다른 부분들이 비록 위헌의 빌미를 제공한 것은 사실이고 이것이 졸속입법이라는 비난을 받을 수 있을지라도 법률시행상의 기본요인은 아니다. 따라서 토지초과이득세법의 본질적인 부분과 비본질적인 부분을 명확히 구분하여 판단하는 것이 바람직하다.

　　부동산투기과열의 해소와 지가의 안정, 이를 통한 토지의 효율적 이용이라는 토지초과이득세법의 본질적 부분은 부동산투기에 대처하는 과도기적인 특수입법으로서의 성격을 가지고 있고 이 점에서 토지초과이득세법은 일정 부분 타당

---

32) 헌재 1994.7.29. 92헌바49·52(병합), 판례집, 제6권 2집, 64면.

성을 가진다. 헌법재판소의 토지초과이득세법에 대한 헌법불합치결정으로 인하
여 그 동안 성실하게 토지초과이득세를 납부한 자에게만 불이익을 당하였다는
비판을 면할 수 없다. 미실현이익에 대한 과세를 지양하고 헌법의 재산권조항과
조화를 이룰 수 있는 토지세제를 마련하기 위하여서는 이상적으로는 양도소득세
등을 통한 일반세제의 정립이 바람직하겠으나 양도소득세뿐만 아니라 토지의 보
유에 따른 중과세제도를 도입하는 방향으로 나아가야 한다.

Ⅵ. '개발이익의환수에관한법률'의 개발부담금제도의 위헌 여부(일부위헌결정)

1. 의   의

'개발이익의 환수에 관한 법률'에서 추구하는 개발부담금제도는 각종 개발사
업의 시행으로 인하여 발생하는 개발이익을 사업시행자로부터 환수하여 토지투
기를 방지하고 토지의 효율성을 촉진하는 것을 목적으로 한다.

2. 헌법재판소의 일부위헌결정

헌법재판소는 '개발이익 환수에 관한 법률'에서 "대통령령이 정하는 경우에만
실제 매입가액을 기준으로 부과개시시점의 부과대상토지의 가액을 산정하게 한
부분은 헌법에 위반된다"라고 하여 일부위헌결정을 내렸다.[33]
그러나 개발부담금의 부과대상인 개발사업의 하나로 "지목변경이 수반되는
사업으로서 대통령령이 정하는 사업"이라고 규정한 것이 포괄위임입법금지원칙
에 위배되지 아니하며, 개별공시지가를 기초로 개발부담금을 산정하는 것도 납
부의무자의 재산권 등 기본권을 침해하지 아니한다고 판시한다.[34] 또한 헌법재
판소는 개발부담금 부과개시시점을 유형적으로 사업을 개시한 때가 아닌 "개발
사업의 인가 등을 받은 날"로 한 것이 개발이익산정의 객관성을 저해하거나 가
공의 이익에 대하여 부담금을 부과하는 결과를 초래함으로써 재산권이나 평등권
을 침해하지는 아니하며, "개발사업의 인가 등을 받은 날"을 대통령령에서 정하

---

33) 헌재 1998.6.25. 95헌바35등, 개발이익 환수에 관한법률 제10조 제3항 단서 위헌소원(위헌).
34) 헌재 2000.8.31. 99헌바104, 개발이익 환수에 관한법률 제5조 제1항 제10호 등 위헌소원
(합헌).

도록 위임한 것은 포괄위임이 아니라고 판시한다.[35]

　"비록 수용되지 아니한 토지소유자가 보유하게 되는 개발이익을 포함하여 일체의 개발이익을 환수할 수 있는 제도적 장치가 마련되지 아니한 상황에서, 기준지가가 고시된 지역 내에 피수용토지를 둔 토지소유자로부터만 이를 환수한다고 하여, 합리적 이유 없이 수용 여부에 따라 토지소유자를 차별한 것이라고는 인정되지 아니한다".

　"가. 개발이익환수에관한법률 소정의 개발부담금은 그 납부의무자로 하여금 국가 등에 대하여 금전급부의무를 부담하게 하는 것이어서 납부의무자의 재산권을 제약하는 면이 있고, 부과개시시점의 지가는 개발부담금의 산정기준인 개발이익의 존부와 범위를 결정하는 중요한 요소가 되는 것이므로, 그 산정기준에 관한 위임입법시 요구되는 구체성, 명확성의 정도는 조세법규의 경우에 준하여, 그 요건과 범위가 엄격하게 제한적으로 규정되어야 한다.

　나. 개발이익환수에관한법률 제10조 제3항 단서(1993. 6. 11. 법률 제4563호로 개정된 것)의 위임을 받은 대통령령에서는 실제 매입가액의 객관적 진실성이 담보되는 경우에 한하여 실제 매입가액을 기준으로 개시시점 지가를 산정하도록 규정할 것이라고 예측할 수는 있다고 할 것이지만, 그렇다고 하더라도 실제 매입가액의 객관적 진실성이 담보되는 경우 중 어떠한 범위 내에서 실제 매입가액에 의하여 개시시점 지가를 산정하도록 할 것인지, 다시 말하면 대통령령이 그러한 경우를 예시적으로 정할 것인지 아니면 한정적·열거적으로 정할 것인지, 또는 한정적·열거적으로 정하는 경우라도 어떠한 범위 내에서 이를 정할 것인지는 도저히 예측할 수 없다.

　다. 과연 어떠한 경우에 실제 매입가액에 의하여 개시시점의 지가를 산정할 수 있을지 법률규정에 의하여 예측할 수 없도록 하면서 실제 매입가액에 의하여 개시시점 지가를 산정할 수 있는 경우를 행정청의 자의에 의하여 한정적·열거적으로 정할 수 있도록 규정한 것은, 국민의 재산권을 제약하는 개발부담금 납부의무의 존부와 범위를 결정하는 요소가 되는 개시시점 지가의 산정방법을 구체적인 기준이나 원칙을 정함이 없이 포괄적으로 대통령령에 위임한 것으로서, 헌법 제75조가 규정하는 위임입법의 한계를 일탈하였다.

　라. 개시시점 지가가 될 수 있는 매입가액의 범위를 시행령에 의하여 한정적·열거적으로 정할 수 있도록 규정하고 있는 위 개발이익환수에관한법률 제10조 제3항 단서는 개별공시지가를 상회하는 실제의 매입가액이 그 객관적 진실성이 있음에도 불구하고 이에 의하여 적정하고 현실적인 개발이익을 계측할 수 있는 길을 봉쇄함으로써, 가공의 미실현이익에 대하여 개발부담금을 부과하여 원본을 잠식하는 결과를 초래할 위험성을 안고 있다 할 것이고, 이는 개발사업 대상토지의 지가가 상승하여 정상지가 상승분을 초과하는 불로소득적인 개발이익이 생긴 경우 국가가 그 일부를 환수하고자 하는 입법목적의 달성에 필요한 정책수단의 범위를 넘어 사업시행자 등에게 과도한

---

35) 헌재 2002.5.30. 99헌바41, 개발이익 환수에 관한 법률 제9조 제1항 등 위헌소원(합헌).

금전납부의무를 과하는 것으로서, 기본권인 재산권의 제한시 요구되는 피해의 최소성의 요청을 충족시키지 못하고 있다.

마. 개발부담금 납부의무자가 신고한 실제 매입가액에 의하여 부과개시시점의 지가를 산정한다고 하는 경우에 있어서, 부과대상토지를 사인으로부터 개별적으로 매입한 경우, 공공기관으로부터 매입한 경우 또는 공매방식을 통하여 매입한 경우 등과 같이 거래의 주체 및 형식에 따라 신고한 매입가액의 신빙성에 차이가 있을 수 있음은 사실이나, 이러한 신빙성의 차이는 결국 거래당사자가 행정청에 제출하는 소명자료에 의하여 진위를 판가름하거나 나아가 부담금부과처분의 취소를 구하는 행정소송과정에서의 주장입증을 통하여 진실을 밝힘으로써 극복될 수 있는 문제라 할 것이다. 그럼에도 불구하고 대통령령이 한정적으로 정하는 경우에만 실제 매입가액에 기초하여 개시시점 지가를 산정하면서도 나머지 경우에는 실제 매입가액에 의한 산정방식을 일체 부정하고 개별공시지가에 기초하여서만 개발이익을 산정하도록 하는 것은 납부의무자가 진실에 부합하는 매입가액을 정직하게 신고한 경우에도 대통령령에 열거되지 않았다는 이유만으로 다른 납무의무자들과는 달리 실제 매입가액을 공제받을 수 있는 기회를 원천적으로 봉쇄당하는 것이어서 차별취급의 합리성을 인정할 수 없다."

그러나 헌법재판소의 일부위헌의견에 대하여 그 합헌성을 주장하는 소수의 견도 있다(재판관 김문희의 반대의견).

"가. 위 개발이익환수에관한법률 제10조 제3항 단서의 입법목적, 그리고 구 법과는 달리 종료시점 지가는 물론 개시시점 지가까지도 모두 원칙적으로 객관적인 기준인 개별공시지가에 의하여 산정하도록 규정함으로써 산정기준을 되도록이면 객관화하려고 한 법의 의도 등에 비추어 보면, 위 개발이익환수에관한법률 제10조 제3항 단서의 "대통령령이 정하는 매입가액"이라 함은 '객관적으로 그 진실성이 담보될 수 있는 매입가액'이라는 것을 해석을 통하여 쉽게 도출할 수 있다. 따라서 위 개발이익환수에관한법률 제10조 제3항 단서는 수권법률로부터 대통령령인 하위규범에 규정될 내용의 대강을 충분히 예측할 수 있으므로, 헌법 제75조가 정하는 위임입법의 한계를 일탈하였다고 볼 수 없다.

나. 입법자는 위 개발이익환수에관한법률 제10조 제3항 단서에서 행정청에게 모법의 입법취지와 현실적 여건, 법집행의 통일성과 투명성 등을 고려하여 지가산정의 기준으로서 인정될 수 있는 매입가액의 범위를 합리적으로 정하도록 위임하였는데, 이러한 위임입법 그 자체가 국민의 재산권이나 평등권을 침해할 여지는 있을 수 없다. 단지, 시행령이 위 개발이익환수에관한법률 제10조 제3항 단서의 위임을 받아 매입가액의 범위를 구체화하는 과정에서 지가산정의 기준으로 인정되는 매입가액과 그렇지 아니한 매입가액과의 차별이 이루어짐으로써, 비로소 재산권이나 평등권의 침해가능성이 발생하게 된 것이다. 따라서 위헌성은 위 개발이익환수에관한법률 제10조 제3항 단서

에 내재하는 것이 아니라 시행령에 있는 것이다.

　　다. 법률의 위헌성을 판단하는 기준은 오로지 입법자가 그의 입법에 있어서 존중하고 준수해야 하는 헌법적 요청일 뿐, 법률의 위임을 받아 구체화된 시행령의 내용일 수 없다. 따라서 시행령의 위헌성이 곧 그 모법인 법률의 위헌성을 가져오는 것은 아니다.

　　라. 개발부담금제도란 사업시행자가 개발사업을 시행한 결과 개발사업 대상토지의 지가가 상승하여 정상지가 상승분을 초과하는 불로소득적 개발이익이 생긴 경우에 이를 사업시행자에게 독점시키지 아니하고 국가에게 그 일부를 환수토록 하는 제도이다. 개발이익은 개발사업의 결과로 발생한 이익으로서 개발사업자가 개별적인 경우 개발대상토지를 실제로 얼마에 매입했는가 하는 주관적인 요인에 의하여 개발이익의 실체가 달라지는 것이 아니므로 원칙적으로 객관적인 기준에 의하여 산정되어야 한다. 따라서 인근유사토지의 거래가격등 실제의 거래가격이 평균적으로 반영되어 적정한 가격으로 나타난 형태인 공시지가에 의하여 개발이익이 산정되어야 하는 것이 원칙이다."

3. 평　　가

각종 개발사업의 시행으로 인하여 발생하는 개발이익을 사업시행자로부터 환수하여 토지에 대한 투기를 방지하고 토지이용의 효율성을 촉진한다는 개발이익환수제도는 불로소득을 차단한다는 점에서 그 의의를 찾을 수 있으며 헌법재판소의 결정에서도 원칙적으로 개발이익의 환수제도 그 자체에 대하여는 반대의견이 없다.

개발이익의 수혜자는 그 수익에 대하여 일정한 부담을 져야 한다는 점은 당연하다. 그러나 이러한 이익에 대하여 얼마만큼의 부담을 분담시킬 것인가 하는 구체적인 문제로 들어가면 입법자가 다양한 요소를 고려하여 결정할 수밖에 없다. 이 문제는 앞으로 입법자의 구체적인 방향설정에 있어서 국민적 저항을 최소화할 수 있는 방향으로 정립되어야 할 것이다.

Ⅷ. '택지소유상한에 관한 법률'의 택지초과부담금제도의 위헌 여부(위헌)

1. 의　　의

택지소유상한제는 헌법 제35조 제3항의 쾌적한 주거생활을 실천하는 데 기여할 수 있다는 점에서 제도 자체는 긍정적으로 평가할 수 있다. 상한초과택지의 소유자는 국가에 대하여 형성권으로서의 매수청구권을 가진다. 택지거래는 건설교통부장관의 허가를 받게 하고 이 때 건설교통부장관은 상한초과 택지를 선매할 수 있도록 규정하고 있다. 매수청구권제도와 택지거래허가제는 구 국토이용관리법상의 토지거래허가제와 유사한 성격의 헌법적 논의를 불러일으킨 바 있다.[36)]

2. 택지소유상한제와 초과소유부담금에 대한 헌법재판소의 위헌결정

헌법재판소의 다수의견에 의한 위헌결정의 요지는 다음과 같다.

"가. 재산권은 개인이 각자의 인생관과 능력에 따라 자신의 생활을 형성하도록 물질적·경제적 조건을 보장해 주는 기능을 하는 것으로서, 재산권의 보장은 자유실현의 물질적 바탕을 의미하고, 특히 택지는 인간의 존엄과 가치를 가진 개인의 주거로서, 그의 행복을 추구할 권리와 쾌적한 주거생활을 할 권리를 실현하는 장소로 사용되는 것이라는 점을 고려할 때, 소유상한을 지나치게 낮게 책정하는 것은 개인의 자유실현의 범위를 지나치게 제한하는 것이라고 할 것인데, 소유목적이나 택지의 기능에 따른 예외를 전혀 인정하지 아니한 채 일률적으로 200평으로 소유상한을 제한함으로써, 어떠한 경우에도, 어느 누구라도, 200평을 초과하는 택지를 취득할 수 없게 한 것은, 적정한 택지공급이라고 하는 입법목적을 달성하기 위하여 필요한 정도를 넘는 과도한 제한으로서, 헌법상의 재산권을 과도하게 침해하는 위헌적인 규정이다.

나. 법 시행 이전부터 소유하고 있는 택지까지 법의 적용대상으로 포함시킨 것은 입법목적을 실현하기 위하여 불가피한 조치였다고 보여지지만, 택지는 소유자의 주거장소로서 그의 행복추구권 및 인간의 존엄성의 실현에 불가결하고 중대한 의미를 가지는 경우에는 단순히 부동산투기의 대상이 되는 경우와는 헌법적으로 달리 평가되어야 하고, 신뢰보호의 기능을 수행하는 재산권보장의 원칙에 의하여 보다 더 강한 보호를 필요로 하는 것이므로, 택지를 소유하게 된 경위나 그 목적 여하에 관계없이 법 시행 이전부터 택지를 소유하고 있는 개인에 대하여 일률적으로 소유상한을 적용하도록 한 것은, 입법목적을 달성하기 위하여 필요한 정도를 넘는 과도한 침해이자 신뢰보호의 원칙 및 평등원칙에 위반된다.

다. 경과규정에 있어서, "법 시행 이전부터 개인의 주거용으로 택지를 소유하고 있는 경우"를, "법 시행 이후에 택지를 취득한 경우"나 "법 시행 이전에 취득하였다고 하더라도 투기목적으로 취득한 택지의 경우"와 동일하게 취급하는 것은 평등원칙에 위반된다.

---

36) 헌재 1999.4.29. 94헌바37등(위헌): 헌법재판소는 이 사건에서 헌법재판소법 제45조 단서에 따라 법 전부에 대하여 위헌결정을 내렸다. 택지소유 상한에 관한 법률은 이미 1998.9.19. 법률 5571호로 폐지되었다.

라. 10년만 지나면 그 부과율이 100%에 달할 수 있도록, 아무런 기간의 제한도 없이, 매년 택지가격의 4% 내지 11%에 해당하는 부담금을 계속적으로 부과할 수 있도록 하는 것은, 짧은 기간 내에 토지재산권을 무상으로 몰수하는 효과를 가져오는 것이 되어, 재산권에 내재하는 사회적 제약에 의하여 허용되는 범위를 넘는 것이다.

마. 부담금 납부의무자가 건설교통부장관에게 매수청구를 한 이후 실제로 매수가 이루어질 때까지의 기간 동안에도 부담금을 납부하여야 하도록 하는 것은 입법목적을 달성하기 위하여 필요한 수단의 범위를 넘는 과잉조치로서, 최소침해성의 원칙에 위반되어 재산권을 과도하게 침해하는 것이다.

바. 택지소유의 상한을 정한 법 제7조 제1항, 법 시행 이전부터 이미 택지를 소유하고 있는 택지소유자에 대하여도 택지소유 상한을 적용하고 그에 따른 처분 또는 이용·개발의무를 부과하는 부칙 제2조, 그리고 부담금의 부과율을 정한 법 제24조 제1항이 위헌으로 결정된다면 법 전부를 시행할 수 없다고 인정되므로, 헌법재판소법 제45조 단서의 규정취지에 따라 법 전부에 대하여 위헌결정을 하는 것이 보다 더 합리적이다."

하지만 합헌론도 개진되어 있어 주목을 끈다(재판관 이영모의 반대의견).

"가. 법이 660㎢ 이상으로 택지의 소유상한 한도를 정한 것은 그 지역이 6대 대도시인 점을 감안하면, 이 법 제정 당시의 심화된 택지부족현상, 주택의 열악한 수급상황, 부동산투기로 인한 부의 집중, 무주택자의 상대적 소외감 등 여러 정책요인을 고려할 때, 입법목적실현을 위한 합리적인 불가피한 수단이므로 필요한 정도를 넘는 과도한 제한이나 합리적인 비례관계를 벗어난 것은 아니다.

나. 택지공급의 촉진을 통한 주거생활의 안정과 균등한 택지소유를 유도하려는 입법목적과 지가상승의 억제, 토지투기방지라는 부수적인 목적을 효율적으로 달성하기 위해서는 택지를 자신의 주거용으로 사용하는 기존의 주택부속토지를 택지소유상한의 적용대상에서 제외하여야 할 이유가 없을 뿐만 아니라, 입법자는 법 시행 당시 가구별 소유상한을 초과하는 택지에 대하여는 2년간의 유예기간을 두는 한편, 부담금의 부과율도 낮게 책정하는 등의 차등을 두고 있으므로, 택지를 주거용으로 사용하는 것과 투기용 등으로 보유하는 것을 구분하지 않은 점만으로 평등원칙이나 택지소유자의 신뢰이익과 재산권의 과도한 제한위반으로 단정할 것이 아니다.

다. 법 시행 이전부터 소유하고 있는 택지에 대하여 어떤 목적으로 소유하는지를 묻지 않고 일률적으로 법 시행 이후에 취득하는 택지와 마찬가지로 처분 또는 이용·개발의무를 지우면서, 유예기간을 일률적으로 정한 것은 입법자가 재량의 범위를 뚜렷하게 벗어나 기존 택지소유자의 신뢰이익과 재산권을 과도하게 침해하거나 또 평등원칙에 위반되는 것으로 볼 수 없다.

라. 부담금의 부과율은, 입법목적달성의 시급성·효율성과 부담금에 따른 재산권

침해의 정도를 감안한 필요성·합리성에 터잡은 입법자의 판단이 정책적·기술적인 재량의 범위를 뚜렷하게 벗어나지 않는 한, 헌법위반으로 볼 것은 아니다. 법이 정한 저율 및 고율의 부담금의 부과를 통한 택지재산권의 제한정도와 입법목적달성을 위한 공익의 높은 비중 및 긴급성을 종합적으로 비교형량할 때, 법이 추구하는 목적과 법이 선정한 입법수단 사이에는 균형적인 관계가 성립한다."

3. 평　가

토지소유의 상한을 설정하는 범위와 관련하여 논란이 제기되었으나 결국 그 시행상의 어려움으로 인하여 택지에 한정되고 말았다. 그러나 현실적으로 당해 토지가 택지인지 여부의 결정도 논란의 소지가 있다.

기존의 주택이 지어져 있는 상한 이상의 토지의 경우, 상한 이상의 토지를 분할하여 매각하도록 할 때, 건물을 훼손하지 아니하고서는 물리적으로 불가능할 수도 있고, 또한 토지가 줄어드는 데 따른 건축법상의 용적률·건폐율기준에 저촉될 수 있으며, 상한 이상의 토지가 이용불가능한 자투리땅이 될 수도 있다. 결국 기존 주택에 대하여는 초과소유부담금의 형태로 제재를 가할 수밖에 없을 것이다. 이 경우 토지소유자의 의지로서 시정하기 어려운 기정사실에 대한 징벌로서의 성격과 세율이 논란의 소지를 안게 된다.

대법원은 동 법률 부칙 제3조 제1호에서 초과소유택지를 처분할 수 있는 유예기간을 2년간 허용하였고, 동법 제31조에서 초과소유부담금 납부의무자는 건설교통부장관에게 당해 택지의 매수를 청구할 수 있는 매수청구권을 규정하고 있기 때문에 소급입법에 의한 재산권침해로 볼 수 없다고 판시한다.[37]

한편 헌법재판소는 토지초과이득세법 판결에서 일응 '택지소유상한에관한법률'에 따른 초과소유부담금에 대하여 직접적인 언급은 없으나 결과적으로 합헌성을 인정하는 입장을 내비친 바 있다.

"국민이 택지를 고르게 소유하도록 유도하고 택지의 공급을 촉진함으로써 국민의 주거생활의 안정을 도모할 목적으로 택지소유상한에관한법률이 토초세법과 함께 제정되었다. 그 법률은 각 가구별로 소유할 수 있는 택지의 총면적의 한계를 정하고 그 한계 이상의 택지소유자에 대하여 비교적 고율의 초과소유부담금을 매년 부과하는 것을 골자로 하고 있으며, 여기서 소유가 제한되어 있는 택지에는 나대지도 포함되어 있다. 다시 말하면, 적어도 택지에 관한 한, 국민으로 하여금 일정면적 내의 토지를 가구별

---

37) 대판 1993.10.12. 93누12916.

로 고르게 소유하게 하는 것이 국민의 주거생활안정이라는 국가적 목표에 합치함을 전제로, 이러한 목표의 달성을 위하여 가구별 택지소유의 상한을 제한함이 부득이하다는 이유에서 위 법률을 제정하기에 이른 것이다. 그런데 위 법률의 위와 같은 이상과 목적을 도외시하고 당해 토지가 위 법률에 따른 소유제한범위 내의 택지인지 여부에 관계없이, 오로지 당해 토지상에 현재 건축물이 존재하고 있는지의 여부에만 관심을 두고 이에 따라서 토초세 과세 여부를 결정하도록 되어 있다. 이는 택지소유상한에관한법률과 입법체계적으로 조화를 이루지 못하고 있을 뿐만 아니라, '모든 국민은 인간다운 생활을 할 권리를 가진다. 국가는 사회보장·사회복지의 정진에 노력할 의무를 진다'고 규정한 헌법 제34조 제1항, 제2항과 '국가는 주택개발정책 등을 통하여 모든 국민이 쾌적한 주거생활을 할 수 있도록 노력하여야 한다'고 규정한 헌법 제35조 제1항 등의 정신에도 배치된다."[38]

그런데 헌법재판소는 '택지소유상한에관한법률' 결정에서 위헌이라고 판시한다.[39]

생각건대 '택지소유상한에관한법률'에 따른 건설(교통)부장관의 택지초과소유부담금의 부과는 헌법 제23조, 제34조, 제35조 등에 비추어 정당하다고 본다. 다만 부담금이 지나친 고율일 경우에는 재산권의 사실상 박탈과 동일한 결과를 초래할 수 있다. 법률에서는 초과택지에 대한 부담금의 부과율을 100분의 11(주택이 건축되어 있는 택지인 경우에는 연 100분의 7)로 정하고 있기 때문에(법 제24조) 그 정도는 헌법상 비례의 원칙에 반하지 아니한다고 볼 수 있다. 다만 택지소유상한제의 실시를 통하여 거두어들일 수 있는 효과에 대하여는 약간의 의문을 떨쳐버릴 수 없다. 새로운 주택에 대하여는 강력한 경고의 의미를 가지지만 기존 주택에 대하여는 사실상 부담금징수 이외에 당해 주택의 택지를 분할한다는 것이 사실상 불가능하다는 점에서 택지의 효율적 이용이라는 목적을 달성할 수 있을지 의문이다. 다만 이 제도가 가지는 상징적인 의미는 충분히 있을 것이다.[40]

38) 헌재 1994.7.29. 92헌바49·52(병합), 판례집 제6권 2집, 112면.
39) 헌재 1999.4.29. 94헌바37 외 66건(병합). 택지소유상한에관한법률은 이미 1998. 9. 19. 법률 5571호로 폐지되었다. 헌재는 이 사건에서 헌재법 제45조 단서에 따라 법 전부에 대하여 위헌결정을 내렸다.
40) 윤홍근, "택지소유상한에관한법률의 단순위헌결정", 헌법실무연구 제1권, 2001, 1-18면 참조.

Ⅷ. 종합부동산세법(2005년 제정)의 종합부동산세

1. 의   의

종합부동산세는 토지소유자들을 대상으로 주소지가 속한 지방자치단체가 관할 구역의 토지를 대상으로 세금을 부과하는 현행 종합토지세와 별도로, 국세청이 일정 기준을 초과하는 토지와 주택 소유자들의 전국 소유 현황을 분석하여 누진세율을 적용하여 부과하는 국세를 말하며, 주택에 대한 종합부동산세와 토지에 대한 종합부동산세의 세액을 합한 금액으로 이루어져 있다. 종합부동산세는 일정한 가액을 초과하는 주택과 토지 등 부동산을 보유하는 자에 대하여 일정한 재산의 소유라는 사실에 담세력을 인정하여 부과하는 세금이라는 점에서 '재산보유세'로서의 성격을 가지고 있고, 일부 과세대상 부동산으로부터 발생하는 수익에 대하여 부과하는 '수익세'적 성격과 부동산의 과도한 보유 및 투기적 수요 등을 억제하여 부동산 가격을 안정시키고자 하는 '정책적 조세'로서의 성격을 동시에 가지고 있다.

종합부동산세의 헌법적합성 여부에 대하여는 끊임없는 논란이 제기되어왔다. 종합부동산세제와 관련한 헌법적 쟁점 사항들을 정리하면 다음과 같다. 즉, 첫째, 과세대상 부동산에 대하여 부과되는 재산세 또는 양도소득세와의 관계에서 종합부동산세는 이중과세라는 문제가 제기된다. 둘째, 종합부동산세는 미실현이익에 대한 과세이며 부동산의 원본가액을 잠식하여 재산권을 침해할 수 있다는 문제가 있다. 셋째, 종합부동산세법이 부동산 보유세인 종합부동산세를 국세로 규정한 것이 지방재정권을 침해하는지 여부가 문제된다. 넷째, 세대별 합산규정에 의하여 혼인한 부부 또는 가족과 함께 세대를 구성한 자에게 더 많은 조세를 부과하는 것이 혼인과 가족생활을 특별히 더 보호하도록 한 헌법 제36조 제1항에 위반되는지 여부가 문제된다. 다섯째, 적어도 주거 목적으로 한 채의 주택만을 보유하고 있는 자 등 일정한 범위의 부동산 보유자에 대하여 일률적 또는 무차별적으로 상대적 고율인 누진세율을 적용하여 결과적으로 다액의 종합부동산세를 부과하는 것이 그 입법 목적의 달성에 필요최소한의 범위를 넘어 과도하게 주택 보유자의 재산권을 제한하는지 여부가 문제된다.

2. 헌법재판소의 종합부동산세에 대한 일부 헌법불합치결정과 합헌결정

헌법재판소는 세대별 합산규정은 위헌이며, 주택분 종합부동산세는 한 주택소유자에 대하여 보유기간이나 조세지불능력을 고려하지 아니하고 일률적으로 부과한 것에 대하여는 헌법불합치결정을, 나머지 부분은 합헌결정을 내린다.[41]

"① 세대별 합산규정은 혼인한 자 또는 가족과 함께 세대를 구성한 자를 비례의 원칙에 반하여 개인별로 과세되는 독신자, 사실혼 관계의 부부, 세대원이 아닌 주택 등의 소유자 등에 비하여 불리하게 차별하여 취급하고 있으므로 헌법 제36조 제1항에 위반된다. ② 주택분 종합부동산세 부분은 적어도 주거 목적으로 과세기준 이상의 주택 한 채만을 보유하고 있는 자로서, 그 중에서도 특히 일정한 기간 이상 이를 보유하거나 또는 그 보유기간이 이에 미치지 않는다 하더라도 과세 대상 주택 이외에 별다른 재산이나 수입이 없어 조세지불 능력이 낮거나 사실상 거의 없는 자 등에 대하여도 납세의무자의 예외를 두거나 과세표준 또는 세율을 조정하여 납세의무를 감면하는 등의 일체의 여과 조치 없이 일률적으로 종합부동산세를 과세함으로써 과잉금지원칙에 위배하여 재산권을 침해하고 있으므로 헌법에 위반된다 할 것이다. 다만 주택분 종합부동산세 부과규정에 대하여는 세대별 합산규정과는 달리 단순위헌의 결정을 하는 것은 적절치 아니하며 따라서 헌법불합치결정을 선고하되 입법자의 개선입법이 있을 때까지 계속 적용을 명하기로 한다. 그러나 종합합산과세 대상 토지분 종합부동산세 부분은 과잉금지원칙에 위배하여 재산권을 침해한다고 보기 어렵다 할 것이다. ③ 이중과세, 재산권침해, 지방재정권 침해 등의 쟁점에 대해서는 종합부동산세가 헌법에 위반되지 아니한다."

헌법불합치 부분에 대한 재판관 목영준의 일부 합헌의견은 다음과 같다.

"1. 납세의무자의 주관적 요소에 따라 납세의무자 여부와 적용세율을 달리하는 것은 재산세의 성격에 비추어 타당하지 않고, 종합부동산세법상 납세의무자의 범위와 세율이 조세정책에 관한 입법자의 재량범위를 벗어났다고 볼 수도 없으므로, 결국 납세의무자에 관한 법 제7조 제1항(개정 법 제7조 제1항 전문 중 괄호 부분 제외) 및 세율에 관한 제9조 전단(개정 법 제9조 제1항·제2항)은 헌법에 위반되지 아니한다.
2. 그러나 주택의 장기보유자에 대한 조세부과는 '주택의 가격안정'이라는 목적을 이루기 위한 범위를 벗어날 뿐 아니라 이를 달성하는데 아무런 도움을 주지 못하므로, 법 제8조(개정 법 제8조 제1항, 과세표준)가 과세표준을 시가에 근접한 공시가격을 기

---

41) 헌재 2008.11.13. 2006헌바112, 구 종합부동산세법 제5조 등 위헌소원(위헌,헌법불합치,잠정적용,합헌), 판례집 제20권 1집 하, 1, 2-9면.

준으로 정하면서도 과세표준의 상승폭 제한 또는 물가상승에 따른 보유공제 등 과세
표준에 대한 조정장치를 마련하지 않은 것은 헌법상 과잉금지원칙에 위반하여 주택장
기보유자의 재산권을 침해함으로써, 헌법에 합치되지 않는다 할 것이다.”

재판관 조대현의 합헌의견은 다음과 같다.

“1. 종합부동산세는 과세기준금액을 넘는 부동산의 보유 자체를 조세부담능력으로
파악하는 것이므로, 그 과세표준을 산정하면서 보유 부동산의 가액에서 부채(負債)를
공제한 실질적인 재산가치를 기준으로 삼지 않았다고 하여 조세부담능력을 잘못 인정
하였다거나 응능부담주의에 어긋나는 것이라고 볼 수 없고, 게다가 부동산 보유세 강
화의 충격을 완화하기 위하여 과세기준가격을 높게 설정함과 아울러 과세표준을 공시
가격에 접근시키는 비율을 점차적으로 높이도록 규정하고 있으므로, 조세입법권의 재
량 한계를 벗어났다고 볼 수 없어 사유재산제도를 근본적으로 부정하거나 납세의무자
의 재산권을 중대하게 침해하는 것이라고 보기 어렵다.
  2. 종합부동산세의 본질은 국가재원을 조달하기 위한 재산보유세이며, 부동산 투기
억제나 부동산 가격안정을 근본목적으로 하는 것이 아니므로, 과세대상 부동산의 장기
보유 여부나 보유목적의 투기성 여하에 따라 종합부동산의 과세 여부나 과세 범위를
달리하여야 하는 것은 아니므로, 종합부동산세를 부과하면서 주거목적으로 보유하는 1
주택의 경우에 장기보유 여부나 다른 재산·소득의 유무를 고려하지 않고 일률적으로
과세하는 것이 헌법에 위반된다고 볼 수 없다.
  3. 종합부동산세의 세대별 합산과세제도는 세대별 부동산 보유를 하나의 과세단위
로 파악하는 조세정책적 결정이고, 세대원들의 소유명의 분산을 통한 조세회피행위를
방지하여 종합부동산세 부담의 실질적 공평을 도모하려는 것이므로, 조세부담능력을
잘못 파악하였다거나 응능부담의 원칙에 어긋난다거나 헌법 제36조 제1항 또는 제11
조 제1항에 위반된다고 보기 어렵다.
  4. 종합부동산세의 과세대상을 제한하고 과세기준금액을 높게 설정하여 고액의 부
동산을 보유하는 극소수의 국민들에게만 차별과세하는 결과로 되었다고 하더라도, 이
를 불합리한 차별과세라거나 조세일반부담의 원칙이나 조세평등의 원칙에 위반된다고
보기는 어렵다고 할 것이다.”

재판관 김종대의 합헌의견은 다음과 같다.

“1. 종합부동산세 제도의 입법목적에 정당성이 인정되고 종합부동산세 부과로 인
한 납세의무자의 부담 정도가 입법재량 사항이라고 한다면, 그 제도를 구성하는 일부
규정들 속에 불합리한 규정이 들어있다 하더라도 그 규정의 불합리성이 너무 지나쳐
헌법적 가치를 훼손함에 이르지 않는 한, 우리는 그 제도의 유지 및 변경에 대한 판단

을 국회에 맡겨야 한다. 2. 세대별 합산과세방식에 관해 보건대, 주택은 그 소유권이야 개인별로 귀속되겠지만, 그 사용은 세대를 이루어 사는 가족들의 공동주거로 쓰이는 특수성이 있다. 이 같은 과세목적물인 주택의 특성상 같은 세대를 구성한 구성원이 여러 주택을 소유하고 있을 때 개인별로 과세 않고 이를 세대별로 합산과세 하겠다는 것은 입법목적을 달성하기 위해 꼭 필요할 뿐 아니라 과세단위에 관한 논리상의 결함도 없으므로, 헌법에 위반된다고 볼 수 없다. 3. 1주택 보유자에 대한 과세예외조항에 관해 보건대, 주거목적의 1주택이라고 해도 고가의 주택보유자에 대해서는 그 주택가액에 상응하는 보유세를 부담하게 함으로써 조세부담의 형평성을 제고할 필요가 있고, 그 부담 정도 역시 선진제국에 비하여 현저히 낮은 수준에 불과하고, 혹 납세의무자에 따라서는 극소수자에게만 부과시키는 과도한 세금이라고 느낄 수 있는 측면이 있을 수도 있으나 이는 종합부동산세와는 다른 세금인 양도소득세의 부과상 문제점에서 비롯된 면이 없지 않은 점과 종합부동산세의 입법목적에는 보유세 부담의 형평성 제고 이외에 부동산 투기 및 과다 보유의 억제를 통한 부동산 가격의 안정을 도모한다는 측면도 있다는 점을 아울러 고려할 때, 그와 같은 주택보유자에 대하여 보유기간이나 조세지불능력을 고려한 과세예외조항이나 조정장치를 두지 않았다고 하여 입법재량의 한계를 일탈하였다고 보기는 어려우므로, 헌법에 위반된다고 볼 수 없다."

3. 평   가

한동안 잠잠하던 부동산이 다시 폭등하자 2005년에 노무현 정부는 종합부동산세제로 대응하였다. 종부세의 핵심은 세대별로 소유한 부동산에 대하여 종합적으로 세금을 부과하고, 일정한 금액 이상의 부동산을 가질 경우에 중과세하는 것이다. 헌법재판소는 종부세 자체의 합헌성은 인정하면서도 그 핵심적인 실현방안은 위헌이라고 판시하였다.

첫째, 세대별 합산과세(부부합산과세)에 대한 위헌결정은 부부자산소득 합산과세에 대한 위헌결정의 연장선상에 있다. 부부합산과세는 개인주의를 기반으로 하는 자본주의 법논리에 어긋날 수 있다. 가(家) 중심의 전통적인 가족법 체계도 호주(戶主)제도의 폐지에 따라 개인별 가족등록부로 대체되었다. 하지만 주택관련 법제는 개인보다는 가를 중심으로 입안되었기 때문에 아직도 1가구 1주택을 기본 틀로 삼고 있다. 이는 인별 과세와 합산 과세 중 어느 하나만이 형평과 정의라는 명제가 성립될 수 없음을 일깨워 준다. 둘째, 1가구 1주택에 대한 중과세는 헌법불합치결정과 더불어 잠정적용을 명하였다. 헌법불합치결정은 실질적으로는 위헌이지만 법적 안정성을 고려하여 잠정적으로 유지하는 제도이다.

그런데 국민 일반의 법인식은 1가구 1주택 장기보유자에 대한 중과세는 잘

못된 것으로 보지만 세대별 합산과세는 오히려 수긍하는 것 같다. 헌법재판소 결정과 국민의 법감정 사이에 나타난 괴리 현상이다. 약삭빠르게 부부공동명의로 변경한 이들만 혜택을 받고 무던하게 살아온 사람은 세금폭탄을 맞게 된다. 결과적으로 헌법재판소가 조세회피방법을 가르쳐 준 셈이다.

헌법은 시대정신의 반영물이다. 시대정신은 또한 헌법의 개방성에 부응하여야 한다. 동 시대가 요구하는 가치를 외면한 헌법해석은 결코 국민적 동의를 얻을 수 없다. 하지만 시대정신에만 매몰된 헌법해석은 포퓰리즘의 노예로 전락하는 위험을 감수하여야 한다. 헌법재판소의 위헌결정으로 종부세의 새판 짜기가 시작된다. 부동산 폭등 때 응급수혈에 매달리지 말고 부동산 안정기에 장기적이고 근본적인 대책을 마련하여야 한다. 부동산이 축재수단으로 악용되어서도 아니 되지만 억울한 세금폭탄도 아니 된다. 부동산 투기를 근본적으로 차단하기 위하여 보유에 따른 합리적 중과세는 불가피하지만, 양도세 감면을 통하여 처분의 퇴로도 마련하여야 한다.

IX. 결   어

망국적이라고도 말하고 있는 부동산투기 그 중에서도 한정적인 자원인 토지에 대한 규제는 불가피하다. 바로 그런 점에서 시장경제질서를 채택하는 나라에서 토지공개념이라는 특이한 제도를 도입하였다. 하지만 헌법재판소의 무력화작업에 따라 토지거래허가제를 제외하고는 대부분 사문화되었다. 그 과정에서 부동산투기가 잠잠하였던 것도 중요한 요인의 하나였다. 토지거래허가제조차도 사실상 사문화상태에 빠졌던 것이다. 생각건대 헌법재판소가 일관되게 판시하는 바와 같이 토지재산권에 대한 제한입법도 과잉금지의 원칙을 준수하여야 하고, 재산권의 본질적 내용인 사적 유용성과 원칙적인 처분권을 인정하여야 한다.[42] 하지만 토지에 대한 본질적 접근에 있어서 헌법재판소가 지나치게 사유재산권 중심의 사고에 빠져 들지 아니하였는지도 반성하여 볼 소지가 있다. 급하게 만든 입법임으로 인하여 발생하는 위헌적인 요소를 불식시키는 가운데 토지공개념의 묘법을 찾아야 할 것이다. 토지공개념 관련 법률이 사문화되어 가는 과정에

---

42) 헌재 2003.4.24. 99헌바110등, 자연공원법 제4조 등 위헌소원(합헌); 헌재 2003.8.21. 2000헌가11등, 도시계획법 제83조 제2항 전단 부분 등 위헌제청(합헌).

서 결국 노무현정부와 문재인정부에서 다시금 부동산 투기 열풍이 일어남에 따라 급격한 부동산대책을 또 다시 마련하는 우를 범하고 말았다. 오히려 토지공개념 관련 법률의 적극적인 활용이 계속되었더라면 이와 같은 특단의 응급조치를 또 다시 시행하는 우를 범하지는 아니하였을 것이다.

이제 다시 부동산정책을 재조정하여야 할 시점이다. 특히 부동산실명제가 정상적으로 작동하는 상황이기 때문에 실명제에 기초한 차분한 정책지표가 설정되어야 한다.

정부가 할 수 있는 정책수단은 노무현정부에서도 밝힌 바와 같이 세제 중심으로 갈 수밖에 없다.[43] 그렇다면 그 중에서 강화일로에 있던 양도소득세 중심이 아니라 보유에 따른 중과세로 방향이 설정되는 것은 수긍이 간다. 보유세를 일정한 수준으로 강화하는 반면에 퇴로를 마련하여 준다는 차원에서 양도소득세는 하향조정이 불가피하다. 보유세 강화에 따른 반발도 예상 수준이상으로 나타나지만 세계적인 수준의 보유세는 불가피하다. 다만 생활의 터전인 일가구 일주택에 대하여는 관용을 베풀고 그 이상의 부동산 보유에 대하여는 일정한 규제가 필요하다.

---

43) 노무현 정부의 부동산 정책에 대한 논의는 한국공법학회, 공법연구 제34집 제3호(2006.2)에 실린 정극원, "현정부의 부동산정책에 대한 헌법적 검토", 김명용, "참여정부의 토지공개념정책에 대한 공법적 평가와 향후방향", 김남철, "8·31 부동산 종합대책에 대한 공법적 검토" 참조.

[Resume]

Protection of Property Rights and Concept of Public Ownership of Land

Traditional legal theories on protecting private property rights are being challenged by notions that such rights should bow to social needs. Especially, in Korea the discussion is centered on the concept of public ownership of land. The scarcity of land is often provided as the reason justifying the state's regulation.

A vast majority of the Korean population live in cities. The concentration of the population in few cities and the instances in which people benefited from real estate speculation resulted in laws that intended to significantly curb the scope of private property rights.

However, the Constitutional Court repeatedly held that such laws violated the Constitution. The gist of the laws were rendered meaningless by the rulings. Still there are efforts to cling on to the idea of public ownership of land and revive its potential.

This article agrees in principle with the Constitutional Court that statutes which limit the property rights of land owners must comply with the proportionality rule stipulated in the Constitution. The limiting legislation must not blankly restrict the owner's right to sell the land or the right to profit from the land. Still the Constitutional Court must ask itself if the Court unilaterally adopted a private property−centric approach in adjudicating the matters. There might have been opportunities for the Court to strike a balance between the objectives of protecting private property and preserving the concept of public ownership of land, while eliminating the unconstitutional portion of the hastily made statute.

Keyword : property rights, public conception of the land, public interest, territorial administration, exploited interests

[Resume(French)]

La garantie du droit de propriété et la législation sur la conception publique de la terre

Tout d'abord, la théorie de la conception publique de la terre est présentée comme la conception socio-politique, non pas comme la conception juridique. Puisque l'institutionnalisation juridique est achevée par la théorie de la conception publique de la terre, on admet que la théorie est acceptée dans la matière de droit.

Si la théorie générale du droit constitutionnel interprète déjà le droit de propriété de la façon suivante: "Le droit de propriété doit être limité au profit de la société" et "Le droit de propriété doit être adapté à l'intérêt public", la théorie sur la conception publique de la terre, elle, pourrait limiter encore plus fort le droit de propriété.

Enfin, pour matérialiser cette conception de la terre, une série de lois sont établies: la loi d'administration territoriale, celle du urbanisme, celle du recouvrement sur les intérêts exploités, et celle de la limitation sur la possession du terrain etc.

Keyword : droit de propriété, conception publique de la terre, intérêt public, administration territoriale, intérêts exploités

〈대담〉

성낙인 교수 퇴임기념 대담

일　　시 : 2018. 8. 25. (토) 16:30~18:30
장　　소 : 서초구 거제지심도 식당
대 담 자 : 김도균(서울대학교 법학전문대학원 교수)
　　　　　송석윤(서울대학교 법학전문대학원 교수)
　　　　　박정훈(서울대학교 법학전문대학원 교수)
　　　　　이근관(서울대학교 법학전문대학원 교수)
　　　　　이우영(서울대학교 법학전문대학원 교수)
　　　　　이효원(서울대학교 법학전문대학원 교수)
　　　　　장승화(서울대학교 법학전문대학원 교수)
　　　　　전상현(서울대학교 법학전문대학원 교수)
　　　　　전종익(서울대학교 법학전문대학원 교수)
　　　　　조　국(서울대학교 법학전문대학원 교수)
녹취·정리 : 송순섭(서울대학교 법학연구소 조교)

〈인사 및 소개〉

박정훈: 바쁘신데도 불구하고 성낙인 총장님의 퇴임기념 대담회에 와 주셔서 대단히 감사합니다. 성낙인 총장님 이외에 저 박정훈, 조국 교수님, 이근관 교수님, 송석윤 교수님, 이효원 교수님, 이우영 교수님, 전종익 교수님, 전상현 교수님이 자리해 주셨습니다. 정말 감사합니다. 첫 질문은 제가 드리겠습니다. 대학입학 이전의 출생 및 유년 시절, 고등학교 시절에 대한 회고 부탁드립니다.

성낙인: 제가 창녕 성가입니다. 창녕에서 태어나서, 창녕에서 쭉 자랐어요. 지금도 우리집 마당에서 시조 할아버지 산소가 바로 보입니다. 1Km 조금 더 되는 거리죠. 거기는 이를테면 성씨의 집성촌이라고 할 수 있어요. 시조 할아버지의 산소가 동산에 있고, 그 맞은 편으로 우리집이 그렇게 딱 보이는 곳이에요. 동산 뒤쪽으로 시조 할아버지의 제실이 있는데, 그 뒤쪽으로 1Km정도 가면 성혜림·성혜랑 아버지의 생가도 있어요. 거기 있는 창녕 성씨 고택은 성기학 영원무역 회장이 복원시킨 거예요.
노스페이스로 크게 성공한 성 회장님은 재작년에 서울대 발전기금으로 저에게 현금 1백억을 기증해 주셨어요. 우리 집은 요새 찾기가 편해졌어요. 우리 마을 바로 입구에 창녕 소방서가 생겼어요.(웃음) 소방서 안쪽집이 된 거지요. 우리 집 가까이에 시조 할아버지 산소도 있고, 성씨 고택도 있고, 조금 더 가면 우포늪이 있는데, 몇 대조 할아버지에서부터 우리 할아버지 할머니까지 모신, 그 우포늪의 한 자락 산이 우리 종중산이지요. 부모님 산소는 선친께서 생시에 조성을 해서 집 근처에 있구요. 그래 국민학교는 창녕에서 다녔지요. 시조 할아버지 산소 바로 옆에 국민학교가 있어서, 우리 집하고 시조할아버지 산소 사이에 있는 들판을 가로질러서 다녔어요. 그 들판 뒤쪽으로 화왕산이 있어요. 불 화(火)자에 왕성할 왕(旺)자에요. 곽재우 장군이 의병을 했던 곳입니다. 거기가 원래는 강이었는데 화산이 폭발해서 산이 되었다고 하는데 정상에 가면 배의 유적도 있고 그래요. 창녕에서 국민학교를 다니다가 대구로 가게 된 것은, 갑자기 5·16이 나고, 그 후로는 타도(他道) 진학이 안 되게 된 거에요. 원래는 부산으로 가려고 했는데, 선친께서 부산에 계시다가 갑자기 퇴임하셔서, 대구가 가까우니까 대구로 가게 되었어요. 창녕하고 대구하고 붙어 있잖아요. 북쪽으로는 대구하고, 남쪽은 창원하고 붙어 있어요. 그래서 입학원서 접수기간에 갑자기 전학을 하게 된 거죠. 그때는 입학시험 끝나면 바로 졸업식을 했어요. 한 달 다니고 대구 '복명국민학교'를 졸업했어

요. 그런데 복명국민학교라는 데가 일제강점기 때 김울산 할머니께서 거액을 희사하여 지은 학교에요. 그 학교가 한동안 없어졌었어요. 그래서 제 학적이 대구국민학교로 가 있었지요. 그런데 우동기 대구시 교육감이 날보고 어느 날 "형님, 복명국민학교 나왔다면서요?" 해요. 그래서 "복명국민학교 없어져서 내 학적이 대구국민학교로 가 있다는데?" 이랬더니, 새로 개발된 수성못 부근에 새로 복명국민학교를 세워가지고 할머니 흉상도 가져다 놓고 그랬다는 거에요. 작년에 모교에 기념 식수도 하고 그랬습니다. 그런 연고로 대구에서 누나, 작은 형하고 같이 학교를 다녔지요. 그런데 누나, 작은 형이 다 졸업을 하게 된 거예요. 작은 형은 대학 진학, 나는 고등학교를 가야 하고요. 경북고등학교 갔어야 했는데, 대구에는 이제 아무도 없으니까 그래서 '서울 가자' 해서 올라온 거지요. 그때는 경기고등학교를 전국에서 왔었어요. 부산, 대구, 광주, 전주, 대전 등에서요. 얼결에 저는 전국의 우수인재가 오는데 진학을 하게 된 거지요. 그 당시 대구·부산에서는 7~10명 정도가 경기고등학교에 왔어요. 서울에 형님이 문화공보부에 재직하고 있어서, 그 덕에 서울 구경도 하고 서울사람이 되버린 거지요.

이근관: 그럼 고등학교 다니시면서 대학 진학하실 때에 법대로 오시겠다고 결심하신 무언가 특별한 계기 같은 것이 있으십니까?

성낙인: 아버님이 식민지 백성의 한을 안고 일본 유학 이후 공직에 계셨고, 형님도 공직에 있고 그랬는데, 저는 사실 처음엔 기자가 그렇게 멋있어 보였어요. 기자를 하려면 '정치학과' 가야 된다고 그래서 정치학과를 가려고 생각했었죠. 그런데 그 시절에는 기자가 인기 없는 직업이어서 그랬는지, 주변에서 만류를 많이 했어요. 그래서 결국에는 법대를 가게 되었지요. 법대에 입학했는데, 우리 1학년 때에 '교양과정부'라는 걸 만들었어요. 문A, 문B를 갈라 가지고 문B는 법대·상대 학생들을 섞어가지고 8반을 만들고, 문A는 문리대생들을 몇 반을 만들어 가지고 공과대학 자리 옆에 허름한 단층짜리 집이 있었는데 거기다가 교양학부를 만든 거에요. 그게 나중에 서울산업대학이 된 거지요. 지금은 '과학기술대학교'죠 아마. 거기 가는데 차도 없었어요. 차라고 하면 서울 시영버스나 있었나? 오죽했으면, 기차를 타든가 했어요. 학교 스쿨버스는 청량리까지만 왔죠. 서울 시영버스는 청계천 5가까지만 왔고.

박정훈: 당시 서울법대 학생들의 생활은 어땠습니까?

성낙인: 당시에는 서울공대에 교양학부를 만들어 가지고, 그 골짜기를 시내에서 다녀야 했어요. 우리 대학생활을 회고해 보면, 우리 때는 8학기 중 데모 없는 때가 1학기밖에 없었던 것 같아요. 맨 휴교고 … 그러다보니 지방 학생들은 하숙비 아끼려고 추가등록이 있는 3월 말까지 안 올라 왔어요. 4월은 4·19 워밍업 해야 한다고 휴강하고 … 학교 다닐 일이 없었지요. 그러니까 중간고사를 한 번도 쳐 본 적이 없어요. 뭐 배운 것이 있어야 중간고사를 치지요. 옛날에 "노나~ 공부하나~ 마찬가지다." "오늘 개강 ~ 내일 종강 서울법대다." 그런 노랫말이 있는데, 비유가 아니라, 실제 그랬어요. 그 시절에는 그렇게 맨날 놀았지요. 형사소송법을 예로 들면 '형사소송법의 기본 원리' 하면 종강이에요. 그리고 형법은 '형법총론과 형법각론과의 관계' 하면 종강이고.

그 시절 에피소드 하나 이야기하면, 지금 제가 유기천 교수님 기념사업회 이사도 하고 있습니다마는 그때는 프락치가 막 다닐 때니까, 유기천 선생님이 수업을 시작하시려고 그러다가 그날따라 느닷없이 "문닫아라! 전부 학생증 검사해라!" 하시는 거예요. 그러니까 몇 명이 나가더라고요. 그리고는 선생님께서 그 문제의 총통 준비 발언을 하신 거예요. 그러니까 우리가 유기천 선생님의 마지막 수업을 들은 거지요. 그것을 기화로 유기천 교수님이 강의를 못하게 되었어요. 그래서 연세대학교의 정영석 교수님을 모셨는데, 정영석 교수님이 괜히 학기 중에 오셨다가 비토당하시기도 하고 그런 희한한 일이 벌어지기도 했지요. 그리고 우리 때 전태일 데모가 처음 있었어요. 사실 그때 전태일이 누구인지 제대로 몰랐어요. 6·3 사태 때 제적당한 선배들이 한 20명 가까이 되는데, 이 분들이 제대 복학해서 우리하고 같이 다녔어요. 우스운 이야기이지만 그 선배들이 '녹우회'라고 하는 것을 떡 하니 만들어 가지고는 위세를 부리고 했지요. 이 분들이 자주 폭력사고를 일으키곤 했어요. 그건 그렇고 그때 데모하면 장기표와 이신범이었어요. 장기표 선배는 나이가 좀 많았지요. 도서관에서 농성할 때면 어디에서 들었는지 엄청나게 많은 이야기꺼리를 들고 왔었지요.

이근관: 유기천 교수님의 발언을 인터넷으로 찾아보니 "1971년 4월 12일날 서울대 법대 형법총론 강의실에서 자신이 얼마 전 대만에 갔다가 그곳의 고위층으로부터 지금 한국에서 자유중국의 총통제를 연구하러 온 사람이 있다는 말을 듣고 경악했다는 사실을 고백했다."라고 나오네요.

성낙인: 역사에는 그렇게 나오는데, 제 기억에는 70년이에요. 역사에서 자꾸 71년

이라고 그래서 유기천 기념사업회에서 유기천 선생 회고록 쓸 때도 저는 "70년이다"라고 했었어요. 그건 그렇고 그래서 그때 전태일 열사가 작고하셨으니까 데모해야 한다고 해서 … 당시에는 대학로가 복개가 안 되었어요. 그 시궁창물 내려다 보이는 문리대 들어가는 그 다리를 '미라보 다리'라고 그랬었지요. 그 시궁창으로 경찰들이 막 미니까 전태일 데모하다가 거기 빠지고 신발 다 들어가고 … (웃음) 데모와 휴학 속에서 대학생활을 보내다가 대학원 진학을 하게 되었지요.

조 국: 총장님 대학 다니실 때 수업은 어느 교수님들께 들으셨습니까?

성낙인: 형법은 유기천 선생님이 나가버리시고, 이수성 선생님이 전임강사로 오셨어요. 형법쪽에는 김기두 선생님 밖에 없었지요. 그리고 지금도 생각나는 장면은 김기두 선생님은 강의하실 때 반드시 앉아서 강의를 하셨어요. 저는 평소 안경을 안 껴서 모르겠는데 2단으로 되어 있는 안경을 접었다 폈다 하신 기억이 납니다. 아마도 돋보기와 졸보기가 같이 되어 있었던 것 같아요. 그리고 제가 학생 때 이한기 선생님과 서돈각 선생님이 학장이셨는데, 이한기 선생님은 강의하시다가 누가 오면 "주례도 교수의 직업의 일부다." 그러시면서 주례한다고 가시기도 하고 그랬던 기억이 나네요. (웃음)

서돈각 선생님은 4×6 배판이나 되나? 당신 교과서보다 사이즈가 작은 무엇인가를 교과서 안에 집어넣어가지고 그것을 읽으셨어요. 그래서 그때는 '저것이 도대체 뭔데 당신 교과서를 놔두고 맨날 읽으시나' 그랬었던 기억이 납니다. 그리고 정희철 선생님은 공부만 하는 그런 교수 스타일이셨어요. 외국에서 외롭게 계시다가 제가 학장일 때 양승규 교수님이 기념논문집을 동원관(소담마루)에서 드린 적이 있어요. 그때 이미 건강이 아주 안 좋으시더라구요. 양승규 교수님은 보험법 권위자셨죠.

김증한 선생님은 민법에서 제일 어른이셨는데, 이분은 우리가 입학하기 전에 이미 교육부차관, 행정대학원 원장도 하셨고 그러셨죠. 당시에는 행정대학원이 법대캠퍼스 안에 있었어요. 그런데 소문에 그래요. 원래 김증한 선생님 강의가 명강의였는데, 출장갔다가 연탄가스 중독이 되셨다는 그런 설이 있어요. 그래서인지 우리 때도 선생님은 당신의 교과서를 읽으셨죠. 그 바로 밑에 곽윤직 선생님이 계셨는데, 지금 생각하면 부교수나 조교수 정도 되셨던 것 같아요. 본인이 젊다고 학생들에게 자랑했던 기억이 새로운데, "내가 마, 버스를 탔더니, 차장이 나를 학생취급을 했어요 …" 이런 말씀을 하셨었죠. (모두 웃음) 곽윤직 선생님이 그때

막 박사학위를 받으셨던 것 같아요. 「부동산 물권변동에 관한 연구」였지 싶은데, 수업시간에 칠판에다가 독어, 불어를 막 써대셨죠. 그래서 나는 '서울법대 교수되려면 독일어 불어 다 잘해야 되는구나' 그렇게 생각을 했는데, 나중에 알고 보니까 곽윤직 선생님이 불어 하나도 모르신다는 거에요. (모두 웃음) 우리 때는 교수님이 몇 분 없었지요. 황적인 선생님과 최종길 선생님은 젊은 민법교수님이셨죠. 최 교수님은 저희들 대학원 다닐 때 안타깝게도 불의의 일로 유명을 달리하셨죠. 상법의 최기원 선생님과 민법의 이호정 선생님은 상대 소속이라 저희들은 강의를 못들었어요. 서원우 선생님도 행정대학원 교수였어요.

김도창 선생님은 보건복지부 차관으로 가셨다가 다시 교육부차관을 하셨지요. 차관을 아주 오래하셨어요. 그런데 이 어른은 차관을 하시면서도 한 번도 안 빠지고 강의를 하셨어요. 그리고 경제학, 정치학에는 임원택, 배복석 선생님 계셨고, 체육에 인영환 선생님도 계셨어요. 그 당시 우리는 2학년 때까지 체육이 필수였어요. 1학년 때는 교양학부에서 배웠고, 2학년 때는 여기에 와서 인영환 선생님이 하셨는데, 문리대 운동장에서 야구공 축구공 온갖 공을 주시면서, 알아서 하라고 그러셨는데, 그 전에 반드시 시사(時事) 노변정담(爐邊情談)을 하셨어요. (모두 웃음) 이 어른은 15~20분 동안 자기 연설을 하시는 거에요. "요새 세상이 이렇다, 총장이 어떻다" 이런 얘기들. 행정법은 최송화 선생님이 나중에 전임강사가 되셨어요. 우리 졸업할 즈음해서 김동희 선생님, 송상현 선생님이 전임강사인지 조교수로 오시게 되었죠.

국제법에는 이한기 선생님, 배재식 선생님 계셨고 나중에 백충현 선생님이 부임하셨죠. 조금 이상하게 생각한 것이 있는데, 제가 학생 때 이한기 선생님이 학장이었는데, 1980년 5월의 봄 때도 이한기 선생님이 학장을 하시는 거예요. 다시 하신 거지요. 우리 학생 때 이한기 선생님이 하다가 그 다음 서돈각 선생님이 되셨다가, 우리 재학 중에 서돈각 선생님이 동국대학 총장으로 가셨어요.

노동법은 김치선 선생님이 하셨는데 나중에 김유성 선생님이 들어오셨죠. 친족상속법과 법제사는 정광현 선생님과 박병호 선생님이 담당하시고, 법철학은 전원배 선생님이 하셨죠.

저희 때는 부학장을 과장이라 했는데, 교무과장은 김치선 선생님이, 학생과장은 박병호 선생님이 담당하셨어요. 맨날 데모가 많으니까 두 분 선생님께서 저희들 달래느라고 막걸리 많이 하셨죠. 지금 생각하면 죄송할 따름입니다.

박정훈: 저희 77학번이 오니까 그때도 이한기 선생님이 학장이셨던 것 같아요.

성낙인: 그 사이에 서돈각 선생님이 하시다가 다시 김증한 선생님으로 갔다가 그랬던 모양이에요. 헌법은 김철수 선생님이 계셨지요. 혼자셨어요. 세간에는 한태연 선생님이 5·16 때 나가신 것으로 아는데, 한태연 선생님은 5·16 전에 이미 서울법대를 떠나셨어요. 그리고 황산덕 선생님은, 3공화국 때 김철수 선생님도 중앙일보 논설위원하고 그러실 때인데, 동아일보 논설위원하시다가 필화사건이 터져서 강제면직을 당하셨어요. 그래서 성균관대학 가셨다가 나중에 유신 때 박정희 대통령이 법무부장관으로 임명한 거예요. 그때 제가 서울법대 학생공법학회 회장을 했는데, 헌법·행정법 통틀어서 완전 전임은 김철수 선생님 한 분밖에 없었지요. 행정법 최송화 선생님은 나중에 되셨고. 그래서 우리가 졸업할 즈음 되어서 행정법 전공자가 한동안 끊겨 버린거죠. 나를 전후로 5년~10년 동안에 행정법 전공이 없어요. 그렇게 다들 학부시절에 공부를 하도 못하다 보니까 '대학원가서 공부 좀 해보자' 그래가지고 우리 동기가 전 분야에 걸쳐서 유사 이래로 교수가 제일 많아요.

이효원: 입학생이 몇 명이셨습니까?

성낙인: 160명이었어요. 그게 어떻게 된 것인가 하면, 원래 더블이었어요. 3백 몇십 명이었는데, 박정희 대통령이 5·16 일으키고 나서 "이과가 더 많아야 한다." 그래서 문과 정원을 무조건 반으로 줄여버린 거예요. 그래서 62~63년부터 반으로 줄었죠. 대학원 가서도 세상이 하도 어수선하니까, 맨날 하숙집에서 밤마다 박정희 욕하고 술마시는 게 일이었지요.

박정훈: 1972년 유신이 선포되었을 때는 어떻게 지내셨습니까?

성낙인: 유신이 뭔지 알았나요? 3선개헌 때 이미 크게 망가진 후로 갑자기 유신이라는 게 선포되면서 헌법도 새로 만들겠다고 하고. 우리는 뭔지도 모르는 사이에 유신이라는 게 생긴 거죠. 당시 워낙 엉망이었기 때문에, 아무 개념이 없었어요. 3선개헌 때부터 이미 거덜이 났었죠.

이우영: 유신에 대해서 수업시간 등을 통해서 정보 등을 전혀 접하지 못하셨는지요?

성낙인: 유신이 나기 전에 다 휴교를 시켰어요. 그리고 3선개헌 때는 1969년인데, 4월달에 3선개헌한다고 데모하기 시작하니까, 5월 초에 휴교를 시켜버렸어요. 5월초에 휴교를 시켜가지고는 그 사이 3선개헌 날치기를 하고, 10월 중순에 개학을 했어요. 10월 중순에 개학해서 한 열흘 공부하고는 10월 말 11월 초에 1학기 시험치고, 다시 한 한달 공부해가지고 2학기 시험 치고 … (웃음) 학교 이야기는 우리가 할 것이 없어요. 별로 공부한 것도 없고, 배운 것도 없고 …

조 국: 다른 학교도 마찬가지였겠습니다만, 수업 대부분을 별로 많이 못했지 않습니까? 학교 갈 기회도 많이 없었을 거고요. 뭐하시면서 지내셨습니까? 친구들하고 술 드시고 다니신다거나 하는 에피소드 이야기를 좀 해주시겠습니까?

성낙인: 당시에는 매일 술 마시면서 박정희 욕하는 것이 일이었어요. 그러다보면 뜸뜸이 박정희 같은 사람도 있어야 한다는 친구가 있어요. 사실 그래야 싸움이 되지. (모두 웃음) 술 마시는데 100% 박정희 죽일 놈이다 그러면 싸움이 안 되고요.

조 국: 어느 술집에서 드셨습니까? 주로 동숭동 근처에서인지요?

성낙인: 종로 5가 뒷골목에서 마셨지요. 거기에 막걸리 집이 많이 있었어요 그때는 막걸리를 마셨지요. 그런데 가끔 무교동 진출하면, 낙지집에 갔어요. 낙지집에 한 20명 앉아가지고 낙지 딱 2판만 시켰어요. 1인당 낙지 한 점 밖에 안돌아가지요. 나머지는 빨간 국물 … 그걸 계속 달라고 해가지고, 밥 비벼 먹으면서 막걸리를 마셨어요. 그래 우리 세대는 지금도 무교동 낙지집에 가면 메뉴를 다 시켜요. 막걸리, 조개탕, 뭐 좍 시켜요. 예전에 서원우 선생님 모시고 선배들하고 우리 친구들이랑 그곳에 갔는데 좍 시키니까 … 서원우 선생님이 "그거 좀 먹고 시키지" 하셔요. 그래 "선생님 가만 좀 계세요~!!" 했지요. (웃음)

이효원: 대학원에서 헌법을 전공하게 된 계기는 무엇이셨습니까?

성낙인: 제가 학생공법학회 회장을 하다보니까 헌법을 전공하게 된 것 같아요. 공법학회가 헌법과 행정법을 아우르니, 행정법 교수님이 있었으면 아마 선택의 여지가 있었을지 몰라요. 그런데 전임 교수가 김철수 교수님밖에 안계시니까 헌법을 할 수밖에 없었지요. 우리끼리 모여 있는데, 최송화 선생님이 가끔 오셔서

맛있는 것도 사주셨어요.

이우영: 학생공법학회가 유신 때 없어졌다가 로스쿨 때 다시 생겼다고 들었는데요.

성낙인: 공법학회만 없어진 것이 아니라, 유신 때 모든 학생 학회를 없애버렸어요. 유신 이후 전두환 때부터 부활시켰다고 해요. 제가 서울법대 교수되고 나서 보니까 다른 학회는 다 부활되었는데, 공법학회만 부활이 안 되어 있더라구요. 헌법재판을 법철학회 같은 데서 하고 있어서, 제가 마음이 좀 상했지요. 그래 "공법학회 부활하면 내가 다 대주겠다" 하고 학부시절에도 몇 번 시도했었고요. 몇 명이 자기가 하겠다고 오기도 했는데, 이미 10~20년 한 다른 학회에 비해 인원 동원이 잘 안 되는 것 같더군요. 그러다 로스쿨이 되고 나서 용감한 학생들이 해보겠다고 나타났어요. 그래서 로스쿨에 공법학회가 부활된 것이지요.

이우영: 선생님 대학생 시절 학생들이 진로를 결정하는 기준은 무엇이었는지요?

성낙인: 우리 학교 다닐 때 어느 교수님 전설이 있어요. 사무실에서 학점을 왜 안 주냐고 그러니까 "내가 부를테니 받아 적어라. ABC ABC ABC ABC …" 명단 100명 다 끝났는데도 "ABC ABC …" (모두 웃음) 우리 때에는 컴퓨터도 없었을 뿐만 아니라 2학기 개학해서 9월에 학교 와 보면 학점이 반 정도밖에 안 나와 있어요. 그러니까 전년도 것 가지고 장학금 신청을 했지요. (웃음) 몇 년 후배들 중에는 수석(首席)하려고 애쓰는 친구들도 있기는 했는데, 그때는 학점에 너무 목을 매면 좀 이상하게 보기도 했지요. 나는 장학금도 못 받아 봤지만, 장학금은 어려운 학생에게 우선권을 주는 것이 좋을 것 같다는 생각을 했어요. 그건 그렇고 '교수 편하고 괜찮네~' 생각했었는데, 우리가 교수되니까 이건 뭐 휴강도 없고 … (모두 웃음) 학생들이 너무 열심히 해요.

그리고 그때는 대학생 숫자가 워낙 적었기 때문에 취직 걱정이라는 것 자체가 없었어요. 내가 79~80년에 영남대학에 갔는데요. 그 당시 서울법대가 160명 정도였고, 고대가 100명 정도, 나머지는 20~40명이에요. 그렇게 학생수가 적으니까 취직 걱정이 없었지요. 더군다나 산업화 시절이니까. 영남대 가서 보니까 영남대 졸업생도 재벌기업에 취직하는 데 큰 어려움이 없었어요. 어느 정도인가 하면 재벌기업 취직했는데, 창원공단에 발령나면 사표내고 돌아오고 그랬다니까요. 세월 좋았지요. 공부는 안 하는 대신 취직 하나는 확실했지요. 우리 세대가 산업화 1세대에요. 그때 김우중 회장이 한성실업을 하다가 우리가 졸업할 무렵 해서 명동에 직원 한 10명 되는 대우실업으로 바꿨는데, 대우가 1999년에 부도날 때 회사가 50여 개, 직원이 수십 만 명 아니에요? 계속 회사가 늘어나는데 취직 걱정할 것이 없었죠. 그리고 우리 때는 은행이나 공기업 가면 사람 취급을 못받았어요. 김용환 재무부장관이 법대 나와 유신시절 40대에 재무부장관을 했는데, 이 분이 "은행 거기 왜 가냐? 엘리트들은 기업으로 가라!" 하셨지요. 70년대 우리가 졸업할 무렵에 직접 외국인은 못만나 봤지만 영어 문법은 배웠다고 처음으로 무역 영어를 직접 하는 첫 세대에요. 그리고 그때 중동 붐이 일어가지고, 중동 안가면 사람 취급 못받았지요. 당시에 종합무역상사라는 것을 박정희 대통령이 만들어서 대한민국 톱클래스 엘리트들이 종합무역상사로 다 갔지요. 그런 시대를 70년대에 거쳤어요.

송석윤: 총장님은 지금까지 학문적으로나 행정적으로 성공적인 역할을 수행해 오셨다고 생각합니다. 그 성공의 배후에는 묘한 인간적인 매력이 깔려있는 것 같습니다. 상당히 낙천적이시면서도 사람을 끌어당기는 무엇인가가 있으신 것 같은데요. 그것이 혹시 형제가 많은 사이에서 막내로 태어나시면서 얻게 된 인성 때문인 것인지요.

성낙인: 제가 집에서 여섯째라고 하니까 다들 막내라고 생각하는데 저, 막내 아니에요. 제 동생이 대구에서 고등학교 교장까지 했어요. 막내는 아니지만 형제자매가 많은 집에서 성장하다 보니까 자연히 집에서부터 공동체생활에 익숙해지지요. 요즈음은 전부 외동 아들딸이라 가정에서 사회화가 안 되는 것 같아요.

송석윤: 유년시절에 그 성품이 형성되신 배경에 대해서 말씀해 주시면 좋겠습니다.

성낙인: 사실 제가 원래 성격이 뾰족했어요. 조국 교수보다 더 뾰족했을 거예요. (모두 웃음) 제가 20대 때 불우한 시간이 좀 있었어요. '아픔만큼 성숙한다'라는 말이 맞는다고 생각하는 게 그때 제가 창녕·대구 와서 지내니까 서울에 있는 친구들이 "성낙인이 실종되었다, 죽은 것 아닌가" 할 정도로 그때 제가 건강을 상실해서 두문불출 했어요. 그런데 전화위복이라고 할 수 있는 것이, 2~3년 동안 쉬고 나서 어떤 면에서는 새사람이 되었으니까요. 어릴 때 제 친구들은 지금도 저를 뾰족한 인간으로 봐요. 저 인간이 또 성질부린다고. 그런데 그 이후에 만난 사람들에게는 제가 상당히 부드러운 인간으로 되어 있어요. 제가 한 번씩만 성질을 부

리니까. (웃음) 그리고 옛날에 소위 속된 말로 KS라고 잘난 체하던 그것이 영남대 교수하면서 많이 순치되었다고 볼 수 있죠. 그런 과정에서 좀 성숙되지 않았나 하는 생각이 들어요.

이우영: 선생님의 그런 힘드셨던 경험이 총장때 추진하신 '선한 인재상' 하고도 관련이 되는 것인지요.

성낙인: 그런 저런 과정을 거치다 보니까, 처음에는 원망을 하다가 그것을 제가 사랑으로 받아들이기 시작했어요. 나이가 들면서 성숙해진 것이지요. 사랑으로 받아들이니까, 역지사지로 상대방을 이해도 하게 되고. 제가 서울법대 들어오려고 교수 면접할 때, 권영성 선생님이 저보고 "어째 사람들이 성교수를 그리 좋아하는 고? 비결이 뭐고?" 하시기에, "저는 상대방을 가급적이면 불편하게 하지 않으려고 애를 씁니다. 그리고 상대방이 저를 별로 원하지 않으면 깨끗이 물러나지 치근대지 않습니다. 그러다 보니 아마 다른 분들이 저에 대해서 불편해 하지 않았기 때문에 그런 것 아닌가 합니다." 그렇게 답했어요.

이근관: 제가 여쭈어 보고 싶은 것은, 사실 집안이 독실한 불교 집안이시고 지금도 불교계와 계속 교류를 많이 하시는데요. 혹시 그런 불교 환경에서 자라나신 것이 세계관에 영향을 미친 것이 있는지요.

성낙인: 사실 불교는 우리 어머니가 독실했지요. 권오승 교수가 어느 날 저에게 명답을 가르쳐 주었어요. 아니 우리 어머니가 독실한 불교 신자이시고, 우리 형님도 당신은 불교가 좋다고 해서 한국방송광고공사 사장 끝나고 나서 불교방송 사장을 하고 있었는데, 권교수가 날보러 연구실에 와서는 기독교 믿으라 이거야. (모두 웃음) 그러다가 권교수가 어느 날 안 되겠다 싶은지 나보고 그러더라구요. "야, 기도하는 마음은 똑같다." 권교수한테서 명언을 들은 거지요. 그 이후로 권교수가 나한테 "느그 어머니가 그렇게 열심히 기도해서 오늘의 성낙인이가 있었구나."라고 하고는, 그 후로는 전도하려고 하지는 않았지요. 제가 총장 퇴임 후에 불교방송 TV에 출연을 했어요. 2시간 녹화를 했지요. 추석 즈음해서 2부로 나누어서 6번을 방영했어요. 나는 그런 기도하는 마음이 우리 삶을 피폐하지 않게 한다고 생각해요. 권교수가 자꾸 기독교 믿으라고 해서 좀 이상했는데, 나한테 마지막으로 명언을 해준거지요. "니 어머니. 부처님한테 기도하는 것이나, 내가 예수

님한테 기도하는 것이나 다 같은 것이다." 그리고 기도하는 동안에 욕하면서 기도하면 그건 기도가 아니잖아요. 기도하는 마음은 아름답고, 그 기도를 통해서 선한 인재도 나오는 것이 아닌가 하는 생각이 드네요.

박정훈: 제가 질문이라기보다는 회고할 때 도움이 되시도록 한 말씀 드리겠습니다. 제가 성총장님 영남대학 시절 기억을 하는데, 정말 훌륭하셨거든요. 그런데도 학교 들어오기까지 평탄치 않으셨잖아요. 그 과정이 정말 드라마틱해요. 곧 김철수 선생님 나가시는데, 인사를 앞두고 … 아시죠? 계속 잘 안되셨잖아요. 그런데도 공법학회에서는 진짜 자연스럽게 활동을 잘 하시더라구요. 그 힘으로 사실 들어와서 바로 9개월 만에 교무부학장도 하시고 바로 학장, 총장 되시고 그런 것 같습니다. 아까 딱 정답을 말씀하셨는데, '영남대학 19년의 세월이 진짜 성낙인을 만들었다.' 그래서 제가 그때부터 성낙인한테 반해 가지고 오늘날까지 … (웃음)

성낙인: 삼수 했어요. 김철수 선생님 퇴임하는 학기에 교수평가에서 내가 1등을 했지요. 1, 2, 3차를 다 1등을 했지만, 그게 사실은 사람사는 세상이기 때문에 쉽지 않은 거예요. 김철수 선생님은 퇴임하고 권영성, 최대권 교수님이 계시는데, 하여간에 여러 가지 사정이 많았습니다만, 저는 천우신조라고 생각하는데, 여하간 서울법대에 들어오게 되었죠. 그런데 제가 들어오고 나서 넉 달 만에 어머니가 돌아가셨어요. 그때는 정신적으로나 육체적으로 매우 힘들었죠. 물론 그 전에 어머니가 5년간 간병하고 사시긴 했지만 말이죠. 그런데 서울법대 들어와서 6개월 만에 나더러 대학원 공법 주임교수를 하라고 하는 거예요. 하라고 하니까 한다고는 했는데, 또 법과대학 평가단에 파견을 가라는 거예요. 전국 법과대학 평가를 하는데 서울법대 교수들은 아무도 안 가려고 해가지고요. 사실 요건이 까다롭기는 했어요. 부교수 이상의 교수로, 교수경력 10~20년을 요구했던 것 같은데, 사실 서울법대 원로 교수들 빼고는 갈 사람이 별로 없기는 했지요. 다른 교수님들이 안 가려고 하니까 결국엔 제가 갔어요. 전국 법과대학 평가단의 총 단장이 되었어요. 그런데 그 즈음 김동희 선생님이 학장이 되신 거예요. 그러고는 저를 교무부학장으로 정하셨어요. 박정훈 교수 시키라고 했더니 아직 교무부학장을 할 연배가 아니라고 하시고. 아마 주변에서 김동희 선생님께 이렇게 말한 모양이에요. "성낙인 괜찮은 사람 같은데 그 놈을 놔두고 딴 놈을 시키면 되나 …". 김동희 선생님이 직접 저한테 그런 표현을 쓰셨지요. 그래서 입사 9개월 만에 교무부학장이 된 거예요. 사실 저는 전국 법과대학 평가단장으로 가기로 되어 있었는데, 교

무부학장 한다고 안 하면 되나 싶어 두 가지를 다 하게 된 거지요.

송석윤: 그때 제가 성신여대에서 학과장을 하고 있어가지고 그거 준비한다고 아주 난리가 났었습니다. (웃음)

성낙인: 법대는 신동운 교수님이 김동희 학장님 모시고 준비를 하셨어요. 평가단을 살살 달래고 그랬어야 했는데 그게 잘 안 된 것 같아요. 온 대학에서 난리인거에요. 그래서 1등 못했어요. 이화여대가 1등 했어요. 나는 이화여대 가서 총장 차타고 "아 그래요? 애로사항이 뭐에요?" 하면서 다니다가 학교에 돌아왔는데, 제가 이화여대 단장했다고, "성낙인이 자기 학교 일은 안 보고 거기 가 가지고 …"(모두 웃음)

이효원: 프랑스로 유학을 가게 되신 계기를 많은 분이 궁금해 하실 것 같습니다.

성낙인: 우리 때 경기고, 경기여고 다 독어·불어 선생님이 있어 가지고 선택을할 수 있도록 했어요. 그런데 우리가 입학하니까 불어 선생님이 없었어요. 나중에알고 보니까 그 선생님이 파리가 좋다고 경기고등학교 불어선생하다가 그만두고거기 가버렸다는 거죠. 그때는 꿈의 파리니까. 하여간, 그래서 독일어를 하게 되었지요.

박정훈: 고등학교에서 독일어 하셨어요?

성낙인: 독일어 했지요. 대학입시부터 박사과정 입학시험까지 독일어로 다 했어요. 그래 석사학위 논문 준비하려 독일어책 좀 봐야 될 것 같아, 그때는 외국책있는 데가 명동의 소피아 서점밖에 없어서 거기에서 책을 구입해 번역을 시작했는데, 그걸 번역해봐도 무슨 말인지 모르겠는 거예요. 그래서 제가 직접 번역도해보고, 누구를 시켜서 번역을 해봐도 도대체 안 되는 거예요. 무슨 말인지를 못알아 먹겠더라구요. 나중에 교수가 되어서 보니까, 독일 교수로서도 어렵게 쓴 논문을, 석사과정생이 읽으니 그게 무슨 말인지 알겠냐고. 그래서 제가 석사학위 논문 끝내고 박사과정 등록하고는, '도저히 독일어로는 안 되겠다'고 생각해서 그때부터 독일어를 그만두었지요.

이우영: 불어 공부를 시작하신거예요?

성낙인: 저는 불어를 신식으로 배웠어요. 회화와 문법을 동시에 배웠지요. 영남대 교수하면서, 계명대 불어과에 계신 프랑스 여교수한테서 회화를 배우고, 또 루뱅 대학에서 공부하고 와서 경제학 교수를 하는 후배가 있었는데, 그 친구한테서도 문법을 배웠어요.

박정훈: 독일어 기초를 그렇게 했으면 더 잘했을 것인데 …

성낙인: 그때 왜 그런 책을 봤는지 몰라요.

박정훈: 그게 아니고. 경기고등학교 때 손바닥 맞아가면서, 이상하게 독일어 배워서 그런 것 같아요. DER DES DEM DEN … 우리도 엉망으로 배웠어요.

송석윤: 독일어 싫어하는 사람들은 DER DES DEM DEN 하면 그것 때문에 두들겨 맞은 기억이 있어서, 그 느낌이 안 좋아가지고. (웃음)

이우영: 그래서 자연스럽게 프랑스어를 익히시게 된 것인가요?

성낙인: 프랑스어밖에 없다고 생각했어요. 독일어 더 하면 안 되겠고. 그래 모르는 언어를, 프랑스 여교수한테 회화 배우면서 익힌 거지요. 그때는 유학가려면 대사관에서 인터뷰를 해요. 유학가는 사람 중에 그 시절 프랑스 사람 만나본 사람은 아마 저밖에 없지 싶어요. 인터뷰하러 대사관 가니까, 저는 더듬더듬 거리지만 불어로 인터뷰 하니까, "당신 불어를 어디에서 배웠느냐?" 그래요.

이우영: 유학가셨을 때는 한국학생이 법대에 또 있었습니까?

성낙인: 그 즈음에서 한국에서 온 법학 유학생이 유사 이래 제일 많았어요.

박정훈: 그런데 결실을 맺은 사람이 많지 않잖아요? 법학에서 학위를 받고 교수가 된 사람이 많습니까?

성낙인: 80년대에 제가 간 이후에 갑자기 사람들이 쏟아져 왔어요. 그때 프랑스 뿐만 아니라 전 세계적으로도 유학생이 많이 갔던 것이, 전두환 석사 세대라 하더 군요. 그 친구들에게 왜 유학 왔냐 물어보니까 전두환 석사장교로 병역을 6개월 에 해결하니, 군복무하는 기간 동안에 잘하면 박사학위 받겠다 싶어가지고 유학 을 왔다고 하더군요. 그때 전 세계에 한국 유학생이 퍼진 거예요. 전두환 효과가 역설적으로 한국 학문의 국제화에 상당히 기여한 거지요. (웃음) 한국이 80년대 들어서는 국민소득 10,000불이 되어 자비 유학도 가능한 시점이 되기는 했지만, 그때까지는 아직 궤도에 오르지는 못했었는데, 전두환 석사장교가 생기는 통에 석사장교 마친 사람들이 전 세계에 유학을 가기 시작해 가지고 … 그래서 77, 78, 79, 80 학번이 유학생이 제일 많다고 하더군요.

이우영: 프랑스에 가셨더니 어떠셨어요. 첫 수업 기억나세요?

성낙인: 들리지도 않고. 프랑스는 박사과정도 디플롬을 줘요. DEA는 국가에서 공 식적으로 인정하는 박사과정이고, 대학에서 따로 외국인 학생들을 위해서 만들어 놓은 디플롬 슈페리에 디뉘베시테(DSU)라는 것도 있어요. 그래서 그런 것도 듣고 그러다 보니 나는 박사과정을 세 개나 했죠. 서울법대 박사과정, 파리대학 헌법전 공 대학박사과정, 파리대학 국내공법전공 박사과정. 박사과정을 세 개나 한 사람 있으면 나와보라고 그래요. (모두 웃음)

전종익: 유학가시기 전에 영남대 계셨었는데요, 영남대 교수로 재직하게 되신 계 기랄까 그런 것이 있으면 말씀해 주십시오.

성낙인: 우리 동기 중 교수가 20명이 넘지만, 박사학위 받고 교수된 사람이 없어 요. 당시 대한민국에 박사과정이 없었어요. 해방되고는 학사가 바로 교수가 됐잖 아요. 그래 박정희 대통령이 어찌 알았는지 "교수가 어디 외국나가도 박사라고 해 야 되지 …" 하면서 그때 구제박사(舊制博士)제도를 만들었어요. 구제박사제도는 논문만 하나 내면 심사해서 학위를 인정해주는 제도인데, 그래서 당시 학위 없이 강의하던 교수들을 구제해 주었죠. 그런데 그 심사위원장은 박사여야 했어요. 그 러니까 50~60년대 해외에서 박사학위 받은 사람은 완전히 금지옥엽이었죠. 그 사람이 있어야 박사학위 수여를 위한 촛불 점화가 가능하니까. 유기천 선생님도 나처럼 교수하시다가 미국가서 학위를 하셨죠.

조 국: 황산덕 선생님이 서울대 1호 구제박사 아닙니까?

성낙인: 제가 알기로는 이한기 선생님 … 구제로.

조 국: 구제박사로. 구제로는 이한기 선생님이 맞는 것 같습니다.

성낙인: 이한기 선생님 이런 분이 구제박사 받고 그러셨어요. 그건 그렇고 그때 영남대에 갔는데, 나이 어린 교수가 가니까 제대 후 복학하고 학교도 늦게 다니고 해가지고 나보다 나이가 더 많은 학생들도 있고 그랬어요. 나이도 어린데 학과장을 하라고 해가지고, 추천서 나누어주고 그러고 있는데 학생들이 교수 연구실에 와가지고는 맞담배를 뻐끔뻐끔 피워대기도 하고. (모두 웃음) 그래 영남대학에서 고시반 지도교수도 하고 학과장도 하고 했습니다. 영남대학이 옛날에 대구대학 청구대학을 합친 것인데, 대구대학 설립할 때 헌법의 박일경, 형법의 백남억, 민법의 이재철 이 세 분이 주도적인 역할을 하셨지요. 백남억은 집권당인 공화당 당의장까지 했고 박일경은 장관, 이재철은 교통부차관까지 했어요. 이재철 이분은 조양호 회장 장인이예요. 인하대학 총장도 하고, 나중에 중앙대학을 TK출신 재일교포 김희수 선생이 인수했을 때, 총장으로 모시기도 하고 그랬지요.

박정훈: 몇 년도에 영남대에서 프랑스로 떠나셨습니까?

성낙인: 83년에 갔지요. 4년 반 정도 있었습니다.

이우영: 프랑스에서 공부했던 방식이나 수업하는 방식같은 것이 나중에 선생님께서 연구하시는데 영향을 미쳤다고 생각하시는 부분이 있는지요?

성낙인: 내가 정보공개법 심의위원도 하고 정보공개위원회 위원장도 두 차례에 걸쳐서 했는데도 불구하고, 거기에서 학기 말에 온통 학교 벽이 학생들 성적표로 뒤덮이는 것을 보고 깜짝 놀랐어요. 석·박사 과정 성적표까지 벽에 다 붙여 있는 거예요. 게다가 더 놀란 것은 교수 휴게실 게시판에 무슨 박스로 그려진 도표가 있어 호기심을 가지고 읽어보았는데, 교수채용 후보자 A, B, C, D. 심사위원 갑, 을, 병, 정 이렇게 도표를 만들어 가지고 각자가 준 점수가 나와 있고, 그래서 홍길동이 1등이다 라고 되어 있는 거예요. 우리는 아직도 그거 못하고 있잖아요.

박정훈: 지금 우리가 그러면 프라이버시 침해라고 할 것 같은데요.

성낙인: 프랑스에서도 78년에 사생활보호법과 정보공개법이 만들어져서 그런지.

박정훈: 최근에 가서 보니까 성적공개는 이제 안 한답니다. 소송을 해가지고.

성낙인: 프랑스도 인문학 같은 경우에는 지원자가 많지 않으니까 박사과정에서 시험을 안 치는데, 법학이나 경제학 같은 경우에는 박사과정에서 전부 시험을 쳐요. 그런데 시험시간이 5시간이에요.

박정훈: 프랑스를 소개하는 두 키워드가 시험국가, 성적국가에요. 자유는 없어요.(웃음)

성낙인: 석사과정은 과목당 3시간 중간고사 기말고사를 치는데, 박사과정은 5시간이야. 그런데 문제는 평범하기 짝이 없어요. 예를 들면, 제가 국립행정대학원 시험에 무엇이 나오는지 가서 보니까 "인플레이션이 프랑스 경제에 미치는 영향을 논하시오" 헌법을 예를 들면, "선거에서 절대적 다수대표제에서 비례대표제 선거제도를 도입함에 따른 영향을 논하시오." 소나 말이나 다 할 수 있는 이야기죠. 그런데 이것을 제대로 쓰려면 자기만의 독창적인 플랜을 짜야 돼요. 그런데 법학에서는 답안 작성 시 확립된 원칙이 있는데, 서론·결론 빼고 본론은 항상 두 파트로만 구분해야 한다는 원칙이에요. "Oui ou Mais(Yes or But)". 본문이 세 장으로 할 수 있는 것은 교수나 예외적으로 가능하지 박사학위 논문이고 교수 논문이고 무조건 둘로 구성되어야 해요. 그리고 그 서브타이틀도 둘이어야 하고요. 그러니까 플랜 짜는 시간이 꼭 필요하죠. 다섯 시간 시험을 친다고 하면 두 시간 동안은 플랜을 짜야하고, 세 시간은 글을 써내려가야 해요.

박정훈: 쉽게 이야기하면 오늘 꼭지를 10개를 했잖아요. 프랑스에서는 일단 큰 꼭지 두 개를 만들고 그 각각의 꼭지에 다시 2개의 꼭지가 붙여야 해요.

성낙인: 저는 학위 논문 쓰는 데에도 그런 플랜 짜기가 중요하다고 생각해요. 우선은 내게 딱 맞는 주제를 선정해야 해요. 프랑스에서는 각 영역별로 박사학위 논문 주제 디포짓하는 데가 따로 있는데, 법학은 파리10대학이이요. 지금 어떤 주제

로 누가 박사학위 논문을 쓰고 있는가를 먼저 다 살펴보고 주제를 선정해야 해요. 겹치면 안 되니까 … 저도 지도교수가 준비해오라고 해서 대여섯 개쯤 주제를 준비해 가서 지도교수님하고 이야기를 했는데, 이 분이 "헌법상 각료제도가 어떻겠느냐?" 그래요. 각료제도라는 것이 혁명 전으로 거슬러 올라가는 몇 백 년된 제도에요. 사실 프랑스 사람들도 잘 몰라요. 프랑스 법학 교수도 잘 몰라. 그래서 그것으로 했는데, 시작해서 보니 너~무 재미있어요. 제가 딴 주제를 했으면 그렇게 재미있게 못했을 거예요. 그걸 하다가 프랑스 혁명 전부터 해서 프랑스 정치제도를 다 한 번 훑게 되었고 나중에는 그 내용을 기반으로 귀국해서 『프랑스 헌법학』을 냈는데, 그 책 천 권이 완판되었지요. 사실 처음에 출판사가 책을 출판하지 않으려고 했어요. 그런데 출간되고 보니까 프랑스 인문사회과학 유학생이나 주재관, 외교관들이 그렇게 많이 사갔다는 거예요. 제 책을 보면 프랑스 정치제도에 관한 것은 다 있으니까 …

전상현: 유학 가실 때에 가족이 같이 가셨나요?

성낙인: 제가 갈 때 집사람이 만삭이었어요. 그래서 혼자 갔는데, 나중에 집사람도 조금 더 공부한다고 프랑스에 와서 함께 있었지요. 처음에 프랑스에 가서는 파리에 있는 국제기숙사에 있었어요. 국제기숙사에는 전부 나라마다 관이 있는데, 우리는 관이 없다가, 재작년에 드디어 한국관을 착공했어요. 당시에 우리는 관이 없으니까, 남의 관을 대사관에서 겨우 티오 받아가지고 묵게 되었어요. 저는 돈은 조금 더 내는 대신 학생용으로 안하고 펠로우 교수급으로 해서 독방을 썼지요. 모나코관이라는 데 있었는데, 거기에 있다가 1년 반쯤 지나 아파트로 옮겼지요. 아파트에 있을 때 아내가 왔고요.

전상현: 예전에는 "파리" 하면 세련되고 낭만적이고 고급스러운 곳으로 생각하기 마련이었습니다. 유학생 신분이라 그런 것을 즐기셨는지 모르겠습니다.

성낙인: 우리끼리 이야기 할 때, 전설은 김동희 선생님이에요. 김동희 선생님이 목촌상 받으실 때 미안하지만 제가 사모님이 계신데도 불구하고 축사하면서 그랬어요. "전혀 연애하실 것 같지 않은 두 분이 연애를 해 가지고 …" 두 분이 유학생 신분으로 연애를 하고, 김동희 선생님은 서울법대 교수 되시고 사모님은 이화여대 교수 되시구요. 당시에 김동희 선생님은 프랑스 국가장학금을 받고 프랑스

에 가셨었어요. 나는 평생 장학금 한 번 못받아 봤는데 …. 그러고 보니 지금도 한이 맺히는데, 제가 총장할 때 정수장학회 시상식을 서울대에서 하면서 나보고 축사하라고 그래서 내가 "나는 평생 장학금 한 번 못받아 봤는데, 여러분들은 축복받은 사람이다"라고 그랬어요. 나중에 현경대 선배가 정수장학회 1기라고 하면서 "성총장 거짓말이지?" 그러시더라구요. "아니에요. 진짜에요!" 제가 그랬어요.

박정훈: 부자라서 안 받으시는 건데 … (웃음)

성낙인: 부자가 아니라 프랑스는 장학금 제도가 잘 없어요. 정부장학금이라는 것이 돈도 몇 푼 안 될 뿐 아니라, 아프리카 식민지 사람들 정도나 받을 수 있지요.

박정훈: 프랑스는 장학금 제도가 실제로 돈을 주는 거니까요. 등록금은 원래 면제니까.

송석윤: 등록금은 면제니까 실상 생활비를 주는 거지요.

박정훈: 미국 장학금은 거짓말이지요. 미국은 등록금을 면제해 주는 거니까요.

성낙인: 우리 때만 해도 프랑스 국비장학생이 아프리카 학생이 되면, 국비장학금의 3분의 1만 아프리카의 가족한테 보내면 온 가족이 호의호식할 수 있었지요.

박정훈: 김동희 선생님이 가셨을 때는 우리가 아프리카였던 거지요. 그러니까 김동희 선생님이 국비 장학금으로 가신 것이고요. 총장님 때는 우리가 아프리카를 면한 것이고요.

성낙인: 나는 거기서 우연히 만난 음악, 미술, 사진하는 사람들하고 친했어요. 그 사람들하고 술도 많이 마셨고요.

이우영: 무슨 술을 드셨어요?

성낙인: 프랑스에서는 참고로 무조건 와인이에요. 맥주는 맛도 없고 배만 부르고, 위스키는 비싸고 그러니까. 요새는 조금 더 올랐는데, 아펠라시옹 보르도 콩트롤

레(appellation Bordeaux Contrôlée), 그게 그때 우리 돈으로 치면 2,000~3,000 원밖에 안 했어요. 집에 모여가지고 밥 먹으면 벽에 포도주병을 벽에 좍~ 돌렸어요. 벽치기 …

박정훈: 별로 좋은 것을 안 드신 것 같다.

성낙인: 좋은 것은 못마시지요.

송석윤: 치즈가 맛있으니까요. (웃음)

성낙인: 파리 경기 동창회라는 데를 간 적이 있는데, 파리대학에서 박사학위 한 선배가 대우 파리 사장 하면서 동창회장이예요. 거기 갔더니 그랑 크뤼(grand cru) 뉴메르타시옹(numérotation, 넘버링)된 와인을 내놨더라구요. '와~ 와인도 넘버를 붙인 것이 있구나~' 했지요. (웃음)

박정훈: 83년에 가셨으면 제가 92년에 독일에 간 것하고 비슷한 상황이에요. 인생 다 알고 … 제가 딱 4년 반 걸렸거든요.

성낙인: 제가 논문 쓰는데 유리했던 것은, 여기에서 3~4년 교수하면서 논문도 써 보고 가르치기도 하고 해서 논문을 보는 수준이 좀 높았던 것이 아닌가 하는 생각이 들어요. 다른 학생들을 보면, 교수들 논문을 보고 호~ 감탄하기 바빴는데 … 저는 감동을 잘 안 했어요. 그때 논문 쓰면서, 교수들 논문을 읽으면 반드시 스스로 독후감을 썼는데, 거기에 속된 말로 '이 논문은 엉터리다' 이런 것도 적고. '오~ 이 사람은 제대로 쓰네' 하기도 하고 … 그리고 이 사람 논문의 논지가 뭐다 그런 것 정리를 잘 해놨더니, 그것이 나중에 논문 쓰는데 결정적으로 도움이 되었어요. 저는 이미 조교수를 하다 갔기 때문에 아마 비판정신이 있었던 것 같아요. 단순히 순수 학생으로 논문을 쓴 것이 아니라, 그 사람들 논문을 전부 평가해서 메모해 두었다가 논문에 다 반영을 시켰으니까요.

박정훈: 제가 왜 성낙인 총장님한테 꼼짝 못하는지 이제야 알았네요. 나는 확실히 더 젊을 때 간 줄 알았는데 아니네요?

송석윤: 사회생활을 하신 다음에 가신 거네요.

성낙인: 연구자로 간 것이, 논문 주제 선정에서부터 논문 쓰는 과정까지, 상당히 도움이 된 것 같아요.

이우영: 선생님께서 가지고 계셨던 비판정신이 프랑스의 공부하는 방식이나 학풍이랑 굉장히 잘 맞는 점도 있었는지요?

성낙인: 저는 그게 잘 맞았어요. 지금까지 많은 논문을 써오면서, 하루 이틀 밤샘 치기 해가지고 한 것도 있지만 어떤 때는 방학 내내 두 달 꼬박 들여서 원고지 500매 논문을 쓴 적도 있어요. 그러면 논문들 수준이 다르겠지요. 학생들의 입장에서도 논문의 수준을 살필 능력을 제고해야 돼요. 무조건 유명 교수라고 해서 오~ 하고 수긍만 할 것이 아니라, 유명 무명을 떠나서 잘 읽어보고 '이 사람은 이런 논지로 이야기 했는데, 나도 동의할 수도 있다. 그러나 이런 점은 그 착지가 잘못되었다. 내가 보기에는 이렇게 써야 맞다'라고 판단을 할 수 있어야 해요. 프랑스에서 제가 그런 메모를 다 해놓았던 거지요. 실제로 그 자료가 제 박사학위 논문 쓰는 데 결정적으로 도움이 되었고요.

이근관: 박사학위 논문이 정치헌법학전서(Bibliothèque constitutionnelle et de la science politique) 시리즈에 출간되지 않았습니까? 그것을 출간되게 된 경위라든지, 누가 추천을 해 주셨는지 등에 대해서 말씀해 주셨으면 합니다.

성낙인: 박사학위 관련해서 프랑스에는 차별이 있어요. 박사학위 심사 전에 주변 사람들 심사 받을 때 가 보았는데, 보통의 경우에는 조그만 방에서 박사학위 논문 심사를 하는데, 괜찮은 논문이라고 생각이 들면 천장에 벽화가 걸린 큰 홀에서 심사를 해요. 제 자랑은 아니지만 저는 그 큰 홀에서 심사를 받았어요. 현장에서 디펜스도 하고 그랬어요. 심사 후에 나가라고 하고는 심사위원기들끼리 숙의하는데, 빨리 들어오라는 소리를 안 하는 거예요. 그래 마음 속으로 한편 좀 불안하기도 했죠. 20~30분간 사람들을 밖으로 쫓아 놓고는 나중에 다시 들어오라고 했는데, 저보고 "당신의 학위 논문은 최고점(très honorable)일 뿐만 아니라, 우리 심사위원은 프랑스 교육부에 당신 박사논문의 출간비 보조를 청구하고자 한다."는 거예요. (모두 웃음) (박수)

송석윤: 그거 장학금 받으신 거 아닙니까. (웃음) 일종의 장학금이네요.

성낙인: 그것이 박사학위 논문 최우등에 해당하는 거에요. 물론 여기 있는 송석윤 교수님도 독일에서 숨마쿰라우데(summa cum laude) 받았습니다만. 그런데 출간 루트가 2개가 있어요. 『정치헌법학 전서』가 있고 『국내공법 전서』가 있는데, 1950년대부터 첫 호가 나온 후로 계속 나오고 있지요.

이우영: 1년에 몇 개나 나옵니까?

성낙인: 1년에 보통 2개 정도 나와요. 어떤 때는 1개도 나오고요. 제 논문이 제70호에요. 그것이 87년에 나왔으니까. 그간 40년 가까이 해서 70호까지 밖에 안 나온 거지요. 그건 그렇고 public law 쪽으로 갈거냐? constitutional law 쪽으로 갈거냐? 이것 때문에 또 공법학계의 거두들 사이에 논의가 있었대요. 한 쪽은 조르쥬 뷰르도(George Burdeau)라는 분인데, constitutional law 쪽이죠. 프랑스에서 『정치헌법학』열 몇 권짜리를 시리즈로 출간하신 분이에요. 사실 프랑스 사람들은 논문이나 책을 길게 안 쓰는데, 이분의 『정치헌법학』은 시리즈로 열 몇 권이예요. 다른 쪽에는 조르쥬 브델(George Vedel)이라는 분이에요. 이분은 당시 헌법재판관을 하고 계셨지요. 결국에는 지도교수이신 레비(Denis Lévy) 교수님과 두 분이 합의하여 조르쥬 뷰르도 교수 쪽으로 가게 되었지요. 조르쥬 뷰르도 교수는 프랑스 정치헌법학 쪽에서는 전설적인 인물이에요. 이분의 방대한 저서가 나오게 된 데에는 피나는 노력이 있더라구요. 이분은 평생을 단 하루도 원고를 쓰지 않은 날이 없다고 하네요. 그런데 저의 70호가 이분에게는 유작처럼 되었지요. 그때 이분이 암에 걸린 상태였어요. 그리고 나중에 조르쥬 브델 교수집에도 한 번 갔었어요. 70 중반 정도된 연로한 분이셨는데, 자기 집에 오라고 그래서 갔었어요. 당시 거두들 사이의 논의에 대해서 얼핏 말씀을 해주셨는데, 『국내공법 전서』는 헌법행정법적인 쪽이고, 『정치헌법학 전서』는 헌법 쪽이라서 제 논문이 헌법 쪽에 더 가깝다고 판단해 『정치헌법학 전서』에 넣게 되었다는 그런 말씀을 해 주셨어요.

조 국: 파리 시절 소소한 에피소드가 있으십니까?

이우영: 유학시절 하면 제일 먼저 떠오르는 장면 같은 것 있으세요?

성낙인: 술을 함께 마시던 미술·음악하는 분들 중에 미술하는 콧수염 기른 분이 있었는데. 어느 날 그 분한테서 연락이 왔는데, "일요일날 시장에 가보니까 좌판에 『프랑스 법학 사전』비슷한 것이 있더라. 그거 당신한테 필요하지 않겠느냐"는 거예요. 프랑스에는 일반 재래시장 비슷한 난장이 있어요. 거기에 가면 골동품도 팔고 그러는데 … 연락받은 그 다음 일요일에 바스티유 시장 근처의 그 난장에 갔더니, 가죽으로 된 2권짜리『프랑스 법률학 사전』이 있는 거예요. 그런데 그게 혁명 전의 것이더라구요. 제가 아직도 그것을 가지고 있는데, 이제는 도서관에 기증하려고 해요. 전에 서울대 개교 50주년에 서울대 소장 희귀도서 전시를 한 적이 있는데, 보니까 경성제대 때의 책이거나, 19세기 책 위주더라구요. 그런데 이건 18세기 책이에요. 그러니 그 책들이 좀 우습게 보이더라구요.

이근관: 그렇게 유학을 마치시고 80년대 말에 다시 대한민국에 오셔서 계속 영남대에 계시다가 서울법대에 오시게 되었는데요. 당시 서울법대에 와서 서울법대생들을 다시 보시게 되셨는데, 총장님 학창시절에 비해서 학생들이 어땠는지 궁금합니다. 그리고 로스쿨 되고 나서 학생들 인상은 어떠했는지도 좀 말씀해주시면 좋겠습니다.

성낙인: 그때 불법강독을 우리 이우영 교수님도 듣고 그랬지만은 …

이우영: 네. 그때 프랑스 헌법 전문을 읽었습니다.

성낙인: 김동희 선생님이 제가 하다가 안 하니까 학생들이 5~7명으로 줄었다 하시면서 "당신이 한 번 잘 가꾸어보라" 그렇게 말씀하셔서 가지고, 제가 살살 달래서 인원이 20명쯤 되었어요.

송석윤: 저는 학부 때 원래 제2외국어가 불어였기 때문에 김동희 선생님한테서 불법강독을 들었습니다. 그런데 김동희 선생님은 그냥 재미있는 말씀만 계속 하시니까 … (웃음)

성낙인: 학생들을 달래야 하니까 칠판에 파리 지도도 그리면서 열심히 강의했지요. 말이 나온 김에 프랑스 이야기를 조금 더 하면, 박사논문이 '헌법상 각료제도'이다 보니까 뉴스도 중요하게 여겨야 해서 르몽드(Le Monde)를 정기구독했는데

요. 신문은 가판대(kiosque) 가면 당일 것을 살 수 있는데, 정기구독 신문은 우편 배달이라 그 다음날에 와요. 한번은 제가 차를 타고 가다가 교통신호에 걸려가지고 불어 못하는 외국인인 척 하는데, 경찰이 차안에 있는 르몽드를 봤나 봐요. 르몽드 읽는 사람이 불어를 못하냐고. (모두 웃음) 딱 걸렸지요.

송석윤: 그거를 알아듣는 표정이 나타났으니까. (웃음)

이우영: 불어를 못한다는 말씀을 유창한 불어로 하셨던 것 아닌지요. (웃음)

전상현: 서울법대와 로스쿨에서 강의하시면서 받으신 학생들에 대한 인상은 어떠했는지 말씀해 주시면 좋겠습니다.

성낙인: 법과대학 강의를 하다가 로스쿨 강의를 해 보니까 왜 미국사람들이 메디칼스쿨, 로스쿨 이렇게 스쿨이라고 그랬는지 이해하게 되었어요. 스쿨이라는 의미가 '직업학교'라고 그러던데, 왜 직업학교라고 그러는지를 알겠더라고요. 로스쿨 들어온 학생들은 벌써 대학을 졸업했기 때문에 이미 사회인이에요. 공부가 자기 먹고 살 걱정 때문에 하는 직업공부가 되더라구요. 미국식이 왜 그렇게 되는가? 또는 미국의 L.L.M이 왜 주로 외국인들을 대상으로 하는가? 이해하겠더라구요. 그리고 우리도 로스쿨을 하다 보니까 그런 현상이 생기는 것 같구요.

전종익: 학부수업에 대해서 말씀해 주셨는데요, 대학원에서는 제자들 길러내고 하실 때에 특별히 기억나시거나 한 일이 있으신지요?

성낙인: 제가 현학자인양을 잘 못해요. 아는 만큼 하고 말지. 서울법대 교수라고 제가 권위자인 것처럼 생각하지도 않고요. 그런데 오히려 그것이 학생들에게는 저를 권위 있는 교수라고 생각하게 만든 모양이에요. 권위 있는 교수님인데, 별로 아는 체도 안하고 자기 아는 것만 이야기하고 모르는 것은 모른다고 하니까 학생들이 그것을 더 좋아했던 것 같아요. 제가 권위를 내세우지도 않고 편하게 이야기하니까 아마 그런 생각들을 가진 모양이에요. 우리 다 여기 교수님들이지만, 교수가 생각하는 것과 학생들의 생각은 좀 달라요. 예를 들면, 지금 고위공직에 있는 제자가 있어요. 제가 총장할 때, 고위공무원들과 술자리를 하는 기회가 있었는데, 그 때 그 제자가 한 이야기인데, 10~20년 전 대학원 수업시간에 너무 감동을 받

았다는 거예요. 수업시간에 한 학생이 깁스를 하고 온 적이 있었어요. 제가 깁스를 해 봐서 아는데, 많이 힘들어요. 그래서 깁스를 한 그 학생이 애처로워서 "몸은 괜찮냐"고 물어보면서 걱정해 주었던 적이 있었어요. 그 제자는 그 장면에서 저의 제자 사랑 마음을 진심으로 읽었다고 하면서, 그게 잊혀지지가 않았다고.

이우영: 선생님께서 학부나 법학전문대학원, 일반대학원에서 수업 중에 그래도 강조하시고 싶었던 점이 있으신지요? 이런 저런 것은 내가 꼭 전달해 주고 싶다라든지요.

성낙인: 법학은 생활의 학문입니다. 그런데 제가 법대 입학해서 보니까 대부분의 법전은 물론이고 법학서도 종서(縱書)로 되어 있고, 게다가 온통 한문 투성이었습니다. 우리가 학생 때 처음으로 법학서적이 횡서(橫書)로 출간되기 시작하였어요. 그러니 법대생이 되자마자 법학은 별천지의 학문으로 인식되었습니다. 어렵고 현실과 동떨어진 그런 법조문과 법학 그런 식이었지요. 그래 제가 교수가 되고서는 제일 먼저 법이 학생들에게 친숙해져야 된다고 생각하였고, 그래서 교과서, 논문을 쉽게 쓰고, 강의는 가장 알기 쉽게 하는 것을 목표로 삼았지요. 학생들에게 공부와 관련해서 늘 이야기 하는 것이 있어요. "천하의 서울법대 학생들에게, 나는 헌법을 제일 쉽게 강의하는 교수로 기억되고 싶다." 사실 또 어렵게 강의도 잘 못해요. 현학적이지 못해가지고. 박정훈 교수는 뭐 … 어려운 말 많이 쓰잖아요? (웃음)

전종익: 선생님께서는 연구와 강의 외에도, 교무부학장부터 학장, 총장까지 행정도 많이 하셨는데요. 그것과 관련된 이야기도 해주셨으면 합니다.

성낙인: 서울법대 교수되고 9개월 만에 교무부학장을 했는데, 우리 교수들이 사실 저도 평생 교수 생활하다가 나중에서야 총장했지 좀 불편하고 답답하거든요. 그런데 그 불편하고 답답한 것을 어디 이야기하기도 쉽지가 않아요. 더구나 교수님들이 대개는 공부만 하셔서 사회물정도 어둡고 하잖아요. 그래서 저는 행정하면서는 교수님들의 그 불편하고 답답한 심정을 경청하고 제가 할 수 있는 한 도와주려고 노력을 좀 했습니다. 제가 교수하면서도 온갖 것을 많이 해가지고, 교수치고는 사회 물정에 좀 밝은 편이에요. 제가 교무부학장을 맡고 있을 때, 교수님 한 분이 언론으로부터 개인적인 일로 부당하게 공격을 받고 나서 부학장실로 왔어

요. 제가 언론사에 직접 전화해서 기사의 문제점을 조목조목 반박하면서 항의를 했어요. 저도 언론중재위원을 몇 년이나 하고 『언론정보법』 책도 쓴 사람 아닙니까?

이우영: 선생님께서 학교 행정을 꾸준히 하시면서 강조하셨던 '선한 인재상'을 표현하신다면, 어떻게 설명해주실 수 있으실지 모르겠습니다.

성낙인: 제가 살아보니까요. 세상이 너무 각박해요. '박정훈 교수 저거 나쁜×, 박정훈 교수를 내가 언젠가 복수를 해야지' 이렇게 마음을 내가 먹으면 하루 이틀 지나면 바로 내가 암에 걸릴 것 같더라구요. 이것은 아닌 것 같아요. 서로가 선한 마음을 가질 필요가 있어요. 더구나 우리 사회가 지금 너무 급격한 산업화 과정으로 빈부격차부터 심해지고 지역갈등도 크고요. 그래서 내 스스로라도 또는 우리 주변사람이라도 조금 더 선한 사람이 되는 것이 좋지 않겠느냐 그런 생각을 가졌던 거예요.

이우영: 선생님이 총장으로서 하셨던 많은 일 중에서, 제가 학부생 때부터 가지고 있던 선생님의 이미지랑 가장 잘 부합된다고 생각한 것이 '천원의 식사'였습니다. 천원의 식사를 통해서 선생님께서 직접 전달하고 싶으셨던 마음은 어떤 것이었는지 듣고 싶습니다.

성낙인: 다른 언론 인터뷰에서도 제가 이야기를 했지만, 대학 다닐 때 종로에서 막걸리 마시면 사라지는 친구가 있었어요. 처음에는 '저 인간이 막걸리 값을 안 내려고 도망가는구나' 싶었는데 나중에 알고 보니 하숙집이 없었던 거예요. 그 친구가 법대 안쪽에 있는 역도실에 판쵸 깔고 잠을 잤다지 아마 … 그리고 제가 법대 교수 하면서 지도한 학생 중에 군청 소재지 출신이 있었어요. 군청 소재지에서 서울법대를 들어왔는데, 학사경고를 받은 거예요. 그래서 제가 불렀어요. 왜 이러냐 그랬더니 "선생님, 과외 3개 끝나고 나면 공부할 시간이 없어요." 하더군요. 그때 제가 전액장학금 1명을 추천할 수 있었어요. 법대 행정실에 전화를 했더니 전액장학금 받는 학생 변경이 가능하다고 해서, A 받은 학생을 빼고 학사경고 받은 그 학생에게 전액장학금을 주고, 대학원에도 데리고 있었어요. 그 학생이 나중에 사법시험에도 합격하고 잘 되었지요. 후에 제가 1박 2일로 그 학생 주례를 갔는데, 어머니가 너무 좋아하는 거예요. 어머니가 나만 보면 계속 박수야 박수 … (웃음) 박정훈 교수님도 기억하실지 모르겠지만, 제가 학장일 때 단 한명이 서울

법대를 입학하고도 등록을 안 한 적이 있어요. 나중에 어디갔나 알아봤더니 경찰대학에 갔어요. 그게 서울법대 들어와 봐야 등록금 마련해야지, 하숙비 마련해야지 … 그래 제가 총장 취임하자마자 바로 월 30만원의 기초생활비 제도를 시행했지요. 2015년 1학기에는 통계가 750명으로 잡혔는데, 똑같은 조건인데도 불구하고, 2학기 되니까 850명으로 잡히는 거예요. 이 100명이 어디에서 나왔느냐 생각해보니, 너무 가난한 학생들이 교수님한테 그 가난을 설명하기 싫어서 장학금 신청을 안 하다가 등록금 면제해주지, 월 30만원 생활비주지 하니까, 숨어있던 그 100명이 나온 거예요. 거기에다가 가난한 학생들이 학교에서 식사도 제대로 해야 하는데 … 1,000원의 식사 같은 것을 전 국립대학에 국가예산으로 할 수는 없지요. 발전기금을 모아가지고 시행해야 해서, 점심에 학생들이 가장 많으니까 첫 해에는 아침만, 그 다음에는 저녁, 금년에 점심까지 확대 시행하게 된 거예요. 이 사실은 전 세계적인 대학사에 길이 남을 일이에요. 우리 이효원 교수님이 애 많이 쓰셨지요.

박정훈: 그런데 그게 계속되어야 될 것 같은데요? 계속 되겠지요…

성낙인: 계속 되어야지요.

이근관: 저 말씀을, 특히 법대 동창회나 이런데 가서서 하시면, 그 세대분들은 워낙 공감을 하시니까 자연스럽게 박수가 나오는 그런 대목입니다. 그건 그렇고 교육행정가로서 여러 가지 일을 많이 해 오셨는데, 그래도 제일 즐거웠던 것이 법대 학장 시절이었다라고 즐겨 말씀하셨거든요. 어떤 면에서 그런 생각을 하시게 되셨는지 듣고 싶습니다.

성낙인: 나하고 김동희 선생님 차이나 저하고 박정훈 교수님 차이나 비슷해요. 김동희 선생님이 부학장을 나한테 맡겨 주셔서 그때 행정을 아주 편하게 잘 했어요. 그리고 제가 학장일 때는 박정훈, 이근관, 조국 이 세 분이 부학장을 맡아서 어려운 일을 바로바로 처리를 잘 해주셨죠. 법대 정도의 규모에는 부학장님들이 의논하시다가 이것은 학장하고 결론을 내야 되겠다 하면 바로 결론이 내려졌었어요. 그런데 총장이 되니까요. 아시다시피 서울대 규모가 전 세계에서 숫자적으로 제일 큰 대학 중에 하나예요. 하버드나 스탠포드에 학과가 몇 개 됩니까? 몇 개 없어요. 그런데 서울대는 100개 과를 거느리고, 교수만 2,000명이 넘지. 상근박사가

5,000명이에요. 학부생이 18,000명이고 대학원생이 12,000명이거든요. 그러니까 무슨 일이든 결론내리기가 쉽지가 않고, 잠시만 한눈팔아도 서류가 이만큼씩 쌓였었죠. 본부 행정 참 어려워요. 그래서 그거 할 때마다 "법대학장 할 때는 안 그랬는데 …" 했었죠.

(장승화 교수 등장)

박정훈: 규모도 규모지만, 우리가 할 때는 사심이 다 없었지 않았나 싶어요. 학장님도 그렇고 저도 그렇고요. 그래 서로 사심이 없다 보니 바로바로 결론이 나고 그랬는데, 서울대 본부 행정에서는 각 처장들이 다 자기 출신 학문 영역을 가지고 있고 그로 인한 영향을 받아서 그런지 합의가 잘 안 되는 것 같더군요. 항상 give and take이고….

성낙인: 박정훈 교수님 말씀대로 본부 행정은 워낙 이해관계가 다이나믹해요. 그래서 죄송한 말씀입니다만, 본부 행정하면서 사람에 대한 불신이 좀 생겼어요. '저 사람이 이런 이야기를 하는데 무슨 복심을 가지고 이런 이야기를 하나' 자꾸 그런 생각을 하게 되는 거예요. 별로 좋은 현상이 아니지요.

박정훈: 2006년 학장을 마치시고 총장 선거에서 두 번을 실패하셨는데요. 결국 총장이 되실 때까지의 8년 세월이잖아요. 2006~2014년까지. 그런 아픈 세월에도 불구하고 제가 옆에서 지켜보니 잘 가시는 것 같더라구요. 강의나 연구, 교육에 소홀하신 것도 아니었구요. 그때 제자도 많이 배출하시고 하셨잖아요. 그러면서도 결국엔 총장이 되셨는데요. 그 와신상담의 세월을 말씀해 주십시오.

성낙인: 저는 학생들하고 지내는 것이 편하고 좋아요. 그러다보니 난데없이 학생들이 '성사모'(성낙인을 사랑하는 모임)까지 만들어서 … (웃음) 참 고마운 일이지요. 제가 편하게 대해 주었더니 좋아하지 않았나 싶고요. 그러다가 사실 2006년에는 총장선거 나간다는 생각을 거의 안하고 있었는데, 박정훈, 이근관, 조국 부학장들께서 "학장님도 총장 나오세요. 학장님이 총장 못 나올게 뭐 있어요?" 하길래, 얼결에 그냥 아무 선거운동 준비도 없이 나가게 되었지요.

박정훈: 내가 그 덕분에 한 달 반 학장대행을 했네요.

성낙인: 학장회의, 학사위원회 가면 온갖 폼은 다 쟀어요. 애초에 총장 출마 하려고 그랬으면 눈치도 봤을 것 같은데, 그런 것이 없었지요. 출마한다는 것은 생각도 안했기 때문에 ⋯ 그때 본부에 교무부학장 모임 '종친회'라고 있었는데, 거기에서 제가 회장을 했어요. 학장이 되고서는, 학장회의에서 날더러 아는 후배들이 간사 추천을 하더라고요. 폼도 재지, 나이도 제법 있고 그러니까 이 사람들이 "성낙인!" 그러고는 박수치고 끝내 버렸어요.

박정훈: 학장모임 이름이 뭐죠?

성낙인: 종친회 형님이라고 해서 대종회. "지금부터 '대종회'다." 그랬지요.

박정훈: 부학장 모임이 왜 '종친회'인지 아세요? 성이 다 '부'씨들이기 때문에 부씨 종친회라는 뜻이에요. 그런데 '부'자 안 달린 사람들이 자꾸 들어오는 바람에 그런데 ⋯

성낙인: '부'자가 아니고, 공부 '종'쳤다 그래가지고 종친회 아니에요?

박정훈: 여러 가지 학설이 있는데요.

성낙인: 그래 대종회를 제가 만들었지요.

박정훈: 아무튼 지금 키워드는 와신상담 기간입니다.

성낙인: 얼결에 총장선거에 나가서 어찌어찌 예선이 통과되어, 내 성격이 별로 선거운동이 잘 안 맞는데도 운동을 한다고 했어요. 2010년에는 A후보, B후보, C후보가 예선에서는 압도적일 것이라고 했었는데, 총추위 투표를 해보니까 제가 압도적인 1등인 거예요. 사람들이 다 놀랬지요.

(김도균 교수 등장)

성낙인: 예선에 압도적으로 1등을 했는데도 안 되길래 총장은 완전히 포기했었어요. 아까 사회활동 이야기를 잠깐 했는데, 그 시절 제가 사회활동 위원장을 많이

했어요. 이번에 박정훈 교수님이 새로 맡은 경찰위원장 외에도 국회 공직자윤리위원회 위원장, 대검진상규명위원회 위원장, 통일부 정책자문위원장 … 위원장을 한 30개는 한 것 같아요. 그래도 저는 상임위원장은 한 적이 없어요. 전부 비상임위원장이었지. 그리고 공직의 유혹도 좀 있었어요. 그래도 정년이나 하고 그때 하라고 하면 할 생각이었는데, 2013년에 민정수석한테서 감사원장 후보가 되었다고 축하드린다고 전화가 왔더라고요. 나는 '총장도 떨어지고, 다음에 나갈 생각도 없고 감사원장은 되는구나.' 싶었지요. 조선일보 헤드라인 톱기사로도 '감사원장 최종후보 서울법대 성낙인 교수' 뭐 이런 기사도 나오고요.

박정훈: 실제로 감사원에서 4개월 동안 프랑스 무슨 감사제도를 연구하고 있었어요.

성낙인: 아무튼 11월달인가 되어, 다른 사람이 된 거예요. 그래서 '이제 정년 준비나 하자' 그러고 있는데, 1월달 되니까 후배들이 "총장에 한 번 출마해 보시죠." 하는 거예요. 원래는 12월에 총추위 구성이 완료되었어야 했는데, 어찌어찌하다 총추위가 구성이 늦어진 거예요. 저는 총추위 구성도 다 되고 나서 들어가게 된 것인데 … 이번에도 총추위에서 압도적인 1등을 했죠. 두 번째 1등을 한 거야. 8년 전에는 한 50명 모아놓고 단합대회도 하고 했는데, 이번에는 단합대회도 못하고 아무 운동도 못했어요. 그런데 되더라고요 … 하늘의 뜻이 있기는 있는 모양이에요.

박정훈: 저는 감히 총장님 칭찬을 드리고 싶습니다. 그 8년간을 정말 잘 지내신 것 같아요. 보통 출마했다가 안 되고, 밖에서 위원회 활동도 하시고 하면, '교수도 아닌 것이 밖의 것도 아닌 것이' 이렇게 되기 십상인데, 8년 동안에 책도 제일 많이 쓰시고, 공부도 많이 하시고 하더라구요. 별로 쇼크도 안 받으신 것 같아요.

성낙인: 많이 애쓴 것도 없으니까 그렇지요 뭐. 저는 원칙적으로 교수하면서 일주일 중에 6일을 학교에 왔어요. 특히 토요일, 일요일 중에 하루는 학교에 와서 일하는 것으로 했었지요.

송석윤: 학내 여러 가지 사정과 관련해 가지구요. 얼마 전에 법인 이사장으로부터 "'서울대 구성원들이 생각하는 바람직한 총장상'에 대해 협의를 해달라"라는 그러한 부탁이 있었습니다. 우리가 20여 년 전부터는 CEO형 총장을 선호하는 방향으

로 변화되고 있는 것 같습니다. 총장님께서 선한 인재 육성이라는 식의, 그래서 그러한 시대적인 흐름에 대해서는 완전히 거슬렀다기보다는 상당히 중심을 잡으셨다라는 평가를 할 수 있을 것 같은데요. 앞으로 서울대의 바람직한 총장상 아니면 우리나라 대학의 바람직한 총장상 그 부분에 대해서 어떤 생각을 하시는지 말씀해 주시면 좋겠습니다.

성낙인: 예일대 총장실과 MIT 총장실 간 적이 있는데 대담하는 1시간 있는 동안 숨소리도 안 들려요. 전화도 안 오고. 그러니까 예일대 레빈 전 총장은 20년씩 하고 하는 것이겠지요. 그것은 미국이고 한국은 한국이니까요. 한국의 기준으로 내가 보면, 특히 서울대학 총장상에 대해 말한다면, 서울대학은 대한민국의 상징 아닙니까? 밖에서는 서울대 총장을 대제학이라고 하지 않습니까? 송교수님 질문에 간단히 답변을 드리면, 일단 저는 서울대학교 총장의 덕목 중의 하나는 학자로서 권위는 있어야 된다고 생각해요. 그 나름의 권위도 있어야지 안 그러면 자칫 이상한 표현을 쓸 소지도 있구요. 그런 권위와 더불어 총장으로서의 품위와 덕성을 갖출 필요가 있다고 봐요. 이러한 것들을 갖추고도 CEO 총장을 충분히 따라잡을 수 있다고 생각해요. 제 경우에는 아시다시피 입법, 행정, 사법을 아울러 위원장을 많이 했어요. 다만 기업 쪽에 위원장 한 것은 없으니까 재계와의 고리가 약하기는 하지만 그게 또 함께 따라올 수도 있는 거예요. 지난 70년 서울대 역사에서 총장은 늘 현직 교수님이 취임하였어요. 유일한 예외는 유신 때 부산대총장이 바로 임명된 적이 있어요. 교내에서 보직도 거치고 해서 학내 사정에 밝은 분이 되어야 한다고 생각해요.

이근관: 연구자로서 활동을 왕성히 하시면서 많은 논문과 저서를 내셨는데, 특히 더 애착이 가시는, 좀 더 자랑스럽게 느끼시는 저술이 있으신지요.

성낙인: 우선은 프랑스에서 『정치헌법학 전서』 70호로 출간한 것이 가장 애착이 가요. 『정치헌법학 전서』로 박사학위 받으신 분들 중에 프랑스에서는 총장도 많이 있을 뿐 아니라, 헌법재판소장, 장관, 국회의원도 많이 있고 그래요. 다음으로는 우리 법학이 수험법학이라고 하던 95년도 발간한 1,000페이지에 달하는 『프랑스 헌법학』이 애착이 가요. 그리고 언론중재위원 6년 하던 경험을 살려 출판한 『언론정보법』도 애착이 갑니다. 『언론정보법』이 그 시점에는 우리나라에서 최초의 언론법서였지요. 그 이후에 비슷한 책들이 나오긴 했지만 … 그래서 나름대로

그 점에 관한 한은 학문적으로 자부심을 가지고 있어요. 또 아시다시피 『헌법학』이 18판까지 출간되었는데, 2015년 말에 중앙일보 1면 헤드라인 기사에 인문사회과학 전체 저서 중에서 피인용률 1위더라고요. 고마운 일이지요. 아까 말씀드렸다시피 20대에 건강을 상해서 고초도 겪었고, 꿈에 그리던 서울법대 교수 되느라고 또 어려움도 많이 겪었지만, 크게 보면 제 삶은 축복을 많이 받은 삶인 것 같습니다. 그리고 마지막에는 서울대 총장까지 하고 했으니 … 어떤 점에서 학자로서는 여한 없이 행복한 삶인 거죠. 중간 과정이야 어려운 점이 없었던 사람이 누가 있겠습니까마는, 그래서 고맙고 또 빚을 지고 있지 않나 그렇게 생각합니다.

박정훈: 현재 우리나라의 현실에 대한 인식과 앞으로의 헌법에 대한 이야기를 해주시면 좋겠습니다.

성낙인: 유신, 5공을 지나오면서 그 과정에서 교수 생활을 시작하였는데요, 그때는 헌법 교수라고 그러면 '헌법도 법이냐' 할 정도였지요. 「헌법 연습」은 전부 외국 판례를 가지고 케이스 만들어서 강의하고 그랬는데, 그 사이 나라의 민주화가 이루어지고 해서 이제는 마지막 남은 것이 헌법 개정 문제가 아닌가 합니다. 조국 교수가 「헌법개정 청와대안」도 발표하고 했지만, 현행 헌법은 1987년에 8인 정치회담을 해가지고 만든 것이라 헌법 자체의 흠결이 꽤 많습니다. 예를 들면, 전형적으로 헌법 제29조 제2항이 그렇지요. 제3공화국 때 위헌판결 났던 부분을 그대로 유신헌법에 넣었던 그것을 5공·6공헌법에도 그대로 유지하고 있으니까요. 그런 점에서 시대에 맞는 100년 대계 헌법이 만들어졌으면 좋겠어요. 그런 과정에 제가 기여할 수 있으면 좋겠습니다. 제가 헌법의 생활화를 위해서 『만화판례헌법』도 지어내고, 작년에는 『헌법과 생활법치』라는 책도 펴냈습니다. 헌법과 생활법치는 석학 인문강좌 강의했던 것을 책으로 펴낸 것이에요. 2014년에 출간하기로 약속했던 책인데, 2014년에 총장이 되는 통에 … 고생해서 강의했던 내용을 가지고 몇 년을 끌다가 작년에서야 출판했어요. 『헌법과 생활법치』 같은 책과 법무부의 법교육위원장 활동을 통해, 국민의 법의식 고양에 기여를 했다고 자부하고 있습니다. 그리고 제8대 경찰위원장 하면서 대한민국 경찰 업무지표에 '생활법치'를 넣도록 했어요. 그런데 그 말 제가 만들어낸 용어에요. (웃음) 하여간 우리 헌법 교수님들 송석윤 교수님 비롯해서 한편으로는 민주법치국가를 위한 이론적 토대도 만들어져야 하겠지만, 다른 한편으로는 우리 국민들 삶 속에 헌법이 좀 더 착근할 수 있었으면 하는 바람이 있습니다.

제가 책에서도 적시하였지만 이제 한국헌법도 세계적인 궤도에 오른 상황이기 때문에 현실과 이상을 아우르는 실존의 세계에 천착하여야 한다는 의미에서 저는 '법적 실존주의' 헌법론을 주장하였지요. 더 나아가서 몽테스키외가 『법의 정신』에서 주창한 권력의 균형이론이 인간의 삶 자체에도 스며들어야 한다는 점에서 저는 '균형이론'을 강조하지요. 국가사회적으로 보면 권력·재력·명예의 삼각축이 균형을 이루어야지요. 이를테면 저의 헌법철학이라고 하면 '법적 실존주의'와 '균형이론'이라 할 수 있지요.

이효원: 후배 교수, 제자, 학생, 법대에 당부나 가르침이 있으시면 말씀해 주셨으면 좋겠습니다.

성낙인: 제가 특별히 당부드릴 것은 없지만 몇 마디 하자면 사물을 좀 크게 보았으면 좋지 않겠나 하는 생각이에요. 제가 2004년에 법대 학장 취임하면서, 조선일보에 단독 인터뷰를 했어요. 그때 제가 법대 학장에 어울리는 표현은 아니지만, "우리 학생들에게 당부사항이 뭐가 있냐?"라고 그래서 "기(氣)를 키웠으면 좋겠다."라고 말했어요. 공부는 우리 교수님들도 그렇고 학생들도 그렇고 요새 너무 열심히 하는 것 같아요. 제가 우리 후배님들하고 같이 지냈다면, 공부 열심히 했다고 공감도 못칠 뻔 했어요. 그리고 공부를 하더라도 공부의 포인트를 스스로 잘 선정해야 해요. 그 포인트 설정에서는 아까 제 박사학위 논문이야기 할 때도 말씀드렸지만, 본인이 재미있어야 돼요. 본인이 재미있는 부분을 개발해야 합니다. 별로 재미도 없는데, 돈 준다니까 해볼까 해서는 좋은 논문이 절대 안 나옵니다. 본인이 스스로 재미있는, 흥미가 당겨서 자다가도 생각하게 되는 이런 것을 스스로 좀 개발을 할 필요가 있지 않나 싶습니다. 전종익 교수님은 근대 주권이론 많이 하셨고, 그것이 요새 어느 정도 진척이 되셨는지 궁금하고, 송석윤 교수님은 국가와 헌법 유관한 근본적인 논의들, 이효원 교수님은 통일헌법, 전상현 교수님은 언론정보 쪽 이렇게 공부가 자기 옷에 맞아야 공부가 잘 됩니다. 지금 로스쿨 세대가 되어 가지고, 학생들 진로가 중요한 문제가 되었는데요. 학생들이 진로를 설정하는데 있어서도 내가 어디에 있느냐, 내가 어떤 사람이냐를 수시로 스스로 생각을 해봐야 돼요. 돈 된다고 우~ 몰려들고, 안 된다고 나오고 이래가지고는 안 돼요. 예를 들면 우리 장승화 학장님은 국제거래 쪽으로 해서 아마도 본인의 취향에 맞았기에 세계적인 권위자로서 재판관까지 올라가실 수 있었던 것으로 생각해요. 그걸 본인이 스스로 자꾸 생각을 해봐야 돼요. 헌법은 더구나 영역이 워낙 넓지

않습니까. 예를 들면 이런 방식도 있지요. 일본 교수들은 법의 영역을 나라별로 정하기도 하더군요. 이우영 교수님은 영어를 미국사람보다 더 잘하니까, 학자로서의 20년의 연륜을 녹여내어 미국헌법을 국내 헌법에 어떻게 이식(implementation)할 것인가 이런 것에 집중하면, 이우영 교수님을 당할 사람이 누가 있겠어요. 그리고 대외활동 관련해서 말하면, 제가 젊은 교수님들한테 싫은 소리를 한 적이 있습니다. 무슨 세미나가 있으면 서울법대 교수가 필요해요. 주제발표는 얼마든지 하라고 했어요. 주제발표는 하다보면 공부가 좀 덜되었던 것도 준비 하다 논문이 되기도 하고 하니까. 그런데 토론자로 가는 것처럼 너무 쉽게 움직이는 것은 좋지 않아요.

전상현: 앞으로는 그야말로 전부가 선생님의 시간인데요. 지난 수십 년간 교육과 교육행정 하시면서 못하신, 아쉬웠던 분야들, 가족들과 함께 여행을 가신다거나 또는 새로운 분야에 대한 저술이나 연구 계획도 있으실 것 같습니다. 그런 계획도 말씀해 주시면 좋겠습니다.

성낙인: 퇴임 후에 서가를 정리하면서 한 20일간 매일 100권씩 버렸어요. 그래도 아직 꽉 차 있는데 … 헌법의 특성상 많은 독서가 필요해요. 그런데 나는 폭넓은 독서가 부족했던 것 같아요. 제가 좀 다작(多作)형이거든요. 다작하니까 아무래도 폭 넓은 독서가 좀 부족했어요. 그래 읽을 책들이 상당부분 서가에 지금도 꽂혀 있는데, 언제 읽을지는 모르겠어요. 헌법 교수 중에서 과작(寡作)을 하시는 분들은 그런 폭넓은 독서를 통해 많은 진전이 있지 않을까 싶네요. 또 하나는 제가 40대 때에 스스로 체험한 것인데요. 겨울방학 내내 거의 90% 프랑스책, 10~20% 미국책을 보면서 논문을 썼는데, 2월말이 되니까 뭔가 허전해요. 이건 뭐 내가 무슨 외국사람 책만 맨날 보고 각주 인용하고 … 이래서 제가 그때 『천부경의 비밀』 같은 책을 10권 사가지고 막 읽었어요. 그런데 불행하게도 법학은 서양학이에요. 그러니 어떡하겠어요. 그러나 궁극적으로 우리의 길은 한국적 법학이잖아요. 그리고 그쪽으로 이끌어 나가야 하니까 그런 점도 유념해서 가시면 좋지 않을까 싶네요. 앞으로는 어떻게 하면 조금 더 축소지향적 서가를 꾸려갈 것인가 그런 문제가 남아 있겠고, 둘째는 아까 말씀드렸다시피 서울대생이 되는 순간 우리 사회로부터 혜택을 받은 거고, 서울대생 플러스 서울법대 교수까지 되었으면 우리 사회로부터 축복과 은혜를 입은 거예요. 저는 총장까지 했으니 더 말할 필요없구요. 언젠가 김유성 학장님이 "성교수는 서울법대 교수 9개월 만에 교무부학장, 4년도 안

되어서 학장 그리고 총장까지 했으니 서울법대 기네스북이다"고 하시더군요.

　이제 남은 기간은 제가 저 나름대로 사심 없이 할 수 있는 일을 찾아서 해보고자 합니다. 우리 사회에도 장학재단, 사회복지재단들이 많이 생기고 또 그런 곳에 뜻을 둔 분들이 굉장히 많아요. 서울대 총장까지 하고 했으니까 그분들 하시는 일에 내가 도움이 되는 일이 있다면, 인생 이모작 봉사 차원에서 할 수 있지 않을까 그런 생각을 가져 봅니다. 노인이라고 뒷방에 가라고 할 수도 있지만, 아직 건강하고 그러니까 좀 양해를 하세요. (모두 웃음)

박정훈: 유언비어인지는 모르겠는데요. 프랑스 주파리 대사 이야기가 있습니다.

성낙인: 주변에서 앞으로 뭐할거냐고 하도 물어보길래 제가 "프랑스 대사 시켜주면 멋있게 잘 할 것 같다" 그런 적은 있죠. (웃음)

박정훈: 파리 대사 어쨌든 '굿 아이디어'입니다. 꼭 한 번 가셔서 저희들도 파리로 불러주십시오.(웃음)

성낙인: 파리는 세계적으로 문화예술의 중심도시인데 주불문화원은 허름한 반지하실에 있어 안타까워요. 특히 프랑스 대사관저가 제일 후졌어요. 빌라의 한층만 써요. 단독주택이 아니에요. 독일대사관저는 거의 캐슬인데. 프랑스 대사 시켜주면 무슨 수를 써서라도 대사저를 캐슬로~ (웃음)

박정훈: 허심탄회한 말씀 감사합니다. 특히 법대학장일 때가 제일 좋았다고 말씀하셔서, 저희도 기분이 좋았습니다. 이렇게 또 저희들을 초대해 주셔서 부학장들을 대표하여 다시 한 번 감사드립니다.

[저자 약력]

成樂寅(성낙인)

서울대학교 법과대학 졸업
서울대학교 대학원 법학석사·박사과정 수료
프랑스 파리2대학교 법학박사(Docteur en droit)
영남대학교 법과대학 교수
사법시험, 행정·입법·외무고시 및 군법무관시험 위원
서울대학교 법과대학 학장
한국공법학회 회장
한국법학교수회 회장
세계헌법학회 한국지부 회장
대통령자문 교육개혁위원회 위원
국회공직자윤리위원회 위원장
국회 헌법연구자문위원회 부위원장
경찰위원회 위원장
법무부 사법시험관리위원회 위원
동아시아연구중심대학협의회(AEARU) 의장
서울대학교 제26대 총장
서울대학교 법학전문대학원 명예교수(헌법학)

[주요 저서 및 논문]

헌법학 제19판(법문사, 2019), 헌법학입문 제9판(법문사, 2019)
헌법학논집(법문사, 2018), 국가와 헌법 Ⅰ(헌법총론·정치제도론), Ⅱ(기본권론)(법문사, 2018)
Les ministres de la Vᵉ République française(Paris, L.G.D.J., 1988)
판례헌법 제4판(법문사, 2014), 헌법소송론(공저, 법문사, 2012)
헌법과 생활법치(세창출판사, 2017), 대한민국헌법사(법문사, 2012)
프랑스헌법학(법문사, 1995), 선거법론(법문사, 1998)
헌법연습(법문사, 2000), 한국헌법연습(고시계, 1997·1998)
언론정보법(나남출판, 1998), 공직선거법과 선거방송심의(나남출판, 2007)
세계언론판례총람(공저, 한국언론연구원, 1998), 자금세탁방지법제론(경인문화사, 2007)
헌법판례 백선(법문사, 2013), 주석헌법(공저, 법원사, 1990)
만화 판례헌법 1(헌법과정치제도), 2(헌법과기본권)(법률저널, 2013)
우리헌법읽기, 국민을 위한 사법개혁과 법학교육(법률저널, 2014)
한국헌법과 이원정부제(반대통령제), 정보공개와 사생활보호 외 다수

서울대학교 법학연구소 Medvlla Iurisprudentiae

"Medvlla Iurisprudentiae"는 '법의 정수精髓·진수眞髓'라는 뜻으로, 서울대학교 법학전문대학원에서 정년퇴임하시는 교수님들의 논문을 모아 간행하는 총서입니다.
법학 교육과 연구를 위해 일생을 보내고 정년퇴임하는 교수님들의 수많은 연구업적들 중 학문적으로 가장 가치있는 논문만을 엄선하여 간행하였습니다.
이 총서가 법학자의 삶을 되돌아보게 하고 후학에게 귀감이 되기를 바랍니다.

헌법과 국가정체성

초판발행	2019년 6월 30일
지은이	성낙인
펴낸이	안종만·안상준
편 집	이승현
기획/마케팅	조성호
표지디자인	김연서
제 작	우인도·고철민
펴낸곳	(주) 박영사
	서울특별시 종로구 새문안로3길 36, 1601
	등록 1959. 3. 11. 제300-1959-1호(倫)
전 화	02)733-6771
f a x	02)736-4818
e-mail	pys@pybook.co.kr
homepage	www.pybook.co.kr
ISBN	979-11-303-3333-5 93360

copyright©성낙인, 2019, Printed in Korea

정 가   45,000원